CODE

DE LA

MARTINIQUE.

CODE
DE LA
MARTINIQUE.

NOUVELLE ÉDITION,

Par M. DURAND-MOLARD,

Sous-Commissaire des Colonies, ex-Secrétaire principal de la Préfecture de la Martinique ; continuée par M. DUFRESNE DE ST-CERGUES, Président du Tribunal de première Instance à la Basse-Terre Guadeloupe.

TOME QUATRIÈME;

Contenant les Actes Législatifs de la Colonie depuis 1787 jusqu'en 1804 inclusivement.

A SAINT-PIERRE MARTINIQUE,

De l'Imprimerie de Jean-Baptiste THOUNENS, fils, ex-Imprimeur du Gouvernement.

1811.

CONCORDANCE

DES

CALENDRIERS

RÉPUBLICAIN ET GRÉGORIEN,

DE L'AN 2 A L'AN 20,

INDIQUANT la correspondance des Dates de ces deux Calendriers, employées dans cet Ouvrage, jour par jour.

AVERTISSEMENT.

Quoique le Calendrier républicain n'ait été en vigueur dans cette Colonie, que pendant quatre ou cinq ans, il l'a été constamment en France et dans tous les Pays sous sa domination, depuis sa formation en l'an 2 jusqu'à sa suppression en l'an 14 ; et comme d'après cet usage tous les actes publics ne portent que les dates de ce Calendrier, et que dans les transactions commerciales ou notariées il y en a dont le terme se prolonge souvent à 4, 5 ans et quelquefois davantage : ces motifs nous ont engagé à insérer ici la Concordance depuis l'an 2 qu'on a commencé à s'en servir, jusqu'à l'an 20.

VENDÉMIAIRE.

Vendémiaire	An 2. — 1793. Septembre. Octobre.	An 3. 1794.		An 4. 1795.		An 5. 1796.		An 6. 1797.		An 7. 1798.		An 8. 1799.		An 9. 1800.		An 10. 1801.		An 11. 1802.		An 12. 1803.		An 13. 1804.		An 14. 1805.		An 15. 1806.		An 16. 1807.		An 17. 1808.		An 18. 1809.		An 19. 1810.		An 20. 1811.	
1	22	1	22	1	23	1	22	1	22	1	22	1	23	1	23	1	23	1	23	1	24	1	23	1	23	1	23	1	24	1	23	1	23	1	23	1	23
2	23	2	23	2	24	2	23	2	23	2	23	2	24	2	24	2	24	2	24	2	25	2	24	2	24	2	24	2	25	2	24	2	24	2	24	2	24
3	24	3	24	3	25	3	24	3	24	3	24	3	25	3	25	3	25	3	25	3	26	3	25	3	25	3	25	3	26	3	25	3	25	3	25	3	25
4	25	4	25	4	26	4	25	4	25	4	25	4	26	4	26	4	26	4	26	4	27	4	26	4	26	4	26	4	27	4	26	4	26	4	26	4	26
5	26	5	26	5	27	5	26	5	26	5	26	5	27	5	27	5	27	5	27	5	28	5	27	5	27	5	27	5	28	5	27	5	27	5	27	5	27
6	27	6	27	6	28	6	27	6	27	6	27	6	28	6	28	6	28	6	28	6	29	6	28	6	28	6	28	6	29	6	28	6	28	6	28	6	28
7	28	7	28	7	29	7	28	7	28	7	28	7	29	7	29	7	29	7	29	7	30	7	29	7	29	7	29	7	30	7	29	7	29	7	29	7	29
8	29	8	29	8	30	8	29	8	29	8	29	8	30	8	30	8	30	8	30	8	1	8	30	8	30	8	30	8	1	8	30	8	30	8	30	8	30
9	30	9	30	9	1	9	30	9	30	9	30	9	1	9	1	9	1	9	1	9	2	9	1	9	1	9	1	9	2	9	1	9	1	9	1	9	1
10	1	10	1	10	2	10	1	10	1	10	1	10	2	10	2	10	2	10	2	10	3	10	2	10	2	10	2	10	3	10	2	10	2	10	2	10	2
11	2	11	2	11	3	11	2	11	2	11	2	11	3	11	3	11	3	11	3	11	4	11	3	11	3	11	3	11	4	11	3	11	3	11	3	11	3
12	3	12	3	12	4	12	3	12	3	12	3	12	4	12	4	12	4	12	4	12	5	12	4	12	4	12	4	12	5	12	4	12	4	12	4	12	4
13	4	13	4	13	5	13	4	13	4	13	4	13	5	13	5	13	5	13	5	13	6	13	5	13	5	13	5	13	6	13	5	13	5	13	5	13	5
14	5	14	5	14	6	14	5	14	5	14	5	14	6	14	6	14	6	14	6	14	7	14	6	14	6	14	6	14	7	14	6	14	6	14	6	14	6
15	6	15	6	15	7	15	6	15	6	15	6	15	7	15	7	15	7	15	7	15	8	15	7	15	7	15	7	15	8	15	7	15	7	15	7	15	7
16	7	16	7	16	8	16	7	16	7	16	7	16	8	16	8	16	8	16	8	16	9	16	8	16	8	16	8	16	9	16	8	16	8	16	8	16	8
17	8	17	8	17	9	17	8	17	8	17	8	17	9	17	9	17	9	17	9	17	10	17	9	17	9	17	9	17	10	17	9	17	9	17	9	17	9
18	9	18	9	18	10	18	9	18	9	18	9	18	10	18	10	18	10	18	10	18	11	18	10	18	10	18	10	18	11	18	10	18	10	18	10	18	10
19	10	19	10	19	11	19	10	19	10	19	10	19	11	19	11	19	11	19	11	19	12	19	11	19	11	19	11	19	12	19	11	19	11	19	11	19	11
20	11	20	11	20	12	20	11	20	11	20	11	20	12	20	12	20	12	20	12	20	13	20	12	20	12	20	12	20	13	20	12	20	12	20	12	20	12
21	12	21	12	21	13	21	12	21	12	21	12	21	13	21	13	21	13	21	13	21	14	21	13	21	13	21	13	21	14	21	13	21	13	21	13	21	13
22	13	22	13	22	14	22	13	22	13	22	13	22	14	22	14	22	14	22	14	22	15	22	14	22	14	22	14	22	15	22	14	22	14	22	14	22	14
23	14	23	14	23	15	23	14	23	14	23	14	23	15	23	15	23	15	23	15	23	16	23	15	23	15	23	15	23	16	23	15	23	15	23	15	23	15
24	15	24	15	24	16	24	15	24	15	24	15	24	16	24	16	24	16	24	16	24	17	24	16	24	16	24	16	24	17	24	16	24	16	24	16	24	16
25	16	25	16	25	17	25	16	25	16	25	16	25	17	25	17	25	17	25	17	25	18	25	17	25	17	25	17	25	18	25	17	25	17	25	17	25	17
26	17	26	17	26	18	26	17	26	17	26	17	26	18	26	18	26	18	26	18	26	19	26	18	26	18	26	18	26	19	26	18	26	18	26	18	26	18
27	18	27	18	27	19	27	18	27	18	27	18	27	19	27	19	27	19	27	19	27	20	27	19	27	19	27	19	27	20	27	19	27	19	27	19	27	19
28	19	28	19	28	20	28	19	28	19	28	19	28	20	28	20	28	20	28	20	28	21	28	20	28	20	28	20	28	21	28	20	28	20	28	20	28	20
29	20	29	20	29	21	29	20	29	20	29	20	29	21	29	21	29	21	29	21	29	22	29	21	29	21	29	21	29	22	29	21	29	21	29	21	29	21
30	21	30	21	30	22	30	21	30	21	30	21	30	22	30	22	30	22	30	22	30	23	30	22	30	22	30	22	30	23	30	22	30	22	30	22	30	22

BRUMAIRE.

Brumaire,	An 2. — 1793.		1794. An 3.	1795. An 4.	1796. An 5.	1797. An 6.	1798. An 7.	1799. An 8.	1800. An 9.	1801. An 10.	1802. An 11.	1803. An 12.	1804. An 13.	1805. An 14.	1806. An 15.	1807. An 16.	1808. An 17.	1809. An 18.	1810. An 19.	1811. An 20.
1	Octobre.	22	1 22	1 23	1 22	1 22	1 22	1 23	1 23	1 23	1 23	1 24	1 23	1 23	1 23	1 24	1 23	1 23	1 23	1 23
2		23	2 23	2 24	2 23	2 23	2 23	2 24	2 24	2 24	2 24	2 25	2 24	2 24	2 24	2 25	2 24	2 24	2 24	2 24
3		24	3 24	3 25	3 24	3 24	3 24	3 25	3 25	3 25	3 25	3 26	3 25	3 25	3 25	3 26	3 25	3 25	3 25	3 25
4		25	4 25	4 26	4 25	4 25	4 25	4 26	4 26	4 26	4 26	4 27	4 26	4 26	4 26	4 27	4 26	4 26	4 26	4 26
5		26	5 26	5 27	5 26	5 26	5 26	5 27	5 27	5 27	5 27	5 28	5 27	5 27	5 27	5 28	5 27	5 27	5 27	5 27
6		27	6 27	6 28	6 27	6 27	6 27	6 28	6 28	6 28	6 28	6 29	6 28	6 28	6 28	6 29	6 28	6 28	6 28	6 28
7		28	7 28	7 29	7 28	7 28	7 28	7 29	7 29	7 29	7 29	7 30	7 29	7 29	7 29	7 30	7 29	7 29	7 29	7 29
8		29	8 29	8 30	8 29	8 29	8 29	8 30	8 30	8 30	8 30	8 31	8 30	8 30	8 30	8 31	8 30	8 30	8 30	8 30
9		30	9 30	9 31	9 30	9 30	9 30	9 31	9 31	9 31	9 31	9 1	9 31	9 31	9 31	9 1	9 31	9 31	9 31	9 31
10		31	10 31	10 1	10 31	10 31	10 31	10 1	10 1	10 1	10 1	10 2	10 1	10 1	10 1	10 2	10 1	10 1	10 1	10 1
11	Novembre.	1	11 1	11 2	11 1	11 1	11 1	11 2	11 2	11 2	11 2	11 3	11 2	11 2	11 2	11 3	11 2	11 2	11 2	11 2
12		2	12 2	12 3	12 2	12 2	12 2	12 3	12 3	12 3	12 3	12 4	12 3	12 3	12 3	12 4	12 3	12 3	12 3	12 3
13		3	13 3	13 4	13 3	13 3	13 3	13 4	13 4	13 4	13 4	13 5	13 4	13 4	13 4	13 5	13 4	13 4	13 4	13 4
14		4	14 4	14 5	14 4	14 4	14 4	14 5	14 5	14 5	14 5	14 6	14 5	14 5	14 5	14 6	14 5	14 5	14 5	14 5
15		5	15 5	15 6	15 5	15 5	15 5	15 6	15 6	15 6	15 6	15 7	15 6	15 6	15 6	15 7	15 6	15 6	15 6	15 6
16		6	16 6	16 7	16 6	16 6	16 6	16 7	16 7	16 7	16 7	16 8	16 7	16 7	16 7	16 8	16 7	16 7	16 7	16 7
17		7	17 7	17 8	17 7	17 7	17 7	17 8	17 8	17 8	17 8	17 9	17 8	17 8	17 8	17 9	17 8	17 8	17 8	17 8
18		8	18 8	18 9	18 8	18 8	18 8	18 9	18 9	18 9	18 9	18 10	18 9	18 9	18 9	18 10	18 9	18 9	18 9	18 9
19		9	19 9	19 10	19 9	19 9	19 9	19 10	19 10	19 10	19 10	19 11	19 10	19 10	19 10	19 11	19 10	19 10	19 10	19 10
20		10	20 10	20 11	20 10	20 10	20 10	20 11	20 11	20 11	20 11	20 12	20 11	20 11	20 11	20 12	20 11	20 11	20 11	20 11
21		11	21 11	21 12	21 11	21 11	21 11	21 12	21 12	21 12	21 12	21 13	21 12	21 12	21 12	21 13	21 12	21 12	21 12	21 12
22		12	22 12	22 13	22 12	22 12	22 12	22 13	22 13	22 13	22 13	22 14	22 13	22 13	22 13	22 14	22 13	22 13	22 13	22 13
23		13	23 13	23 14	23 13	23 13	23 13	23 14	23 14	23 14	23 14	23 15	23 14	23 14	23 14	23 15	23 14	23 14	23 14	23 14
24		14	24 14	24 15	24 14	24 14	24 14	24 15	24 15	24 15	24 15	24 16	24 15	24 15	24 15	24 16	24 15	24 15	24 15	24 15
25		15	25 15	25 16	25 15	25 15	25 15	25 16	25 16	25 16	25 16	25 17	25 16	25 16	25 16	25 17	25 16	25 16	25 16	25 16
26		16	26 16	26 17	26 16	26 16	26 16	26 17	26 17	26 17	26 17	26 18	26 17	26 17	26 17	26 18	26 17	26 17	26 17	26 17
27		17	27 17	27 18	27 17	27 17	27 17	27 18	27 18	27 18	27 18	27 19	27 18	27 18	27 18	27 19	27 18	27 18	27 18	27 18
28		18	28 18	28 19	28 18	28 18	28 18	28 19	28 19	28 19	28 19	28 20	28 19	28 19	28 19	28 20	28 19	28 19	28 19	28 19
29		19	29 19	29 20	29 19	29 19	29 19	29 20	29 20	29 20	29 20	29 21	29 20	29 20	29 20	29 21	29 20	29 20	29 20	29 20
30		20	30 20	30 21	30 20	30 20	30 20	30 21	30 21	30 21	30 21	30 22	30 21	30 21	30 21	30 22	30 21	30 21	30 21	30 21

Frimaire		An 2. — 1793.	An 3. 1794.	An 4. 1795.	An 5. 1796.	An 6. 1797.	An 7. 1798.	An 8. 1799.	An 9. 1800.	An 10. 1801.	An 11. 1802.	An 12. 1803.	An 13. 1804.	An 14. 1805.	An 15. 1806.	An 16. 1807.	An 17. 1808.	An 18. 1809.	An 19. 1810.	An 20. 1811.
1	Novembre.	21	1 21	1 22	1 21	1 21	1 21	1 22	1 22	1 22	1 22	1 23	1 22	1 22	1 22	1 23	1 22	1 22	1 22	1 22
2		22	2 22	2 23	2 22	2 22	2 22	2 23	2 23	2 23	2 23	2 24	2 23	2 23	2 23	2 24	2 23	2 23	2 23	2 23
3		23	3 23	3 24	3 23	3 23	3 23	3 24	3 24	3 24	3 24	3 25	3 24	3 24	3 24	3 25	3 24	3 24	3 24	3 24
4		24	4 24	4 25	4 24	4 24	4 24	4 25	4 25	4 25	4 25	4 26	4 25	4 25	4 25	4 26	4 25	4 25	4 25	4 25
5		25	5 25	5 26	5 25	5 25	5 25	5 26	5 26	5 26	5 26	5 27	5 26	5 26	5 26	5 27	5 26	5 26	5 26	5 26
6		26	6 26	6 27	6 26	6 26	6 26	6 27	6 27	6 27	6 27	6 28	6 27	6 27	6 27	6 28	6 27	6 27	6 27	6 27
7		27	7 27	7 28	7 27	7 27	7 27	7 28	7 28	7 28	7 28	7 29	7 28	7 28	7 28	7 29	7 28	7 28	7 28	7 28
8		28	8 28	8 29	8 28	8 28	8 28	8 29	8 29	8 29	8 29	8 30	8 29	8 29	8 29	8 30	8 29	8 29	8 29	8 29
9		29	9 29	9 30	9 29	9 29	9 29	9 30	9 30	9 30	9 30	9 1	9 30	9 30	9 30	9 1	9 30	9 30	9 30	9 30
10		30	10 30	10 1	10 30	10 30	10 30	10 1	10 1	10 1	10 1	10 2	10 1	10 1	10 1	10 2	10 1	10 1	10 1	10 1
11	Décembre.	1	11 1	11 2	11 1	11 1	11 1	11 2	11 2	11 2	11 2	11 3	11 2	11 2	11 2	11 3	11 2	11 2	11 2	11 2
12		2	12 2	12 3	12 2	12 2	12 2	12 3	12 3	12 3	12 3	12 4	12 3	12 3	12 3	12 4	12 3	12 3	12 3	12 3
13		3	13 3	13 4	13 3	13 3	13 3	13 4	13 4	13 4	13 4	13 5	13 4	13 4	13 4	13 5	13 4	13 4	13 4	13 4
14		4	14 4	14 5	14 4	14 4	14 4	14 5	14 5	14 5	14 5	14 6	14 5	14 5	14 5	14 6	14 5	14 5	14 5	14 5
15		5	15 5	15 6	15 5	15 5	15 5	15 6	15 6	15 6	15 6	15 7	15 6	15 6	15 6	15 7	15 6	15 6	15 6	15 6
16		6	16 6	16 7	16 6	16 6	16 6	16 7	16 7	16 7	16 7	16 8	16 7	16 7	16 7	16 8	16 7	16 7	16 7	16 7
17		7	17 7	17 8	17 7	17 7	17 7	17 8	17 8	17 8	17 8	17 9	17 8	17 8	17 8	17 9	17 8	17 8	17 8	17 8
18		8	18 8	18 9	18 8	18 8	18 8	18 9	18 9	18 9	18 9	18 10	18 9	18 9	18 9	18 10	18 9	18 9	18 9	18 9
19		9	19 9	19 10	19 9	19 9	19 9	19 10	19 10	19 10	19 10	19 11	19 10	19 10	19 10	19 11	19 10	19 10	19 10	19 10
20		10	20 10	20 11	20 10	20 10	20 10	20 11	20 11	20 11	20 11	20 12	20 11	20 11	20 11	20 12	20 11	20 11	20 11	20 11
21		11	21 11	21 12	21 11	21 11	21 11	21 12	21 12	21 12	21 12	21 13	21 12	21 12	21 12	21 13	21 12	21 12	21 12	21 12
22		12	22 12	22 13	22 12	22 12	22 12	22 13	22 13	22 13	22 13	22 14	22 13	22 13	22 13	22 14	22 13	22 13	22 13	22 13
23		13	23 13	23 14	23 13	23 13	23 13	23 14	23 14	23 14	23 14	23 15	23 14	23 14	23 14	23 15	23 14	23 14	23 14	23 14
24		14	24 14	24 15	24 14	24 14	24 14	24 15	24 15	24 15	24 15	24 16	24 15	24 15	24 15	24 16	24 15	24 15	24 15	24 15
25		15	25 15	25 16	25 15	25 15	25 15	25 16	25 16	25 16	25 16	25 17	25 16	25 16	25 16	25 17	25 16	25 16	25 16	25 16
26		16	26 16	26 17	26 16	26 16	26 16	26 17	26 17	26 17	26 17	26 18	26 17	26 17	26 17	26 18	26 17	26 17	26 17	26 17
27		17	27 17	27 18	27 17	27 17	27 17	27 18	27 18	27 18	27 18	27 19	27 18	27 18	27 18	27 19	27 18	27 18	27 18	27 18
28		18	28 18	28 19	28 18	28 18	28 18	28 19	28 19	28 19	28 19	28 20	28 19	28 19	28 19	28 20	28 19	28 19	28 19	28 19
29		19	29 19	29 20	29 19	29 19	29 19	29 20	29 20	29 20	29 20	29 21	29 20	29 20	29 20	29 21	29 20	29 20	29 20	29 20
30		20	30 20	30 21	30 20	30 20	30 20	30 21	30 21	30 21	30 21	30 22	30 21	30 21	30 21	30 22	30 21	30 21	30 21	30 21

NIVOSE.

Nivôse	An 2. — 1793.	An 3. 1794.	An 4. 1795.	An 5. 1796.	An 6. 1797.	An 7. 1798.	An 8. 1799.	An 9. 1800.	An 10. 1801.	An 11. 1802.	An 12. 1803.	An 13 1804.	An 14. 1805.	An 15. 1806.	An 16. 1807.	An 17. 1808.	An 18. 1809.	An 19. 1810.	An 20. 1811.
1	Décembre 21	1 21	1 22	1 21	1 21	1 21	1 22	1 22	1 22	1 22	1 23	1 22	1 22	1 22	1 23	1 22	1 22	1 22	1 22
2	22	2 22	2 23	2 22	2 22	2 22	2 23	2 23	2 23	2 23	2 24	2 23	2 23	2 23	2 24	2 23	2 23	2 23	2 23
3	23	3 23	3 24	3 23	3 23	3 23	3 24	3 24	3 24	3 24	3 25	3 24	3 24	3 24	3 25	3 24	3 24	3 24	3 24
4	24	4 24	4 25	4 24	4 24	4 24	4 25	4 25	4 25	4 25	4 26	4 25	4 25	4 25	4 26	4 25	4 25	4 25	4 25
5	25	5 25	5 26	5 25	5 25	5 25	5 26	5 26	5 26	5 26	5 27	5 26	5 26	5 26	5 27	5 26	5 26	5 26	5 26
6	26	6 26	6 27	6 26	6 26	6 26	6 27	6 27	6 27	6 27	6 28	6 27	6 27	6 27	6 28	6 27	6 27	6 27	6 27
7	27	7 27	7 28	7 27	7 27	7 27	7 28	7 28	7 28	7 28	7 29	7 28	7 28	7 28	7 29	7 28	7 28	7 28	7 28
8	28	8 28	8 29	8 28	8 28	8 28	8 29	8 29	8 29	8 29	8 30	8 29	8 29	8 29	8 30	8 29	8 29	8 29	8 29
9	29	9 29	9 30	9 29	9 29	9 29	9 30	9 30	9 30	9 30	9 31	9 30	9 30	9 30	9 31	9 30	9 30	9 30	9 30
10	30	10 30	10 31	10 30	10 30	10 30	10 31	10 31	10 31	10 31	10 1	10 31	10 31	10 31	10 1	10 31	10 31	10 31	10 31
11	31	11 1	11 1	11 31	11 31	11 31	11 1	11 1	11 1	11 1	11 2	11 1	11 1	11 1	11 2	11 1	11 1	11 1	11 1
12	Janvier 1794. 1	12 1	12 2	12 1	12 1	12 1	12 2	12 2	12 2	12 2	12 3	12 2	12 2	12 2	12 3	12 2	12 2	12 2	12 2
13	2	13 2	13 3	13 2	13 2	13 2	13 3	13 3	13 3	13 3	13 4	13 3	13 3	13 3	13 4	13 3	13 3	13 3	13 3
14	3	14 3	14 4	14 3	14 3	14 3	14 4	14 4	14 4	14 4	14 5	14 4	14 4	14 4	14 5	14 4	14 4	14 4	14 4
15	4	15 4	15 5	15 4	15 4	15 4	15 5	15 5	15 5	15 5	15 6	15 5	15 5	15 5	15 6	15 5	15 5	15 5	15 5
16	5	16 5	16 6	16 5	16 5	16 5	16 6	16 6	16 6	16 6	16 7	16 6	16 6	16 6	16 7	16 6	16 6	16 6	16 6
17	6	17 6	17 7	17 6	17 6	17 6	17 7	17 7	17 7	17 7	17 8	17 7	17 7	17 7	17 8	17 7	17 7	17 7	17 7
18	7	18 7	18 8	18 7	18 7	18 7	18 8	18 8	18 8	18 8	18 9	18 8	18 8	18 8	18 9	18 8	18 8	18 8	18 8
19	8	19 8	19 9	19 8	19 8	19 8	19 9	19 9	19 9	19 9	19 10	19 9	19 9	19 9	19 10	19 9	19 9	19 9	19 9
20	9	20 9	20 10	20 9	20 9	20 9	20 10	20 10	20 10	20 10	20 11	20 10	20 10	20 10	20 11	20 10	20 10	20 10	20 10
21	10	21 10	21 11	21 10	21 10	21 10	21 11	21 11	21 11	21 11	21 12	21 11	21 11	21 11	21 12	21 11	21 11	21 11	21 11
22	11	22 21	22 12	22 11	22 11	22 11	22 12	22 12	22 12	22 12	22 13	22 12	22 12	22 12	22 13	22 12	22 12	22 12	22 12
23	12	23 12	23 13	23 12	23 12	23 12	23 13	23 13	23 13	23 33	23 14	23 13	23 13	23 13	23 14	23 13	23 13	23 13	23 13
24	13	24 13	24 14	24 13	24 13	24 13	24 14	24 14	24 14	24 14	24 15	24 14	24 14	24 14	24 15	24 14	24 14	24 14	24 14
25	14	25 14	25 15	25 14	25 14	25 14	25 15	25 15	25 15	25 15	25 16	25 15	25 15	25 15	25 16	25 15	25 15	25 15	25 15
26	15	26 15	26 16	26 15	26 15	26 15	26 16	26 16	26 16	26 16	26 17	26 16	26 16	26 16	26 17	26 16	26 16	26 16	26 16
27	16	27 16	27 17	27 16	27 16	27 16	27 17	27 17	27 17	27 17	27 18	27 17	27 17	27 17	27 18	27 17	27 17	27 17	27 17
28	17	28 17	28 18	28 17	28 17	28 17	28 18	28 18	28 18	28 18	28 19	28 18	28 18	28 18	28 19	28 18	28 18	28 18	28 18
29	18	29 18	29 19	29 18	29 18	29 18	29 19	29 19	29 19	29 19	29 20	29 19	29 19	29 19	29 20	29 19	29 19	29 19	29 19
30	19	30 19	30 20	30 19	30 19	30 19	30 20	30 20	30 20	30 20	30 21	30 20	30 20	30 20	30 21	30 20	30 20	30 20	30 [illegible]

PLUVIOSE.

Pluviôse.	An 2. 1794.	An 3. 1795.	An 4. 1796.	An 5. 1797.	An 6. 1798.	An 7. 1799.	An 8. 1800.	An 9. 1801.	An 10. 1802.	An 11. 1803.	An 12. 1804.	An 13. 1805.	An 14. 1806.	An 15. 1807.	An 16. 1808.	An 17. 1809.	An 18. 1810.	An 19. 1811.	An 20. 1812.
1	Janvier. 20	1 20	1 21	1 20	1 20	1 20	1 21	1 21	1 21	1 21	1 22	1 21	1 21	1 21	1 22	1 21	1 21	1 21	1 21
2	21	2 21	2 22	2 21	2 21	2 21	2 22	2 22	2 22	2 22	2 23	2 22	2 22	2 22	2 23	2 22	2 22	2 22	2 22
3	22	3 22	3 23	3 22	3 22	3 22	3 23	3 23	3 23	3 23	3 24	3 23	3 23	3 23	3 24	3 23	3 23	3 23	3 23
4	23	4 23	4 24	4 23	4 23	4 23	4 24	4 24	4 24	4 24	4 25	4 24	4 24	4 24	4 25	4 24	4 24	4 24	4 24
5	24	5 24	5 25	5 24	5 24	5 24	5 25	5 25	5 25	5 25	5 26	5 25	5 25	5 25	5 26	5 25	5 25	5 25	5 25
6	25	6 25	6 26	6 25	6 25	6 25	6 26	6 26	6 26	6 26	6 27	6 26	6 26	6 26	6 27	6 26	6 26	6 26	6 26
7	26	7 26	7 27	7 26	7 26	7 26	7 27	7 27	7 27	7 27	7 28	7 27	7 27	7 27	7 28	7 27	7 27	7 27	7 27
8	27	8 27	8 28	8 27	8 27	8 27	8 28	8 28	8 28	8 28	8 29	8 28	8 28	8 28	8 29	8 28	8 28	8 28	8 28
9	28	9 28	9 29	9 28	9 28	9 28	9 29	9 29	9 29	9 29	9 30	9 29	9 29	9 29	9 30	9 29	9 29	9 29	9 29
10	29	10 29	10 30	10 29	10 29	10 29	10 30	10 30	10 30	10 30	10 31	10 30	10 30	10 30	10 31	10 30	10 30	10 30	10 30
11	30	11 30	11 31	11 30	11 30	11 30	11 31	11 31	11 31	11 31	11 1	11 31	11 31	11 31	11 1	11 31	11 31	11 31	11 31
12	31	12 31	12 1	12 31	12 31	12 31	12 1	12 1	12 1	12 1	12 2	12 1	12 1	12 1	12 2	12 1	12 1	12 1	12 1
13	Février. 1	13 1	13 2	13 1	13 1	13 1	13 2	13 2	13 2	13 2	13 3	13 2	13 2	13 2	13 3	13 2	13 2	13 2	13 2
14	2	14 2	14 3	14 2	14 2	14 2	14 3	14 3	14 3	14 3	14 4	14 3	14 3	14 3	14 4	14 3	14 3	14 3	14 3
15	3	15 3	15 4	15 3	15 3	15 3	15 4	15 4	15 4	15 4	15 5	15 4	15 4	15 4	15 5	15 4	15 4	15 4	15 4
16	4	16 4	16 5	16 4	16 4	16 4	16 5	16 5	16 5	16 5	16 6	16 5	16 5	16 5	16 6	16 5	16 5	16 5	16 5
17	5	17 5	17 6	17 5	17 5	17 5	17 6	17 6	17 6	17 6	17 7	17 6	17 6	17 6	17 7	17 6	17 6	17 6	17 6
18	6	18 6	18 7	18 6	18 6	18 6	18 7	18 7	18 7	18 7	18 8	18 7	18 7	18 7	18 8	18 7	18 7	18 7	18 7
19	7	19 7	19 8	19 7	19 7	19 7	19 8	19 8	19 8	19 8	19 9	19 8	19 8	19 8	19 9	19 8	19 8	19 8	19 8
20	8	20 8	20 9	20 8	20 8	20 8	20 9	20 9	20 9	20 9	20 10	20 9	20 9	20 9	20 10	20 9	20 9	20 9	20 9
21	9	21 9	21 10	21 9	21 9	21 9	21 10	21 10	21 10	21 10	21 11	21 10	21 10	21 10	21 11	21 10	21 10	21 10	21 10
22	10	22 10	22 11	22 10	22 10	22 10	22 11	22 11	22 11	22 11	22 12	22 11	22 11	22 11	22 12	22 11	22 11	22 11	22 11
23	11	23 11	23 12	23 11	23 11	23 11	23 12	23 12	23 12	23 12	23 13	23 12	23 12	23 12	23 13	23 12	23 12	23 12	23 12
24	12	24 12	24 13	24 12	24 12	24 12	24 13	24 13	24 13	24 13	24 14	24 13	24 13	24 13	24 14	24 13	24 13	24 13	24 13
25	13	25 13	25 14	25 13	25 13	25 13	25 14	25 14	25 14	25 14	25 15	25 14	25 14	25 14	25 15	25 14	25 14	25 14	25 14
26	14	26 14	26 15	26 14	26 14	26 14	26 15	26 15	26 15	26 15	26 16	26 15	26 15	26 15	26 16	26 15	26 15	26 15	26 15
27	15	27 15	27 16	27 15	27 15	27 15	27 16	27 16	27 16	27 16	27 17	27 16	27 16	27 16	27 17	27 16	27 16	27 16	27 16
28	16	28 16	28 17	28 16	28 16	28 16	28 17	28 17	28 17	28 17	28 18	28 17	28 17	28 17	28 18	28 17	28 17	28 17	28 17
29	17	29 17	29 18	29 17	29 17	29 17	29 18	29 18	29 18	29 18	29 19	29 18	29 18	29 18	29 19	29 18	29 18	29 18	29 18
30	18	30 18	30 19	30 18	30 18	30 18	30 19	30 19	30 19	30 19	30 20	30 19	30 19	30 19	30 20	30 19	30 19	30 19	30 19

VENTOSE.

Ventôse	An 2. 1794	An 3. 1795.	An 4. 1796.	An 5. 1797.	An 6. 1798.	An 7. 1799.	An 8. 1800.	An 9. 1801.	An 10. 1802.	An 11. 1803.	An 12. 1804.	An 13. 1805.	An 14. 1806.	An 15. 1807.	An 16. 1808.	An 17. 1809.	An 18. 1810.	An 19. 1811.	An 20. 1812.
1	Février. 19	1 19	1 20	1 19	1 19	1 19	1 20	1 20	1 20	1 20	1 21	1 20	1 20	1 20	1 21	1 20	1 20	1 20	1 20
2	20	2 20	2 21	2 20	2 20	2 20	2 21	2 21	2 21	2 21	2 22	2 21	2 21	2 21	2 22	2 21	2 21	2 21	2 21
3	21	3 21	3 22	3 21	3 21	3 21	3 22	3 22	3 22	3 22	3 23	3 22	3 22	3 22	3 23	3 22	3 22	3 22	3 22
4	22	4 22	4 23	4 22	4 22	4 22	4 23	4 23	4 23	4 23	4 24	4 23	4 23	4 23	4 24	4 23	4 23	4 23	4 23
5	23	5 23	5 24	5 23	5 23	5 23	5 24	5 24	5 24	5 24	5 25	5 24	5 24	5 24	5 25	5 24	5 24	5 24	5 24
6	24	6 24	6 25	6 24	6 24	6 24	6 25	6 25	6 25	6 25	6 26	6 25	6 25	6 25	6 26	6 25	6 25	6 25	6 25
7	25	7 25	7 26	7 25	7 25	7 25	7 26	7 26	7 26	7 26	7 27	7 26	7 26	7 26	7 27	7 26	7 26	7 26	7 26
8	26	8 26	8 27	8 26	8 26	8 26	8 27	8 27	8 27	8 27	8 28	8 27	8 27	8 27	8 28	8 27	8 27	8 27	8 27
9	27	9 27	9 28	9 27	9 27	9 27	9 28	9 28	9 28	9 28	9 29	9 28	9 28	9 28	9 29	9 28	9 28	9 28	9 28
10	28	10 28	10 29	10 28	10 28	10 28	10 1	10 1	10 1	10 1	10 1	10 1	10 1	10 1	10 1	10 1	10 1	10 1	10 29
11	Mars. 1	11 1	11 1	11 1	11 1	11 1	11 2	11 2	11 2	11 2	11 2	11 2	11 2	11 2	11 2	11 2	11 2	11 2	11 1
12	2	12 2	12 2	12 2	12 2	12 2	12 3	12 3	12 3	12 3	12 3	12 3	12 3	12 3	12 3	12 3	12 3	12 3	12 2
13	3	13 3	13 3	13 3	13 3	13 3	13 4	13 4	13 4	13 4	13 4	13 4	13 4	13 4	13 4	13 4	13 4	13 4	13 3
14	4	14 4	14 4	14 4	14 4	14 4	14 5	14 5	14 5	14 5	14 5	14 5	14 5	14 5	14 5	14 5	14 5	14 5	14 4
15	5	15 5	15 5	15 5	15 5	15 5	15 6	15 6	15 6	15 6	15 6	15 6	15 6	15 6	15 6	15 6	15 6	15 6	15 5
16	6	16 6	16 6	16 6	16 6	16 6	16 7	16 7	16 7	16 7	16 7	16 7	16 7	16 7	16 7	16 7	16 7	16 7	16 6
17	7	17 7	17 7	17 7	17 7	17 7	17 8	17 8	17 8	17 8	17 8	17 8	17 8	17 8	17 8	17 8	17 8	17 8	17 7
18	8	18 8	18 8	18 8	18 8	18 8	18 9	18 9	18 9	18 9	18 9	18 9	18 9	18 9	18 9	18 9	18 9	18 9	18 8
19	9	19 9	19 9	19 9	19 9	19 9	19 10	19 10	19 10	19 10	19 10	19 10	19 10	19 10	19 10	19 10	19 10	19 10	19 9
20	10	20 10	20 10	20 10	20 10	20 10	20 11	20 11	20 11	20 11	20 11	20 11	20 11	20 11	20 11	20 11	20 11	20 11	20 10
21	11	21 11	21 11	21 11	21 11	21 11	21 12	21 12	21 12	21 12	21 12	21 12	21 12	21 12	21 12	21 12	21 12	21 12	21 11
22	12	22 12	22 12	22 12	22 12	22 12	22 13	22 13	22 13	22 13	22 13	22 13	22 13	22 13	22 13	22 13	22 13	22 13	22 12
23	13	23 13	23 13	23 13	23 13	23 13	23 14	23 14	23 14	23 14	23 14	23 14	23 14	23 14	23 14	23 14	23 14	23 14	23 13
24	14	24 14	24 14	24 14	24 14	24 14	24 15	24 15	24 15	24 15	24 15	24 15	24 15	24 15	24 15	24 15	24 15	24 15	24 14
25	15	25 15	25 15	25 15	25 15	25 15	25 16	25 16	25 16	25 16	25 16	25 16	25 16	25 16	25 16	25 16	25 16	25 16	25 15
26	16	26 16	26 16	26 16	26 16	26 16	26 17	26 17	26 17	26 17	26 17	26 17	26 17	26 17	26 17	26 17	26 17	26 17	26 16
27	17	27 17	27 17	27 17	27 17	27 17	27 18	27 18	27 18	27 18	27 18	27 18	27 18	27 18	27 18	27 18	27 18	27 18	27 17
28	18	28 18	28 18	28 18	28 18	28 18	28 19	28 19	28 19	28 19	28 19	28 19	28 19	28 19	28 19	28 19	28 19	28 19	28 18
[illegible]	[illegible]	[illegible]	[illegible]	[illegible]	[illegible]	[illegible]	29 20	29 20	29 20	29 20	29 20	29 20	29 20	29 20	29 20	29 20	29 20	29 20	29 19

An 2. 1794. Germinal.	Mars. Avril.	An 3. 1795.	An 4. 1796.	An 5. 1797.	An 6. 1798.	An 7. 1799.	An 8. 1800.	An 9. 1801.	An 10. 1802.	An 11. 1803.	An 12. 1804.	An 13. 1805.	An 14. 1806.	An 15. 1807.	An 16. 1808.	An 17. 1809.	An 18. 1810.	An 19. 1811.	An 20. 1812.
1	21	1 21	1 21	1 21	1 21	1 21	1 22	1 22	1 22	1 22	1 22	1 22	1 22	1 22	1 22	1 22	1 22	1 22	1 21
2	22	2 22	2 22	2 22	2 22	2 22	2 23	2 23	2 23	2 23	2 23	2 23	2 23	2 23	2 23	2 23	2 23	2 23	2 22
3	23	3 23	3 23	3 23	3 23	3 23	3 24	3 24	3 24	3 24	3 24	3 24	3 24	3 24	3 24	3 24	3 24	3 24	3 23
4	24	4 24	4 24	4 24	4 24	4 24	4 25	4 25	4 25	4 25	4 25	4 25	4 25	4 25	4 25	4 25	4 25	4 25	4 24
5	25	5 25	5 25	5 25	5 25	5 25	5 26	5 26	5 26	5 26	5 26	5 26	5 26	5 26	5 26	5 26	5 26	5 26	5 25
6	26	6 26	6 26	6 26	6 26	6 26	6 27	6 27	6 27	6 27	6 27	6 27	6 27	6 27	6 27	6 27	6 27	6 27	6 26
7	27	7 27	7 27	7 27	7 27	7 27	7 28	7 28	7 28	7 28	7 28	7 28	7 28	7 28	7 28	7 28	7 28	7 28	7 27
8	28	8 28	8 28	8 28	8 28	8 28	8 29	8 29	8 29	8 29	8 29	8 29	8 29	8 29	8 29	8 29	8 29	8 29	8 28
9	29	9 29	9 29	9 29	9 29	9 29	9 30	9 30	9 30	9 30	9 30	9 30	9 30	9 30	9 30	9 30	9 30	9 30	9 29
10	30	10 30	10 30	10 30	10 30	10 30	10 31	10 31	10 31	10 31	10 31	10 31	10 31	10 31	10 31	10 31	10 31	10 31	10 30
11	31	11 31	11 13	11 31	11 31	11 31	11 1	11 1	11 1	11 1	11 1	11 1	11 1	11 1	11 1	11 1	11 1	11 1	11 31
12	1	12 1	12 1	12 1	12 1	12 1	12 2	12 2	12 2	12 2	12 2	12 2	12 2	12 2	12 2	12 2	12 2	12 2	12 1
13	2	13 2	13 2	13 2	13 2	13 2	13 3	13 3	13 3	13 3	13 3	13 3	13 3	13 3	13 3	13 3	13 3	13 3	13 2
14	3	14 3	14 3	14 3	14 3	14 3	14 4	14 4	14 4	14 4	14 4	14 4	14 4	14 4	14 4	14 4	14 4	14 4	14 3
15	4	15 4	15 4	15 4	15 4	15 4	15 5	15 5	15 5	15 5	15 5	15 5	15 5	15 5	15 5	15 5	15 5	15 5	15 4
16	5	16 5	16 5	16 5	16 5	16 5	16 6	16 6	16 6	16 6	16 6	16 6	16 6	16 6	16 6	16 6	16 6	16 6	16 5
17	6	17 6	17 6	17 6	17 6	17 6	17 7	17 7	17 7	17 7	17 7	17 7	17 7	17 7	17 7	17 7	17 7	17 7	17 6
18	7	18 7	18 7	18 7	18 7	18 7	18 8	18 8	18 8	18 8	18 8	18 8	18 8	18 8	18 8	18 8	18 8	18 8	18 7
19	8	19 8	19 8	19 8	19 8	19 8	19 9	19 9	19 9	19 9	19 9	19 9	19 9	19 9	19 9	19 9	19 9	19 9	19 8
20	9	20 9	20 9	20 9	20 9	20 9	20 10	20 10	20 10	20 10	20 10	20 10	20 10	20 10	20 10	20 10	20 10	20 10	20 9
21	10	21 10	21 10	21 10	21 10	21 10	21 11	21 11	21 11	21 11	21 11	21 11	21 11	21 11	21 11	21 11	21 11	21 11	21 10
22	11	22 11	22 11	22 11	22 11	22 11	22 12	22 12	22 12	22 12	22 12	22 12	22 12	22 12	22 12	22 12	22 12	22 12	22 11
23	12	23 12	23 12	23 12	23 12	23 12	23 13	23 13	23 13	23 13	23 13	23 13	23 13	23 13	23 13	23 13	23 13	23 13	23 12
24	13	24 13	24 13	24 13	24 13	24 13	24 14	24 14	24 14	24 14	24 14	24 14	24 14	24 14	24 14	24 14	24 14	24 14	24 13
25	14	25 14	25 14	25 14	25 14	25 14	25 15	25 15	25 15	25 15	25 15	25 15	25 15	25 15	25 15	25 15	25 15	25 15	25 14
26	15	26 15	26 15	26 15	26 15	26 15	26 16	26 16	26 16	26 16	26 16	26 16	26 16	26 16	26 16	26 16	26 16	26 16	26 15
27	16	27 16	27 16	27 16	27 16	27 16	27 17	27 17	27 17	27 17	27 17	27 17	27 17	27 17	27 17	27 17	27 17	27 17	27 16
28	17	28 17	28 17	28 17	28 17	28 17	28 18	28 18	28 18	28 18	28 18	28 18	28 18	28 18	28 18	28 18	28 18	28 18	28 17
29	18	29 18	29 18	29 18	29 18	29 18	29 19	29 19	29 19	29 19	29 19	29 19	29 19	29 19	29 19	29 19	29 19	29 19	29 18
30	19	30 19	30 19	30 19	30 19	30 19	30 20	30 20	30 20	30 20	30 20	30 20	30 20	30 20	30 20	30 20	30 20	30 20	30 19

FLORÉAL.

Floréal.	An 2. 1794.	1795. An 3.		1796. An 4.		1797. An 5.		1798. An 6.		1799. An 7.		1800. An 8.		1801. An 9.		1802. An 10.		1803. An 11.		1804. An 12.		1805. An 13.		1806. An 14.		1807. An 15.		1808. An 16.		1809. An 17.		1810. An 18.		1811. An 19.		1812. An 20.	
1	Avril. 20	1	20	1	20	1	20	1	20	1	20	1	21	1	21	1	21	1	21	1	21	1	21	1	21	1	21	1	21	1	21	1	21	1	21	1	20
2	21	2	21	2	21	2	21	2	21	2	21	2	22	2	22	2	22	2	22	2	22	2	22	2	22	2	22	2	22	2	22	2	22	2	22	2	21
3	22	3	22	3	22	3	22	3	22	3	22	3	23	3	23	3	23	3	23	3	23	3	23	3	23	3	23	3	23	3	23	3	23	3	23	3	22
4	23	4	23	4	23	4	23	4	23	4	23	4	24	4	24	4	24	4	24	4	24	4	24	4	24	4	24	4	24	4	24	4	24	4	24	4	23
5	24	5	24	5	24	5	24	5	24	5	24	5	25	5	25	5	25	5	25	5	25	5	25	5	25	5	25	5	25	5	25	5	25	5	25	5	24
6	25	6	25	6	25	6	25	6	25	6	25	6	26	6	26	6	26	6	26	6	26	6	26	6	26	6	26	6	26	6	26	6	26	6	26	6	25
7	26	7	26	7	26	7	26	7	26	7	26	7	27	7	27	7	27	7	27	7	27	7	27	7	27	7	27	7	27	7	27	7	27	7	27	7	26
8	27	8	27	8	27	8	27	8	27	8	27	8	28	8	28	8	28	8	28	8	28	8	28	8	28	8	28	8	28	8	28	8	28	8	28	8	27
9	28	9	28	9	28	9	28	9	28	9	28	9	29	9	29	9	29	9	29	9	29	9	29	9	29	9	29	9	29	9	29	9	29	9	29	9	28
10	29	10	29	10	29	10	29	10	29	10	29	10	30	10	30	10	30	10	30	10	30	10	30	10	30	10	30	10	30	10	30	10	30	10	30	10	29
11	30	11	30	11	30	11	30	11	30	11	30	11	1	11	1	11	1	11	1	11	1	11	1	11	1	11	1	11	1	11	1	11	1	11	1	11	30
12	Mai. 1	12	1	12	1	12	1	12	1	12	1	12	2	12	2	12	2	12	2	12	2	12	2	12	2	12	2	12	2	12	2	12	2	12	2	12	1
13	2	13	2	13	2	13	2	13	2	13	2	13	3	13	3	13	3	13	3	13	3	13	3	13	3	13	3	13	3	13	3	13	3	13	3	13	2
14	3	14	3	14	3	14	3	14	3	14	3	14	4	14	4	14	4	14	4	14	4	14	4	14	4	14	4	14	4	14	4	14	4	14	4	14	3
15	4	15	4	15	4	15	4	15	4	15	4	15	5	15	5	15	5	15	5	15	5	15	5	15	5	15	5	15	5	15	5	15	5	15	5	15	4
16	5	16	5	16	5	16	5	16	5	16	5	16	6	16	6	16	6	16	6	16	6	16	6	16	6	16	6	16	6	16	6	16	6	16	6	16	5
17	6	17	6	17	6	17	6	17	6	17	6	17	7	17	7	17	7	17	7	17	7	17	7	17	7	17	7	17	7	17	7	17	7	17	7	17	6
18	7	18	7	18	7	18	7	18	7	18	7	18	8	18	8	18	8	18	8	18	8	18	8	18	8	18	8	18	8	18	8	18	8	18	8	18	7
19	8	19	8	19	8	19	8	19	8	19	8	19	9	19	9	19	9	19	9	19	9	19	9	19	9	19	9	19	9	19	9	19	9	19	9	19	8
20	9	20	9	20	9	20	9	20	9	20	9	20	10	20	10	20	10	20	10	20	10	20	10	20	10	20	10	20	10	20	10	20	10	20	10	20	9
21	10	21	10	21	10	21	10	21	10	21	10	21	11	21	11	21	11	21	11	21	11	21	11	21	11	21	11	21	11	21	11	21	11	21	11	21	10
22	11	22	11	22	11	22	11	22	11	22	11	22	12	22	12	22	12	22	12	22	12	22	12	22	12	22	12	22	12	22	12	22	12	22	12	22	11
23	12	23	12	23	12	23	12	23	12	23	12	23	13	23	13	23	13	23	13	23	13	23	13	23	13	23	13	23	13	23	13	23	13	23	13	23	12
24	13	24	13	24	13	24	13	24	13	24	13	24	14	24	14	24	14	24	14	24	14	24	14	24	14	24	14	24	14	24	14	24	14	24	14	24	13
25	14	25	14	25	14	25	14	25	14	25	14	25	15	25	15	25	15	25	15	25	15	25	15	25	15	25	15	25	15	25	15	25	15	25	15	25	14
26	15	26	15	26	15	26	15	26	15	26	15	26	16	26	16	26	16	26	16	26	16	26	16	26	16	26	16	26	16	26	16	26	16	26	16	26	15
27	16	27	16	27	16	27	16	27	16	27	16	27	17	27	17	27	17	27	17	27	17	27	17	27	17	27	17	27	17	27	17	27	17	27	17	27	16
28	17	28	17	28	17	28	17	28	17	28	17	28	18	28	18	28	18	28	18	28	18	28	18	28	18	28	18	28	18	28	18	28	18	28	18	28	17

Prairial.	An 2. 1794. Mai.	An 3. 1795.	An 4. 1796.	An 5. 1797.	An 6. 1798.	An 7. 1799.	An 8. 1800.	An 9. 1801.	An 10. 1802.	An 11. 1803.	An 12. 1804.	An 13. 1805.	An 14. 1806.	An 15. 1807.	An 16. 1808.	An 17. 1809.	An 18. 1810.	An 19. 1811.	An 20. 1812.
1	20	1 20	1 20	1 20	1 20	1 20	1 21	1 21	1 21	1 21	1 21	1 21	1 21	1 21	1 21	1 21	1 21	1 21	1 20
2	21	2 21	2 21	2 21	2 21	2 21	2 22	2 22	2 22	2 22	2 22	2 22	2 22	2 22	2 22	2 22	2 22	2 22	2 21
3	22	3 22	3 22	3 22	3 22	3 22	3 23	3 23	3 23	3 23	3 23	3 23	3 23	3 23	3 23	3 23	3 23	3 23	3 22
4	23	4 23	4 23	4 23	4 23	4 23	4 24	4 24	4 24	4 24	4 24	4 24	4 24	4 24	4 24	4 24	4 24	4 24	4 23
5	24	5 24	5 24	5 24	5 24	5 24	5 25	5 25	5 25	5 25	5 25	5 25	5 25	5 25	5 25	5 25	5 25	5 25	5 24
6	25	6 25	6 25	6 25	6 25	6 25	6 26	6 26	6 26	6 26	6 26	6 26	6 26	6 26	6 26	6 26	6 26	6 26	6 25
7	26	7 26	7 26	7 26	7 26	7 26	7 27	7 27	7 27	7 27	7 27	7 27	7 27	7 27	7 27	7 27	7 27	7 27	7 26
8	27	8 27	8 27	8 27	8 27	8 27	8 28	8 28	8 28	8 28	8 28	8 28	8 28	8 28	8 28	8 28	8 28	8 28	8 27
9	28	9 28	9 28	9 28	9 28	9 28	9 29	9 29	9 29	9 29	9 29	9 29	9 29	9 29	9 29	9 29	9 29	9 29	9 28
10	29	10 29	10 29	10 29	10 29	10 29	10 30	10 30	10 30	10 30	10 30	10 30	10 30	10 30	10 30	10 30	10 30	10 30	10 29
11	30	11 30	11 30	11 30	11 30	11 30	11 31	11 31	11 31	11 31	11 31	11 31	11 31	11 31	11 31	11 31	11 31	11 31	11 30
12	31	12 31	12 31	12 31	12 31	12 31	12 1	12 1	12 1	12 1	12 1	12 1	12 1	12 1	12 1	12 1	12 1	12 1	12 31
13	Juin. 1	13 1	13 1	13 1	13 1	13 1	13 2	13 2	13 2	13 2	13 2	13 2	13 2	13 2	13 2	13 2	13 2	13 2	13 1
14	2	14 2	14 2	14 2	14 2	14 2	14 3	14 3	14 3	14 3	14 3	14 3	14 3	14 3	14 3	14 3	14 3	14 3	14 2
15	3	15 3	15 3	15 3	15 3	15 3	15 4	15 4	15 4	15 4	15 4	15 4	15 4	15 4	15 4	15 4	15 4	15 4	15 3
16	4	16 4	16 4	16 4	16 4	16 4	16 5	16 5	16 5	16 5	16 5	16 5	16 5	16 5	16 5	16 5	16 5	16 5	16 4
17	5	17 5	17 5	17 5	17 5	17 5	17 6	17 6	17 6	17 6	17 6	17 6	17 6	17 6	17 6	17 6	17 6	17 6	17 5
18	6	18 6	18 6	18 6	18 6	18 6	18 7	18 7	18 7	18 7	18 7	18 7	18 7	18 7	18 7	18 7	18 7	18 7	18 6
19	7	19 7	19 7	19 7	19 7	19 7	19 8	19 8	19 8	19 8	19 8	19 8	19 8	19 8	19 8	19 8	19 8	19 8	19 7
20	8	20 8	20 8	20 8	20 8	20 8	20 9	20 9	20 9	20 9	20 9	20 9	20 9	20 9	20 9	20 9	20 9	20 9	20 8
21	9	21 9	21 9	21 9	21 9	21 9	21 10	21 10	21 10	21 10	21 10	21 10	21 10	21 10	21 10	21 10	21 10	21 10	21 9
22	10	22 10	22 10	22 10	22 10	22 10	22 11	22 11	22 11	22 11	22 11	22 11	22 11	22 11	22 11	22 11	22 11	22 11	22 10
23	11	23 11	23 11	23 11	23 11	23 11	23 12	23 12	23 12	23 12	23 12	23 12	23 12	23 12	23 12	23 12	23 12	23 12	23 11
24	12	24 12	24 12	24 12	24 12	24 12	24 13	24 13	24 13	24 13	24 13	24 13	24 13	24 13	24 13	24 13	24 13	24 13	24 12
25	13	25 13	25 13	25 13	25 13	25 13	25 14	25 14	25 14	25 14	25 14	25 14	25 14	25 14	25 14	25 14	25 14	25 14	25 13
26	14	26 14	26 14	26 14	26 14	26 14	26 15	26 15	26 15	26 15	26 15	26 15	26 15	26 15	26 15	26 15	26 15	26 15	26 14
27	15	27 15	27 15	27 15	27 15	27 15	27 16	27 16	27 16	27 16	27 16	27 16	27 16	27 16	27 16	27 16	27 16	27 16	27 15
28	16	28 16	28 16	28 16	28 16	28 16	28 17	28 17	28 17	28 17	28 17	28 17	28 17	28 17	28 17	28 17	28 17	28 17	28 16
29	17	29 17	29 17	29 17	29 17	29 17	29 18	29 18	29 18	29 18	29 18	29 18	29 18	29 18	29 18	29 18	29 18	29 18	29 17
30	18	30 18	30 18	30 18	30 18	30 18	30 19	30 19	30 19	30 19	30 19	30 19	30 19	30 19	30 19	30 19	30 19	30 19	30 18

MESSIDOR.

An 2.	1794.	An 3.	1795.	An 4.	1796.	An 5.	1797.	An 6.	1798.	An 7.	1799.	An 8.	1800.	An 9.	1801.	An 10.	1802.	An 11.	1803.	An 12.	1804.	An 13.	1805.	An 14.	1806.	An 15.	1807.	An 16.	1808.	An 17.	1809.	An 18.	1810.	An 19.	1811.	An 20.	1812.
Messidor.	Juin. / Juillet.																																						
1	19	1	19	1	19	1	19	1	19	1	19	1	20	1	20	1	20	1	20	1	20	1	20	1	20	1	20	1	20	1	20	1	29	1	20	1	19
2	20	2	20	2	20	2	20	2	20	2	20	2	21	2	21	2	21	2	21	2	21	2	21	2	21	2	21	2	21	2	21	2	21	2	21	2	20
3	21	3	21	3	21	3	21	3	21	3	21	3	22	3	22	3	22	3	22	3	22	3	22	3	22	3	22	3	22	3	22	3	22	3	22	3	21
4	22	4	22	4	22	4	22	4	22	4	22	4	23	4	23	4	23	4	23	4	23	4	23	4	23	4	23	4	23	4	23	4	23	4	23	4	22
5	23	5	23	5	23	5	23	5	23	5	23	5	24	5	24	5	24	5	24	5	24	5	24	5	24	5	24	5	24	5	24	5	24	5	24	5	23
6	24	6	24	6	24	6	24	6	24	6	24	6	25	6	25	6	25	6	25	6	25	6	25	6	25	6	25	6	25	6	25	6	25	6	25	6	24
7	25	7	25	7	25	7	25	7	25	7	25	7	26	7	26	7	26	7	26	7	26	7	26	7	26	7	26	7	26	7	26	7	26	7	26	7	25
8	26	8	26	8	26	8	26	8	26	8	26	8	27	8	27	8	27	8	27	8	27	8	27	8	27	8	27	8	27	8	27	8	27	8	27	8	26
9	27	9	27	9	27	9	27	9	27	9	27	9	28	9	28	9	28	9	28	9	28	9	28	9	28	9	28	9	28	9	28	9	28	9	28	9	27
10	28	10	28	10	28	10	28	10	28	10	28	10	29	10	29	10	29	10	29	10	29	10	29	10	29	10	29	10	29	10	29	10	29	10	29	10	28
11	29	11	29	11	29	11	29	11	29	11	29	11	30	11	30	11	30	11	30	11	30	11	30	11	30	11	30	11	30	11	30	11	30	11	30	11	29
12	30	12	30	12	30	12	30	12	30	12	30	12	1	12	1	12	1	12	1	12	1	12	1	12	1	12	1	12	1	12	1	12	1	12	1	12	30
13	1	13	1	13	1	13	1	13	1	13	1	13	2	13	2	13	2	13	2	13	2	13	2	13	2	13	2	13	2	13	2	13	2	13	2	13	1
14	2	14	2	14	2	14	2	14	2	14	2	14	3	14	3	14	3	14	3	14	3	14	3	14	3	14	3	14	3	14	3	14	3	14	3	14	2
15	3	15	3	15	3	15	3	15	3	15	3	15	4	15	4	15	4	15	4	15	4	15	4	15	4	15	4	15	4	15	4	15	4	15	4	15	3
16	4	16	4	16	4	16	4	16	4	16	4	16	5	16	5	16	5	16	5	16	5	16	5	16	5	16	5	16	5	16	5	16	5	16	5	16	4
17	5	17	5	17	5	17	5	17	5	17	5	17	6	17	6	17	6	17	6	17	6	17	6	17	6	17	6	17	6	17	6	17	6	17	6	17	5
18	6	18	6	18	6	18	6	18	6	18	6	18	7	18	7	18	7	18	7	18	7	18	7	18	7	18	7	18	7	18	7	18	7	18	7	18	6
19	7	19	7	19	7	19	7	19	7	19	7	19	8	19	8	19	8	19	8	19	8	19	8	19	8	19	8	19	8	19	8	19	8	19	8	19	7
20	8	20	8	20	8	20	8	20	8	20	8	20	9	20	9	20	9	20	9	20	9	20	9	20	9	20	9	20	9	20	9	20	9	20	9	20	8
21	9	21	9	21	9	21	9	21	9	21	9	21	10	21	10	21	10	21	10	21	10	21	10	21	10	21	10	21	10	21	10	21	10	21	10	21	9
22	10	22	10	22	10	22	10	22	10	22	10	22	11	22	11	22	11	22	11	22	11	22	11	22	11	22	11	22	11	22	11	22	11	22	11	22	10
23	11	23	11	23	11	23	11	23	11	23	11	23	12	23	12	23	12	23	12	23	12	23	12	23	12	23	12	23	12	23	12	23	12	23	12	23	11
24	12	24	12	24	12	24	12	24	12	24	12	24	13	24	13	24	13	24	13	24	13	24	13	24	13	24	13	24	13	24	13	24	13	24	13	24	12
25	13	25	13	25	13	25	13	25	13	25	13	25	14	25	14	25	14	25	14	25	14	25	14	25	14	25	14	25	14	25	14	25	14	25	14	25	13
26	14	26	14	26	14	26	14	26	14	26	14	26	15	26	15	26	15	26	15	26	15	26	15	26	15	26	15	26	15	26	15	26	15	26	15	26	14
27	15	27	15	27	15	27	15	27	15	27	15	27	16	27	16	27	16	27	16	27	16	27	16	27	16	27	16	27	16	27	16	27	16	27	16	27	15
28	16	28	16	28	16	28	16	28	16	28	16	28	17	28	17	28	17	28	17	28	17	28	17	28	17	28	17	28	17	28	17	28	17	28	17	28	16
29	17	29	17	29	17	29	17	29	17	29	17	29	18	29	18	29	18	29	18	29	18	29	18	[illegible]	[illegible]	[illegible]	[illegible]	[illegible]	[illegible]	29	18	29	18	29	18	29	17

Thermidor	An 2. 1794. Juillet. Août.	An 3. 1795.	An 4. 1796.	An 5. 1797.	An 6. 1798.	An 7. 1799.	An 8. 1800.	An 9. 1801.	An 10. 1802.	An 11. 1803.	An 12. 1804.	An 13. 1805.	An 14. 1806.	An 15. 1807.	An 16. 1808.	An 17. 1809.	An 18. 1810.	An 19. 1811.	An 20. 1812.
1	19	1 19	1 19	1 19	1 19	1 19	1 20	1 20	1 20	1 20	1 20	1 20	1 20	1 20	1 20	1 20	1 20	1 20	1 19
2	20	2 20	2 20	2 20	2 20	2 20	2 21	2 21	2 21	2 21	2 21	2 21	2 21	2 21	2 21	2 21	2 21	2 21	2 20
3	21	3 21	3 21	3 21	3 21	3 21	3 22	3 22	3 22	3 22	3 22	3 22	3 22	3 22	3 22	3 22	3 22	3 22	3 21
4	22	4 22	4 22	4 22	4 22	4 22	4 23	4 23	4 23	4 23	4 23	4 23	4 23	4 23	4 23	4 23	4 23	4 23	4 22
5	23	5 23	5 23	5 23	5 23	5 23	5 24	5 24	5 24	5 24	5 24	5 24	5 24	5 24	5 24	5 24	5 24	5 24	5 23
6	24	6 24	6 24	6 24	6 24	6 24	6 25	6 25	6 25	6 25	6 25	6 25	6 25	6 25	6 25	6 25	6 25	6 25	6 24
7	25	7 25	7 25	7 25	7 25	7 25	7 26	7 26	7 26	7 26	7 26	7 26	7 26	7 26	7 26	7 26	7 26	7 26	7 25
8	26	8 26	8 26	8 26	8 26	8 26	8 27	8 27	8 27	8 27	8 27	8 27	8 27	8 27	8 27	8 27	8 27	8 27	8 26
9	27	9 27	9 27	9 27	9 27	9 27	9 28	9 28	9 28	9 28	9 28	9 28	9 28	9 28	9 28	9 28	9 28	9 28	9 27
10	28	10 28	10 28	10 28	10 28	10 28	10 29	10 29	10 29	10 29	10 29	10 29	10 29	10 29	10 29	10 29	10 29	10 29	10 28
11	29	11 29	11 29	11 29	11 29	11 29	11 30	11 30	11 30	11 30	11 30	11 30	11 30	11 30	11 30	11 30	11 30	11 30	11 29
12	30	12 30	12 30	12 30	12 30	12 30	12 31	12 31	12 31	12 31	12 31	12 31	12 31	12 31	12 31	12 31	12 31	12 31	12 30
13	31	13 31	13 31	13 31	13 31	13 31	13 1	13 1	13 1	13 1	13 1	13 1	13 1	13 1	13 1	13 1	13 1	13 1	13 31
14	[illegible]	14 1	14 1	14 1	14 1	14 1	14 2	14 2	14 2	14 2	14 2	14 2	14 2	14 2	14 2	14 2	14 2	14 2	14 1
15	2	15 2	15 2	15 2	15 2	15 2	15 3	15 3	15 3	15 3	15 3	15 3	15 3	15 3	15 3	15 3	15 3	15 3	15 2
16	3	16 3	16 3	16 3	16 3	16 3	16 4	16 4	16 4	16 4	16 4	16 4	16 4	16 4	16 4	16 4	16 4	16 4	16 3
17	4	17 4	17 4	17 4	17 4	17 4	17 5	17 5	17 5	17 5	17 5	17 5	17 5	17 5	17 5	17 5	17 5	17 5	17 4
18	5	18 5	18 5	18 5	18 5	18 5	18 6	18 6	18 6	18 6	18 6	18 6	18 6	18 6	18 6	18 6	18 6	18 6	18 5
19	6	19 6	19 6	19 6	19 6	19 6	19 7	19 7	19 7	19 7	19 7	19 7	19 7	19 7	19 7	19 7	19 7	19 7	19 6
20	7	20 7	20 7	20 7	20 7	20 7	20 8	20 8	20 8	20 8	20 8	20 8	20 8	20 8	20 8	20 8	20 8	20 8	20 7
21	8	21 8	21 8	21 8	21 8	21 8	21 9	21 9	21 9	21 9	21 9	21 9	21 9	21 9	21 9	21 9	21 9	21 9	21 8
22	9	22 9	22 9	22 9	22 9	22 9	22 10	22 10	22 10	22 10	22 10	22 10	22 10	22 10	22 10	22 10	22 10	22 10	22 9
23	10	23 10	23 10	23 10	23 10	23 10	23 11	23 11	23 11	23 11	23 11	23 11	23 11	23 11	23 11	23 11	23 11	23 11	23 10
24	11	24 11	24 11	24 11	24 11	24 11	24 12	24 12	24 12	24 12	24 12	24 12	24 12	24 12	24 12	24 12	24 12	24 12	24 11
25	12	25 12	25 12	25 12	25 12	25 12	25 13	25 13	25 13	25 13	25 13	25 13	25 13	25 13	25 13	25 13	25 13	25 13	25 12
26	13	26 13	26 13	26 13	26 13	26 13	26 14	26 14	26 14	26 14	26 14	26 14	26 14	26 14	26 14	26 14	26 14	26 14	26 13
27	14	27 14	27 14	27 14	27 14	27 14	27 15	27 15	27 15	27 15	27 15	27 15	27 15	27 15	27 15	27 15	27 15	27 15	27 14
28	15	28 15	28 15	28 15	28 15	28 15	28 16	28 16	28 16	28 16	28 16	28 16	28 16	28 16	28 16	28 16	28 16	28 16	28 15
29	16	29 16	29 16	29 16	29 16	29 16	29 17	29 17	29 17	29 17	29 17	29 17	29 17	29 17	29 17	29 17	29 17	29 17	29 16
30	17	30 17	30 17	30 17	30 17	30 17	30 18	30 18	30 18	30 18	30 18	30 18	30 18	30 18	30 18	30 18	30 18	30 18	30 17

FRUCTIDOR.

An 2.	1794.	An 3. 1795.	An 4. 1796.	An 5. 1797.	An 6. 1798.	An 7. 1799.	An 8. 1800.	An 9. 1801.	An 10. 1802	An 11. 1803.	An 12. 1804.	An 13. 1805	An 14. 1806	An 15. 1807	An 16 1808	An 17. 1809.	An 18. 1810	An 19. 1811.	An 20. 1812.
1	Août 18	1 18	1 18	1 18	1 18	1 18	1 19	1 19	1 19	1 19	1 19	1 19	1 19	1 19	1 19	1 19	1 19	1 19	1 18
2	19	2 19	2 19	2 19	2 19	2 19	2 20	2 20	2 20	2 20	2 20	2 20	2 20	2 20	2 20	2 20	2 20	2 20	2 19
3	20	3 20	3 20	3 20	3 20	3 20	3 21	3 21	3 21	3 21	3 21	3 21	3 21	3 21	3 21	3 21	3 21	3 21	3 20
4	21	4 21	4 21	4 21	4 21	4 21	4 22	4 22	4 22	4 22	4 22	4 22	4 22	4 22	4 22	4 22	4 22	4 22	4 21
5	22	5 22	5 22	5 22	5 22	5 22	5 23	5 23	5 23	5 23	5 23	5 23	5 23	5 23	5 23	5 23	5 23	5 23	5 22
6	23	6 23	6 23	6 23	6 23	6 23	6 24	6 24	6 24	6 24	6 24	6 24	6 24	6 24	6 24	6 24	6 24	6 24	6 23
7	24	7 24	7 24	7 24	7 24	7 24	7 25	7 25	7 25	7 25	7 25	7 25	7 25	7 25	7 25	7 25	7 25	7 25	7 24
8	25	8 25	8 25	8 25	8 25	8 25	8 26	8 26	8 26	8 26	8 26	8 26	8 26	8 26	8 26	8 26	8 26	8 26	8 25
9	26	9 26	9 26	9 26	9 26	9 26	9 27	9 27	9 27	9 27	9 27	9 27	9 27	9 27	9 27	9 27	9 27	9 27	9 26
10	27	10 27	10 27	10 27	10 27	10 27	10 28	10 28	10 28	10 28	10 28	10 28	10 28	10 28	10 28	10 28	10 28	10 28	10 27
11	28	11 28	11 28	11 28	11 28	11 28	11 29	11 29	11 29	11 29	11 29	11 29	11 29	11 29	11 29	11 29	11 29	11 29	11 28
12	29	12 29	12 29	12 29	12 29	12 29	12 30	12 30	12 30	12 30	12 30	12 30	12 30	12 30	12 30	12 30	12 30	12 30	12 29
13	30	13 30	13 30	13 30	13 30	13 30	13 31	13 31	13 31	13 31	13 31	13 31	13 31	13 31	13 31	13 31	13 31	13 31	13 30
14	31	14 31	14 31	14 31	14 31	14 31	14 1	14 1	14 1	14 1	14 1	14 1	14 1	14 1	14 1	14 1	14 1	14 1	14 31
15	Septembre 1	15 1	15 1	15 1	15 1	15 1	15 2	15 2	15 2	15 2	15 2	15 2	15 2	15 2	15 2	15 2	15 2	15 2	15 1
16	2	16 2	16 2	16 2	16 2	16 2	16 3	16 3	16 3	16 3	16 3	16 3	16 3	16 3	16 3	16 3	16 3	16 3	16 2
17	3	17 3	17 3	17 3	17 3	17 3	17 4	17 4	17 4	17 4	17 4	17 4	17 4	17 4	17 4	17 4	17 4	17 4	17 3
18	4	18 4	18 4	18 4	18 4	18 4	18 5	18 5	18 5	18 5	18 5	18 5	18 5	18 5	18 5	18 5	18 5	18 5	18 4
19	5	19 5	19 5	19 5	19 5	19 5	19 6	19 6	19 6	19 6	19 6	19 6	19 6	19 6	19 6	19 6	19 6	19 6	19 5
20	6	20 6	20 6	20 6	20 6	20 6	20 7	20 7	20 7	20 7	20 7	20 7	20 7	20 7	20 7	20 7	20 7	20 7	20 6
21	7	21 7	21 7	21 7	21 7	21 7	21 8	21 8	21 8	21 8	21 8	21 8	21 8	21 8	21 8	21 8	21 8	21 8	21 7
22	8	22 8	22 8	22 8	22 8	22 8	22 9	22 9	22 9	22 9	22 9	22 9	22 9	22 9	22 9	22 9	22 9	22 9	22 8
23	9	23 9	23 9	23 9	23 9	23 9	23 10	23 10	23 10	23 10	23 10	23 10	23 10	23 10	23 10	23 10	23 10	23 10	23 9
24	10	24 10	24 10	24 10	24 10	24 10	24 11	24 11	24 11	24 11	24 11	24 11	24 11	24 11	24 11	24 11	24 11	24 11	24 10
25	11	25 11	25 11	25 11	25 11	25 11	25 12	25 12	25 12	25 12	25 12	25 12	25 12	25 12	25 12	25 12	25 12	25 12	25 11
26	12	26 12	26 12	26 12	26 12	26 12	26 13	26 13	26 13	26 13	26 13	26 13	26 13	26 13	26 13	26 13	26 13	26 13	26 12
27	13	27 13	27 13	27 13	27 13	27 13	27 14	27 14	27 14	27 14	27 14	27 14	27 14	27 14	27 14	27 14	27 14	27 14	27 13
28	14	28 14	28 14	28 14	28 14	28 14	28 15	28 15	28 15	28 15	28 15	28 15	28 15	28 15	28 15	28 15	28 15	28 15	28 14
29	15	29 15	29 15	29 15	29 15	29 15	29 16	29 16	29 16	29 16	29 16	29 16	29 16	29 16	29 16	29 16	29 16	29 16	29 15
30	16	30 16	30 16	30 16	30 16	30 16	30 17	30 17	30 17	30 17	30 17	30 17	30 17	30 17	[illegible] 17	30 17	[illegible]	[illegible] 17	[illegible] 16

JOURS COMPLÉMENTAIRES.

ÈRE Républicaine	ERE Grégorienne.	1	2	3	4	5	6
An 2.	1794.	Septembre. 17	18	19	20	21	
—— 3.	1795.	17	18	19	20	21	22 S.
—— 4.	1796 B.	17	18	19	20	21	
—— 5.	1797.	17	18	19	20	21	
—— 6.	1798.	17	18	19	20	21	
—— 7.	1799.	17	18	19	20	21	22 S.
—— 8.	1800.	18	19	20	21	22	
—— 9.	1801.	18	19	20	21	22	
—— 10.	1802.	18	19	[illegible]	21	22.	
—— 11.	1803.	18	19	[illegible]	21	22	23 S.
—— 12	1804 B.	18	19	20	21	22	
—— 13.	1805.	18	19	20	21	22	
—— 14	1806.	18	19	20	21	22	
—— 15.	1807.	18	19	20	21	22	23 S.
—— 16.	1808 B.	18	19	20	21	22	
—— 17.	1809.	18	19	20	21	22	
—— 18	1810.	18	19	20	21	22	
—— 19.	1811.	18	19	20	21	22	
—— 20.	1812 B.	17	18	19	20	21	22 S.

Jour auquel doit commencer chacune des Années ci-après dénommées.

An 21 ———— 23 Septembre 1812 (Bissextile).
— 22 ———— *idem* 1813.
— 23 ———— *idem* 1814.
— 24 (Sextile) *idem* 1815.
— 25 ———— *idem* 1816 (Bissextile.

TABLE

CHRONOLOGIQUE ET ANALYTIQUE

DES PIÈCES

Contenues dans le quatrième volume du Code de la Martinique.

DATES.	TITRES ANALYTIQUES.
	Général et Intendant, sur le Commerce de la Colonie et celui des Anglo-Américains. [*N°*. 699, *p*. 23.]
1787. 5 mars.	RÉGLEMENT de M. l'Intendant, concernant la compagnie des Pertuisaniers, établie pour la garde des Galériens dans l'île de la Martinique. [*N°*. 700, *p*. 23.]
7 mars.	EXTRAIT d'une Dépêche ministérielle de M. le Maréchal *de Castries*, à MM. les Général et Intendant, sur les Maréchaussées des Colonies. [*N°*. 701, *p*. 25.]
30,	ORDONNANCE de MM. les Général et Intendant, portant ouverture de deux Rues, pour servir d'issue à la rue Beauséjour (dite *Lussy*), sur les rues Justine et St.-Dominique (dite *Toraille*). [N°. 702, *p*. 26.]
16 avril.	—— concernant le Chemin du Prêcheur. [*N°*. 703, *p*. 29.]
10 mai.	ARRÊT du Conseil souverain, faisant défenses aux Greffiers des Jurisdictions d'envoyer hors de leurs Greffes, les Minutes des Procès criminels. [*N°*. 704, *p*. 31.]
17.	ORDONNANCE de MM. les Général et Intendant, portant Ouverture d'une Rue nouvelle, près le Cimetière du Fort-Saint-Pierre, servant de communication de la Grande-Rue du Fort à la rue Hurtault. [*N°*. 705, *p*. 32.]
17 juin.	—— du Roi, portant établissement, aux îles de la Martinique et de la Guadeloupe, d'une Assemblée coloniale et d'un Comité en dépendant, avec suppression des Chambres d'Agriculture. [*N°*. 706, *p*. 33.]
30.	—— de MM les Général et Intendant, concernant l'Hivernage. [*N°*. 707, *p* 46.]
7 juillet.	EXTRAIT d'une Dépêche ministérielle de M. le Maréchal *de Castries*, a MM. les

DATES.	TITRES ANALYTIQUES.
	Général et Intendant, sur l'établissement d'une Assemblée coloniale et d'un Comité intermédiaire en dépendant. [*N°.* 708, *p.* 47.]
1787. 29 juillet.	EXTRAIT d'une Dépêche ministérielle de M. le Maréchal *de Castries*, à M. l'Intendant, au sujet de quelques suppressions dans le Traitement accordé aux Administrateurs-généraux. [*N°.* 709, *p.* 49.]
idem.	—— à MM. les Général et Intendant, concernant le Vicaire apostolique aux îles du vent de l'Amérique. [*N°.* 710, *p.* 50.]
19 août.	—— pour empêcher les Bâtimens des Etats-Unis de faire la pêche de la Baleine aux îles du vent de l'Amérique. [*N°.* 711, *p.* 50.]
idem.	DÉPÊCHE ministérielle de M. le Comte *de Montmorin*, à M. l'Intendant, portant suppression, au compte de l'Etat, des loyers des Greffes. [*N°.* 712, *p.* 51.]
24 septemb.	ORDRE du Roi, pour faire brûler les Procédures criminelles des esclaves. [*N°.* 713, *p.* 51.]
21 octobre.	EXTRAIT d'une Dépêche ministérielle de M. le Comte *de Montmorin*, à MM. les Général et Intendant, sur l'encouragement de la Traite des Nègres par les Bâtimens nationaux. [*N°.* 714, *p.* 52.]
3 novemb.	ORDONNANCE du Roi, qui défend d'inhumer dans les Eglises des Colonies, aucune Personne, de quelque qualité et condition qu'elle soit. [*N°.* 715, *p.* 53.]
24 novemb.	ORDRE du Roi, qui fixe le Poids des Barriques à Sucre, de 1,000 à 1,600 livres. [*N°.* 716, *p.* 54.]
28 décemb.	—— concernant la nomination aux places de Geôliers. [*N°.* 717, *p.* 54.]

DATES.	TITRES ANALYTIQUES.
1788 28 septemb.	ORDONNANCE de MM. les Général et Intendant, qui désigne une Place particulière, pour le mouillage des Bâtimens caboteurs français. [*N°*. 738, *p.* 93.]
1er. octobre.	RÈGLEMENT de MM. les Général et Intendant, concernant les Ports de Lettres relatifs au service de l'Administration. [*N°*. 739, *p.* 94.]
23.	ORDONNANCE de MM. les Général et Ordonnateur de Ste-Lucie, portant rétablissement des Paroisses réunies par l'Ordonnance du Roi, du 28 janvier 1787, fixant l'Imposition pour la construction des Eglises et Presbytères de l'île, ainsi que pour le paiement des Pensions des Curés. [*N°*. 740, *p.* 94.]
1er. novemb.	—— de MM. les Général et Intendant, concernant la Caisse des Nègres justiciés. [*N°*. 741, *p.* 97.]
20.	—— portant permission d'introduire, par des Bâtimens étrangers, jusqu'au 1er. mars 1789 exclusivement, dans les ports du Fort-Royal, du Marin, de la Trinité, du Marigot et la rade de Saint-Pierre, des Farines et Biscuits de fabrique étrangère, des Salaisons et autres Alimens quelconques, dont l'introduction a été permise par l'Ordonnance du 16 août dernier. [*N°*. 742, *p.* 98.]
novembre.	EDIT du Roi, qui ordonne une Fabrication de 80,000 Marcs d'espèces de Billon pour l'usage des îles du Vent et sous le Vent, où elles auront cours pour 2 s. 6 d. [*N°*. 743, *p.* 101.]
Idem.	—— concernant ceux qui ne professent pas la Religion catholique, dans les Colonies de l'obéissance de S. M. [*N°*. 744, *p.* 102.]

DATES.	TITRES ANALYTIQUES.
1788. 25 décemb.	EXTRAIT d'une Dépêche ministérielle de M. le Comte *de la Luzerne*, à MM. les Général et Intendant, sur le Droit d'ouverture des Paquets de la Cour, adressés aux Administrateurs en chef. [*N°.* 745, *p.* 119.]
1789. 7 janvier.	ARRÊT du Conseil souverain, portant défenses aux Sénéchaux d'enregistrer, sous aucun prétexte, les Ordonnances de MM. les Administrateurs, sans mandement préalable de la Cour. [*N°.* 746, *p.* 119.]
25.	—— du Conseil d'Etat du Roi, pour l'exécution, à la Martinique, des Arrêts dudit Conseil d'Etat, des 14 avril 1785 et 21 septembre 1786, concernant la formation de la nouvelle Compagnie des Indes. [*N°.* 747, *p.* 120.]
5 février.	DÉPÊCHE ministérielle de M. le Comte *de la Luzerne*, au Conseil souverain, sur l'Ordre du Roi, concernant la Nomination aux places de Geôliers. [*N°.* 748, *p.* 121.]
15 février.	ORDONNANCE de MM. les Général et Intendant, concernant l'Imposition sur la Martinique, pour l'année 1789. [*N°.* 749, *p.* 122.]
idem.	—— concernant la Tare des Barriques à Sucre. [*N°.* 750, *p.* 134.]
idem.	—— portant prorogation des Droits de Péage sur le Canal du Lamentin. [*N°.* 751, *p.* 134.]
25 avril.	—— portant Tarif pour le Juré-jaugeur, laquelle fixe à 10 s. la somme à percevoir par ledit Jaugeur, sur chaque Futaille de liquide exportée à l'étranger, de quelque contenance qu'elle puisse être, et lui fait défense de prélever davantage, sous

DATES.	TITRES ANALYTIQUES.
	peine de restitution et de condamnation au quadruple du Droit. [N°. 752, p. 135.]
1789. 28 avril.	RÈGLEMENT de M. l'Intendant, qui défend à tout Officier d'Administration et Employé dans les bureaux du Roi, de servir de Caution. [N°. 753, p. 135.]
1er. mai.	ORDONNANCE de MM. les Général et Intendant, concernant les Boucheries. [N°. 754, p. 136.]
10.	—— portant Permission d'introduire les Farines et Biscuits, de fabrique étrangère, dans le Port d'entrepôt, jusqu'au 15 octobre. [N°. 755, p. 140.]
12.	RÈGLEMENT de M. l'Intendant, sur la paie des Commis à la Police. [N°. 756, p. 144.]
15.	—— sur les Frais de Justice concernant les Affaires qui intéressent le service de S. M., ou poursuivies à la requête du Ministère public. [N°. 757, p. 145.]
idem.	—— pour les Geôles de la Martinique. [N°. 758, p. 146.
23 mai.	ORDONNANCE de MM. les Général et Ordonnateur de Ste-Lucie, portant suppression des Droits sur la Morue et autres Poissons salés, et permission d'introduire les Farines étrangères. [N°. 759, p. 149.]
28.	—— de MM. les Général et Intendant, concernant l'Hivernage. [N°. 760, p. 150.]
1er. juin.	—— de M. l'Intendant, portant modification à son Règlement du 15 mai dernier, sur les Geôles. [N°. 761, p. 152.]
16.	—— du Juge de Police de Saint-Pierre, qui défend de tirer des Armes à feu dans la Ville. [N°. 762, p. 152.]
2 juillet.	ARRÊT du Conseil d'État du Roi, qui prolonge jusqu'au 1er. août 1790, les

DATES.	TITRES ANALYTIQUES.
1789. 19 décemb.	ORDONNANCE de MM. les Général et Intendant, sur l'Arrêté de l'Assemblé générale, concernant la Chaîne des Galériens. [N°. 774, p. 180.]
26.	ARRÊT du Conseil souverain, pour manifester son voeu pour le maintien du Régime ancien de la Colonie [N°. 775, p. 181.]
1790. 9 janvier.	—— concernant les Procureurs et les Huissiers. [N°. 776, p. 182.]
18.	ORDONNANCE de M. l'Intendant, concernant les Dénombremens et Recensemens des Paroisses de la Martinique, pour l'année 1790. [N°. 777, p. 184.]
10 mars.	PROCLAMATION du Roi, sur le Décret de l'Assemblée nationale, concernant les Colonies. [N°. 778, p. 185.]
9 avril.	—— concernant les Colonies françaises. [N°. 779, p. 187.]
28 juin.	ORDONNANCE de MM. les Général et Intendant, concernant l'Hivernage. [N°. 780, p. 205.]
7 juillet.	ARRÊT du Conseil souverain, qui enjoint aux Procureurs du Roi de dresser tous les ans, des Procès-verbaux des Minutes des Notaires. [N°. 781, p. 206.]
8.	DÉCRET de l'Assemblée coloniale, sanctionné par M. le Général, concernant les Biens des Suppliciés. [N°. 782, p. 207.]
9.	—— concernant l'Imposition pour l'année 1790. [N°. 783, p. 208.]
10.	—— concernant les Gens sans aveu. [N°. 784, p. 212.]
21.	—— portant suppression du Tribunal du Gouvernement. [N°. 785, p. 214.]
18 août.	LETTRES-PATENTES du Roi, sur un Décret de l'Assemblée nationale, du 6 août, portant abolition des Droits d'Aubaine et

DATES.	TITRES ANALYTIQUES.
	de Détraction, et extinction des Procédures relatives à ces droits. [*N°*. 786, *p*. 215.]
1791. 26 mars.	ORDONNANCE de M. le Général, pour la convocation du Conseil souverain, extraordinairement, afin qu'il reprenne ses fonctions, suspendues par les troubles. [*N°*. 787, *p*. 216.]
17 avril.	LOI, portant que le Décret du 6 août 1790, concernant l'abolition des Droits d'Aubaine et de Détraction, doit être exécuté dans toutes les Possessions françaises, même dans les deux Indes. [*N°*. 788, *p*. 217.]
10 juin.	ORDONNANCE de MM. les Général et Intendant, concernant l'Hivernage. [*N°*. 789, *p*. 217.]
13.	PROCLAMATION du Roi, sur l'abolition des Droits d'Aubaine et de Détraction. [*N°*. 790, *p*. 218.]
12 juillet.	ARRÊT du Conseil souverain, concernant l'introduction de la fausse Monnaie dans la Colonie. [*N°*. 791, *p*. 219.]
idem.	—— portant suppression des Bourses communes des Huissiers. [*N°*. 792, *p*. 220.]
13.	EXTRAIT du Réglement du Juge de Police de Saint-Pierre, sur les Farines nationales et étrangères. [*N°*. 793, *p*. 221]
15 septemb.	ARRÊT du Conseil souverain, qui fixe la valeur des Quarts de Gourdes de nouvelle introduction. [*N°*. 794, *p*. 223.]
28.	LOI relative aux Colonies françaises, orientales et occidentales. [*N°*. 795, *p*. 224.]
29.	PROCLAMATION du Roi, sur la Loi du 28 septembre 1791, relative aux Colonies françaises. [*N°*. 796, *p*. 226.]
1792. 3 janvier.	ARRÊT du Conseil souverain, concernant le Notaire aux Successions vacantes. [*N°*. 797, *p*. 227.

DATES.	TITRES ANALYTIQUES.
1794. 28 août.	AUTORISATION du Commandant en second, sur les Fontaines publiques. [*N°.* 827, *p.* 281.]
4 septemb.	ARRÊT du Conseil souverain, concernant les Registres des Paroisses. [*N°.* 828, *p.* 281.]
9 octobre.	RÉGLEMENT de S. E. le Commandant en chef, pour le rang des Officiers de Milices, et la subordination desdites Milices. [*N°.* 829, *p.* 293.]
idem.	ORDONNANCE de S. E. le Commandant en chef, portant Réglement pour l'armement et l'équipement des Milices de la Martinique. [*N°.* 830, *p.* 295.]
23 octobre.	—— du Juge de Police du Fort-Royal, concernant les Immondices des Maisons. [*N°.* 831, *p.* 297.]
9 novemb.	ORDRE de S. E. le Commandant en chef, pour que tous les Habitans, blancs et de couleur libres de la colonie de la Martinique, aient à se présenter pour se faire inscrire sur le rôle de la Milice et prêter le Serment d'allégeance, sous peine de quitter la Colonie. [*N°.* 832, *p.* 298.]
1795. 27 janvier.	INSTRUCTIONS du Grand-Voyer, pour MM. les Commissaires chargés par les Paroisses de surveiller les réparations des Chemins. [*N°.* 833, *p.* 298.]
1er. avril.	PROCLAMATION de S. E. le Commandant en chef, qui ordonne à toute Personne arrivant dans la Colonie, de se présenter chez les Commissaires-commandans et les Procureurs du Roi. [*N°.* 834, *p.* 300.]
2 juin.	ORDONNANCE de S. Exc. le Commandant en chef et M. l'Administrateur-général, portant établissement d'une Imposition extraordinaire, pour l'armement et l'entretien des Bâtimens garde-côtes. [*N°.* 835, *p.* 303.]

DATES.	TITRES ANALYTIQUES.
1795. 15 juin.	ORDRE de S. E. le Commandant en chef, concernant la Régie des Biens vacans. [N°. 836, p. 306.]
20 juillet.	ORDONNANCE de S. E. le Commandant en chef, portant ouverture des Ports aux Etrangers. [N°. 837, p. 307.]
4 août.	—— de S. Exc. le Gouverneur-général, concernant la composition et la discipline des Milices. [N°. 838, p. 308.]
8.	—— qui fixe l'Imposition pour l'année 1795. [N°. 839, p. 310.]
25.	RÉGLEMENT de S. Exc. le Gouverneur-général, concernant les Esclaves et Mulets de corvée, à fournir pour le service du Roi. [N°. 840, 311.]
29.	ORDONNANCE de S. E. le Gouverneur-général, pour faire numéroter les Canots, Pirogues et autres Embarcations. [N°. 841, p. 313.]
1.er septemb.	—— qui renouvelle les défenses faites aux Cabaretiers, Traiteurs, Aubergistes, Limonadiers et autres, de vendre des Liqueurs quelconques ou de tenir des Billards, sans la Permission d'usage, ainsi que de donner à boire aux Soldats. [N°. 842, p. 316.]
7.	ARRÊT du Conseil souverain, qui remet en vigueur les Réglemens concernant les Jeux de hasard et les Duels. [N°. 843, p. 319.]
30 octobre.	ORDONNANCE de Son Exc. le Gouverneur-général, portant Réglement sur la police des Esclaves. [N°. 844, p. 320.]
idem.	—— sur la discipline des Milices. [N°. 845, p. 322.]
8 novembre.	INSTRUCTIONS de Son Exc. le Gouverneur-général, pour la réparation des Chemins, [N°. 846, p. 324.]

ORDONNANCE

DATES.	TITRES ANALYTIQUES.
	Monnaies altérées, aux Colonies de Sa Majesté dans les Indes occidentales et en Amérique. [N°. 881, p. 372.]
1798. 4 juillet.	PROCLAMATION de S. Exc. le Gouverneur-général, sur le poids des Moëdes ou Pièces d'Or de 66 liv. [N°. 882, p. 374.]
16.	SENTENCE du Tribunal de Saint-Pierre, contre les Introducteurs de fausses Moëdes. [N°. 883, p. 376.]
23 août.	PROCLAMATION de S. Exc. le Gouverneur-général, sur le cours des Monnaies. [N°. 884, p. 378.]
17 octobre.	JUGEMENT de Police, qui condamne à l'amende un Particulier vendant des Liqueurs par petites mesures, sans permission de tenir cabaret. [N°. 885, p 382.]
18.	DÉPÊCHE ministérielle de Milord *Duc de Portland*, au général *Keppel*, sur l'obéissance due aux Lois civiles, par les Militaires de toutes armes. [N°. 886, p. 382.]
9 novemb.	ARRÊT du Conseil souverain, qui défend aux Geôliers d'acheter des Esclaves vendus comme épaves. [N°. 887, p. 384.]
10.	—— concernant les Jeux de hasard, et les Armes cachées dans des cannes ou bâtons. [N°. 888, p. 385.]
28 décemb.	ORDONNANCE de S. E. le Gouverneur-général, qui fixe l'Imposition pour l'année 1799. [N°. 889, p. 389.]
1799. 28 février.	—— du Juge de Police de Saint-Pierre, portant défense aux Pêcheurs et Senneurs de jeter sur le Rivage aucune espèce de Poissons. [N°. 890, p. 390.]
1er. mars.	—— de S. Exc. le Gouverneur-général, portant Réglement et Tarif général de tous les Emolumens attribués à divers Fonctionnaires publics. [N°. 891, p. 391.]

DATES.	TITRES ANALYTIQUES.
1799. 8 mars.	ARRÊT du Conseil souverain, concernant l'exercice de la Médecine et de la Chirurgie, et les Marchands droguistes et Apothicaires de la Colonie. [*N°*. 892, *p*. 410.]
5 avril.	ORDONNANCE du Juge de Police de Saint-Pierre, pour le Nettoiement des Rues de cette Ville. [*N°*. 893, *p*. 415.]
10 juin.	—— concernant les Encanteurs. [*N°*. 894, *p*. 417.]
26.	INSTRUCTIONS de S. Exc. le Gouverneur-général, sur la Régie des Biens vacans. [*N°*. 895, *p*. 419.]
4 juillet.	ARRÊT en Réglement du Conseil souverain, sur le mode de procédure et d'instruction contre les Empoisonneurs. [*N°*. 896, *p*. 420.]
29.	ORDONNANCE du Juge de Police de Saint-Pierre, concernant les Boulangers des Paroisses de la Sénéchaussée de ladite Ville. [*N°*. 897, *p*. 424.]
22 août.	—— sur la propreté des Quais et Cales de ladite Ville. [*N°*. 898, *p*. 426.]
2 septemb.	ARRÊT du Conseil souverain, concernant le déblaiement des Quais de la ville de St-Pierre. [*N°*. 899, *p*. 428.]
5 décembre.	ORDONNANCE de Son Exc. le Gouverneur-général, concernant les Dénombremens et Recensemens des Paroisses de la Martinique, pour l'année 1800. [*N°*. 900, *p*. 430.]
26.	—— qui fixe l'Imposition pour l'année 1800. [*N°*. 901, *p*. 432.]
30.	—— pour la démolition des Hangards, et la taxe à payer par ceux dans le cas d'être conservés sans inconvéniens. [*N°*. 902, *p*. 432.]

DATES.	TITRES ANALYTIQUES.
1801. 2 octobre.	PROCLAMATION de S. M. B., déclarant la cessation des hostilités, tant par mer que par terre, entre Sadite Majesté et la République française, avec injonction de s'y conformer. [*N°.* 914, *p.* 450.]
An X. 18 brumair.	—— des Consuls de la République, aux Français, sur la Paix générale. [*N°.* 915, *p.* 450.]
1801. 27 décemb.	ORDONNANCE de S. E. le Gouverneur-général, qui fixe l'Imposition pour l'année 1802. [*N°.* 916, *p.* 452.]
1802. 20 janvier.	DÉLIBÉRATION du Conseil souverain, qui nomme M. *Du Buc*, Député de la Colonie, près le Gouvernement français. [*N°.* 917, *p.* 453.]
An X. 17 ventôse.	ARRÊTÉ Consulaire, relatif aux Primes accordées pour l'encouragement de la Pêche de la Morue. [*N°.* 918, *p.* 455.]
8 floréal.	—— portant changement de noms de divers Lieux de la Martinique, de Sainte-Lucie et de Tabago. [*N°.* 919, *p.* 461.]
1802. 3 mai.	ARRÊT du Conseil souverain, qui fixe à l'avenir à 100,000 l. le cautionnement du Curateur aux Successions vacantes de la Sénéchaussée de St-Pierre, et à 66,000 l. celui du Fort-Royal. [*N°.* 920, *p.* 462.]
An X. 6 prairial.	ARRÊTÉ Consulaire, qui détermine la manière dont seront régies les colonies de la Martinique et de Sainte-Lucie. [*N°.* 921, *p.* 462.]
10.	LOI, relative à la Traite des Noirs et au Régime des Colonies. [*N°.* 922, *p.* 471.]
27.	ARRÊTÉ Consulaire, relatif aux places de Passagers, dans les Navires expédiés pour les Isles et Colonies françaises. [*N°.* 923, *p.* 472.]
29.	—— relatif à l'administration de la Justice dans les Colonies rendues à la France

DATES.	TITRES ANALYTIQUES.
	par le Traité d'Amiens. [*N°.* 924, *p.* 473.]
An X. 4 messidor.	ARRÊTÉ Consulaire, concernant la Nomination des Payeurs dans les Colonies. [*N°.* 925, *p.* 474.]
idem.	—— relatif à l'Importation et Exportation des Marchandises dans les îles de la Martinique, de la Guadeloupe, Ste-Lucie et Tabago. [*N°.* 926, *p.* 475.]
13.	—— relatif à l'exercice du Culte catholique dans les îles de la Martinique et de Ste-Lucie. [*N°.* 927, *p.* 477.]
idem.	—— portant défenses aux Noirs, Mulâtres, ou autres Gens de couleur de l'un ou de l'autre sexe, d'entrer à l'avenir sur le territoire continental de la République. [*N°.* 928, *p.* 479.]
27.	EXTRAIT d'une Lettre ministérielle, concernant la Francisation des Bâtimens de commerce. [*N°.* 929, *p.* 480.]
5 thermid.	—— d'une Circulaire ministérielle de M. *Decrés*, aux Préfets coloniaux, concernant l'exécution des Lois tendantes à prévenir et réprimer la désertion des Marins, tant sur les Batimens de l'Etat que sur ceux du Commerce. [*N°.* 930, *p.* 482.]
10 fructidor.	ARRÊTÉ Consulaire, concernant le retour des Propriétaires blancs dans les Colonies. [*N°.* 931, *p.* 482.]
29.	ORDONNANCE des Capitaine-général et Préfet colonial, renouvelant les défenses faites aux Cabaretiers, Traiteurs, Aubergistes, Limonadiers et autres, de vendre des Liqueurs quelconques, ou de tenir des Billards sans la permission d'usage, ainsi que de donner à boire aux Soldats et Matelots. [*N°.* 932, *p.* 484.]

DATES.	TITRES ANALYTIQUES.
An XI. 20 nivôse.	ARRÊTÉ Consulaire, portant que tous les Individus sans aveu, et dont les moyens d'existence ne seraient pas assurés, qui débarqueront dans les Colonies, seront sur-le-champ incorporés dans les Troupes de la République. [*N°*. 963, *p*. 538.]
21.	—— des Capitaine-général et Préfet colonial, relatif aux droits d'Exportation et d'Importation dans les îles de la Martinique et de Ste-Lucie. [*N°*. 964, *p*. 539.]
24.	EXTRAIT d'une Dépêche ministérielle de M. *Decrès*, au Préfet colonial, concernant l'achat des Tuyaux et Ecrous de fer fondu, destinés à conduire l'eau dans la ville du Fort-de-France. [*N°*. 965, *p*. 541.]
Idem.	ARRÊTÉ du Grand-Juge, qui fixe l'heure et la durée des Séances de la Cour d'Appel. [*N°*. 966, *p*. 541.]
16.	EXTRAIT d'une Dépêche ministérielle de M. *Decrès*, au Préfet colonial, relativement aux Finances de la Colonie. [*N°*. 967, *p*. 542.]
20.	—— concernant les Extraits mortuaires des Officiers civils et militaires décédés, et la liquidation de leurs Successions, *etc.* [*N°*. 968, *p*. 543.]
Idem.	ARRÊTÉ des Capitaine-général et Préfet colonial, relatif à l'exportation et l'importation des Denrées françaises, coloniales et étrangères, à Ste-Lucie, et au mode de concession des terres dans ladite Isle. [*N°*. 969, *p*. 544.]
24.	EXTRAIT d'une Dépêche ministérielle de M. *Decrès*, au Préfet colonial, sur le Droit de délivrer les Actes de Francisation et les Congés. [*N°*, 970, *p*. 546.]

DATES.	TITRES ANALYTIQUES.
An XI. 29 nivôse.	ARRÊTÉ des Capitaine-général et Préfet colonial, relatif à l'introduction des Noirs à Ste-Lucie, et à l'exportation, par les Bâtimens étrangers, des Denrées provenant du sol de cette Colonie. [*N°.* 971, *p.* 547.]
8 pluviôse.	EXTRAIT d'une Dépêche ministérielle de M. *Decrès*, au Préfet colonial, relatif à l'organisation des pouvoirs des Chefs de la Colonie. [*N°.* 972, *p.* 549.]
idem.	—— sur l'introduction des Farines étrangères. [*N°.* 973, *p.* 550.]
idem.	—— concernant le nouvel Entrepôt ouvert au Fort-de-France. [*N°.* 974, *p.* 551.]
idem.	—— relative aux Marchés pour les Fournitures. [*N°.* 975, *p.* 552.]
idem.	—— concernant les Douanes. [*N°.* 976, *p.* 553.]
idem.	ARRÊTÉ du Grand-Juge de la Martinique, relatif à l'Inhumation des non-Catholiques à Sainte-Lucie. [*N°.* 977, *p.* 554]
12.	—— du Préfet colonial, portant Tarif des prix du fret des Marchandises venant des divers Quartiers de la Colonie à Saint-Pierre, et de St-Pierre dans les mêmes Quartiers, par les Caboteurs et les Canots-passagers. [*N°.* 978, *p.* 556.]
idem.	ORDONNANCE du Préfet colonial, portant que les Capitaines de Commerce français choisiront 6 d'entr'eux pour être chargés de la visite des Bâtimens étrangers. [*N°.* 979, *p.* 558.]
13.	EXTRAIT d'une Dépêche ministérielle de M. *Decrès*, au Préfet colonial, qui ordonne l'établissement d'une *Taxe de Gendarmerie.* [*N°.* 980, *p.* 559.]
20.	ARRÊTÉ des Préfet colonial et Grand-Juge, relatif à l'exécution de l'Edit de 1776,

concernan

DATES.	TITRES ANALYTIQUES.
	concernant le Dépôt des Actes civils et judiciaires, à Versailles. [*N°*. 981. *p*. 559.]
An XI. 22 pluviôse.	ARRÊTÉ du Préfet colonial, qui fixe le mode d'inspection sur la Recette de tous les Fonds publics, à la Martinique et à Sainte-Lucie. [*N°*. 982, *p*. 563.]
23.	LETTRE du Préfet colonial, au Directeur-général du Domaine, qui fixe les droits de Jaugeage sur les Rums, Tafias et Sirops exportés à l'étranger. [*N°*. 983, *p*. 565.]
idem.	—— aux Interprètes des Langues étrangères à St-Pierre, portant que les Capitaines des Bâtimens étrangers seront tenus de déposer à l'Inscription maritime leurs Rôles et Registres. [*N°*. 984, *p*. 565.]
idem.	ARRÊTÉ des Capitaine-général et Préfet colonial, relatif à l'Exportation par les Bâtimens étrangers, des Denrées coloniales, le *Coton excepté*, provenantes du sol de Ste-Lucie. [*N°*. 985, *p*. 566.]
29.	—— concernant l'Imposition pour l'année 1803. [*N°*. 986, *p*. 568.]
30.	—— qui ordonne plusieurs Etablissemens et Monumens publics dans les villes du Fort-de-France et de St-Pierre. [*N°*. 987, *p*. 572.]
idem.	—— relatif aux Etrangers établis dans les colonies de la Martinique et Ste-Lucie. [*N°*. 988, *p*. 575.]
10 ventôse.	—— concernant la Vente et la Taxe du Poisson. [*N°*. 989, *p*. 578.]
14.	EXTRAIT de l'Arrêté consulaire, qui fixe le prix des passages pour les Colonies orientales, occidentales et la côte d'Afrique. [*N°*. 990, *p*. 579.]
idem.	ARRÊTÉ Consulaire, concernant les attributions des Officiers d'administration des

DATES.	TITRES ANALYTIQUES.
	Colonies, en ce qui concerne les Naufrages et les Prises. [*N°*. 991, *p*. 580.]
An XI. 14 ventôse.	ARRÊTÉ Consulaire, portant que le Capitaine-général, le Préfet colonial et le Payeur des colonies de la Guadeloupe, de la Martinique, de Ste-Lucie et de Tabago, ne pourront, sous quelque prétexte que ce soit, tirer des Traites ou Lettres-de-change sur le Trésor public. [*N°*. 992, *p*. 581.]
19.	EXTRAIT d'une Dépêche ministérielle de M. *Decrès*, au Préfet colonial, sur les Demandes en avancement des Officiers d'administration. [*N°*. 993, *p*. 581.]
20.	—— relative à la réunion des deux Missions religieuses. [*N°*. 994, *p*. 581.]
22.	ARRÊTÉ des Capitaine-général et Préfet colonial, qui rend officiel le Journal intitulé: *Feuille du Commerce* ou *Petites Affiches de la Martinique*. [*N°*. 995, *p*. 582.]
23.	—— Consulaire, qui ordonne l'établissement des Chambres d'Agriculture à St-Domingue, à la Martinique, à la Guadeloupe, à Cayenne, à l'Isle-de-France et à l'Isle-de-la-Réunion. [*N°*. 996, *p*. 583.]
24.	—— des Capitaine-général et Préfet colonial, qui ordonne la vérification des Titres dont se trouvent porteurs les Gens de couleur se disant libres. [*N°*. 997, *p*. 585.]
Idem.	EXTRAIT de la Décision des Capitaine-général et Préfet colonial, qui accorde à la paroisse du Mouillage la jouissance temporaire de la Maison nationale, accordée pour servir de Presbytère. [*N°*. 998, *p*. 592.]
25.	—— d'une Circulaire ministérielle de M. *Decrès*, aux Préfets coloniaux, concernant l'envoi de la *Vaccine*, pour être

DATES.	TITRES ANALYTIQUES.
An XII. 9 brumaire.	ARRÊTÉ du Grand-Juge, supplémentaire au Mode de Procédure à suivre par le Tribunal Spécial. [*N*°. 1027, *p*. 637.]
10.	—— des Capitaine-général et Préfet colonial sur les Armemens en course. [*N*°. 1028, *p*. 638.]
11 frimaire.	—— qui nomme une Commission pour la vérification des Libertés soumises à la confirmation, en vertu des Arrêtés des 24 ventôse et 7 messidor an XI. [*N*°. 1029, *p*. 641.]
21.	—— Consulaire, portant que les Capitaines-généraux des Colonies seront, en cas de mort ou d'absence, remplacés provisoirement, pendant la guerre, par les Commandans des Troupes. [*N*°. 1030, *p*. 642.]
9 nivôse.	ORDONNANCE du Préfet colonial, concernant le Dénombrement et le Recensement des Habitans de l'île de la Martinique. [*N*°. 1031, *p*. 642.]
10.	ARRÊTÉ des Capitaine-général et Préfet colonial, concernant l'Imposition pour l'année 1804. [*N*°. 1032, *p*. 644.]
16.	—— concernant les Titres de Liberté obtenus en Pays étrangers, non susceptibles de confirmation, et les Preuves testimoniales qui doivent suppléer les Titres réguliers qui auraient été perdus. [*N*°. 1033, *p*. 646.]
9 pluviôse.	—— du Préfet colonial, qui taxe à 25 s. le prix du Poisson d'une livre et au-dessus; celui du Poisson au-dessous d'une livre, à 15 s., et celui du Poisson de 3me. qualité, tel que Sardines et autres menus Poissons, à 10 s. [*N*°. 1034, *p*. 649.]
21.	EXTRAIT d'une Dépêche ministérielle de M. *Decrés*, aux Capitaine-général et

DATES.	TITRES ANALYTIQUES.
	Préfet colonial, concernant le Dépôt des Fonds provenans des Prises faites en mer, par les Corsaires, et la modification à quelques points de la Législation actuelle de la Course. [*N°.* 1035, *p.* 649.]
An XII. 11 pluviôse.	EXTRAIT d'une Dépêche ministérielle de M. *Decrès*, aux Capitaine-général et Préfet colonial, portant approbation par le Gouvernement de plusieurs Arrêtés des Administrateurs de la Martinique. [*N°.* 1036, *p.* 650.]
16.	ARRÊTÉ des Capitaine-général et Préfet colonial, sur l'aliénation de toutes les Maisons nationales provenant des ex-Dominicains et des ex-Religieux de la Charité. [*N°.* 1037, *p.* 651.]
18.	——, du Grand-Juge, relatif aux Successions vacantes et aux Exécuteurs-testamentaires. [*N°.* 1038, *p.* 652.]
19.	——, qui fixe le nombre des Juges dans les Procédures criminelles contre les Esclaves. [*N°.* 1039, *p.* 655.]
1er. ventôse.	ORDONNANCE du Préfet colonial, concernant les encombremens des Quais et du bord de la Mer à St-Pierre. [*N°.* 1040, *p.* 656.]
idem.	—— concernant la réparation des Pavés de la ville de Saint-Pierre. [*N°.* 1041, *p.* 658.]
9.	—— concernant la jouissance du Terrein sur lequel est bâti le Clocher de la paroisse du Mouillage à St-Pierre, et d'un Emplacement destiné à un nouveau Presbytère de ladite Paroisse, et qui autorise une Assemblée paroissiale pour subvenir aux frais de quelques réparations à faire à son Eglise. [*N°.* 1042, *p.* 659.]

DATES.	TITRES ANALYTIQUES.
	Préfets coloniaux et Grands-Juges, concernant les Légalisations des Pièces envoyées hors du territoire des Isles. [*N°*. 1052, *p*. 677.]
An XII. 13 messidor.	EXTRAIT d'une Dépêche ministérielle de M. *Decrès*, au Capitaine-général, relatif aux Etats-Majors et Equipages des Bâtimens de l'Etat en station à la Martinique. [*N°*. 1053, *p* 677.]
idem.	ARRÊTÉ du Préfet colonial, qui sépare la place de Payeur de celle de Receveur-général. [*N°*. 1054, *p*. 678]
20,	AVIS du Préfet colonial, qui rappelle l'exécution des Ordonnances sur les *Veretiés*, et défend l'Inoculation dans les Villes et Bourgs. [*N°*. 1055, *p*. 679.]
30.	EXTRAIT d'une Dépêche ministérielle de M. *Decrés*, aux trois Chefs de la Martinique, portant que S. M. l'Empereur a reconnu M. *Du Buc*, en qualité de Député de cette Colonie. [*N°*. 1056, *p*. 679.]
1.er thermid.	CIRCULAIRE du Préfet colonial, aux Commissaires-commandans des Paroisses, relative aux Dénombremens et Recensemens. [*N°*. 1057, *p*. 680.]
idem.	INSTRUCTIONS du Préfet colonial, sur la manière dont les Commissaires-commandans des Paroisses doivent recevoir les Déclarations des Habitans, pour leurs Dénombremens et Recensemens. [*N°*. 1058, *p*. 682.]
idem.	ARRÊTÉ, concernant la formation des Dénombremens et Recensemens de l'île de la Martinique, pour l'an XIII. [*N°*. 1059, *p*. 684.]
7.	ARRÊTÉ du Préfet colonial, qui détermine les formes comptables à suivre, pour les Versemens de Fonds, du sein de la Caisse

DATES.	TITRES ANALYTIQUES.
	des *Successions vacantes*, de celle des *Consignations* et *Amendes*, ou autres Caisses particulières, dans celle du Trésor public de la Colonie. [*N°*. 1060, *p*. 686.]
An XII. 18 thermid.	Arrêté du Préfet colonial, portant Réglement concernant les *Certificats d'indigence* pour décharge de Contributions. [*N°*. 1061, *p*. 688.]
idem.	—— des Capitaine-général et Grand-Juge, rélatif aux Minutes des Notaires, aux Actes judiciaires, et aux Registres de l'Etat civil, déposés dans les Greffes des Tribunaux de la Martinique. [*N°*. 1062, *p*. 691.]
23.	—— du Préfet colonial, concernant quelques Modifications à l'Arrêté sur les Certificats d'indigence. [*N°*. 1063, *p*. 694.]
24.	—— qui détermine les Formes dans lesquelles il sera procédé au Paiement du Loyer et autres Dépenses relatives à l'Atelier des nègres Pionniers. [*N°*. 1064, *p*. 695.]
28.	—— qui ordonne que la Monnaie en *Francs* soit la seule employée dans les Actes officiels. [*N°*. 1065, *p*. 698.]
9 fructidor.	—— concernant le changement du Cimetière de la paroisse du Mouillage de la ville de St-Pierre. [*N°*. 1066, *p*. 700.]
12.	Extrait d'une Circulaire ministérielle de M. *Decrès*, à MM. les Préfets coloniaux, accompagnant un Rapport de l'Ecole de Médecine de Paris, relatif aux moyens de prévenir le *Tétanos* ou *Mal de Mâchoire* des Nouveaux-Nés. [*N°*. 1067, *p*. 704.]
16.	Arrêté du Grand-Juge, sur un Arrêt de la Cour d'Appel, portant défenses

DATES.	TITRES ANALYTIQUES.
	d'introduire des Vins et Liqueurs falsifiés dans la Colonie. [*N*°. 1068, *p*. 705.]
An XII. 27 fructidor.	ARRÊTÉ du Préfet colonial, qui fixe le prix de la Toise du Pavé réparé ou refait à neuf, par le Voyer de St-Pierre, à défaut de Propriétaires intéressés. [*N*°. 1069, *p*. 706.]
27.	ORDONNANCE du Juge de Police de Saint-Pierre, sur les Quarts de Gourde coupés. [*N*°. 1070, *p*. 708.]
An XIII. 5 vendém.	ARRÊTÉ du Préfet colonial, relatif à la taxe du Toisé des Pavés. [*N*°. 1071, *p*. 709.]
6.	—— qui fixe le nombre et les appointemens des Concierges, Portiers, Garçons de Bureaux et Jardiniers, employés pour les différens besoins du Gouvernement et de l'Administration. [*N*°. 1072, *p*. 710.]
7.	—— portant que les Emplacemens sur le Bord de la Mer soient accordés en concession ou location aux seuls Propriétaires des Maisons en face. [*N*°. 1073, *p*. 710.]
10.	—— du Grand-Juge, relatif à la nouvelle rédaction des Actes judiciaires, ordonnée par le Sénatus-consulte organique du 28 floréal an XII. [*N*° 1074, *p*. 712.]
28.	—— du Préfet colonial, concernant l'assiette et la levée des Contributions publiques pour l'an XIII. [*N*°. 1075, *p*. 713.]
26 brumair.	—— portant application de la somme provenant de la vente des *Casernes anglaises* du morne Mirail, aux travaux et plantations d'arbres qui se font sur la *plage du Commerce du Port*, et aux dépenses faites au Jardin colonial des Plantes [*N*°. 1076, *p*. 715.]
Idem.	EXTRAIT d'une Dépêche ministérielle de M. *Decrès*, à Mr *Laussat*, préfet colonial de la Martinique, relative aux Impositions coloniales. [*N*°. 1077, *p*. 715.]

Fin de la Table.

CODE

DE LA

MARTINIQUE.

(N°. 693.) ORDONNANCE *du Roi, concernant les Milices des Colonies.*

Du 1er. janvier 1787.

SA MAJESTÉ ayant jugé nécessaire d'établir dans les différens corps de milices des colonies, la plus grande uniformité, a réglé leur formation et leur service, par des ordonnances particulières à chacune desdites colonies ; mais par une suite de cette uniformité de principes que S. M. veut être établie dans tous les genres de services, elle a fait résumer dans la présente ordonnance toutes celles antérieures ; et en établissant ainsi une seule règle pour le service des milices coloniales, elle a prononcé sur les cas qui doivent nécessiter des exceptions.

ART. Ier. S. M. ne voulant point que les milices de ses colonies aient d'autre Etat-major que celui des places dont elles dépendent, a supprimé les Commandans et Majors de quartier ; et les Capitaines desdites milices ne pourront en conséquence prétendre à aucun rang supérieur à celui de leur emploi titulaire, sinon dans les cas d'actions distinguées à la guerre.

Les Commandans de quartier qui se trouveront supprimés par cette nouvelle formation, conserveront le commandement de leur paroisse et prendront une compagnie à la première vacance ; il en sera de même des Majors de quartier, s'ils ne sont pas de la même paroisse que le Commandant ; et s'ils sont de la même paroisse, ils prendront la seconde compagnie qui vaquera et succéderont de droit au commandemen de la paroisse.

II. Il ne sera formé de troupes de milices coloniales, que sous la dénomination de *compagnies d'Infanterie*, de *Grenadiers*, de *Fusiliers*, d'*Artillerie* et de *Dragons* ; seront et demeureront supprimées, toutes les troupes qui existaient jusqu'à présent, sous d'autres dénominations que celles ci-dessus indiquées.

III. Les milices coloniales seront composées des Habitans de chaque colonie, depuis l'âge de 15 ans jusqu'à 55 ans.

IV. Chaque compagnie d'infanterie sera commandée par un Capitaine et un Lieutenant ; et composée de 2 Sergens, 8 Caporaux, 48 Fusiliers et d'un Tambour, nègre ou mulâtre, qui sera aux frais du Capitaine.

Les Officiers excédant par cette nouvelle composition, resteront sans activité jusqu'à ce qu'ils soient successivement remplacés ; ils ne feront aucun service, ne jouiront d'aucune exemption, et le tems de l'inaction ne sera pas compté pour la croix.

V. Le nombre des compagnies formées dans chaque paroisse, ne sera déterminé que par celui qu'elles pourront fournir ; ces compagnies pourront être plus fortes en nombre, mais jamais moindres que celui indiqué ci-dessus, à moins qu'une paroisse ne pût fournir le nombre suffisant pour former une compagnie ; et dans ce dernier cas, les Habitans de la paroisse seront formés en une seule compagnie, quel que soit leur nombre, commandée par un Officier, lequel sera Lieutenant ou Capitaine, suivant son ancienneté, et remplira les fonctions de Commandant de paroisse.

VI. Tous les Officiers desdites compagnies continueront d'être nommés et pourvus de commissions par le seul Gouverneur-lieutenant-général de la Colonie, pour, par lesdits Officiers, exercer leurs emplois jusqu'à ce que S. M. leur ait fait expédier les commissions ou brevets nécessaires, sur la liste qui en sera envoyée, tous les 6 mois, par le Gouverneur-général au Secrétaire d'Etat de la marine et des colonies ; et il en sera usé de même pour les emplois vacans par décès, abandonnement des Officiers ou autres causes valables. Aucun Habitant ne sera pourvu d'un emploi de Lieutenant avant l'âge de 20 ans.

VII. Le Gouverneur-général pourra nommer à un emploi vacant, un Officier qui aurait servi en France ; dans ce cas, cet Officier prendrait rang de la date de son ancienne commission.

Tout Officier de milice qui quittera sa paroisse pour s'établir dans une autre, y prendra son rang au premier mouvement qui pourra donner lieu à son remplacement, sur une simple lettre de passe qui lui sera alors expédiée par le Gouverneur-général.

VIII. Il ne sera point expédié de commissions ou lettres d'officiers de milices à la suite ;

et le service ne sera point compté aux Officiers qui en auront été pourvus ci-devant.

IX. Il sera établi dans chaque paroisse un Commandant, lequel sera choisi parmi les Capitaines desdites paroisses ; ce choix sera fait par le Gouverneur-général, sans égard à l'ancienneté, à cause des fonctions relatives à l'administration, attribuées par les ordonnances de S. M. aux Commandans de paroisse ; et sur ladite nomination du Gouverneur, il sera expédié un ordre de commandement.

X. Ledit Commandant de paroisse conservera sa compagnie et commandera tous les Capitaines de sa paroisse ; il rendra compte immédiatement au Commandant en second ou particulier, ou à tel autre Officier commandant pour le Roi dans le département où se trouvera la paroisse ; et cette reddition de compte sera ainsi graduelle jusqu'au Gouverneur-général.

Si le nombre de compagnies dans une même paroisse était trop considérable pour que le Commandant de ladite paroisse pût être chargé de la reddition entière des comptes, le Gouverneur-général autorisera, par un ordre particulier, un ou plusieurs Capitaines à commander tel nombre de compagnies qu'il jugera à propos, à la charge de rendre compte au Commandant de la paroisse.

XI. Il y aura dans chaque paroisse un Aide-major, qui sera choisi parmi les Lieutenans, lequel aura rang de Capitaine d'infanterie du jour de sa nomination.

XII. Le Commandant de paroisse qui s'absentera, donnera avis de son absence à celui qui, par son rang, devra commander dans la paroisse.

XIII. Les Commandans de paroisse et les Capitaines qui se trouveront commander en leur absence, feront exécuter ponctuellement les differens ordres qu'ils recevront; mais ne pourront, sous aucun prétexte, s'arroger les droits de connaître d'aucune affaire que celles dont la connaissance leur sera attribuée par les ordonnances de S. M.

XIV. Il sera formé dans les paroisses de la colonie, suivant la quantité des Habitans aisés, des compagnies de Dragons, commandées chacune par un Capitaine et un Lieutenant, les Sous-lieutenans seront supprimés, et il en sera usé à leur égard conformément à l'article IV. Chaque compagnie sera composée de 2 Maréchaux-des-logis, 5 Brigadiers et 40 Dragons, avec 1 Tambour nègre ou mulâtre. Les Dragons seront choisis entre les principaux Habitans qui n'auront pas été Officiers, et qui seront en état d'entretenir un cheval.

Le Gouverneur de la colonie fixera le nombre de chaque compagnie de Dragons que pourra comporter la force de ladite colonie, et déterminera leur répartition.

XV. Le Gouverneur-lieutenant-général de la colonie sera Capitaine d'une compagnie de Dragons, et il aura sous lui un Capitaine-lieutenant. Les Commandans en second auront chacun une compagnie d'infanterie avec un Capitaine-lieutenant.

XVI. Les commissions de Capitaine-commandant de paroisse, d'Aide-major, de Capitaine et de Lieutenant d'infanterie et de Dragons ne donneront de pouvoirs et de commandemens militaires, que sur les milices, sans aucune extension sur les troupes réglées. Lesdites compagnies de milices seront également distinctes et indépendantes, pour leur service, des troupes réglées ; et ne recevront des ordres que du Gouverneur-lieutenant-général, des Commandans en second, des Commandans particuliers, Majors et Aides-majors de place, et des Commandans des milices, chacun dans sa paroisse.

XVII. Dans le cas où des détachemens de milices seraient mêlés avec les troupes réglées, soit en tems de paix, soit en tems de guerre, à grade égal, l'Officier des troupes réglées commandera, et les Officiers de milices commanderont à grade supérieur seulement. Les Sous-lieutenans des troupes réglées rouleront avec les Lieutenans de milices, et seront considérés comme étant à grade égal avec ces derniers.

S. M. réserve, dans tous les cas, aux Gouverneur-général et Commandans en second, soit en tems de paix, soit en tems de guerre, le pouvoir d'établir par un ordre exprès, un Officier, soit des troupes réglées ou des milices, commandant en titre un détachement mêlé des deux troupes.

XVIII. Les Capitaines auront la police et discipline de leurs compagnies ; mais lorsqu'il y aura lieu de faire punir quelques Soldats de milices dans les cas qui y seraient relatifs, ils en informeront le Commandant de paroisse, qui, sur le compte qui lui en sera rendu, ordonnera la prison, dont il ne pourra cependant pas prolonger le terme au delà de 24 heures, sans en rendre compte.

XIX. Les Bas-officiers des compagnies, seront choisis et nommés par les Commandans de paroisse, sur la proposition du Capitaine; et ceux qui auront été nommés seront reconnus à la tête des compagnies, sans autre commission.

XX. Tout Habitant destiné à servir dans les milices, sera pourvu en tout tems et à ses dépens; savoir: le Fantassin d'un fusil et baïonnette, 2 liv. de poudre et 6 liv. de balles: le Dragon aura toujours un cheval, son équipage, son sabre, son fusil, sa baïonnette, 6 liv. de poudre et 18 liv. de balles. Les armes de toutes les troupes de milices seront des mêmes modèles et calibres que celles des troupes réglées; elles seront fournies des arsenaux et magasins du Roi, et délivrées aux Habitans qui en paieront le prix coûtant de la manufacture; S. M. supportant tous autres frais. Après chaque revue générale, le Gouverneur-général expédiera les ordres pour la livraison des armes demandées par chaque paroisse.

XXI. Les milices de la colonie ne pourront être rassemblées ni conduites hors de leurs paroisses, sans un ordre exprès du Gouverneur-général. Les Commandans des paroisses ne pourront commander des détachemens pour la chasse des nègres marrons, qu'après en avoir reçu l'ordre, ou du Gouverneur-général, ou des Commandans en second, auxquels ils rendront compte du retour du détachement et de l'exécution desdits ordres.

XXII. Ne seront pas assujettis à servir dans les milices, les Conseillers des Conseils souverains, les Procureurs-généraux et leurs Substituts, les Greffiers en chef et leurs Commis-greffiers, les Huissiers-audienciers et ordinaires, les Membres des Chambres d'agriculture, les

Juges des Jurisdictions ordinaires et de l'Amirauté, les Procureurs de S. M. et leurs Substituts, les Greffiers et Commis-greffiers desdits siéges, les Officiers ayant servi dans les troupes de France, ayant commission de S. M., et qui ont obtenu une pension de retraite, et les Chevaliers de l'ordre royal et militaire de St-Louis, les Gradués ayant lettres d'Avocats et qui exercent, tous Dépositaires publics, Receveurs, Notaires, Arpenteurs, Curateurs aux successions vacantes, Procureurs, Officiers d'administration, Commis employés au service de S. M., les Médecins, Chirurgiens brevetés et reçus, Officiers de navires marchands ou autres employés dans lesdits navires en expédition sur les lieux, même les Flibustiers : et pour éviter tout abus dans les exemptions attribuées aux Commis de toute espèce, elles n'auront lieu que sur le rôle qui en sera arrêté par l'Intendant ou l'Ordonnateur.

XXIII. Les Commandans de paroisse feront, en tems de paix, quatre revues générales chaque année ; la 1re. au mois de janvier, la 2me. au mois d'avril, la 3me. au mois de juillet et la 4me. au mois d'octobre. Chaque Capitaine dressera une liste des hommes qui composeront la compagnie, recevra leurs déclarations sur l'état de leurs armes et de leurs munitions, et en vérifiera l'exactitude ; il réformera celles qu'il aura trouvé défectueuses ; il punira de la prison ceux qui manqueront à ces revues, à moins qu'ils ne justifient de raisons valables, comme maladies, *etc.* ; mais le tems de la prison ne pourra pas excéder 24 heures, à moins de motifs extraordinaires, et alors il en rendra compte au Gouverneur-général ou autre Officier de l'Etat-major.

XXIV. Le Gouverneur-lieutenant-général fera sa revue des milices lorsqu'il le jugera à propos ; les Commandans en second feront une revue, chacun dans leur département, en assignant un lieu de rassemblement dans chaque paroisse ; les Commandans particuliers et autres Officiers de l'Etat-major feront, autant qu'il sera possible, les 4 revues de paroisses ci-dessus indiquées ; et si le nombre des paroisses de leur département est trop considérable, ils autoriseront les Commandans desdites paroisses à passer les revues, de manière cependant que dans le cours de l'année, ils fassent au moins une revue dans chaque paroisse. Toutes ces revues devront être indiquées pour les premiers dimanches de chaque trimestre.

XXV. Le Fantassin ne se présentera aux revues générales ou aux exercices (quand ils auront été ordonnés), qu'avec son fusil d'ordonnance, sa baïonnette et 12 coups à tirer ; et le Dragon, avec son cheval, son équipage, son sabre, ses pistolets, son fusil, sa baïonnette et 20 coups à tirer.

XXVI. Tous les Exempts de milices seront tenus d'avoir chez eux 2 bons fusils d'ordonnance en bon état, 4 livres de poudre et 12 livres de balles.

XXVII. Tous les Habitans, même les privilégiés sans exception, enverront aux Commandans de paroisse, dans le tems des revues, leurs déclarations, contenant leur âge, leur nom et leurs qualités. Les Matelots et les Flibustiers seront seulement tenus de donner leurs noms et le lieu de leurs résidences les plus ordinaires à l'Aide-major, qui en remettra l'état au Commandant de paroisse, pour le tout être adressé au Gouverneur.

XXVIII. Les troupes de milices de chaque paroisse seront distribuées de manière qu'une partie puisse toujours être réservée pour la défense du quartier, lorsque le service exigera un déplacement d'une partie de ces troupes ; et dans tous les cas il y sera désigné un Commandant par le Gouverneur-général ou autre Officier de l'Etat-major.

XXIX. Tous Fantassins et Dragons pourront faire monter leurs gardes par des Blancs qu'ils présenteront à leur place ; si celui qui devra les remplacer manque à son poste, ou s'il n'obéit pas à l'Officier qui commandera, il sera puni ; et ceux desdits Fantassins et Dragons qui, n'ayant présenté personne pour les remplacer, manqueront, seront condamnés à tenir prison dans le fort ou dans la prison militaire, autant de tems que leur garde devait durer, et à payer en outre le Représentant qu'on aura pris pour eux, selon le taux fixé ; sauf à infliger une plus grande peine en cas de récidive, et il y sera pourvû comme il a été dit à l'art. XVIII.

XXX. Les rôles des gardes seront affichés aux portes des Eglises, afin que chacun soit prévenu à l'avance de son tour de service.

XXXI. Ne pourront être compris en même tems dans les rôles des gardes, les Propriétaires d'habitations et leurs Economes ; et l'intervalle des gardes sera déterminé de manière que les esclaves ne restent pas sans Inspecteurs.

XXXII. Voulant traiter avec distinction les milices des colonies, S. M. se réserve à elle seule de destituer de leurs emplois les Officiers qui se seraient mal conduits, autorisant seulement le Gouverneur à interdire ceux qui lui paraîtront le mériter, et à nommer provisoirement aux emplois vacans par mort, abandonnement ou interdiction.

XXXIII. Les Officiers des milices jouiront des exemptions suivantes ; savoir : les Commandans de paroisse et les Aides-majors, de la capitation de 12 nègres, les Capitaines de celle de 10 nègres, les Lieutenans de celle de 6 nègres. Les Commandans de paroisse et les Capitaines qui commanderont dans les paroisses jouiront des honneurs du banc et du pain béni, ainsi que de la marche dans les cérémonies de l'église, comme ci-devant.

XXXIV. Les Gens de couleur, libres ou affranchis, depuis l'âge de 15 ans jusqu'à 60, seront pareillement établis dans chaque paroisse par compagnies de 50 hommes. Elles seront composées de même que les compagnies des Blancs, et elles seront sous les ordres du Commandant de la paroisse où elles seront établies.

XXXV. Veut S. M. qu'il en soit usé pour la police et discipline des compagnies des Gens de couleur, de même et ainsi qu'il est prévu par les art. XVIII, XIX, XX, XXVIII, XXIX et XXX, concernant les compagnies des Blancs; et qu'elles soient assujetties aux mêmes revues générales et particulières, aux mêmes armemens et aux mêmes inspections.

XXXVI. Leur composition en Officiers, qui seront Blancs, sera la même que celle des compagnies des Blancs ; ils auront des commissions de S. M. et ces Officiers rouleront, suivant leur grade, avec ceux des compagnies des Blancs.

XXXVII. Les Capitaines présenteront aux Commandans de paroisse les Bas-officiers dont ils auront fait choix, et ces Bas-officiers seront pris parmi les Gens de couleur, afin de leur donner plus d'emulation.

XXXVIII. Les compagnies de Gens de couleur seront employées, en-tems de paix, à la chasse des nègres marrons, des déserteurs, et pour la police du quartier.

XXXIX. Les compagnies de milices levées dans les villes, bourgs et villages situés sur les côtes, seront destinées au service de l'artillerie proportionnellement à la force des postes, forts et batteries répandus sur lesdites côtes, et cette proportion sera déterminée par le Gouverneur-général.

Ces compagnies seront assemblées par des ordres particuliers du Gouverneur-général, elles seront instruites et exercées au service du canon, par des Officiers et Bas-officiers du Corps-royal de l'artillerie des colonies. Dans le cas où il n'y aura pour exercer ces compagnies qu'un Bas-officier ou un Canonnier, l'Officier commandant la compagnie de milices aura le plus grand soin de faire exécuter les manœuvres indiquées par l'Instructeur ; mais toutes les fois qu'il se trouvera à ces exercices un Officier d'artillerie, quel que soit son grade, il commandera pendant le tems de l'exercice, sous les ordres du Commandant pour le Roi du département où il se trouvera, à qui il en rendra compte.

Ces compagnies seront formées indistinctement de Blancs ou de Gens de couleur, dans le cas où il ne serait pas possible de former une compagnie de Blancs en entier ; il sera attaché à la suite de cette compagnie, pour y faire le même service, et sous les ordres du Capitaine et autres Officiers, une division de Gens de couleur propres à ce service.

XL. L'uniforme de l'infanterie des milices coloniales sera habit blanc, veste et culotte blanches, boutons blancs, poches en long, revers et paremens de diverses couleurs indiquées dans le tableau ci joint, par rapport aux différentes colonies et aux différens départemens de chacune des colonies.

L'uniforme des Dragons blancs sera, dans toutes les colonies, habit rouge, veste et culotte blanches, doublure, paremens et revers blancs.

L'uniforme des Dragons mulâtres sera, dans toutes les colonies, un surtout de nankin, le collet et les paremens rouges.

XLI. A la réserve des cas exprimés dans l'art. XXXIX, pour le service de l'artillerie, on n'exigera des compagnies de milices aucun exercice militaire ni instruction pendant la paix ; mais l'intention de S. M. est que pendant la guerre, ces compagnies soient mises en état de servir efficacement ; et le Gouverneur-général donnera à cet egard les ordres qu'il jugera convenables.

XLII. Chaque Habitant ayant 80 nègres et au-dessus sera obligé d'avoir chez lui 2 Blancs, soit Econome, *etc.*, lui compris, s'il est en état de servir, et 3, lui compris, s'il n'est pas en état de servir ; S. M. dérogeant, quant à ce cas, à ses ordonnances précédentes qui exigent 1 blanc par 20 nègres ; mais les Habitans qui n'auront pas ces 2 ou 3 blancs dans tous les cas de rassemblement, seront tenus de présenter le nombre établi dans la proportion, et seront obligés de s'en pourvoir dans l'intervalle d'une revue à une autre, à peine de 1,000 l. d'amende. Chaque Commandant de paroisse sera tenu d'y veiller ; et sur le compte qu'il en rendra au Gouverneur, lequel sera signe de l'Aide-major, cette amende sera payée entre les mains du Receveur des amendes, sans autres formalités qu'un simple ordre du Gouverneur-lieutenant-général.

XLIII. La croix de St-Louis sera accordée aux Capitaines-commandans de paroisse après 30 ans ; aux Capitaines, après 32 ans ; aux Lieutenans, après 36 ans. On ne comptera doubles que les campagnes de guerre, selon les règles établies pour les troupes réglées ; il ne pourra être accordé aux milices de Saint-Domingue, chaque année, plus de 3 croix ; à celles de la Martinique et de Ste-Lucie, plus de 2 ; à celles de la Guadeloupe et Marie-Galante, plus de 2 ; et pour celles des îles de France et de Bourbon, plus de 3 en 2 ans.

Le choix sera fait entre les Officiers qui auront le nombre d'années requis.

S. M. ne donnera à l'avenir, dans aucun cas, ni promesses ni expectatives de la croix de Saint-Louis ; les Officiers qui, par des actions de bravoure, se seront distingues dans des actions périlleuses et éclatantes, seront exempts de toutes règles.

XLIV. Le Gouverneur pourra accorder aux Officiers de milices des congés, dont la durée sera limitée à un an ; si leur santé ou leurs affaires les retiennent plus long-tems en France, ils s'adresseront au Secrétaire d'Etat de la marine et des colonies, pour obtenir des prolongations qui ne pourront passer le terme de 2 ans, indépendamment de celui du congé ; le tems desdites prolongations ne sera jamais compté pour la croix. Mande S. M., *etc.*

Fait à Versailles, le 1er. janvier 1787. *Signé*, LOUIS ; *et plus bas*, par le Roi, le Maréchal de CASTRIES.

TABLEAU

DES UNIFORMES DES MILICES COLONIALES.

NOMS des COLONIES.	Départemens.	GENRE de TROUPES.	UNIFORMES DES MILICES (*). Habits	Paremens.	Revers.
SAINT-DOMINGUE.	Partie du Nord.	Infanterie.	Blanc.	Bleu.	Bleu.
		Cavalerie.	Rouge.	Blanc.	Blanc.
	Partie de l'Ouest	Infanterie.	Blanc.	Bleu.	Bleu.
		Cavalerie.	Rouge.	Blanc.	Blanc.
	Partie du Sud.	Infanterie.	Blanc.	Blanc.	Bleu.
		Cavalerie.	Rouge.	Blanc.	Blanc.
LA MARTINIQUE.	. . . .	Infanterie.	Blanc.	Rouge.	Rouge.
		Cavalerie.	Rouge.	Blanc.	Blanc.
LA GUADELOUPE.	Partie de la Basse-Terre.	Infanterie.	Blanc	Vert.	Vert.
		Cavalerie.	Rouge.	Blanc.	Blanc.
	Partie de la Grande-Terre.	Infanterie.	Blanc	Blanc.	Vert.
		Cavalerie.	Rouge.	Blanc.	Blanc.
SAINTE-LUCIE.	. . . .	Infanterie.	Blanc	Jaune.	Jaune.
		Cavalerie.	Rouge.	Blanc.	Blanc.
MARIE-GALANTE.	. . . .	Infanterie.	Blanc.	Blanc.	Jaune.
ISLE-DE-FRANCE.	. . . .	Infanterie.	Blanc.	Rouge.	Rouge.
		Cavalerie.	Rouge	Blanc.	Blanc.
ISLE-DE-BOURBON.	. . . .	Infanterie.	Blanc.	Noir.	Noir.
		Cavalerie.	Rouge.	Blanc.	Blanc.
LA GUYANE.	. . . .	Infanterie.	Blanc.	Violet.	Violet.

(*) Veste et culotte blanches, boutons blancs, poches en long, dans toutes les Colonies françaises, orientales et occidentales.

N. B. Dans toutes les colonies, les compagnies de milices destinées à faire le service de l'artillerie, en porteront l'uniforme, avec cette différence que le bouton sera jaune, uni, et ne sera timbré d'aucun numéro.

L'uniforme des Dragons mulâtres, dans toutes les colonies, sera toujours un surtout de nankin, paremens et revers rouges.

(N°. 694.) ORDONNANCE *de MM. les Général et Intendant, concernant l'Imposition sur la Martinique, pour l'année* 1787.

Du 1er. janvier 1787.

N. B. Le contenu de cette ordonnance étant en tous points pareil à celui du 20 février 1786, sur le même objet, voyez le N°. 678, page 686 du tome II.

(N°. 695.) LETTRES-PATENTES *du Roi, concernant la Réduction des Fêtes aux Colonies françaises.*

Du 28 janvier 1787.

LOUIS, etc., SALUT : Sur la supplique des Préfets apostoliques des Missions de nos colonies orientales et occidentales, le pape Benoît XIII, leur avait accordé, par son rescrit du 22 juin 1728, la permission de retrancher quelques jours de fêtes, dont le trop grand nombre occasionnait des inconvéniens graves, soit par le scandale qui résultait de la négligence à les observer, soit par les désordres qui sont toujours la suite de l'oisiveté ; mais la suppression qui a eu lieu en conséquence de ce rescrit, n'ayant pas obvié suffisamment à ces inconvéniens, nous avons cru devoir requérir S. S. de réduire à 10 le nombre des fêtes dans nos colonies, dans l'espérance que nos sujets desdites colonies se porteront, avec plus de zèle, à remplir les devoirs dont la Religion leur fait un précepte en ces jours de solennité. S. S., empressée de concourir à nos vues, a bien voulu statuer, tant par un décret général, du 28 septembre 1785, que par des décrets particuliers, du 31 juillet 1786, adressés aux divers Préfets apostoliques des missions de nos colonies, qu'indépendamment des dimanches de toute l'année, les Fidèles ne seront plus tenus de célébrer, dans nosdites colonies, que les jours de Noël, de la Circoncision, de l'Epiphanie, de l'Ascension, de la Fête-Dieu, de l'Annonciation, de la Purification, de l'Assomption, de la fête des apôtres saint Pierre et saint Paul, et de celle du Patron de chaque paroisse.

A CES CAUSES, *etc.*, ordonnons que le décret particulier, annexé auxdites présentes et adressé par S. S., au Préfet apostolique de la mission des Capucins à la Martinique, sera enregistré au Conseil souverain de ladite colonie ; ensemble le mandement que ledit Prefet apostolique devra rendre pour effectuer le retranchement desdites fêtes dans l'étendue de sa Mission, et l'ordonnance que nous autorisons les Administrateurs de ladite colonie à mettre au bas dudit mandement, pour en enjoindre l'exécution. Si donnons en mandement, *etc.*

Donné à Versailles, le 28 janvier 1787. *Signé*, LOUIS ; *et plus bas*, par le Roi, le Maréchal DE CASTRIES.

Enregist. au Conseil souverain.

(N°. 696.) ORDRE *du Roi, pour la diminution des Paroisses de Sainte-Lucie.*

Du 28 janvier 1787.

Enregist. au Conseil souverain.

(N°. 697.) RÉGLEMENT *du Conseil d'Etat du Roi, concernant la Jauge pour les Barils, Barillages et Barriques destinés à l'importation et à l'exportation des Marchandises et Denrées, et qui supprime en l'île de Tabago, l'usage du Poids anglais et y substitue le Poids de Marc.*

Du 11 février 1787.

LE Roi, ayant reconnu que, par le laps de tems, les dispositions de l'arrêt rendu en son Conseil le 1er. mars 1744, concernant le commerce des colonies françaises en Amérique, sont tombées dans l'oubli ; d'où il est résulté des abus qui portent egalement préjudice aux Négocians des ports du Royaume et aux Habitans desdites colonies, par la disproportion qui existe entre les jauges actuellement adoptées, et celles qui ont eté prescrites par ledit arrêt pour les barils, barillages et barriques destinés à l'importation et à l'exportation des marchandises et denrees ; ayant encore reconnu S. M., qu'il etait nécessaire, pour la facilité des exportations, de faire quelques changemens à l'article X du même arrêt, en ce qui concerne la contenance des barriques de sucre, et de prescrire à Tabago l'usage du poids de marc, pour éviter les difficultés qui s'élèvent journellement dans cette île, où l'on se sert du poids anglais : elle a arrêté le présent réglement.

Art. Ier. Les dispositions de l'arrêt du Conseil d'Etat du 1er. mars 1744, portant réglement sur le commerce des îles françaises de l'Amérique, continueront d'être exécutées selon leur forme et teneur, en ce qui ne sera pas contraire au présent réglement.

II. Afin de donner au commerce le tems de consommer les barils, barillages et barriques, dont il peut être approvisionne, veut bien S. M. que l'exécution des articles Ier. à V, du susdit arrêt du 1er. mars 1744, soit suspendue jusqu'au 1er. janvier 1788 ; mais elle veut et entend qu'ils soient exécutés, dans toute leur rigueur, envers tous Capitaines de navire, Armateurs ou autres, qui partiront des ports du Royaume après cette époque, pour aller aux îles et colonies françaises de l'Amérique. Les barils de bœuf resteront néanmoins fixés à 200 liv. de viande non désossée.

III. Considérant, d'un côté, que la jauge de la barrique de sucre, fixée à la contenance de 1,000 liv. pesant, par l'art. X du susdit arrêt, était insuffisante ; que, de l'autre, il résulte des pertes considérables de ce que cette contenance est actuellement portée à 1,800 et même 2,000 l. pesant; et voulant établir, pour lesdites barriques, une jauge moyenne qui facilite l'arrimage des vaisseaux, ordonne S. M., d'après les représentations qui lui ont été faites et par les mêmes motifs énoncés en l'article précédent, qu'à compter du 1er. janvier 1788, les Habitans des colonies seront tenus de faire fabriquer leurs barriques, de manière qu'elles ne contiennent pas moins de 1,500 liv., ni plus de 1,900 l. de sucre de toutes qualites, y compris la tare, sous les peines portées audit art. X. Autorise, pour cet effet, S. M. les Administrateurs respectifs des colonies à rendre des ordonnances qui déterminent les dimensions desdites barriques et la forme des matrices dont les Habitans sucriers seront tenus de se pourvoir.

IV. L'usage des poids anglais à Tabago occasionnant journellement des méprises et des difficultés, qui nuisent à la célérité du commerce, le poids de marc y sera substitué, à compter du jour de l'enregistrement du présent réglement.

Mande et ordonne S. M., *etc.*

Fait à Versailles, le 11 février 1787. *Signé*, LOUIS ; *et plus bas*, par le Roi, le Maréchal de CASTRIES.

Enregist. au Conseil souverain.

(N°. 698.) ARRÊT *du Conseil d'Etat du Roi, concernant l'Importation des Morues et Poissons salés aux îles françaises du vent et sous le vent de l'Amérique.*

Du 11 février 1787.

LE Roi s'étant fait rendre compte de l'exécution de l'arrêt de son Conseil, du 18 septembre 1785, par lequel S. M. a accordé une prime de 10 liv. par quintal de morues sèches, provenantes de pêche française, qui seront transportées sur des bâtimens nationaux, dans les îles françaises de l'Amérique du vent et sous le vent, ensemble de l'arrêt du 25 du même mois de septembre 1785, portant qu'il sera perçu, pendant le même espace de cinq années, un droit de 5 liv. par quintal de morues sèches qui seront introduites par l'étranger dans les ports d'entrepôt desdites îles, le produit duquel droit sera versé, chaque année, au Trésor royal, pour être employé d'autant au complément de la prime de 10 l., accordée par ledit arrêt du 18 dudit mois de septembre. S. M. a vu avec satisfaction que les Négocians français se sont empressés de donner des preuves de leur zèle, en augmentant, dès l'année suivante, de plus d'un cinquième, leurs armemens pour la pêche; mais qu'il en a résulté, en même-tems, une surabondance de morues sèches à laquelle il est nécessaire de procurer des débouchés dans la même proportion, afin de prévenir le ralentissement dans les armemens que le défaut de consommation ne manquerait pas d'occasionner; S. M. a encore reconnu que ses vues, qui tendaient à procurer aux Négocians français des avantages capables de parvenir à fournir l'approvisionnement entier des îles de l'Amérique, dont l'entrée serait alors interdite aux morues étrangères, n'ont pas été suffisamment remplies, et que, malgré la différence de 15 liv. par quintal, les morues étrangères conservent encore dans les colonies françaises, sur les morues de pêche nationale, un avantage résultant des circonstances locales, mais dont l'effet ne peut être balancé que par de nouvelles faveurs accordées aux Pêcheurs français, en attendant qu'il soit possible de revenir à la prohibition absolue desdites morues étrangères.

A quoi voulant pourvoir, ouï le rapport : le Roi étant en son Conseil, a ordonné, qu'à compter du 1er. de mai prochain, jusqu'au 1er. octobre 1790, le droit de 5 liv. tournois, imposé par quintal de morues et poissons salés introduits par l'étranger dans les ports d'entrepôt des colonies de l'Amérique du vent et sous le vent, par ledit arrêt du 25 septembre 1785, sera porté à 8 liv. tournois, pour le montant dudit droit continuer à être versé, chaque année, au Trésor royal, conformément à l'art. Ier. dudit arrêt du 25 septembre 1785. Ordonne, en outre, S. M. que la prime de 10 l. accordée par ledit arrêt du 18 du même mois de septembre, par quintal de morues sèches de pêche française introduites dans lesdites colonies sur les bâtimens français, sera portée à 12 l., et que le montant de ladite augmentation sera également payé par l'Adjudicataire-général des Fermes, auquel il en sera tenu compte chaque année sur le prix de son bail, conformément à l'art. VI dudit arrêt du 18 septembre 1785, à la charge par les Négocians français, de se conformer aux formalités prescrites par lesdits arrêts, dont les dispositions continueront d'être exécutées selon leur forme et teneur, en tout ce à quoi il n'est pas dérogé par le présent arrêt.

Mande et ordonne S. M., *etc.*

Fait au Conseil d'Etat du Roi, Sa Majesté y étant, tenu à Versailles, le 11 février 1787. *Signé*, le Maréchal de CASTRIES.

Enregist. au Conseil souverain.

(N°. 699.) EXTRAIT *d'une Dépêche ministérielle de M. le Maréchal* de Castries, *à MM. les Général et Intendant, sur le Commerce de la Colonie et celui des Anglo-Américains.*

Du 2 mars 1787.

Le Ministre, dans cette lettre commune, ordonne aux Administrateurs de lui adresser au commencement de chaque année, l'état général du commerce de la Colonie, et un état particulier du commerce actif et passif des Anglo-américains. Il leur enjoint d'y ajouter des observations sur les avantages ou les inconvéniens des liaisons des Américains avec la Colonie, soit dans leurs rapports avec les Colons, soit relativement au Commerce national.

(N°. 700.) RÉGLEMENT *de M. l'Intendant, concernant la compagnie des Pertuisaniers établie pour la garde des Galériens dans l'île Martinique.*

Du 5 mars 1787.

ART Ier. L'HABILLEMENT du Sergent de la compagnie des Pertuisaniers sera composé d'un habit de drap bleu de roi, doublure rouge, les paremens et le collet de drap écarlate, garnis d'un doublé rang de galon d'argent uni de 6 lignes, poches en travers sur l'habit, les boutons blancs timbrés d'une ancre ; d'une veste et de deux culottes de drap bleu comme l'habit ; d'un chapeau, de deux paires de bas de fil et d'un ceinturon. Cet équipement sera changé tous les deux ans, à compter du jour de la nomination du Sergent. L'Officier d'administration chargé du détail du bagne tiendra un registre, coté et paraphé par l'Intendant ou l'Ordonnateur, sur lequel seront marquées les époques où les habillemens auront été donnés ; ils ne seront changés que sur un billet de demande de cet Officier, visé et approuvé de l'Intendant ou de l'Ordonnateur.

Tous les ans le Sergent aura un frac de toile blanche, avec des paremens rouges, deux paires de bas de fil, un chapeau, et 8 paires de souliers, qui lui seront payées en argent.

II. L'équipement et l'habillement du Caporal de la compagnie des Pertuisaniers seront absolument les mêmes que ceux du Sergent, excepté qu'il n'aura qu'un rang de galon sur les paremens et le collet.

III. L'équipement et l'habillement des Pertuisaniers seront les mêmes que ceux du Sergent et du Caporal, excepté qu'ils n'auront point de galon sur les paremens et le collet.

IV. La paie du Sergent continuera d'être, par mois, de 100 liv.

Celle du Caporal, de 90 liv.

Celle des Pertuisaniers, de 80 liv.

V. Il sera fourni au Sergent, Caporal et Pertuisaniers les armes et fournitures ordinaires.

VI. L'engagement des Pertuisaniers sera de 3 ans ; au bout de ce tems, celui d'entr'eux qui desirera repasser en France, son passage et sa subsistance pendant la traversée lui seront accordés au compte du Roi, sur le pied fixé pour les troupes.

VII.

VII. Il sera fourni des magasins du Roi aux Sergent, Caporal et Pertuisaniers, pour leur subsistance, une ration journalière, sans retenue.

VIII. Le Sergent rendra compte, tous les jours, de sa compagnie et du détail du bagne, à l'Officier d'administration qui en aura la direction et l'inspection, et prendra de cet Officier les ordres qu'il aura reçus de l'Intendant ou de l'Ordonnateur.

Sera le présent réglement enregistré au Contrôle de la Martinique, pour y valoir ce que de raison.

Au Fort-Royal de la Martinique, le 5 mars 1787. *Signé*, FOULQUIER.

(N°. 701.) EXTRAIT *d'une Dépêche ministérielle de M. le Maréchal* de Castries, *à MM. les Général et Intendant, sur les Maréchaussées des Colonies.*

Du 7 mars 1787.

Le Ministre, dans cette lettre commune, propose à MM. les Administrateurs l'établissement d'une maréchaussée dans chaque colonie, pour y faire exécuter les réglemens de police. Il leur demande des renseignemens à ce sujet, et les charge de lui faire passer les observations qui pourraient être faites sur ce projet, par le Conseil souverain et les Sénéchaussées du ressort, et d'y joindre leurs propres réflexions.

(N°. 702.) ORDONNANCE *de MM. les Général et Intendant, portant ouverture de deux Rues, pour servir d'issue à la rue Beauséjour (dite* Lussy *), sur les rues Justine et Saint-Dominique (dite* Toraille *).*

Du 30 mars 1787.

LES Habitans du bourg Saint-Pierre ayant demandé avec instance, tant à nos Prédecesseurs qu'à nous, l'ouverture de deux rues pour servir d'issue à la rue Beauséjour, qui, dans ce moment, n'en a aucune, et servir de communication aux quartiers voisins, nous avons cru nécessaire d'ordonner que le Juge, le Procureur du Roi et le Voyer se transporteraient sur les lieux, pour, en présence de tous les Voisins ou Propriétaires intéressés à l'exécution d'un projet qui était depuis long-tems en suspens, vérifier s'il était indispensable d'ouvrir les rues demandées ; si les obstacles, qui avaient empêché l'exécution de ce projet jusqu'à ce jour, subsistaient encore, et quel serait l'emplacement dans lequel les rues demandées devraient être tracées.

Le procès-verbal dressé en vertu de nos ordres et en présence d'un concours considérable de citoyens, le 21 mars de cette année, présente comme indispensables les rues demandées, pour donner des issues à celle de Beauséjour, dont les Habitans seraient, en cas d'incendie ou d'autres calamités, exposés à des dangers inévitables et dans l'impossibilité de pouvoir sauver leurs effets, la rue étant terminée à son extrémité par une haute montagne perpendiculaire. Il a été encore démontré que les communications proposées pourraient accélérer les mouvemens du commerce, en facilitant les communications et en fournissant, dans ce quartier, de nouveaux emplacemens pour des magasins.

A CES CAUSES, nous, *etc.*, avons ordonné et ordonnons ; savoir :

ART. Ier. Il sera ouvert deux rues, pour servir d'issue à la rue *Beauséjour*, l'une pour joindre la rue Justine, et l'autre pour joindre la rue Toraille.

II. La première sera tracée sur le terrein appartenant aux mineurs Lussy et dans l'emplacement occupé par une maison ci-devant habitée par la dame Mercier ; elle sera ensuite tracée en ligne directe sur le terrein des mineurs Diant, et par suite sur celui du S^r^. Joseph Diant, jusqu'au point de rencontre avec la rue Justine.

III. La rue destinée à servir de communication entre la rue Beauséjour et celle de Toraille, sera tracée, soit sur le terrein appartenant aux mineurs Lussy, et par suite sur le terrein des RR. PP. Dominicains, jusqu'au point de rencontre avec la rue Toraille, soit sur le terrein appartenant aux mineurs Boiereau et dans la maison occupée par le S^r^. Sargenton, et par suite sur le terrein appartenant aux RR. PP. Dominicains, jusqu'au point de rencontre avec la rue Toraille.

IV. Le prix de la maison occupée par la dame Mercier, ainsi que le terrein appartenant aux mineurs Lussy, et sur lequel doit passer la rue destinée a servir de communication entre la rue Beauséjour et la rue Justine, ayant été estimés 30,000 l., ce prix, ainsi que ceux qui seront adjugés à divers comme indemnité ou travaux, et ceux qu'il sera indispensable d'adjuger pour former la rue qui doit communiquer de la rue Beauséjour à celle de Toraille, seront payés par les Propriétaires et Locataires des rues Beauséjour, Justine, de l'Hôpital, de Caylus et Toraille.

V. Pour parvenir à la répartition proportionnelle des sommes qui doivent être payées par les Propriétaires et Locataires des rues dénommées dans l'article précédent, à l'effet de payer les achats, indemnités et travaux indispensables dans l'ouverture des rues demandées, nous avons établi et établissons MM. Ruste, Fortier, Terrien et Joyau, commissaires actuels du commerce, pour, en qualité de Commissaires, nous présenter leur avis sur les contestations qui pourraient survenir, tant relativement aux indemnités demandées, que sur les travaux à faire, et dresser la répartition proportionnelle des sommes à payer par les contribuables; laquelle répartition aura force de loi après avoir été homologuée par nous, et sera déposée au Greffe de l'Intendance.

VI. Ordonnons que la présente sera enregistrée au Greffe de l'Intendance, et sera imprimée, lue, *etc.*

Donné à la Martinique, le 30 mars 1787. *Signé*, le Vicomte de DAMAS, *et* FOULQUIER.

(N°. 703.) ORDONNANCE *de MM. les Général et Intendant; concernant le Chemin du Prêcheur.*

Du 16 avril 1787.

Nous, *etc.*, sur les représentations qui nous ont été faites par le Voyer-général et les Habitans des environs de St-Pierre, nous avons ordonné et ordonnons ce qui suit; savoir:

ART. Ier. Que sous le délai de 15 jours, tous les particuliers qui ont des roches brutes ou de taille, sur toute l'étendue du chemin du Prêcheur, les feront enlever.

II. Qu'à cette époque, tous les Habitans qui sont chargés de l'entretenir le répareront, à la diligence du Commandant du quartier.

III. Que, dès ce moment et pour toujours, il est défendu à tout particulier sans distinction, même des Propriétaires des terres du chemin, de fouiller ou faire fouiller ledit chemin sous aucun prétexte, permettons seulement de ramasser les roches que la mer pourrait jeter sur la superficie, mais sans les mettre en tas.

IV. Que, pour parvenir à l'exécution de ce que dessus, le Voyer particulier de St-Pierre sera chargé d'y tenir la main, en visitant, toutes les fois qu'il le voudra, ledit chemin; lequel Voyer sera autorisé à faire citer par devant le Gouvernement tous particuliers blancs qu'il surprendra à fouiller ou faire fouiller ledit chemin, et à faire conduire par devant lui tout homme de couleur libre ou esclave qu'il surprendra en contravention, à l'effet de quoi, sans qu'il soit besoin d'un autre ordre, il sera autorisé à faire arrêter par un Cavalier de la maréchaussée, que le Brigadier lui fournira sur-le-champ, les gens de couleur libres ou esclaves.

V. Tout Ouvrier blanc qui sera surpris en contravention, en fouillant des roches dans le chemin ci-dessus désigné, sera saisi et condamné à 33 liv. d'amende.

VI. Tout homme de couleur libre qui sera surpris fouillant ou entassant des roches dans ledit chemin, sera arrêté, conduit à la geôle et condamné à 33 liv. d'amende.

VII. Tout esclave qui sera surpris fouillant et entassant des roches dans ledit chemin, sera arrêté et conduit à la geôle, où il sera détenu jusqu'à ce que son maître ait réparé le dommage fait par ledit esclave.

VIII. Les amendes ci-dessus ordonnées seront prononcées, sans frais et comme objet de police, par le Juge de police de St-Pierre. Elles seront déposées entre les mains du Receveur ordinaire des amendes et appliquées, moitié à la réparation du chemin dont s'agit, et moitié aux dénonciateurs qui auraient fait connaître les délinquans.

Prions messieurs les Officiers du Conseil souverain de la Martinique de faire enregistrer, *etc.*

Donné à Saint-Pierre Martinique, le 16 avril 1787. *Signé*, le Vicomte de DAMAS, *et* FOULQUIER.

Enregist. au Conseil souverain.

(N°. 704.) ARRÊT *du Conseil souverain, faisant défenses aux Greffiers des Juridictions d'envoyer hors de leurs Greffes, les Minutes des Procès criminels.*

Du 10 mai 1787.

VU la remontrance du Procureur-général du Roi, contenant qu'il existait un usage contraire à l'article V du titre Ier. de l'ordonnance criminelle de 1670, qu'il croyait devoir déférer à la Cour pour en provoquer la réformation ; un usage, quelque long qu'il pût être, ne devant jamais faire loi et n'étant qu'un véritable abus, quand il n'était pas conforme au titre de l'ordonnance, et qu'il pouvait entraîner des inconvéniens : le Remontrant voulant parler de l'usage où étaient les Greffiers des Siéges ressortissans en la Cour de déplacer les minutes des procédures criminelles de leurs Greffes, pour les envoyer en la Cour avec les accusés, tandis que lesdites minutes ne doivent jamais être déplacées, et qu'ils ne devaient envoyer que les grosses des procédures, dûment paraphées et collationnées en bonne forme.

La Cour, faisant droit, *etc.*, ordonne que les Greffiers des Sénéchaussées et Amirautés du ressort seront tenus de se conformer à l'art. V du titre Ier. de l'ordonnance de 1670 ; en conséquence leur enjoint, conformément audit article, de n'envoyer à l'avenir au Greffe de la Cour, que les grosses des procédures criminelles, dûment collationnées et paraphées en bonne forme, leur fait défenses de déplacer à l'avenir les minutes des procédures, ordonne aussi que le présent arrêt sera enregistré et publié auxdites Sénéchaussées et Amirautés, à la diligence dudit Procureur-général du Roi ou des Substituts, *etc.*

Fait au Conseil souverain de la Martinique, le 10 mai 1787. *Signé*, ROIGNAN, greffier.

(N°. 705.) ORDONNANCE *de MM. les Général et Intendant, portant Ouverture d'une Rue nouvelle près le Cimetière du Fort-Saint-Pierre, servant de communication de la Grande-Rue du Fort à la rue Hurtault. (dite* de l'Allée des Jésuites.*)*

Du 17 mai 1787.

VU la requête présentée par les Habitans de la paroisse du Fort-Saint-Pierre, ensemble le procès-verbal de la visite faite par le Voyer de la ville, en présence des Officiers du Siége et des Propriétaires intéressés, conformément à notre ordonnance du 27 mars dernier, pour constater l'utilité d'ouvrir une rue sur le terrein du cimetière de la paroisse du Fort, à l'effet de communiquer de la Grande Rue du Fort à celle de l'allée des Jésuites; tout considéré, nous avons ordonné et ordonnons que la rue dont s'agit sera ouverte et établie sur 12 *pieds seulement* dudit terrein du cimetière, et sera nommée rue d'*Oubli*; en conséquence, il sera délibéré dans une nouvelle Assemblée de la paroisse, sur la répartition à faire des frais qu'occasionnera l'ouverture de ladite rue, pour être payés par les Habitans de ladite paroisse, suivant l'avantage que chacun d'eux doit retirer de cet établissement. Seront les alignemens et autres opérations du fait du Voyer exécutés *gratis*, comme s'agissant d'un ouvrage public. La présente ordonnance, ensemble les pièces y citées, seront enregistrées au Greffe de la Sénéchaussée, et ensuite remises au Voyer qui en gardera dépôt.

Donné à St-Pierre Martinique, le 17 mai 1787. *Signé*, le Vicomte de DAMAS, *et* FOULQUIER.

(N°. 706.) ORDONNANCE *du Roi, portant établissement, aux îles de la Martinique et de la Guadeloupe, d'une Assemblée coloniale et d'un Comité en dépendant, avec suppression des Chambres d'Agriculture.*

Du 17 juin 1787.

L'ATTENTION que le Roi ne cesse de porter sur ses possessions éloignées, comme sur celles qui ont l'avantage d'être plus rapprochées de ses regards, a fait connaître à S. M. qu'il serait important de retenir sur le sol même des colonies, par l'attrait d'une administration sagement constituée, les Propriétaires-cultivateurs, qui n'aspirent que trop souvent à le quitter; elle a pensé que, pour les attacher personnellement à la direction de leurs établissemens, et procurer par là, non-seulement de la stabilité à leurs fortunes particulières, mais encore une plus grande extension aux richesses de la Métropole, il convenait que le Gouvernement des colonies reposât sur des principes constans, et fût moins exposé à la mobilité des vues des Administrateurs qui se succèdent l'un à l'autre ; elle s'est proposée, en conséquence, de l'éclairer par l'expérience des Habitans les plus accrédités, en tout ce qui concerne l'assiette et la juste répartition de l'impôt, le commerce, l'agriculture, les travaux intérieurs, et en général l'utilité et la prospérité commune ; mais, en accordant ainsi à l'intérêt de la propriété la part qui peut lui être assignée dans l'administration générale, S. M. veut néanmoins conserver à l'autorité des Chefs le ressort, l'action et la supériorité qu'elle doit avoir dans un si grand éloignement de la source des pouvoirs qu'ils exercent en son nom.

Déjà elle a fait à la Guadeloupe un essai satisfaisant de ce genre d'administration ; elle y avait autorisé provisoirement des Assemblées coloniales, composées des Gouverneur, Intendant et principaux Membres de l'Administration de la colonie, des Officiers du Conseil souverain, et des Députés des différentes paroisses, à qui elle avait confié le soin d'asseoir et de répartir la contribution qu'elle juge à propos d'ordonner.

Ces Assemblées formées, à quelques différences près, sur le modèle de celles qui ont lieu depuis long-tems à St-Domingue, ont été convoquées extraordinairement, à diverses époques dans d'autres colonies, et toujours avec un égal succès ; c'est ce qui détermine aujourd'hui S. M. à les établir définitivement, tant à la Martinique, qu'à la Guadeloupe, mais elles ne rempliraient qu'une partie de l'objet qu'elle s'est proposée, si elle ne prenait des mesures pour tenir réunis dans l'intervalle d'une séance à l'autre, une partie des Membres de l'Assemblée, qui, sous le nom de Comité intermédiaire, veilleront à l'exécution de ses arrêtés, prépareront les matériaux de ses délibérations ulterieures, et s'occuperont continuellement de ce qui aura été traité, ou qui serait de nature à y être porté. Il manquait aux Chambres d'agriculture rétablies en 1763, ce rapport direct, immédiat et nécessaire avec la Colonie même, dont cependant elles étaient l'organe; leurs fonctions se trouvant remplacées avec beaucoup plus d'étendue par celles du Comité ressortissant a l'Assemblée coloniale, S. M. a cru devoir, dans le nouveau plan d'administration qu'elle adopte, supprimer ces mêmes Chambres, dont l'existence serait désormais inutile. En conséquence, elle a ordonné et ordonne ce qui suit:

ART. Ier. Il sera convoqué tous les ans, dans chacune des îles de la Martinique et de la Guadeloupe, une Assemblée coloniale, à l'époque qui sera determinée par les Gouverneur et Intendant.

II. Cette Assemblée sera composée du Gouverneur, de l'Intendant, du Commandant en second, du Commissaire-général ou Commissaire plus ancien des colonies, de deux Députés du Conseil souverain, d'un Député de chacune des paroisses de la colonie et îles dépendantes, ainsi que d'un Député des Propriétaires de maisons, dans chacune des deux villes principales desdites îles de la Martinique et de la Guadeloupe, et d'un Secretaire.

III. Les Députés du Conseil souverain seront élus en la forme ordinaire, ceux des paroisses le seront dans une Assemblée paroissiale, à laquelle ne pourront être admis, pour procéder à ladite élection, que des Habitans possédant au moins 12 nègres de culture, payant droits; quant aux Députés des Propriétaires des maisons, ils ne pourront être nommés que par ceux desdits Propriétaires dont les maisons ou magasins excéderont 40,000 liv. de valeur.

IV. Les Députés seront renouvelés tous les 4 ans, sauf néanmoins ceux de la première élection, dont une moitié sera remplacée à l'expiration des 2 premières années, afin de maintenir toujours un concours d'anciens et de nouveaux Membres; en conséquence, et dans l'Assemblée même le sort décidera de ceux qui devront sortir après la révolution de 2 ans. A cette époque, les paroisses qui les auront députés, se rassembleront pour en nommer d'autres, et ceux-ci exerceront pendant 4 années pleines. En cas de mort, absence hors de la colonie, ou démission de l'un des Députés, il sera pourvu, sur-le-champ, à son remplacement par la paroisse qui l'aura commis, pour le tems qui restera à courir de son exercice.

V. La même personne pourra être continuée par sa paroisse dans sa qualité de député, pour 4 nouvelles années, et non au-delà : veut S. M. qu'elle ne puisse ensuite être réélue qu'après 4 années entières d'interruption.

VI. Ne seront éligibles que ceux qui seront en état de remplir les conditions prescrites par l'art. III, sans qu'on puisse leur opposer aucune incompatibilité résultante des fonctions qu'ils exerceraient d'ailleurs dans la colonie.

VII. L'Assemblée pour l'élection, sera convoquee dans chaque paroisse par le Commandant d'icelle, d'icelle, sur les ordres qui lui seront adressés à cet effet par le Gouverneur et l'Intendant, lesquels décideront provisoirement de toutes contestations qui pourraient survenir au sujet de ladite élection.

VIII. Les Députés justifieront de leur nomination à l'Assemblée, par l'extrait en forme qui leur en aura été délivré, et dont mention sera faite sur le registre des délibérations de ladite Assemblée.

IX. Les seuls Gouverneur et Intendant, ou ceux qui les remplaceront par *interim*, en cas de mort ou d'absence de la colonie, auront en commun le pouvoir de convoquer l'Assemblée coloniale; et même celui de la dissoudre, soit lorsque les affaires dont elle doit s'occuper seront terminées, soit dans le cas où elle sortirait des principes et des bornes de son institution; ce dont ils rendront compte au Secrétaire d'Etat, ayant le département de la marine et des colonies.

X. Les séances de ladite Assemblée se tiendront dans le lieu que les Administrateurs en chef assigneront; le Gouverneur la présidera comme premier commissaire de S. M., l'Intendant comme second commissaire; en cette qualité, ils coteront et parapheront les registres et signeront les délibérations. L'Intendant sera chargé de les rédiger et le Gouverneur prendra les voix : l'Intendant se placera à la droite du Gouverneur, le Commandant en second à la gauche, ensuite le Commissaire-général ou plus ancien Commissaire des colonies et les Députés du Conseil souverain; ceux des Paroisses et des Propriétaires des maisons prendront place selon l'ancienneté de l'âge : le Secrétaire aura son bureau et sa place au-dessous et en face des Gouverneur et Intendant.

XI. A compter du jour de la présente ordonnance, les Chambres d'agriculture de la Martinique et de la Guadeloupe demeureront éteintes et supprimées. Pour les remplacer à l'avenir, S. M. crée et institue un Comité tiré et dépendant de l'Assemblée coloniale, lequel sera composé de 6. Habitans que ladite Assemblée choisira dans le nombre des Députés actuels des paroisses et d'un Secrétaire, qui sera aussi celui de ladite Assemblée, et qu'elle pourra prendre indifféremment parmi tous les Habitans de la colonie. Les Membres de ce Comité auront rang entr'eux par ancienneté d'âge, et ce sera le plus ancien qui le présidera.

XII. Aussitôt après sa première formation, l'Assemblée coloniale procédera à la nomination du Secrétaire, arrêtera la liste des Députés qui devront sortir au bout de deux ans et choisira les Membres du Comité intermédiaire. Entend S. M. que les fonctions de ces derniers n'excèdent jamais en durée celle de leur députation ; mais, pour ne point interrompre la suite et communication des renseignemens, l'Assemblée aura soin de combiner tellement ses nominations, qu'il y ait toujours audit Comité un mélange, le plus égal qu'il sera possible, d'anciens et de nouveaux Commissaires, au moyen des facilités que lui fournira à cet égard l'exécution des articles IV et V ci-dessus.

XIII. Permet S. M. à l'Assemblée coloniale de la Martinique et de la Guadeloupe d'avoir chacune un Député à Paris, pour correspondre avec elle ou le Comité, sur les objets concernant les intérêts de la colonie, lequel siégera au bureau des Députés du commerce de France : maintient dans ladite place de Député ceux qui en sont actuellement pourvus, et le cas arrivant de vacance par mort, démission ou autrement, l'Assemblée coloniale choisira 3 habitans, et les proposera dans un procès-verbal qui sera remis aux Administrateurs, et par ceux-ci adressé au Secrétaire d'Etat ayant le département de la marine et des colonies, pour être par S. M. nommé celui d'entre les 3 qu'elle jugera à propos de préférer.

XIV. Les appointemens des députés de la colonie en France, seront fixés à la somme de 14,000 l., et ceux du Secrétaire de l'Assemblée coloniale et du Comité à 4,000 l. annuellement : ils seront supportés, ainsi que tous les autres frais relatifs auxdites Assemblée et Comité, par la caisse des nègres justiciés.

XV. Le Secretaire de l'Assemblée et du Comité sera nommé à vie; il ne participera point aux délibérations de l'une et de l'autre : s'il échoit partage, l'avis du Gouverneur, ou en son absence celui de l'Intendant, prévaudra dans les délibérations coloniales, et celui du plus ancien en âge, dans les resolutions du Comité.

XVI. Les délibérations de l'Assemblée seront valables, pourvu que le nombre des Délibérans ne soit pas au-dessous de 12, que la convocation ait été faite par les 2 Administrateurs en chef, et que l'un desdits Administrateurs au moins ait assisté à la séance; quant aux actes du Comité, ils ne seront réguliers et valides qu'au nombre de 4 membres.

XVII. S. M. manifestera ses intentions, sur le montant de l'imposition royale, par un mémoire qui sera adressé à cet effet, par le Secrétaire d'Etat de la marine et des colonies, aux Gouverneur et Intendant ; ledit mémoire sera aussitôt lu et enregistré, sans qu'aucune représentation puisse en retarder l'exécution ; après quoi, l'Assemblée s'occupera des moyens les plus sûrs et les moins onéreux, pour asseoir, répartir et recouvrer l'imposition. A défaut de mémoire de S. M., l'imposition immédiatement précédente sera la mesure de la nouvelle : dans tous les cas, l'Intendant fera communiquer à l'Assemblée les états, comptes, registres et documens qui seront nécessaires pour l'exécution des ordres de S. M.

XVIII. Lorsque l'assiette et la répartition de la contribution royale auront été arrêtées par l'Assemblée coloniale, ledit arrêt sera rendu exécutoire par une ordonnance du Gouverneur et Intendant, ou de ceux qui les remplaceront par *interim*, laquelle sera enregistrée sans délai au Greffe du Conseil souverain, affichée et exécutée selon sa forme et teneur. Ladite ordonnance contiendra la répartition par paroisses ou autres divisions qui auront été adoptées par l'Assemblée. Le Secrétaire aura un registre particulier pour y porter ces sortes de délibérations ; il en demeurera dépositaire, ainsi que de tous autres livres, registres et papiers, tant de l'Assemblée coloniale que du Comité, à moins que ladite Assemblée ne juge à propos d'en ordonner autrement.

XIX. Le produit des droits d'aubaine, bâtardise, déshérence, amendes, épaves, confiscations, celui des fermes de cabarets, passages de bacs sur les rivières et sur les bras de mer, ferme des boucheries, ferme des postes, des cafés, droits de 2 pour 100 sur les adjudications faites en la barre des Siéges, taxes sur le commerce étranger, taxe des libertés, droit de Domaine d'occident, et généralement le produit de tous droits domaniaux et seigneuriaux appartenans à S. M., de quelque nature qu'ils soient, comme encore celui des contributions établies pour payer le prix des nègres suppliciés, les gages des maréchaussées et brigades de police, les pensions des Desservans des paroisses, finalement les frais de perception, l'entretien des préposés aux recettes, les non-valeurs, les exemptions et décharges, n'entreront point dans le montant de la contribution ordinaire, lequel devra toujours être versé net au Trésor de S. M., même dans le cas où des hostilités forceraient les Gouverneur et Intendant à exiger des Habitans des corvées extraordinaires de nègres et de voitures.

XX. Les Receveurs de l'imposition ordinaire, continueront d'être nommés comme ci-devant, et resteront sous les ordres de l'Intendant ou Ordonnateur, mais il appartiendra à l'Assemblée coloniale d'en régler le nombre, de fixer leur traitement, et de déterminer l'étendue du cautionnement qu'ils devront fournir; seront au surplus exécutés selon leur forme et teneur, soit pour la comptabilité, soit pour la prestation de caution, soit pour les cas de retard ou de malversation, tous édits, ordonnances, arrêts et réglemens rendus à ce sujet.

XXI. Après avoir vaqué à l'assiette et répartition de la contribution royale, l'Assemblée fixera la taxe des droits de nègres suppliciés, laquelle sera rendue exécutoire par une ordonnance des Gouverneur et Intendant, et enregistrée au Greffe du Conseil souverain. Le Receveur-général de l'imposition royale, le sera en même temps des deniers provenans de ladite taxe des nègres justiciés; en cette dernière qualité seulement, il rendra tous les ans ses comptes de recette et dépense à ladite Assemblée, qui les arrêtera, sans néanmoins qu'elle puisse en aucun cas, sous prétexte d'attribution de ladite comptabilité, ordonner aucune sorte de dépense sur ladite caisse, dont la régie et manutention appartiendront au Membre plus ancien du Comité, sur le *visa* duquel toutes ordonnances nécessaires seront expédiées par l'Intendant ou Ordonnateur; sera ledit Intendant ou Ordonnateur, tenu de fournir à l'Assemblée tous les états, pièces, bordereaux et comptes propres à conduire à une juste appréciation du montant de ladite taxe. Lesdits comptes de la recette et dépense des droits des nègres justiciés, seront arrêtés quadruples; l'un des doubles reposera, avec les pièces au soutien, aux archives de l'assemblée, le 2me. sera remis au Greffe du Conseil souverain, le 3me. au Contrôle de la marine, et le 4me. sera rendu au Comptable pour sa décharge.

XXII. Lorsque l'Assemblée aura réglé ces objets préliminaires, elle s'occupera de la prospérité intérieure de la Colonie, et de la réformation des abus qui y seraient contraires; S. M. n'excepte rien de ce qui pourra procurer en ce genre le bien général des Habitans, pour lequel ladite Assemblée proposera aux Gouverneur et Intendant ce qu'elle estimera convenable, et sur le compte qui en sera par eux rendu au Secrétaire d'état ayant le département de la marine et des colonies, il y sera pourvu par S. M.

XXIII. Autorise S. M. ladite Assemblée à ordonner les travaux qu'elle jugera nécessaires ou utiles, soit à la colonie entière, soit à un ou à quelques quartiers seulement, à régler en conséquence la contribution générale ou locale, qui ne sera rendue exécutoire que par une ordonnance des Gouverneur et Intendant dûment enregistrée et publiée, à nommer les Receveurs de ladite contribution, ainsi que des Commissaires pour veiller à l'exécution des travaux, pourvu et non autrement que la masse des contributions volontaires, si elles sont générales, n'excède pas la somme annuelle de 200,000 l., ni celle de 20,000 l. pour chaque quartier si elles sont locales, sauf en cas de contributions plus fortes, à attendre les ordres de S. M.

XXIV. Autorise pareillement les Gouverneur et Intendant, pourvu et non autrement qu'ils en soient l'un et l'autre d'avis, à surseoir provisoirement à l'exécution des délibérations qui auraient lesdits travaux pour objets, s'ils les jugent contraires, soit à la sûreté du pays, soit aux intérêts de S. M. Ledit ordre de suspension sera motivé et adressé avec les procès-verbaux de l'Assemblée, au Secrétaire d'Etat ayant le département de la marine et des colonies, qui fera connaître les intentions de S. M. à cet égard.

XV. Les Receveurs particuliers des contributions volontaires, rendront leurs comptes tous les ans à l'Assemblée générale de la colonie, qui les arrêtera doubles; l'une des expéditions sera déposée aux archives de l'Assemblée, et l'autre remise au Comptable pour sa décharge. Ceux desdits Receveurs qui seraient en retard ou reliquataires, seront contraints par les voies de droit, comme pour deniers royaux, et poursuivis par devant les Juges qui en doivent connaître, conformément aux ordonnances et réglemens.

XXVI. Il sera dressé procès-verbal de tout ce qui aura été proposé et arrêté dans l'Assemblée, avec mention des mémoires qui auront été présentés, ainsi que du renvoi qui aurait été fait aux Membres du Comité, pour les examiner et en rendre compte. Une expédition dudit procès-verbal sera envoyée tous les ans par les Gouverneur et Intendant, au Secrétaire d'Etat ayant le département de la marine et des colonies, et une autre sera adressée, par le Secrétaire de l'Assemblée, au Député de la colonie à Paris.

XXVII. Les Membres du Comité seront tenus de se réunir immédiatement après la clôture des séances de l'Assemblée générale, et immédiatement avant le renouvellement desdites séances, pour aviser à l'exécution des ordres de ladite Assemblée, préparer le compte qu'ils rendront de ladite exécution, ainsi que les objets qu'ils auront à soumettre à la délibération commune. Indépendamment de ces deux époques d'obligation, il en sera fixé d'autres par la même Assemblée, si elle le juge à propos, dans l'arrêté qu'elle demeure autorisée à prendre à ce sujet. Pourront aussi les Gouverneur et Intendant, convoquer extraordinairement ledit

Comité, soit de leur propre mouvement, soit à la réquisition du Secrétaire, au nom des Membres qui le composeront.

XXVIII. Le Comité, tiendra un registre en règle de ce qui se passera dans ses séances, pour le produire à l'Assemblée générale, et en donner communication aux Gouverneur et Intendant, toutes fois et quantes il en sera requis.

XXIV. Le Comité s'occupera de tout ce qui était confié aux soins et à l'examen des Chambres d'agriculture, proposera au Gouverneur et Intendant, qui y auront tel égard que de raison, les vues qu'il croira avantageuses à la Colonie, et dont la discussion ne lui paraîtra pas devoir être retardée jusqu'au renouvellement de l'Assemblée générale; correspondra exactement avec le Député résidant à Paris; et l'informera principalement de tout ce qui pourra intéresser le commerce respectif de l'Isle et de la Métropole.

XXX. Les Membres du Comité jouiront, pendant la durée de leur exercice, de telles exemptions qu'il plaira à l'Assemblée coloniale de proposer pour eux aux Gouverneur et Intendant, et à ceux-ci d'accorder, sous le bon plaisir de S. M., laquelle se réserve de récompenser, par des grâces particulières, ceux des Habitans qui, dans les Assemblées coloniales et dans les travaux du Comité, auront donné des marques plus éclatantes ou plus répétées de leur zèle pour son service. Mande, *etc.*

Fait à Versailles, le 17 de juin 1787. *Signé*, LOUIS; *et plus bas*, par le Roi, le Maréchal de CASTRIES.

Enregist. au Conseil souverain.

(N°. 707.) ORDONNANCE *de MM. les Général et Intendant, concernant l'Hivernage.*

Du 30 juin 1787.

ETANT nécessaire pour l'intérêt des Assureurs du commerce national, et pour la conservation des hommes de mer, de rassembler pendant l'hivernage les bâtimens français dans un port à l'abri des tempêtes trop ordinaires dans cette saison violente, nous ordonnons, qu'à compter du 13 juillet prochain, tous les bâtimens venus de France, mouillés sur la rade de St-Pierre, et ceux qui pourraient y arriver après cette époque, se retireront dans le bassin du Fort-Royal et non ailleurs, et qu'ils ne pourront en sortir pour revenir sur ladite rade de Saint-Pierre que le 14 octobre prochain, à peine de punition des Capitaines contrevenans, lesquels seront en outre personnellement responsables des évènemens auxquels ils s'exposeraient s'ils désobéissaient à la présente ordonnance.

Le même intérêt n'existant pas à l'égard des bâtimens étrangers, bâteaux et goëlettes du cabotage, et l'établissement de l'entrepôt à St-Pierre, exigeant au contraire que le mouvement du commerce n'y soit point interrompu, lesdits bâtimens, bâteaux et goëlettes continueront à mouiller sur la susdite rade, et pour assurer, autant qu'il sera possible, leur conservation et principalement celle des hommes de leur équipage, nous chargeons spécialement le Capitaine de port de Saint-Pierre, de veiller à ce que les amarres soient de bonne qualité et en quantité suffisante, afin d'éviter les malheurs qui pourraient résulter du défaut de précautions.

Mandons aux Capitaines de Port du Fort-Royal et de Saint-Pierre, de faire exécuter la présente ordonnance chacun en ce qui le concerne, et aux Officiers de l'Amirauté de la faire publier, lire, *etc.*

Donné à la Martinique, le 30 juin 1787. *Signé*, le Vicomte de DAMAS, *et* FOULQUIER.

(N°. 708.) EXTRAIT *d'une Dépêche ministérielle de M. le Maréchal* de Castries, *à MM. les Général et Intendant, sur l'établissement d'une Assemblée coloniale et d'un Comité intermédiaire en dépendant.*

Du 7 juillet 1787.

Le Ministre, dans cette lettre commune qui accompagne l'ordonnance du Roi du 17 juin, rapportée ci-dessus, croit devoir entrer dans quelques détails et explications avec les Administrateurs, sur la formation de l'Assemblée coloniale et de son Comité intermédiaire destiné à remplacer les Chambres d'agriculture, ainsi que sur l'étendue et les limites des pouvoirs attribués par S. M. à cette Assemblée.

Le Roi, dit-il, desirant associer l'expérience et les lumières des Propriétaires à celles des Administrateurs, a créé ladite Assemblée, en distinguant avec attention, ce qui doit appartenir à la simple proposition de l'Assemblée, de ce qui est laissé à son action immédiate.

Le principal point des délibérations de l'Assemblée est d'asseoir et répartir la contribution royale, lorsque elle aura été ordonnée par le Roi ; mais l'exercice du pouvoir que le Roi accorde à ladite Assemblée, ne doit jamais aller jusqu'à consentir ou *dissentir* l'impôt, y résister ou le modifier. Il ne doit jamais être employé, dans les arrêtés, aucun terme qui annonce la forme d'un don gratuit demandé ou octroyé. Les intentions du Roi, étant annoncées par les Administrateurs, seront reçues et exécutées, sans retard, comme des ordres positifs. Dans le cas où il y aurait de puissans motifs de représentation contre la quotité de la contribution, le Roi permet à l'Assemblée, sans préjudice à l'exécution provisoire, de rédiger ces représentations avec le respect et la modération convenables, et autorise les Administrateurs à les lui adresser avec leurs observations particulières.

Les Administrateurs doivent tenir la main à faire remplir la juste mesure de la contribution, sans y comprendre le produit des droits domaniaux et seigneuriaux, ni les objets compris et énoncés en l'article XIX de l'ordonnance.

L'Assemblée doit fixer le nombre des Receveurs de l'imposition royale, sans néanmoins les nommer. Elle doit fixer la quotité de leur traitement et de leur cautionnement.

L'Assemblée doit procéder à la taxe de l'imposition pour les nègres justiciés, et elle en a la comptabilité. L'Intendant expédiera les ordonnances nécessaires, sur le *visa* du plus ancien Membre du Comité intermédiaire, qui remplace, pour cet objet, les fonctions attribuées précédemment au Conseil souverain.

L'Assemblée pourra ordonner les travaux nécessaires, ou même simplement utiles à la Colonie en général, ou à quelques quartiers particulièrement, et régler la contribution générale ou locale qu'exigeront l'entreprise et la confection de ces travaux. Elle aura la comptabilité et la surveillance desdits travaux, sauf les limitations apportées à cette faculté, par le Roi, dans les articles XXIII et XXIV de son ordonnance.

S. M. confère à ses Administrateurs le pouvoir de suspendre provisoirement l'exécution des délibérations de l'Assemblée, même celui de la dissoudre, si elle s'écartait de son institution, toutes les fois qu'ils seront convaincus, l'un et l'autre, que le bien du service de S. M., ou l'avantage de la Colonie demandent cette mesure.

La Colonie continuera d'entretenir un Député à Paris, à qui elle fera passer exactement l'état de sa situation et de ses besoins, relativement au commerce de la Métropole et à celui de l'Isle.

Le Comité intermédiaire remplira le vide des intervalles d'une assemblée à l'autre, en suivant l'exécution des travaux qui auront été ordonnés, en s'occupant des

plans

plans et mémoires dont l'examen et la discussion lui auront été renvoyés, en faisant mettre en règle la comptabilité ressortissante à l'Assemblée, en préparant les matériaux des délibérations ultérieures, en provoquant même l'attention et la décision des Administrateurs sur les objets qui n'auraient pas été prévus, ou qui pourraient souffrir du retard, sauf à ces derniers d'y déférer ou de s'y refuser, en rendant compte au Ministre des raisons et motifs de leur adhésion ou refus. Ledit Comité remplacera les Chambres d'agriculture dans toute l'étendue des fonctions qui leur avaient été attribuées par les arrets du Conseil d'Etat, des 16 décembre 1759 et 9 avril 1763.

Enregist. au Conseil souverain.

(N°. 709.) EXTRAIT *d'une Dépêche ministérielle de M. le Maréchal* de Castries, *à M. l'Intendant, au sujet de quelques suppressions dans le Traitement accordé aux Administrateurs-généraux.*

Du 29 juillet 1787.

Le Ministre, par cette lettre, confirme des dispositions énoncées dans une précédente dépêche du 13 octobre 1786, portant suppression de quelques attributions du traitement des Chefs; savoir : 1°. les appointemens de deux Secrétaires du Gouverneur-général ; 2°. les frais de tournée des Général et Intendant ; 3°. les fournitures en meubles et effets qui leur étaient faites des magasins du Roi pour leur ameublement, ainsi que celles en bois, bougies, chandelles et huile à brûler pour leur usage journalier.

(N°. 710.) EXTRAIT *d'une Dépêche ministérielle de M. le Maréchal* de Castries, *à MM. les Général et Intendant, concernant le Vicaire apostolique aux Isles du vent de l'Amérique.*

Du 29 juillet 1787.

Lettre commune qui accompagne les lettres d'attache nécessaires pour l'enregistrement des brefs du Pape, en vertu desquels le R. P. *Trepsac*, vicaire apostolique et supérieur de la mission des Dominicains, a le droit de donner le sacrement de la *Confirmation* et d'accorder certaines dispenses pour mariages entre parens, jusques et compris les cousins-germains.

(N°. 711.) EXTRAIT *d'une Dépêche ministérielle de M. le Maréchal* de Castries, *à MM. les Général et Intendant, pour empêcher les Bâtimens des Etats-Unis de faire la pêche de la Baleine aux îles du vent de l'Amérique.*

Du 19 août 1787.

Le Ministre, dans cette lettre commune, prescrit aux Administrateurs-généraux de s'entendre avec le Commandant de la station, pour empêcher les bâtimens des Etats-Unis de l'Amérique de faire, sur les côtes de nos îles, la pêche de la Baleine et du Souffleur, ne pouvant avoir d'autre but que le commerce interlope.

(N°. 712.) DÉPÊCHE *ministérielle de M. le Comte de Montmorin, à M. l'Intendant, portant suppression au compte de l'Etat des loyers des Greffes.*

Du 19 août 1787.

JE suis informé, Monsieur, qu'il y a à la Martinique des Greffiers, auxquels il est alloué une somme pour le loyer de leur Greffe. Ces Officiers doivent trouver amplement, dans les émolumens de leur place, le moyen d'acquitter cette dépense, et l'intention de S. M. est qu'il ne leur soit plus rien accordé par cet objet, à compter du 1er. janvier 1788.

(N°. 713.) ORDRE *du Roi, pour faire brûler les Procedures criminelles des esclaves.*

Du 24 septembre 1787.

SUR ce qui a été représenté à S. M. qu'il se trouve dans les Greffes du Conseil souverain de la Martinique, un grand nombre de procès criminels instruits dans les Sénéchaussées de son ressort, ou dans ledit Conseil souverain, même contre les esclaves, à l'égard desquels il ne peut être d'aucune utilité de conserver la plupart desdits procès criminels, S. M. ordonne que, par deux Conseillers-commissaires nommés par le Conseil souverain, il sera dressé procès-verbal de tous les procès criminels instruits contre des esclaves seulement et qui se trouvent dans lesdits Greffes, pour être, ceux desdits procès criminels, qui auront été définitivement jugés et exécutés, ou dont les crimes se trouvent prescrits et qui n'offrent aucun renseignement utile à conserver, brûlés au terme de l'ordonnance et en présence desdits Commissaires, qui conserveront toutefois les arrêts qui auront jugé lesdits procès.

Mande et ordonne S. M., *etc.*

Fait à Versailles, le 24 septembre 1787. *Signé*, LOUIS ; *et plus bas*, par le Roi, le Comte de MONTMORIN.

Enregist. au Conseil souverain.

(N°. 714.) EXTRAIT *d'une Dépêche ministérielle de M. le Comte* de Montmorin, *à MM. les Général et Intendant, sur l'encouragement de la Traite des Nègres par les Bâtimens nationaux.*

Du 21 octobre 1787.

Le Ministre, dans cette lettre commune, prescrit aux Administrateurs d'acquitter, dans la Colonie même, la prime de 60 liv. accordée pour chaque tête de noirs de traite française importée aux îles du vent ; les fonds pour cet objet seront pris sur ceux provenant des droits sur les noirs de traite étrangère ; et est en outre ordonné aux Administrateurs de ne renvoyer pour être payé en France aucune partie prenante, qu'autant qu'il ne resterait aucun fonds sur lesdits droits des nègres étrangers, et enjoint particulièrement à l'Intendant d'envoyer tous les mois un état circonstancié de l'importation des nègres provenant de traite française.

(N°. 715.) ORDONNANCE *du Roi, qui défend d'inhumer dans les Eglises des Colonies, aucune Personne, de quelque qualité et condition qu'elle soit.*

Du 3 novembre 1787.

SA MAJESTÉ ayant reconnu, d'après les représentations qui lui ont été adressées, qu'il résultait des conséquences dangereuses des sépultures qui se font dans les Églises de ses colonies, soit en vertu d'ordonnances des Rois ses prédécesseurs, soit en vertu d'usages anciens, et que les précautions prescrites pour prévenir les inconvéniens qu'occasionnent lesdites sépultures, ne peuvent avoir l'effet qu'on s'en était promis dans un climat aussi brûlant que celui desdites colonies; elle a jugé qu'il était de sa sagesse de faire cesser lesdits inconvéniens, en interdisant toutes sépultures dans lesdites Eglises.

S. M. a ordonné et ordonne, en conséquence, qu'à l'avenir, et à compter du jour de l'enregistrement de la présente ordonnance, aucun particulier, de quelque qualité et condition qu'il soit, même les Administrateurs en chef, Prefets apostoliques, Curés et autres Privilégiés, ne pourront être inhumés dans les Eglises desdites colonies, mais seulement dans les cimetières destinés à la sépulture commune : révoquant, S. M., toutes concessions ou priviléges à ce contraires, qui auraient été accordés jusqu'à ce jour, par elle ou par les Rois ses prédécesseurs.

Mande et ordonne S. M., *etc.*

Fait à Versailles, le 3 novembre 1787. *Signé*, LOUIS; *et plus bas*, par le Roi, le Comte de MONTMORIN.

Enregist. au Conseil souverain.

(N°. 716.) ORDRE *du Roi, qui fixe le Poids des Barriques à Sucre, de 1,000 à 1,600.*

Du 24 novembre 1787.

SA MAJESTÉ ayant égard aux représentations qui lui ont été faites sur l'impossibilité de se conformer généralement dans chacune des îles françaises du vent, à l'art. III de son réglement du 11 février dernier, qui fixe la contenance des barriques de sucre, dans ses colonies en Amérique, à 1,500 l. au moins, et à 1,600 l. au plus, attendu que la difficulté des transports par eau et des charrois par terre ne permet point de porter ordinairement dans lesdites îles, le poids de la barrique de sucre à plus de 1,000 ou 1,100 l.; elle ordonne que le poids desdites barriques pourra, dans lesdites îles du vent, varier à l'avenir de 1,000 à 1,600 l., au plus.

Veut au surplus, S. M., que le susdit réglement soit exécuté selon sa forme et teneur, dans tout ce qui n'y est pas expressément dérogé par le présent.

Mande et ordonne S. M., *etc.*

Fait à Versailles, le 24 novembre 1787. *Signé*, LOUIS; *et plus bas*, par le Roi, le Comte de MONTMORIN.

Enregist. au Conseil souverain.

(N°. 717.) ORDRE *du Roi, concernant la Nomination aux places de Geôliers.*

Du 28 décembre 1787.

SA MAJESTÉ étant informée qu'il s'est élevé des discussions entre les Administrateurs et le

Conseil souverain de la Martinique, relativement à la nomination aux places de Geôliers des prisons civiles dans cette île, et considérant que ce ne peut être aux Tribunaux à nommer à de telles places, que c'est un droit du Souverain que les Administrateurs de ses colonies doivent seuls exercer en son nom, et que la compétence des tribunaux ne consiste que dans l'information de vie, mœurs, la réception, le serment et la destitution des Geôliers, le cas arrivant; S. M. a ordonné et ordonne qu'à l'avenir la nomination desdits Geôliers à la Martinique appartiendra aux Administrateurs seuls ou à leurs représentans, conformément à ce qui s'est toujours pratiqué dans ses autres colonies, nonobstant tous ordres ou réglemens antérieurs, auxquels elle a dérogé et déroge pour cet égard seulement.

Mande et ordonne S. M. *etc.*

Fait à Versaille, le 28 décembre 1787. *Signé* LOUIS; *et plus bas*, par le Roi, le Comte de la LUZERNE.

Enregist. au Conseil souverain.

(N°. 718.) ARRÊT *du Conseil souverain, sur les préséances des Sénéchaussées de la Martinique, aux Cérémonies publiques.*

Du 2 janvier 1788.

CE jour, à l'ouverture de la séance de la Cour où les Officiers des Sénéchaussées de son ressort avaient été invitées de se trouver, pour y entendre la mercuriale prononcée par le Procureur-général du Roi, il s'est élevé une contestation entre les Sénéchaux des Sénéchaussées de la ville du Fort-Royal et du bourg St-Pierre, au sujet de la preséance et du rang qu'ils doivent tenir dans les assemblées et cerémonies publiques où ils sont invités à assister en corps, à la suite de la Cour, et après les avoir entendus dans leurs raisons et moyens respectifs, et ouï le Procureur-général du Roi en ses conclusions;

La Cour s'étant fait représenter l'édit de création des Sénéchaussées de son ressort, où la Sénéchaussée de St-Pierre se trouve désignée la première, ordonne qu'en conformité les Officiers de ladite Sénéchaussée de St-Pierre auront le pas, rang et préséance sur ceux de la Sénéchaussée du Fort-Royal, dans toutes les assemblées et cérémonies publiques où elles seront invitées d'assister, qu'à cet effet le présent arrêt sera lu, publié et enregistré auxdites Sénéchaussées, à la diligence du Procureur-général du Roi.

Fait au Conseil souverain de la Martinique, le 2 janvier 1788. *Signé*, ROIGNAN, greffier.

(N°. 719.) ORDONNANCE *de MM. les Général et Intendant, concernant l'Imposition sur la Martinique, pour l'année* 1788.

Du 3 janvier 1788.

LE Roi ayant bien voulu signaler sa bienfaisance envers sa colonie de la Martinique, en lui accordant, par son ordonnance du 17 juin 1787, une Assemblée coloniale composée de ses Commissaires, des Députés du Conseil souverain et d'un Député de chacune des villes et paroisses de la colonie, et en prescrivant à cette Assemblée de s'occuper de l'assiette et répartition de l'impôt, ainsi que de tout ce qui pourrait accroître la prospérité commune : l'Assemblée, délibérant le 27 décembre dernier et jours suivans, sur les objets soumis à sa délibération ; considérant que la culture des denrées coloniales, qui augmentent réellement la richesse du Royaume, ne donne jamais au Cultivateur-colon un revenu certain et disponible, parce que ce qui reste dans ses mains, après avoir remplacé les pertes annuelles, toujours considérables, doit être versé sur un sol, dont la production n'accroît qu'en raison des moyens que l'on ajoute à son exploitation, et qu'ainsi tout ce qu'on distrairait de ces moyens, nuirait autant à la richesse réelle du Royaume, qu'à l'espoir qui soutient le Colon; considérant, en outre, qu'il est de justice et de principe, que tous les hommes qui participent aux bienfaits de la sûreté publique, participent aussi à ses charges, et que le Cultivateur étant, dans les colonies, le dernier consommateur, paie toujours l'impôt, de quelque manière que l'assiette et la répartition en soient faites; mais qu'il est nécessaire d'en rendre la perception la plus douce possible, et de suivre sur-tout un mode d'après lequel on évite, autant que la nature des choses peut le permettre, les saisies et contraintes, qui portent, presque toujours, sur les habitations, un désordre nuisible à la prospérité commune.

L'Assemblee a délibéré et arrêté, que la perception de la somme d'*un million net*, demandée par S. M. pour la présente année 1788, serait assise et répartie sur l'industrie des différentes classes de la colonie, autres que celles des Cultivateurs, sur les loyers des maisons, sur les droits d'entrée et de sortie, sur les gens de couleur libres et sur les nègres, autres que ceux employés à la culture, lesquels demeureraient exempts d'imposition. En conséquence de ces delibérations.

Nous, *etc.*, pour rendre exécutoires les délibérations de l'Assemblée coloniale, en ce qui concerne l'impôt, avons ordonné et ordonnons ce qui suit; savoir :

ART. Ier. Il sera perçu dans la colonie de la Martinique, pendant le cours de la présente année 1788, la somme d'*un million*, laquelle sera versée dans les coffres du Roi, nette et quitte de tout frais de perception, d'exemptions, non-valeurs, et autres charges y relatives.

II. Pour effectuer la perception mentionnée dans l'article précédent, il sera payé, comme taxe personnelle; savoir : par chacun des Commerçans-commissionnaires de la Colonie, la somme de 1,650 liv.

Par chacun des Commerçans ayant boutique ou magasin, Marchands en gros de draps, soieries, toiles, bijouterie, cordages, bois, fers, quincaillerie et autres objets de commerce, Marchands de nègres ou de mulets, dans les villes et campagnes, la somme de 500 liv.

Par chacun des Marchands ayant boutique ou magasin, vendant au détail les marchandises mentionnées ci-dessus, la somme de 250 l.

Par chacun des Libraires, Horlogers, Orfévres, Jouailliers, Apothicaires, Distillateurs,

Tailleurs, Menuisiers, Cordonniers, Perruquiers, Chaudronniers, Modistes, Chapeliers et autres Boutiquiers ou Ouvriers ayant boutique, la somme de 200 liv.

Par chacun des petits Boutiquiers, Marchands-regrattiers, Aubergistes, Cafetiers, Boulangers, Bouchers et autres, vendant et débitant à petits poids et petites mesures, la somme de 100 liv.

Par chacun des Marchands-forains, Porteurs de balles ou de paniers, vendant dans la campagne et hors les villes du Fort-Royal et de Saint-Pierre, la somme de 66 liv.

Les Chirurgiens paieront une imposition de 200 liv. par tête.

La même taxe de 200 liv. sera payée par chaque Notaire, Procureur et Imprimeur.

Les Huissiers paieront la somme de 3,300 l., laquelle sera répartie, par portions égales, sur les deux bourses communes de St-Pierre et du Fort Royal.

III. Toutes les maisons de St-Pierre paieront, comme par le passé, un droit annuel de 5 pour 100 sur le montant de leurs loyers; et à l'égard des Propriétaires qui les occuperont eux-mêmes, le droit de 5 pour 100 sera réglé d'après la valeur arbitrée desdits loyers.

Toutes les maisons établies dans la ville du Fort-Royal, dans les bourgs du Lamentin, de la Trinité et du Marin, paieront un droit annuel de 3 pour 100 : seront cependant déchargées de l'imposition les maisons de Saint-Pierre et des autres lieux ci-dessus, qui seront plus de 3 mois sans être louées; et ce pour le tems qu'elles resteront dans cet état, ce que les Propriétaires seront tenus de constater contradictoirement avec le Directeur-général du Domaine.

Toutes les maisons établies dans les autres endroits de la colonie, seront et demeureront franches de toute imposition.

IV. Les nègres et gens de couleur libres, et légalement affranchis, depuis l'âge de 14 ans jusqu'à celui de 60, paieront chacun la somme de 25 liv., à l'exception de ceux qui servent dans les compagnies de milices, lesquels seront exempts de capitation pour leur tête seulement.

V. Chacun des nègres et gens de couleur domestiques ou à loyer dans les villes et bourgs, ou employés habituellement à la pêche, ainsi que dans les accons, bateaux-caboteurs, canots de poste ou de passage, paieront la somme de 33 liv. Paieront pareillement la somme de 33 liv., chacun des nègres employés aux chaufourneries et poteries dans l'etendue de la colonie. Paieront également la somme de 33 l., chacun des nègres attachés aux vinaigreries, autres que celles qui dépendent des sucreries.

VI. Toutes les denrées exportees de la colonie, de quelqu'espèce et nature qu'elles soient, et allant en France, paieront à leur sortie un droit de 2 pour 100 de leur valeur, laquelle sera constatée par les factures acquittées ou certifiées par les vendeurs desdites denrées. Le droit ci-dessus sera payé, entre les mains du Receveur du Domaine, par les Capitaines chargeurs, sauf auxdits Capitaines d'en retenir le montant aux vendeurs des denrées soumises au droit de 2 pour 100.

Les marchandises expédiées pour les îles étrangères, par des bâtimens étrangers, paieront à leur sortie 1 pour 100 de leur valeur, laquelle sera fixée d'après le cours au moment de l'expédition l'expédition. N'entendons comprendre dans les objets d'exportation soumis au droit d'un pour cent, les eaux-de-vie ou rum, les sirops et les melasses.

VII. Les marchandises et denrées, de quelque nature qu'elles soient, importées dans la colonie, venant de France ou autres lieux, paieront à leur entrée 1 pour 100 de leur valeur, sur le pied du cours dans la colonie, lequel sera fixé par la déclaration des Capitaines arrivans, au bas de laquelle sera apposée la certification de deux des Commissaires du commerce en cette colonie. Le droit d'un pour cent ci-dessus mentionné sera payé, par les Capitaines arrivans, entre les mains du Receveur-général du Domaine, N'entendons comprendre les nègres dans les objets d'importation soumis au droit d'un pour cent.

VIII. La farine de manioc qui sera exportée de la colonie paiera, à sa sortie, un droit de 3 liv. par baril de 52 pots.

IX. Dans les droits mentionnés dans l'article VII ci-dessus, ne seront pas compris les droits à percevoir sur les bœuf et poissons salés venant de l'étranger, ainsi que ceux établis sur la morue et les nègres, de pêche et de traite étrangère ; lesquels droits établis par les arrêts du Conseil d'Etat du Roi, continueront à être perçus dans les ports d'entrepôt, conformément à ce qui est prescrit et établi par lesdits arrêts du Conseil d'Etat du Roi : le montant de ces droits servant à donner des primes d'encouragement aux Armateurs nationaux.

X. Les Habitans-cultivateurs, qui vendent et débitent partie de leur récolte en sucre ou café dans les villes ou bourgs de la colonie, pour la consommation intérieure, ainsi que les Marchands qui vendraient des mêmes denrées en détail, païeront le droit de 2 pour 100 de la valeur des denrées par eux vendues ; et, pour en fixer la quantité et la valeur, ils en remettront tous les six mois, au Directeur du Domaine, la déclaration par eux assermentée. Réservant audit Directeur-général du Domaine la faculté de se pourvoir par devant le Juge des lieux, dans le cas où lesdites déclarations ne seraient pas faites, ou ne seraient pas exactes, pour faire condamner les délinquans aux peines de droit portées dans l'art. XIV ci-après.

XI. Tous et chacun des gens de couleur et nègres sujets aux droits de capitation, et mentionnés aux art. V et VI ci-dessus, se présenteront incessamment dans les bureaux du Domaine établis au Fort-Royal, à St-Pierre, à la Trinité et au Marin, pour y prendre un billet ou permission de travailler dans les villes et bourgs, ou d'être employés dans les bateaux, accons, canots de poste ou de passage, ainsi qu'à la pêche habituelle, ou dans les chaufourneries, poteries, vinaigreries non dépendantes d'habitations sucreries.

Ledit billet leur sera délivré *gratis* et contiendra le nom de l'ouvrier, son signalement, sa qualité de libre, s'il est affranchi, ou le nom de son maître, s'il est esclave.

XII. A compter du 1er. mars prochain, toute personne de couleur ou nègre qui sera trouvé travaillant dans les villes et bourgs, ou dans les bateaux, accons, canots, pêcheries, chaufourneries, poteries et guildiveries non dépendantes d'habitations sucreries, sans être muni du billet ou permission mentionnée dans l'article précédent, sera saisi, arrêté et remis dans la prison la plus prochaine, pour être poursuivi à la diligence du Directeur-général du Domaine, par devant le Juge ordinaire des lieux.

XIII. Tout esclave, arrêté en vertu de l'article précédent, sera vendu judiciairement, au plus offrant et dernier enchérisseur, pour, sur le produit de la vente, être 1°. prélevés les frais de procédure ; 2°. la moitié de la somme restante être délivrée au dénonciateur et capteur, et le restant être versé dans la caisse du Roi, pour faire partie des sommes à prélever pour parfaire l'imposition.

XIV. Aura, le Directeur-général du Domaine, la faculté de poursuivre, en sa qualité, toutes personnes qui se seraient rendues coupables de fausses déclarations ; savoir : par devant les tribunaux de l'Amirauté pour tout ce qui concerne les objets exportés ou importés par des bâtimens, et par devant le Juge ordinaire des lieux, sur tout ce qui concerne les denrées vendues pour la consommation intérieure de l'île, sur les loyers des maisons et sur la capitation des nègres et gens de couleur, et seront les délinquans condamnés au quadruple des droits qu'ils auraient dû payer.

XV. Conformément à l'ordonnance de nos Prédécesseurs, du 16 août 1763, tous les Cabaretiers, Traiteurs, Aubergistes, Limonadiers et autres vendant en détail vin, eau-de-vie et liqueur, ainsi que ceux tenant billard ou jeux permis, soit que ceux-ci donnent à boire ou non, paieront par an, la somme ordonnée et fixée par l'art. VII de la susdite ordonnance ;

SAVOIR :

Ceux résidans au Fort-Royal et au Lamentin, 800 l.
Ceux residans à Saint-Pierre, 1,200 liv.
Ceux résidans à la Trinité, 400 liv.
Ceux résidans au Marin, 200 liv.
Ceux résidans au Prêcheur et au Carbet, 300 liv.
Ceux résidans dans les autres bourgs de cette île, 150 l.

Le paiement de ces droits sera divisé en 4 époques, de 3 mois chacune et exigible, à l'avance, en janvier, avril, juillet et octobre.

Les droits de cabaret seront toujours payés entre les mains des Receveurs du Domaine et ne feront pas partie de la présente imposition ; mais le produit en sera versé dans une caisse particulière, pour être, comme par le passé, employé à des ouvrages municipaux d'une utilité publique et générale ; et ce, jusqu'à ce qu'il en ait été autrement ordonné par S. M.

XVI. Les droits sur les gros sirops et tafias seront perçus sur le pied de 3 pour 100 de leur valeur, à la sortie de cette colonie pour passer à l'étranger ; ils seront soumis également aux droits additionnels de 10 s. pour livre, conformément aux déclarations du Roi des 3 février 1760 et 21 novembre 1763, du mois de novembre 1771 et du mois d'août 1781 ; et, comme droits du Domaine d'occident, ne feront pas partie de l'imposition.

XVII. Tous droits seigneuriaux et domaniaux, tels que les épaves, aubaines, bâtardises, déshérences, les biens vacans non réclamés, les confiscations et autres droits appartenans au Roi, continueront d'être perçus comme par le passé, et ne feront pas partie de la présente imposition.

XVIII. Ceux qui se trouveraient dans le cas d'avoir deux titres d'exemption, ne pourront jouir que d'un seul, et de celui dont l'exemption sera la plus forte ; laquelle exemption néanmoins n'aura lieu que pour le nombre effectif des esclaves ou domestiques qui seront à leur service. Dans le cas où ce nombre serait au-dessous de celui porté par l'exemption qu'ils seraient fondés de réclamer, nous faisons défense à toutes personnes d'emprunter ou de prêter des esclaves pour profiter de ladite exemption en entier, à peine de confiscation des esclaves prêtés et de 500 l. d'amende, au profit de S. M., contre chacun de ceux qui auront prêté ou emprunté lesdits esclaves ; le tout en vertu de la déclaration du Roi du 3 octob. 1730.

XIX. Jouiront, pour leurs nègres seulement, des exemptions quelconques attachées à la qualité, ainsi qu'aux places et aux charges, les personnes ayant des terres en propriété, ou qui seraient établies dans les villes et bourgs ; et seront les exemptions justifiées par la copie des titres présentée au Directeur-général du Domaine, et il en sera donné connaissance, par lesdites personnes, à la prochaine seance de l'Assemblée coloniale.

XX. Conformément à l'art. VII de la déclaration du Roi de 1730, aucun Particulier ni Habitant ne pourra étendre le droit d'exemption accordé à sa qualité au delà de sa personne : en conséquence, ni ses enfans, ni leurs Tuteurs, ne pourront prétendre à ladite exemption par tête d'enfans, s'ils n'ont pas une propriété particulière, ou s'ils n'ont pas été pourvus par partage.

XXI. Les pères de 10 enfans vivans jouiront de l'exemption de moitié des droits de capitation sur les nègres des villes, ainsi que sur tous autres, sujets à l'imposition ; et ceux qui n'auront que des maisons jouiront de l'exemption de moitié du droit sur les maisons. Cette exemption sera accordée dans la forme prescrite par les ordonnances, sur les certificats du Curé et du Commandant de la paroisse : elle continuera d'ailleurs d'avoir lieu, quand même quelques uns des enfans viendraient à mourir.

XXII. Toutes les marchandises dont l'importation et l'exportation seraient permises à l'étranger dans les ports d'entrepôt, seront soumises aux droits locaux établis ou à établir.

XXIII. Tous et chacun des Habitans possesseurs de nègres, remettront leurs dénombremens, comme par le passé, pour procéder au recouvrement de la taxe des nègres justiciés, e pour la répartition des corvées nécessaires à l'entretien des chemins royaux.

XXIV. La capitation étant acquise au Domaine du Roi au 1er. janvier, nous ordonnons que l'imposition, que nous établissons pour la présente année, sera acquittée dans tout le courant du mois de juin prochain, en un seul paiement, pour les taxes personnelles ; à défaut de quoi, les redevables seront contraints par toutes les voies de droit, même par corps et par la saisie de leurs biens et meubles ; les ouvriers libres paieront, en prenant la permission mentionnée en l'art. XI, les maîtres des esclaves fourniront leurs déclarations et paieront au 1er. juin.

Les Membres du Comité intermédiaire, tiré et dépendant de l'Assemblée coloniale, ont bien voulu promettre de surveiller la perception des droits établis par la présente ordonnance, de laquelle perception seront chargés 5 Receveurs particuliers ; savoir : 1 pour le droit sur les maisons, 2 pour les droits sur l'industrie et 2 pour les droits sur les nègres et gens de couleur désignés dans les articles V et VI.

Prions messieurs les Officiers du Conseil souverain de la Martinique de faire enregistrer, *etc.*

Donné au Fort-Royal de la Martinique, le 3 janvier 1788. *Signé*, le Vicomte de DAMAS, *et* FOULQUIER.

Enregist. au Conseil souverain.

(N°. 720.) ORDONNANCE *de MM. les Général et Intendant, relative au passage et à l'usage des Eaux.*

Du 5 janvier 1788.

L'ASSEMBLÉE coloniale délibérant, conformément aux ordres du Roi, sur tout ce qui peut intéresser la prospérité générale de la Colonie, ayant observé qu'il était important pour conserver l'harmonie nécessaire dans toute société, et sur-tout dans une société de Cultivateurs, de prévenir les différends qui peuvent naître entre eux ; et que le passage ou l'usage des eaux utiles, soit à l'établissement des manufactures, soit aux maisons déjà établies, était un sujet fréquent de dissention entre les Habitans, nous a sollicité de promulguer une loi qui fixât d'une manière précise, les droits des Habitans qui se trouveraient dans le cas de demander ou de donner l'usage des eaux.

A CES CAUSES, nous, *etc.*, considérant que les concessions de terres accordées par S. M. à ses sujets habitans les colonies, imposent de droit aux concessionnaires, ainsi qu'à leurs successeurs ou ayant-cause, les servitudes que peuvent exiger le service du Roi et l'utilité publique, et que la faculté d'user facilement des eaux influe essentiellement dans l'accroissement des cultures et de la population, avons, pour nous rendre au vœu de l'Assemblée coloniale, ordonné et ordonnons ce qui suit :

ART. Ier. Tout Habitant qui, desirant établir une manufacture ou étant privé d'eau pour son usage, croira pouvoir demander la faculté de jouir de l'eau d'une source ou d'une rivière, située dans les habitations ou au delà des habitations de ses voisins, et avoir en conséquence besoin de faire passer sur les terres de ses voisins des canaux pour porter l'eau dans ses habitations ou des nègres pour porter l'eau dans sa maison, présentera à cet effet une requête au Général et à l'Intendant, et exposera dans ladite requête le plan figuratif du terrein sur lequel il demande de prendre les eaux, et du chemin qu'il se propose de faire parcourir à ses canaux ou à ses nègres.

II. La requête présentée par des Habitans, pour demander le passage de l'eau ou le passage pour aller à l'eau, sera renvoyée au Voyer, pour par lui être dressé, sur les lieux, en présence du Commandant de la paroisse et de 2 Habitans, experts choisis par les parties, un procès verbal contenant les dits et contredits des parties intéressées ; ainsi que l'avis qui aura été donné, tant par le Commandant de la paroisse, que par les 2 Habitans experts, pour déterminer l'emplacement qui aura été jugé le plus convenable d'assigner au passage des canaux ou des nègres, pour ledit procès-verbal être rapporté au Général et à l'Intendant, et avoir force de loi, après avoir été par eux homologué.

III. Tous Habitans, sur les terres desquels devront passer les canaux destinés à conduire les eaux nécessaires à l'établissement de quelques manufactures, ou les chemins les plus convenables pour que des familles déjà établies puissent se procurer l'eau nécessaire à leur boisson, ne pourront refuser le passage qui leur sera demandé à cet effet, par le Propriétaire cultivateur possesseur de terres.

IV. Tous les dommages causés par l'établissement des canaux ou des chemins établis pour se procurer l'eau, seront fixés par Arbitres, nommés d'accord par les parties ou d'office, par le Juge des lieux ; et les dommages comprendront, soit la valeur de la terre employée pour l'établissement du canal ou du chemin, soit la perte des arbres ou plantations qu'il serait jugé nécessaire d'arracher, soit le trouble causé par les ouvriers employés à la confection des canaux ou chemins.

V. Les dommages, fixés par les Arbitres, seront payés, en argent et sans délai, aux Habitans propriétaires sur les terres desquels les canaux ou les chemins auront été établis, par les Habitans qui auront signé la requête mentionnée dans l'art. Ier. ci dessus.

VI. Jouiront des mêmes facultés et seront assujettis aux mêmes formalités, les Habitans qui, possédant des habitations déjà établies et privées de sources d'eau vive, voudraient jouir de l'eau des rivières ou sources placées dans l'intérieur ou au delà des habitations de leurs voisins limitrophes.

VII. Répondront dans tous les cas, du fait et dommages de leurs nègres, les Habitans qui, ayant établi des canaux sur les terres de leurs voisins, ou passant sur les terres de leurs voisins pour aller prendre de l'eau dans les rivières, enverraient des nègres pour travailler auxdits canaux, ou prendre de l'eau dans les sources ou dans les rivières.

VIII. Dans le cas où des Habitans voudraient jouir des canaux déjà établis, ils seront tenus de payer leur quote part des travaux déjà faits, et ce sur l'évaluation des journées de nègres qui y auraient été employés, lesquelles nous fixons, d'après le cours actuel des denrées de consommation, à 3 liv. par tête.

IX. Ne pourront, dans aucun cas, les Habitans, sous le prétexte d'établir des manufactures nouvelles, nuire aux manufactures déjà établies, et le volume d'eau qui pourrait exister dans les canaux déjà faits, ou dans les ruisseaux ou rivières, sera à cet effet constaté par le procès verbal du Voyer pour connaître s'il existe veritablement une quantité d'eau excédante à celle qui se trouverait être nécessaire aux manufactures déjà établies, et si cette partie surabondante doit suffire aux manufactures projetées.

Prions messieurs les Officiers du Conseil souverain de la Martinique, de faire enregistrer *etc.*

Donné a la Martinique, le 5 janvier 1788. *Signé* le Vicomte de DAMAS, *et* FOULQUIER.

Enregist. au Conseil souverain.

(N°. 721.) EXTRAIT *d'une Dépêche ministérielle de M. le Comte* de la Luzerne, *à M. le Gouverneur-général de la Guadeloupe, portant défense de laisser construire aucun Bâtiment sur les 50 pas du Roi, au nouveau Carenage de la Pointe-à-Pitre.*

Du 17 janvier 1788.

Le Ministre, dans cette lettre particulière adressée à M. le baron du Clugny, gouverneur-général à la Guadeloupe, lui défend de laisser construire aucun bâtiment sur les 50 pas du Roi, au nouveau Carénage de la ville de la Pointe-à-Pitre.

Ceux qui ont déjà bâti, dit le Ministre, devraient en être évincés, mais ce parti a paru trop dur à S. M. Elle veut seulement que le Gouverneur exige de ces personnes une soumission de remettre, sans espoir d'aucun dédommagement, les terreins situés sur les 50 pas, aussitôt que S. M. pourrait en avoir besoin.

(N°. 722.) EXTRAIT *d'une Dépêche ministérielle de M. le Comte* de la Luzerne, *à MM. les Général et Intendant, sur le Transport des Esclaves d'une Colonie à une autre.*

Du 24 janvier 1788.

Le Ministre, dans cette lettre commune, annonce aux Administrateurs que l'intention du Roi est que le transport des nègres d'une colonie française à une autre île française du vent, ainsi qu'à Tabago, puisse avoir lieu sur une permission des Administrateurs en chef, lesquels exigeront le rapport du certificat de débarquement dans l'île où les esclaves auront été transportés. Les permissions pour Saint-Domingue ne pourront jamais être accordées que d'après une autorisation expresse de la Cour.

Ces précautions prises avec exactitude semblent suffisantes pour obvier aux inconvéniens qui peuvent résulter de la facilité accordée aux Habitans. Une prohibition absolue de ce transport d'esclaves d'île à autre est bien rigoureuse, et il paraît injuste d'empêcher au Planteur de quitter un sol usé pour un sol nouveau qui lui promet des récoltes abondantes. Ces considérations ont déterminé S. M. à se relâcher de la sévérité des principes adoptés et suivis jusqu'ici sur cet objet, laissant à la sagesse des Administrateurs à prendre tous les moyens pour empêcher qu'on n'abuse de cette facilité.

(N°. 723.) ORDONNANCE *de MM. les Général et Intendant, portant établissement de Droits de Péage sur le canal du Lamentin.*

Du 4 mars 1788.

L'ASSEMBLÉE coloniale, tenue en vertu de l'ordonnance du Roi, en date du 17 juin 1787, ayant délibéré qu'il serait établi un péage sur le canal du Lamentin, pour, le produit dudit péage, être employé au recurement et aux réparations de ce canal, nécessaire à plusieurs paroisses voisines.

Nous, *etc.*, avons ordonné et ordonnons, conformément à la délibération de l'Assemblée coloniale ;

Qu'à

Qu'à compter de ce jour et jusqu'au 1er. janvier prochain, il sera perçu sur toutes les personnes, marchandises et denrées quelconques qui passeront dans le canal du Lamentin, un droit de péage, *etc.*

N, B. Nous avons cru inutile de conserver le tarif et les autres dispositions.

Prions messieurs les Officiers du Conseil souverain de la Martinique de faire enregistrer, *etc.*
Donné à la Martinique, le 4 mars 1788.
Signé, le Vicomte de DAMAS, *et* FOULQUIER.

Enregist. au Conseil souverain.

(N°. 724.) ORDONNANCE *de MM. les Général et Intendant, qui fixe la Tare sur les Barriques de Sucre à 9 p*r*. 100 par quintal.*

Du 4 mars 1788.

LES lois qui procurent une régularité constante et une promptitude toujours utile dans les opérations qui ont lieu entre les Negocians et les Cultivateurs, étant essentiellement nécessaires aux colonies, nous avons crû devoir régler d'une manière invariable la tare des barriques à sucre.

A CES CAUSES, nous, *etc.*, avons ordonné et ordonnons, qu'à compter de ce jour, il sera prélevé 9 pour 100 de tare par quintal sur les barriques à sucre qui seront livrées par les Habitans, soit aux Capitaines marchands, soit aux Marchands-commissionnaires de la colonie.

Prions messieurs les Officiers du Conseil souverain de la Martinique de faire enregistrer, *etc.*

Donné à la Martinique, le 4 mars 1788. *Signé*, le Vicomte de DAMAS, *et* FOULQUIER.

Enregist. au Conseil souverain.

N. B. Nonobstant l'ordonnance ci-dessus, l'usage constant du commerce dans cette Colonie est de déduire 8 pour 100 de tare sur les sucres terrés, et 10 pour 100 sur les sucres bruts. Cet usage a force de loi dans toutes les transactions commerciales.

(N°. 725.) ARRÊT *du Conseil souverain concernant la mise à exécution des Dossiers remis aux Huissiers.*

Du 5 mars 1788.

CE jour, M. le Président ayant fait part à la Cour des différentes plaintes à lui portées contre les Huissiers de la Sénéchaussée de St-Pierre, sur leur négligence à mettre à exécution, les sentences remises au bureau depuis plusieurs années, et l'Administrateur de la bourse commune ayant été mandé; et après être convenu de cette négligence sur des dossiers remis par le Sr. Brière;

La Cour ordonne que, quinzaine après remise faite aux bourses communes du ressort, par les Procureurs ou par les parties, des sentences et arrêts pour mettre à exécution, lesdits Huissiers seront tenus de justifier des exécutions faites contre les débiteurs, à peine d'être solidairement responsables des condamnations portées par lesdits arrêts et sentences.

Ordonne aussi que les frais des exécutions ne pourront être réclamés par lesdits Huissiers, que sur le produit des effets saisis, et que le présent arrêt sera enregistré aux Sénéchaussées du ressort et publié dans toutes les paroisses de cette Isle et de celle de Sainte-Lucie.

Fait au Conseil souverain de la Martinique, le 5 mars 1788. *Signé*, ROIGNAN, greffier.

(N°. 726.) ARRÊT *du Conseil souverain, qui ordonne que les Actes, Jugemens, Arrets, etc., seront exécutoires à Sainte-Lucie.*

Du 6 mars 1788.

LA Cour ordonne que les actes, jugemens, arrêts et autres pièces émanées, tant du Greffe du Conseil, que des Sénéchaussées, Bourses communes, Notaires et autres Officiers de cette colonie, auront leur exécution en l'île Sainte-Lucie, sur un simple *pareatis* du Sénéchal et y feront foi, nonobstant le défaut de légalisation; comme pareillement les sentences, exploits et autres émanés de ladite île Ste-Lucie auront la même exécution et feront pareillement foi en cette île, en observant les mêmes formalités. Ordonne aussi que le présent arrêt sera envoyé aux Sénéchaussées de cette Isle et de celle de Sainte-Lucie, pour y être exécuté suivant sa forme et teneur.

Fait au Conseil souverain de la Martinique, le 6 mars 1788. *Signé*, ROIGNAN, greffier.

(N°. 727.) DÉPÊCHE *ministérielle de M. le Comte* de la Luzerne, *à MM. les Général et Intendant, sur les Jauges et Matrices des Mesures de France.*

Du 6 mars 1788.

IL est ordonné, Messieurs, par l'art. VI de l'arrêt du Conseil d'Etat, du 1er. mars 1744, confirmé par le réglement du 11 février 1787, concernant le commerce des colonies françaises en Amérique, qu'il y aura au Greffe de chaque Jurisdiction de ces colonies, des jauges et matrices des mesures dont les Négocians de France sont tenus de se servir, pour y avoir recours en cas de besoin. Comme je suis informé que les Greffes de la Martinique s'en trouvent dépourvus, je charge les Chambres de commerce du Havre, de Dunkerque, de Nantes, de Bordeaux, de la Rochelle et de Marseille de vous adresser, le plus promptement qu'il sera possible, un nombre suffisant de chaque espèce de mesures dont on se sert dans les différentes villes de la Normandie, de la Flandre, de la Bretagne, de la Guienne, du pays d'Aunis et de la Provence. Vous voudrez bien m'accuser réception de ces divers envois aussitôt qu'ils vous seront parvenus.

Je viens d'être informé par des réclamations de la Chambre de commerce de Bordeaux, que le Parlement de cette ville ayant reconnu que la velte était une mesure fautive pour connaître la contenance des barriques de vin, l'avait proscrite par ses arrêts des 28 août 1772 et 21 avril 1773, et qu'il avait fixé, par ces mêmes arrêts, la contenance de ces barriques à 100 pots, mesure de ladite ville. Le Roi, à qui j'en ai rendu compte, a jugé que cette nouvelle jauge était effectivement moins fautive que celle qui avait été prescrite par l'art. IV de l'arrêt de son Conseil d'Etat du 1er. mars 1744, et son intention est que la jauge actuellement en usage à Bordeaux, pour les barriques de vin, continue à être suivie, et que les Capitaines de navires ne soient point inquiétés pour s'y être conformés. Vous voudrez bien donner des ordres en conséquence, après que vous aurez fait enregistrer cette dépêche au Conseil souverain de la Martinique, pour servir de règle à l'avenir dans le cas où il s'éleverait des contestations à ce sujet.

J'ai l'honneur d'être, *etc. Signé*, le Comte de LA LUZERNE.

Enregist. au Conseil souverain.

(N°. 728.) ARRÊT *du Conseil souverain, concernant les Productions au Greffe de la Cour.*

Du 6 mai 1788.

LA Cour, ouï le rapport, *etc.* et les conclusions, *etc.*, ordonne qu'à l'avenir, dans toutes les affaires appointées ou mises au référé, la production des dossiers sera faite au Greffe de la Cour, de laquelle sera donné acte par le Greffier, qui demeurera chargé, tant des productions que de la distribution à MM. les Rapporteurs, et pour indemniser ledit Greffier des frais d'envoi desdits dossiers aux Commissaires et de la correspondance qu'il sera obligé d'avoir à ce sujet, la Cour ordonne qu'il lui sera payé par les parties, pour chaque production, y compris l'acte qu'il en délivrera, la somme de 16 liv. 10 s., laquelle sera passée en taxe par le Juge des lieux, sur le *soit* dudit Greffier ; ordonne aussi que le présent arrêt sera enregistré aux Sénéchaussées du ressort.

Fait au Conseil souverain de la Martinique, le 6 mai 1788. *Signé*, ROIGNAN, greffier.

(N°. 729.) ORDONNANCE *de MM. les Général et Intendant, concernant les Boulangers.*

Du 8 mai 1788.

L'APPLICATION constante que nous mettons à conserver les avantages que le commerce de France doit retirer des priviléges qu'il a plu à S. M. de lui accorder pour ce qui concerne les approvisionnemens des colonies, nous ayant convaincus qu'il existe des hommes, qui, préférant leur intérêt particulier et momentané à l'intérêt public, s'efforcent criminellement de concourir, avec les étrangers rivaux du commerce de France, pour introduire dans la colonie des marchandises prohibées, et principalement des farines dont l'importation est exclusivement réservée aux bâtimens français, pour l'avantage de l'agriculture et des Fabriques de la Métropole.

Nous avons été également convaincus que les moyens de surveillance que nous pouvons employer étaient insuffisans dans une colonie pour empêcher l'introduction frauduleuse d'un objet qu'on déguise sous des formes si multipliées, qu'elles doivent inévitablement tromper souvent la vigilance des Préposés ; et considérant que, lorsque la vigilance et la force sont insuffisantes pour empêcher l'introduction d'un objet prohibé, l'Administration n'a pour remplir ses vues que deux moyens, celui de supprimer les droits ou d'empêcher la consommation : Nous nous sommes occupés essentiellement à empêcher la consommation des farines étrangères, parce que la cessation de l'importation d'un objet quelconque dérive immédiatement de la non consommation.

A CES CAUSES, nous, *etc.*, avons ordonné et ordonnons ce qui suit :

ART. Ier. Les Boulangers établis dans la ville de Saint-Pierre, s'assembleront chaque année à l'époque du 1er. juin, et nommeront parmi eux un Syndic, dont la nomination sera enregistrée au Greffe de la Jurisdiction. Nommeront pareillement, parmi eux et avec les mêmes formalités, un Syndic, les Boulangers établis dans la ville du Fort-Royal.

II. Le Syndic des Boulangers de St-Pierre, et celui du Fort-Royal, remettront eux-mêmes, le lundi de chaque semaine, au Procureur du Roi de la Jurisdiction, ainsi qu'à l'Intendant ou au Commissaire chargé du service, les bordereaux des farines achetees pendant la semaine précedente par chacun des Boulangers.

III. Chacun des bordereaux des farines achetées par les Boulangers, sera signé et certifié veritable, tant par le Capitaine vendeur, que par le Négociant consignataire ou le Capitaine en second du bâtiment.

IV. Dans le cas où les achats seraient faits par les Boulangers dans des magasins particuliers, les bordereaux de ces achats seront signés et certifiés véritables par le Négociant vendeur, par un des Commissaires du commerce, ou par deux Témoins propriétaires de maison.

V. Les Boulangers établis dans les bourgs particuliers de la colonie, adresseront, chaque 1er. du mois, à l'Intendant les bordereaux des farines qu'ils auront achetées pendant le mois précédent; lesquels bordereaux seront faits ainsi qu'il est prescrit par les art. III et IV ci-dessus.

VI. Les Syndics des Boulangers de Saint-Pierre et du Fort-Royal, qui manqueront de remettre les bordereaux, dont la remise est ordonnée par l'art. II ci-dessus, seront poursuivis à la diligence du Procureur du Roi, et condamnés, par le Juge de police, à une amende de 100 liv. pour chaque semaine de retard, sauf le recours desdits Syndics contre ceux des Boulangers qui ne leur auraient pas remis leurs bordereaux.

VII. Les Boulangers des bourgs particuliers de la colonie qui manqueront de se conformer à l'art. V de la présente ordonnance seront supprimés.

VIII. Dans le cas où les Boulangers, les Capitaines de navire ou les Témoins seraient convaincus, soit par la vérification des livres de commerce, soit par tous autres moyens judiciaires, d'avoir donné ou signé de faux bordereaux, chacun desdits Boulangers, Capitaines de navire ou Témoins, sera poursuivi à la diligence du Procureur du Roi et condamné en 2,000 liv. d'amende.

IV. Les livres et journaux de vente des Capitaines marchands ne pourront faire foi que pour la quantité de farine par eux déclarée au Domaine à l'époque de leurs arrivées, et seront réputées étrangères toutes farines non déclarées au Domaine.

X. Conformément à ce qui est prescrit par l'ordonnance de nos Prédécesseurs en date du 1er. septembre 1763, nul ne pourra tenir boulangerie sans en avoir obtenu la permission de l'Intendant, auquel il présentera à cet effet une requête signée par lui, et revêtue de la certification du Procureur du Roi, pour constater les mœurs du demandeur, ainsi que de la certification du Syndic des Boulangers du lieu où voudra s'établir le Demandeur, si c'est à St-Pierre ou au Fort-Royal, pour attester que ledit Demandeur a les facultés et les qualités suffisantes pour obtenir l'effet de sa demande.

XI. Seront tenus tous Boulangers établis dans la colonie, de se conformer à ce qu'il leur est prescrit par l'ordonnance en date du 10 août 1765, qui leur enjoint, sous peine de confiscation, d'étamper d'une marque particulière les pains par eux fabriqués.

XII. Seront toujours les Boulangers soumis à la police, conformément à ce qui est prescrit par l'ordonnance du 22 juillet 1783; et sera le poids du pain fixé chaque semaine par une ordonnance de police, conformément au tarif ci-annexé, sur le parère que MM. les Commissaires du commerce remettront chaque semaine au Juge, pour constater le prix de la farine.

Prions messieurs les Officiers du Conseil souverain de la Martinique de faire enregistrer *etc.*

Donné à la Martinique, le 8 mai 1788. *Signé*, le Vicomte de DAMAS, *et* FOULQUIER.

Suit le Tarif pour le poids du Pain de 15 s., annexé à l'Ordonnance ci-dessus.

Lorsque la farine vaudra de	60	à	66 l.	—	30 onces.
	66	à	72	—	28
	72	à	78	—	26
	78	à	84	—	24
	84	à	90	—	23
	90	à	96	—	21
	96	à	102	—	20
	102	à	114	—	19
	114	à	126	—	17

N. B. Le poids du pain de 7 s. 6 d, pesera, dans tous les cas ci-dessus, la moitié de celui de 15 s.

Arrêté par nous Général et Intendant, pour être exécuté.

A la Martinique, le 8 mai 1788. *Signé*, le Vicomte de DAMAS, *et* FOULQUIER.

Enregist. au Conseil souverain.

(N°. 730.) ARRÊT *du Conseil souverain, concernant les Commis-Greffiers, qui ne pourront etre élus, s'ils ne sont âgés de 25 ans au moins.*

Du 9 mai 1788.

LA Cour, faisant droit sur le réquisitoire du Procureur-général du Roi, enjoint aux Sénéchaux et autres Officiers des Sénéchaussées du ressort de ne se servir à l'avenir pour *Commis-greffiers*, que de personnes qui justifieront être âgées de 25 ans ; ordonne aussi que la présente disposition sera envoyée aux Sénéchaussées du ressort, pour y être enregistrée et exécutée.

Fait au Conseil souverain de la Martinique, le 9 mai 1788. *Signé*, ROIGNAN, greffier.

(N°. 731.) RÉGLEMENT *de M. le Général, concernant les formalités à remplir par les Arrivans dans l'île, et la délivrance des Congés pour en sortir.*

Du 19 mai 1788.

LES changemens fréquens que les affaires éprouvent dans les colonies ayant produit, en ce qui concerne les congés, des incidens que l'ordre du Roi, en date du 3 septembre 1690, et les ordonnances de nos Prédécesseurs, en date des 9 décembre 1749 et 29 décembre 1765, n'ont pu prévoir ; nous avons, pour remédier aux inconvéniens multipliés que font naître la nature des bâtimens caboteurs et la proximité des îles étrangères, ordonné ce qui suit :

ART. Ier. Toute personne arrivant dans la colonie, sera tenue de se présenter chez le Commandant du lieu de son débarquement, au plus tard dans les premières 24 heures de son arrivée, et d'y signer son nom sur un registre destiné à cet effet, afin d'être à même de pouvoir vérifier l'époque de son arrivée, au cas que ladite personne veuille jouir du délai accordé par le présent réglement pour repartir sans être obligé de fournir caution, ni faire publier son départ.

II. Chaque personne, qui aura rempli les formalités prescrites par le précédent article, pourra rester dans la colonie un mois à dater du jour de son arrivée, et pendant tout ce tems, elle obtiendra un congé sans cautionnement, si elle desire sortir de l'île : bien entendu qu'il n'aura été fait aucune opposition légitime à son départ; elle sera en outre obligée d'aller prendre elle-même le congé chez le Commandant, ou de le demander par écrit, en signant sa demande.

III. Toute personne qui, en vertu des articles précédens, sera dans le cas d'obtenir un congé, sans caution, sera tenue de le demander dans le même endroit où elle aura constaté son arrivée dans la colonie.

IV. Au delà du terme fixé d'un mois, les congés ne seront délivrés qu'après avoir rempli les formalités actuellement usitées, qui sont de fournir bonne et valable caution, ou d'avoir fait publier son départ, le tout conformément à l'ordonnance.

V. Toute personne, qui voudra servir de caution, sera tenue d'aller, avec celle qu'elle cautionnera, chez le Commandant, signer son obligation sur le registre des congés.

VI. Tout Arrivant, qui ne se sera pas présenté chez le Commandant, et qui n'aura pas signé son nom au registre, dans le tems prescrit par l'article Ier., sera privé de l'avantage accordé par l'article II, et à quelque époque qu'il veuille ensuite repartir, il sera indispensablement obligé de faire publier son départ, ou de fournir caution.

VII. Tout Officier, en activité de service, soit en France, soit dans les colonies, n'aura jamais besoin de caution pour obtenir le congé nécessaire à son départ.

VIII. Tous les jeudis, on fera inscrire dans la Gazette les noms de toutes les personnes blanches ou libres, arrivées dans la colonie par Saint-Pierre ou le Fort-Royal, et le public sera informé, par ce moyen, de celles avec lesquelles il doit traiter, conformément au présent réglement qui lui fait connaître le tems que chaque Arrivant peut résider dans l'île, sans être tenu de fournir caution, pour en repartir.

IX. Le congé, sans caution, sera accordé jusqu'au 30me. jour inclusivement, à dater de celui d'arrivée, et il validera ensuite pour 8, à compter de celui où il aura été delivré. Dans des cas extraordinaires et dont la validité sera jugée par le Commandant, on pourra prolonger les congés de 8 autres jours, mais jamais au delà, sous aucun prétexte ; si des raisons particulières obligeaient d'outrepasser le terme prescrit, il faudrait alors fournir caution pour obtenir un congé.

X. Les congés délivrés dans les autres colonies françaises, qui ne seront pas signés des Gouverneurs ou des Officiers qui les représentent, dans les lieux d'où les Passagers seront partis, ne seront jamais prolongés, et les particuliers qui en seraient pourvus n'auraient aucun titre pour réclamer la plus légère indulgence à cet égard.

XI. Lorsqu'on sera dans le cas de s'opposer au départ d'un Particulier, il faudra aller soi-même chez le Commandant signer son opposition, au registre destiné à cet effet, ou y envoyer un Fondé de procuration. Ne sera reçu à mettre opposition que celui qui sera porteur d'un titre légitime de créance, ou ayant d'autres affaires qui obligent la présence de la personne au départ de laquelle on met obstacle. Toute opposition au départ est toujours aux risques et frais de celui qui la fait, et les parties restent autorisées à se pourvoir, à cet égard en justice réglée.

Sera le présent réglement enregistré au Greffe de l'Intendance.

Donné à la Martinique, le 19 mai 1788. *Signé*, le Vicomte de DAMAS.

(N°. 732.) RÉGLEMENT *de M. l'Intendant, concernant la paie, l'habillement et l'équipement de la compagnie de Pertuisaniers, des Archers de Marine et de la brigade d'Archers de Police.*

Du 24 juin 1788.

EXTRAIT DE LADITE ORDONNANCE,

Tout ce qui est relatif à la paie, à l'habillement et à l'équipement des Pertuisaniers, des Archers de marine et des Archers de police, est du ressort du Magasin-général. Pour les Pertuisaniers, voyez le réglement du 5 mars 1787, N°. 700, page 23 du présent tome.

Le nombre des Archers de marine est fixé d'après les besoins du service, ils ont deux uniformes ; le grand, qui est changé tous les 2 ans ; et le petit, qui est changé tous les ans. Ils ont six paires de souliers par an, une ration par jour et la paie.

La brigade des Archers de police est composée d'un Brigadier, 2 Sous-brigadiers et 12 Archers, répartis entre les villes du Fort-Royal et Saint-Pierre. Ils ont aussi deux uniformes, *etc.* comme les Archers de marine.

(N°. 733.) ORDONNANCE *de MM. les Général et Intendant, concernant l'Hivernage.*

Du 25 juin 1788.

N. B. Le préambule et les dispositions du premier paragraphe de cette ordonnance étant les mêmes que dans celle du 30 juin 1787, voyez le N°. 707, pag. 46 de ce tome.

Dispositions nouvelles pour les Bâtimens étrangers.

Les bâtimens étrangers, chargés ou non chargés, pourront mouiller dans le port du Fort-Royal, en cas d'avarie ou de menace d'ouragan, à la charge par les Capitaines desdits bâtimens de se présenter, avant de mouiller, à bord du bâtiment du Roi en station dans ledit port, où il leur sera donné une garde, et de ne rien décharger sans en avoir préalablement obtenu la permission de nous, sous peine, contre les Capitaines contrevenans, d'être poursuivis comme contrebandiers et punis selon le vœu des ordonnances. Mandons, *etc.*

Donné à la Martinique, le 22 juin 1788. *Signé*, le Vicomte de DAMAS, *et* FOULQUIER.

(N°. 734.) EXTRAIT *d'une Dépêche ministérielle de M. le Comte* de la Luzerne, *à MM. les Général et Intendant de la Guadeloupe, sur les Prises en interlope.*

Du 3 juillet 1788.

Le Ministre, dans cette lettre commune à MM. les Administrateurs de la Guadeloupe, leur recommande de mettre fin à l'avidité des Juges qui, par les taxes exorbitantes qu'ils s'allouent, s'attribuent la majeure partie des produits des confiscations, et découragent, par là, ceux qui sont préposés à surveiller les opérations du commerce interlope.

(N°. 735.) EXTRAIT *d'une Dépêche ministérielle de M. le Comte* de la Luzerne, *à MM. les Général et Intendant, sur la manière de cultiver les Girofliers.*

Du 7 août 1788.

Le Ministre, dans cette lettre commune, ordonne aux Administrateurs de faire publier, parmi les Habitans, la manière de cultiver et de faire réussir les Girofliers dans les Antilles, suivant la méthode indiquée par M. Lavoisier, et employée à Cayenne. D'après les expériences de ce célèbre Chimiste, il résulte que les clous de Girofle récoltés depuis deux ans dans cette colonie, sont égaux en qualité a ceux que fournit le commerce et que les Hollandais apportent des Moluques.

Les détails des procédés employés pour les faire réussir annoncent que les Girofliers se propagent de boutures, ou de petites branches qu'on met en terre et qui reprennent facilement, si l'on observe de ne faire cette opération que dans le tems où la sève commence à monter. Il faut, en outre, avoir soin d'enfouir ces branches dans de la terre bien défoncée et ameublie, et arroser doucement en cas de grande sécheresse.

(N°. 736.) ORDONNANCE *de MM. les Général et Intendant, portant permission d'introduire, jusqu'au 1er. janvier prochain exclusivement, dans les ports du Fort-Royal, de la Trinité, dans l'anse du Marigot et la rade de Saint-Pierre, des Bois, Clous, Ferrures, Morue, Riz, Maïs, Bœuf salé, Poisson salé, Animaux vivans, Volailles, Oignons et Patates, par des Bâtimens etrangers.*

Du 16 août 1788.

POUR remédier, autant qu'il est en notre pouvoir aux malheurs causés, le 14 de ce mois, par l'un des ouragans les plus désastreux qui aient jamais affligé cette île, et prévenir les calamités qui sont ordinairement la suite de cet événement, nous, *etc.*, avons provisoirement ordonné et ordonnons ce qui suit :

ART. Ier. A compter de ce jour, et jusqu'au 1er. janvier prochain exclusivement, tous bâtimens étrangers chargés de bois, clous, ferrures, morue, riz, maïs, bœuf salé, poisson salé, animaux vivans, volailles, oignons et patates, pourront entrer, mouiller et vendre librement dans les ports du Fort-Royal, de la Trinité, dans l'anse du Marigot et la rade de Saint-Pierre, en se soumettant toutefois aux visites d'ordonnance, qui seront faites par le Domaine du Roi, tant à l'arrivée qu'au départ desdits bâtimens.

II. La perception de tous droits imposés sur l'importation des objets mentionnés dans l'art. précédent, demeurera suspendue jusqu'au 1.er janvier prochain, sauf le droit d'un pour cent, connu sous le nom de droit colonial, ainsi que le droit additionnel d'un pour cent, lesquels droits continueront d'être perçus comme par le passé, et seront payés entre les mains des Receveurs établis dans les ports ci-dessus désignés.

III. Les droits sur les sirops et tafias seront payés, comme par le passé, à la sortie desdites denrées et perçus par les Receveurs des droits du Domaine d'occident, aussi établis dans lesdits ports.

IV. Ne pourront, sous quelque prétexte que ce soit, lesdits bâtimens étrangers prendre en paiement et se charger en retour, que des objets dont l'exportation est permise par les ordonnances, arrêts du Conseil d'Etat et réglemens rendus sur le fait du commerce étranger, sous peine d'être saisis et confisqués, dans le cas où il se trouverait à leur bord des sucres, cafés, cotons, cacaos et autres denrées coloniales, exclusivement réservées au commerce national.

V. Seront pareillement saisis et confisqués tous bâtimens étrangers qui, à leur arrivée, auraient à bord des farines de froment de fabrique étrangère, desquelles déclaration n'aurait pas été faite par le Capitaine ou Subrécargue au moment de l'arrivée desdits bâtimens.

VI. Ne pourront, les bâtimens étrangers, dont l'admission est permise par la presente ordonnance, prendre leur expédition de départ que dans les seuls bureaux de Saint-Pierre et du Fort-Royal, où ils seront obligés de payer les droits ordinaires d'Amirauté et de port, et de présenter quittance des droits du Domaine d'occident qu'ils auront acquittés dans le port où leur chargement aura été fait.

Prions messieurs les Officiers du Conseil souverain de la Martinique, de faire enregistrer *etc.*

Mandons au Directeur-général du Domaine de tenir la main à son exécution.

Donné à la Martinique, le 16 août 1788. *Signé*, le Vicomte de DAMAS, *et* FOULQUIER.

Enregist. au Conseil souverain.

(N°. 737.) ARRÊT *du Conseil souverain, sur les Boucheries.*

Du 3 septembre 1788.

VU les requêtes présentées en la Cour par les Habitans de la ville et quartier du Fort-Royal, expositives des torts et inconveniens résultans de l'établissement des boucheries tel qu'il existe, et du privilége exclusif accordé à 2 seuls Bouchers pour acheter, tuer et debiter toutes sortes de viande.

Vu aussi les réglemens faits pour l'établissement desdites boucheries, par le Sénéchal de Saint-Pierre, non daté, et par celui du Fort-Royal, le 11 septembre 1783, rapportés sur le bureau par le Procureur-genéral du Roi, et sur le compte rendu par ledit Procureur-général du Roi des renseignemens par lui pris sur l'objet desdites requêtes, et les effets desdits réglemens, en exécution de l'arrêt de la Cour du 10 juillet dernier, et icelui ouï en ses conclusions.

La Cour, délibérant sur lesdites requêtes et lesdits réglemens faits par les Sénéchaux de St-Pierre et du Fort-Royal, en 1783, a déclaré et déclare lesdits réglemens nuls et incompétemment rendus, fait défenses auxdits Officiers d'en rendre de pareils à l'avenir, leur enjoint de se borner à proposer ce qu'ils croiront utile et nécessaire au bien de la police et du public, par des mémoires qu'ils remettront au Procureur-général du Roi pour, sur le compte rendu à la Cour, être délibéré sur les objets de leurs mémoires et statué ce qu'il appartiendra.

Et prenant en considération les torts et inconvéniens résultans au préjudice des Habitans, tant de la ville que du quartier du Fort-Royal, du privilége accordé aux 2 Bouchers autorisés à acheter, tuer et débiter les animaux de toute espèce, a arrêté que MM. les Administrateurs seront et demeureront invités et priés de rétablir les choses sur le pied où elles étaient par la précédente ordonnance, concernant les boucheries, en accordant permission de les tenir aux différens Particuliers qui voudront tuer et débiter de la viande, en par eux se conformant auxdites ordonnances et sous les peines y portées.

Fait au Conseil souverain de la Martinique, le 3 septembre 1788. *Signé*, ROIGNAN, greffier.

(N°. 738.) ORDONNANCE *de MM. les Général et Intendant, qui désigne une Place particulière pour le Mouillage des Bâtimens caboteurs français.*

Du 28 septembre 1788.

VU la requête des Propriétaires des maisons du quartier du Mouillage, nous, *etc.*, considérant que lesdits Propriétaires ont fait construire, à leurs frais, des cales commodes pour l'embarquement et le débarquement des marchandises, et qu'il est utile aux intérêts du Roi, ainsi qu'à l'ordre public de favoriser la location des maisons qui se trouvent dans cette partie : considérant en outre qu'il est nécessaire pour le bien du commerce d'empêcher, autant qu'il est possible, la communication des bâtimens caboteurs nationaux avec les étrangers, nous avons ordonné et ordonnons qu'à compter du 1er. octobre prochain, tous les bâtimens caboteurs français seront tenus et contraints de mouiller dans la partie de la rade, comprise depuis la place du Mouillage jusqu'à la cale de l'Hôpital inclusivement, et que les bâtimens étrangers ne pourront mouiller que dans la partie de la rade comprise depuis le Figuier jusqu'à la partie du Fort, où ils seront, autant que faire se pourra, gardés et surveillés par un bâtiment du Roi, qui inspectera leurs mouvemens et empêchera toute communication entr'eux et les bâtimens français. Chargeons le Capitaine de port de Saint-Pierre de faire exécuter notre présent ordre et de nous en rendre compte.

Seront les présentes déposées au Greffe de l'Intendance, pour expédition en être délivrée au Capitaine de port.

Donné à St Pierre Martinique, le 28 septembre 1788. *Signé*, le Vicomte de DAMAS, *et* FOULQUIER.

(N°. 739.) RÉGLEMENT *de MM. les Général et Intendant, concernant les Ports de Lettres relatifs au service de l'Administration.*

Du 1er. octobre 1788.

N. B. Nous n'avons pas cru devoir conserver les dispositions du présent réglement, concernant le droit de contre-seing et de port franc dans la Colonie, qui ne sont autres que celles contenues dans l'article XIX de l'ordonnance du 4 mars 1766, portant établissement d'une Poste à la Martinique. Voy. tome II, pag. 459.

(N°. 740.) ORDONNANCE *de MM. les Général et Ordonnateur de Sainte-Lucie, portant rétablissement des Paroisses réunies par l'Ordonnance du Roi, du 28 janvier 1787, fixant l'Imposition pour la construction des Eglises et Presbyteres de l'île, ainsi que pour le paiement des Pensions des Curés.*

Du 23 octobre 1788.

SA MAJESTÉ voulant soulager les Habitans de Ste-Lucie d'une partie des dépenses qu'aurait occasionné la reconstruction des églises et des presbytères, généralement détruits par le coup de vent de 1780 ; voulant aussi leur rendre moins onéreuses les pensions annuelles des Pasteurs et les autres dépenses à leur charge, avait jugé devoir réunir, par son ordonnance du 28 janvier 1787, plusieurs paroisses, et en réduire le nombre au niveau de la population. Mais ces paroisses ayant réclamé contre leur réunion, et le Ministre du Roi nous ayant demandé notre avis à ce sujet, nous consultâmes les Habitans, qui nous ayant fait connaître, à l'unanimité, par leurs délibérations du mois de février dernier, que tous leurs vœux étaient de voir rétablir leurs paroisses supprimées, et que leurs facultés pouvaient suffire aux dépenses relatives à cet objet, et même au paiement entier des pensions des Curés, comme le desirait S. M. : sur le compte que nous en rendîmes au Ministre, il nous mande aujourd'hui que S. M. nous autorise à rendre une ordonnance pour le rétablissement des paroisses supprimées, et à régler les limites de quelques-unes.

Pour éviter à l'avenir tous les retards qui, depuis long-tems, privent Ste-Lucie d'églises, de presbytères et quelquefois même de Pasteurs, S. M. nous autorise aussi à ordonner nous-mêmes et à régler l'imposition nécessaire à la réédification des églises et presbytères, dont le plan et le devis auront été arrêtés par l'Ingénieur de l'île, de concert avec les principaux Habitans et le Curé, s'il y en a, dans chaque paroisse.

S. M. ayant, en rétablissant les paroisses réunies, décidé que non-seulement il serait fourni à tous les Curés, un nègre domestique et un cheval, mais encore que la pension desdits Curés, qu'elle a fixée à 3,000 liv., serait payée en entier par les Habitans desdites paroisses, nous autorise à regler et etablir une imposition pour cet objet.

En conséquence, *etc.*, nous avons ordonné, réglé et statué ce qui suit :

EXTRAIT DES ARTICLES Ier. ET II.

Par l'article Ier., il est ordonné que les paroisses qui avaient été réunies seront rétablies, en présence du Procureur du Roi, nommé Commissaire *ad hoc*, dans la même étendue et limites qu'elles avaient précédemment, à l'exception de celle du *Vieux-Fort*, dont les limites, du côté du *Micoud*, seront reculées jusqu'à la rivière *des Cannelles*.

Par l'art. II, le nombre des paroisses dans la colonie est fixé a onze, dont quatre de la mission des Dominicains ; savoir : *Castries*, l'*Anse-la-Raie*, la *Soufrière* et le *Gros-Islet* ; et sept de la mission des Capucins ; savoir : le *Choiseul*, le *Laborie*, le *Vieux-Fort*, le *Micoud*, le *Praslin*, le *d'Ennery* et le *Dauphin*.

N. B. Il nous a paru inutile de conserver les autres dispositions de cette ordonnance, qui sont toutes purement temporaires.

Prions messieurs les Officiers du Conseil souverain de la Martinique de faire enregistrer, *etc.*

Donné à Castries Sainte-Lucie, le 23 octobre 1788. *Signé*, DE LABORIE, *et* LEQUOY DE MONGIRAUD.

Enregist. au Conseil souverain.

(N°. 741.)

(N°. 741.) ORDONNANCE *de MM. les Général et intendant, concernant la Caisse des Negres justiciés.*

Du 1er. novembre 1788.

L'ASSEMBLÉE coloniale s'étant, conformément aux ordres du Roi, occupée du réglement des comptes de la caisse des nègres justiciés, et ayant fixé l'imposition qui doit être payée par chaque tête de nègres payans droit, afin de subvenir aux paiemens dont cette caisse est chargée, pour l'exercice 1787.

Nous, *etc.*, pour rendre exécutoire l'arrêté de ladite Assemblée, avons ordonné et ordonnons qu'il sera payé par chaque tête de nègres, depuis l'âge de 14 ans, jusqu'à celui de 60 exclusivement, la somme de 15 s., tant par les Habitans de la campagne, que par ceux des villes et bourgs; laquelle somme sera acquittée entre les mains du Receveur des imposition et à sa première réquisition, d'après les rôles par nous arrêtés, et, faute par les contribuables d'y satisfaire, ils y seront contraints par toutes les voies.

Prions messieurs les Officiers du Conseil souverain d'enregistrer, *etc.*

Donné à la Martinique, le 1er. novembre 1788. *Signé*, le Vicomte de DAMAS, *et* FOULQUIER.

Enregist. au Conseil souverain.

(N°. 742.) ORDONNANCE *de MM. les Général et Intendant, portant permission d'introduire par des Bâtimens étrangers jusqu'au 1er. mars 1789 exclusivement, dans les ports du Fort-Royal, du Marin, de la Trinité, du Marigot et la rade de Saint-Pierre, des Farines et Biscuits de fabrique étrangère, des Salaisons et autres Alimens quelconques, dont l'introduction a été permise par l'Ordonnance du 16 août dernier.*

Du 20 novembre 1788.

LA destruction totale des vivres, que la Martinique a éprouvée par l'ouragan du 14 août dernier, étant devenue d'autant plus fatale dans ses effets, que tous les moyens particuliers et multipliés que nous avons pu employer pour les prévenir se sont trouvés insuffisans par les lois impératives de la nature et des circonstances, et que la population précieuse et absolument nécessaire des esclaves cultivateurs était menacée d'une destruction prochaine par la privation des alimens nécessaires à la vie : nous avons été avertis, soit par le trouble et l'inquiétude des ateliers, soit par les arrêtés du Conseil souverain, et par la demande même des Commerçans, que, quelques multipliés que fussent nos efforts particuliers, ils ne seraient jamais que des palliatifs momentanés et insuffisans, qu'il était nécessaire d'employer des moyens plus généraux et plus effectifs. C'est dans ces circonstances que nous nous sommes déterminés à rassembler en notre présence tous les Negocians, commissionnaires du commerce de France et de la Colonie, ainsi que les Capitaines et Armateurs des bâtimens français, pour les consulter sur les moyens à employer, afin de procurer à la colonie les secours qu'elle était en droit de réclamer pour sa conservation et le bien de la Métropole, et porter en même tems le moins de dommage qu'il serait possible au commerce national, dont les spéculations constantes et utiles forment, par un intérêt réciproque, ces liens précieux qui unissent les sujets du Roi, habitans des provinces de France, à ceux qui habitent ses colonies; et c'est d'après la déclaration libre et unanime de l'Assemblée, qui a eu lieu le 20 de ce mois, et qui a affirmé qu'il était nécessaire d'ouvrir, sans délai, les ports de cette colonie aux étrangers pour l'importation des farines et biscuits, en pourvoyant néanmoins par une police intérieure et sûre, à la consommation des farines qui seraient apportées de France par les nationaux, que nous, *etc.*, avons ordonné et ordonnons ce qui suit; savoir:

ART. Ier. Tous bâtimens, de quelque nation qu'ils soient, pourront, à compter de ce jour jusqu'au 1er. mars 1789 exclusivement, apporter et introduire des farines et biscuits de fabrique étrangère dans les ports du Fort-Royal, du Marin, de la Trinité, du Marigot et de Saint-Pierre, après avoir préalablement fait, au moment de leur arrivée, la déclaration de leur chargement au bureau du Domaine, et payé le droit colonial d'un pour cent, et le droit additionnel aussi d'un pour cent.

II. Pourront pareillement introduire dans lesdits ports des salaisons et autres alimens quelconques, dont l'introduction a été permise par notre ordonnance du 16 août dernier, et ce, jusqu'au 1er. mars prochain exclusivement, sans que lesdites salaisons soient assujetties à d'autres droits que ceux conservés par notredite ordonnance.

III. Ne pourront les bâtimens étrangers, sous quelque prétexte que ce soit, recevoir en paiement aucune des denrées coloniales, dont l'exportation est réservée au seul commerce national, tel que sucre, café, coton, cacao et gingembre.

IV. Tout bâtiment étranger qui sera trouvé ayant à bord, en quelque quantité que ce soit, quelqu'une des denrées dénommées dans l'article précédent, sera saisi, arrêté et poursuivi à la diligence du Directeur général du Domaine, comme faisant le commerce interlope.

V. Pourront, les Capitaines ou Géreurs des cargaisons étrangères introduites dans la colonie, recevoir en paiement des sirops, mélasses, tafias, des marchandises provenantes du commerce de France, (ou des lettres-de-change tirées sur les connaissemens des chargemens faits sur les navires français pour les ports du Royaume), en par eux, payant tous les droits auxquels ces objets sont assujettis à leur sortie pour l'étranger.

Prions messieurs les Officiers du Conseil souverain de la Martinique de faire enregistrer, *etc.*

Donné à la Martinique, le 20 novembre 1788. *Signé*, le Vicomte de DAMAS, *et* FOULQUIER.

Enregist. au Conseil souverain.

(N°. 743.) EDIT *du Roi, qui ordonne une Fabrication de 80,000 Marcs d'espèces de Billon pour l'usage des Isles du Vent et sous le Vent, où elles auront cours pour 2 s. 6 d.*

Du mois de novembre 1788.

LOUIS, *etc.*, SALUT : Étant informés que l'on éprouve dans nos colonies une disette de menue monnaie, qui rend les échanges difficiles et provoque l'augmentation du prix des denrées de première nécessité, nous nous sommes déterminés à faire fabriquer une certaine quantité d'espèces de billon, uniquement consacrées à leur usage, et dont la valeur corresponde avec celle des autres monnaies que ces colonies admettent dans la circulation :

A CES CAUSES, *etc.*, voulons et nous plaît ce qui suit :

ART. Ier. Voulons qu'il soit incessamment fabriqué en notre Monnaie de Paris, 80,000 marcs d'espèces de billon, au titre de 2 den. 3 grains, au remède de 3 grains, et à la taille de 128 pièces au marc, au remède de 4 pièces par marc, le plus également que faire se pourra, sans néanmoins qu'il y ait recours de la pièce au marc et du marc à la pièce.

II. Seront lesdites espèces monnoyées aux empreintes figurées dans le cahier attaché sous le contre-scel de notre présent édit ; voulons qu'elles ne puissent avoir cours que dans les colonies du vent et sous le vent, et qu'elles soient admises dans tous les paiemens à raison de 2 s. 6 d. la pièce : faisons très-expresses inhibitions et défenses à toutes personnes d'emporter ces espèces hors desdites colonies, et d'en faire usage ou de les vendre ailleurs, à peine d'être poursuivies comme billonneurs.

III. Le travail de la fabrication de ces espèces sera jugé par notre Cour des Monnaies, en la manière accoutumée ; et les droits, ainsi que les dechets de fabrication, seront payés et retenus en la forme ordinaire, et alloués sans difficulté sur le pied ci-devant fixé pour les espèces de billon. Si donnons en mandement, *etc.*

Donné à Versaille, au mois de novembre 1788. *Signé* LOUIS ; *et plus bas*, par le Roi, le Comte de la LUZERNE.

(N°. 744.) ÉDIT *du Roi, concernant ceux qui ne professent pas la Religion catholique dans les Colonies de l'obeissance de Sa Majesté.*

Du mois de novembre 1788.

LOUIS, *etc.*, SALUT : Lorsque Louis XIV defendit solennellement dans tous les pays et terres de son obéissance, même dans les colonies, l'exercice public de toute autre Religion que de la Religion catholique, l'espoir d'amener ses peuples a l'unité, si désirable, du même culte, soutenu par de trompeuses apparences de conversion, empêcha ce grand Roi de suivre le plan qu'il avait formé dans ses Conseils, pour constater légalement l'état civil de ceux de ses sujets qui ne pouvaient pas être admis aux sacremens de l'Eglise.

A l'exemple de nos augustes Prédécesseurs, nous favoriserons toujours, de tout notre pouvoir, les moyens d'instruction et de persuasion qui tendront à lier nos sujets par la profession commune de l'ancienne foi de notre Royaume ; mais, en attendant que la divine providence benisse nos efforts et opère cette heureuse révolution, notre justice et l'intérêt de notre Royaume et de nos colonies ne nous permettent pas d'exclure plus long-tems des droits de l'etat civil, ceux de nos sujets ou des étrangers domiciliés dans l'etendue de notre Empire, qui ne professent point la Religion catholique. Nous ne devons plus souffrir que nos lois les punissent inutilement des malheurs de leur croyance, en les privant des emplois que la nature ne cesse de reclamer en leur faveur. Nous avons considéré que les non Catholiques, ainsi dépouillés de toute existence légale, etaient placés dans l'alternative inévitable, ou de profaner les sacremens par des conventions simulées, ou de compromettre l'état et la fortune de leurs enfans, en contractant des mariages frappés d'avance de nullité par les lois.

Des principes si contraires à la tranquillité de notre Royaume et à la prospérité de nos colonies, auraient même multiplié les émigrations dans l'un, et nui à l'établissement des autres, si nous n'avions pas profité provisoirement de la jurisprudence des Tribunaux, tant du Royaume que des colonies, pour arrêter les troubles que l'avidité occasionnait dans les familles.

Un pareil ordre de choses sollicitait depuis long-tems de notre autorité, de mettre un terme à ces dangereuses contradictions entre les droits de la nature et les dispositions des ordonnances. Nous avons voulu procéder à cet examen, avec toute la maturité qu'exigeait l'importance de la décision, et lorsque les circonstances nous ont paru propres à multiplier les avantages que nous espérions d'une nouvelle loi sur cet objet, nous l'avons publiée pour l'intérieur de notre Royaume, à l'époque du mois de novembre 1787. Mais, persuadés que ses heureux effets doivent se manifester encore plus dans nos colonies, où les spéculations d'un commerce florissant, et les richesses que la culture y promet, attirent une foule de nos sujets ou d'étrangers non-catholiques, nous avons pensé que le moment était venu de donner une nouvelle preuve de notre affection pour ceux que leur éloignement de nos regards ne rendra jamais étrangers à notre cœur. Nous avons même senti que les motifs, qui invitent chaque jour de nouveaux individus à passer dans nos colonies, devaient nous servir comme autant de moyens propres à les y fixer, et à conduire plutôt et plus efficacement ces possessions éloignées vers le but de leur institution, qui est d'augmenter la splendeur et la prospérité de notre Royaume.

S'il ne dépend pas de nous d'empêcher qu'il n'y ait differentes opinions religieuses dans nos colonies, nous devons pourvoir à ce que la diversité des croyances ne puisse nuire au bonheur de ceux qui y résident, et les priver des avantages auxquels tous les hommes ont droit, en ordonnant toutefois que la seule Religion catholique, apostolique et romaine conserve l'exclusion de toutes les autres et les honneurs du culte public.

A CES CAUSES, *etc.*, disons, statuons et ordonnons ce qui suit :

ART. Ier. La Religion catholique, apostolique et romaine continuera de jouir seule du culte public dans les colonies de notre obéissance ; la naissance, le mariage et la mort de ceux qui la professent ne pourront, dans aucun cas, être constatés autrement que de la manière autorisée par nos ordonnances.

II. Permettons néanmoins à ceux qui sont nés dans l'étendue des terres de notre domination, et qui professent une autre religion que la Catholique, apostolique et romaine, soit qu'ils aient actuellement leur domicile dans nos colonies, soit qu'ils viennent s'y établir dans la suite, d'y jouir de tous les biens et droits qui peuvent et pourront leur appartenir à titre de propriété ou à titre successif, et d'y exercer leurs commerces, arts, métiers et professions, sans que, sous prétexte de leur religion, ils puissent y être troublés ni inquiétés. Exceptons néanmoins desdites professions toutes les places de judicature, ayant brevet de nous ou commission des Administrateurs desdites colonies, à moins que nous n'en accordions des dispenses expresses, sur les motifs desquelles, en cas d'erreur, nous autorisons nos Conseils souverains des colonies à nous adresser les représentations qu'ils jugeront convenables.

III. Pourront ceux de nos sujets ou étrangers domiciliés dans nos colonies, qui ne seraient pas de la Religion catholique, y contracter mariage entr'eux, dans les formes qui seront ci-après prescrites. Voulons que lesdits mariages puissent avoir, dans l'ordre civil, à l'égard de ceux de nos sujets ou des étrangers qui les auront contractés avec lesdites formes, et à l'égard de leurs enfans, les mêmes effets que ceux qui sont contractés et celebrés, dans la forme ordinaire, par nos sujets catholiques.

IV. N'entendons néanmoins que ceux qui professeront dans nos colonies, une Religion différente de la Religion catholique, puissent, sous aucun prétexte, se regarder comme corps, communauté ou société particulière, ni qu'ils puissent, à ce titre, former, en nom collectif, aucune demande, donner aucune procuration, faire aucune acquisition, ni aucun autre acte quelconque. Faisons très-expresses inhibitions et defenses à tous Juges, Greffiers, Notaires, Procureurs ou autres Officiers publics, de répondre, recevoir ou signer lesdites demandes, procurations, délibérations ou autres actes, à peine d'interdiction, et à tous nos sujets de se dire fondés de pouvoirs desdites prétendues communautés ou sociétés, à peine d'être réputés fauteurs et protecteurs d'assemblées et associations illicites, et, comme tels, punis suivant la rigueur des ordonnances.

V. Ne pourront non plus ceux qui se prétendraient Ministres ou Pasteurs d'une autre Religion que de la Religion catholique, prendre ladite qualité dans aucun acte, porter en public un habit différent de celui des autres personnes de ladite Religion, ni s'attribuer aucune prérogative ni distinction ; leur défendons spécialement de s'ingérer de délivrer aucuns certificats de mariage, naissance ou décès, lesquels nous déclarons, dès-à-présent, nuls et de nul effet, sans qu'en aucun cas, nos Juges, ni autres puissent y avoir égard.

VI. Enjoignons à nos Procureurs des Siéges des colonies de veiller exactement à l'exécution de l'article précédent, en ce qui concerne la défense faite aux Ministres ou Pasteurs d'une autre Religion, de s'en arroger le titre, ni d'en affecter le caractère en public ; voulons qu'ils informent, sur-le-champ, les Administrateurs desdites colonies, des contraventions qui pourraient être faites à cet égard, afin que les contrevenans soient, par leurs ordres, renvoyés desdites colonies ; à moins qu'il n'y ait eu, de la part desdits Ministres ou Pasteurs, une entreprise publique ; auquel cas, les Administrateurs enjoindront à nos Procureurs de les poursuivre dans nos Tribunaux ordinaires, comme perturbateurs de la tranquillité publique.

VII. Faisons pareillement défenses à tous nos sujets ou étrangers, demeurant ou voyageant dans nos colonies, de quelque Religion qu'ils puissent être, de s'écarter du respect dû à la Religion catholique et à ses saintes cérémonies, à peine, contre ceux qui se permettraient en public, des actions ou des discours qui y seraient contraires, d'être poursuivis et jugés dans toute la rigueur des ordonnances, et comme le seraient ou devraient l'être, en pareil cas, ceux de nos sujets qui professent ladite Religion.

VIII. Leur enjoignons de se conformer aux réglemens de police, à l'égard de l'observation des dimanches et fêtes commandées.

IX. Voulons, en outre, que tous particuliers établis dans nos colonies, de quelque qualité et condition qu'ils soient, et qui ne professent pas la Religion catholique, soient obligés de contribuer, comme nos autres sujets, aux dépenses relatives à l'entretien, réparations et reconstructions des églises paroissiales, chapelles, presbytères, logemens des Prêtres séculiers ou réguliers, employés dans les Missions de nosdites colonies; et généralement à toutes les charges de cette nature, dont nos Colons catholiques peuvent être tenus.

X. N'entendons toutefois que, sous prétexte de l'article précédent, on puisse nommer lesdits Colons non catholiques aux charges de Marguilliers, ni leur donner aucun détail, surveillance ou commission relatifs au service de l'Eglise catholique et à l'exercice de la Religion dominante. Déclarons, à l'avance, nulles et de nul effet; toutes délibérations ou élections qui tendraient à forcer lesdits non Catholiques à remplir des fonctions qui leur sont interdites par leur croyance.

XI. Ceux de nos sujets établis dans nos colonies, et qui, n'étant pas de la Religion catholique, voudront contracter mariage entr'eux, seront tenus de faire publier leurs bans dans le lieu du domicile actuel de chacune des parties contractantes; dans celui du domicile que lesdites parties, ou l'une d'elles, auraient eu dans nos colonies et quitté depuis moins de 3 mois, si c'est dans l'étendue de la même préfecture et dans la même colonie, ou depuis moins de 6 mois, si c'est dans une autre de nos colonies et une autre préfecture, ou dans une autre colonie, quoique dans la même préfecture, ou enfin dans une autre préfecture seulement. En outre, si elles sont mineures, ladite publication sera encore faite dans le lieu du domicile de leurs pères, mères, tuteurs ou curateurs, dont le le consentement sera indispensablement nécessaire pour la confection desdits mariages, comme et ainsi qu'il l'est, aux termes de nos ordonnances, à l'égard de nos autres sujets et sous les mêmes peines.

XII. Si toutefois nos sujets non catholiques, voulant s'unir entr'eux, n'avaient pas, dans celle de nos colonies où leur mariage devra avoir lieu, un domicile d'un an révolu, ils seront assujettis, indépendamment de ce qui est prescrit par l'article précédent, à rapporter aux Curés ou aux Juges qui devront faire la publication de leurs bans, un acte de notoriété, delivré par le Juge du Siége de leur résidence actuelle, ou par un Notaire, s'ils n'habitent pas le chef-lieu de la Jurisdiction, portant qu'au moins deux personnes, notoirement connues et dignes de foi, auront affirmé, par serment, qu'ils ne sont point mariés.

XIII. Les étrangers non catholiques, résidans dans nos colonies, et qui voudront s'y marier, seront obligés de se conformer à l'article XI ci-dessus ; mais, à leur égard, rien ne pourra suppléer l'annee révolue de résidence dans celle de nos colonies qu'ils habitent.

XIV. Il sera au choix des parties contractantes de faire publier leurs bans par les Curés ou Vicaires, ou par les Officiers de justice desdits lieux, dans la forme ci-après prescrite.

XV. Les Curés des paroisses de nos colonies, ou leurs Vicaires, seront tenus de publier les bans des non catholiques, sans faire mention de la Religion des contractans ; et, en cas que les parties aient obtenu dispense d'une ou de deux publications, elles seront tenues d'en justifier auxdits Curés ou Vicaires, qui en feront mention.

XVI. Seront, audit cas, les oppositions aux mariages des non catholiques, signifiées auxdits Curés ou Vicaires, qui en feront mention dans le certificat de publication, qu'ils délivreront aux parties dans la forme ordinaire.

XVII. Si les parties ne jugent pas à propos de s'adresser auxdits Curés ou Vicaires, ou en cas de refus de la part de ces derniers, leurs bans seront publiés en vertu d'ordonnance du Juge du lieu, ou de l'Officier qui le représentera, les jours de dimanches ou de fêtes commandées, à la sortie de la messe paroissiale, par un Huissier, qui en fera lecture à haute voix. Sera, en outre, copie entière et lisible des noms et qualités des parties, des dispenses, s'il en a été accordé, et de l'ordonnance du Juge, avec mention de la date de la publication, si c'est la 1ere., 2me. ou 3me., affichée à la porte extérieure de l'Eglise.

XVIII. Pour assurer encore mieux l'exécution de l'article précédent, voulons que l'Huissier chargé de faire les publications de bans, requière deux personnes du lieu où elles se feront, de signer l'original de ladite publication, ou y fasse mention de leur refus en les désignant et les nommant.

XIX. Dans le cas de l'art. XVII, les oppositions ne pourront être signifiées qu'au Juge, au domicile du Greffe de son Siege ; seront tenues, en conséquence, les parties de prendre du Greffier, ensuite des originaux de publication de bans délivrés par les Huissiers, un certificat de non-opposition ou de main-levée de celles qui pourraient avoir été faites, sans lequel certificat il ne pourra être passé outre aux déclarations de mariage.

XX. Dans tous les cas d'opposition aux mariages de nos sujets étrangers non catholiques, la main-levée n'en pourra être demandée que par devant les Juges de nos Siéges, qui y statueront, sauf l'appel à nos Conseils souverains dont lesdits Siéges ressortiront.

XXI. Chaque Préfet ou Vice-préfet apostolique accordera, dans son district, à ceux qui ne seront pas de la Religion catholique, des dispenses de publication de bans, comme ils sont en droit et en possession de les accorder à ceux qui professent ladite Religion. Pourront encore lesdits Prefets ou Vice-préfets leur accorder les dispenses de parenté au delà du troisième degré.

XXII. Sera loisible à nos sujets et aux étrangers non catholiques de s'adresser au Juge du Siége, et à son défaut, à l'Officier qui le représente, pour obtenir les dispenses de publication de bans, ou de parenté mentionnées en l'article précédent.

XXIII. A l'égard des dispenses pour le 3me. degré, elles seront accordées auxdits non catholiques par arrêts de nos Conseils souverains des colonies, en forme de lettres de Chancellerie, sur les conclusions de nos Gens, desquels arrêts les actes de célébration de mariage, porteront une mention expresse.

XXIV. Après qu'il aura été procédé à la publication des bans, il sera loisible aux parties de faire par devant les Curés ou Vicaires, ou par devant le Juge ou celui qui le représente, à son défaut dans le lieu de leur résidence, la declaration de leur mariage, en leur rapportant les certificats de ladite publication sans opposition, la main-levée des oppositions au cas qu'il y en ait eu, l'expédition des dispenses qu'il leur aura été nécessaire d'obtenir, ensemble le consentement de leurs pères, mères, tuteurs ou curateurs.

XXV. Pour faire ladite déclaration, les contractans se transporteront, assistés de 4 témoins, en la maison du Curé ou Vicaire du lieu où l'une desdites parties aura son domicile, ou en celle du Juge, et ils déclareront qu'elles se sont prises ou se prennent en légitime mariage.

XXVI. Ledit Curé, Vicaire ou Juge déclarera aux parties, au nom de la loi, qu'elles sont unies en legitime mariage, inscrira lesdites déclarations sur les registres destinés à cet effet, fera mention de la publication des bans sans opposition, ou de la main-levée des oppositions, s'il y en a eu; des dispenses, si aucunes ont été accordées, du consentement des pères, mères, tuteurs ou curateurs; signera le tout et fera signer par les parties contractantes, si elles savent signer, et par les témoins.

XXVII. En cas que les parties contractantes ne soient pas domiciliées l'une et l'autre dans le même lieu, elles pourront s'adresser à celui des Curés ou des Juges, dans la paroisse ou le ressort duquel sera situé le domicile de l'une desdites parties qu'elles jugeront à propos de choisir, pour recevoir leur déclaration. Mais ne pourront lesdits Curé ou Vicaire, ou ledit Juge recevoir ladite déclaration, s'il ne leur appert du consentement du Curé ou du Juge de la paroisse du domicile de l'autre partie, en forme de commission rogatoire. Et seront lesdits consentemens, qui ne pourront être refusés par ceux desdits Curés ou Vicaires, ou Juges auxquels ils seront demandés, énoncés et datés dans l'acte de déclaration de mariage.

XXVIII. Les Curés ou Vicaires auxquels les parties s'adresseront pour recevoir leurs déclarations de mariages, les inscriront sur les 3 doubles des registres ordinaires de mariages de leurs paroisses, dont un pour ladite paroisse, l'autre pour le Greffe de la Jurisdiction, et le 3me. pour le Dépôt des papiers publics des colonies, établi à Versailles par notre édit du mois de juin 1776 ; les Juges, sur les registres dont il sera ci-après parlé : et sera, tout ce que dessus observé, sous les mêmes peines que celles prononcées par les ordonnances, edits, déclarations et réglemens, à l'égard des formalites à suivre dans les mariages de nos sujets catholiques.

XXIX. Et quant aux unions conjugales qu'auraient pu contracter, soit dans notre Royaume, soit dans nos Colonies, aucuns de nos sujets ou étrangers non catholiques, établis et domiciliés dans nosdites colonies, sans avoir observé les formalités prescrites par nos ordonnances, voulons et entendons qu'en se conformant par eux aux dispositions suivantes dans le terme de 18 mois, à compter du jour de la publication et enregistrement de notre present édit, au Conseil souverain dans le ressort duquel ils seront domiciliés, ils puissent acquérir pour eux et pour leurs enfans, la jouissance de tous les droits résultant des mariages légitimes, à compter du jour de leur union, dont ils rapporteront la preuve, et en déclarant le nombre, l'âge et le sexe de leurs enfans.

XXX. Seront tenus lesdits époux et épouse de se présenter, en personne, et, assisté de 4 témoins, devant le Curé ou le Juge du ressort de leur domicile, auquel ils feront leur déclaration de mariage.

XXXI. Seront encore tenues lesdites parties, en cas qu'elles soient mineures au moment de ladite declaration, de représenter le consentement, par écrit, de leurs pères, mères, tuteurs ou curateurs, à moins que la preuve par elles rapportées au desir de l'art. XXIX, ne contienne celle que lesdits pères, mères, tuteurs ou curateurs avaient consenti à leur union; de tout quoi les Curés ou Juges seront tenus de faire mention dans l'acte de la déclaration de mariage, ainsi que du défaut dudit consentement dans la preuve fournie par les déclarans, qui se trouveraient majeurs à l'époque de la déclaration : sera l'acte inscrit sur les mêmes registres que les déclarations des mariages nouvellement contractés, le tout sous les peines prononcées par l'art. XXVIII ci-dessus.

XXXII. Si le cas arrivait que, par l'éloignement des lieux, l'absence de l'un des conjoints, des pères, mères, tuteurs ou curateurs, dont le consentement est requis, ou enfin, par les circonstances particulières, le delai de 18 mois fixé par l'art. XXIX ne fût pas suffisant, autorisons ceux de nos sujets ou étrangers non catholiques, domiciliés dans nos colonies et qui auraient besoin d'une prolongation dudit délai, à la requérir du Conseil souverain de leur ressort, qui la proportionnera aux circonstances qui l'auront rendue nécessaire. Voulons toutefois que ladite prolongation ne puisse être accordée après l'expiration des 18 mois marqués audit article XXIX, et ce, à peine de nullité.

XXXIII. S'il s'élevait quelques contestations au sujet des mariages contractés ou déclarés dans les formes ci-dessus prescrites, elles seront portées, en première instance, devant nos Juges ordinaires, et par appel, en nos Conseils souverains ; nous réservant, au surplus, de pourvoir ainsi qu'il appartiendra, aux effets civils des unions contractées par ceux de nos sujets ou étrangers non catholiques domiciliés dans nos colonies, qui seraient décédés.

XXXIV. La naissance des enfans de nos sujets ou étrangers non catholiques, et qui auront été mariés suivant les formes prescrites par notre présent édit, sera constatée, soit par l'acte de leur baptême, s'ils y sont présentés, soit par la déclaration que feront devant le Curé ou le Juge du lieu, le père et 2 témoins domiciliés, ou 4 témoins en l'absence du père, portant que l'enfant est né tel jour et a reçu tel nom, lors de laquelle déclaration il sera justifié que le père et la mère ont été mariés dans la forme prescrite par le présent édit.

XXXV. Sera ladite déclaration inscrite sur les 3 doubles des régistres destinés à cet effet, signée du père, s'il est présent et s'il sait signer, des Témoins et du Curé ou Juge, et seront au surplus observées les formalités prescrites par nos ordonnances, édits et déclarations, au sujet des actes de baptême des enfans nés de pères et de mères catholiques, à peine de nullité.

XXXVI. Dans chaque paroisse de nos colonies, il sera, d'après la délibération des Paroissiens, homologuée par les Administrateurs et enregistrée au Conseil souverain du ressort, choisi un lieu pour la sépulture des non-catholiques. Enjoignons à nos Procureurs-généraux et à ceux des Siéges de tenir la main à ce que les lieux destinés auxdites inhumations soient clos, et à l'abri de toute insulte, comme et ainsi que le sont ou le doivent être ceux destinés à la sépulture de nos Colons catholiques.

XXXVII. Arrivant le décès d'un de nos sujets ou étrangers, demeurant ou voyageant dans nos colonies, et auquel la sépulture ecclésiastique ne pourra être accordée, la déclaration du décès sera faite par les deux plus proches parens ou voisins de la personne décédée; pourra ladite déclaration être faite, soit au Curé ou Vicaire de la paroisse, soit au Juge, soit même au Substitut de notre Procureur dans les paroisses de la campagne, ou enfin à un Notaire, s'il ne s'y trouve pas de Substituts. Seront, les uns et les autres, tenus de recevoir ladite déclaration et de l'inscrire; savoir : lesdits Curés ou Vicaires, sur les registres ordinaires des sépultures; le Juge, sur les registres destinés à cet effet et dont il sera ci-après parlé; et les Substituts de nos Procureurs ou les Notaires, en dressant un procès verbal qu'ils enverront au Greffe de leur Jurisdiction. Et seront, lesdites déclaration ou procès-verbal, signés par lesdits parens ou voisins, et par celui qui les aura reçus ou dressés.

XXXVIII. Pourront, les parens ou amis de la personne décédée, accompagner le convoi;

mais sans qu'il soit permis de chanter ni de reciter des prières à haute voix. Défendons à tous nos sujets et autres de faire ou exciter aucun trouble, insulte ou scandale, lors et à l'occasion desdits convois, à peine, contre les contrevenans, d'être poursuivis comme perturbateurs de l'ordre public.

XXXIX. Pour l'exécution de notre présent édit, il sera tenu, dans chaque justice ordinaire de nos colonies, 3 registres, à l'effet d'inscrire les déclarations ci-dessus prescrites, et en être, par les Greffiers d'icelles, délivré des extraits à ceux qui les requerront, comme et ainsi qu'il se pratique à l'égard des registres des baptêmes, mariages et sépultures tenus par les Curés ou Vicaires.

XL. Lesdits registres, dont tous les feuillets auront été cotés et paraphés par le premier Officier desdites justices, demeureront au Greffe, et le Greffier sera tenu de les représenter à toute réquisition. Les déclarations de naissances, mariages et décès mentionnées dans le présent édit et en la forme ci-dessus prescrite, y seront portées de suite et sans aucun blanc; et, à la fin de chaque année, lesdits registres seront clos et arrêtés par le Juge, ensuite du dernier acte qui y aura été inscrit, et les feuilles qui y seront restées en blanc, par lui barrées.

XLI. Un des trois doubles desdits registres restera auxdits Greffes, l'autre sera envoyé au Dépôt par nous établi à Versailles pour nos colonies, et quant au 3me., il sera adressé par nos Procureurs, à notre Procureur-général du Conseil où ils ressortissent, dans les 6 semaines qui suivront la fin de chaque année. Pourront les parties qui voudront se faire délivrer des extraits desdits registres s'adresser, soit au Greffe de la justice ordinaire, soit à celui du Conseil où il en aura été déposé un double.

XLII. Seront tenus, en outre, les Greffiers des Siéges, d'avoir un registre relié, coté et paraphé par le prémier Officier ou celui qui le remplace, à l'effet d'y enregistrer de suite et sans aucun blanc, les dispenses de parenté que le Juge aura accordées, ensemble celles qui auront eté expédiées par arrêt de nos Conseils souverains, pour des mariages dont la déclaration aura été faite devant ledit Juge. Pourra ledit registre servir plus d'une année ; mais, à la fin de chacune et le 1er. janvier, au plus tard, de l'année suivante, il sera arrêté par ledit Juge.

XLIII. Ne pourront les Curés ou Vicaires exiger ni percevoir de plus forts droits pour la publication des bans et autres actes concernant les non catholiques, que ceux qui leur sont accordés par les réglemens portant tarif pour des actes de même genre relatifs aux Catholiques. Et, quant aux Juges et Greffiers, les droits nouveaux résultans en leur faveur, de quelques articles du présent édit, seront réglés par les Administrateurs des colonies, auxquels nous accordons tout pouvoir à cet effet.

XLIV. Révoquons toutes les peines portées par nos ordonnances contre les relaps et apostats, lesquelles demeureront désormais éteintes et supprimées dans nos colonies. Interdisons, en conséquence, à tous nos Procureurs et à nos Conseils souverains d'en requérir ni prononcer l'exécution, à peine de désobéissance.

Si donnons en mandement, *etc.*

Donné à Versailles, au mois de novembre 1788. *Signé* LOUIS ; *et plus bas*, par le Roi, le Comte de la LUZERNE.

Enregist. au Conseil souverain.

(N°. 745.) EXTRAIT *d'une Depêche ministérielle de M. le Comte* de la Luzerne, *à MM. les Général et Intendant, sur le Droit d'ouverture des Paquets de la Cour adressés aux Administrateurs en chef.*

Du 25 décembre 1788.

Le Ministre, par cette lettre commune, décide que l'ouverture des paquets de la Cour, adressés aux Administrateurs en chef en commun, appartient, sans contredit, de préférence au Gouverneur-général ; mais, qu'en son absence, l'Intendant doit avoir, à son tour, le même avantage sur celui qui n'est que le représentant du Gouverneur-général.

(N°. 746.) ARRÊT *du Conseil souverain, portant defense aux Senéchaux d'enregistrer, sous aucun prétexte, les Ordonnances de MM. les Administrateurs ; sans mandement préalable de la Cour.*

Du 7 janvier 1789.

VU, *etc.*, la Cour a arrêté que MM. les Administrateurs seront invités, au nom de la Cour, par le Procureur-général du Roi, à ne jamais donner exécutoire aux ordonnances émanées du Gouvernement, que préalablement elles n'aient été vérifiées et enregistrées en la Cour ; déclarant par le présent arrêté qu'elle maintiendra les règles insérées dans la dépêche du Ministre, en date du 24 décembre 1785 ; fait itératives défenses aux Sénéchaux de St-Pierre et du Fort-Royal d'enregistrer, sous aucun prétexte, lesdites ordonnances sans mandement préalable de la Cour, à peine de nullité desdits enregistremens et de telles autres peines qu'il appartiendra.

Ordonne, qu'à la diligence dudit Procureur-général du Roi, expédition du present arrêté, ensemble de la dépêche par extrait du Ministre, en date du 24 décembre 1785, seront envoyés aux Senéchaussées du ressort pour y être enregistrés et observés suivant leur forme et teneur, et conformément à l'arrêté en date du 11 novembre 1784.

Fait au Conseil souverain de la Martinique, le 9 janvier 1789. *Signé*, ROIGNAN, greffier.

N. B. Voyez, pour l'arrêt et la dépêche ci-dessus mentionnés, le N°. 647, pag. 607, et le N°. 674, page 675 du tome II.

(N°. 747.) ARRÊT *du Conseil d'État du Roi, pour l'exécution, à la Martinique, des Arrêts dudit Conseil d'État, des 14 avril 1785 et 21 septembre 1786, concernant la formation de la nouvelle Compagnie des Indes.*

Du 25 janvier 1789.

SA MAJESTÉ voulant que l'exécution des deux arrêts de son Conseil, des 14 avril 1785 et 21 septembre

septembre 1786, dont le premier porte établissement d'une nouvelle Compagnie des Indes, et le second porte à 40 millions les fonds de ladite Compagnie et proroge de 15 années de paix la durée de son privilége, fixé à 7 années par le premier arrêt, ne puisse éprouver aucunes difficultés dans ses colonies orientales et occidentales, elle mande aux Gouverneur-lieutenant-général et Intendant de la Martinique de tenir la main à l'exécution desdits arrêts.

Mande et ordonne S. M., *etc.*

Fait au Conseil d'Etat du Roi, Sa Majesté y étant, tenu à Versailles, le 25 janvier 1788. *Signé*, le Comte de la LUZERNE.

Enregist. au Conseil souverain.

(N°. 748.) DÉPÊCHE *ministérielle de M. le Comte* de la Luzerne, *au Conseil souverain, sur l'Ordre du Roi, concernant la Nomination aux places de Geôliers.*

Du 5 février 1789.

J'AI reçu, Messieurs, la lettre du 3 septembre dernier, par laquelle, en m'annonçant que vous vous êtes empressés d'obéir aux intentions du Roi, en enregistrant l'ordre du 28 décembre 1787, par lequel S. M. a conféré aux Administrateurs de la Martinique la faculté de nommer aux places de Geôliers, vous faites entendre qu'il est à craindre qu'on abuse, à l'avenir, de cette faculté pour donner, ainsi qu'il en a été usé quelques fois, des pensions ou des gratifications sur les places des Geôliers, qui se croiront alors en droit de s'en dédommager aux dépens des Prisonniers. Les inconvéniens qui resulteraient d'un semblable abus, sont trop frappans pour croire qu'il se renouvelle. Cependant le Roi, à qui j'ai rendu compte de vos craintes à cet égard, a jugé convenable, pour vous mettre à portée d'y veiller, de m'ordonner d'écrire aux Administrateurs pour les prévenir que son intention est qu'il ne soit accordé, sous quelque pretexte que ce soit, ni pensions ni gratifications sur les émolumens des Geôliers.

J'ai l'honneur d'être, *etc.* *Signé*, le Comte de LA LUZERNE.

Enregist. au Conseil souverain.

(N°. 749.) ORDONNANCE *de MM. les Général et Intendant, concernant l'Imposition sur la Martinique, pour l'année* 1789.

Du 15 février 1789.

L'ASSEMBLÉE coloniale de la Martinique, convoquée le 9 de ce mois, en exécution de l'ordonnance du 17 juin 1787, s'étant occupée des moyens d'établir l'imposition sur une base solide, pour en assurer la perception pour l'année 1789, nous avons adopté le mode qu'elle nous en a proposé ; en conséquence, nous Gouverneur-général et Ordonnateur, par *interim*, *etc.*, ordonnons ce qui suit :

ART. Ier. Le Ministre ne nous ayant point adressé de mémoire du Roi pour l'imposition de la présente année, elle continuera d'être fixée à la somme d'*un million*, laquelle sera versée dans les coffres du Roi, sans qu'il puisse y être imputé aucun frais de perception, d'exemptions et non-valeurs.

II. La perception de l'imposition mentionnée dans l'article précédent, s'effectuera comme il suit ; savoir :

Toutes les denrées exportées de la colonie, consistant en sucre, coton, cacao, gingembre et autres, le manioc excepté, paieront, à leur sortie pour France, un droit d'un pour cent de leur valeur, laquelle sera constatée au Domaine ; 1°. par les factures des Commissionnaires vendeurs ; 2°. par celles des premiers Vendeurs, lorsque les denrées auront passé dans une main tierce avant de parvenir au Capitaine chargeur ; 3°. par une estimation certifiée par un Capitaine de navire et deux Commissionnaires, lorsque les denrées seront chargées à fret par les Habitans eux-mêmes ; et, à l'égard des denrées vendues par divers en petites quantités, et dont l'estimation partielle deviendrait trop minutieuse, le Capitaine qui devra les déclarer au Domaine, sera tenu de former de ces objets, un état général certifié de lui, divisé par nature de denrées, et qui présentera le prix de l'estimation de chacune d'elles en particulier, attestée de la manière ci-dessus prescrite pour les marchandises chargées par les Habitans, sans que, dans aucun cas ni pour aucune raison, il soit permis au Directeur du Domaine, de recevoir des déclarations qui ne seront pas accompagnées des pièces ci-dessus exigées, les *duplicata* desquelles pièces seront et demeureront déposées au bureau du Domaine.

Continueront, les marchandises expédiées pour les îles étrangères, par des bâtimens étrangers, de payer à leur sortie 1 pour 100 de leur valeur, laquelle sera fixée d'après le cours au moment de l'expédition. N'entendons comprendre dans les objets d'exportation soumis au droit d'un pour cent, les eaux-de-vie ou rum, les sirops et les melasses.

III. Dans les droits mentionnés dans l'article ci-dessus, ne seront pas compris ceux à percevoir sur les objets venant de l'étranger, dont l'importation est permise dans le seul port d'entrepôt, et qui sont établis dans les art. IV et V de l'arrêt du Conseil d'Etat du Roi, du 30 août 1784, de même que celui qui est fixé sur la morue de pêche étrangère par d'autres arrêts du Conseil d'Etat du Roi ; lesquels droits ne feront pas partie de la présente imposition, étant destinés a donner des primes d'encouragement aux Armateurs nationaux.

IV. Les Habitans-cultivateurs, qui vendent et débitent partie de leur récolte en sucre ou café, dans les villes et bourgs de la colonie, pour la consommation intérieure, ainsi que les Marchands qui vendraient des mêmes denrées en détail, paieront le droit d'un pour 100 de la valeur des denrées par eux vendues ; et, pour en fixer la valeur et la quantité, ils en remettront tous les six mois, au Directeur du Domaine, des déclarations par eux assermentées, réservant au Directeur-genéral du Domaine la faculté de se pourvoir par devant qui de droit, dans le cas où lesdites déclarations ne seraient pas faites ou ne seraient pas exactes, pour faire condamner les délinquans aux peines portées à l'art. XXV ci-après.

V. Le droit d'un pour cent d'entrée sur les marchandises sujètes au poids, sera perçu sur la valeur desdites marchandises, suivant le cours dans la colonie, lequel sera apprécié au bureau du Domaine, lors de la déclaration des Capitaines à leur arrivée.

VI. Tous les blancs européens, ouvriers ou autres, paieront une capitation de 6 l.; recommandons expressément aux Commandans des paroisses d'employer des moyens convenables, pour qu'aucun de ces blancs européens ne puisse se soustraire à cette imposition.

VII. Tous Colporteurs, Marchands-forains, vendant dans la campagne, et tous gens de couleur ou nègres libres, porteurs de balles ou de paniers, paieront une imposition de 66 liv. par tête, et ne pourront vendre que munis d'une permission, qui leur sera délivrée à St-Pierre ou au Fort-Royal, sur la représentation de la quittance de ladite imposition.

VIII. Tous les nègres et gens de couleur libres de naissance ou légalement affranchis, paieront, depuis l'âge de 14 ans jusqu'a celui de 60, la somme de 25 liv. par tête. Seront néanmoins exempts de cette capitation ceux qui servent actuellement dans les compagnies de milices, sans que ladite exemption s'étende à leurs femmes et enfans, conformément à la lettre du Ministre du 16 août 1769.

IX. Les esclaves des villes et bourgs, ouvriers, domestiques, ou servant à loyer et à la journée, ceux qui sont employés à la pêche ou dans les accons, bateaux caboteurs, canots de poste ou de passage, seront soumis à une capitation de 33 l. Il sera payé la même capitation sur tous les esclaves attachés aux rumméries et vinaigreries, autres que celles qui dependent des sucreries. Les personnes domiciliées, ayant habitation, et celles résidant sur leurs habitations, qui ont des esclaves employés dans les villes et bourgs, ou autres ouvrages ci-dessus indiqués, fourniront des dénombremens particuliers pour lesdits esclaves.

X. Les maisons de St Pierre paieront, comme l'année dernière, un droit de 5 pour 100 sur le montant de leurs loyers ; et à l'égard des Propriétaires qui les occuperont eux-mêmes, le droit de 5 pour 100 sera réglé d'après la valeur arbitrée des loyers.

Les maisons établies dans la ville du Fort-Royal, dans les bourgs du Lamentin, de la Trinité et du Marin, continueront de payer un droit de 3 pour 100. Seront cependant déchargées de l'imposition les maisons de Saint-Pierre et des autres lieux ci-dessus, qui seront plus de 3 mois sans être louées, et ce pour tout le tems qu'elles demeureront dans cet état, ce que les Propriétaires seront tenus de constater contradictoirement avec le Directeur-général du Domaine.

Les rôles et déclarations de loyers de maisons seront esormais dressés par numéros et non, comme ci devant, par lettres alphabetiques. Pour cet effet, les numéros des maisons seront vérifiés et rectifies aussitôt après la publication de cette ordonnance. Les Propriétaires qui auront plusieurs maisons, seront tenus dans leurs déclarations, de distinguer le montant des loyers de chacune desdites maisons, et ils ne pourront faire des poursuites en justice, pour obtenir le paiement de leur loyer, que sur les déclarations qu'ils auront faites au Domaine, dont une expédition leur sera délivrée par le Directeur, nonobstant la représentation des baux qui porteraient les loyers à une plus forte somme. Après la confection des rôles des loyers des maisons par numéros, avec les noms des Propriétaires, il en sera fait un tableau qui sera, à la diligence du Directeur du Domaine, affiché aux portes des Eglises paroissiales et dans les Sacristies.

XI. Il sera payé sur tous les esclaves attachés aux sucreries, une capitation de 10 liv. pour chacun d'eux. Cette imposition ne sera que de 7 liv. 10 s. pour tous les esclaves attachés à d'autres genres de cultures.

Les dénombremens fournis au Domaine, par chaque Habitant, se feront par un tableau à plusieurs colonnes, dont la 1re. portera le nom de l'habitation; la 2me. l'espèce de sa culture; la 3me. le nom de ses nègres au-dessous de 14 ans; la 4me. ses nègres payant droit; la 5me. les nègres sur-âgés; la 6e. les nègres infirmes; la 7me. le nombre de ses nègres répartis dans les colonnes 3, 4, 5 et 6, et la 8me. présentera le nombre de nègres exempts de capitation, en motivant la cause de l'exemption.

Il sera formé, par le Commandant de chaque paroisse, un tableau général, tracé sur le plan indiqué par celui de chaque Habitant, lequel ne présentera, dans chaque ligne, que le nombre des nègres de chacun, et ledit tableau sera affiché à la porte de l'Eglise paroissiale et dans la Sacristie.

Les Habitans qui auront plusieurs genres de culture paieront la capitation de leurs nègres à raison de la culture la plus imposée.

Ne seront point compris néanmoins dans ces dispositions, les nègres attachés aux poteries et chaufourneries, pour lesquels il sera fourni des dénombremens à part.

XI. Il sera payé une capitation de 25 liv. pour chaque nègre attaché aux poteries ou chaufourneries.

XIII. Tous les gens de couleur et nègres esclaves sujets aux droits de capitation, et mentionnés aux art. VII et IX, continueront d'être obligés de se presenter dans les bureaux du Domaine établis au Fort-Royal, à St-Pierre, à la Trinité et au Marin, pour y prendre un billet ou permission de travailler dans les villes et bourgs, ou d'être employés dans les bateaux, accons, canots de poste ou de passage, ainsi qu'à la pêche habituelle, ou dans les chaufourneries, poteries, et dans les rummeries ou vinaigreries non dépendantes des habitations sucreries.

Ledit billet leur sera délivré *gratis* et contiendra le nom de l'ouvrier, son signalement, sa qualité de libre, s'il est affranchi, et le nom de son maître, s'il est esclave.

XIV. Toutes personnes de couleur ou nègres qui seront trouvés travaillans dans les villes et bourgs, ou dans les bateaux, accons, canots, pêcheries, chaufourneries, poteries et vinaigreries ou rummeries non dependantes d'habitation, sans être munis du billet mentionné dans l'article précédent, seront saisis, arrêtés et remis dans la prison la plus prochaine, pour être poursuivis à la diligence du Directeur-général du Domaine.

XV. Tout esclave, arrêté et confisqué en vertu de l'article précédent, sera vendu judiciairement, au plus offrant et dernier enchérisseur, pour, sur le produit de la vente, être prélevés les frais de procédure, la moitié de la somme restante être délivrée au dénonciateur, et le surplus être versé dans la caisse du Roi, pour faire partie des sommes à prélever pour parfaire l'imposition.

XVI. Les droits sur les sirops et tafias seront de 3 pour 100 de la valeur, à leur sortie de cette colonie pour passer à l'étranger, soit que l'exportation ait lieu sur des bâtimens nationaux, ou sur ceux des Etats-Unis ou d'autres nations ; ils seront soumis également au droit additionnel de 10 s. pour livre, conformément aux déclarations du Roi des 3 février 1760 et 21 novembre 1763, du mois de novembre 1771 et à l'édit du mois d'août 1781 ; tous lesquels droits appartenans au Domaine d'occident, ne feront point partie de la présente imposition.

XVII. Les marchandises dont l'importation et l'exportation sont permises à l'étranger, seront soumises aux droits locaux établis et à établir.

XVIII. Tous droits seigneuriaux et domaniaux, tels que les épaves, bâtardises, déshérences, les biens vacans non réclamés, les confiscations et autres droits appartenans au Roi, continueront d'être perçus comme par le passé, et ne feront point partie de la présente imposition.

XIX. Conformément à l'ordonnance de nos Prédécesseurs, du 16 août 1763, tous les Cabaretiers, Traiteurs, Aubergistes, Limonadiers et autres vendant en détail, vin, eau-de-vie et liqueurs, ainsi que ceux tenant billard ou jeux permis, soit que ceux-ci donnent à boire ou non, paieront par an, la somme ordonnée et fixée par l'art. VII de la susdite ordonnance;

SAVOIR :

Ceux résidans au Fort-Royal et au Lamentin, 800 l.

Ceux residans à Saint-Pierre, 1,200 liv.

Ceux résidans à la Trinité, 400 liv.

Ceux résidans au Marin, 200 liv.

Ceux résidans au Prêcheur et au Carbet, 300 liv.

Ceux résidans dans les autres bourgs de cette île, 150 l.

Le paiement de ces droits sera divisé en 4 époques, de 3 mois chacune et exigible, à l'avance, en janvier, avril, juillet et octobre.

Les droits de cabaret seront toujours payés entre les mains du Receveur unique, et ne feront pas partie de la présente imposition; mais le produit en sera versé dans une caisse particulière, pour être, comme par le passé, employé à des ouvrages municipaux d'une utilité publique et générale ; et ce, jusqu'à ce qu'il en ait été autrement ordonné par S. M.

XX. Ceux qui, par la nature de leurs biens ou par le privilége particulier de leur état et de leurs charges, se trouveront dans le cas d'une exemption, en jouiront, comme par le passé, pourvu que lesdites exemptions soient fondées sur la déclaration du Roi du 3 octobre 1730, ou autres ordonnances et décisions postérieures de S. M., à la charge par lesdits Privilégiés de représenter leurs titres d'exemptions au Directeur général du Domaine.

Ceux qui se trouveraient dans le cas d'avoir deux titres d'exemption, ne pourront jouir que d'un seul, et de celui dont l'exemption sera la plus forte ; laquelle exemption néanmoins n'aura lieu que pour le nombre effectif des esclaves ou domestiques qui seront à leur service. Dans le cas où ce nombre serait moindre de celui porté par l'exemption qu'ils seraient fondés de réclamer, nous faisons défense à toutes personnes d'emprunter ou de prêter des esclaves pour profiter de ladite exemption en entier, à peine de confiscation des esclaves prêtés et de 500 l. d'amende, au profit de S. M., contre chacun de ceux qui auront prêté ou emprunté lesdits esclaves ; le tout en vertu de la déclaration du Roi du 3 octobre 1730.

XXI. Conformément à l'art. VII de la déclaration du Roi de 1730, aucun Particulier ni Habitant ne pourra étendre le droit d'exemption accordé à sa qualité au delà de sa personne : en conséquence, ni ses enfans, ni leurs Tuteurs, ne pourront prétendre à ladite exemption par tête d'enfans, s'ils n'ont pas une propriété particulière, ou s'ils n'ont pas été pourvus par partage. Nul enfin ne pourra jouir d'aucune exemption, tant pour les nègres des campagnes, que pour ceux des villes et bourgs, qu'en représentant le titre de sa propriété.

XXII. Les pères de plus de 10 enfans vivans jouiront, à compter du 1er. janvier de cette année, de la totalité de l'exemption des droits de la capitation, soit sur les nègres des villes, soit sur ceux des habitations. Les pères de 10 enfans vivans jouiront de la moitié de la susdite exemption.

XXIII. Les Habitans ou autres, qui formeront de nouveaux établissemens, jouiront pendant deux années de l'exemption de capitation, pour la quantité de nègres qu'on jugera devoir y être employée, suivant la declaration qu'ils auront faite par devant M. l'Intendant, laquelle déclaration sera accompagnée du procès-verbal d'arpentage de l'Arpenteur du quartier, pour constater la quantité réelle du terrein défriché ; et sera le tout, avec l'ordonnance de M. l'Intendant, signifié ou communiqué au Directeur-général du Domaine, conformément à la déclaration du Roi du 3 octobre 1730 ; laquelle exemption est cependant restreinte aux terres concédées depuis 1767 ; faute, par les Concessionnaires antérieurs, de s'être mis en règle ; et laquelle aussi ne pourra avoir lieu que pour les terres, qui n'auront pas été anciennement défrichées.

XXIV. La taxe sur les nègres justiciés sera établie à 15 s. par tête : ce droit sera perçu, ainsi que la capitation, par le Receveur unique, dans les 6 premiers mois de l'année ; mais ne fera point partie de l'imposition royale. Au 1er. juillet, il sera dressé, par ledit Receveur, un état des contribuables en retard sur la taxe des nègres justiciés, lequel état sera remis aux Huissiers, tant de Saint-Pierre, que du Fort-Royal, après qu'il aura été revêtu de l'ordonnance de M. l'Intendant pour la contrainte des redevables, afin qu'il soit fait incontinent, par lesdits Huissiers, les poursuites nécessaires.

Les deux bourses des Huissiers de St Pierre, et du Fort-Royal demeureront responsables, chacune pour les rôles qui leur auront été remis, des reliquats dus par les contribuables ; et en conséquence les Administrateurs seront tenus de verser, à l'époque du 1er. décembre, dans la caisse du Receveur unique, le montant des sommes portées sur lesdits rôles, sauf les non-valeurs, qui seront justifiées par des

diligences

diligences ou des certificats des Curés et Commandans des paroisses.

XXV. Dans le cas de contravention à la présente ordonnance, soit sur le fait des dénombremens, déclarations ou autres objets relatifs à l'imposition, les contrevenans seront poursuivis par devant les Tribunaux de droit, à la diligence du Directeur-général du Domaine du Roi, conformément à l'article XIV de l'ordonnance du 3 janvier 1788.

XXVI. La capitation étant acquise du 1er. janvier, nous ordonnons que l'imposition, établie pour la présente année, sera acquittée en entier dans le courant du mois de juin prochain ; à défaut de quoi, les redevables seront contraints par toutes les voies de droit, même par corps, et par la saisie et vente de leurs nègres. Les ouvriers libres paieront en prenant la permission mentionnée en l'art. XIII ; les maîtres des esclaves mentionnés audit article XIII, fourniront leurs déclarations et paieront au 1er. juin.

Prions messieurs les Officiers du Conseil souverain de la Martinique de faire enregistrer, etc.

Mandons aux Commandans des paroisses et au Directeur-général du Domaine de tenir et faire tenir la main à son exécution.

Donné à la Martinique, le 15 fevrier 1789. *Signé*, le Vicomte de DAMAS, *et* GUILLOT DE ROCHEPIERRE.

Enregist. au Conseil souverain.

(N°. 750.) ORDONNANCE *de MM. les Général et Intendant, concernant la Tare des Barriques à Sucre.*

Du 15 février 1789.

L'ASSEMBLÉE coloniale, dans sa délibération du 13 de ce mois, ayant proposé que la tare, ci-devant fixée à la Martinique à 9 pour 100 par quintal, ne serait plus que de 8 pour 100.

A CES CAUSES, et pour sanctionner la délibération de l'Assemblée coloniale, nous, *etc.*, ordonnons, qu'à compter de ce jour, il ne sera plus prélevé que 8 pour 100 de tare par quintal sur les barriques à sucre, qui seront livrées par les Habitans, soit aux Capitaines marchands, soit aux Marchands commissionnaires de la colonie.

Prions messieurs les Officiers du Conseil souverain de la Martinique de faire enregistrer, *etc.*

Donné à la Martinique, le 15 février 1789. *Signé*, le Vicomte de DAMAS, *et* GUILLOT DE ROCHEPIERRE.

Enregist. au Conseil souverain.

N. B. Voyez la note du N°. 724, p. 74 de ce tome.

(N°. 751.) ORDONNANCE *de MM. les Général et Intendant, portant prorogation des Droits de Péage sur le Canal du Lamentin.*

Du 15 février 1789.

Enregist. au Conseil souverain.

(N°. 752.) ORDONNANCE *de MM. les Général et Intendant, portant Tarif pour le Juré-jaugeur, laquelle fixe à* 10 s. *la somme à percevoir par ledit Jaugeur, sur chaque Futaille de liquide exportée à l'etranger, de quelque contenance qu'elle puisse être, et lui fait défense de prélever davantage, sous peine de restitution et de condamnation au quadruple du Droit.*

Du 25 avril 1789.

(N°. 753.) RÉGLEMENT *de M. l'Intendant, qui défend à tout Officier d'Administration et Employé dans les bureaux du Roi, de servir de Caution.*

Du 28 avril 1789.

SUR ce qui nous est revenu que quelques Officiers d'administration et Employés des bureaux du Roi se rendaient cautions pour des particuliers, tant pour changer de colonie que pour des affaires civiles, ce qui est absolument contraire à l'ordre du service et aux ordonnances, et pour remédier aux inconvéniens qui en seraient les suites, nous defendons, sous quelque prétexte que ce soit, à tout Officier d'administration et Employé dans les bureaux du Roi, de servir de caution pour aucun particulier, sous peine d'interdiction pour les premiers et de perte de leur emploi pour les derniers.

Sera le présent enregistré au Contrôle, et copies collationnées envoyées dans tous les bureaux de l'administration.

A Saint-Pierre Martinique, le 28 avril 1789. *Signé*, FOULLON D'ECOTIER.

(N°. 754.) ORDONNANCE *de MM. les Général et Intendant, concernant les Boucheries.*

Du 1er. mai 1789.

LES inconvéniens qui résultent d'un privilége exclusif se faisant plus particulièrement sentir, quand ils portent sur des objets de première nécessité, nous avons jugé qu'il devenait indispensable de remédier d'une manière efficace aux abus qui se sont multipliés dans l'établissement actuel des boucheries confiées à quelques personnes exclusivement, et nous nous sommes empressés de seconder en cela le vœu de l'Assemblée coloniale et du Conseil souverain, occupés, comme nous, de tout ce qui peut concourir au bien général.

Le besoin de réveiller l'émulation éteinte chez l'Habitant, dont les soins, pour élever des bestiaux, deviennent souvent infructueux, par la difficulté de les vendre à des privilégiés toujours sûrs de lui faire la loi; l'attention de la part des débitans de se procurer des viandes de bonne qualité, seul moyen de se concilier la confiance publique; la diminution sur-tout que la concurrence peut opérer dans les prix; enfin, le desir que nous avons de contribuer, par tous les moyens qui sont en notre pouvoir, à rendre moins sensibles à chaque classe de citoyens les pertes qu'ils ont récemment éprouvées, nous ont semblé autant de motifs d'apporter un nouvel ordre de choses dans l'établissement des boucheries, et de chercher à procurer au public tous les avantages qu'il a droit d'espérer de la liberté du débit des viandes. Mais comme cette liberté, si elle n'était restreinte dans des bornes raisonnables, ne serait pas exempte des abus que nous devons prévenir : nous *etc.*, ordonnons ce qui suit :

Art. Ier. Tous priviléges et permissions seront et demeureront, à compter de ce jour, nuls et de nul effet. Seront en conséquence tenus les particuliers déjà munis de permissions, de se pourvoir par devant M. l'Intendant, à l'effet d'en obtenir de nouvelles.

II. Il sera libre dorénavant à toutes personnes quelconques de tuer, vendre et débiter toutes sortes de viandes, après cependant y avoir été préalablement autorisées par une permission qui sera toujours accordée sur un certificat du Procureur du Roi de la Sénéchaussée du ressort, pour être ensuite enregistrée au Greffe de l'Intendance et en celui de ladite Sénéchaussée.

III. Les Bouchers nouvellement pourvus de commissions ne pourront vendre la viande dans le quartier du Fort, qu'aux boutiques établies près le Pont ; et, dans le quartier du Mouillage, que près la cale de l'Hôpital à la partie libre de la Halle, qui avait été originairement destinée pour la vente du poisson ; et au Fort-Royal, le long de la rivière, et sous le vent,

IV. Tous Bouchers qui seront surpris vendant chez eux ou ailleurs qu'aux endroits désignés, seront condamnés en 50 liv. d'amende pour la 1re. fois, 200 liv. la 2me., et privés de leur commission la 3me. Les esclaves trouvés en contravention seront punis de 25 coups de fouet à la geôle, et même de confiscation, en cas de récidive, si les maîtres sont convainçus d'avoir participé à la contravention.

V. Ne pourront lesdits Bouchers tuer dans l'intérieur des villes et bourgs que des moutons, cabrits ou tortues; leur enjoignant, pour les grosses viandes, de ne tuer qu'aux extrémités et sous le vent de la ville, autant que faire se pourra; mais toujours sur les bords de la mer, des rivières ou canaux, à peine de confiscation de la bête pour la 1re. fois, et de 66 liv. en sus, en cas de récidive.

VI. Defendons expressément de tuer et brûler les cochons dans les rues ni dans les cours des maisons, mais bien sur le bord de la mer ou dans les grandes places, qui ne laisseront aucune crainte pour les incendies; et ce sous les peines portées par l'article ci-dessus.

VII. Tous Bouchers qui seraient convaincus d'avoir tué ou fait tuer sciemment des viandes de mauvaise qualité, seront, la 1re. fois, condamnés en 300 liv. d'amende, et la 2me., privés de leurs commissions, et, en outre, punis de la prison, sans qu'il puissent alléguer le prétexte de diminution dans les prix. Les viandes de qualité inferieure ne pourront être debitées que d'après le certificat des Commis à la police, qui auront appelé le Médecin ou Chirurgien du Roi, pour constater que lesdites viandes ne proviennent point de bêtes non saignées, et ne peuvent être nuisibles aux consommateurs.

VIII. Seront et demeureront les prix des différentes espèces de viande les mêmes qu'ils l'étaient ci-devant; savoir :

Les bœufs créoles ou anglais, à 20 s. la livre.

Le veau, 20 s.

Le mouton, 20 s.

Le cochon, 15 s.

Et attendu l'infériorité de qualité des bœufs venant des colonies espagnoles, la livre en demeurera également fixée à 15 sous.

IX. Ne pourront les Bouchers, sous prétexte de convention particulière ou de tout autre motif, excéder les prix ci-dessus, à peine de 100 liv. d'amende; leur laissant cependant la faculté de les diminuer suivant qu'ils le trouveront profitable.

X. Enjoignons aux Commis à la police de prendre une connaissance exacte de la quantité de bœufs espagnols qui existeront chez les différens Bouchers, et de ceux qui seront mis en consommation, pour, par lesdits Commis à la police, veiller à ce que la viande espagnole ne soit pas vendue au même prix que la viande créole ou américaine; seront les bouchers, convaincus de contravention à cet égard, condamnés, la 1re. fois, en 100 liv. d'amende; la 2me., en 200 liv., et la 3me., en la privation pour toujours de leur état.

XI. Défendons auxdits Bouchers de comprendre dans leurs pesées les machoires, pieds et entrailles, lesquels ne devront jamais faire partie du poids des viandes. Autorisons, en conséquence, tout particulier blanc, libre ou esclave à les refuser; et en cas de contrainte de la part des bouchers ou de refus d'autre viande, seront ceux-ci condamnés en 100 liv. d'amende et en 200 en cas de récidive.

XII. Ordonnons à l'Etalonneur de faire, au moins tous les 15 jours, et ce, à des époques non fixées, autant que faire se pourra en présence du Procureur du Roi, la visite exacte des poids et balances, et d'en dresser procès-verbal pour les contrevenans encourir les peines portées par l'art. X. Toutes lesquelles amendes seront applicables, comme elles l'étaient ci-devant.

Prions messieurs les Officiers du Conseil souverain de la Martinique, de faire enregistrer *etc.*

Donné à la Martinique, le 1er mai 1789. *Signé*, le Vicomte de DAMAS, *et* FOULLON D'ECOTIER.

Enregist. au Conseil souverain.

(N°. 755.) ORDONNANCE *de MM. les Généraux et Intendant, portant Permission d'introduire les Farines et Biscuits, de fabrique étrangère, dans le Port d'entrepôt, jusqu'au 15 octobre.*

Du 10 mai 1789.

MALGRÉ le desir que nous avions à l'époque du 1er mars dernier, de prolonger l'ouverture du port, et de donner aux Habitans une nouvelle preuve de notre condescendance à tout ce qui peut concourir à leur soulagement, nous nous sommes vu arrêtés par des considérations puissantes, et sur-tout par la diversité des intérêts que nous avions à concilier. Nous devions d'ailleurs présumer que dans la saison où, pour l'ordinaire, les navires affluent de tous les ports de France, leurs chargemens, calculés d'après les besoins de la colonie, ne tarderaient pas à y ramener la tranquillité et l'abondance. Affermis dans cet espoir, un parti contraire à celui que nous avons pris, aurait été aussi ruineux pour la Metropole, qu'éloigné de l'extrême circonspection qui nous est sans cesse recommandée dans cette matière importante. Mais la disette en tout genre commençant à se faire sentir impérieusement dans les campagnes, il ne nous est plus possible, avec le zèle et la bonne volonté qui nous animent, non-seulement d'augmenter, mais encore de continuer avec la même prodigalité les secours accordés jusqu'ici par S. M. Nous avons pensé que nous ne pouvions, sans une sévérité de principes funeste aux Habitans, nous dispenser de nous rendre aux instances réitérées du Conseil souverain, et de seconder ses sollicitudes paternelles dans l'état de détresse où la colonie se trouve encore réduite.

L'introduction libre des farines et biscuits importés par l'étranger, nous a paru le seul moyen qui fût en notre pouvoir de diminuer le prix de cette denrée, aujourd'hui nécessaire à la nourriture des esclaves, attendu le peu de vivres du pays, sur la récolte desquels les suites du coup de vent se font encore sentir. Mais, quelque persuadés que nous soyons de la nécessité de cette démarche, nous ne nous y sommes cependant portés qu'après avoir convoqué le commerce et nous être assurés par sa délibération du 8 de ce mois, que l'ouverture du port était d'autant plus indispensable, qu'on devait augurer des navires recemment arrivés, et notamment les 6 derniers, qui n'ont importé ensemble qu'environ 200 barils de farine, que ceux qui les suivraient viendraient également dépourvus de cette denrée, dont la mauvaise récolte en France a considérablement augmenté le prix et la rareté.

A CES CAUSES, nous, *etc.*, avons ordonné et ordonnons ce qui suit :

ART. Ier. A compter de ce jour jusqu'au 15 octobre prochain; époque de la fin de l'hivernage, tous bâtimens, de quelque nation qu'ils soient, pourront introduire, dans le port d'entrepôt seulement, les farines et biscuits de fabrique étrangère, après que la déclaration exacte en aura été faite par les Capitaines, et qu'ils se seront soumis aux visites des Employés du Domaine du Roi, tant à l'arrivée qu'à la sortie desdits bâtimens, et qu'en outre ils auront acquitté le droit local et le droit additionnel d'un pour cent chacun.

II. Tous bâtimens français pourront s'expédier du port d'entrepôt pour se charger, soit à la Nouvelle-Angleterre, soit dans les îles étrangères, desdites farines et biscuits : et jouiront lesdits bâtimens du privilége à eux accordé par l'arrêt du 30 août 1784, qui les dispense du droit d'un pour cent payé par les étrangers. Le retour desdits bâtimens français ne pourra être fait que dans le port d'entrepôt, à peine, dans le cas contraire, d'encourir la rigueur des ordonnances contre le commerce étranger.

III. Sera et demeurera suspendu, comme ci-devant, le droit imposé sur la morue et le poisson salé de pêche étrangère, à l'exception cependant desdits droits local et additionnel, auxquels il ne sera rien changé.

IV. Le droit imposé sur le bœuf salé, provenant de l'étranger, continuera d'être perçu dans son entier, ainsi que les droits mentionnés en l'article précédent.

V. Défendons expressément à tous Boulangers du Fort-Royal et de Saint-Pierre de fabriquer du pain, avec des farines autres que celles provenant des bâtimens de France, tant qu'il en existera dans les magasins des Capitaines ou Géreurs de cargaisons, et ce à peine de confiscation desdites farines étrangères, de 2,000 l. d'amende et de la privation de leur état.

VI. Tout bâtiment étranger qui sera trouvé mouillé, ou communiquant avec la terre, dans tout autre endroit que la rade de St-Pierre, sera saisi et confisqué, comme faisant le commerce interlope.

VII. Les lois prohibitives concernant l'exportation des denrées coloniales autres que les rum, tafia, sirop et melasse seront maintenues dans toute leur vigueur ; et seront egalement saisis et confisqués tous bâtimens étrangers, à bord desquels il se trouverait desdites denrées, en quelle quantité et sous quelque pretexte que ce pourrait être.

Auront, au surplus, les arrêts, ordonnances et reglemens concernant le commerce interlope, leur pleine et entière execution, en tout ce qui ne sera pas spécifié par ces présentes.

Prions messieurs les Officiers du Conseil souverain d'enregistrer, *etc.*

Donné à la Martinique, le 10 mai 1789. *Signé*, le Vicomte de DAMAS, *et* FOULLON D'ECOTIER.

Enregist. au Conseil souverain.

(N°. 756.) RÉGLEMENT *de M. l'Intendant, sur la paie des Commis à la Police.*

Du 12 mai 1789.

LES dépenses de la police étant considérablement augmentées depuis quelques années, et les fonds destinés à cette partie essentielle de la sûreté publique, n'étant pas à beaucoup près suffisans pour y faire face, nous nous sommes déterminés, d'après les principes d'économie qui nous sont prescrits, de n'allouer de traitement en argent, qu'au Commis à la police des deux villes principales du Fort-Royal et de St Pierre, eu égard à la nature pénible de leurs fonctions ; et nous avons décidé en même-tems que ceux des bourgs ou quartiers de cette colonie, n'ayant qu'une activité momentanée, sont suffisamment recompensés par les exemptions dont ils jouissent. En conséquence, *etc.* nous avons supprimé, à compter du 1er. *avril* de la présente année, tous appointemens quelconques attribués ci-devant aux Commis à la police autres que ceux du Fort-Royal et de Saint-Pierre.

Sera le présent enregistré au Contrôle, *etc.*

Fait à St Pierre Martinique, le 12 mai 1789. *Signé*, FOULLON D'ECOTIER.

(N°. 757.)

(N°. 757.) RÉGLEMENT *de M. l'Intendant, sur les Frais de Justice concernant les Affaires qui intéressent le service de Sa Majesté, ou poursuivies à la requête du Ministère public.*

Du 15 mai 1789.

LES Officiers de justice dans les colonies tenant leurs offices de la munificence du Roi, et n'ayant payé aucune finance à son trésor, il nous paraît juste qu'ils ne puissent exiger aucuns frais, taxes ni vacations dans les affaires concernant le service de S. M., ou poursuivies à la requête du ministère public.

En conséquence, et jusqu'à ce qu'il en ait été ordonné autrement par S. M., d'après le compte que nous en rendrons au Ministre, nous avons réglé qu'il ne sera plus alloué auxdits Officiers de justice, tels que Juges ou leurs Lieutenans, Procureurs du Roi, Substituts et Greffiers, aucune espèce de frais, taxes ni vacations dans les affaires susdites pour lesquelles il ne sera reçu ni visé au Contrôle, aucuns états, comptes et exécutoires à payer de la caisse de S. M.

Supprimons également les frais de voyage alloués ci-devant aux Huissiers de la Jurisdiction de St-Pierre, pour escorte des criminels au Fort-Royal, lors des séances du Conseil souverain, ainsi que toutes taxes pour exploits, assignations et autres actes de cette nature dans le lieu de leur résidence : allouons simplement les frais de canots pour transport des Huissiers escortant lesdits criminels.

Supprimons encore toutes taxes qui pourraient être accordées auxdits Officiers de justice, comme aussi aux Notaires, Procureurs et autres possédant gratuitement un office public quelconque, pour dépositions en qualité de témoins dans les mêmes affaires ci-devant exprimées.

N'entendons, au surplus, comprendre dans le présent réglement les frais et taxes ayant rapport aux affaires domaniales, qui comprennent spécialement les prises et saisies faites sur les interlopes, toutes contraventions aux ordonnances et réglemens concernant le commerce étranger ou l'imposition coloniale, soit que lesdites affaires soient poursuivies à la requête du Procureur du Roi, ou à celle du Directeur-général du Domaine, sous la condition que lesdits frais seront établis d'après les tarifs approuvés et en vigueur, et que les taxes pour honoraires et autres objets non prévus, ne pourront être faites que par nous.

Exceptons aussi du présent réglement les frais de poursuites contre les débiteurs à la caisse du Roi, à la requête du Contrôleur, et sous la même réserve que ci-dessus.

Sera le présent enregistré au Contrôle, *etc.*

Fait à Saint-Pierre Martinique, le 15 mai 1789. *Signé*, FOULLON D'ECOTIER.

(N°. 758.) RÉGLEMENT *de M. l'Intendant, pour les Geôles de la Martinique.*

Du 15 mai 1789.

Les Concierges des prisons s'étant écartés en plusieurs points des réglemens, et notamment du tarif général du 30 avril 1771, relativement aux prix qui leur ont été alloués pour la nourriture des prisonniers détenus au compte du Roi ; nous avons jugé nécessaire de les ramener aux dispositions de ce tarif, d'y faire des modifications que les circonstances exigent, et d'établir en même tems, dans cette partie, une uniformité qui n'existe pas ; en conséquence nous avons réglé ce qui suit :

ART. Ier. Conformément au réglement de M. le président de Peinier, du 25 juin 1776, le prix de 2 l. 5 s. alloués aux Geôliers et Concierges, par l'art. III du chapitre XXIII du tarif général de 1771, pour la nourriture des blancs en santé, sera converti en une ration à délivrer des magasins du Roi, et en une somme de 15 s. par jour pour tous frais : à l'effet de quoi il sera remis auxdits Geôliers et Concierges une copie collationnée dudit réglement, pour l'exécuter dans tous ses points.

II. Il ne sera plus payé aux Geôliers et Concierges que la somme de 3 l. 10 s. pour chaque journée de maladie des blancs, et ce en conformité de ce qu'il en coûte au Roi, dans les hôpitaux. Ils ne pourront les porter dans cette classe que sur le certificat du Chirurgien-major, approuvé du Procureur du Roi.

III. Les esclaves mis à la geôle pour fait de police seront à la charge et aux frais de leurs maîtres, comme responsables des faits et actions de leurs esclaves.

IV. Les gens de couleur libres et esclaves, détenus criminellement à la geôle, continueront d'être à la charge du Roi ; en conséquence, il sera délivré une ration pour leur nourriture et il sera alloué aux Geôliers 7 s. 6 d. par jour, pour chacun d'eux, pour tous frais.

V. Les gens de couleur libres, détenus à la geôle pour faits de police, continueront d'être à la charge du Roi, et traités comme à l'article précédent.

VI. En cas de maladie des gens de couleur libres et esclaves ci-dessus (ce qui sera constaté par un certificat du Chirurgien-major des prisons, approuvé par le Procureur du Roi), il sera continué d'être payé aux Geôliers ou Concierges, la somme de 45 s. par jour.

VII. Les geôles et prisons de cette colonie et dépendances se trouvant appartenir au Roi, ou la location payée par lui, le gîte et geôlage de tous ceux qui y sont détenus à sa charge, sera et demeurera supprimé.

VIII. La chaîne noire continuera d'y être logée, sans que les Geôliers et Concierges aient aucune réclamation à faire pour fait de gîte et geôlage, et en cas de maladie, il en sera usé à leur égard, comme en l'art. VI du présent réglement, pour les gens de couleur.

IX. Seront et resteront supprimés également, pour le compte du Roi, tous frais sous la distinction d'*entrée et sortie*, *ferrage et déferrage*, *extrait d'emprisonnement*, etc.

X. Les inhumations des prisonniers au compte du Roi continueront d'être payées, comme par le passé.

XII. Il sera remis aux Geôliers et Concierges un modèle de chacun des états qu'ils auront à fournir à la fin de chaque quartier, et ils seront tenus de s'y conformer.

Sera le présent enregistré au Contrôle, *etc.*

Fait à Saint-Pierre Martinique, le 15 mai 1789. *Signé*, FOULLON D'ECOTIER.

(N°. 759.) ORDONNANCE *de MM. les Général et Ordonnateur de Sainte-Lucie, portant suppression des Droits sur la Morue et autres Poissons salés, et permission d'introduire les Farines étrangères.*

Du 23 mai 1789.

ARRÊTÉS par des ordres précis du Ministre, nous n'avons pu, malgré le desir que nous avions de venir au secours de la Colonie dans les besoins qu'elle éprouve depuis long-tems, prolonger l'ouverture du port depuis l'époque du 1er. mars dernier. Ces 3 mois, pendant lesquels nous avons eu la douleur de voir les subsistances s'éloigner de nos ports, pour se rendre dans les colonies voisines qui ont joui de la suppression des droits, ont occasionné une disette qui n'est que trop réelle, et qu'il est urgent de faire cesser.

En conséquence, *etc.*, nous avons provisoirement ordonné et ordonnons ce qui suit :

ART. Ier. L'introduction de la morue et autres poissons salés, riz, maïs et légumes, permise par les arrêts des 30 août 1784, 25 septembre 1785 et 11 février 1788, continuera d'avoir lieu dans le port d'entrepôt seulement, à la différence que ces objets ne seront assujettis qu'au droit local et additionnel d'un pour cent, à compter de ce jour jusqu'au 15 octobre prochain, époque de la fin de l'hivernage.

II. Tous bâtimens, de quelque nation qu'ils soient, pourront, dans le même espace de tems, introduire dans le port d'entrepôt seulement, les farines et biscuits de fabrique étrangère, après que la déclaration exacte en aura été faite par les Capitaines, et qu'ils se seront soumis aux visites des Employés du Domaine du Roi, tant à l'arrivée qu'à la sortie desdits bâtimens ; et qu'en outre, ils auront acquitté le droit local et additionnel d'un pour cent.

III. Les lois prohibitives concernant l'exportation des denrées coloniales, autres que les rums, tafias, sirops et melasses, ainsi que les sucres bruts, desquels l'exportation à l'étranger est permise jusqu'au 1er. août prochain, conformément à l'arrêt du Conseil d'Etat du Roi du 10 septembre 1786, seront maintenues dans toute leur vigueur; et seront saisis et confisqués tous bâtimens étrangers à bord desquels il se trouvera desdites denrées, en quelle quantité et sous quelque prétexte que ce pourrait être.

Auront au surplus les arrêts, ordonnances et réglemens, concernant le commerce interlope, leur pleine et entière exécution, en tout ce qui ne sera pas spécifié par ces présentes.

Sera la présente ordonnance enregistrée, *etc.*

Donné à Castries Sainte-Lucie, le 23 mai 1789. *Signé*, DE MANOEL, *et* LEQUOY DE MONGIRAUD.

(N°. 760.) ORDONNANCE *de MM. les Général et Intendant, concernant l'Hivernage.*

Du 28 mai 1789.

ÉTANT nécessaire de pourvoir à la sûreté des bâtimens du commerce de France pendant la saison de l'hivernage, nous, pour prévenir les accidens auxquels ils pourraient être exposés dans la rade de Saint-Pierre, ordonnons, qu'à compter du 18 juillet prochain jusqu'au 18 octobre suivant, tous les navires, senaux et brigantins, actuellement mouillés dans cette rade ou qui arriveront d'Europe, et jusqu'au terme ci-dessus, seront tenus de se retirer dans le bassin du Fort-Royal, à peine, par les Capitaines de répondre en leur propre et privé nom, de tous dommages ou avaries qui en pourraient résulter, en outre de punition personnelle selon l'exigence des cas.

Pourront néanmoins tous bateaux, goëlettes et autres bâtimens caboteurs mouiller dans la rade de Saint-Pierre, le tout aux risques, péril et fortune des Maîtres ou des Proprietaires.

Les accidens arrivés pendant les précédens hivernages, principalement aux bâtimens américains, dont plusieurs ont été victimes de la défense d'hiverner dans tout autre port que celui d'entrepôt, ayant engagé le Conseil souverain, ainsi que l'Assemblée coloniale, à solliciter auprès de nous qu'ils pussent être admis à jouir de la même prérogative que le commerce français, nous accordons auxdits bâtimens américains, la faculté de mouiller et de faire leur vente dans le port du Fort-Royal ou dans la rade de Saint-Pierre indistinctement, et selon qu'ils le jugeront convenable à leur sûreté ou à leurs intérêts, et sans qu'ils soient astreints à d'autres formalités que celles usitées dans le port d'entrepôt. Mandons, *etc.*

Donné à la Martinique, le 28 mai 1789. *Signé*, le Vicomte de DAMAS, *et* FOULLON D'ECOTIER.

(N°. 761.) ORDONNANCE *de M. l'Intendant, portant modification à son Réglement du 15 mai dernier, sur les Geôles.*

Du 1er. juin 1789.

AYANT reconnu que l'article V de notre réglement du 15 mai dernier, concernant les geôles, ne pouvait être que très-onéreux aux intérêts du Roi, nous avons décidé que les gens de couleur libres qui seraient détenus auxdites geôles, pour fait de police, n'y seraient à la charge de S. M., qu'autant que leur pauvreté serait constatée de manière à éviter tous abus à cet égard.

Sera le présent enregistré au Contrôle, *etc.*

Fait à la Martinique, le 1er. juin 1789. *Signé*, FOULLON D'ECOTIER.

(N°. 762.) ORDONNANCE *du Juge de Police de Saint-Pierre, qui défend de tirer des Armes à feu dans la Ville.*

Du 16 juin 1789.

SUR ce qui nous a été représenté par le Procureur du Roi en fonctions, que des blancs et notamment des gens de couleur libres et esclaves s'étaient permis, le jour de la Fête-Dieu et le dimanche suivant, de tirer dans les rues des coups de fusils et pierriers, des pétards, fusées et boîtes; qu'il en était résulté plusieurs inconvéniens, que quelques personnes avaient été blessées, qu'il serait dangereux que la tolérance sur ce point, en aggravant les maux, fût cause d'un incendie.

Nous avons fait et faisons, par ces présentes, inhibitions et défenses à tous particuliers blancs, gens de couleur libres ou esclaves, de tirer dans la ville des coups de fusils ou pierriers, des fusées, boîtes ou pétards, et généralement toutes armes à feu, à peine, contre les contrevenans, d'être poursuivis à la requête du Procureur du Roi, et punis suivant la rigueur des ordonnances.

Seront les présentes publiées et affichées, *etc.* Mandons, *etc.*

Donné à St-Pierre Martinique, le 16 juin 1789. *Signé*, ASTÒRG.

(N°. 763.) ARRÊT *du Conseil d'Etat du Roi, qui prolonge jusqu'au* 1er. *août* 1790, *les dispositions de son Arrêt du* 10 *septembre* 1786, *concernant la Traite nationale.*

Du 2 juillet 1789.

SUR le compte qui a été rendu au Roi de l'expiration prochaine du délai qui avait été fixé par l'arrêt de son Conseil du 10 septembre 1786, tant pour les diverses primes que S. M. avait daigné accorder aux Armateurs français, par tête de noir provenant de la traite nationale, qu'ils importeraient aux îles du vent, à Cayenne et aux Cayes-St-Louis dans la partie du Sud de Saint Domingue, que pour la liberté de l'exportation à l'étranger des sucres bruts de Sainte-Lucie, S. M., animée par les mêmes motifs d'encouragement pour la traite nationale et pour l'établissement d'une des colonies françaises de l'Amérique les moins avancées en culture, a jugé devoir étendre encore ces faveurs au terme d'une année, pendant laquelle son intention est de s'occuper d'une répartition plus juste en soi, et moins onéreuse pour ses finances, de gratifications par lesquelles elle a remplacé les anciennes exemptions de la traite des noirs à la côte d'Afrique : à quoi voulant pourvoir, ouï le rapport, le Roi étant en son Conseil, S. M. a ordonné et ordonne que les dispositions de l'arrêt de son Conseil, du 10 septembre 1786, lesquelles devaient cesser d'avoir leur effet au 1er. août prochain, continueront d'être exécutées selon leur forme et teneur, aux conditions et peines y portées, jusqu'au 1er. août 1790.

Mande et ordonne S. M., *etc.*

Fait au Conseil d'Etat du Roi, Sa Majesté y étant, tenu à Versailles, le 2 juillet 1789. *Signé*, le Comte de la LUZERNE.

Enregist. au Conseil souverain.

(N°. 764.) ARRÊT *du Conseil souverain, sur l'Imposition pour les Nègres justiciés à Sainte Lucie.*

Du 10 juillet 1789.

CE jour, le Procureur-général du Roi a dit :

Que pour mettre la Cour à même de fixer l'imposition pour les nègres justiciés à Sainte-Lucie, il avait l'honneur de lui observer, que l'imposition faite en 1784, montant à environ 44,000 liv., avait pour objet d'éteindre les créances antérieures à la prise de l'île, c'est-à-dire jusqu'en 1778.

Qu'il restait dû sur cette imposition, par les délinquans, suivant l'état détaillé, 16,679 liv., sur laquelle somme il fallait compter au moins 6,000 liv. de non valeurs ; ainsi il suffira à peine pour payer ce qui reste dû à divers créanciers sur ladite imposition de 1784, et qui se monte à 9,200 livres.

Que l'imposition à faire aujourd'hui doit avoir pour objet l'extention des créances sur la caisse des nègres justiciés, depuis 1778 jusqu'au moment présent.

Que les créances, suivant les états fournis, montent à 24,819 liv.; mais ces états peuvent n'être pas justes: il est même à sa connaissance qu'il existe des créances non-déclarées, et on peut les fixer à 28,000 livres.

Que l'imposition doit être au moins de 30.000 l., y compris le droit du Receveur et les autres frais.

Qu'il y a à Sainte-Lucie, suivant le relevé des états et dénombremens fournis au Domaine, 12,367 nègres payant droit.

Qu'en fixant l'imposition à 3 livres par tête de nègre, elle produirait une perception à faire de 37,101 liv.

Que cette somme paraît, au premier coup-d'œil, excéder un peu les charges pour lesquelles l'imposition a lieu; mais on ne peut s'empêcher de calculer d'avance des non-valeurs.

Pour quoi requiert ledit Procureur-général du Roi, que procédant à l'imposition des nègres justiciés de Ste-Lucie, la Cour la fixe à 3 liv. par tête de payant droit, sans exception ni privilége; ordonner que ladite somme de 3 liv. sera perçue et exigée moitié cette année, moitié l'année suivante, pour, les parties prenantes sur ladite caisse, être exactement payées, suivant l'ordre et l'ancienneté de leurs créances.

La Cour, *etc.*, ordonne qu'il sera payé, par les habitans de l'île Ste-Lucie, la somme de 3 liv. par chaque tête de nègres payant droit, exemptions non-déduites pour la quantité qu'ils ont employée dans leurs dénombremens fournis pour la présente année, laquelle somme sera payée, moitié dans le courant de cettedite année, moitié dans le courant de l'année prochaine, perçue ainsi qu'il est porté par les réglemens de la Cour, et les recettes faites sur icelle, employées à payer les parties prenantes sur ladite caisse, par ordre de date de leur créance : ordonne en outre, que le présent arrêt sera imprimé et affiché dans toutes les paroisses de ladite île Sainte-Lucie, *etc.*

Fait au Conseil souverain de la Martinique, le 10 juillet 1789. *Signé*, ROIGNAN, greffier.

(N°. 765.) ORDONNANCE *de MM. les Général et Intendant, qui proroge jusqu'au 1er. mars 1790 exclusivement, la Permission d'introduire dans le Port d'entrepôt des Farines et Biscuits de fabrique étrangère.*

Du 9 septembre 1789.

LA certitude que nous avons acquise par 6 mois d'expérience, que les envois de farine faits cette année par la Métropole, étaient bien éloignés de suffire aux besoins des colonies, puisqu'elle s'est vue elle-même dans l'obligation d'aller s'approvisionner dans les principaux marchés de l'Europe, et d'attirer chez elle les farines étrangères au moyen des primes d'encouragement qui ont été accordées. L'inconvénient qu'il y aurait, en outre, à fermer le port, si des circonstances trop vraisemblables venaient à exiger que nous l'ouvrissions de nouveau ; enfin les besoins encore pressans d'une grande partie des campagnes, où les traces du dernier ouragan ne peuvent être de long-tems effacées, nous ont fait sentir la nécessité de prolonger jusqu'au 1er. mars prochain l'exécution de notre ordonnance du 10 mai dernier, et de donner, de bonne heure, à cette prorogation, la publicité suffisante, pour que les importations permises à l'etranger ne soient point interrompues.

A CES

A CES CAUSES, *etc.*, nous avons arrêté que notre ordonnance du 10 mai dernier : *portant permission d'introduire, dans le Port d'entrepôt, des Farines et Biscuits de fabrique étrangère*, sera et demeurera prorogée jusqu'au 1er. mars 1790, exclusivement; et qu'en conséquence toutes les dispositions qui y sont établies, seront exécutées selon leur forme et teneur.

Prions messieurs les Officiers du Conseil souverain de la Martinique de faire enregistrer, *etc.*

Donné à la Martinique, le 9 septembre 1789. *Signé*, le Comte de VIOMENIL, *et* FOULLON D'ECOTIER.

Enregist. au Conseil souverain.

(N°. 766.) ORDONNANCE *de MM. les Général et Intendant, concernant les soi-disant Libres et les Libertés non enregistrées.*

Du 10 septembre 1789.

LES abus qui résultent de la quantité d'affranchis, provenans moins des libertés accordées par le Gouvernement, dont le nombre est presque toujours limité, que de celles qui sont usurpées par les esclaves abandonnés à eux-mêmes, soit d'après le consentement de leurs maîtres, soit par des héritiers, qui, pour se soustraire aux clauses des testamens, préfèrent de les laisser dans un état d'indépendance contraire à l'ordre public. Nous avons senti la nécessité d'apporter à cet objet une attention toute particulière : non seulement ces esclaves ne contribuent en rien à la masse de l'impôt, et privent, en outre, une caisse municipale d'une rétribution à laquelle sont soumis tous les affranchissemens legitimes, mais encore souvent embarrassés de suffire à leurs premiers besoins, ils se trouvent les auteurs des désordres qui troublent la société.

A quoi voulant pourvoir, nous, *etc.*, ordonnons ce qui suit :

ART. Ier. Tous les soi-disant Libres qui seront reconnus et arrêtés sans être munis d'aucun titre, ni portés sur aucun dénombrement, seront, à compter de la publication des présentes, réputés esclaves, et, comme tels, vendus au profit de la caisse coloniale, à moins que, dans le délai de 3 mois de ce jour, les Maîtres n'en fassent la déclaration dans l'un des bureaux du Domaine de S. M.

II. Les libertés accordées par les Maîtres, présens ou absens de la colonie, pour quelque motif et d'après quelque titre que ce puisse être, seront réputées nulles et de nul effet, quand elles n'auront pas été confirmées par le Gouvernement ; et les esclaves qui en seraient porteurs, seront assujettis aux peines portées par l'article ci-dessus.

III. Seront également nulles et de nul effet toutes libertés accordées par le Gouvernement, et qui n'auraient pas été enregistrées ; en conséquence, seront tenus les affranchis, dans le délai ci-dessus, de faire enregistrer leurs titres au Greffe de l'Intendance, à peine, par eux, de s'en voir déchus, et, en outre d'être soumis à la rigueur des présentes.

IV. Les esclaves nés sous la domination française, qui se seraient procuré la liberté dans une île étrangère, ne seront réputés affranchis, qu'autant que cette liberté aura été confirmée par le Gouvernement français, et enregistrée en son Greffe. Faute, par eux, de se soumettre à ces formalités dans le tems prescrit, ils seront réputés comme soi-disant libres, et vendus, comme épaves, au profit du Domaine du Roi.

Prions messieurs les Officiers du Conseil souverain d'enregistrer, *etc.*

Donné à la Martinique, le 10 septembre 1789. *Signé*, le Comte de VIOMENIL, *et* FOULLON D'ECOTIER.

Enregist. au Conseil souverain.

(N°, 767.) ORDONNANCE *de MM. les Général et Intendant, portant convocation d'une Assemblée générale de la Colonie.*

Du 22 octobre 1789.

L'ASSEMBLÉE coloniale, extraordinairement convoquée au Fort-Royal, s'étant occupée, d'après l'invitation de M. le comte de Viomenil, des moyens de convocation d'une Assemblée générale, qui aura pour objet de nommer des Représentans de la Colonie auprès de l'Assemblée nationale, elle a arrêté dans sa séance du 17 de ce mois, le projet d'un réglement à cet effet, et nous a priés de vouloir bien faire expédier, en conséquence, nos lettres de convocation pour les différentes paroisses.

Les avantages qui doivent résulter pour la Colonie, de porter elle même, par l'organe de ses Députés, son hommage, ses doléances et ses vœux à l'Assemblée nationale; l'espoir que

O 2

cette Assemblée solennelle et respectable, qui a bien voulu déjà recevoir, dans son sein, les Députés de Saint-Domingue, accueillera de même ceux de la Martinique; et procurera ainsi à cette province eloignee de l'Empire français, un moyen de rapprochement et d'union à la grande famille de l'Etat; enfin notre attachement pour une possession aussi intéressante sous tous les rapports, et notre sollicitude continuelle pour tout ce qui peut tendre a sa plus grande prosperité, ne nous permettent pas d'hésiter à donner notre sanction aux vues patriotiques dont l'Assemblee coloniale a été animée, et qu'elle a si sagement exprimées par son arrêté.

A CES CAUSES, *etc.*, homologuons la délibération prise dans la séance de l'Assemblée coloniale du 17 de ce mois, relativement à la convocation d'une Assemblée générale pour le 16 novembre prochain; en conséquence, ordonnons que le réglement arrêté par ladite délibération sortira son plein et entier effet, et sera joint aux présentes, ainsi qu'aux lettres de convocation que nous ferons expédier sur icelui.

Donné à la Martinique, le 22 octobre 1789. *Signé*, le Comte de VIOMENIL, *et* FOULLON D'ECOTIER.

Suit l'Extrait de la Délibération de l'Assemblée Coloniale, extraordinairement convoquée dans sa Séance du 17 octobre 1789.

CEJOURD'HUI 17 octobre 1789, à 4 heures de relevée, l'Assemblée, présidée par M. le Général, s'étant réunie dans la même salle, en continuation des précédentes séances, lecture a été faite de nouveau, du projet de réglement sur la convocation d'une Assemblée générale, présenté par le Comité formé à cet effet, et il a été délibéré d'adopter ledit projet avec des modifications et des corrections sur divers articles; lesquelles ont de suite été faites, et, en conséquence, il a été arrêté, 1°. que tout homme Créole et Européen, portant armes, depuis l'âge de 16 ans, aura droit de voter dans la paroisse, sur le rôle de milice de laquelle il sera porté.

2°. Que tout homme, de l'âge susdit, qui ne sera point porté sur le rôle de sa paroisse, sera tenu, pour voter sur le choix des Electeurs, de justifier du paiement des impositions.

3°. Que la proportion du nombre des Députés de chaque paroisse aura lieu provisoirement, en raison de sa population, et que, dans le calcul de cette population, ne pourront entrer que les Votans ci-dessus désignés.

4°. Que cette proportion sera réglée, tant dans les villes que dans les campagnes, à raison d'un Député par 50 Votans, en observant que le nombre de 25 au-dessus de chaque cinquantaine donnera droit à un Député de plus.

5°. Que les seuls Préfets-apostoliques et Supérieurs des différens Ordres religieux de cette colonie, y compris le Supérieur de chacun des deux hôpitaux, et un Procureur fondé de chacun des Couvens de filles, pourront voter dans les Assemblées de la paroisse de leur résidence, et être députés à l'Assemblée générale, comme Citoyens et non comme Députés de leur Ordre.

6°. Que le recensement particulier de chaque paroisse sera fait de la manière dont chaque paroisse assemblée avisera, et qu'il sera, par elle, nommé des Députés dans la proportion ci-dessus indiquée, auxquels Députés elle remettra ledit recensement pour être vérifié par l'Assemblée générale de la colonie, qui statuera sur sa validité et sur l'exactitude de la quotité proportionnelle des Députés.

7°. Que les élections ne pourront être faites dans les paroisses que par la voie du scrutin.

8°. Que les paroisses seront invitées à donner à leurs Députés des pouvoirs illimités, sauf leurs doléances particulières.

9°. Que l'époque de la convocation sera fixée au 16 novembre prochain.

10°. Que l'objet de l'Assemblée générale à convoquer, sera la nomination des Représentans de la Colonie auprès de l'Assemblée nationale, la rédaction des cahiers de doléances et tous autres objets d'utilité publique.

L'Assemblée expliquant son arrêté fait dans la séance du matin, relativement à la convocation d'une Assemblée générale, déclare qu'elle n'a entendu porter aucune atteinte à l'Assemblée coloniale, créée par l'ordonnance du 17 juin 1787, et que cette Assemblée générale aura pour unique objet la nomination des Députés à l'Assemblée nationale, et la rédaction des cahiers de doléances qui doivent être remis aux Députés ; il a de plus été arrêté, que la qualité de Député de l'Assemblée coloniale ne sera pas une exclusion pour être Membre dans l'Assemblée générale.

M. le Général a été prié de vouloir bien envoyer dans les différentes paroisses, des lettres de convocation pour que l'Assemblée puisse être tenue le 16 novembre prochain, et M. le Général s'est rendu au vœu de l'Assemblée.

L'Assemblée l'a aussi prié de joindre aux lettres de convocation le réglement ci-dessus arrêté.

Signé, RIGORDY, secrétaire.

(N°. 768.) ARRÊTÉ *de l'Assemblée coloniale, sanctionné par MM. les Général et Intendant, portant permission aux Bâtimens Espagnols d'introduire des Mulets dans tous les Ports de l'île.*

Du 19 décembre 1789.

PAR suite de la motion d'un de ses Membres, l'Assemblée a été priée d'examiner s'il ne conviendrait pas de demander que les bâtimens espagnols, chargés de mulets, fussent autorisés, comme autrefois, à faire leurs déchargemens dans tous les quartiers de la colonie.

La matière mise en délibération, la motion a été accueillie et il a été arrêté que MM. les Administrateurs seraient priés de ramener les choses à l'ancien régime, et en conséquence d'autoriser les bâtimens espagnols, chargés de mulets, à faire leurs déchargemens dans tous les quartiers de la colonie, après avoir fait leur déclaration au bureau du Domaine le plus prochain.

Pour expédition ; *Signé*, Assier Duhamelin, président ; Dubuc fils, vice-président ; Rigordy, secrétaire.

Nous, en vertu, *etc.*, avons homologué et homologuons provisoirement la délibération ci-dessus, pour sortir son plein et entier effet.

Prions messieurs les Officiers du Conseil souverain de la Martinique de faire enregistrer, *etc.*

Donné à la Martinique, le 19 décembre 1789. *Signé*, le Comte de Viomenil, et Foullon d'Ecotier.

Enregist. au Conseil souverain.

(N°. 769.) Ordonnance *de MM. les Général et intendant, sur l'Arrêté de l'Assemblee Coloniale, portant permission aux Bâtimens etrangers de commercer dans les ports de Saint-Pierre, Fort-Royal, Trinité, Marin et François.*

Du 19 décembre 1789.

Vu l'arrêté de l'Assemblée générale de la colonie de la Martinique, pris dans sa séance du 3 décembre présent mois, dont la teneur suit :

L'Assemblée, portant son attention sur les avantages qui résulteraient pour la colonie de l'admission des navires américains dans les différens ports, et de la suppression des droits imposés sur les objets énumérés dans l'ordonnance de 1784, a délibéré, à la très-grande majorité des voix, que MM. les Administrateurs seraient priés d'autoriser l'admission des navires américains dans les quatre ports principaux de la colonie, avec un établissement d'un nouvel entrepôt au quartier du François, ainsi que la suppression de tous les droits sur les objets mentionnés dans l'ordonnance de 1784.

Cette faveur devant paraître un acte de justice dans des circonstances où la colonie se soumet à l'entier paiement de l'imposition, malgré l'ouragan qui a détruit toutes ses ressources et qui même, d'après l'usage constamment suivi, lui donnait des droits non-seulement à une remise, mais encore à des secours extraordinaires.

Vu aussi le mémoire de l'Assemblée générale contenant les motifs qui l'ont portée à demander l'entrée des Américains dans les cinq ports désignés.

Vu enfin la délibération de l'Assemblée générale de la colonie, prise dans sa séance du 9 décembre présent mois dont la teneur suit :

Sur la motion d'un de ses Membres, tendant à calmer les inquiétudes du commerce sur les versemens frauduleux de denrées coloniales, qui pourraient être faits dans les ports dont l'ouverture est demandée, l'Assemblée déclare faire très-expresses inhibitions et défenses à tout Habitant ou autre de se permettre la sortie frauduleuse des denrées uniquement destinées au commerce national, elle invite les Représentans du commerce de France à veiller par eux-mêmes à l'exécution de la loi prohibitive, et à placer dans chaque entrepôt un Officier-visiteur, qui leur rendra compte exact.

Pour expédition ; *Signé,* ASSIER DUHAMELIN, président ; DUBUC fils, vice-président ; RIGORDY, secrétaire.

Nous, *etc.*, avons homologué et homologuons provisoirement la délibération ci-dessus pour sortir son plein et entier effet, *pendant quatre mois seulement*, à commencer du 1er. janvier prochain. Ordonnons cependant que le *droit additionnel d'un pour cent*, établi tant à l'entrée qu'à la sortie, sera perçu dans les nouveaux ports d'entrepôt, ainsi qu'il se perçoit à Saint-Pierre, attendu que le produit de ce droit est affecté au paiement des Visiteurs ambulans, et autres frais de surveillance.

Ordonnons pareillement que les droits connus sous la dénomination de *droits du Domaine d'occident*, appartenant à la Ferme générale, seront aussi perçus dans les nouveaux ports d'entrepôt.

Prions messieurs les Officiers du Conseil souverain de la Martinique, de faire enregistrer, *etc.*

Donné à la Martinique, le 19 décembre 1789. *Signé*, le Comte de VIOMENIL, *et* FOULLON D'ECOTIER.

Enregist. au Conseil souverain.

(N°. 770.) ORDONNANCE *de MM. les Général et Intendant, concernant les Etrangers arrivans dans la Colonie.*

Du 19 décembre 1789.

DANS un tems où les brigands et gens sans aveu sont en si grand nombre et commettent tant de désordres en France, que toutes les Municipalités ont été obligées de se réunir contr'eux, et que l'Assemblée nationale s'est vu forcée d'avoir recours aux précautions les plus rigoureuses pour en purger le Royaume; nous devons appréhender que, chassés de toutes parts, ils ne refluent dans cette colonie et dans les îles voisines.

Pour prévenir, autant qu'il est en nous, le mal qui pourrait en résulter pour la Martinique, d'après le vœu général de la colonie, *etc.*, statuons et ordonnons ce qui suit, conformément à la même police déjà établie à Saint-Domingue.

Art. Ier. Aucun Capitaine de navire arrivant de France, des îles voisines ou de l'étranger ne pourra débarquer un seul de ses Passagers, avant d'avoir mouillé et d'en avoir obtenu notre permission ; M. le Capitaine de port aura l'attention de les faire prévenir, conformément à l'art. VII de la consigne à observer dans les ports et rades, du 31 septembre 1777, et M. le Commandant de la rade y tiendra la main.

II. La permission de débarquer ne sera accordée que sur l'examen de la liste des Passagers, envoyée par le Capitaine à M. le Commandant en second à Saint-Pierre et à M. l'Intendant, et dans les autres lieux au Commandant en chef, et à l'Officier d'administration représentant M. l'Intendant.

III. Cette liste contiendra, outre le nom, le lieu de la naissance des Passagers, le lieu où ils comptent faire leur résidence, le tems qu'ils se proposent de rester dans la colonie, et les affaires qui les y amènent, ou la preuve qu'ils sont Colons.

IV. On ne permettra pas de descendre à ceux qui ne seraient pas connus, ou qui pourraient être suspects, et ils seront renvoyés d'où ils viennent par le premier navire partant pour ledit lieu.

V. La permission de débarquer sera adressée au Commandant militaire de la rade, qui est chargé de cette police, et ce Commandant enverra le Bas-officier qui lui aura apporté ladite permission à bord du bâtiment qui sera arrivé, pour accompagner le Capitaine et les Passagers, aussitôt leur debarquement, et les conduira jusque chez le Commandant et l'Intendant, sans leur permettre de s'arrêter en chemin, pour y être interrogés et examinés, et pour qu'il soit délivré aux étrangers qui auront des raisons valables, des permissions pour rester dans la colonie.

VI. On se conformera pour ces permissions à ce qui est prescrit par les art. Ier. et II de l'ordonnance du 14 mars 1729, concernant les étrangers et gens sans aveu, renouvelant et confirmant d'ailleurs tout ce qui est prescrit par ladite ordonnance au sujet desdits étrangers et gens sans aveu.

VII. Les Capitaines eux-mêmes ne pourront rester dans le port où ils arriveront, qu'en déclarant à l'Amirauté qu'ils n'apportent rien dans leur bâtiment qui puisse être nuisible aux intérêts de la colonie, et ils seront responsables de tout ce qui pourrait être contraire à cette déclaration.

VIII. Sera délivré un certain nombre d'exemplaires de la présente ordonnance à M. le Capitaine de port, pour être envoyés à bord des bâtimens, par le premier canot qui pourra les aborder.

IX. Et afin de mettre le moins possible d'entraves au commerce, il en sera envoyé un nombre de copies dans chacun des ports de Bordeaux, de Marseille, de Nantes, du Havre, Bayonne et Dunkerque, à Saint-Domingue, à la Guadeloupe, avec prière à MM. les Maires ou autres Officiers civils d'en donner connaissance à tous les Capitaines qui se proposeront de venir dans cette colonie.

Prions messieurs les Officiers du Conseil souverain de la Martinique de faire enregistrer, *etc.*

Donné à la Martinique, le 19 décembre 1789. *Signé*, le Comte de VIOMENIL, *et* FOULLON D'ECOTIER.

Enregist. au Conseil souverain.

(N°. 771.) ORDONNANCE *de MM. les Général et Intendant, sur l'Arreté de l'Assemblée générale, concernant la Formation d'une Garde de Police.*

Du 19 décembre 1789.

VU l'arrêté de l'Assemblée générale de la colonie de la Martinique, pris dans sa séance du 1er. decembre présent mois, dont la teneur suit :

ART. Ier. Il sera établi deux compagnies dans chaque paroisse des villes du Fort-Royal et de Saint-Pierre, et une seule compagnie dans chacune des autres paroisses.

II. Chaque compagnie sera composée d'un Capitaine, 1 Capitaine en second, 2 Lieutenans, et 2 Sous-lieutenans blancs, 4 Sergens et 8 Caporaux gens de couleur, et autant de fusiliers qu'il s'en trouvera, 1 Tambour esclave négre ou mulâtre.

III. En cas que dans une paroisse, il y eût abondance de gens de couleur, elle fournira à la paroisse voisine où il y aurait rareté, en observant de prendre ceux qui seraient aux limites.

IV. Chaque compagnie, sera partagée en 4 divisions, dont une sera de service chaque semaine.

V. La division de service sera toujours commandée par 1 Officier qui fournira une garde de police commandée par 1 Sergent ou Caporal, et autant de fusiliers qu'il sera fixé pour la paroisse.

VI Les gens de couleur, servant pour leur affranchissement, seront toujours pris de préférence pour la garde de police, et en cas que leur nombre ne fût pas suffisant

suffisant; on complètera cette garde par les Gens libres des bourgs, et ceux des campagnes qui ne sont pas propriétaires de terre.

VII. Les Esclaves servant pour leur affranchissement, obtiendront la liberté au bout de huit ans révolus, et elle sera accordée sur le certificat du Capitaine et du Commandant de la paroisse.

VIII. Chaque Homme libre de garde de police recevra 40 s., par jour, pour sa paie et sa nourriture, et chaque Homme de garde aspirant à sa liberté n'aura que 20 s. pour sa paie et nourriture.

Le bon pour la paie des Gens de couleur de garde de police sera délivré par l'Officier municipal, visé par le Commandant.

IX. La garde de police sera sous les ordres de la Municipalité.

X. L'Officier de service sera tenu d'assembler le restant de la division deux fois la semaine, ou au moins une fois chaque semaine, pour faire des patrouilles nocturnes, chasses de négres marrons, et visites dans les cases à négres.

En cas de maladie, l'Officier sera remplacé par un autre Officier de la compagnie, afin que les patrouilles et chasses de négres marrons ne sortent jamais sans un Officier à leur tête.

XI. Les prises des déserteurs, des négres marrons, et des négres arretés la nuit hors de leur paroisse, sans billet, appartiendront au détachement, qui aura fait la capture.

La taxe de la prise d'un négre marron arrêté dans les anses, dans les bourgs et dans les grands chemins sera de 8 liv. 5 s., celle d'un négre marron, arrêté sans billet dans les grands bois, sur l'attestation de l'Officier commandant le détachement, sera de 33 l.

XII. L'Officier de service rendra compte au Capitaine-commandant de la paroisse.

XIII. Chaque division sera relevée les dimanches à 9 heures du matin.

XIV. Les Officiers seront choisis parmi les propriétaires dans les paroisses, et M. le Général sera prié de leur accorder des commissions provisoires et de solliciter pour eux les grâces de S. M. à un terme plus court.

XV. Les compagnies seront tenues aux mêmes revues ordonnées pour les blancs.

XVI. L'uniforme sera le même ; chaque Homme de couleur sera armé à ses dépens et fera le service dans la paroisse où il réside.

XVII. Les Gens de couleur ne marcheront hors de leur paroisse que par ordre du Général, et dans les cas extraordinaires, sur la demande que lui en ferait le Commandant des paroisses voisines.

XVIII. La garde de police sera composée, dans les villes et bourgs, comme suit ; SAVOIR :

Au Fort-Saint-Pierre, 6 hommes ; au Mouillage de Saint-Pierre, 6 h. ; au Fort-Royal, 8 h., dont 3 pour la Case-Navire ; à la Trinité, 6 h. ; au Marin, 5 h. ; au Lamentin, 5 h. ; à Rivière-Salée, 4 h., dont 2 pour le Petit-Bourg ; au Trou-au-Chat, 3 h. ; au St Esprit, 3 h. ; aux Trois-Islets, 2 h. ; aux Anses-d'Arlets, 2 h. ; au Diamant, 2 h. ; à Sainte-Luce, 2 h. ; à la Rivière-Pilote, 4 h. ; à Ste-Anne, 3 h. ; au Vauclin, 3 h. ; au François, 3 h. ; au Robert, 3 h. ; au Gros-Morne, 3 h. ; à Ste-Marie, 4 h. ; au Marigot, 2 h. ; à la Grande-Anse, 3 h. ; a la Basse-Pointe, 2 h. ; au Macouba, 2 h. ; au Prêcheur et anses voisines, 5 h. ; au Carbet, 5 h., dont 2 au Fond Capot ; à la Case-Pilote, 3 hommes.

Ce qui fait en totalité 100 hommes de garde de police.

Il a été arreté que ce réglement sera présenté a MM. les Administrateurs, avec prière de l'autoriser par leur ordonnance.

Pour expédition ; *Signé*, ASSIER DUHAMELIN, président ; DUBUC fils, vice-président ; RIGORDY, secrétaire.

Nous, *etc.*, homologuons provisoirement la délibération ci dessus, pour sortir son plein et entier effet.

Prions messieurs les Officiers du Conseil souverain de la Martinique de faire enregistrer *etc.*

Donné à la Martinique, le 19 décembre 1789. *Signé*, le Comte de VIOMENIL, et FOULLON D'ECOTIER.

Enregist. au Conseil souverain.

(N°. 772.) ORDONNANCE *de MM. les Général et Intendant, sur l'Arrêté de l'Assemblée générale, concernant l'etablissement des Municipalités.*

Du 19 décembre 1789.

VU l'arrêté de l'Assemblée générale de la colonie de la Martinique, pris dans sa séance du 2 décembre présent mois, dont la teneur suit :

ART. Ier. Il sera établi provisoirement une Municipalité dans chaque ville et bourg de la colonie, sauf à demander à l'Assemblée nationale, des Municipalités organisées comme elles le seront en France, aux droits, honneurs, fonctions, prérogatives et prééminences qui leur seront attribués.

II. La Municipalité de Saint-Pierre, sera composée d'un Maire, 4 Echevins, 8 Conseillers, et d'un Secrétaire-greffier; elle aura 3 Commis à la police, 1 Brigadier, 1 Sous-brigadier, et 10 Archers qui seront toujours à ses ordres.

III. La Municipalité du Fort-Royal, sera composée d'un Maire, 2 Echevins, 4 Conseillers, et 1 Secrétaire-greffier; elle aura 1 Commis a la police, 1 Brigadier et 6 Archers.

IV. La Municipalité de chaque Paroisse des campagnes, sera composée d'un Maire ou Juge de paix, d'un Lieutenant pour le remplacer en cas d'absence ou de maladie; elle aura 1 Commis a la police, et le détachement des gens de couleur libres de service dans chaque bourg.

V. Les Officiers municipaux ne seront élus que pour 2 ans, et pourront cependant être continués une fois; mais l'élection dans les villes se fera toujours de manière que la moitié des Echevins et Conseillers soit remplacée chaque année; en conséquence lors de la première nomination, la voix du sort décidera quels seront ceux qui sortiront d'exercice au bout de l'année.

VI. Le Secrétaire greffier sera nommé par les Officiers municipaux qui fixeront ses appointemens et ne le destitueront qu'en cas de malversation.

VII. A Saint-Pierre et au Fort-Royal, la nomination des Commis à la police et des Archers, ainsi que la fixation de leurs appointemens seront faites par la Municipalité et dans les Campagnes par l'Assemblée même de la paroisse.

VIII. Dans la ville de St-Pierre, chacune des deux paroisses, s'assemblera pour procéder par la voie des scrutins à la nomination des Electeurs; ces Assemblées seront convoqués pour cette fois seulement par les Commissaires de S. M., qui adresseront les lettres de convocation aux Commandans, de manière que les Municipalités puissent être formées au 1er. janvier prochain.

IX. Pour être admis à voter dans les Assemblées des paroisses il faudra être âgé de 25 ans, ou marié, être en outre possesseur de biens fonds, ou domicilié depuis 3 ans dans la colonie, en payant l'imposition pour propriété d'esclaves.

X. Les Electeurs seront nommés à Saint-Pierre, à raison d'un sur 20 personnes, ayant droit de voter, dont le nombre sera déterminé par les recensemens; 10 au delà des 20 derniers donneront un Electeur de plus, et au Fort-Royal les Electeurs seront choisis à raison d'un sur 10; et 5 au delà des 10 derniers, donneront un Electeur de plus.

XI. Pour être Electeur ou éligible, outre les qualités requises par l'art. IX, il faudra avoir au moins 5 ans de résidence dans la colonie et une propriété foncière de 10,000 livres, ou un état de commerce qui puisse être comparé à cette propriété, ou une charge publique; et dans les campagnes pour être éligible, il faudra avoir une propriété foncière avec 8 nègres payant droits, ou une propriété foncière de 15,000 liv. dans les bourgs.

XII. Les Electeurs nommés dans les deux paroisses se réuniront dans l'endroit qui sera désigné pour cette fois par le Commandant; ils procéderont par la voix du scrutin à l'élection du Maire, des Echevins et Conseillers qui doivent entrer en exercice au 1er. janvier prochain et à la désignation par le sort, des Echevins et Conseillers qui sortiront de charge au bout de la première année; et lesdits Officiers pourront être choisis non-seulement parmi les Electeurs nommés, mais encore parmi ceux susceptibles de l'être, suivant les dispositions de l'article XI.

XIII. Les Municipalités, une fois établies, auront le droit de convoquer par la suite les Assemblées de paroisse et d'électeurs, et de fixer la manière dont se feront les élections et nominations.

XIV. Dans les campagnes, la nomination des Officiers municipaux se fera, par la voie du scrutin, dans l'Assemblée même de la paroisse, suivant les formes indiquées par les articles V, VIII et XII.

XV. Tout Citoyen nommé à quelque place de Municipalité, sera tenu de l'accepter sous huitaine, et de prêter serment entre les mains du Président de l'Assemblée des Electeurs, et dans les paroisses de la campagne, du Commandant des milices ; à son refus, il sera de droit condamné au paiement d'une indemnité reversible à la caisse municipale ; savoir : 1,500 l. pour la place de Maire, 1,000 l. pour celle d'Echevin, 500 liv. pour celle de Conseiller ; 1,500 liv. pour celle de Maire ou Juge de paix dans les campagnes, et 1,000 l. pour celle de Lieutenant. Celui qui aura payé une indemnité ne pourra être nommé aux 6 élections suivantes.

XVI. Le Maire, les Echevins et les Conseillers formeront, à Saint-Pierre et au Fort-Royal, le Conseil de ville et auront voix délibérative, le Secrétaire-greffier aura voix consultative.

XVII. Les Magistrats et Greffiers du Conseil souverain et des Sénéchaussées ne pourront être élus Officiers municipaux ; nul ne pourra en même tems être Officier municipal et Commandant de paroisse ; tout Officier de milice, qui sera élu pour la Municipalité ne pourra durant son exercice faire de service dans la milice.

XVIII. Nul Citoyen dans le cas d'être élu ne pourra refuser qu'à raison de 60 ans ou pour cause d'infirmité, ou dans le cas où il se trouverait Commandant de sa paroisse.

XIX. En cas de maladie ou d'absence du Maire, il sera remplacé par le plus âgé des Echevins en exercice pendant cette première année ; et dans la suite par le plus âgé des deux qui auront une année d'exercice.

XX. Nulle délibération ne pourra faire réglement qu'autant qu'elle sera prise à Saint-Pierre par 7 Officiers ; savoir : par le Maire ou celui qui le remplacera, 2 Echevins et 4 Conseillers ; et au Fort-Royal par 5 Officiers ; savoir : le Maire ou son Représentant, un Echevin et 3 Conseillers.

XXI. L'attribution de chaque Municipalité comprendra l'exécution des réglemens de police déjà existans, ou de ceux qui le seront par la suite.

La punition qu'elle pourra y infliger contre les infracteurs ne sera jamais plus forte que de 24 heures de prison, passé lequel tems les détenus seront relâchés ou remis aux Juges ordinaires pour le procès leur être fait, si le cas le requiert.

La punition contre les esclaves se réduira au fouet; les amendes à prononcer d'après les réglemens et ordonnances, seront toujours applicables à la caisse municipale, et seront imposées sans appel, lorsqu'elles n'excéderont pas 40 livres.

La Municipalité pourra prononcer, sans appel et sans frais, sur les différens entre Citoyens; savoir: dans la ville, jusqu'à 40 liv., et dans les campagnes, jusqu'à 100 liv. pour salaires d'Ouvriers et compte de Bouchers et de Boulangers.

Elle connaîtra de l'entretien des réverbères et pavés, du nettoiement des rues et de l'embellissement de la ville; des canaux et fontaines publiques, et de la police des spectacles.

Elle aura l'inspection des cabarets, cafés, billards, académies et chambres garnies.

Elle aura la surveillance des poids, jaugeages et mesures des Orfévres, Apothicaires et Droguistes.

Leur appartiendra la fixation du prix du pain, de la viande et du poisson.

Elle délivrera, à Saint-Pierre, les billets d'entrée à l'hôpital pour les pauvres, et aura l'inspection de la salle qui leur est destinée; elle aura l'inspection de ses prisons.

Elle aura la censure de la presse, suivant ce qui sera déterminé en France à cet égard.

Elle connaîtra de l'entretien des chemins particuliers, de communication et des chemins royaux, en prenant sur ce dernier objet les ordres du Gouverneur-général.

Elle aura l'inspection des postes, ainsi que l'inspection du service des canots de poste et passagers, sauf les droits de l'Amirauté.

Elle sera notamment chargée de l'inspection sur les Arrivans dans la colonie, qui seront tenus de se présenter, ou se faire inscrire à son bureau dans les 24 heures, ainsi qu'il sera ci-après prescrit.

Il est réservé à la Municipalité le droit de proposer à l'Assemblée générale, sur tous ces objets, ainsi que sur les fonctions qui doivent être attribuées aux différens Officiers qui la composent ou qui en dépendent, et sur son organisation intérieure, tous les réglemens qui lui paraitront convenables.

Outre l'inspection attribuée aux Intendans et aux Préfets apostoliques sur la tenue et l'exactitude des registres des paroisses, les Officiers municipaux, tant des villes que de la campagne, seront tenus, tous les deux mois, de faire dans les presbytères la visite desdits registres, et de tenir la main à ce qu'ils soient tenus conformément aux ordonnances; et, au cas qu'il y ait été contrevenu, d'en dresser procès-verbal, qui sera envoyé au Procureur-général, pour faire le dû de sa charge.

XXII. Dans les circonstances qui ne souffriront pas de délai, le Maire ou son Représentant aura le droit de faire marcher les Archers de police et de requérir main-forte, et rendra compte à la prochaine assemblée de l'Hôtel-de-ville des motifs, pour faire le dû de sa charge.

XXIII. Chaque Municipalité sera dans une entière indépendance des autres, elle se renfermera pour le tout dans son district et y exercera les droits qui lui sont accordés, sans participation avec aucun autre Officier.

XXIV. Les Municipalités auront cependant correspondance les unes avec les autres, pour pouvoir concerter leurs démarches, lorsque les circonstances exigeront qu'elles agissent ensemble.

XXV. Tous les Etrangers, arrivans dans la colonie, seront tenus de se faire connaître a la Municipalité dans le ressort de laquelle ils aborderont, de se faire inscrire à son bureau, et il leur sera délivré un certificat dans la forme qui sera convenue.

Ceux qui se répandront dans les campagnes pour y vendre ou s'y fixer, pourront être arrêtés, s'ils ne sont munis du certificat ci-dessus.

XXVI. Les Municipalités sont autorisées à requérir main-forte, dans la forme prescrite par le décret national, toutes les fois qu'elles le jugeront nécessaire, soit du Gouverneur-général, soit des Commandans particuliers.

Dans le cas où il y aurait à craindre une insurrection intérieure, ou que la chasse générale des nègres marrons serait nécessaire, ou que les ennemis feraient une attaque, les Municipalités pourront proposer ce qui leur paraîtra utile ; mais dans ces cas laisseront, sans restriction, tout commandement au Gouverneur-général, comme chef du pouvoir exécutif, et aux Commandans des paroisses.

XXVII. Le produit des droits de cabaret étant réservé à la colonie, même par les décisions du Ministre, lesdits droits seront versés dans la caisse de la colonie, qui pourvoira aux frais des appointemens du Secrétaire-greffier, des Commis à la police et Archers, aux loyers de l'Hôtel-de-ville et autres dépenses, et il sera rendu compte du montant desdits frais à l'Assemblée générale de la colonie ; à cet effet les permissions de tenir cabaret seront visées par les Officiers municipaux, qui veilleront à la rentrée des droits fixés.

XXVIII. Tout Citoyen qui croira avoir à se plaindre contre les Officiers municipaux, pour abus d'autorité, pourra les prendre à partie et les traduire devant le Conseil souverain.

XXIX. Dans les processions et cérémonies publiques, la Sénéchaussée aura la droite, la Municipalité la gauche ; et dans les campagnes le Maire ou Juge de paix aura la gauche du Commandant des troupes de milices.

Le banc de la Municipalité, dans chaque paroisse de Saint-Pierre, sera placé en face de celui de la Sénéchaussée ; au Fort-Royal, vis-à-vis celui du Marguillier ; dans les campagnes, le Maire ou Juge de paix aura son banc vis-à-vis celui du Commandant des milices et aura comme lui le pain bénit ; et dans les Eglises où il ne se trouvera point de place à gauche, le Maire ou Juge de de paix se placera dans le banc du Marguillier.

XXX. Le procès-verbal de nomination sera envoyé par la Municipalité, à MM. les Administrateurs, au Conseil, au Sénéchal et au Commandant des milices, pour que ces Officiers soient légalement connus.

XXXI. MM. les Administrateurs et le Procureur-général auront l'inspection directe sur les Juges municipaux, et pourront les dénoncer d'office au Conseil souverain, comme ils le peuvent à l'égard des autres Juges inférieurs, et les Municipalités seront tenues de faire publier, sans opposition ni retardement quelconque, toute loi qui leur sera adressée par le Pouvoir exécutif.

XXXII. Dans le cas où les Officiers municipaux ne feraient pas le dû de leur charge, et négligeraient de requérir le Pouvoir exécutif au soutien de l'ordre et de la tranquillité publique, M. le Général, pour arrêter le mal, emploira les moyens que sa prudence lui suggérera, et fera saisir les délinquans, qui seront de suite remis aux Tribunaux du ressort.

Les Officiers municipaux seront personnellement responsables de tous les désordres qu'ils auraient pu prévenir, en appelant le Pouvoir exécutif.

Pour expédition ; *Signé*, ASSIER DUHAMELIN, président ; DUBUC fils, vice-président ; RIGORDY, secrétaire.

Nous, *etc.*, homologuons provisoirement la délibération ci-dessus, pour sortir son plein et entier effet.

Prions messieurs les Officiers du Conseil souverain de la Martinique d'enregistrer, *etc.*

Donné à la Martinique, le 19 décembre 1789. *Signé*, le Comte de VIOMENIL, *et* FOULLON D'ECOTIER.

Enregist. au Conseil souverain.

(N°. 773.) ORDONNANCE *de MM. les Général et Intendant, sur l'Arrêté de l'Assemblée générale, concernant la Formation de celle de la Colonie.*

Du 19 décembre 1789.

VU l'arrêté de l'Assemblée générale de la colonie de la Martinique, pris dans sa séance du 8 du présent mois de décembre, dont la teneur suit :

ART. Ier. L'Assemblée sera composée de 81 Membres ou Députés, et d'un Secrétaire, qui sera purement avec voix seulement consultative.

Le Fort-Royal en nommera 4 pour la ville et 3 pour la campagne.

Le Fort-Saint-Pierre, 7 pour la ville et 2 pour la campagne.

Le Mouillage, 9 pour la ville et 1 pour la campagne.

Le Lamentin, 1 pour le bourg et 4 pour la campagne.

La Trinité, 1 pour le bourg et 3 pour la campagne.

Le Marin, 1 pour le bourg et 2 pour la campagne.

La Grande-Anse et le Gros-Morne, 4 pour chaque.

Le François, le Robert, le Prêcheur, le Carbet et Sainte-Marie, 3 pour chaque.

Le Saint-Esprit, la Rivière-Salée, la Rivière-Pilote, le Vauclin, le Macouba et la Case-Pilote, 2 pour chaque.

Le Trou-au-Chat, le Marigot, la Basse-Pointe, Sainte-Anne, Sainte-Luce, le Diamant, les Trois-Islets et les Anses-d'Arlets, un pour chaque.

II. Pour voter aux Assemblées, il faudra être âgé de 25 ans ou marié, possesseur de biens fonds, ou domicilié depuis 3 ans dans la colonie, en payant l'imposition pour propriété d'esclaves.

III. Les veuves, ayant des enfans majeurs, pourront se faire représenter par l'un d'eux dans les Assemblées de la paroisse, et ceux-ci pourront être élus Députés à l'Assemblée générale de la colonie.

IV. Pour être Electeur ou éligible, il faudra, dans les villes, avoir 5 années de résidence dans la colonie et une propriété foncière de 10,000 liv., ou un état de commerce qui puisse etre comparé à cette propriété, ou enfin avoir une charge publique. Dans les campagnes, il faudra avoir une propriété foncière avec 8 nègres payant droits, ou une propriété de 15,000 liv.

V. Les Curés pourront voter pour la nomination des Députés à l'Assemblée générale de la colonie, mais l'Assemblée considérant combien leur service est nécessaire, et ne voulant pas que leurs paroisses soient privées, pendant le cours de ses séances, des avantages précieux qui résultent de leur résidence, arrete qu'ils ne pourront être élus Députés, que dans le cas où ils seront remplacés dans leur cure, par d'autres Religieux non Curés.

Les seuls Préfets apostoliques et Supérieurs des différens Ordres religieux de la colonie, le Supérieur de chacun des Hôpitaux et un Procureur fondé de chacun des Couvens de filles pourront voter aux Assemblées de la paroisse de leur résidence et être Députés à l'Assemblée générale comme Citoyens et non comme Députés de leur ordre.

VI. Les Députés seront nommés chaque année, du 10 au 15 janvier, par la voie du scrutin dans les Assemblées de paroisse, convoquées à cet effet par qui de droit, auxquelles Assemblées ne seront appelés que ceux qui ont droit de voter, conformément a ce qui est prescrit par l'article II.

VII. On pourra nommer chaque année les mêmes Députés, qui ne pourront refuser qu'à la troisième nomination ; cet article ne pourra regarder les Suppléans.

VIII. Les Députés de chaque paroisse venant à l'Assemblée, seront munis d'une expédition de leur nomination et du recensement des Votans, établi d'après les principes fixés par l'article II, et d'un pouvoir spécial pour la répartition de l'impôt, et illimitée pour traiter tous autres objets d'utilité publique.

IX. La convocation de l'Assemblée, indiquée pour le 1er. février, sera faite par le Président du Comité permanent, qui sera tenu d'adresser les lettres de convocation à qui de droit, et ainsi d'année en année.

X. Quoique l'Assemblée soit indiquée à une époque fixe chaque année, néanmoins elle pourra être convoquée extraordinairement pendant le cours de l'année, soit par MM. les Administrateurs, soit par le Comité permanent, lorsqu'ils le jugeront nécessaire.

Pour expédition ; *Signé*, ASSIER DUHAMELIN, président ; DURUC fils, vice-président ; RIGORDY, secrétaire.

Nous, *etc.*, homologuons provisoirement la délibération ci-dessus, pour sortir son plein et entier effet, sans néanmoins qu'il puisse être dérogé par la formation mentionnée en ladite délibération, aux droits et fonctions accordés aux Administrateurs par l'ordonnance du mois de juin 1787, et jusqu'à ce qu'il ait été plus amplement déterminé sur cet objet par l'Assemblée nationale, sous la sanction de S. M.

Prions messieurs les Officiers du Conseil souverain d'enregistrer, *etc.*

Donné à la Martinique, le 19 décembre 1789. *Signé*, le Comte de VIOMENIL, *et* FOULLON D'ECOTIER.

Enregist. au Conseil souverain.

(N°. 774.) ORDONNANCE *de MM. les Général et Intendant, sur l'Arrêté de l'Assemblée générale, concernant la Chaine des Galériens.*

Du 19 décembre 1789.

VU l'arrêté de l'Assemblée générale de la colonie de la Martinique, pris dans sa séance du 2 décembre présent mois, dont la teneur suit :

MM. du Comité préposés pour examiner les questions élevées précédemment dans l'Assemblée, et relatives à la chaine des galériens, ont présenté le résultat de leur examen, et après avoir été entendus, l'Assemblée délibérant sur les dangers résultant de l'établissement des galères en cette colonie et voulant désormais l'en affranchir, arrête que les galériens seront marqués à la joue droite de la lettre G et remis, le plutôt possible, a la Municipalité de St-Pierre, qui les fera vendre outre-mer, pour être mis aux mines, de manière qu'ils ne puissent plus revenir dans la colonie et que, dans le cas où lesdits négres reviendraient, ils seront réputés épaves et, comme tels, saisis par les Municipalités, pour en disposer comme dessus ; elle arrête aussi que les négres qui seront à l'avenir condamnés aux galères, seront également remis à ladite Municipalité, pour en faire la même disposition.

Pour expédition ; *Signé*, ASSIER DUHAMELIN, président ; DUBUC fils, vice-président ; RIGORDY, secrétaire.

Nous, *etc.*, homologuons provisoirement la délibération ci-dessus, pour sortir son plein et entier effet.

Prions messieurs les Officiers du Conseil souverain d'enregistrer, *etc.*

Donné

Donné à la Martinique, le 19 décembre 1789. *Signé*, le Comte de VIOMENIL, *et* FOULLON D'ECOTIER.

Enregist. au Conseil souverain.

(N°. 775.) ARRÊT *du Conseil souverain, pour manifester son vœu pour le maintien du Régime ancien de la Colonie.*

Du 26 décembre 1789.

ET, avant de clorre la séance, un des Messieurs a dit :

Qu'il convenait de manifester de nouveau le desir qu'a toujours eu le Conesil en entier de rester en paix sous le régime ancien de la colonie, et d'attendre, avec confiance, les lois nouvelles.

Sur quoi la matière mise en délibération : ouï le Procureur-général du Roi en ses conclusions, la Cour, renouvelant son arrêté du 15 octobre dernier, invite toutes les classes de Citoyens, à l'union, la tranquillité, l'ordre et la concorde, comme aussi à attendre, dans le silence de la paix, les décrets de l'Assemblée nationale, sanctionnés par le Roi, particulièrement les nouvelles lois relatives à la colonie.

Ordonne que le présent arrête sera imprimé, lu, publié, *etc.*

Fait au Conseil souverain de la Martinique, le 20 decembre 1789. *Signe*, ROIGNAN, greffier.

(N°. 776.) ARRÊT *du Conseil souverain, concernant les Procureurs et les Huissiers.*

Du 9 janvier 1790.

VU, *etc.* et la Cour, ayant égard aux observations des Huissiers, ordonne qu'à la signification du present arrêt, les Procureurs seront tenus de leur payer indistinctement tous les frais de voyage et signification des affaires qui seront par eux remises au bureau de la bourse commune. Ordonne pareillement, en dérogeant à son arrêt, portant établissement de la bourse commune, qu'à l'avenir toutes les parties qui auraient obtenu titre paré, et dans lequel le ministère des Procureurs ne sera plus nécessaire pour passer à l'exécution, seront tenus de les remettre directement au bureau de la bourse commune, pour y être sur-le-champ enregistrés, pour l'exécution être poursuivie, si lieu y a; à la charge par les Administrateurs d'en fournir récépissé, et dans le cas où le ministère des Procureurs redeviendrait nécessaire sur les nouvelles opérations des Huissiers, la Cour ordonne que lesdits Administrateurs remettront les pièces de procédure entre les mains des Procureurs qui auront précédemment occupé pour les parties; à la charge par les Huissiers de leur payer les frais et déboursés occasionnés par les nouvelles procédures, en par lesdits Procureurs remettant, après jugement, au bureau de ladite bourse commune, les dossiers dont ils auront été chargés à cet effet.

Faisant également droit sur les observations desdits Huissiers, et en dérogeant à l'art. XVIII de l'arrêt, portant établissement de la bourse commune, fait défenses à tous Huissiers en particulier de se charger personnellement des dossiers que les parties pourraient leur remettre, sous peine d'interdiction, et ordonne que, dans aucun cas, ils ne pourront instrumenter sans commission expresse des Administrateurs, lesquels seront tenus, sous peine de cassation, de suivre dans les saisies et exécutions, l'ordre et la priorité des dossiers qui leur auront été remis; leur enjoint d'être à cet égard de la plus grande exactitude à la première réquisition des parties, sans aucun privilège et ce, sous la même peine.

Ayant pareillement égard à la plainte énoncée dans la requête des Procureurs, ordonne que, par devant Mr. Dessalles, conseiller que la Cour a nommé à cet effet, il sera informé des faits, circonstances et dépendances contenus en ladite requête, pour, ladite information communiquée au Procureur-général du Roi, être par lui conclu et par la Cour statué ce qu'il appartiendra.

Déboute les Procureurs du surplus des conclusions contenues en leur requête et ordonne que le présent arrêt sera enregistré aux Sénéchaussées et sur les registres des deux bourses communes des Huissiers, à la diligence des Officiers de chaque Sénéchaussée.

Fait au Conseil souverain de la Martinique, le 9 janvier 1790. *Signé*, ROIGNAN, greffier.

(N°. 777.) ORDONNANCE *de M. l'Intendant, concernant les Dénombremens et Recensemens des Paroisses de la Martinique, pour l'année* 1790.

Du 18 janvier 1790.

TOUS les Habitans et Particuliers de l'île Martinique, de quelque qualité et condition qu'ils soient, même les Privilégiés, ainsi que les Gens de couleur libres, prendront leurs dénombrémens et recensemens, dans la forme ordinaire, pour l'année 1790 ; et ce, à compter du jour de la publication des présentes jusqu'au 15 du mois de mars prochain, pour tout delai ; après lequel expiré, chaque delinquant sera condamné à une amende de 100 l., sans que cette peine puisse être réputée comminatoire.

Ils se présenteront incessamment, pour Saint-Pierre et le Fort-Royal, aux bureaux du Domaine établis dans lesdits quartiers, et, pour toutes les autres paroisses de l'île, chez MM. les Commandans.

Sous le même délai et la même peine, tous les Propriétaires de maisons dans lesdites paroisses seront pareillement tenus de faire la declaration de celles qui leur appartiennent, comme aussi de donner l'évaluation du loyer, tant de celles qui ne se trouveront pas louées lors de cette déclaration, que de celles qu'ils occuperont eux-mêmes ; laquelle déclaration sera fixée contradictoirement par le Directeur-général du Domaine. Les Propriétaires déclareront les noms et qualités de leurs Locataires, ainsi que le prix de leurs baux et conventions.

Enjoignons au Directeur-général du Domaine du Roi de tenir la main à l'exécution, *etc.*

Donné à la Martinique, le 18 janvier 1790. *Signé*, FOULLON D'ECOTIER.

(N°. 778.) PROCLAMATION *du Roi, sur le Décret de l'Assemblée nationale, concernant les Colonies.*

Du 10 mars 1790.

VU, par le Roi, le décret de l'Assemblée nationale, du 8 mars 1790, dont la teneur suit :

L'assemblée nationale délibérant sur les adresses et pétitions des villes de commerce et de manufactures, sur les pièces nouvellement arrivées de St-Domingue et de la Martinique, à elle adressées par le Ministre de la marine, et sur les représentations des Députés des colonies.

Déclare que, considérant les colonies comme une partie de l'Empire français, et désirant les faire jouir des fruits de l'heureuse régénération qui s'y est opérée, elle n'a cependant jamais entendu les comprendre dans la Constitution qu'elle a décrétée pour le Royaume, et les assujettir à des lois qui pourraient être incompatibles avec leurs convenances locales et particulières.

En conséquence, elle a décrété et décrète ce qui suit :

ART. Ier. Chaque colonie est autorisée à faire connaître son vœu sur la Constitution, la législation et l'administration qui conviennent à sa prospérité et au bonheur de ses Habitans, à la charge de se conformer aux principes généraux qui lient les colonies à la Métropole, et qui assurent la conservation de leurs intérêts respectifs.

II. Dans les colonies où il existe des Assemblées coloniales librement élues par les Citoyens, et avouées par eux, ces Assemblées seront admises à exprimer le vœu de la colonie. Dans celle où il n'existe pas d'Assemblées semblables, il en sera formé incessamment pour remplir les mêmes fonctions.

III. Le Roi sera supplié de faire parvenir dans chaque colonie, une instruction de l'Assemblée nationale, renfermant, 1°. les moyens de parvenir à la formation des Assemblées coloniales dans les colonies où il n'en existe pas; 2°. les bases générales auxquelles les Assemblées coloniales devront se conformer dans les plans de Constitution qu'elles présenteront.

IV. Les plans préparés dans lesdites Assemblées coloniales seront soumis à l'Assemblée nationale, pour être examinés, décrétés par elle, et présentés à l'acceptation et à la sanction du Roi.

V. Les décrets de l'Assemblée nationale sur l'organisation des Municipalités et des Assemblées administratives, seront envoyés auxdites Assemblées coloniales, avec pouvoir de mettre à exécution la partie desdits décrets qui peut s'adapter aux convenances locales, sauf la décision définitive de l'Assemblée nationale et du Roi, sur les modifications qui auraient pu y être apportées, et la sanction provisoire du Gouverneur pour l'exécution des arrêtés qui seront pris par les Assemblées administratives.

VI. Les mêmes Assemblées coloniales énonceront leur vœu sur les modifications qui pourraient être apportées au régime prohibitif du commerce entre les colonies et la Métropole, pour être sur leurs pétitions, et après avoir entendu les représentations du commerce français, statué par l'Assemblée nationale, ainsi qu'il appartiendra.

Au surplus, l'Assemblée nationale déclare qu'elle n'a entendu rien innover dans aucune des branches du commerce, soit direct, soit indirect, de la France avec ses colonies; met les Colons et leurs propriétés sous la sauve-garde spéciale de la nation : déclare criminel envers la nation quiconque travaillerait à exciter des soulèvemens contre eux. Jugeant favorablement des motifs qui ont animé les Citoyens desdites colonies, elle déclare qu'il n'y a lieu contre eux à aucune inculpation; elle attend de leur patriotisme le maintien de la tranquillité et une fidélité inviolable à la Nation, à la Loi et au Roi.

Le Roi a accepté et accepte ledit décret, pour être exécuté suivant sa forme et teneur;

en conséquence, mande et ordonne aux Gouverneurs établis par S. M. dans chacune des colonies, et à tous autres, de l'observer et exécuter en ce qui les concerne.

Fait à Paris, le 10 mars 1790. *Signé* LOUIS; *et plus bas*, par le Roi, LA LUZERNE.

Enregist. au Conseil souverain.

(N°. 779.) PROCLAMATION *du Roi, sur un Décret de l'Assemblée nationale, concernant les Colonies françaises.*

Du 9 avril 1790.

VU, par le Roi, le décret de l'Assemblée nationale, du 28 mars 1790, dont la teneur suit :

L'Assemblée nationale, après avoir entendu la lecture des *instructions* rédigées par le Comité des colonies, en exécution de ses décrets du 8 du présent mois, pour les colonies, de St Domingue, à laquelle sont annexées les petites îles de la Tortue, la Gonave et l'Isle-à-Vaches; de la Martinique, de la Guadeloupe, à laquelle sont annexées les petites îles de la Désirade, Marie-Galante, les Saintes et la partie française de l'île St-Martin, de Cayenne et la Guyanne, de Ste-Lucie, de Tabago, de l'Isle-de-France et de l'Isle-de-Bourbon, a déclaré approuver et adopter lesdites instructions dans tout leur contenu : en conséquence, elle décrète qu'elles seront transcrites sur le procès-verbal de la séance, et que son Président se retirera par devers le Roi, pour le prier de leur donner son approbation.

Décrète en outre que le Roi sera supplié d'adresser incessamment lesdites instructions, ainsi que le présent décret, et celui du 8 de ce mois, concernant les colonies, aux Gouverneurs établis par S. M. dans chacune desdites colonies, lesquels observeront et exécuteront lesdites instructions et décrets, en ce qui les concerne, à peine d'en être responsables, et sans qu'il soit besoin de l'enregistrement et de la publication d'iceux par aucuns tribunaux,

Au surplus, l'Assemblée nationale déclare n'entendre rien statuer, quant à présent, sur les établissemens français dans les différentes parties du monde, non énoncés dans ce décret, lesquels, à raison de leur situation ou de leur moindre importance, n'ont pas paru devoir être compris dans les dispositions décrétées pour les colonies.

Le Roi a sanctionné et sanctionne ledit décret; en conséquence, ordonne qu'il sera envoyé, ainsi que la proclamation de S. M. sur le decret du 8 du mois dernier, et l'instruction adressée par l'Assemblée nationale à la colonie de la Martinique, au Gouvernement de cette Colonie, auquel S. M. mande et ordonne de les observer et faire exécuter en ce qui le concerne.

Fait à Paris, le 9 avril 1790 *Signé*, LOUIS; *et plus bas*, par le Roi, LA LUZERNE.

Suivent les Instructions adressées à la colonie de la Martinique, par l'Assemblée nationale.

Du 28 mars 1790.

L'Assemblée nationale ayant, par son décret du 8 de ce mois, invité toutes les colonies françaises à lui transmettre leurs vues sur la Constitution, sur l'administration, sur les lois, et généralement sur tous les objets qui peuvent concourir à leur prospérité, a annoncé qu'il serait joint à son décret quelques instructions nécessaires pour parvenir plus sûrement et plus promptement à ce but.

Ces instructions doivent avoir pour objet la formation des Assemblées destinées à exprimer le voeu des colonies, et quelques points généraux propres à servir de base à leur travail.

Pour connaître le voeu des colonies, il est indispensable de convoquer des Assemblées coloniales, soit dans les colonies où il n'en existe point encore, soit dans celles où les Assemblées existantes ne seraient pas autorisées par la confiance des Citoyens.

Obligée de tracer provisoirement un mode pour leur formation, l'Assemblée nationale a cru devoir choisir les formes les plus simples, les plus rapprochées de celles qui ont été adoptées dans les colonies où les Citoyens se sont d'eux-mêmes et librement assemblés; enfin les plus convenables a des Assemblées dont le principal objet doit être de préparer des plans de Constitution.

Ces Assemblées méditeront elles-mêmes, en préparant la Constitution des colonies, quels doivent être pour l'avenir la composition et le mode de convocation des Assemblées coloniales. Vouloir en ce moment prescrire à cet égard des régles multipliées et compliquées, vouloir faire plus qu'il n'était indispensable, c'eût été non-seulement s'exposer a des erreurs, non-seulement appeler des difficultés dans l'exécution, mais altérer l'esprit du décret rendu en faveur des colonies, en faisant pour ainsi dire d'avance la Constitution qu'elles sont invitées à proposer.

D'après ces considérations, l'Assemblée nationale a cru que la députation aux premières Assemblées coloniales devait être directe et sans aucun degré intermédiaire d'Electeurs.

Qu'elle devait se faire dans les paroisses.

Que chaque paroisse devait députer à raison du nombre des Citoyens actifs qu'elle renferme dans son sein.

Que pour cette convocation et jusqu'a ce que la Constitution soit arrêtée, on devait considérer comme Citoyen actif tout homme majeur, propriétaire d'immeubles, ou, à défaut d'une telle propriété, domicilié dans la paroisse depuis 2 ans, et payant une contribution.

Les raisons communes à tous ces articles, sont l'extrême facilité de l'exécution, leur ressemblance avec tout ce qui s'est pratiqué dans les colonies où les Habitans ont formé d'eux-mêmes des Assemblées, enfin, le caractère d'une représentation pure, immédiate et universelle, qui convient particuliérement à des Assemblées destinées a préparer des plans de Constitution.

On pourrait ajouter pour la députation directe, que la population des colonies s'y prête sans difficulté, et que ce mode de représentation, le seul que la nature indique et que la sévérité des principes avoue, est d'une obligation rigoureuse toutes les fois qu'il est possible.

Pour la députation par paroisses, qu'elles sont dans ce moment dans les Colonies les seules divisions politiques qu'on puisse faire servir commodément à la représentation.

Pour la représentation proportionnée au nombre de Citoyens actifs, qu'elle offre évidemment dans le moment actuel la seule mesure possible, et qu'elle tient au principe fondamental des Assemblées qui préparent des Constitutions; car ces Assemblées exerçant un droit qui appartient essentiellement au peuple même, tous ceux qui jouissent du droit de cité, y sont naturellement appelés. Tous devraient y prendre place, sans l'impossibilité qui résulte de leur nombre ou de quelqu'autre motif. La nomination des Députés n'est autre chose, pour ces Assemblées, qu'une réduction nécessitée par les circonstances, et ne peut par conséquent être proportionnée qu'au nombre de ceux qui, dans l'ordre naturel, auraient dû concourir à la délibération.

On verra successivement quelles précautions ont été prises, pour que cette forme de représentation ne fût pas désavantageuse aux campagnes.

Quant aux conditions attachées provisoirement à la qualité de Citoyen actif, on peut ajouter à tout ce qui précède, qu'il est de l'intérêt général de chaque colonie d'en multiplier le nombre autant qu'il est possible, et que le même intérêt existe en particulier pour toutes les paroisses, puisque le nombre de leurs Députés sera proportionné à celui de leurs Citoyens actifs. Cependant il a paru qu'à défaut d'une propriété immobilière, la simple condition d'une contribution ne pouvait pas être suffisante, et que dans les colonies où beaucoup de gens n'habitent que momentanément et sans aucun projet de s'y fixer, le domicile de deux ans était indispensable pour attribuer la qualité de citoyen actif aux contribuables non propriétaires.

Cette disposition est une de celles qui contribueront à garantir les campagnes de l'influence prédominante des villes.

En adoptant ces bases et toutes celles qui réuniraient la justice et la célérité, il est impossible de déterminer d'avance et d'une manière exacte, le nombre des Députés qui formeront les Assemblées coloniales ; mais il suffit évidemment de le prévoir par approximation établie dans chaque colonie entre le nombre des Députés et celui des Citoyens actifs.

Le nombre des Députés à chaque Assemblée coloniale, doit être assez grand pour autoriser la confiance de la colonie et celle de la Métropole ; il doit être assez borné, pour que les déplacemens ne deviennent pas une charge pénible pour les Habitans, et pour que la célérité des opérations, que toutes les circonstances rendent si désirable, n'en soit pas nécessairement arrêtée.

L'Assemblée nationale a pensé que l'Assemblé coloniale de la Martinique, aurait le nombre de Députés convenable, si chaque paroisse en nommait un, à raison de 50 Citoyens actifs, avec les modifications suivantes.

La députation devant se faire dans chaque paroisse isolée et séparée, la justice exige que la moindre paroisse ne demeure pas sans représentation, et qu'en conséquence elle nomme un Député, quand même le nombre de ses Citoyens serait très-inférieur à 50.

Quant aux paroisses qui auraient plus de 100 Citoyens, il a paru juste que le nombre qui pourra se trouver par delà les cinquantaines complètes, obtienne un Député quant il sera de 25 au moins, puisqu'étant également près du nombre où le Député serait entièrement dû, et de celui où il n'y aurait rien à prétendre, la faveur de la représentation, et celle qui dans les colonies, est particulièrement due aux campagnes, doivent déterminer a l'accorder.

Il est évident que ces deux dernières dispositions, comme celles qui sont relatives à la qualité de Citoyen actif, sont toutes en faveur des campagnes, et tendent à rétablir en leur faveur la juste proportion d'influence qu'elles doivent avoir avec les villes.

Ces formes de représentation étant convenues, l'Assemblée nationale doit indiquer la marche qui sera suivie pour les mettre à exécution

La plus prompte et la plus simple a paru la meilleure. La transcription, la publication et l'autorité des Tribunaux, sont en général des moyens peu convenables à l'établissement des assemblées représentatives ; ils convenaient encore moins dans les circonstances actuelles.

Il a paru à l'Assemblée nationale que la diligence du Gouverneur de chaque colonie, garantie par la surveillance des Citoyens et par sa responsabilité, devait suffire pour faire parvenir, proclamer et afficher dans toutes les paroisses ses décrets et instructions.

Cette forme étant remplie, les décrets et instructions étant authentiquement connus, le zèle et l'intelligence des Citoyens suffisent à leur exécution.

D'eux-mêmes ils se formeront en Assemblées paroissiales ; ils vérifieront quels sont ceux qui remplissent les conditions requises pour y voter ; ils en calculeront le nombre, pour connaître celui des Députés qu'ils doivent envoyer à l'Assemblée coloniale ; ils éliront enfin les Députés, qui se rendront immédiatement dans la ville centrale indiquée par cette instruction, et qui, de concert, y formeront l'Assemblée coloniale, ou la transféreront dans tel lieu qui leur paraîtra mieux convenir.

Les seules difficultés qui pourraient naître seraient relatives aux Assemblées coloniales déjà formées et existantes dans quelques colonies.

Si ces Assemblées, après avoir connu les décrets et l'instruction de l'Assemblée nationale, jugent elles-mêmes que la formation d'une nouvelle Assemblée, conformément à cette instruction, est plus avantageuse à la colonie que leur propre continuation, il est hors de doute que leur délibération sera parfaitement suffisante, et qu'on devra procéder sur-le-champ à de nouvelles élections.

Mais si elles n'énoncent point cette opinion, il reste à connaître à leur égard les dispositions des Habitans.

L'Assemblée nationale a annoncé que ces Assemblées pourraient remplir les fonctions indiquées par son décret du 8 mars, lorsqu'elles auraient été librement élues et qu'elles seraient avouées par les Citoyens.

Loin d'avoir, par cette disposition, interdit aux Habitans des colonies la faculté d'opter entre ces Assemblées existantes, et celles qui pourraient être formées d'après la présente convocation, elle l'a au contraire implicitement énoncée.

Mais quand elle ne leur aurait pas reconnu ce droit, ils le tiendraient de la nature, et rien ne pourrait obliger ni la Métropole, ni la colonie à traiter ensemble, par

l'entremise

l'entremise d'une Assemblée, que ceux même qui l'auraient élue ne reconnaîtraient pas.

Il s'agit donc de tracer une forme, suivant laquelle cette option puisse s'effectuer promptement et paisiblement.

On ne saurait y parvenir que par la délibération des paroisses.

Il faudra donc que chacune s'explique, et cet objet de délibération doit être le premier travail des Assemblées paroissiales.

Dans l'espace de 15 jours après la proclamation et l'affiche, elles seront tenues d'énoncer leur vœu, et elles le feront parvenir immédiatement au Gouverneur de la colonie et à l'Assemblée coloniale.

Chacune d'elles comptera pour autant de suffrages, qu'en suivant la forme de cette instruction, elle devrait avoir de Députés à l'Assemblée coloniale.

Celles qui auront opté pour la formation d'une nouvelle Assemblée, ne nommeront point leurs Députés, avant que le vœu de la majorité ait été reconnu conforme à leur opinion, car une élection anticipée ne serait propre qu'à exciter des troubles et des contestations.

Tandis que le vœu de la colonie ne sera point encore connu, l'Assemblée coloniale existante pourra commencer à s'occuper des travaux indiqués par le décret de l'Assemblée nationale ; mais il est évident que le droit de mettre à exécution et de modifier provisoirement les décrets de l'Assemblée nationale, sur les Municipalités et les Assemblées administratives, ne saurait lui appartenir, avant que le vœu des paroisses ait confirmé ses pouvoirs et son existence.

Après le terme écoulé, où toutes les Assemblées paroissiales auront dû s'expliquer à cet égard, le Gouverneur notifiera, de la manière la plus publique, le résultat des délibérations qui lui seront parvenues, et en donnera à chaque paroisse une connaissance particulière et authentique.

Si la moitié, plus un, des suffrages des paroisses qui auront délibéré, demande la formation d'une nouvelle Assemblée, il s'ensuivra clairement que l'Assemblée existante n'est pas avouée et autorisée par la colonie ; ses pouvoirs cesseront, il sera procédé immédiatement à la formation d'une nouvelle Assemblée, suivant les formes indiquées dans cette instruction ; et en conséquence, toutes les Assemblées paroissiales procéderont comme elles l'eussent fait si, lors de la première proclamation, il n'eût point existé d'Assemblée coloniale dans la colonie.

Si, au contraire, la moitié au moins des suffrages des paroisses délibérantes a voté pour la continuation de l'Assemblée coloniale, elle sera conservée, et elle exercera dans leur plénitude les fonctions et les pouvoirs attribués par le décret de l'Assemblée nationale.

Ainsi les moyens n'auront point été inutilement consommés ; la forme admise librement par les Habitans, pour la formation de leur Assemblée, n'aura point été contrariée ; mais les pouvoirs auront été retirés ou confirmés au moment où de nouvelles fonctions et de nouvelles circonstances ne permettent plus de fonder sur ceux qu'elle avait reçus précédemment, l'adhésion de la colonie et la confiance de la Métropole.

Aucun doute, aucun désordre, aucun retard dangereux ne pourront résulter de l'observation de ces formes, si les Colons sont pénétrés de l'idée que leurs intérêts les plus chers et les devoirs les plus sacrés du Citoyen, les obligent à se soumettre sans murmure au vœu de la majorité ; s'ils sentent que la promptitude et la conciliation dans l'exécution des mesures qui leur sont indiquées, peuvent seules les faire sortir heureusement de l'état de crise où les circonstances les ont placés ; qu'il s'agit pour eux de s'assurer promptement par une bonne Constitution et les espérances qu'ils ont conçues, et les avantages qui leur sont offerts ; et que, loin de les conduire à ce but, le prolongement de la fermentation les environnerait bientôt de dangers si pressans et si terribles, que tous les secours qui leur seraient portés, n'arriveraient jamais assez tôt pour les garantir.

L'Assemblée nationale, après avoir indiqué les moyens de former les Assemblées qui lui présenteront le vœu des colonies, est également obligée de fixer quelques bases à leurs plans de Constitution ; pour s'assurer, autant qu'il est possible, que tous ceux qui lui seront offerts, seront susceptibles d'être accueillis.

Mais elle a voulu réduire ces conditions aux termes les plus simples, aux maximes les plus incontestables, et au delà de ce qui constitue les rapports fondamentaux des colonies à la Métropole, elle n'a voulu rien ajouter qui pût imposer quelque limite à la liberté des Assemblées coloniales.

Les Assemblées coloniales, occupées du travail de la Constitution, apercevront la distinction des fonctions législatives, exécutives, judiciaires, administratives : elles examineront comment il convient de les organiser dans la Constitution de la colonie ; les formes suivant lesquelles le pouvoir législatif et exécutif doivent y être exercés ; le nombre, la composition, la hiérarchie des tribunaux ; en quelles mains doit être confiée l'administration, le nombre, la formation, la subordination des différentes Assemblées qui doivent y concourir ; les qualités qui pourront être exigées pour être Citoyen actif, pour exercer les divers emplois ; en un mot, tout ce qui peut entrer dans la composition du Gouvernement le plus propre à assurer le bonheur et la tranquillité des colonies.

La nature de leurs intérêts, qui ne sauraient jamais entièrement se confondre avec ceux de la Métropole, les notions locales et particulières que nécessite la préparation de leurs lois ; enfin, la distance des lieux et le tems nécessaire pour les parcourir, établissent de grandes différences de situation entr'elles et les provinces françaises, et nécessitent, par conséquent, des différences dans leur Constitution.

Mais, en s'occupant à les rechercher, il ne faut jamais perdre de vue qu'elles forment cependant une partie de l'Empire français, et que la protection qui leur est due par toutes les forces nationales, que les engagemens qui doivent exister entr'elles et le commerce français, en un mot, que tous les liens d'utilité réciproque qui les attachent à la Métropole, n'auraient aucune espèce de solidité, sans l'existence des liens politiques qui leur servent de base.

De ces différentes vues, il résulte, quant au pouvoir législatif,

Que les lois destinées à régir intérieurement les colonies, indépendamment des relations qui existent entre elles et la Métropole, peuvent et doivent, sans difficulté, se préparer dans leur sein ;

Que ces mêmes lois peuvent être provisoirement exécutées avec la sanction du Gouverneur ; R 2

Mais que le droit de les approuver définitivement, doit être réservé à la législature française et au Roi ;

A la législature, parce qu'elle est revêtue de la puissance nationale, et parce qu'il serait impossible d'assurer, sans sa participation, que les lois préparées dans la colonie, ne porteraient aucune atteinte aux engagemens contractés avec la Métropole.

Au Roi, parce que la sanction et toutes les fonctions de la royauté lui sont attribuées sur les colonies, comme sur toutes les partie de l'Empire français.

Il résulte également que les lois a porter sur les relations entre les colonies et la Métropole, soit qu'elles aient été demandées par les Assemblées coloniales, soit qu'elles aient été préparées dans l'Assemblée nationale, doivent recevoir de celle-ci leur existence et leur autorité, et ne peuvent être exécutées, même provisoirement, qu'après avoir été décrétées par elle ; maxime de législation qui n'a point de rapport aux exceptions momentanées que peuvent exiger des besoins pressans et impérieux, relativement à l'introduction des subsistances.

Il résulte de ces mêmes vues, quant au pouvoir exécutif,

Qu'il est nécessaire que les fonctions attribuées au Roi, dans toutes les parties de l'Empire français, soient provisoirement exercées dans les colonies, par un Gouverneur qui le représente ;

Qu'en conséquence, le choix et l'installation des Officiers qui sont à sa nomination, l'approbation nécessaire à l'exécution des décrets des Assemblées administratives et les autres actes qui exigent célérité, doivent être provisoirement attribués à ce Gouverneur, sous la réserve positive de l'approbation du Roi ;

Mais que, dans les colonies, comme en France, le Roi est le dépositaire suprême du pouvoir exécutif ; que tous les Officiers de justice, d'administration, les forces militaires doivent le reconnaître pour leur chef et que tous les pouvoirs attribués à la Royauté dans la Constitution française, ne peuvent être exercés provisoirement que par ceux qu'il en a chargés, et définitivement, que par lui.

Ces principes étant reconnus, toutes les vues qui peuvent concourir à la prospérité des colonies, peuvent être prises en considération par les Assemblées coloniales.

La nation française ne veut exercer sur elles d'autre influence que celle des liens établis et cimentés pour l'utilité commune ; elle n'est point jalouse d'établir ou de conserver des moyens d'oppression.

Et quelles sources de prospérité n'offriront pas au patriotisme des Assemblées coloniales, les diverses parties du travail qui leur est confié ? l'établissement d'un ordre judiciaire simple, assurent aux Citoyens une justice impartiale et prompte ; une administration remise entre les mains de ceux qui y sont intéressés ; un mode d'imposition approprié à leurs convenances, dont les formes ne pourront être changées, dont la quotité ne sera réglée que par le voeu même des Assemblées coloniales.

La France, à qui les lois de commerce avec les colonies doivent assurer avec avantage le dédommagement des frais qu'elle est obligée de soutenir pour les protéger, ne cherche point dans leur possession une ressource fiscale. Leurs impositions particulières se borneront aux frais de leur propre Gouvernement ; elles-mêmes en proposeront l'établissement et la mesure.

La France ne cherche point, dans ses colonies, un moyen d'assouvir l'avidité, de flatter la tyrannie de quelques hommes préposés à leur administration ; les intérets des Citoyens doivent être gérés par eux-mêmes, et l'administration ne peut en être confiée qu'a ceux qu'ils ont librement élus.

Les frais d'une justice compliquée, les longueurs et les artifices de la chicane, les déplacemens occasionnés par le ressort trop étendu de certains Tribunaux, ne peuvent convenir à des hommes constamment occupés d'une culture avantageuse et du commerce de ses productions : il faut donc aux colonies, plus rigoureusement encore qu'a la Métropole, une justice prompte, rapprochée et dépouillée de tous les moyens de despotisme et d'oppression.

Il n'est aucune de ces vues que l'Assemblée nationale n'adopte avec satisfaction, lorsqu'elles lui seront proposées par les Assemblées coloniales ; mais, après avoir considéré ce qui convient au bonheur intérieur des colonies, il reste à jeter un regard sur leurs intérets extérieurs.

L'Assemblée nationale exerce, envers chacune des parties de l'Empire français, les droits qui appartiennent au corps social sur tous les membres qui le composent : chacun trouve en elle la garantie de ses intérêts et de sa liberté ; chacun est soumis par elle à l'exercice de la volonté de tous. Dépositaire de la plus légitime et de la plus imposante des autorités, la nation qui l'a chargée de la conservation de ses droits, a mis à sa disposition toutes les forces nécessaires pour les garantir. C'est donc pour elle un devoir rigide, une obligation sacrée de les maintenir sans altération ; mais plus ces droits sont incontestables, plus la nation qui les a confiés, a de moyens pour les soutenir, et moins il convient à l'Assemblée qui la représente, d'appeler à leur secours les armes de la foiblesse et de la tyrannie. Une circonspection timide, une vaine dissimulation ravaleraient son caractère au niveau des pouvoirs usurpés ou chancelans ; elle peut donc, elle doit donc, en traitant avec les enfans de la patrie, oublier un moment et mettre de côté tous les droits et tous les pouvoirs qu'elle est chargée d'exercer sur eux, examiner et discuter leurs intérêts avec franchise, les attacher à leurs devoirs par le sentiment de leur propre bien, et prêter à la majesté de la nation qu'elle représente, le seul langage qui puisse lui convenir, celui de la raison et de la vérité.

En admettant les vues qui ont été exposées sur leur régime intérieur, les colonies sont tranquilles, bien administrées : échappées à l'oppression, il leur reste encore un besoin.

Elles offrent à tous les peuples, par leurs richesses, l'objet d'une active ambition, et n'ont point la population, et ne peuvent se procurer les forces maritimes et militaires qu'il est nécessaire de leur opposer.

Il faut donc qu'unies, identifiées avec une grande puissance, elles trouvent dans la disposition de ses forces, la garantie des biens qui leur seront acquis par une bonne Constitution, par de bonnes lois intérieures.

Il faut que cette puissance, intéressée à leur conservation, par les avantages qu'elle recueillera de ses transactions avec elles, se fasse un devoir envers elles de la plus constante équité ; qu'elle présente toujours une masse de forces suffisantes à leur protection, et que par son industrie, par ses productions, par ses capitaux, elle ait en elle tous les moyens qui doivent préparer les rapports de commerce les plus avantageux.

Voilà ce qui, pour les colonies, forme le complément nécessaire de leur existence politique, en leur assurant la conservation de tous les biens intérieurs ; voilà ce que doivent leur avoir dit tous ceux qui leur ont inspiré le desir d'une bonne Constitution.

S'il était des hommes assez insensés pour oser les inviter à une existence politique isolée, à une indépendance absolue, on leur demanderait, en laissant de côté la foi, les engagemens et tout ce que toutes les plus grandes nations peuvent employer pour les faire valoir ; on leur demanderait quel est donc le secret de leurs espérances, où sont leurs forces pour les protéger. Enlèveront-ils les hommes à la culture pour en faire des matelots et des soldats ? Les opposeront-ils avec quelque espoir aux premières puissances du monde ?

Mais, diront-ils, nous nous procurerons des alliances et des garanties, et les croyez-vous donc désintéressées ? Quand elles pourraient l'etre un jour, pensez-vous qu'elles le fussent long-tems ? ne voyez-vous pas que toute protection serait pour vous le commencement d'un nouveau gouvernement arbitraire ? Nous, à qui tant de devoirs, à qui tant de chaînes vous lient, ne pourrions-nous pas vous dire, en oubliant tout, excepté vos intérêts : « Voilà nos principes, voilà nos lois ; choisissez d'être les Citoyens libres d'une nation libre, ou de devenir bientôt les esclaves de ceux qui s'offriraient aujourd'hui pour vos alliés. »

Et quand ils se flatteraient qu'une domination établie sur de tels fondemens, pût conserver pendant quelque tems une apparence de justice, on leur demanderait encore quelle est cette nation qui pourrait promettre à nos colonies plus de loyauté, plus de fraternité que nous n'en prouvons aujourd'hui ?

Quelle est cette nation qui pourrait déployer, pour leur protection, des forces plus imposantes et plus solidement fondées que celles dont nous disposerons après la crise qui nous régénère ?

Quelle est cette nation à qui la nature a donné plus de moyens pour commercer avec elles ? qui peut produire et préparer dans son sein plus de matières propres à leur consommation ? qui peut faire un plus grand usage des leurs ? qui possède enfin plus que nous tout ce qui peut conduire au point où les échanges sont des deux parts les plus avantageux possibles ?

Elles n'ont pas, il est vrai, jusqu'à ce jour, recueilli dans toute leur étendue les fruits que ces diverses considérations doivent leur faire atteindre ; mais où les causes en étaient-elles, si ce n'est dans les abus que nous avons détruits ?

Le régime de leur Gouvernement était oppressif : la réponse est dans notre révolution ; la réponse est dans les décrets et les instructions que nous envoyons dans les colonies.

Nos forces navales n'ont jamais atteint le degré de prépondérance que leur assignait l'étendue de nos moyens et notre position géographique. Eh ! qu'avaient de plus que nous ceux qui, avec moins d'hommes et moins de richesses naturelles, se sont maintenus au premier rang des puissances maritimes ? ils avaient une Constitution, ils étaient libres.

Enfin la situation de notre commerce ne présentait pas toute la supériorité d'avantages que lui garantit l'ensemble de nos ressources, aussitôt qu'elles seront dévoloppées.

Mais ignore-t-on que, jusqu'à ce jour, le génie seul de la nation française a lutté contre toutes les institutions, toutes les entraves, tous les préjugés ?

Ignore-t-on qu'une opinion inconcevable plaçait presque toutes les professions au-dessus du commerce, de l'agriculture et de l'industrie productive, et détruisait ainsi, chez une nation amoureuse de la considération et de la gloire, ce germe qui donne naissance à tous les genres de perfection ?

Ignore-t-on que jusqu'à ce jour, parmi nous, on se livrait au commerce, dans l'espoir de s'enrichir promptement ; et qu'on le quittait aussitôt qu'on avait acquis assez de fortune pour le suivre d'une manière grande, également avantageuse à soi et à ceux avec qui l'on négocie.

Ignore-t-on que les capitaux qui auraient dû faire fleurir toutes les industries utiles, étaient absorbés par un Gouvernement emprunteur, et par le tourbillon d'Agioteurs dont il était environné.

Ignore-t-on que les profits qu'il était obligé d'offrir en retour de la plus juste méfiance, et ceux de l'infâme trafic qui s'alimentait de ses profusions, soutenaient en France l'intérêt de l'argent à un prix qui suffisait seul pour retenir dans la médiocrité, toutes les branches de notre industrie, et pour changer toutes les proportions de notre concours avec les autres peuples.

Voilà les abus que nous n'avons cessé d'attaquer, que nous-nous sommes occupés chaque jour à détruire : chaque jour nous approche du terme, où, dégagés des entraves qui jusqu'ici ont contraint toutes nos facultés, nous prendrons enfin, parmi les nations, la place qui nous fut assignée. Alors notre liberté, notre puissance, notre fortune, seront le patrimoine de tous ceux qui auront partagé notre destinée; alors notre prospérité se répandra sur tous ceux qui contracteront avec nous. L'Assemblée nationale ne connaît point le langage et les détours d'une politique artificieuse; elle ignore, elle méprise sur-tout les moyens de captiver les peuples autrement que par la justice. Attachement réciproque, avantages communs; inaltérable fidélité; voilà, peuples des colonies, ce qu'elle vous promet, et ce qu'elle vous demande. La nation française éprouve depuis long-tems ce qu'on peut attendre de vous; nous ne vous demandons point d'autres sentimens; nous comptons sur eux avec certitude, et nous voulons qu'ils soient chaque jour mieux mérités et plus justifiés de notre part. Nous vous recommandons en ce moment une tranquillité profonde, une grande union entre vous, une grande célérité dans les travaux qui doivent préparer votre nouvelle existence. Ces conseils sont essentiels à votre bonheur, ils le sont à votre sûreté; ne donnez point autour de vous l'exemple d'une division, d'une fermentation contagieuse. Vous avez, plus que d'autres, besoin de paix, et vous n'avez plus besoin de vous agiter pour conquérir ce que l'Assemblée nationale a résolu de vous proposer dès le premier moment où vous avez été l'objet de ses délibérations.

Elle va rapprocher dans une suite d'articles précis, les dispositions essentielles de l'instruction qu'elle vous envoie.

Art. Ier. Le décret de l'Assemblée nationale sur les colonies, du 8 de ce mois, et la présente instruction ayant été envoyés de la part du Roi au Gouverneur de la colonie de la Martinique, ce Gouverneur sera tenu aussitôt après leur réception, de les communiquer à l'Assemblée coloniale, s'il en existe une déja formée, de les notifier également aux Assemblées provinciales, et d'en donner la connaissance légale et authentique aux Habitans de la colonie, en les faisant proclamer et afficher dans toutes les paroisses.

II. S'il existe une Assemblée coloniale, elle pourra, en tout état, déclarer qu'elle juge la formation d'une nouvelle Assemblée coloniale plus avantageuse à la colonie que la continuation de sa propre activité, et dans ce cas, il sera procédé immédiatement aux nouvelles élections.

III. Si au contraire elle juge sa continuation plus avantageuse à la colonie, elle pourra commencer à travailler suivant les indications de l'Assemblée nationale, mais sans pouvoir user de la faculté accordée aux Assemblées coloniales, de mettre à exécution certains décrets, jusqu'à ce que l'intention de la Colonie, relativement à sa continuation, ait été constatée par les formes qui seront indiquées ci-après.

IV. Immédiatement après la proclamation et l'affiche du décret et de l'intruction dans chaque paroisse, toutes les personnes âgées de 25 ans accomplis, propriétaires d'immeubles, ou, à défaut d'une telle propriété, domiciliées dans la paroisse depuis 2 ans et payant une contribution, se réuniront pour former l'Assemblée paroissiale.

V. L'Assemblée paroissiale étant formée, commencera par prendre une parfaite connaissance du décret de l'Assemblée nationale du 8 de ce mois, et de la présente instruction, pour procéder à leur exécution, ainsi qu'il suit.

VI. S'il n'existe point dans la colonie d'Assemblée coloniale, précédemment élue, ou si celle qui existait, a déclaré qu'elle juge plus avantageux d'en former une nouvelle, l'Assemblée paroissiale procédera immédiatement à l'élection de ses Députés à l'Assemblée coloniale.

VII. A cet effet, il sera fait un état de dénombrement de toutes les personnes de la paroisse, absentes ou présentes, ayant les qualités exprimées à l'art. IV de la présente *instruction*, pour déterminer d'après leur nombre, celui des députés qui doivent être envoyés à l'Assemblée coloniale.

VII. Ce dénombrement fait, le nombre des Députés à nommer sera déterminé à raison d'un pour 50 Citoyens, en observant, 1°. que la dernière cinquantaine sera censée complète par le nombre de 25 Citoyens ; de sorte que pour 75 Citoyens, il sera nommé 2 députés; pour 125 Citoyens, 3 députés, et ainsi de suite : 2°. qu'on n'aura aucun égard dans les paroisses où il y aura plus de 50 Citoyens, au nombre de fractionnaires, lorsqu'il sera au-dessous de 25, de sorte que pour 74 Citoyens, il ne sera nommé qu'un député, et ainsi de suite : 3°. enfin que les paroisses où il se trouvera moins de 50 Citoyens, nommeront toujours un Député, quelque faible que puisse être le nombre des Citoyens qui s'y trouveront.

IX. Après avoir déterminé le nombre des Députés qu'elles ont à nommer, les Assemblées paroissiales procéderont à cette élection dans la forme qui leur paraîtra le plus convenable.

X. Les Assemblées paroissiales seront libres de donner des instructions à leurs Députés, mais elles ne pourront les charger d'aucuns mandats tendant à gêner leur opinion dans l'Assemblée coloniale, et moins encore à y insérer des clauses ayant pour objet de les soustraire à l'empire de la majorité. Si une paroisse donnait de tels mandats, ils seront réputés nuls, et l'Assemblée coloniale pourrait n'y avoir aucun égard, mais l'élection des Députés n'en serait pas invalidée.

XI. Les Députés élus par l'Assemblée paroissiale, se rendront immédiatement dans la ville du Fort-Royal, et y détermineront le lieu où doit siéger l'Assemblée coloniale.

XII. Si au moment où l'Assemblée paroissiale s'est formée, il existait dans la colonie une Assemblée coloniale précédemment élue, et si cette Assemblée n'a point déclaré qu'elle juge avantageux à la colonie de la remplacer par une nouvelle, l'Assemblée paroissiale commencera par examiner elle-même cette question; elle pesera toutes les raisons qui peuvent décider ou à autoriser l'Assemblée coloniale existante, à remplir les fonctions indiquées par le décret de l'Assemblée nationale, ou à mettre à sa place une nouvelle Assemblée élue conformément à la présente instruction.

XIII. L'Assemblée paroissiale sera tenue de faire son option dans l'espace de 15 jours, à compter de celui où la proclamation aura été faite, et d'en donner immédiatement connaissance au Gouverneur de la colonie et à l'Assemblée coloniale. Son vœu sera compté pour autant de voix qu'elle eût dû envoyer de Députés à l'Assemblée coloniale, en se conformant à cette instruction.

XIV. Lorsque le terme dans lequel toutes les paroisses auront dû s'expliquer, sera écoulé, le Gouverneur de la colonie vérifiera le nombre des paroisses qui ont opté pour la formation d'une nouvelle Assemblée; il en rendra le résultat public par l'impression, avec le nom de toutes les paroisses qui ont délibéré, l'expression du vœu que chacune a porté, et le nombre de voix qu'elle doit avoir à raison du nombre de ses Citoyens actifs, il notifie a d'une manière particulière ce même résultat à toutes les paroisses de la colonie.

XV. Si le desir de former une nouvelle Assemblée n'a pas été exprimé par la majorité des voix des paroisses, l'Assemblée coloniale déjà élue continuera d'exister, et sera chargée de toutes les fonctions indiquées par le décret de l'Assemblée nationale ; et en conséquence, il ne sera point procédé dans les paroisses à de nouvelles élections. Si, au contraire, le desir de former une nouvelle Assemblée est exprimé par la majorité des voix des paroisses, tous les pouvoirs de l'Assemblée coloniale existante cesseront, et il sera procédé sans délai, dans toutes les paroisses, à de nouvelles élections, comme si, à l'arrivée du décret, il n'en eût point existé ; en observant que les Membres, soit de l'Assemblée coloniale, soit des Assemblées provinciales existantes, pourront être élus, aux mêmes conditions que les autres Citoyens, pour la nouvelle Assemblée.

XVI. L'Assemblée coloniale, formée ou non formée de la manière énoncée ci-dessus, s'organisera et procédera ainsi qu'il lui paraîtra convenable, et remplira les fonctions indiquées par le décret de l'Assemblée nationale du 8 de ce mois, en observant de se conformer, dans son travail sur la Constitution, aux maximes énoncées dans les articles suivans.

XVII. Examinant les formes suivant lesquelles le pouvoir législatif doit être exercé relativement aux colonies, elles reconnaîtront que les lois destinées à les régir, méditées et préparées dans leur sein, ne sauraient avoir une existence entière et définitive, avant d'avoir été décrétées par l'Assemblée nationale et sanctionnées par le Roi; que si les lois purement intérieures peuvent être provisoirement exécutées avec la sanction d'un Gouverneur;

Gouverneur, et en réservant l'approbation définitive du Roi, et de la législature française, les lois proposées qui toucheraient aux rapport extérieurs, et qui pourraient en aucune manière changer ou modifier les relations entre les colonies et la Métropole, ne sauraient recevoir aucune exécution, même provisoire, avant d'avoir été consacrées par la volonté nationale; n'entendant point comprendre sous la dénomination des lois, les exceptions momentanées, relatives à l'introduction des subsistances qui peuvent avoir lieu à raison d'un besoin pressant, et avec sanction du Gouverneur.

XVIII. En examinant les formes suivant lesquelles le pouvoir exécutif doit être exercé relativement aux colonies, elles reconnaîtront que le Roi des Français est dans la colonie, comme dans tout l'Empire, le dépositaire suprême de cette partie de la puissance publique. Les Tribunaux, l'Administration, les forces militaires le reconnaîtront pour leur chef; il sera représenté dans la colonie par un Gouverneur qu'il aura nommé, et qui exercera provisoirement son autorité; mais sous la réserve toujours observée de son approbation définitive. *Signé*, LOUIS; *et plus bas*, par le Roi, LA LUZERNE.

Enregist. au Conseil souverain.

(N°. 780.) ORDONNANCE *de MM. les Général et Intendant, concernant l'Hivernage.*

Du 28 juin 1790.

N. B. Voyez le N°. 760, page 150 de ce tome, dont les dispositions sont absolument les mêmes.

(N°. 781.) ARRÊT *du Conseil souverain, qui enjoint aux Procureurs du Roi de dresser tous les ans, des Procès-verbaux des Minutes des Notaires.*

Du 7 juillet 1790.

CE jour, le Procureur-général du Roi a dit :

Quoique les Procureurs du Roi des Sénéchaussées soient tenus de dresser, dans les deux premiers mois de l'année, les procès-verbaux relatifs à la tenue des minutes des Notaires et de les lui envoyer à la séance de mars, ils sont encore en retard sur cet objet important de l'ordre public ; que le procès-verbal dressé par les Officiers de la Sénéchaussée de Sainte-Lucie, de l'état des minutes de feu Me. Nozai, vivant notaire en la même île, fera sans doute connaître à la Cour le danger de cette négligence des Procureurs du Roi ; que pour y remédier il lui propose de rendre arrêt à cette occasion, qui, rappelant auxdits Procureurs du Roi leur devoir, les force à le remplir dans les délais prescrits.

La matière mise en délibération, la Cour enjoint aux Procureurs du Roi du ressort, sous telles peines qu'il appartiendra, de dresser tous les ans, dans le courant de janvier et février, les procès-verbaux de l'état des minutes des Notaires de leur Sénéchaussée, d'avoir la plus grande attention de faire signer les minutes qui ne l'auraient pas été des Notaires, et d'en faire mention dans lesdits procès-verbaux, lesquels seront envoyés par lesdits Procureurs du Roi audit Procureur-général du Roi, pour être présentés à la Cour à la séance de mars ;

enjoint auxdits Procureurs du Roi de faire ladite visite des minutes des Notaires, d'ici à la séance prochaine, et qu'à cet effet le présent arrêt leur sera notifié, à la diligence dudit Procureur-général du Roi.

Fait au Conseil souverain de la Martinique, le 7 juillet 1790. *Signé*; ROIGNAN, greffier.

(N°. 782) DÉCRET *de l'Assemblée coloniale, sanctionné par M. le Général, concernant les Biens des Suppliciés.*

Du 8 juillet 1790.

L'ASSEMBLÉE considérant que la loi qui prononce la confiscation des biens de tous ceux qui sont condamnés au dernier supplice, ou à une peine emportant mort civile, avait toujours paru contraire aux règles de la justice et de l'humanité; que cette loi qui dépouille, en faveur du fisc, la famille des condamnés, des biens que l'ordre des successions leur destine, qui inflige à l'innocence la peine du crime, et qui fait des victimes là où il n'y a point de coupables, est au moment de recevoir son exécution dans plusieurs procès criminels qui sont poursuivis dans la colonie, ou qui même viennent d'être jugés;

Considérant enfin que cette loi a été récemment abrogée par l'Assemblée nationale, avec l'applaudissement de l'Europe entière, et qu'il serait absurde de perpétuer dans la colonie une injustice qui n'existe plus en France, a arrêté à l'unanimité des voix, que la loi qui prononce la confiscation des biens des condamnés au dernier supplice, ou à une peine emportant mort civile, serait provisoirement suspendue; qu'à cet effet, les héritiers et les représentans légitimes desdits condamnés auraient la délivrance de leurs biens, après un inventaire préalablement fait en présence du Directeur du Domaine.

Il a de plus été arrêté que ce décret serait présenté, par M. le Président à M. le Général, pour recevoir sa sanction.

Pour expédition ; *Signé*, GALLET ST-AURIN, président ; DUBUC fils, vice-président ; RIGORDY, secrétaire.

Nous Gouverneur-général, *etc.*, avons sanctionné et sanctionnons le decret ci-dessus, lequel sera exécuté provisoirement suivant sa forme et teneur.

Prions messieurs les Officiers du Conseil souverain d'enregistrer, *etc.*

Donné au Fort-Royal Martinique, le 9 juillet 1790. *Signé*, DAMAS.

Enregist. au Conseil souverain.

(N°. 783.) DÉCRET *de l'Assemblée coloniale, sanctionné par M. le Général, concernant l'Imposition pour l'année* 1790.

Du 9 juillet 1790.

L'ASSEMBLÉE coloniale, portant attentivement ses regards sur tout ce qui peut intéresser la colonie et accroître sa prospérité, aurait desiré pouvoir se livrer dès à présent a un nouveau travail sur le mode d'imposition le plus convenable ; mais la pénurie actuelle des finances se faisant vivement sentir, et la nécessité de pourvoir à la solde des troupes et l'acquittement des autres dépenses urgentes devenant de plus en plus pressante, elle a considéré que les recherches auxquelles elle serait obligée de se livrer, et les longues discussions qui en seraient la suite, pourraient, en retardant la rentrée des fonds nécessaires au service arriéré de cette année, compromettre la tranquillité de la colonie ; elle a donc jugé plus expéditif d'adopter, pour la présente année 1790, le mode d'imposition établi par l'ordonnance du 15 février 1789, en y faisant néanmoins quelques modifications que les nouvelles circonstances ont rendu indispensables.

En conséquence, l'Assemblée coloniale a décrété et décrète ce qui suit :

ART. Ier. Toutes les denrées exportées de la colonie, consistantes en sucre, coton, cacao, café, gingembre et autres, le manioc excepté, paieront, à leur sortie pour France, un droit d'un pour cent de leur valeur, laquelle sera constatée au Domaine, 1°. par les factures des Commissionaires vendeurs ; 2°. par celles des premiers Vendeurs, lorsque les denrées auront passé dans une main-tierce avant de parvenir au Capitaine-chargeur ; 3°. par une estimation certifiée par un Capitaine de navire et deux Commissionaires-négocians du lieu, lorsque les denrées seront chargées à fret par les Habitans eux-mêmes ; et, à l'égard des denrées vendues par divers en petites quantités, et dont l'estimation partielle deviendrait trop minutieuse, le Capitaine qui devra les déclarer au Domaine, sera tenu de former, de ces objets, un état général certifié de lui, divisé par nature de denrées, et qui présentera le prix de l'estimation de chacune d'elles en particulier, attestée de la manière ci-dessus prescrite pour les marchandises chargées par les Habitans, sans que, dans aucun cas, ni pour aucune raison, il soit permis au Directeur du Domaine, de recevoir des déclarations qui ne seront pas accompagnées des pièces ci-dessus exigées, les *duplicata* desquelles pièces seront et demeureront déposés au bureau du Domaine.

Continueront, les marchandises expédiées pour les îles étrangères par des bâtimens étrangers, de payer, à leur sortie, *un pour cent de leur valeur*, laquelle sera fixée, d'après le cours au moment de l'expédition. N'entendons comprendre, dans les objets d'exportation soumis au droit d'un pour cent, les eaux-de-vie ou rum, les sirops et les melasses.

II. Les droits établis par les art. IV et VI de l'arrêt du Conseil d'Etat du Roi, du 30 août 1784, sur les objets venant de l'étranger, continueront à être perçus; mais seront versés dans la caisse de la colonie, et il en sera tenu registre particulier par le Directeur du Domaine.

A l'égard de ceux fixés par l'arrêt ci-dessus et autres, sur la morue de pêche étrangère et dont la perception, reconnue nuisible au progrès de la culture de cette colonie, avait été suspendue par l'ordonnance de MM. les Administrateurs, du 19 décembre 1789, homologative de l'arrêté de l'Assemblée générale de la colonie, du

5 du même mois, ils seront réduits à 2 pour 100, y compris le droit additionnel d'un pour cent.

N. B. Voyez, pour les articles III à X inclusivement, les articles IV à XI, de l'ordonnance sur le même sujet, pour l'année 1789, N°. 749, page 122 et suivantes de ce tome, dont ils ne sont que la répétition; à l'exception de la taxe sur les esclaves des villes qui a été réduite à 25 liv. par tête.

XI. Les droits sur les sirops et tafias seront de 3 pour 100 de la valeur, à leur sortie de cette colonie pour passer à l'étranger; ils seront soumis également au droit additionnel de 10 s. pour livre, conformément aux déclarations du Roi, des 3 février 1760 et 21 novembre 1763, du mois de novembre 1771, et à l'édit du mois d'août 1781; tous lesquels droits appartenans au Domaine d'occident, ne feront point partie de la présente imposition.

N. B. Voyez, pour les art. XII et XIII, les articles XVIII et XIX de l'ordonnance précitée.

XIV. Toute exemption d'imposition, fondée sur l'état des personnes ou sur leurs charges, demeurera supprimée, conformément à l'arrêté de l'Assemblée, du 5 décembre 1789.

XV. Les pères de plus de 10 enfans vivans jouiront de la totalité de l'exemption des droits de la capitation, soit sur leurs nègres des villes, soit sur ceux des habitations. Ceux de 10 enfans vivans jouiront de la moitié de la susdite exemption.

XVI. Les Habitans ou autres, qui formeront de nouveaux établissemens, jouiront pendant 2 ans de l'exemption de capitation, pour la quantité de nègres qu'on jugera devoir y être employée, suivant la déclaration qu'ils auront faite par devant l'Officier civil du lieu, laquelle déclaration sera accompagnée du procès-verbal d'arpentage, pour constater la quantité réelle du terrein défriché; et sera le tout, avec l'attestation dudit Officier, signifié ou communiqué au Directeur-général du Domaine, laquelle exemption n'aura lieu que pour les terres concédées depuis 1767, et ne pourra avoir lieu que pour les terres qui n'auront pas été anciennement défrichées.

XVII. La taxe sur les nègres justiciés, pour l'exercice de l'année 1790, sera établie à 15 s. par tête : ce droit sera perçu, ainsi que la capitation, par le Receveur unique, mais ne fera point partie de l'imposition. Au 1er septembre, il sera dressé par ledit Receveur, un état des contribuables en retard, qui sera remis aux Huissiers, tant de St-Pierre que du Fort Royal, après qu'il aura été revêtu de l'avis du Comité pour la contrainte des redevables, afin qu'il soit fait sur-le-champ les poursuites nécessaires, par lesdits Huissiers.

Les bourses des Huissiers seront responsables du montant des rôles qui leur auront été remis, sauf les non-valeurs, qui seront justifiées par des certificats des Curés et Municipalités.

XVIII. Dans le cas de contravention au présent décret, soit sur le fait des dénombremens, déclarations ou autres objets relatifs à l'imposition, les contrevenans seront poursuivis par devant les Tribunaux, à la diligence du Directeur-général du Domaine du Roi, conformément à l'art. XIV de l'ordonnance du 3 janvier 1788.

XIX. La capitation étant acquise depuis le 1er. janvier, l'imposition établie pour la présente année sera acquittée en entier sur-le-champ ; à défaut de quoi les redevables seront contraints par toutes les voies de droit, même par corps et par saisies et ventes de leurs nègres.

Il a été arrêté que M. le Président se retirera vers M. le Général, pour lui présenter ce décret et le prier de lui donner sa sanction.

Pour expédition ; *Signé*, GALLET ST-AUBIN, président ; DUBUC fils, vice-président ; RIGORDY, secrétaire.

Nous, *etc.*, sanctionnons le décret ci-dessus, lequel sera exécuté provisoirement suivant sa forme et teneur.

Prions messieurs les Officiers du Conseil souverain de la Martinique d'enregistrer, *etc.*

Mandons aux Commandans des paroisses et au Directeur-général du Domaine de tenir et faire tenir la main à son exécution.

Donné à la Martinique, le 9 juillet 1790.
Signé, DAMAS.

Enregist. au Conseil souverain.

(N°. 784.) DÉCRET *de l'Assemblée coloniale, sanctionné par M. le Général, concernant les Gens sans aveu.*

Du 10 juillet 1790.

L'ASSEMBLÉE coloniale, convaincue qu'aucune société ne peut exister dans l'ordre nécessaire à sa prospérité, si tous les individus qui la composent n'y sont placés d'une manière utile, et qui force pour ainsi dire l'union de leur intérêt particulier à l'intérêt général;

Considérant, d'après ce principe, que les Aventuriers et gens sans aveu, sans biens, sans état, sans métiers ou profession, qui ne tiennent en un mot par aucun lien à la société, doivent être, dans tous les pays, exactement surveillés et même repoussés; que dans les colonies sur-tout où les moindres désordres publics peuvent avoir les conséquences les plus funestes à leur existence, l'admission de cette classe d'hommes ne peut qu'être encore plus dangereuse que par-tout ailleurs; que cependant, elle abonde dans cette île à un degré qui alarmait depuis long-tems les honnêtes Citoyens, dont les inquiétudes à cet égard, ont été malheureusement justifiées, par les derniers évènemens;

Considérant enfin que les circonstances où se trouve la Métropole, et le nouvel ordre de choses qui s'ensuivra, doivent concourir à augmenter de plus en plus, dans les colonies, l'affluence de ces hommes dangereux.

L'Assemblée coloniale, d'après ces divers motifs, a regardé comme indispensable et pressant de s'occuper des moyens de délivrer la colonie de ceux qu'elle recèle dans son sein, et qu'on doit considérer comme les premiers moteurs de tous les troubles qui l'ont si long-tems affligée, et d'empêcher en outre l'entrée de ceux qui seraient tentés de s'y réfugier par la suite; en conséquence, l'Assemblée a décrété et décrète provisoirement ce qui suit :

ART. Ier. Les Officiers municipaux ou civils seront obligés de faire incessamment les recherches les plus exactes pour découvrir toutes personnes qui, n'ayant pas des biens connus, un état de commerce, un métier ou profession en exercice actuel qui puisse les faire subsister, ne seront pas avoués par des Citoyens notables ; ils les feront arrêter et en référeront au Gouverneur pour, sur son ordre, les faire embarquer pour France, et dans le cas où ces personnes seraient absolument sans moyens de payer leur passage ; ils seront remis à bord des bâtimens de commerce français, qui les recevront en qualité de novice, à raison d'un par 100 tonneaux.

II. Les Passagers venant de France seront présentés aux Officiers municipaux ou civils, qui les questionneront sur les motifs qui les amènent dans la colonie, et à défaut de motifs fondés en raison, ils seront arrêtés et traités comme les Aventuriers ci-dessus, s'ils ne sont pas avoués par des Citoyens notables. Quant à ceux qui seront arrivés par des bâtimens étrangers et qui seraient dans le cas ci-dessus énoncé, ils seront renvoyés sur les mêmes bâtimens qui les auront portés, et en attendant le départ desdits batimens, ils seront détenus a bord et nourris par les Capitaines, à la charge par ceux-ci de s'engager à les représenter, lorsqu'ils s'expédieront, sous peine de 500 liv. d'amende, pour le paiement de laquelle somme ils seront tenus de fournir une caution valable.

III. Les Caboteurs qui se seront chargés de pareils Passagers seront non-seulement tenus de les reprendre, comme ci-dessus, ou de payer les frais de leur passage sur un autre bâtiment, mais ils seront encore condamnés à une amende de 1,000 liv., au profit de la Municipalité du lieu, dans le cas où le Passager ne serait pas muni d'un congé en forme.

IV. Tous caboteurs ou autres bâtimens qui auront débarqué des Passagers, sous voile et sans les avoir présentés devant qui de droit, seront condamnés à une amende de 1,500 liv.

V. Seront tenus les Officiers préposés aux Classes de donner connaissance du présent réglement à tous Capitaines et autres qui se présenteront pour avoir leurs expéditions.

L'Assemblée coloniale renouvelle, en tant que de besoin, l'exécution du réglement de police, du 9 décembre 1789, sanctionné par MM. les Administrateurs, le 12 du même mois, et enregistré au Conseil souverain.

Décrète en outre que son Président se retirera par devant M. le Gouverneur-général, pour le prier de donner son approbation au présent décret, *etc.*

Pour expédition; *Signé*, GALLET ST-AUBIN, président; DUBUC fils, vice-président; RIGORDY, secrétaire.

Nous, *etc.*, sanctionnons le décret ci-dessus pour être exécuté provisoirement, suivant sa forme et teneur.

Prions messieurs les Officiers du Conseil souverain de la Martinique de faire enregistrer *etc.*

Donné à la Martinique, le 13 juillet 1790. *Signé*, DAMAS.

Enregist. au Conseil souverain.

(N°. 785.) DÉCRET *de l'Assemblée coloniale, sanctionné par M. le Général, portant suppression du Tribunal du Gouvernement.*

Du 21 juillet 1790.

L'ASSEMBLÉE, considérant que la division exacte de chaque pouvoir dans l'Etat doit former la base essentielle de toute constitution; que M. le Gouverneur, comme représentant la personne du Roi dans la colonie, est le dépositaire du pouvoir exécutif, et qu'il ne peut en conséquence exercer en même tems le pouvoir judiciaire,, arrête que le Tribunal du Gouvernement sera supprimé, et que toutes les affaires ci-devant attribuées à ce Tribunal seront renvoyées par devant les Juges ordinaires.

Arrete de plus que son président se retirera par devers M. le Gouverneur pour le prier de donner sa sanction au présent décret.

Pour expédition; *Signe*, GALLET ST-AUBIN, président; DUBUC fils, vice-président; RIGORDY, secrétaire.

Nous, *etc.*, sanctionnons provisoirement le présent décret, pour être exécuté suivant sa forme et teneur.

Prions messieurs les Officiers du Conseil souverain de la Martinique de faire enregistrer, *etc.*

Donné à la Martinique, le 24 juillet 1790. *Signé*, DAMAS.

Enregist. au Conseil souverain.

(N°. 786.) LETTRES-PATENTES *du Roi*, *sur un Decret de l'Assemblée nationale*, *du 6 août*, *portant abolition des Droits d'Aubaine et de Détraction*, *et extinction des Procédures relatives à ces droits.*

Du 18 août 1790.

LOUIS, *etc.*, SALUT : L'Assemblée nationale, considerant que le droit d'aubaine est contraire aux principes de fraternité qui doivent lier tous les hommes, quel que soit leur pays et leur gouvernement ; que ce droit, établi dans des tems barbares, doit être proscrit chez un peuple qui a fondé sa Constitution sur les droits de l'homme et du citoyen, et que la France libre doit ouvrir son sein à tous les peuples de la terre, en les invitant à jouir sous un Gouvernement libre des droits sacrés et inaliénables de l'humanité, a décrété le 6 de ce mois, et nous voulons et ordonnons ce qui suit :

ART. Ier. Le droit d'aubaine et celui de détraction sont abolis pour toujours.

II. Toutes les procédures, poursuites et recherches, qui auraient ces droits pour objet, sont éteintes.

Mandons et ordonnons, *etc.*

Donné à Saint-Cloud, le 18 août 1790. *Signé*, LOUIS; *et plus bas*, par le Roi, GUIGNARD.

Enregist. au Conseil souverain.

(N°. 787.) ORDONNANCE *de M. le Général, pour la convocation du Conseil souverain, extraordinairement, afin qu'il reprenne ses fonctions, suspendues par les troubles.*

Du 26 mars 1791.

LES circonstances permettant enfin de rendre aux Tribunaux leur autorité, suspendue par les troubles qui ont affligé cette colonie, nous avons pensé que la réunion du Conseil souverain, après la longue interruption de ses séances, ne pourra ici que contribuer efficacement à remettre dans toute sa vigueur la distribution de la justice, si nécessaire au maintien du repos et de l'ordre public. Beaucoup d'objets de sa compétence sont restés arriérés, dont il est à propos qu'il s'occupe, et il est singulièrement intéressant d'expédier et de juger les procédures criminelles.

A CES CAUSES, nous avons convoqué et convoquons, extraordinairement, ledit Conseil souverain au mardi 29 du présent mois, pour tenir ses séances en cette ville du Fort-Royal, et y demeurer assemblé tant que nous le jugerons utile à la chose publique, et jusqu'à ce qu'il en soit par nous autrement ordonné.

Seront des lettres d'invitation adressées par nous, à cet effet, aux Officiers du Conseil souverain;

souverain ; et sera notre présente ordonnance enregistree à l'ouverture de sa première séance.

Donne au Fort-Royal Martinique, le 26 mars 1791. *Signé*, BEHAGUE.

Enregist. au Conseil souverain.

(N°. 788.) LOI, *portant que le Décret du 6 août 1790, concernant l'abolition des Droits d'Aubaine et de Détraction, doit être exécuté dans toutes les Possessions françaises, même dans les deux Indes.*

Du 17 avril 1791.

LOUIS, *etc.*, SALUT : L'Assemblée nationale a decrété, le 13 avril 1791, et nous voulons et ordonnons ce qui suit :

L'Assemblée nationale, après avoir entendu le rapport, *etc.*, ne voulant laisser aucun doute sur l'intention qu'elle a manifestée, par son décret du 6 août 1790, concernant l'abolition des droits d'aubaine et de détraction, déclare qu'il doit être exécuté dans toutes les possessions françaises, même dans les deux Indes.

Mandons et ordonnons, *etc.*

Donné à Paris, le 17 avril 1791. *Signé*, LOUIS ; *et plus bas*, par le Roi, M. L. F. DUPORT.

Enregist. au Conseil souverain.

(N°. 789.) ORDONNANCE *de MM. les Général et Intendant, concernant l'Hivernage.*

Du 10 juin 1791.

N. B. Voyez le N°. 760, page 150 de ce tome, dont les dispositions sont absolument les mêmes.

(N°. 790.) PROCLAMATION *du Roi*, *sur l'abolition des Droits d'Aubaine et de Detraction.*

Du 13 juin 1791.

SUR les lettres-patentes du 18 août 1790 et le décret de l'Assemblée nationale du 6 du même mois, portant abolition du droit d'aubaine, de détraction et d'instruction des procédures relatives à ces droits, et sur la loi du 17 avril 1791, portant que le susdit décret du 6 août 1790 doit être exécuté dans toutes les possessions françaises, même dans les deux Indes, donné à Paris le 13 juin 1791.

Le décret du 6 août 1790 et les lettres-patentes rendues sur icelui, le 18 du même mois, ayant aboli les droits d'aubaine et de détraction, en ordonnant que toutes procédures, poursuites et recherches qui auraient ces droits pour objet, seraient éteintes; et la loi du 17 avril dernier ayant ordonné que ces dispositions seraient exécutées dans toutes les possessions françaises, même dans les deux Indes; mande et ordonne S. M., *etc.*, de se conformer auxdites lois, ainsi qu'à la présente proclamation, et de tenir la main à leur exécution.

Fait à Paris, le 13 juin 1791. *Signé*, LOUIS; *et plus bas*, par le Roi, THÉVENARD.

Enregist. au Conseil souverain.

(N°. 791.) ARRÊT *du Conseil souverain, concernant l'introduction de la fausse Monnaie dans la Colonie.*

Du 12 juillet 1791.

VU, *etc.*, la Cour ordonne que, par les Officiers des Amirautés, il sera informé des circonstances de l'introduction et distribution dans la colonie des quarts de gourde altéres, mentionnés dans le requisitoire du Procureur-géneral du Roi, du 7 de ce mois, et au procès-verbal du Senéchal, du 9 ; à l'effet de quoi, deux desdits quarts seront déposés dans les Greffes respectifs, pour le procès-verbal d'information rapporté en la Cour et communiqué audit Procureur général du Roi, être ordonné ce qu'il appartiendra ; fait défenses à toutes personnes d'introduire ni mettre en circulation de pareils quarts de gourde, ou toutes autres monnaies altérées, à peine d'être poursuivies conformément aux ordonnances ; ordonne aux Officiers des Amirautés du ressort dans cette île de veiller avec la plus grande exactitude à toute introduction de monnaies, autres que celles autorisées et en circulation.

Ordonne aussi que le présent arrêt sera enregistré, tant aux Sénéchaussées qu'aux Amirautés, imprimé, lu, *etc.*

Fait au Conseil souverain de la Martinique, le 12 juillet 1791, *signé*, ROIGNAN, greffier.

(N°. 792.) ARRÊT *du Conseil souverain, portant suppression des Bourses communes des Huissiers.*

Du 12 juillet 1791.

VU, *etc.*, la Cour, ayant égard à la remontrance du Procureur-général, a suspendu jusqu'à nouvel ordre, la réunion des Huissiers en bourses communes et l'exécution de l'arrêt portant établissement d'icelles; ordonne que les registres tenus dans la bourse seront déposés au Greffe de leur Sénéchaussée, après dû inventaire, en présence des Officiers desdites Sénéchaussées.

En conséquence, ordonne aussi, jusqu'à ce qu'il en soit autrement ordonné, que chaque Huissier travaillera séparément de son état, à la charge par lui de se conformer aux réglemens de la Cour, relatifs à ses fonctions et de fournir une caution de 10,000 liv., qui sera agréée aux formes ordinaires, par le Procureur du Roi de chaque Sénéchaussée, cela pour la sûreté des sommes qu'il pourra recevoir ou du produit des ventes qu'il pourra faire, duquel il sera tenu de rendre compte à la première réquisition des parties intéressées, à peine d'y être extraordinairement contraint par corps; enjoint à chacun desdits Huissiers de faire viser par M. le Sénéchal, ou son Representant en son absence, son cahier d'exploits, avant de partir pour la campagne, à n'y pas aller sans avoir prévenu le Procureur du Roi et pris ses ordres; à envoyer tous les lundis de chaque semaine, au Procureur-général du Roi, les mouvemens particuliers de leurs études, avec l'énumération des affaires de tous genres qui y sont entrées pendant la semaine précédente, et de celles qu'ils auront faites ; à faire le service des Tribunaux et tous actes y relatifs, ainsi qu'à la police, à tour de rôle et au nombre qui sera arrêté, tous les premiers de chaque mois, par le Sénéchal et le Procureur du Roi de chaque Sénéchaussée, et visé du Procureur-général ; le tout, sous peine d'interdiction, pour la première négligence ou manquement constaté aux dispositions du présent arrêt, et de destitution en cas de récidive, à prononcer par le Sénéchal, sur le réquisitoire du Procureur du Roi, pour être exécutée provisoirement, nonobstant l'appel en la Cour : et sera le présent arrêt enregistré aux Sénéchaussées du ressort, *etc.*

Fait au Conseil souverain de la Martinique, le 12 juillet 1791. *Signé*, ROIGNAN, greffier.

(N°. 793.) EXTRAIT *du Réglement du Juge de Police de St-Pierre, sur les Farines nationales et étrangères.*

Du 13 juillet 1791.

LE Juge dit :

Que l'ouverture des ports n'est accordée pour l'introduction de la farine étrangère, que lorsqu'une crainte bien fondée décide la sollicitude des Administrateurs ; que la c 1 s mmation des farines de la Métropole doit être épuisée, avant que les secours étrangers soient mis en œuvre ; que lorsqu'après l'ouverture des ports il arrive un bâtiment de France, les Boulangers doivent employer la farine française concurremment avec celle qu'ils ont achetée des étrangers; que l'ardeur du gain et d'un bénéfice toujours constant et toujours considérable ne doit pas faire oublier aux Boulangers l'intérêt du commerce de France; que plusieurs Capitaines français, ayant apporté de la farine, leur cargaison a dû appeler les Boulangers; que plusieurs d'eux néanmoins n'en ont pris qu'en très-petite quantité, et que le plus grand nombre s'est constamment refusé à en prendre, malgré les ordres des Commissaires du Roi; que cependant l'observation leur a été faite par nous, dans plusieurs assemblées, que le poids du pain n'était pas en proportion avec le prix des farines étrangères; qu'il n'était laissé au poids fixé par notre ordonnance, que pour faciliter l'achat et l'emploi des farines françaises.

Sur tout quoi, ouï de nouveau le Procureur du Roi en fonctions, en ses conclusions, considérant que les Citoyens de St-Pierre ne pourront se plaindre de recevoir, pendant quelques jours, du pain, moins savoureux mais sain, pour favoriser le commerce de la Mère-patrie, nous avons ordonné et ordonnons que chacun des Boulangers de la ville de St-Pierre, dénommés au tableau de répartition, prendra chez les Capitaines ou Négocians de la ville, la quantité, indiquée audit tableau, de farine des deux qualités, et ce dans 24 heures de la signification des présentes à chacun desdits Boulangers, à peine de privation du droit de tenir boulangerie; et attendu que les Boulangers ont augmenté leur fortune au détriment du pauvre, qui se nourrissait d'un pain au-dessous du poids qu'il devait avoir, et qui n'est conservé à ce poids que dans l'opinion que les Boulangers obéiront aux ordres à eux donnés; qu'ils violeraient les lois de la justice, de l'humanité et du patriotisme, qui s'annonce par des faits, non par des paroles inutiles et des cris indiscrets, s'ils persistaient dans un refus qui a été trop longtems suivi de leur part, nous avons donné acte au Procureur du Roi des réserves qu'il fait de se pourvoir, ainsi qu'il appartiendra contre ceux desdits Boulangers qui n'obeiraient pas à ces présentes, même si lieu y a, au remboursement au profit des pauvres de l'excédent du poids qu'aurait dû avoir le pain, depuis que le prix de la farine étrangère autorisait une augmentation de plusieurs onces.

Mandons, *etc.*

Donné à St-Pierre Martinique, le 13 juillet 1791. *Signé*, ASTORG.

(N°. 794.) ARRÊT *du Conseil souverain, qui fixe la valeur des Quarts de Gourdes de nouvelle introduction.*

Du 15 septembre 1791.

CE jour, le Procureur-général du Roi, en fonctions, a dit :

Que l'arrêt de la Cour, du 11 juillet dernier, relatif aux quarts de gourdes, avait reçu diverses interprétations, qui en ont rendu l'exécution difficile ; pourquoi il croyait devoir proposer à la Cour de l'interpréter elle-même, de manière à lever tous les doutes, et à faire cesser les difficultés qui se sont élevées.

La matière mise en délibération, la Cour interprétant, en tant que de besoin, son arrêt du 11 juillet dernier, considérant que la valeur des pièces de monnaies mentionnées audit arrêt, n'est que de *trente-trois sols;* mais qu'elle ne pouvait être échangée exactement pour cette valeur, par les monnaies du pays, ordonne que lesdites pièces de monnaie, frappées à écu sans colonnes, mises en circulation dans la colonie pour des quarts de gourde, seront reçues pour 33 s. 9 d., ce qui fait 30 s. 1 tempé.

Réserve neanmoins à toutes personnes qui auraient reçu en paiement pour des quarts de gourdes lesdites pièces de monnaie, introduites dans la colonie, leur recours par les voies légales, contre tout Capitaine ou le Trésor royal, qui les leur auraient données directement en paiement. Ordonne que le présent arrêt sera imprimé, publié et affiché dans toutes les paroisses du ressort.

Fait au Conseil souverain de la Martinique, le 15 septembre 1791. *Signé*, ROIGNAN, greffier.

(N°. 795.) LOI *relative aux Colonies françaises, orientales et occidentales.*

Du 28 septembre 1791.

LOUIS, par la grâce de Dieu et par la Loi constitutionnelle de l'Etat, Roi des Français : A tous présens et à venir ; SALUT : L'Assemblée nationale a décrété, le 24 septembre 1791, et nous voulons et ordonnons ce qui suit :

L'Assemblée nationale constituante voulant, avant de terminer ses travaux, assurer d'une manière invariable la tranquillité intérieure des colonies et les avantages que la France retire de ces importantes possessions, décrète comme article constitutionnel pour les colonies, ce qui suit :

Art. Ier L'Assemblée nationale législative statuera exclusivement, avec la sanction du Roi, sur le régime extérieur des colonies; en conséquence elle fera 1°. les lois qui réglent les relations commerciales des colonies, celles qui en assurent le maintien par l'établissement des moyens de surveillance, la poursuite, le jugement et la punition des contraventions, et celles qui garantissent l'exécution des engagemens entre le commerce et les Habitans des colonies; 2°. les lois qui concernent la défense des colonies, les parties militaire et administrative de la guerre et de la marine.

II. Les Assemblées coloniales pourront faire sur les mêmes objets toutes demandes et représentations, mais elles ne seront considérées que comme de simples pétitions, et ne pourront être converties dans les colonies en réglemens provisoires, sauf néanmoins les exceptions extraordinaires et momentanées relatives à l'introduction des subsistances, lesquelles pourront avoir lieu à raison d'un besoin pressant légalement constaté, et d'après un arrêté des Assemblées coloniales, approuvé par les Gouverneurs.

III. Les lois concernant l'état des personnes non libres et l'état politique des hommes de couleur et nègres libres, ainsi que les réglemens relatifs à l'exécution de ces mêmes lois, seront faites par les Assemblées coloniales actuellement existantes et celles qui leur succéderont, s'exécuteront provisoirement avec l'approbation des Gouverneurs des colonies, pendant l'espace d'un an pour les colonies de l'Amérique, et pendant l'espace de 2 ans pour les colonies au-delà du Cap-de-Bonne-Espérance, et seront portées directement à la sanction absolue du Roi, sans qu'aucun décret antérieur puisse porter obstacle au plein exercice du droit conféré par le présent article aux Assemblées coloniales.

IV. Quant aux formes à suivre pour la confection des lois du régime intérieur qui ne concernent pas l'état des personnes désignées dans l'article ci-dessus, elles seront déterminées par le pouvoir législatif, ainsi que le surplus de l'organisation des colonies, après avoir reçu le vœu que les Assemblées coloniales ont été autorisées à exprimer sur leur Constitution.

Mandons et ordonnons, *etc.*

Donné à Paris, le 28 septembre 1791. *Signé*, LOUIS; *et plus bas*, par le Roi, M. L. F. DUPORT.

Enregist. au Conseil souverain.

(N°. 796.) PROCLAMATION *du Roi, sur la Loi du 28 septembre 1791, relative aux Colonies françaises.*

Du 29 septembre 1791.

SA MAJESTÉ convaincue que la loi du 28 de ce mois, destinée à assurer aux colonies françaises la tranquillité intérieure, et à resserrer de plus en plus les liens qui doivent unir toutes les parties de l'Empire; considérant que cette loi qui sera reçue par tous les Colons avec la juste reconnaissance qu'elle doit leur inspirer, est à la fois la preuve du desir de l'Assemblée nationale de les maintenir dans un état de paix intérieure, sans laquelle il n'est point de bonheur, et de la confiance de la nation dans leurs sentimens et leur fidélité, le Roi l'a acceptée, avec une véritable satisfaction, et a voulu donner par cette adhésion solennelle, un témoignage nouveau de son affection pour les Habitans des colonies. S. M. se livre donc d'avance à l'espoir que cette loi salutaire inspire, et elle invite les Colons à montrer par leur modération, leur union et leur justice, qu'ils sont vraiment Français, et que les pouvoirs qui sont delegués aux Assemblées coloniales, sont tout à la fois des moyens de tranquillité pour les colonies, et d'accroissement pour la prospérité de l'Etat.

Mande et ordonne S. M., *etc.*

Fait à Paris, le 29 septembre 1791. *Signé*, LOUIS; *et plus bas*, par le Roi, DE LESSART.

Enregist. au Conseil souverain.

(N°. 797.) ARRÊT *du Conseil souverain, concernant le Notaire aux Successions vacantes.*

Du 3 janvier 1792.

LA Cour ordonne que, de ce jour à l'avenir, les fonctions de Notaire aux successions vacantes sont incompatibles avec celles de Substitut du Procureur du Roi, ce qui sera enregistré aux Sénéchaussées du ressort.

Fait au Conseil souverain de la Martinique, le 3 janvier 1792. *Signé*, ROIGNAN, greffier.

(N°. 798.) ARRÊT *du Conseil souverain, concernant les Minutes des Notaires.*

Du 5 mars 1792.

LA Cour, *etc.*, faisant droit au réquisitoire du Procureur-général du Roi, fait itérative injonction aux Procureurs du Roi des Sénéchaussées du ressort, d'être de la plus grande exactitude et du plus grand scrupule dans les visites qu'ils feront à l'avenir des minutes des Notaires; ordonne que le présent arrêt, en ce qui concerne ladite injonction, sera enregistré aux Greffes desdites Sénéchaussées.

Fait au Conseil souverain de la Martinique, le 5 mars 1792. *Signé*, ROIGNAN, greffier.

(N°. 799.) ORDONNANCE *de M. le Général, sur l'Arrêté de l'Assemblée Coloniale, concernant l'imposition des années* 1790, 1791 *et* 1792.

Du 1er. avril 1792.

VU par nous l'arrêté de l'Assemblée coloniale, en date du 22 mars dernier, dont la teneur suit :

Les circonstances, dans lesquelles se trouve la colonie ont empêché que l'Assemblée coloniale arrêtât l'imposition des années 1791 et 1792 ; il a même été impossible de faire rentrer l'imposition de 1790, qui se trouve presqu'entièrement due, ainsi qu'une somme considérable d'arrérages des années précédentes.

Les malheurs de la colonie lui auraient assuré, dans les tems ordinaires, la remise de plusieurs années d'impositions, et mêmes des secours puissans que sa position exigeait.

Les considérations majeures qui sont présentées dans la lettre de M. le Gouverneur, pour la convocation de cette session, font cependant passer sur un motif aussi légitime, et décident à saisir la circonstance momentanée du prix des denrées pour venir au secours de la caisse publique.

Quelque forte que soit la charge de trois années d'imposition, et de plusieurs autres d'arrérages cumulés en ce moment, l'Assemblée coloniale n'hésite pas à l'ordonner, afin que le service ne soit nullement en souffrance et qu'il n'y ait plus de retard à l'accomplissement de son vœu pour l'acquittement des prêts et avances généreux qui ont aidé l'administration dans les tems les plus critiques.

Les raisons qui ont empêché l'Assemblée coloniale, en 1791, de toucher au mode de l'imposition, ayant acquis plus de force, une partie de l'imposition ayant d'abord été prélevée au Domaine pour l'année entière de 1791 et le commencement de 1792, elle a considéré que les recherches auxquelles elle serait obligée de se livrer, et les discussions qui en seraient la suite pourraient, en retardant la rentrée des fonds nécessaires au

service

service arriéré desdites années, compromettre la tranquillité de la colonie; elle a donc jugé plus expédient d'adopter, pour les années 1791 et 1792, le mode d'imposition établi pour 1790, en y faisant cependant quelques changemens, qui ont paru justes et sans inconvénient.

En conséquence, l'Assemblée a arrêté et arrete ce qui suit :

Art. Ier. Toutes les denrées exportées de la colonie, consistantes en sucre, coton, cacao, café, gingembre et autres, le manioc excepté, continueront de payer à leur sortie pour France, un droit d'un pour cent de leur valeur, laquelle sera constatée au Domaine, 1°. par les factures des Commissionnaires-vendeurs; 2°. par celles des premiers Vendeurs, lorsque les denrées auront passé dans une main-tierce avant de parvenir au Capitaine chargeur; 3°. par une estimation certifiée par un Capitaine de navire et deux Commissionnaires ou Négocians du lieu, lorsque les denrées seront chargées à fret par les Habitans eux-mêmes; à l'égard des denrées vendues par divers en petites quantités, et dont l'estimation partielle deviendrait trop minutieuse, le Capitaine qui devra les déclarer au Domaine, sera tenu de former, de ces objets, un état général certifié de lui, divisé par nature de denrées, et qui présentera le prix de l'estimation de chacune d'elles en particulier, attestée de la manière ci-dessus prescrite pour les marchandises chargées par les Habitans, sans que, dans aucun cas, ni pour aucune raison, il soit permis au Directeur du Domaine, de recevoir des déclarations qui ne seront pas accompagnées des pièces ci-dessus exigées, les *duplicata* desquelles pièces seront et demeureront déposés au bureau du Domaine.

A commencer du 1er. mai prochain, le droit ci-dessus mentionné sera remplacé, pour le sucre seulement, par celui de 12 liv. par barique, de 8 liv. par tierçon, pesant depuis 500 jusqu'à 750 livres net, et de 3 liv. par quart, sur les déclarations des Capitaines et des Chargeurs.

Continueront, les marchandises expédiées pour les îles étrangères par des bâtimens étrangers, de payer, à leur sortie, *un pour cent de leur valeur*; laquelle sera fixée, d'après le cours au moment de l'expédition; n'entendons comprendre, dans les objets d'exportation soumis au droit d'un pour cent, les eaux-de-vie ou rum, les sirops ou melasses.

II. Les droits établis par les art. IV et V de l'arrêt du Conseil d'Etat du Roi, du 30 août 1784, sur les objets venant de l'étranger, continueront a être perçus, mais seront versés dans la caisse de la colonie, et il en sera tenu registre particulier par le Directeur du Domaine.

A l'égard de ceux fixés par l'arrêt ci-dessus et autres, sur la morue de pêche étrangère et dont la perception, reconnue nuisible au progrès de la culture de cette colonie, avait été suspendue par l'ordonnance de MM. les Administrateurs, du 19 décembre 1789, homologative de l'arrêté de l'Assemblée générale de la colonie, du 3 du même mois, ils seront réduits à 2 pour 100, y compris le droit additionnel d'un pour cent.

III. Les Habitans-cultivateurs qui vendent et débitent partie de leur récolte en sucre et café, dans les villes et bourgs de la colonie, pour la consommation intérieure, ainsi que les Marchands qui vendent les mêmes denrées en détail, paieront le droit d'un pour cent de la valeur des denrées par eux vendues, et pour en fixer la valeur et la quantité, ils en remettront tous les six mois, au Directeur du Domaine, des déclarations par eux assèrmentées, réservant au Directeur du Domaine la faculté de se pourvoir par devant qui de droit, dans le cas où les déclarations ne seraient pas exactes, pour faire condamner les délinquans aux peines portées à l'article ci-après; s'obligeant au surplus de faire preuve de ses diligences à cet égard.

IV. Le droit d'un pour cent d'entrée sur les marchandises sujètes au poids sera perçu sur la valeur desdites marchandises, suivant le cours dans la colonie, lequel sera apprécié au bureau du Domaine, lors de la déclaration des Capitaines à leur arrivée.

V. Tous Colporteurs, Marchands-forains, vendant dans les campagnes, et tous les gens de couleur et nègres libres, porteurs de balles ou de paniers, paieront une imposition de 66 liv. par tête, et ne pourront vendre qu'en vertu d'un permis de M. le Gouverneur, accordé sur la quittance du Receveur.

VI. Les esclaves des villes et bourgs, ouvriers, domestiques, ou servant a loyer ou a la journée, ceux qui sont employés à la pêche ou dans les accons, bateaux caboteurs, canots de poste ou de passage, seront soumis à une capitation de 25 liv. ; il sera payé la même capitation pour tous les esclaves attachés aux rummeries et vinaigreries, autres que celles qui dépendent des sucreries.

Les personnes domiciliées dans les villes et bourgs, ayant habitations, et celles résidentes sur leurs habitations, qui ont des esclaves employés dans les villes et bourgs, ou aux ouvrages indiqués ci-dessus, fourniront des dénombremens particuliers pour lesdits esclaves.

VII. Les maisons de Saint-Pierre paieront un droit de 5 pour 100 sur le montant de leurs loyers, et à l'égard des Propriétaires qui les occupent eux-mêmes, le droit de 5 pour 100 sera arbitré sur l'estimation desdits loyers.

Les maisons situées dans la ville du Fort-Royal, dans les bourgs du Lamentin, de la Trinité et du Marin paieront un droit de 3 pour 100.

Seront cependant déchargées de l'imposition, les maisons de Saint-Pierre et autres lieux qui seraient plus de 3 mois sans être louées, et ce pour le tems qu'elles demeureront dans cet état, ce que les Propriétaires seront tenus de constater contradictoirement avec le Directeur-général du Domaine.

Les rôles et declarations de loyers de maisons seront dressés par numéros et non par lettres alphabétiques ; pour cet effet, les numéros seront vérifiés et rectifiés, aussitôt après la publication de cette ordonnance.

Les Propriétaires qui auront plusieurs maisons seront tenus, dans leur déclaration, de distinguer le montant des loyers de chacune desdites maisons, et ne pourront faire de poursuites en justice, pour obtenir le paiement de leurs loyers, que sur les déclarations qu'ils auront faites au Domaine, dont une expédition leur sera délivrée par le Directeur, nonobstant la représentation des baux qui porteraient ces loyers a une somme plus forte.

Après la confection des rôles des loyers des maisons par numéros, avec les noms des Propriétaires, il en sera fait un tableau qui sera, à la diligence du Directeur du Domaine, affiché aux portes des Eglises paroissiales et dans les Sacristies.

VIII. Il sera payé, pour tous les esclaves attachés aux sucreries, une capitation de 12 liv. par tête ; cette imposition ne sera que de 7 l. 10 s. pour tous les esclaves attachés aux autres genres de culture.

V 2

Les Habitans, qui auront plusieurs genres de culture, paieront la capitation de leurs nègres; à raison de la culture la plus imposée,

Ne seront point compris dans ces dispositions, les nègres attachés aux poteries et aux chaufourneries, pour lesquels il sera fourni des dénombremens à part, et dont la capitation sera de 25 liv.

IX. Les droits sur les sirops et tafias seront de 3 pour 100 de leur valeur, à leur sortie de cette colonie pour passer à l'étranger; ils seront soumis également au droit additionnel de 10 s. par livre, conformément aux déclarations du Roi, des 3 février 1760 et 21 novembre 1763, du mois de novembre 1771, et à l'édit du mois d'août 1781, tous lesquels droits appartenans au Domaine d'occident, ne feront point partie de la présente imposition.

X. Tous les droits revenant au fisc continueront à être perçus comme par le passé et ne feront pas partie de la présente imposition; mais ils seront versés dans la caisse de la colonie, et il en sera tenu un registre particulier par le Directeur du Domaine.

XI. Conformément à l'ordonnance de 1763, tous les Cabaretiers, Traiteurs, Aubergistes, Limonadiers et autres vendant au détail vin, eau-de-vie et liqueurs, ainsi que ceux tenant billards ou jeux permis, soit que ceux-ci donnent à boire ou non, paieront, par an, les sommes fixées ci-après; SAVOIR:

Ceux résidant au Fort Royal et au Lamentin, 800 liv.

Ceux résidant à Saint-Pierre, 1,200 liv.

Ceux résidant à la Trinité, 400 liv.

Ceux résidant au Marin, 200 liv.

Ceux résidant au Prêcheur et au Carbet, 300 liv.

Ceux résidant dans les autres bourgs de l'île, 150 liv.

Le paiement de ces droits sera divisé en 4 époques de 3 mois chacune, et exigible à l'avance en janvier, avril, juillet et octobre.

Les droits de cabaret seront toujours payés entre les mains du Receveur unique, pour être, comme par le passé, employés à des ouvrages municipaux d'une utilité publique et générale, et ce, jusqu'à ce qu'il en ait été autrement ordonné.

XII. Toute exemption d'imposition, fondée sur l'état des personnes ou sur leurs charges, demeurera supprimée, conformément à l'arrêté de l'Assemblée, du 5 décembre 1789.

XIII. Les péres de plus de 10 enfans vivans jouiront de la totalité de l'exemption des droits de la capitation, soit sur leurs négres des villes, soit sur ceux des habitations. Ceux de 10 enfans vivans jouiront de la moitié de la susdite exemption.

XIV. Les Habitans ou autres, qui formeront de nouveaux établissemens, jouiront pendant 2 ans de l'exemption de capitation, pour la quantité de négres qu'on jugera devoir y être employée, suivant la déclaration qu'ils auront faite par devant l'Officier civil du lieu, laquelle déclaration sera accompagnée du procès-verbal d'arpentage, pour constater l'étendue réelle du terrein défriché; et sera le tout, avec l'attestation de l'Officier, signifié ou communiqué au Directeur-général du Domaine, laquelle exemption n'aura lieu que pour les terres concédées depuis 1767, et ne pourra avoir lieu que pour les terres qui n'auront pas été antérieurement défrichées.

XVI. La taxe sur les négres justiciés, pour l'exercice des années 1791 et 1792, continuera d'être établie sur le pied de 15 s. par tete : ce droit sera perçu, ainsi que la capitation, par le Receveur unique, mais ne fera point partie de l'imposition.

XVI. Les compensations directes pour prêts et avances de toute nature, faits à la colonie, seront admis, tant sur les arrérages des impositions précédentes, que sur les impositions des années 1791 et 1792; (la compensation directe est celle demandée par le prêteur sur son imposition personnelle, sans qu'il puisse transmettre son titre à d'autres débiteurs à ladite imposition).

XVII. Le produit de toutes les perceptions énoncées dans le présent arrêté, ainsi que celui des années antérieures, seront versés dans la caisse publique et appliqués; savoir : les 500,000 l. des premiers recouvremens aux dépenses de l'administration, et les autres rentrées seront employées successivement, moitié auxdites dépenses et moitié à l'acquittement, en argent, des prêts, avances et fournitures qui n'auront pu être compensés, jusqu'à parfait paiement.

Lesdites compensations et paiemens n'auront lieu que conformément aux états qui en seront remis à l'administration, dans le plus court délai, avec le *visa* du Comité de liquidation nommé par délibération du 10 décembre dernier.

XVIII. Les particuliers qui se trouvent hors d'état de payer l'imposition, seront tenus de remettre au Receveur un certificat du Curé du lieu, visé par le Commandant de la paroisse, qui justifiera de leur impuissance ; les certificats seront rapportés par le Receveur unique de l'imposition, au Comité intermédiaire, qui pourra y avoir égard, en autorisant le Receveur à suspendre les poursuites jusqu'à la décision qui sera rendue, sur le rapport dudit Comité, par l'Assemblée coloniale, ou le rejeter d'après les informations que le Comité se sera procurées ; dans le cas où les certificats seront rejetés, le Receveur unique sera tenu, sous sa responsabilité, de faire les poursuites de rigueur.

XIX. Dans le cas de contravention au présent décret, soit sur le fait des dénombremens, déclarations ou autres objets relatifs à l'imposition, les contrevenans seront poursuivis par devant les Tribunaux, à la diligence du Directeur-général du Domaine, conformément à l'art. XIV de l'ordonnance du 3 janvier 1788.

XX. La capitation étant acquise depuis le 1er. janvier de chacune desdites années, l'imposition établie par le présent arrêté sera acquittée en entier sur-le-champ ; à défaut de quoi les redevables seront contraints par toutes les voies de droit, même par corps, et par saisies et ventes de leurs nègres.

L'Assemblée a de plus délibéré que le présent arrêté sera présenté à l'approbation de M. le Gouverneur, par son Président.

Signé, DUBUC fils, président ; GALLET CHARLERY, vice-président ; RIGORDY, secrétaire ; PINEL, secrétaire-adjoint.

Avons, en vertu des pouvoirs qui nous sont confiés par la Nation et le Roi, donné notre approbation, par les motifs énoncés dans notre réponse audit arrêté, quant à ce qui concerne l'assiette et la perception des impositions des années 1791 et 1792, pour être ledit arrêté exécuté dans les formes ordinaires du service; renvoyant pour ce qui regarde les dispositions relatives aux compensations et paiemens des prêts, avances et dépenses, qui appartiennent aux tems des troubles, à MM. les Commissaires du Roi, qui feront à cet égard, à M. l'Ordonnateur, toutes les réquisitions qu'ils jugeront convenables : en conséquence et en vertu des mêmes pouvoirs, mandons et ordonnons à tous Corps administratifs et Tribunaux que les présentes ils fassent transcrire, *etc.*, jusqu'à ce qu'il en ait été autrement décidé par le Corps législatif et le Roi.

Donné au Fort-Royal Martinique, le 1er. avril 1792. *Signé*, BEHAGUE.

Enregist. au Conseil souverain.

(N°. 800.) ORDONNANCE *de M. le Général, sur l'Arreté de l'Assemblée coloniale, pour le prêt d'une somme de* 132,000 *liv. à faire par la Colonie, pour les besoins du service de l'Administration.*

Du 11 juin 1792.

Enregist. au Conseil souverain.

(N°. 801.) ORDONNANCE *de MM. les Général et Commissaire-général-ordonnateur, concernant l'Hivernage.*

Du 22 juin 1792.

ÉTANT nécessaire de pourvoir à la sûreté des batimens du commerce de France pendant la saison de l'hivernage, et pour prévenir les accidens auxquels ils pourraient être exposés dans la rade de Saint-Pierre, nous ordonnons, qu'à compter du 15 juillet prochain, jusqu'au 12 octobre suivant, tous les navires, senaux, brigantins actuellement mouillés dans ladite rade, ou qui y arriveront d'Europe jusqu'au 15 dudit mois de juillet prochain, seront tenus de se retirer dans le bassin du Fort-Royal, à peine, par les Capitaines, de répondre, en leur propre et privé nom, de tous dommages, pertes ou avaries qui en pourraient résulter, et en outre de punition personnelle, suivant l'exigence des cas et conformément aux ordonnances.

Pourront néanmoins tous bateaux, goëlettes et autres bâtimens caboteurs mouiller dans la rade de St-Pierre, pendant la durée de l'hivernage, le tout aux risques, périls et fortunes des Maîtres ou des Propriétaires.

Quoique l'ordonnance du Gouvernement, en date du 7 mai 1791, rendue sur la réquisition de MM. les Commissaires du Roi, porte, art. Ier., que provisoirement et jusqu'à la décision de l'Assemblée nationale, le port du Fort-Royal sera ouvert aux étrangers au delà des 3 mois d'hivernage déjà décrétés, et que par ce moyen elle leur offre un asyle pendant l'intempérie de cette saison, nous croyons qu'il est de notre surveillance d'inviter les Maîtres et Propriétaires des bâtimens étrangers qui ne sont pas soumis à la même loi que les nationaux, de se ranger pendant cette saison dans le port du Fort-Royal, autant qu'ils le jugeront convenable à leur sûreté et à leurs intérêts.

Mandons aux Capitaines de port du Fort-Royal et de St-Pierre, et au Directeur-général du Domaine de faire exécuter la présente ordonnance, chacun en ce qui les concerne.

Mandons également aux Officiers des Amirautés de la faire enregistrer en leurs Greffes, publier, *etc.*

Donné à la Martinique, le 22 juin 1792. *Signé*, BEHAGUE, *et* PETIT.

(N°. 802.) ORDONNANCE *de M. le Général, sur l'Arrêté de l'Assemblée Coloniale, pour une imposition extraordinaire de* 500,000 liv., *pour subvenir aux dépenses de la Station.*

Du 19 octobre 1792.

VU par nous l'arrêté de l'Assemblée coloniale, en date du 9 octobre 1792, dont la teneur suit :

L'Assemblée ayant arrêté, dans sa séance du 6 du présent mois, qu'il serait fait une imposition extraordinaire d'une somme de 500,000 liv., à titre d'avance, pour subvenir aux dépenses de la station de la marine et aux travaux nécessités par les circonstances ;

Ledit arrêté ayant été approuvé, le même jour, par M. le Gouverneur ;

Prenant en considération les vues proposées par son Comité intermédiaire, et MM les Députés de l'Assemblée coloniale de la Guadeloupe, consignées dans le procès-verbal de leur séance du 30 septembre dernier, arrête :

ART. Ier. Qu'à compter du jour de la proclamation du présent, jusqu'à pareil jour de la prochaine année 1793, il sera perçu, par le Directeur du Domaine, un droit additionnel de sortie sur les sucres, à raison de 15 liv. par barrique du poids au-dessus de 750 livres, de 10 l. par tierçon pesant de 500 à 750 livres, et de 3 l. 15 s. par quart pesant au-dessous de 500 livres.

II. Qu'il sera perçu du même jour, pour ledit tems et par ledit Directeur, un droit additionnel de sortie sur les café, coton, cacao et autres denrées de la colonie (les manioc, tafia et sirop exceptés), à raison d'un et un quart pour cent.

III. Qu'il sera imposé, extraordinairement, sur les maisons des villes du Fort-Royal et de St-Pierre, ainsi que sur celles des bourgs de la Trinité, du Marin et du Lamentin, 2 pour 100 des revenus, exigibles audit jour de la proclamation du présent.

IV. Qu'il sera payé la somme de 8 l. 5 s. pour chacun des nègres imposés a 25 l. chaque tête, par l'ordonnance sur l'imposition, du 22 mars 1792.

V. Que la perception desdites impositions de 2 pour 100 sur les maisons, et de 8 l. 5 s. par tête de nègres, sera faite par le Receveur unique des impositions, de la même manière et par les moyens de droit et usités pour les impositions ordinaires.

VI. Que lesdits Directeur du Domaine et Receveur unique des impositions, chacun en ce qui les concerne, verseront, entre les mains du Trésorier principal, le produit desdits droits additionnels et impositions extraordinaires, jusqu'à concurrence de ladite somme de 500,000 liv.

VII. Que lesdits Directeur du Domaine et Receveur unique des impositions seront tenus de faire connaître le produit de leurs perceptions, mois par mois, en remettant au Comité intermédiaire des états certifiés par eux.

VIII. Que, dans les paiemens desdits droits et impositions, il ne sera admis aucune des compensations qui ont été consenties, pour avoir lieu sur les impositions ordinaires des années 1791 et 1792.

IX. Attendu la nécessité d'une rentrée prompte de deniers pour subvenir aux dépenses extraordinaires très-urgentes, le Receveur des impositions percevra celles mentionnées dans les articles III et IV, sur les rôles et états qui ont été arrêtés pour les impositions ordinaires de 1792.

X. Les Capitaines des navires en chargement, qui ne sont pas encore expédiés, seront tenus de rapporter les factures et quittances des sucres et autres denrées qu'ils auront achetées antérieurement à l'époque fixée pour la perception, afin d'être dispensés du paiement des droits additionnels.

L'Assemblée a de plus arrêté que ce réglement serait présenté à l'approbation de M. le Gouverneur.

Signé, GALLET ST-AUBIN, président ; DUBUC fils, vice-président ; RIGORDY, secrétaire ; PINEL, secrétaire-adjoint.

Nous, *etc.*, approuvons l'arrêté ci-dessus, relativement aux circonstances impérieuses dans lesquelles la Martinique se trouvé.

Mais nous croyons de notre devoir et du salut de la colonie d'observer que l'urgence et la nature des travaux à faire exige un argent comptant, qui seul peut les conduire à leur fin, dans l'espace de deux mois au plus, sans quoi ils deviendraient trop tardifs, conséquemment inutiles ; c'est ce que nous prions le Comité intermédiaire de prendre dans la plus grande considération et de manière que ce service extraordinaire ne nuise pas au service ordinaire ; en conséquence, *etc.*, mandons et ordonnons, *etc.*

Donné au Fort-Royal Martinique, le 19 octobre 1792. *Signé*, BEHAGUE.

Enregist. au Conseil souverain.

(N°. 803.) ORDONNANCE *de M. le Général, sur l'Arrêté de l'Assemblée Coloniale, concernant les Vagabonds et les Gens sans aveu.*

Du 19 octobre 1792.

VU par nous l'arrêté de l'Assemblée coloniale, en date du 9 octobre 1792, dont la teneur suit :

L'Assemblée coloniale, convaincue qu'aucune société ne peut exister dans l'ordre nécessaire à sa prospérité, si tous les individus qui la composent n'y sont placés d'une manière utile, et qui force pour ainsi dire l'union de leur intéret particulier a l'intéret général ;

Considérant, d'après ce principe, que les Aventuriers et gens sans aveu, sans biens, sans état, sans métier ou profession, qui ne tiennent en un mot par aucun lien à la société, doivent etre, dans tous les pays, exactement surveillés et même repoussés ; que dans les colonies sur-tout où les moindres désordres publics peuvent avoir les conséquences les plus funestes a leur existence, l'admission de cette classe d'hommes ne peut qu'être encore plus dangereuse que par-tout ailleurs ; que cependant, elle abonde dans cette île a un degré qui alarmait depuis long tems les honnêtes Citoyens, dont les inquiétudes a cet égard, ont été malheureusement justifiées par les derniers événemens ;

Considérant enfin que les circonstances où se trouve la Métropole, et le nouvel ordre de choses qui s'ensuivra, doivent concourir à augmenter de plus en plus, dans les colonies, l'affluence de ces hommes dangereux.

L'Assemblée coloniale, d'après ces divers motifs, a regardé comme indispensable et pressant de s'occuper des moyens de délivrer la colonie de ceux qu'elle recèle dans son sein, et qu'on doit considérer comme les premiers moteurs de tous les troubles qui l'ont si longtems affligée, et d'empêcher en outre l'entrée de ceux qui seraient tentés de s'y réfugier par la suite.

En conséquence, l'Assemblée a arrété ce qui suit :

Art. Ier. Les Officiers civils seront obligés de faire incessamment les recherches les plus exactes pour découvrir toutes personnes qui, n'ayant pas des biens connus, un état de commerce, un métier ou une profession en exercice actuel qui puisse les faire subsister, ne fourniront pas une caution de 8,000 liv., assise sur une propriété immobilière de 20,000 liv. au moins ; ils les feront arrêter et en référeront au Gouverneur pour, sur son ordre, les faire embarquer pour France, et dans le cas où lesdites personnes seraient absolument sans moyens de payer leur passage, elles seront remises à bord des bâtimens du commerce français, qui les recevront en qualité de novices, à raison d'un pour 100 tonneaux.

II.

II. Les Passagers venant de France seront présentés aux Officiers civils, qui les questionneront sur les motifs qui les amènent dans la colonie, et à défaut de motifs fondés en raison, ils seront arrêtés et traités comme les Aventuriers ci-dessus, s'ils ne déposent au Greffe une somme de 3,000 liv.; quant à ceux qui seraient arrivés par des bâtimens étrangers et qui seraient dans le cas ci-dessus énoncé, ils seront renvoyés sur les mêmes bâtimens qui les auront portés, et en attendant le départ desdits bâtimens, ils seront détenus à bord et nourris par les Capitaines, à la charge par ceux-ci de s'engager à les représenter, lorsqu'ils s'expédieront, sous peine de 500 l. d'amende, pour le paiement de laquelle somme ils seront tenus de fournir une caution valable.

III. Les Caboteurs qui se seront chargés de pareils Passagers seront non-seulement tenus de les reprendre, comme ci-dessus, ou de payer les frais de leur passage sur un autre bâtiment, mais ils seront encore condamnés à une amende de 1,000 liv., au profit de la caisse coloniale, dans le cas où le Passager ne serait pas muni d'un congé en forme.

IV. Tous caboteurs ou autres bâtimens qui auront débarqué des Passagers, sous voiles et sans les avoir présentés devant qui de droit, seront condamnés à une amende de 1,500 liv., au profit de la même caisse.

V. Seront tenus les Officiers préposés aux Classes de donner connaissance du présent réglement à tous Capitaines et autres qui se présenteront pour obtenir leurs expéditions, et de leur en remettre un exemplaire.

VI. Incontinent après la publication du présent arrêté, les Officiers civils seront tenus de faire toutes diligences pour son exécution, notamment pour celui de l'art. Ier., d'en rendre compte à qui de droit, et d'en donner connaissance au Comité intermédiaire dans le mois, à peine d'interdiction et de plus grièves peines, en cas de négligence constatée.

VII. Quant aux hommes factieux qui existent dans la colonie, qu'il lui importe de rejeter de son sein pour assurer sa tranquillité, et qui ne sont pas compris dans les dispositions du présent arrêté, l'Assemblée autorise son Comité intermédiaire, après avoir vérifié les inculpations qui pourront leur être faites, à requérir M. le Gouverneur de les éloigner.

Charge l'Assemblée son Président de présenter l'arrêté ci-dessus à l'approbation de M. le Gouverneur.

Signé, GALLET ST-AUBIN, président ; DUBUC fils, vice-président ; RIGORDY, secrétaire ; PINEL, secrétaire-adjoint.

Nous, *etc.*, l'arrêté ci-dessus n'étant qu'une répétition de celui du 10 juillet 1790, l'ensemble ne présente qu'un extrait des ordonnances concernant les Marins et la police du Gouvernement, ne pouvons le regarder et l'arrêter que comme un renouvellement de ces ordonnances et réglemens, que nous approuvons sous le même point de vue.

Quant au nouvel article qui le termine, nous approuvons de même les mesures de son exécution ; en conséquence, *etc.*, mandons et ordonnons, *etc.*

Donné au Fort-Royal Martinique, le 19 octobre 1792. *Signé*, BEHAGUE.

Enregist. au Conseil souverain.

(N°. 804.) ARRÊT *du Conseil souverain, qui ordonne que les affaires du ressort de l'Amirauté de la Trinité, seront portées aux Amirautes de Saint-Pierre et du Fort-Royal.*

Du 7 novembre 1792.

VU, *etc.*, la Cour, attendu le défaut de Procureurs et d'Huissiers au siége de l'Amirauté du bourg de la Trinité, ordonne que les affaires de ce Tribunal seront provisoirement portées aux Amirautes des justiciables des Sénéchaussées de Saint-Pierre et du Fort-Royal, charge le Substitut du Procureur-général de prendre les instructions nécessaires pour mettre la Cour à portée de connaître les raisons qui font rester ladite Amirauté de la Trinité sans activité, et d'en rendre compte à la Cour à la séance prochaine.

Fait au Conseil souverain de la Martinique, le 7 novembre 1792. *Signé*, ROIGNAN, greffier.

N. B. L'arrêt ci-dessus a été confirmé et maintenu, jusqu'à l'organisation dudit Tribunal, par autre arrêt dudit Conseil du 3 janvier 1793.

(N°. 805.) ORDONNANCE *de M. le Général, qui ouvre le port du Marin aux Etrangers.*

Du 4 décembre 1792.

VU les motifs qui viennent de nous être particulièrement exposés par l'Assemblée coloniale, à l'opinion de laquelle les principaux Commerçans de Saint-Pierre se sont rangés, et pour l'exécution de laquelle ils ont été les premiers à voter. Vu les circonstances qui rendent la situation de la colonie plus précaire et plus difficile que jamais dans les moyens de pouvoir subsister, en se procurant des vivres et le débouché des denrées, dont l'échange lui est permis, par une communication plus grande avec les étrangers, déjà admis par la loi du 30 août 1784, dans quelques ports.

Vu enfin les mémoire et réglement présentés à l'Assemblée, par lesquels le Commandant de la station propose l'ouverture des ports comme absolument nécèssaire, desquels memoire et reglement l'Assemblée coloniale a arrêté qu'il serait fait depôt dans ses archives.

Nous, *etc.*, avons approuvé et approuvons provisoirement que le port du Marin jouirait de la faveur de l'entrepôt des navires américains, de la même manière qu'il se pratique pour les autres ports de la colonie ; en conséquence, *etc.*, mandons et ordonnons, *etc.*

Donné au Fort-Royal Martinique, le 4 décembre 1792. *Signé*, BEHAGUE.

Enregist. au Conseil-souverain.

(N°. 806.) CAPITULATION *conclue entre le général* Rochambeau, *gouverneur de la Martinique, et les généraux* Ch. Grey *et* J. Jervis, *commandant les forces de terre et de mer de S. M. Britannique.*

Du 22 mars 1794.

LE 21 mars 1794, MM. le commodore Charles Thompson, le colonel Symes et le capitaine John Cunningham, se sont rendus, par les ordres de LL. Exc. Sir Charles Grey, K. B., général et commandant en chef des armées de S. M. B. aux Indes occidentales, *etc.*, et Sir John Jervis, K. B., vice-amiral, et commandant en chef des vaisseaux de S. M. B. aux Indes occidentales, *etc.*, à l'habitation Dillon, pour recevoir les propositions de capitulation envoyées de la part du général Rochambeau, par le colonel D'Aucourt, le capitaine Dupriret et M. Gaschet fils, nommés commissaires à cet effet.

Ils ont proposé les articles suivans qui, d'après diverses observations, ont été rediges et modifiés, dans une seconde conférence tenue au Fort-Royal, le lendemain 22 mars 1794.

ARTICLE PRÉLIMINAIRE. Toute la colonie de la Martinique étant soumise aux armes de S. M. B., et les villes et forts de St-Pierre et du Fort-Royal ayant été enlevés l'épée à la main, le général Rochambeau ne peut faire de capitulation que pour le fort Bourbon et ce qu'il contient.

ART. Ier. La garnison, composée des Troupes de ligne, d'Artillerie, Canonniers de marine et de Gardes nationales, sortira, enseignes déployées, 30 coups dans la giberne, et 2 pièces de canons de campagne, avec 12 gargousses.

RÉPONSE. Accordé ; mais ils poseront les armes à un endroit indiqué, et ne pourront servir contre S. M. B. et ses Alliés pendant toute la guerre.

II. Il sera accordé 3 mois de paie pour les troupes de ligne.

R. Inadmissible pour la paie: On leur accorde tous leurs effets en magasin ou autres, et elles seront approvisionnées en tout ce qui leur sera nécessaire pour leur retour en France.

III. Le 37me. régiment, ci-devant Maréchal de Turenne, conservera ses drapeaux et ses armes.

R. Refusé ; cet article étant contraire à tous les usages de la guerre : les Officiers garderont leur épée.

IV. Il leur sera accordé des bâtimens pour les transporter en France.

R. Accordé.

V. Les Emigrés de la Martinique ne pourront se trouver, ni au lieu où la garnison posera ses armes, ni au lieu où elle s'embarquera.

R. Accordé.

VI. Les Gardes nationales, qui prouveront des propriétés, auront la faculté de rester dans le pays et d'y vivre à l'abri des lois anglaises, en donnant pour caution de leur conduite ces mêmes propriétés.

R. Les Gardes nationales, qui sont au fort Bourbon, qui ont des affaires à terminer et dont le séjour ne sera pas dangereux dans la colonie, pourront y rester, aux termes de la déclaration des Généraux de S. M. B., du 1e. janvier 1794.

Il sera permis à ceux qui voudront aller en France de s'y transporter, en laissant ici leurs fondés de procuration.

R. Accordé.

VII. Les personnes non comprises dans l'article ci-dessus, qui devront partir pour France, auront un délai fixé pour mettre ordre à leurs affaires.

R. Accordé un délai suffisant, qui sera au moins de 15 jours.

VIII. Les personnes composant la garnison du fort de la Convention, qui, sans avoir des propriétés foncières, auront exercé un état ou un métier, avant la présente capitulation, auront la faculté de les continuer et ne pourront être envoyées en France, à moins que leur conduite à venir n'y donne lieu.

R. Sont dans le même cas que ceux de l'art. VI.

IX. Ce qui a été réglé légalement par les autorités constituées, sera confirmé.

R. Refusé.

X. Le Code civil, en viguèur à la Martinique, sera conservé l'espace de 2 ans.

R. Accordé, tant qu'il plaira à S. M. B.

XI. Il sera assuré aux Armateurs et Capitaines leurs propriétés, à terre et à bord des navires.

R. Accordé, pour ce qui leur appartient dans le fort Bourbon.

XII. Les Habitans de Saint-Pierre, embarqués sur les bâtimens anglais, seront mis en liberté, et leurs propriétés mises sous les scellés leur seront conservées.

R. Cet article ne peut regarder la présente capitulation, mais les réclamans pourront s'adresser aux Généraux de S. M. B.

XIII. Il sera accordé à l'Ordonnateur et aux Officiers d'administration, la faculté et le tems de régler leur comptabilité, et d'emporter avec eux les papiers relatifs à cet objet.

R. Accordé.

XIV. On demande un oubli total et absolu du passé, et l'extinction de toutes les animosités.

R. Accordé, selon la proclamation des Généraux de S. M. B.

XV. Les droits des Citoyens libres, enrôlés dans la Garde nationale, seront conservés.

R. Refusé.

XVI. La liberté des individus composant les compagnies de l'Enclume, Octavius, Lacroix et Pontonnier, sera ratifiée.

R. Refusé; les esclaves seront rendus à leurs maîtres.

XVII. Il sera fixé une époque pour la prise de possession du Fort, et le délai nécessaire pour l'évacuation entière des effets appartenans à la Garnison.

R. Les deux portes du fort Bourbon seront remises aux troupes de S. M. B., aussitôt après l'échange des présens articles ; la garnison en sortira par la Grande-Porte, sera conduite au lieu indiqué à chaque corps, par les Commissaires qui ont rédigé la présente capitulation ; et posera les armes en s'embarquant. On accordera 3 jours pour l'évacuation du Fort, et les Commissaires d'artillerie et des vivres resteront au Fort pour l'inventaire de tous les magasins de toute espèce.

XVIII. Il sera porté le plus grand soin à nos malades et à nos blessés ; il leur sera fourni des bâtimens pour les transporter en France, à mesure de leur guérison.

R. Accordé aux frais du Gouvernement français, et seront soignés par leurs Chirurgiens ; à défaut, il en sera accordé.

XIX. Le général Rochambeau sera libre, aussitôt après la reddition du Fort, de faire ses dispositions pour passer en France ; il lui sera accordé une frégate pour son passage, celui de ses Aides-de-camp, de ses Secrétaires et des Officiers qui seront dans le cas de l'accompagner.

R. Accordé un bâtiment commode, avec les passeports nécessaires pour passer avec sûreté en France.

XX. Les effets, malles, caisses, papiers particuliers, enfin tout ce que le général Rochambeau déclarera lui appartenir, ainsi qu'à sa suite, seront mis sous la sauve-garde anglaise, aussitôt que les troupes de cette nation seront en possession du fort de la Convention, et ils seront embarqués avec lui.

A l'égard des Domestiques, qui lui appartiennent, et à ceux de sa suite, il en fera tel usage qu'il lui plaira.

R. Accordé.

XXI. L'Ordonnateur civil, ou l'Intendant de la colonie, sera libre, de même, de repasser en France, avec les Officiers d'administration, le Contrôleur, le Trésorier et les Employés des bureaux qui sont à St-Pierre et au Fort-Royal.

R. Accordé.

XXII. Il sera accordé à l'Intendant et à ses subalternes, les mêmes demandes que celles faites à l'art. XX pour le général Rochambeau.

R. Accordé.

XXIII. Tous les papiers de la comptabilité, qui se trouvent dans les forts ou qui peuvent être en ville, seront remis par les soins des Chefs de chaque bureau auxquels ils appartiennent, et embarqués sur le même bâtiment que l'Ordonnateur.

R. On donnera tous les papiers qui ne sont pas nécessaires à la colonie ; on facilitera les moyens d'avoir des copies authentiques de ceux que l'on jugera nécessaire de conserver.

XXIV. Les Capitaines ou Officiers des navires de commerce, qui n'ont pas encore fini leurs affaires, obtiendront, les premiers, un delai de 4 mois, et les autres, un délai de 2 mois pour les terminer, avec protection des Généraux de S. M. B., pour assurer un prompt paiement de leurs créances ; ils se procureront un passage, par la voie la plus prompte, pour se rendre, avec un passe-port des Généraux, au lieu qu'ils jugeront convenable pour leurs affaires.

R. Accordé.

Article additionnel. Le fort Bourbon sera remis à S. M. B. dans l'etat où il se trouve, sans que l'on puisse rien y détériorer, ni sur les batteries, ni dans les galeries de mines, ni dans les magasins de l'artillerie ou des vivres, avec tout ce qui n'appartient pas en propre aux personnes de la garnison.

Fait double au Fort-Royal, le 22 mars 1794. *Signé*, D'AUCOURT, DUPRIRET, GASCHET fils, THOMPSON, RICHARD SYMES, JOHN CUNNINGHAM. Approuvé ; *Signé*, CH. GREY, JERVIS ; DTN. ROCHAMBEAU.

(N°. 807.) PROCLAMATION *de Son Excellence le Commandant en chef, qui enjoint aux Tribunaux de reprendre leurs fonctions.*

Du 30 mars 1794.

ATTENDU qu'il est nécessaire pour le bien du service de S. M., et pour la tranquillité et la protection des Habitans de cette colonie, d'établir des règles provisoires pour son gouvernement civil, jusqu'à ce que le bon plaisir de S. M. soit connu, et qu'il ait été établi un système régulier pour l'avenir, tant dans la partie civile que militaire, tel que dans sa sagesse elle le jugera convenable au maintien de son autorité, et au bonheur et à la prospérité de ses nouveaux sujets ; j'ai pensé qu'il était à propos de publier, au nom de S. M., la présente proclamation, pour rappeler à l'exercice de leurs fonctions respectives tous les Officiers des Cours et Tribunaux précédemment établis pour l'administration de la justice, durant le règne de feu S. M. T. Ch., et dont les fonctions sont absolument distinctes de l'autorité, que, dans les circonstances actuelles, il est nécessaire de laisser pleine et entière dans les mains du Général auquel est confié le commandement de cette île. En conséquence, nous faisons connaître, par la présente proclamation, à tous les Habitans de la colonie que toutes les Cours et Tribunaux précédemment établis sous l'autorité de leur ancien Souverain, pour le jugement des différens entre individu et individu, seront autorisés à exercer leurs différentes fonctions, sans aucune application des formes usitées dans les autres îles britanniques sujètes de S. M., jusqu'à ce qu'elle ait fait connaître sa volonté royale à ce contraire; et en conséquence, toute personne actuellement dans cette île, et qui remplissait quelqu'office de judicature, dans quelqu'une des Cours ou dans les Tribunaux ci-dessus mentionnés, est, par la présente, requise de faire connaître son nom et la nature de ses fonctions, à M. le lieut-génl. Robert Prescott, afin qu'il soit pris des mesures convenables pour le rétablir dans l'exercice de ses fonctions et pourvoir aux remplacemens en cas de vacance.

Donné au Fort-Royal Martinique, le 30 mars 1794. *Signé*, CH. GREY.

Enregist. au Conseil souverain.

(N°. 808.) PROCLAMATION *de Son Excellence le Commandant en chef, pour le retablissement des Tribunaux dans l'île de Ste-Lucie.*

Du 5 avril 1794.

ATTENDU que depuis ma proclamation dans l'île Martinique, en date du 30 mars dernier, par laquelle les Officiers des Cours et Tribunaux precedemment etablis pour l'administration de la justice durant le règne de feu S. M. T. Ch., sont rappelés à leurs fonctions respectives, jusqu'à ce que le bon plaisir de S. M. soit connu ; et attendu que les armées britanniques ont fait de nouvelles conquêtes et que cette colonie étant ajoutée à l'Empire de S. M., il est nécessaire, pour le bien de son service, ainsi que pour la tranquillité et protection de ses nouveaux sujets en cette île, d'avoir recours à quelques régiemens temporels.

En conséquence, nous accordons et ordonnons, par la présente proclamation, à tous les Officiers civils des Cours et Tribunaux précédemment établis sous l'autorité de leur ancien Souverain, pour le jugement des différens entre individu et individu, de faire connaître leurs noms et la nature de leur fonctions, à Sir Charles Gordon, commandant les forces de S. M. en l'île Ste-Lucie, afin de prendre les mesures convenables pour les rétablir dans leurs différentes fonctions ; et attendu que cette colonie et son gouvernement étaient sous la dépendance de l'administration de l'île Martinique, à laquelle références et appels étaient faits, dans le cours des affaires civiles, et qu'il pourrait être convenable de rétablir les mêmes formes et usages ; nous faisons savoir en outre que, lorsque les Cours et Tribunaux seront légalement rétablis dans l'île Martinique, ceux de cette île continueront d'en être dépendans, jusqu'à ce que S. M. ait fait connaître sa volonté à ce contraire ; néanmoins les fonctions des Officiers civils, rétablis par la présente proclamation, seront

seront distinctes de l'autorité, que, dans les circonstances actuelles, il est nécessaire de laisser pleine et entière dans les mains du Commandant militaire de cette île.

Donné à Sainte-Lucie, le 5 avril 1794.
Signé, CH. GREY.

(N°. 809.) ARRÊT *du Conseil souverain, qui ordonne la réinstallation des Tribunaux de la Colonie.*

Du 23 avril 1794.

VU le réquisitoire du Procureur général du Roi contenant, que les circonstances désastreuses qui ont affligé cette colonie, en l'accablant de maux de tout genre, ont aggravé ses désordres, par l'interruption de la justice et la dispersion de ses légitimes Ministres et Officiers de tous grades.

Que la réintégration de la Cour souveraine dans ses fonctions est le présage flatteur, même le gage assuré du retour de l'ordre dans toutes les parties; que pour l'opérer efficacement, il est de l'intérêt public le plus urgent, que les Tribunaux inférieurs soient mis dans la plus immédiate activité, pour rendre aux lois toute leur puissance.

Pour quoi il a requis l'enregistrement des ordonnances des généraux Grey, du 30 mars, et Prescott, du 12 de ce mois, pour par elle reprendre et exercer ses fonctions, ainsi et de la même manière qu'elle les exerçait sous le règne de S. M. T. Ch. Louis XVI, en rendant ses arrêts au nom de S. M. B.

Qu'il soit aussi ordonné que, par des Commissaires de la Cour, les Sénéchaussées de son ressort seront de suite réinstallées et mises en activité, pour, par les Officiers qui les composent, reprendre leurs fonctions, au même titre qu'ils les exerçaient sous le même règne de Louis XVI.

La Cour, *etc.*, ordonne l'enregistrement demandé, et en conséquence elle déclare reprendre ses fonctions pour les exercer, d'après les lois établies et en vigueur jusqu'à l'époque de la révolution française, sous le règne de S. M. T. Ch. Louis XVI, afin de rendre la justice, au nom et sous l'autorité de S. M. Georges III, roi de la Grande Bretagne, actuellement son légitime souverain, auquel elle a prêté le serment de fidélité et d'allégeance prescrit par la proclamation du général Prescott, du 12 de ce mois.

Ordonne aussi que les Sénéchaussées de cette île seront incessamment réinstallées et mises en activité; savoir : celle du Fort Royal, par Me. Poquet de Janville, et celle de St-Pierre par Me. Dessales, conseillers, que la Cour a nommés pour Commissaires à cet effet, pour, par les Officiers qui les composent, reprendre leurs fonctions au même titre qu'ils les exerçaient sous le règne de Louis XVI, et d'après les lois qui étaient alors en vigueur.

Fait au Conseil souverain de la Martinique, le 23 avril 1794. *Signé*, ROIGNAN, greffier.

(N°. 810.) Arrêt *du Conseil souverain, qui ordonne que, par des Commissaires, il sera fait visite et examen des Greffes de la Cour et des Sénéchaussées; des Prisons et de leurs Registres; des Registres et de l'état des Églises des Paroisses; des Études des Notaires, Arpenteurs et Curateurs aux Biens vacans; des Receveurs de la Caisse des Negres justiciés; de tous Comptables et Dépositaires soumis à l'inspection de la Cour; ainsi que des Etablissemens et Maisons publiques de la Colonie.*

Du 24 avril 1794.

(N°. 811.) Arrêt *du Conseil souverain, concernant la Police et la Discipline des Esclaves.*

Du 24 avril 1794.

Vu, *etc.*, la Cour, faisant droit sur le réquisitoire du Procureur-général du Roi, ordonne que les ordonnances, réglemens et arrêts de la Cour, concernant la police et discipline des esclaves et le recélé d'iceux, seront de nouveau affichés, pour être exécutés suivant leur forme et teneur, à la diligence des Substituts dudit Procureur-général dans les Senéchaussées, et de tous autres chargés de la police.

Prie S. Exc. M. le Gouverneur-général d'ordonner des chasses, tant partielles que générales, dans les différentes paroisses de l'île, contre les nègres marrons.

Fixe le prix de la prise desdits nègres marrons, d'après l'urgence et l'intérêt des circonstances, à 100 liv. pour ceux pris dans les bois, et à 50 liv. pour ceux pris dans les campagnes, sur les habitations et dans les villes, et ce sans tirer à conséquence et jusqu'à ce qu'il en soit autrement ordonné.

Ordonne que les nègres, pris dans lesdites chasses, ne pourront être remis à leurs maîtres, qu'après avoir passé par le scrutin du Commissaire civil de la paroisse, communiqué et visé du Procureur-général.

Sera le présent arrêt imprimé et enregistré aux Sénéchaussées de cette île, lu, *etc.*

Fait au Conseil souverain de la Martinique, le 24 avril 1794. *Signé*, ROIGNAN, greffier.

(N°. 812.) ARRÊT *du Conseil souverain, rélatif aux Titres perdus pendant les troubles.*

Du 7 mai 1794.

LE Procureur-général a dit :

Que beaucoup de Particuliers ont réclamé et réclament journellement les offices de son ministère pour le recouvrement de leurs titres, papiers et effets qui ont été soustraits et enlevés pendant les troubles, et a demandé que la Commission, s'occupât des moyens de procurer satisfaction aux Propriétaires desdits titres, papiers et effets, dont la perte leur porte le dommage le plus sensible.

Sur quoi la matière mise en délibération, la Commission a arrêté et arrête que toutes personnes qui ont en leur possession des titres, papiers, bestiaux, argent, meubles et autres effets soustraits et enlevés pendant les troubles, en feront leur déclaration aux Commissaires civils des quartiers respectifs, et ce dans quinzaine, à compter du jour de la publication du présent arrêté, sous peine d'être poursuivies extraordinairement.

Et sera le présent arrêt imprimé, lu, *etc.*

Fait au Conseil souverain de la Martinique, le 7 mai 1794. *Signé*, ROIGNAN, greffier.

(N°. 813.) PROCLAMATION *de Son Excellence le Gouverneur-general, concernant les Cabaretiers.*

Du 13 mai 1794.

IL nous a paru nécessaire de renouveler l'ordonnance que le Gouvernement français avait fait publier le 16 août 1763, pour la partie des cabarets.

En conséquence, en conformité d'icelle nous ordonnons que le nombre des cabaretiers demeurera fixé, jusques à ce qu'il en soit autrement par nous réglé; savoir :

A 12 pour la ville du Fort-Royal, 40 pour le bourg Saint-Pierre, et 6 pour la Trinité, et dans les autres bourgs de l'île à proportion.

Tous ceux qui sont actuellement porteurs de Commissions seront tenus de les rapporter au bureau de notre Secrétariat, pour leur en être délivré de nouvelles, si nous le jugeons à propos, après que nous aurons pris sur le compte du demandeur une exacte information de ses vie et mœurs.

Les droits pour la permission de tenir cabaret restent à l'avenir fixés à 1.200 liv. pour ceux résidans au Fort-Royal et Lamentin; à 1,600 l. pour ceux résidans à Saint-Pierre; à 600 liv. pour ceux résidans à la Trinité; à 400 liv. pour ceux résidans au Marin; à 400 liv. pour ceux résidans au Prêcheur et au Carbet, et à 200 pour ceux résidans dans les autres bourgs de cette île.

Ces droits seront payés par quartier de trois mois en trois mois d'avance entre les mains de M. Clifton trésorier de la colonie.

Ceux qui seront trouvés debitant au détail vin, et autres liqueurs sans ladite permission, seront, outre la confiscation de leurs marchandises, condamnés, même par corps, à 500 liv. d'amende pour la première fois, et au double au cas de récidive, et bannis de la colonie: lesdites amendes applicables aux travaux publics.

Faisons défenses aux Aubergistes et Cabaretiers de tenir plusieurs cabarets, ni faire vendre du vin ou autres liqueurs en d'autres maisons que celles par eux occupées ou déclarées, et ce sous les mêmes peines.

Les contrevenans seront poursuivis, à la requête des Procureurs du Roi, par devant les Juges ordinaires, en la manière accoutumée.

Renouvelons en outre la proclamation du colonel Myers, du 22 février dernier; nous ordonnons, en conséquence, que les Aubergistes, Cafetiers et Cabaretiers, autorisés par nous, ne pourront tenir leur cafés, auberges ou cabarets ouverts après 9 heures du soir, et même ils ne pourront y recevoir les soldats et gens de couleur libres que jusqu'à 6 heures du soir.

Ne pourront également recevoir les soldats, ni leur donner à manger ou à boire, même aux heures permises, à moins que lesdits soldats ne soient munis d'une permission d'un de leurs Officiers supérieurs.

Pourront les Cafetiers, Aubergistes ou Cabaretiers donner à manger et à boire aux nègres, pourvu que ce soit dans la boutique et au rez-de-chaussée ou dans la rue, à peine de 24 heures de prison et des frais d'emprisonnement contre tout Cabaretier chez lequel un nègre serait trouvé pris de boisson, ou chez lequel il y aurait quelque désordre.

Prions messieurs les Officiers du Conseil souverain de la Martinique d'enregistrer, *etc.*

Donné à la Martinique, le 13 mai 1794. *Signé*, ROBERT PRESCOTT.

Enregist. au Conseil souverain.

(N°. 814.) ARRÊT *du Conseil souverain, concernant les Libertés accordées depuis le 12 janvier* 1793.

Du 21 mai 1794.

VU le mémoire, *etc.*, et le Procureur-général du Roi en ses conclusions, *etc.*

La Cour déclare nulles et de nul effet, toutes libertés accordées depuis l'époque du 12 janvier 1793 : arrête que LL. Exc. les Commandans en chef seront priés d'ordonner la déportation de tous esclaves mâles, ainsi abusivement affranchis, à l'exception des enfans et de ceux qui, antérieurement à la publication du présent arrêt, seront rentrés dans le devoir et au service de leurs maîtres. Sera le présent arrêt présenté à la sanction des Généraux en chef ou de leurs Représentans, ensuite enregistré aux Sénéchaussées et affiché dans toutes les paroisses.

Fait au Conseil souverain de la Martinique, le 21 mai 1794. *Signé*, ROIGNAN, greffier.

(N°. 815.) PROCLAMATION *de LL. Exc. les Commandans en chef, qui ordonne la levée d'une Contribution extraordinaire au profit de l'Armée de terre et de mer.*

Du 21 mai 1794.

D'AUTANT qu'on n'a point eu égard à la proclamation rendue le 10 du courant par S. Exc. le lieutenant-général Prescott, requérant que tout le bon peuple de cette colonie eût à s'assembler chacun dans sa paroisse et son quartier respectifs, à l'effet de choisir des personnes d'une intelligence reconnue et d'une intégrité approuvée, pour être ses Représentans dans une Assemblée qui devait, d'après l'énoncé de ladite proclamation, se tenir au Fort-Royal le dimanche 18 du courant, afin de s'y réunir aux Commissaires établis et dûment autorisés par les Commandans en chef, et conférer avec eux sur le mode ou moyen le plus équitable et le plus expéditif de lever une somme de deniers proportionnée à la valeur de la conquête, pour récompenser la bravoure, compenser la fatigue excessive, les maladies et la mortalité qui en sont la suite, de même que pour rembourser les fortes dépenses des Officiers, Soldats et Matelots de la Grande-Bretagne, qui par la plus rare constance, et une persévérance sans exemple, ont achevé la conquête de cette île, qu'ils ont soumise au Gouvernement britannique, en retirant d'un malheureux exil le plus grand nombre de ses Habitants et les rétablissant tranquilles possesseurs de leurs propriétés dont la confiscation était décrétée.

Et d'autant que le retard de cet arrangement général est cause que plusieurs Citoyens bien-intentionnés, faute de pouvoir transporter leur denrée au marché, sont privés des moyens de se procurer les fournitures ordinaires pour leurs habitations, au préjudice évident de toute la colonie; les Commandans en chef, pour remédier à un mal de cette importance, et qui augmente de jour en jour, ordonnent et déterminent ce qui suit :

Art. Ier. Que les Commissaires civils, chacun dans leurs paroisses respectives, fournissent au plutôt un état des différentes habitations, qui sont dans leursdites paroisses, y compris le dénombrement des esclaves, des bestiaux, des terres, bâtimens et plantations, avec l'évaluation de chacun de ces objets, ainsi que des denrées de toute espèce actuellement faites et recueillies sur chaque bien, en distinguant celles qui étaient faites et recueillies *bonâ fide*, avant le 23 de mars dernier.

II. Que les Commissaires civils dans leurs différentes villes et bourgades fourniront pareillement un etat des maisons, esclaves et domestiques qui sont dans lesdites villes et bourgades, en faisant mention des Propriétaires, des rentes ou loyers de chaçun par an, avec un état de toutes les propriétés qui peuvent être comprises sous le titre de biens, denrées, ou marchandises dans lesdites villes et bourgades.

III. Il est, en outre, ordonné et enjoint aux Commissaires civils, chacun dans son quartier respectif, de demander les grands livres et tous les livres de comptes, billets, et engagemens appartenans aux Capitaines, ou Agens du Commerce de France, aussi bien qu'un compte exact de toutes les propriétés dans chaque quartier respectif sous la dénomination de successions vacantes de la colonie, avec un inventaire correct de tous les biens, meubles, et effets appartenans à des persoñes qui ont été prises les armes à la main, ou qui ont été tuées pendant le siége, ou envoyées hors de l'île et de plus un état de toute propriété appartenant à des personnes de toute qualification actuellement residantes en France.

IV. Lesdits Commissaires civils seront tenus, dans leurs rapports, de nommer toutes les personnes sans exception qui differeraient de fournir les états respectifs requis, ou qui pourraient être soupçonnées de faire une fausse déclaration, ou qui manqueraient en quelque manière de donner l'assistance d'usage pour faire ces sortes de rapport avec fidélité et impartialité, le désir et l'intention de MM. les Commandans en chef étant que la levée dont il s'agit se fasse en toute équité, et proportionnément aux moyens de chaque individu.

V. Lesdits rapports seront faits, avec toute l'expédition possible, de manière à pouvoir être délivrés le samedi 31 du courant, ou plutôt, par les Commissaires civils aux Commissaires nommés pour les recevoir, et qui se rendront à cet effet à l'hôtel de l'Intendance à Saint-Pierre, ou à celui du Gouvernement au Fort-Royal. Les Commandans en chef ayant, de leur côté, manifesté le plus grand désir d'adopter les mesures les plus douces, déclarent par ces présentes leur résolution de faire mettre immédiatement la présente mesure en exécution; ou faute de cela, de se prevaloir du pouvoir dont ils sont revêtus, pour mettre en force et ordonner une confiscation générale.

Donné à bord du vaisseau la Boyne, baie du Fort-Royal, le 21 mai 1794. *Signé*, CH. GREY, *et* J. JERVIS.

(N°. 816.) PROCLAMATION *de Son Excellence le Commandant en chef, concernant les Hommes de couleur qui servent dans des Corps militaires, afin d'avoir droit à être affranchis.*

Du 22 mai 1794.

ÉTANT nécessaire de fixer le sort des hommes de couleur qui étaient admis à servir pour leur affranchissement dans les milices, en vertu de la permission des Gouverneurs de feu S. M. T. Ch., et qui par leur conduite méritent la continuation de cette faveur, nous statuons qu'ils seront susceptibles d'être admis à servir dans les compagnies soldées, que nous sommes dans l'intention de former pour la police et la sûreté intérieure dans les colonies respectives de la Martinique, Guadeloupe et Sainte-Lucie.

En conséquence lesdits hommes de couleur se présenteront, incessamment et au plus tard jusqu'au 25 juin prochain, aux lieux et par devant les Officiers préposés par M. Gaudin de Soter, que nous chargeons expressément de rédiger ce travail pour le mettre sous les yeux des Administrateurs en chef, qui y statueront conformément à nos ordres.

Nous déclarons que ceux qui ne satisferont pas au présent ordre, seront déchus de tous droits à l'affranchissement et remis dans leur premier état d'esclavage.

Donné à bord du vaisseau la Boyne, le 22 mai 1794. *Signé*, CH. GREY.

(N°. 817.) ORDONNANCE *du Juge de Police de Saint-Pierre, sur les Boulangers, Bouchers et Pêcheurs.*

Du 23 mai 1794.

LE Procureur du Roi nous ayant remontré qu'il existe, dans la vente des comestibles de première nécessité, différens abus, qu'il importe au bien public de réprimer le plutôt possible, nous ordonnons que les divers réglemens, arrêts et ordonnances, relatifs aux Boulangers, Bouchers et Pêcheurs, seront de nouveau publiés et affichés avec ces présentes, pour être exécutés suivant leur contenu.

En conséquence, enjoignons aux Boulangers d'étamper leurs pains de la lettre initiale de leur nom, et de se conformer au tarif et poids qui sera indiqué dans nos ordonnances particulières, qui doivent être rendues tous les 15 jours.

Aux

Aux Bouchers, de vendre le bœuf et le mouton 20 s. la livre, et le cochon, 15 s., sans qu'ils puissent ajouter à leurs pesées les os des mâchoires ni autres, dont le débit est probibé.

Aux Pêcheurs, de vendre à 20 s. le poisson nommé gros poisson, et à 10 s. le petit.

Le tout en conformité des ordonnances des 1er. septembre 1763, 10 août 1765 et 22 juillet 1782, concernant les Boulangers, à celles des 11 mars et 28 avril 1778, et 5 mai 1784, concernant les Pêcheurs et Seineurs, et à celle du 9 septembre 1766, concernant les Bouchers, à peine, contre les délinquans, d'être poursuivis à la diligence du Procureur du Roi, en conformité desdites ordonnances.

Mandons, *etc.*

Donné à St-Pierre Martinique, le 23 mai 1794. *Signé*, Astorg.

(N°. 818.) Proclamation *de Son Exc. le Commandant en chef, portant Réglement pour la Régie des Biens vacans, par l'absence des Personnes déportées, ou domiciliées en France.*

Du 24 mai 1794.

La déclaration du 1er. janvier dernier ayant expliqué les intentions de S. M. sur le sort des personnes dont la sûreté de l'île de la Martinique exigeait le renvoi, et de celles qui, persistant dans leurs projets de destruction des colonies dans les Indes occidentales, s'obstineraient à rejeter ses offres gracieuses pour le rétablissement de l'ordre et à se défendre jusqu'à la dernière extremité; et les intentions de S. M. ayant eté exécutees par la déportation de ces persônnes dangereuses, il nous a paru convenable de regler l'administration de leurs biens pour prevenir leur dilapidation et les conserver jusqu'à ce que S. M. veuille bien prononcer.

Et desirant en même tems assurer la conservation des biens des Hâbitans de la Martinique retires ou domiciliés en France, et prévenir cependant les abus résultans de l'envoi de leurs revenus, dont l'application pourrait être faite au soutien de la présente guerre, nous avons ordonné et ordonnons ce qui suit :

ART. Ier. Il sera etabli une régie pour l'administration des biens vacans, provenans des particuliers tués les armes à la main pendant le siége de la Martinique, de ceux faits prisonniers de guerre, de ceux renvoyes de la colonie au titre de la déclaration du 1er. janvier de cette année, et des Habitans qui sont actuellement en France.

II. Tous les Particuliers qui gèrent actuellement lesdits biens et ceux qui auront des esclaves, bestiaux, meubles et effets apparatenans aux personnes déterminées dans l'article Ier., seront obligés d'en faire la déclaration dans huitaine de la publication du présent réglement, chez le Commissaire de la paroisse qui inscrira les déclarations sur un registre qu'il tiendra à cet effet, à peine contre ceux qui négligeront de faire lesdites déclarations, d'être poursuivis extraordinairement à la diligence du Procureur du Roi.

III. Les Commissaires des paroisses enverront la copie de ces declarations au Régisseur general de qui ils recevront les ordres pour la disposition provisoire de sûreté desdits biens, meubles et effets.

IV. Le Régisseur-général établira des bureaux particuliers de régie, par Sénéchaussée ou District, avec l'agrement du Gouverneur et de l'Administrateur en chef, et il donnera au Régisseur particulier de chaque bureau, telle attribution et telle instruction qu'il jugera convenables pour la meilleure regie desdits biens et la sûreté des meubles et effets.

V. Tous les biens dépendans de ladite régie seront affermés ou gérés, ainsi qu'il conviendra le mieux, et les Fermiers ou Gereurs relèveront du Régisseur-général et des Regisseurs particuliers auxquels ils seront tenus de rendre compte aux époques et dans les formes qui leur seront prescrites par les instructions qu'ils en recevront.

VI. Les affermages seront annoncés par des publications et affiches, et faits; savoir : les sucreries et autres grands biens par devant le Sénéchal et le Procureur du Roi, au plus offrant et dernier enchérisseur, et les petits biens par devant le Commissaire de la paroisse, également au plus offrant et dernier enchérisseur; et les Fermiers seront tenus de donner caution solvable dans les formes ordinaires.

Les baux des maisons et autres objets à bail seront faits par devant Notaires, par le Regisseur-général.

VII. Les habitations en gestion seront confiées, par le Régisseur-général à des Habitans intelligens en culture et manufacture, inventaire préalablement fait, du contenu duquel ils répondront. Ils seront tenus de donner caution, et leur traitement sera réglé par le Gouverneur et l'Administrateur en chef, sur la proposition du Régisseur général.

On pourra confier à un seul Gereur plusieurs petites habitations.

VIII. Ne seront pas compris dans les dispositions du présent réglement, les biens des particuliers qui pourront être accidentellement en France et qui seront représentés dans la colonie par leurs femmes ou leurs enfans majeurs.

IX. Les biens des Particuliers qui sont en France et qui pourront être gérés par leurs proches parens, continueront à leur être confiés, tant que le Régisseur-général jugera qu'ils sont bien administrés; mais il en sera fait inventaire comme des autres biens, et lesdits Géreurs rendront compte comme tous autres Géreurs, des revenus au Régisseur-général ou aux Régisseurs particuliers qui en auront l'inspection. La gestion ne pourra cependant leur en être ôtée par le Régisseur-général, qu'avec l'approbation du Gouverneur et de l'Administrateur en chef.

X. Les revenus des biens en régie seront spécialement affectés à la subsistance et à l'entretien des femmes et enfans, à moins que les biens des femmes et enfans ne soient séparés.

XI. Le Régisseur-général établira un Receveur avec l'agrément du Gouverneur et de l'Administrateur en chef; et ledit Receveur sera tenu de donner caution solvable qui sera reçue par ledit Régisseur-général. Il ne fera aucune recette ni aucun paiement que sur les ordonnances du Régisseur-général; mais il fera tous versemens dans la caisse du Roi qui pourront lui être prescrits par les ordonnances du Gouverneur et de l'Administrateur en chef.

XIII. Les appointemens des Régisseurs particuliers, du Receveur et de tous autres employés à la régie, seront réglés par l'Administrateur en chef, avec l'approbation du Gouverneur, sur la proposition du Régisseur-général.

XIII. Les Curateurs aux successions vacantes qui se trouveront nantis des biens des Particuliers déterminés dans l'art. Ier., en rendront compte au Régisseur général et en verseront, sur son ordonnance, le produit dans la caisse du Receveur de la régie.

XIV. Tous les meubles et effets qui seront jugés inutiles à la gestion desdits biens et qui seront sujets à dépérissement, seront vendus en encan, en présence d'un Régisseur, à la diligence du Procureur du Roi ou du Commissaire de la paroisse, ainsi que les esclaves qui ne seront pas attachés à la culture ou à une manufacture.

Prions messieurs les Officiers du Conseil souverain de la Martinique de faire enregistrer *etc.*

Donné à bord du vaisseau la Boyne, baie du Fort-Royal le 24 mai 1794. *Signé*, CH. GREY.

Enregist. au Conseil souverain.

(N°. 819.) ORDONNANCE *de LL. Exc. les Commandans en chef, concernant les Passe-ports et Congés pour le cabotage.*

Du 13 juin 1794.

SUR ce qu'il a été représenté aux Commandans en chef, que les Habitans de la Martinique manquent de provisions pour leurs esclaves, et ne peuvent s'en procurer qu'autant qu'il leur sera permis de donner les produits de leurs terres en échange desdites provisions.

Les Commandans en chef ont jugé à propos d'ordonner que ces échanges pussent avoir lieu. Les bâtimens caboteurs, transportant ces denrées ou ces provisions, ne souffriront aucune interruption dans leur navigation et ne seront assujettis à aucune charge quelconque de la part de la douane, en produisant un passe-port de M. Du Buc, administrateur-général, qui constatera que lesdits bâtimens sont employés au transport des denrées et provisions ci-dessus énoncées.

Toutes personnes ayant des affaires à transiger dans d'autres colonies et auxquelles un passe-port serait nécessaire, tant pour leur propre sûreté que pour le maintien du bon ordre, s'adresseront aux Officiers commandant en chef dans les îles Martinique, Guadeloupe et Sainte-Lucie, qui accorderont lesdits passeports *gratis* et sans frais quelconques.

Donné à bord du vaisseau la Boyne, devant le Gosier, île Guadeloupe, le 13 juin 1794. *Signé*, CH. GREY, *et* J. JERVIS.

Enregist. au Conseil souverain.

(N°. 820.) AVERTISSEMENT *de l'Administrateur-général de la Martinique, sur les Droits perçus à l'Exportation des Denrées coloniales.*

Du 30 juin 1794.

SON Exc. Sir Charles Grey, K. B., commandant en chef, *etc.* ayant, établi comme une des bases de l'administration actuelle, que les impositions pour la présente année seraient perçues conformément au dernier réglement, approuvé par le Gouverneur pour feu S. M. T. Ch., c'est-à-dire, conformément à l'ordonnance du 1.er avril 1792, et les circonstances n'ayant pas permis de renouveler et publier ladite ordonnance, il nous a paru instant de publier le présent avertissement, pour prévenir les difficultés qui pourraient s'élever à la perception des droits de sortie sur les sucres, cotons, cafés, cacao, gingembre et autres denrées, le manioc excepté.

En conséquence, tous les Habitans, Cultivateurs, Commissionnaires, Négocians, Capitaines, Marchands, en un mot, tous Vendeurs, Acheteurs ou Chargeurs de denrées coloniales sont prévenus que le droit de 12 l. par barrique de sucre; de 7 l. 10 s. par tierçon du poids de 500 à 750 liv. net, et de 3 l. par quart, sera perçu à leur exportation au profit de la caisse coloniale.

Que le droit d'un pour cent de leur valeur sera également perçu, au profit de ladite caisse, sur toutes les denrées ci-dessus mentionnées, le sucre excepté.

Et comme ces droits, qui portent sur le Colon, sont cependant payés à la caisse par le Capitaine du bâtiment qui exporte la denrée, lesdits Capitaines, Acheteurs et Chargeurs, etc. sont prévenus d'avoir à se faire faire raison du montant desdits droits de la part de leurs Vendeurs, en le déduisant du montant de la facture, ainsi qu'il s'est toujours pratiqué.

Fort-Royal, le 3 juin 1794. *Signé*, Du Buc.

(N°. 821.) ORDONNANCE *du Juge de Police de Saint-Pierre, qui ordonne l'exécution dans sa Jurisdiction, des articles XXI et XXXV de l'Ordonnance du 25 décembre 1783, sur la police des Esclaves.*

Du 11 juillet 1794.

N. B. Voyez pour l'ordonnance ci-dessus mentionnée le N°. 627, pages 563 et suiv. du tome III.

(N°. 822.) ORDONNANCE *de Son Excellence le Commandant en chef, portant défense de donner des Libertés.*

Du 15 juillet 1794.

LE Commandant en chef ordonne qu'aucune liberté ne soit accordée à personne, de quelque couleur qu'elle soit, actuellement esclave et habitant les îles conquises; savoir : la Martinique, Ste-Lucie, la Guadeloupe et leurs dependances, pour quelques raisons et sous quelques prétextes que ce soit, jusqu'à ce que le plaisir de S. M. soit connu.

Fait au quartier-général de la Martinique, le 15 juillet 1794. *Signé*, CH. GREY.

Enregist. au Conseil souverain.

(N°. 823.) ORDONNANCE *de Son Excellence le Gouverneur-général et de M. l'Administrateur-général, sur l'Imposition pour l'année 1794.*

Du 20 juillet 1794.

LA nécessité de pourvoir aux dépenses qui sont à la charge de la colonie, telles que les frais d'administration, justice, police, entretien des hôpitaux de charité, *etc.* rendant indispensable la prompte levée d'une somme de deniers correspondante à ces dépenses qui se présentent journellement, nous, *etc.*, statuons sur cet objet, ainsi qu'il suit :

Art. Ier. Les droits coloniaux, tant d'entrée que de sortie, sont, *pour la présente année*, supprimés.

II. Les esclaves des villes et bourgs, ouvriers, domestiques, ou servant à loyer ou à la journée, ceux qui sont employés à la pêche ou dans les accons, bateaux caboteurs, canots de poste ou de passage, seront soumis à une capitation de 25 liv.; il sera payé la même capitation pour tous les esclaves attachés aux rummeries et vinaigreries, autres que celles qui dépendent des sucreries.

Les personnes domiciliées dans les villes et bourgs, ayant habitations, et celles résidentes sur leurs habitations, qui ont des esclaves employés dans les villes et bourgs, ou aux ouvrages indiqués ci-dessus, fourniront des dénombremens particuliers pour lesdits esclaves.

III. Les maisons de Saint-Pierre paieront un droit de 5 pour 100 sur le montant de leurs loyers, et à l'égard des Propriétaires qui les occuperont eux-mêmes, le droit de 5 pour 100 sera arbitré sur l'estimation desdits loyers.

Les maisons situées dans la ville du Fort-Royal, dans les bourgs du Lamentin, de la Trinité et du Marin paieront un droit de 3 pour 100.

Seront cependant déchargées de l'imposition, les maisons de Saint-Pierre et autres lieux qui seraient plus de 3 mois sans être louées, et ce pour le tems qu'elles demeureront dans cet état, ce que les Propriétaires seront tenus de constater contradictoirement avec le Receveur du département.

Les rôles et déclarations de loyers de maisons seront dressés par numéros et non par lettres alphabétiques; pour cet effet, les numéros seront vérifiés et rectifiés, aussitôt après la publication de cette ordonnance.

Les Propriétaires qui auront plusieurs maisons seront tenus, dans leur déclaration, de distinguer le montant des loyers de chacune desdites maisons, et ne pourront faire de poursuites en justice, pour obtenir le paiement de leurs loyers, que sur les déclarations qu'ils auront faites à la Recette, dont une expédition leur sera délivrée par le Receveur, nonobstant la représentation des baux qui porteraient ces loyers à une somme plus forte.

Après la confection des rôles des loyers des maisons par numéros, avec les noms des Propriétaires, il en sera fait un tableau qui sera, à la diligence du Receveur du département, affiché aux portes des Eglises paroissiales et dans les Sacristies.

IV. Il sera payé, pour tous les esclaves attachés aux sucreries, une capitation de 18 liv. par tête ; cette imposition ne sera que de 12 liv. pour tous les esclaves attachés aux autres genres de culture.

Les Habitans, qui auront plusieurs genres de culture, paieront la capitation de leurs nègres, à raison de la culture la plus imposée.

Ne seront point compris dans ces dispositions, les nègres attachés aux poteries et aux chaufourneries, pour lesquels il sera fourni des dénombremens à part, et dont la capitation sera de 25 liv. par tête.

V. Conformément à l'ordonnance de 1763, tous les Cabaretiers, Traiteurs, Aubergistes, Limonadiers et autres vendant au détail vin, eau-de-vie et liqueurs, ainsi que ceux tenant billards ou jeux permis, soit que ceux-ci donnent à boire ou non, paieront, par an, les sommes fixées ci-après ; SAVOIR :

Ceux résidant au Fort-Royal et au Lamentin, 1,200 liv.

Ceux résidant à Saint-Pierre, 1,600 liv.

Ceux résidant à la Trinité, 600 liv.

Ceux résidant au Marin, 400 liv.

Ceux résidant au Prêcheur et au Carbet, 400 liv.

Ceux résidant dans les autres bourgs de l'île, 200 liv.

Le paiement de ces droits sera divisé en 4 époques de 3 mois chacune, et exigible à l'avance en janvier, avril, juillet et octobre.

Les droits de cabaret seront payés entre les mains du Receveur du département, pour être employés aux dépenses auxquelles ils sont affectés.

VI. Toute exemption d'imposition, fondée sur l'état des personnes ou sur leurs charges, demeurera supprimée.

VII Les pères de plus de 10 enfans vivans jouiront de la totalité de l'exemption des droits de la capitation.

soit sur leurs nègres des villes, soit sur ceux des habitations. Ceux de 10 enfans vivans jouiront de la moitié de la susdite exemption.

VIII Les Habitans ou autres, qui formeront de nouveaux établissemens, jouiront pendant 2 ans de l'exemption de capitation, pour la quantité de nègres qu'on jugera devoir y être employée, suivant la déclaration qu'ils auront faite par devant l'Officier civil du lieu, laquelle sera accompagnée du procès-verbal d'arpentage, pour constater l'étendue réelle du terrein défriché; et sera le tout, avec l'attestation dudit Officier, signifié ou communiqué au Receveur du département, laquelle exemption n'aura lieu que pour les terres concédées depuis 1767, et ne pourra avoir lieu que pour les terres qui n'auront pas été antérieurement défrichées.

IX Tous Colporteurs, Marchands-forains, vendant dans les campagnes, et tous les gens de couleur ou nègres libres, porteurs de balles ou de paniers, paieront une imposition de 66 liv. par tete, et ne pourront vendre qu'en vertu d'un permis de M. l'Administrateur-général, accordé sur la quittance du Receveur.

X. La taxe sur les nègres justiciés, pour l'exercice de l'année 1794, continuera d'être établie sur le pied de 15 s. par tete.

XI. Et attendu les besoins urgens du service et pour soulager en même tems les contribuables, en partageant en deux époques le paiement de leur quote part de l'imposition, lesdits contribuables paieront immédiatement, entre les mains du Receveur de leur département, la moitié de leur imposition, qui sera fixée d'après les anciens rôles, et solderont en entier lorsque la totalité sera connue, d'après la formation des nouveaux rôle.

XII. Les particuliers qui se trouveront hors d'état de payer l'imposition, seront tenus de remettre au Receveur un certificat du Curé de leur paroisse, visé par le Commissaire civil, qui justifiera de leur impuissance; ces certificats seront rapportés par le Receveur à M. l'Administrateur-général, qui y statuera.

XIII. A défaut de la part des contribuables de s'acquitter à chacune des époques fixées, ils seront contraints par toutes les voies de droit, même par corps, et par la saisie et vente de leurs nègres.

Prions messieurs les Officiers du Conseil souverain de faire enregistrer, *etc.*

Mandons aux Receveurs de tenir la main à son exécution.

Donné à la Martinique, le 20 juillet 1794. *Signé*, ROBERT PRESCOTT, *et* DU BUC.

Enregist. au Conseil souverain.

(N°. 824.) PROCLAMATION *de S. Exc. le Commandant en chef, sur les Gens suspects.*

Du 9 août 1794.

ATTENDU qu'il est nécessaire pour le maintien de l'ordre public et la tranquillité de la colonie de connaître tous les individus qui l'habitent, et que nous sommes informés qu'il y arrive tous les jours des gens suspects et dangereux qui ont déjà été renvoyés des autres colonies de cet Archipel, voulant assurer aux anciens et nouveaux sujets de S. M. la confiance que leur fidélité mérite, en éloignant ceux qui pourraient mettre obstacle à la prospérité des îles du vent, nous ordonnons ce qui suit :

ART. Ier. Dans 8 jours de la publication des présentes, tous Habitans des villes ou des campagnes, de quelque qualité et condition qu'ils puissent être, donneront, soit au Commissaire civil de leur quartier, soit aux Procureurs du Roi dans les villes, une déclaration exacte et signée d'eux, tant des individus qui composent leur famille et domestique, libres ou esclaves, que de toutes autres personnes quelconques, qui resident dans leur maison ou sur leur habitation ; laquelle déclaration ils seront tenus de renouveler

renouveler chaque fois que quelque nouvel individu viendra demeurer chez eux ; et sera ladite déclaration faite le jour même de l'arrivée de ces nouveaux individus et avant le coucher du soleil.

II. Chaque déclaration contiendra les noms, surnoms et âges des personnes déclarées, comme aussi l'indication de la paroisse, de la rue et du numero de la maison occupée par le déclarant, et nul ne pourra se dispenser de faire la déclaration ordonnée, sous prétexte qu'il ne serait point chef de famille.

III. Dans les déclarations seront compris tous les particuliers, de quelque nation et pays qu'ils soient, résidans dans la colonie, avec explication des motifs de leur résidence.

IV. Tous ceux qui seront en retard de se conformer à la presente proclamation, dans le délai fixé par l'art. Ier., ou qui n'auront pas fidèlement declaré le nombre d'individus blancs et gens de couleur, libres ou esclaves, seront condamnés à 3,000 l. d'amende applicables aux dépenses publiques, et suivant l'exigence des cas, poursuivis extraordinairement, à la diligence du Procureur du Roi.

V. A l'egard des personnes reconnues dangereuses et dont la deportation a déjà été par nous ordonnée, mais qui se tiennent cachées dans l'intérieur de l'île, ou dans les maisons des villes et bourgs, leur enjoignons très-expressément d'avoir à se présenter, sous 3 jours de la publication des présentes, par devant les Commissairres civils des différens quartiers, ou les Procureurs du Roi dans les villes, à peine d'être réputés *espions* et traités comme tels, et aussi à peine contre ceux qui leur donnent retraite et chez qui on les trouvera d'être considérés eux-mêmes comme gens suspects, et déportés de la colonie.

Fait au quartier-général à Saint-Pierre Martinique, le 9 août 1794. *Signé*, CH. GREY.

(N°. 825.) PROCLAMATION *de LL. Exc. les Commandans en chef, sur les Esclaves qui sont retenus sans permission de leurs Maîtres.*

Du 13 août 1794.

IL est ordonné à tout Officier de terre ou de mer, à tout Capitaine ou Armateur de bâtiment marchand, à tout Particulier employé au service de S. M., en quelque qualité que ce soit, de faire conduire sans délai, soit à la geôle de St-Pierre, soit à celle du Fort-Royal, tout esclave des îles Martinique, Guadeloupe ou Ste-Lucie, qu'il pourrait avoir à son service, sans la permission spéciale et par écrit du maître dudit esclave.

Et si parmi lesdits mulâtres, nègres et autres, appartenans auxdites îles et en possession des personnes ci-dessus mentionnées, il s'en trouvait qui se portassent pour libres, ils doivent être envoyés par devant le Procureur du Roi de la Senéchaussée, lequel vérifiera leurs titres.

Les contrevenans à la presente proclamation seront dans le cas d'être poursuivis comme recéleurs d'esclaves appartenans à autrui, par devant les Tribunaux, et conformément aux lois établies à cet egard.

Donné à la Martinique, le 13 août 1794.
Signé, CH. GREY, *et* J. JERVIS.

(N°. 826.) PROCLAMATION *de Son Excellence le Commandant en chef, qui prohibe la vente et la distribution des Salaisons viciées.*

Du 17 août 1794.

SUR les représentations qui nous ont été faites tant par les Officiers de police, que par les Officiers de santé de la ville de Saint-Pierre, que les maladies qui s'y manifestent, depuis quelque tems sont occasionnées par l'odeur infecte qu'exhalent différentes espèces de salaisons défectueuses dont les magasins du commerce sont remplis; et la conservation des hommes excitant nos sollicitudes et notre surveillance, pour remédier aux maux qui résultent de l'existence de ces salaisons de mauvaise qualité, nous avons ordonné et ordonnons ce qui suit:

ART. Ier. A l'instant de la publication des présentes, tout Particulier de quelqu'etat et condition qu'il soit, ayant dans sa maison ou dans son magasin, des salaisons viciées et puantes, sera tenu de les faire jeter à la mer, sous peine de *deux mille livres* d'amende, applicables aux travaux du Roi.

II. Faute, par les Propriétaires desdites salaisons viciées et puantes, de se conformer à l'article ci dessus, ils y seront contraints par les voies de droit; et en cas de resistance autorisons le Commis à la police à faire enlever lesdites salaisons viciées et à les faire submerger aux frais et dépens desdits Propriétaires, au paiement desquels ils seront pareillement contraints par les voies de droit et sur l'ordre des Officiers de la Sénéchaussée, chargés de la police.

III. Ne pourront néanmoins lesdites salaisons être enlevées de force, pour subir le jet à la mer, qu'après avoir été, par un procès-verbal du Commis à la police, attesté par 2 Négocians, constatées défectueuses, auquel cas la submersion ne pourra avoir lieu d'autorité qu'en vertu d'un jugement de police décerné sur ledit procès-verbal.

IV. Faisons très-expresses inhibitions et défenses à tous Négocians ou Marchands, tant en gros qu'en détail, même à tous Huissiers-encanteurs d'exposer en vente, dans leurs magasins ou aux enchères publiques, aucune salaison puante, non plus que tous autres comestibles défectueux, à peine de l'amende portée par l'article Ier. contre chacun des contrevenans.

V. N'entendons toutefois prohiber les ventes à l'encan de toutes marchandises quelconques; néanmoins les comestibles de quelque espèce que ce soit, ne pourront être mis aux enchères publiques que de l'autorité et après en avoir obtenu la permission *des Officiers de la Sénéchaussée*, et qu'il aura été préalablement constaté par le Commis à la police et par deux Négocians, que lesdits comestibles ne sont atteints d'aucune défectuosité préjudiciable aux consommateurs, à peine aussi de 2,000 l. d'amende applicables comme dessus, à l'encontre tant du Propriétaire que de l'Encanteur, même de destitution de ce dernier, en cas de récidive.

Fait au quartier-général à St Pierre Martinique, le 17 août 1794. *Signé*, CH. GREY.

(N°. 827.) AUTORISATION *du Commandant en second, sur les Fontaines publiques.*

Du 28 août 1794.

AVIS est donné par ces présentes que le sieur Lazare Segond, par les représentations qu'il a faites au Commandant en chef, a prouvé ses droits à la place d'Entrepreneur ou Inspecteur des fontaines publiques dans la ville de Saint-Pierre.

En conséquence il a plu à S. Exc. de le confirmer dans l'exercice des fonctions susdites, avec les priviléges et émolumens y attachés, par lesquels il est autorisé à demander et à recevoir de tout bâtiment marchand ou caboteur qui fera de l'eau au Mouillage, la somme de 15 s., par futaille de 50 gallons ou environ; et de 30 s. par futaille de 100 gallons. Au moyen de laquelle taxe les fontaines publiques, *etc.*, doivent être maintenues en bon ordre. Et toute personne qui détruirait ou viendrait à causer quelques dommages aux réservoirs, fontaines, canaux, *etc.* sera arrêtée et punie selon la nature de la contravention.

Fait au quartier-général à St Pierre Martinique le 28 août 1794. *Signé*, FR. MAITLAND.

(N°. 828.) ARRÊT *du Conseil souverain, concernant les Registres des Paroisses.*

Du 4 septembre 1794.

CE jour, le Procureur-général du Roi a mis sur le bureau de la Cour les differens procès-verbaux dressés par ses Commissaires, en exécution de son arrêt du 24 avril dernier, et, d'après les observations et réquisitoires dudit Procureur-général sur chacun desdits procès-verbaux, la Cour a ordonné, qu'à la diligence du Substitut dudit Procureur-général dans la Sénéchaussée de St-Pierre, les doubles registres des paroisses du ressort, qui n'ont pas encore été déposés au Greffe, le seront incessamment; qu'à cet effet les registres des années arriérées seront transcrits, aux frais des Fabriques, sur des cahiers, qui seront fournis par les Marguilliers et paraphés par le Sénéchal, pour en former lesdits doubles registres, lesquels seront collationnés par le Curé actuel, dans les paroisses qui en sont pourvues, et par le Sénéchal dans celles qui n'ont point de Desservant.

Les paroisses en retard sont :

Celle du Mouillage, pour les années 1792 et 1793.

Celle du Macouba, 1791, 1792 et 1793.

Celle du Carbet, 1793.

Celle de la Basse-Pointe, 1790, 1791, 1792 et 1793.

Celle de la Grande-Anse, 1789, 1790, 1791, 1792 et 1793.

Celle du Marigot, 1792 et 1793.

Celle de Sainte-Marie, 1793.

II. Que les registres de la paroisse de la Trinité, qui ont été détruits par l'incendie de ce bourg, seront, autant que faire se pourra et dans le plus court délai possible, remplacés, à la diligence des Substituts du Procureur-général aux Sénéchaussées du Fort-Royal et de Saint-Pierre, par la transcription des doubles registres qui se trouveront dans l'un et l'autre Greffe, aux frais de laquelle transcription M. l'Administrateur-général est prié de subvenir, pour, lesdits registres transcrits et collationnés par le Sénéchal, être réintégrés dans ladite paroisse.

III. Que les Notaires, en conformité de l'édit du mois de juin 1776*, retiendront, aux frais des parties, une double minute des différens actes qu'ils recevront, laquelle, visée sans frais par le Juge des lieux; sera remise à l'Administrateur-général, pour être déposée, ainsi qu'il avisera bon être; à l'effet de quoi la présente disposition sera lue et publiée à une audience publique des Sénéchaussées du ressort.

IV. Que le blanc, qui a été laissé sur les registres de la paroisse du Lamentin, après un acte à la date du 16 janvier 1793, sera, en présence de M^{re}. Soudon de Rivecourt, rempli par le Curé actuel, de l'acte mortuaire du R. P. Paulin, auquel il a été destiné, en faisant mention en marge du présent arrêt.

V. Donne acte ladite Cour, au Procureur-général, des réserves par lui faites de se pourvoir contre différens actes contenus dans les registres de la paroisse du Lamentin et mentionnés dans le procès-verbal dressé par M^{re}. Soudon de Rivecourt.

VI. Ordonne, qu'à la diligence du Substitut du Procureur-général en la Sénéchaussée du Fort-Royal et aux soins du Marguillier, l'Eglise du Trou-au-Chat sera incessamment réparée et mise dans un état convenable, à l'effet de quoi les Paroïssiens seront assemblés, pour délibérer sur les moyens de subvenir au coût de ladite réparation.

VII. Ordonne aussi, qu'à la diligence du même Substitut du Procureur-général, les cahiers épars sur lesquels sont portés les différens actes de ladite paroisse du Trou-au-Chat seront, aux soins du Marguillier, remis et liassés en forme de registres ; desquels registres, ceux qui ne sont point arrêtés, le seront par lesdits Substituts, que la Cour a nommés Commissaires à cet effet.

VIII. Qu'à la même diligence, un registre d'actes d'affranchissement, qui a demeuré entre les mains d'un S^r. Maugé, ci-devant maire de ladite paroisse, sera déposé au Greffe de la Sénéchaussée.

IX. Ordonne, qu'à la diligence du Substitut du Procureur-général en la Sénéchaussée de Saint-Pierre et aux soins du Marguillier, les murs de clôture du cimetière de la paroisse du Prêcheur, ainsi que le clocher et la maison curiale, seront incessamment réparés ; à l'effet de quoi les Paroissiens seront assemblés aux formes ordinaires, pour délibérer sur les moyens de fournir au coût desdites réparations.

X. A donné acte, au Procureur-général, des réserves par lui faites, de se pourvoir contre l'auteur de la contrefaction de la signature du R. P. Drand sur les registres de ladite paroisse Prêcheur.

XI. Que les actes demeurés sur les registres de ladite paroisse du Prêcheur, sans signature du Desservant qui les a reçus, seront signés par le Curé actuel, en transcrivant à la tête et à la fin desdits actes, en marge desdits registres, le présent arrêt.

XII. Ordonne que le nouveau registre, employé par le R. P. Drand depuis qu'il est rentré dans ladite cure, sera, si fait n'a été, paraphé par le Sénéchal.

XIII. Ordonne que, par M^re^. Assier Montrose, tous les feuillets blancs qui restent actuellement à la fin du registre de la paroisse de la Grande-Anse, employé jusqu'au 7 janvier dernier, seront bâtonnés et ledit registre arrêté par ledit Commissaire, en faisant en marge la transcription du présent arrêt; comme aussi ledit Commissaire paraphera le registre actuel, s'il ne l'est pas, et l'arrêtera en l'etat. Ordonne que le Curé tiendra, conformement aux réglemens, un registre particulier pour les esclaves.

XIV. Ordonne au Marguillier de la paroisse de la Basse-Pointe de fournir incessamment des doubles registres au Curé, pour qu'il remplisse le voeu de l'ordonnance sur la tenue dudit double registre.

Ordonne pareillement audit Marguillier de faire toutes recherches pour le recouvrement du registre des délibérations.

XV. Ordonne que le Curé du Macouba transcrira sur le registre, les actes qui se trouvent sur des feuilles volantes, lesquels il collationnera, en faisant mention en marge du présent dispositif.

XVI. Qu'à la diligence du Substitut du Procureur-général en la Sénéchaussée de St-Pierre, il sera informé par devant le Sénéchal, contre tous soustracteurs ou détenteurs des minutes de M^e. Gauthier, ci-devant notaire a la résidence du quartier de la Grande-Anse, à l'effet de quoi copies du procès-verbal, dressé par M^re. Montrose, relativement à l'étude dudit Gauthier, et de la déclaration faite par M^re. Menant, seront adressées, par le Procureur-géneral, à sondit Substitut.

XVII. Ordonne ladite Cour, qu'à la diligence du Substitut du Procureur-général en la Senéchaussée de cette ville du Fort-Royal, les registres avariés de la paroisse des Trois-Islets, seront incessamment remplacés, soit par la transcription des actes de ceux qui subsistent encore dans ladite paroisse, soit par la transcription des doubles registres qui se trouvent au Greffe.

Ordonne qu'à la même diligence, il sera fourni un double registre au Curé desservant ladite paroisse, pour y porter tous les actes des registres de la présente année.

Ordonne qu'à la même diligence, les Marguilliers, qui n'ont pas encore rendu de comptes, seront contraints à les rendre, et que celui du S^r. Goupil sera réglé et appuré.

XVIII. Ordonne qu'à la diligence du même, les doubles registres de la paroisse de la Rivière-Salée, qui pourront se trouver au Greffe, seront transcrits, et collationnés par le Sénéchal, pour être réintégrés dans ladite paroisse.

XIX. Ordonne qu'en présence de M^re. Pocquet de Janville, les actes qui se trouvent dans les registres de la paroisse du Diamant, manquant de la signature du Desservant, seront signés par le Curé actuel, et les blancs qui seront dans lesdits registres, bâtonnés par ledit Commissaire, en transcrivant, en marge du registre, le présent dispositif; comme aussi il paraphera et collationnera les registres de 1781 à 1787.

XX. Ordonne qu'à la même diligence, les registres de la paroisse des Anses-d'Arlets, qui peuvent se trouver au Greffe, seront transcrits, pour, iceux collationnés et paraphés par le Sénéchal, être réintégrés dans ladite paroisse.

XXI. Ordonne qu'à la même diligence, en la Senechaussée de Saint-Pierre, tous les actes de l'ancien registre de la paroisse du Marigot, seront, aux soins du Marguillier, transcrits sur le registre du 1er. avril 1783, et collationnés par Mre. Pocquet de Janville, avec transcription, en marge, du présent arrêt.

XXII. Ordonne que, par Mre. Duval de Grenonville; il sera dressé un état détaillé et indicatif des lacunes et feuilles déchirées qui se trouvent dans les registres du Vauclin pour, ledit état remis au Procureur-général, être fait recherche dans les doubles deposés au Greffe, à l'effet de restituer lesdites feuilles et remplir lesdites lacunes.

Ordonne aussi que les registres de ladite paroisse seront, aux soins du Marguillier, recouverts et reliés le plus diligemment possible.

XXIII. Ordonne qu'à la diligence du Procureur-général, le Sr. abbé Suque, desservant actuellement la cure du Saint-Esprit, se transportera à la Rivière Pilote, pour signer les actes qu'il a laissés imparfaits, par le défaut de signature, pendant son service de curé dans ladite paroisse de la Rivière-Pilote.

Ordonne aussi que ledit abbé Suque suppléera à toutes les signatures antérieures à son exercice qui pourraient manquer sur les registres, en inscrivant le présent arrêt en marge d'iceux.

Ordonne pareillement que le Préfet de la Mission demeurera invité à pourvoir ladite paroisse d'un Curé, attendu l'important intérêt du culte et les inconvéniens résultans de son abandon, pour tous les actes, tant religieux que civils, ainsi que les autres paroisses qui manquent de Desservans.

XXIV. Ordonne qu'à la diligence du Substitut du Procureur-général du ressort, les registres de la paroisse de Sainte-Luce seront, aux soins du Marguillier, incessamment reliés et recouverts, comme aussi que les registres de ladite paroisse de Sainte-Luce, qui se trouveront au Greffe, depuis 1743 jusqu'en 1779, seront transcrits pour, iceux collationnés et paraphés par le Sénéchal, être restitués et réintégrés dans ladite paroisse, pour suppléer aux originaux avariés.

XXV. Fait defense à Me. Martin, notaire, et à tous autres Officiers publics, de délivrer des expeditions des actes d'affranchissement faits et déposés, depuis le mois de janvier 1793, jusqu'à la conquête de la colonie par les armes britanniques.

XXVI. Ordonne ladite Cour que les réparations nécessaires à la sacristie et à la maison curiale du Marin, seront incessamment faites, aux soins du Marguillier.

Qu'à la diligence du Substitut dudit Procureur-général, tous les comptes arriérés des Marguilliers successifs de ladite paroisse seront rendus, réglés et appurés.

Que le feuillet du registre de 1750, qui a été déchiré, sera rétabli par recherches et transcription au Greffe; que le cahier de 1747 et 1748 sera transcrit, et les actes collationnés par le Curé actuel, transcription faite, en tête et à la fin, du présent dispositif.

Donne

Donne acte au Procureur-général des réserves par lui faites, de se pourvoir contre différens actes mentionnés au procès-verbal de visite de ladite Eglise du Marin, dressé par M^{re}. Pinel Ferréol.

XXVII. Ordonne qu'aux soins du Marguillier, la sacristie de l'Eglise du Marin sera incessamment pourvue de cierges et effets nécessaires au culte, et le presbytère de meubles et choses nécessaires au Curé.

Donne acte au Procureur-général des réserves par lui faites de se pourvoir contre l'acte de mariage mentionné dans le procès-verbal de M^{re}. Pinel Ferréol, du 11 novembre 1793.

XXVIII. Ordonne que M^{re}. Pinel Ferréol fera une nouvelle visite de l'étude de M^{e}. Escavaille pour, son procès-verbal de visite remis au Procureur général, être par lui requis et par la Cour ordonné ce qu'il appartiendra.

XXIX. Ordonne que le R. P. Jean-Louis, curé de la paroisse du Fort-Royal, remplira, sur les registres de la paroisse, le blanc destiné à l'acte mortuaire du S^{r}. de St Cyran, et signera les actes laissés sans signature par le Desservant la Cure en son absence, en faisant mention en marge du présent dispositif.

Ordonne aussi que le blanc, qui se trouve à un double registre de la présente année, sera bâtonné par le Sénéchal ; a donné acte au Procureur-général des réserves par lui faites de se pourvoir contre différens actes de mariage mentionnés au procès-verbal de M^{r}. Bence.

XXX. Ordonne que M^{e}. Le Camus fils, curateur aux successions vacantes, s'occupera du dépouillement des papiers qui lui ont été remis de l'exercice de Me. Gouraud, pour en faire le dû de sa charge et liquider les successions à lui remises en l'état.

Ordonne aussi qu'il tiendra le registre-journal prescrit par l'ordonnance, pour y porter les dépenses et recettes de chaque succession, de tout quoi il justifiera au Procureur-général.

XXXI. Ordonne, ladite Cour, que les différens jugemens et actes qui ne sont point signés sur les registres de la Sénéchaussée, depuis le mois de mai 1793, jusqu'en février dernier, seront paraphés par le Sénéchal, pour être expédiés en l'état, par le Greffier, aux parties.

Ordonne aussi qu'à la diligence du Substitut du Procureur général, les doubles registres des paroisses du ressort du Fort-Royal seront incessamment déposés au Greffe, pour l'année 1793.

XXXII. Ordonne que les registres du Greffe de la Cour, dont les couvertures sont endommagées, seront, à la diligence du Procureur-général et aux soins du Greffier en chef, reliés pour en éviter le dépérissement.

XXXIII. Arrête ladite Cour que S. M. sera suppliée de conserver les maisons des Dames Ursulines et Dominicaines à St-Pierre, attendu l'importance, l'utilité et la nécessité de leur établissement pour l'instruction et éducation des jeunes Demoiselles.

XXXIV. Ordonne que tous les blancs, qui se trouvent dans différens registres de l'Eglise du Mouillage, seront bâtonnés par le Sénéchal, et que les signatures qui manquent aux actes, seront suppleées par le Curé actuel, en faisant mention en marge du présent arrêt; comme aussi qu'en marge des actes datés suivant le nouveau calendrier français, le Sénéchal mettra la date y correspondante, suivant l'ancien calendrier en usage; pour lesdits actes être expédiés en l'état.

XXXV. Arrête qu'il sera fait des représentations au Gouvernement pour lui mettre sous les yeux l'objet primitif de l'établissement de l'Hôpital de St-Pierre, et réclamer les avantages destinés aux pauvres de la colonie.

XXXVI. Ordonne qu'aux soins des Marguilliers de la paroisse du Fort Saint-Pierre, les Paroissiens s'assembleront, aux formes ordinaires, pour aviser aux moyens de fournir incessamment ladite Église de cierges et autres effets nécessaires au service divin et à la décence du culte public.

Ordonne que les signatures, qui manquent dans les registres de cette paroisse, seront suppléées par le Desservant actuel, et que les blancs qui s'y trouvent seront bâtonnés par le Sénéchal, en faisant mention en marge du présent dispositif.

Ordonne également que les double et triple registres, suspendus depuis le 18 octobre de l'année dernière, seront continués et mis en état par le Curé actuel, pour être déposés de suite conformément à l'ordonnance.

Ordonne que le Sénéchal mettra la date du calendrier ancien et d'usage, en marge des actes qui se trouvent datés suivant le nouveau calendrier français, adopté pendant les troubles, pour iceux être expédiés en l'état.

Ordonne que le registre des délibérations de ladite paroisse du Fort, qui avait été transféré à la Municipalité, sera incessamment, à la diligence du Substitut du Procureur-général, réintégré dans ladite paroisse.

Ordonne aux Marguilliers de faire toutes poursuites contre les débiteurs à la Fabrique de ladite paroisse et de faire tous recouvremens, à peine de répondre, en leur propre et privé nom, des sommes dues.

XXXVII. Arrête que l'Administrateur sera et demeurera prié de donner toute protection et secours aux hôpitaux des enfans-trouvés, des malades et des orphelines, desservis par les Dames Dominicaines, sollicités par les vœux de l'humanité et de l'ordre social.

XXXVIII. Ordonne que Me. Lafrenaye, curateur *par interim* aux successions vacantes dans le ressort de Saint-Pierre, fournira incessamment, ès-mains du Procureur-général, un état de la situation de la caisse desdites successions, tant pour la régie de Me. Devaux, son prédécesseur, que pour son exercice, ensemble un état indicatif des successions tombées en vacance, pour être remis sur le bureau de la Cour à la prochaine séance, et être statué ce qu'il appartiendra ; comme aussi que Me. Lafrenaye justifiera audit Procureur général de la tenue par lui des registres ordonnés par l'édit des successions vacantes.

XXXIX. Ordonne qu'à la diligence des Officiers de la Sénéchaussée de St-Pierre, toutes recherches seront faites pour le recouvrement des plans, cartes et journaux de M. La Corbière, ci-devant arpenteur général, et toutes poursuites dirigees contre les détenteurs ou soustracteurs d'iceux.

XL. Ordonne que même diligences et poursuites que dessus seront faites, relativement aux minutes de M. Sévigny, ci-devant arpenteur, adjoint à l'Arpenteur-général.

XLI. Ordonne que les minutes de Me. Maurice seront, si fait n'a été, transférées et déposées au Greffe, conformément à l'ordonnance et aux formes ordinaires.

XLII. Ordonne qu'à la diligence du Substitut du Procureur-général en la Seré-haussée de cette ville du Fort-Royal, les Marguilliers de la paroisse du Robert, en retard de rendre leur compte d'administration, seront poursuivis, pour leurdit compte être rendu, réglé et apuré; comme aussi, qu'à la même diligence, ladite paroisse du Robert sera pourvue d'un Marguillier.

XLIII. Ordonne enfin, ladite Cour, que les différens procès-verbaux dressés par ses Commissaires, en exécution de son arrêt du 24 avril dernier, seront et demeureront déposés ès-minutes de son Greffe, pour en être délivré expédition à la demande du Procureur général.

Fait au Conseil souverain de la Martinique, le 4 septembre 1794. *Signé*, ROIGNAN, greffier.

(N°. 829.) RÉGLEMENT *de Son Excellence le Commandant en chef, pour le rang des Officiers de Milices, et la subordination desdites Milices.*

Du 9 octobre 1794.

LA conservation des propriétés de la Colonie et la sûreté individuelle de ses Habitans dépendant nécessairement de la police intérieure et de la bonne discipline de la force armée, qui en est le soutien; et pour prévenir les difficultés qui pourraient naître pour le commandement entre les Officiers des différens grades dans les circonstances qui exigeraient la réunion des milices des différentes paroisses, nous avons jugé qu'il était indispensable de régler le rang que les Officiers desdites milices observeront entr'eux, en conséquence nous avons ordonné et ordonnons ce qui suit :

ART. Ier. Les Commissaires de paroisses prendront rang entr'eux de la date de la commission provisoire qu'ils auront reçue du Gouverneur-général de la colonie ; et à même date, ceux qui ont joui de grades supérieurs ou de capitaine, soit dans les troupes réglées, soit dans les milices, prendront rang suivant leur grade, et à grade égal, suivant la date de leur ancienne commission. Il en sera de même des Lieutenans de Commissaires entr'eux.

II. Les Commissaires de paroisses auront le commandement sur tous les Lieutenans de Commissaires quelque grade que ces derniers aient eu antérieurement.

Les Lieutenans de Commissaires auront également le commandement sur tous les Capitaines de milices.

III. Les Capitaines des milices soit d'infanterie, soit de dragons, prendront rang entr'eux, de la date de leur dernière commission provisoire du Gouverneur-général ; et à même date, ceux qui ont joui de grades supérieurs ou de capitaine, soit dans les troupes réglées soit dans les milices, prendront rang suivant leur grade, et à grade égal, suivant la date de leur ancienne commission.

Il en sera de même des Lieutenans entr'eux qui seront toujours subordonnés aux Capitaines, quelque grade qu'ils aient eu antérieurement.

IV. A date égale de commission de quelque grade que ce soit, le plus ancien d'âge prendra le commandement.

V. Le bien du service du Roi autant que la sûreté publique, exigeant une obéissance passive de la part des subordonnés, tout Milicien qui sera commandé pour le service, de quelque grade qu'il soit, sera soumis aux lois militaires dans les formes usitées, du moment où il sera commandé jusqu'à celui où son service sera fini.

Prions messieurs les Officiers du Conseil souverain de la Martinique d'enregistrer, *etc.*

Donné au quartier-général à St-Pierre Martinique, le 9 octobre 1794. *Signé*, CH. GREY.

Enregist. au Conseil souverain.

(N°. 830.) ORDONNANCE *de S. E. le Commandant en chef, portant Réglement pour l'armement et l'équipement des Milices de la Martinique.*

Du 9 octobre 1794.

LES milices de la Martinique ayant été établies, il nous a paru nécessaire de déterminer leur armement et équipement, et pour prévenir les accidens qui pourraient résulter des méprises dans les opérations de guerre, nous avons jugé indispensable de fixer l'uniforme dont elles seront revêtues ; en conséquence, nous avons ordonné et ordonnons ce qui suit :

Art. Ier. Chacun des Miliciens des compagnies d'Infanterie sera armé d'un fusil et d'une baïonnette, et équipé d'une boîte à cartouches et d'une giberne, qui puissent contenir ensemble 60 cartouches à l'abri de l'humidité ; la boîte à cartouches se portera en ceinturon et la giberne en bandoullière de droite à gauche.

II. Chacun des Miliciens des compagnies de Dragons sera armé d'une épée tranchante et pointante, et de 2 pistolets, et équipé d'une boîte à cartouches contenant 20 cartouches de pistolets ; comme l'infanterie l'épée sera portée en baudrier de droite à gauche, et les pistolets seront placés en arçon, bien recouverts et à l'abri de la pluie.

III. L'habillement de l'Infanterie sera un *habit-veste* rouge, parement et collet d'un jaune clair, boutons blancs, de métal, gilet et pantalon de toile grise, chapeau rond et cocarde noire.

Celui des Dragons sera un *habit-veste* bleu, parement et collet d'un jaune clair, boutons blancs, de métal, gilet et pantalon de nankin jaune, chaussés en bottes, chapeau rond et cocarde noire.

IV. Les Miliciens canonniers, qui seront attachés à chaque compagnie d'infanterie, seront armés comme les autres Fantassins et porteront le même uniforme, habit-veste rouge, mais leurs paremens et collets seront noirs. Ils seront soumis au même service que les autres Miliciens, excepté pendant le tems qu'ils seront employés à l'école ou au service de l'artillerie.

V. Les Officiers de tous grades n'auront de distinsction que celle du hausse-col, qu'ils seront obligés de porter lorsqu'ils seront de service; les Sergens et Maréchaux-des logis auront deux galons de fil blanc sur l'avant-bras de leur habit-veste, les Caporaux et Brigadiers, un galon.

VI. Les Miliciens ne porteront l'uniforme que lorsqu'ils seront de service, à l'exception des Commandans de paroisses et leurs Lieutenans, qui seront toujours réputés de service.

Prions messieurs les Officiers du Conseil souverain de faire enregistrer, *etc.*

Donné au quartier-général à St-Pierre Martinique, le 9 octobre 1794. *Signé*, CH. GREY.

Enregist. au Conseil souverain.

(N°. 831.) ORDONNANCE *du Juge de Police du Fort-Royal, concernant les Immondices des Maisons.*

Du 23 octobre 1794.

VU la remontrance du Procureur du Roi sur la plainte à lui portée par les Anglais et Habitans de la ville, concernant les domestiques qui, à toutes heures du jour, portent leurs pots de chambre à la mer, sans être couverts d'un linge ou d'une planche, et infectent par les mauvaises odeurs, non-seulement les passans, mais encore les personnes qui sont devant leur porte, à quoi ayant égard :

Nous ordonnons que les immondices des maisons de la ville seront portées à la mer dans des pots couverts; savoir : les matins entre les 5 et 6 heures, et les soirs à la nuit fermante, et ce à peine contre les esclaves de 29 coups de fouet à la geôle; et que les Maîtres desdits esclaves seront exacts à veiller sur eux pour les faire obéir à la présente ordonnance, à peine de 8 liv. 5 s. d'amende applicables aux Archers de police qui arrêteront les contrevenans.

Donné en notre hôtel au Fort-Royal, le 23 octobre 1794. *Signé*, SIMON CHAUVOT.

(N°. 832.) ORDRE *de S. E. le Commandant en chef, pour que tous les Habitans, blancs et de couleur libres de la colonie de la Martinique, aient à se presenter pour se faire inscrire sur le rôle de la Milice et preter le Serment d'allégeance, sous peine de quitter la Colonie.*

Du 9 novembre 1794.

(N°. 833.) INSTRUCTIONS *du Grand-Voyer, pour MM. les Commissaires chargés par les Paroisses de surveiller les réparations des Chemins.*

Du 27 janvier 1795.

POUR rendre cette opération utile et d'un service durable, MM. les Commissaires auront la bonté de la faire exécuter de la manière suivante.

1°. Toutes les haies, arbres, clôtures et arbustes quelconques plantés le long des chemins, seront taillés dans une direction perpendiculaire à la bordure du chemin, depuis le pied jusqu'au sommet ; les parties ébranchées seront amassées en tas et brûlées dans le milieu du chemin.

2°. Toutes les herbes, halliers, arbustes et plantes quelconques levés sur le chemin, seront arrachés, secoués pour en détacher la terre, séchés sur le chemin, réunis ensuite en tas et brûlés.

3°. Toutes les ornières produites soit par les voitures, soit par le cours des eaux seront comblées par la terre prise sur les deux côtés du chemin, de manière que le chemin ait environ 18 pieds de franc et chaque fossé 3 pieds d'ouverture.

4°. Les ornières comblées, on relèvera le chemin par l'excavation du fossé, de manière à ce que le milieu soit bombé de 9 pouces, descendant en pente insensible vers le bord de chaque fossé.

5°. Dans toutes les parties où les chemins présenteront un terrein de pierre et sable ou terre, on comblera les ornières avec les pierres et on les recouvrira de terre ou de sable.

6°. Dans toutes les parties où les chemins monteront le long d'un morne ou d'une falaise, il n'y aura qu'un seul fossé le long de la montagne, la pente du chemin sera toute entière dirigée vers le fossé, qui sera large et profond, et qui versera toutes les eaux par des échappées réservées de distance en distance, et pavées à deux revers pour leur plus sûre évacuation.

7°. Par tout où le chemin sera taillé dans le tuf il sera refait totalement à la pioche ou au pic-hoyau de manière à ce que sa largeur franche de 18 pieds soit bombée de 9 pouces dans son milieu et chaque fossé latéral excavé assez profondement pour que dans tous les tems possibles les eaux y trouvent une décharge suffisante. On sent que si le chemin est pratiqué à mi-côte, le fossé du côté de la montagne qui recevra la plus grande quantité d'eaux devra être plus large et plus profond.

8°. Par-tout où le chemin sera pavé, il devra avoir 8 pieds francs de pavé, les deux bords du pavé devront avoir au moins 18 pouces de queue et être cimentés en chaux et sable ; enfin toutes les pierres composant le pavé devront être enfoncées d'un dimension double de leur surface. Avec cette précaution jamais les pierres ne se retourneront et ne rendront les chemins dangereux pour les chevaux et bestiaux destinés à les parcourir.

Telles sont les observations générales que je crois devoir indiquer. Il peut y en avoir de particulières relatives aux positions, diversement multipliées, et des chemins et de leurs accessoires. Je donnerai à cet égard tous les renseignemens qui me seront demandés, et m'estimerai heureux de pouvoir donner à la colonie cette nouvelle preuve de mon dévoûment à son utilité.

Au Fort-Royal, le 27 janvier 1795. *Signé*, GÉDEON SANCÉ.

(N°. 834.) PROCLAMATION *de Son Excellence le Commandant en chef, qui ordonne à toute Personne arrivant dans la Colonie, de se présenter chez les Commissaires-commandans et les Procureurs du Roi.*

Du 1er. avril 1795.

ATTENDU la conviction où nous sommes que la tranquillité dont cette colonie a joui depuis le le moment où elle est passée sous le Gouvernement de S. M., est due principalement aux moyens de surveillance qui ont été employés contre les ennemis de l'Etat et leurs adhérens; et jugeant en conséquence nécessaire de donner le plus d'activité possible à des mesures aussi salutaires, nous avons ordonné et ordonnons ce qui suit :

Art. Ier. Toute personne blanche ou de couleur libre arrivant dans la colonie sera tenue de se présenter le jour même, avant le coucher du soleil, chez le Procureur du Roi dans les villes de St-Pierre et du Fort-Royal, et chez le Commissaire commandant chaque paroisse, pour y déclarer ses nom, surnom, pays, profession, le lieu d'où il sort, le sujet qui l'amène dans la colonie, et indiquer la maison ou l'habitation où elle compte loger; à peine contre les délinquans d'être emprisonnés et poursuivis, si lieu y a, comme espions.

II. Indépendamment de la présentation ci-dessus ordonnée, les Aubergistes et Cabaretiers, et même les personnes de quelque qualité et couleur qu'elles soient, chez qui lesdits Arrivans iront loger, seront tenus de faire leur déclaration dans les 24 heures auxdits Procureur du Roi ou Commissaire civil, à peine contre les contrevenans de 3,000 l. d'amende, et d'être poursuivis, si lieu y a, selon toute la rigueur des lois.

III. Tous les canots-passagers, canots de poste ou pirogues arrivant, soit au Fort-Royal soit à St Pierre s'arrêteront, savoir : à Saint-Pierre au corps-de-garde de la petite place du Mouillage, et au Fort-Royal à celui établi sur le bord de la mer, pour y être visités; à peine contre les Patrons, d'être emprisonnés, et en outre de 100 liv. d'amende, s'ils sont libres, et du fouet s'ils sont esclaves.

Il sera tenu dans chacun de ces corps-de-garde une liste sur laquelle sera inscrit le nom des Passagers venus dans lesdits canots ou pirogues, leur surnom, pays et profession, le lieu de leur depart, et la maison où il vont loger. Cette liste sera portée tous les matins chez le Procureur du Roi.

Les mêmes formalites seront observées à l'égard de tous canots ou pirogues abordant aux différens quartiers de la colonie, de quelque lieu qu'ils viennent : à l'effet de quoi il sera établi de même dans chaque quartier un corps-de garde à l'endroit du débarquement.

Si dans lesdits canots ou pirogues il se trouve des personnes inconnues, ou dont les réponses ou l'extérieur laisse matière à quelque soupçon, le Commandant du poste les fera conduire de suite chez le Procureur du Roi, ou au Commissaire commandant le quartier, qui les examinera et les fera arrêter, si lieu y a, jusqu'à ce qu'il nous en ait eté rendu compte.

IV. A l'égard des personnes dangereuses et dont la déportation a déjà été ordonnée, mais qui pourraient se tenir cachées dans l'intérieur de la colonie ou dans les maisons des villes, il est particulièrement enjoint par ces présentes, au Commandant général des milices, aux Commissaires-commandans des paroisses et aux Procureurs du Roi des villes, d'employer tous les moyens à leur disposition pour en faire faire une recherche exacte, ainsi que des individus qui, n'étant point inscrits sur le rôle des milices et qui n'ayant point prêté le serment de servir contre les ennemis de S. M.; se trouveraient dans le cas de l'art. VI de notre proclamation du 20 janvier dernier; déclarant que ceux qui leur donneront retraite et chez lesquels on les trouvera, seront considérés eux-mêmes comme suspects, et en conséquence arrêtés et emprisonnés sur-le-champ, pour être déportés avec eux de la colonie.

Et sera la présente proclamation adressée au Commandant-général des milices, aux Commissaires-commandans des paroisses, et aux Procureurs du Roi des villes de St-Pierre et du Fort-Royal, afin qu'ils tiennent respectivement la main à son exécution, *etc.*

Donné au quartier-général à St-Pierre Martinique, le 1er avril 1795. *Signé*, J. VAUGHAN.

(N°. 835.) ORDONNANCE *de S. E. le Commandant en chef et M. l'Administrateur-général, portant établissement d'une Imposition extraordinaire, pour l'armement et l'entretien des Bâtimens garde-côtes.*

Du 2 juin 1795.

ÉTANT nécessaire de pourvoir à la défense des côtes de la colonie et à la sûreté de son cabotage, et d'employer à cet égard les moyens les plus efficaces, en ajoutant à la protection des vaisseaux et frégates de S. M. un service continuel de bâtimens de moindre force, nous avons jugé convenable d'adopter cette mesure, et d'établir pour subvenir à la dépense de l'armement et entretien de ces bâtimens, une imposition extraordinaire dans la colonie : en conséquence, nous, *etc.*, statuons, sur cet objet, ainsi qu'il suit :

ART. Ier. Suivant les formes et de la manière indiquées par les articles II, III et IV de l'ordonnance pour l'imposition de 1794, les maisons de Saint-Pierre payeront un droit de deux et demi pour cent sur le montant de leurs loyers.

Celles du Fort-Royal, Lamentin, la Trinité et le Marin payeront un droit d'un et demi pour cent.

Les esclaves des villes et bourgs, ouvriers, domestiques, *etc.* seront soumis à une capitation de 9 livres.

Cette capitation sera également de 9 livres pour les esclaves attachés aux sucreries, poteries et chaufourneries.

Elle sera de 6 l. pour les esclaves attachés à tous autres genres de culture que celle des sucreries.

II. Les Negocians, Marchands en gros et en détail, Boutiquiers, en un mot toutes personnes exerçant au Fort-Royal, Saint-Pierre, Trinité, Lamentin et Marin une profession ou un genre d'industrie quelconque, ainsi que les Rentiers, payeront *cinq pour cent* du loyer des maisons ou magasins qu'elles occupent, et si les magasins ou maisons leur appartiennent, elles payeront les *cinq pour cent* comme locataires, sans préjudice du droit comme propriétaires.

III. Les bâtimens caboteurs payeront un droit de *six livres* par tonneau, et la permission de caboter ne pourra leur être délivrée que sur le vu de la quittance du Receveur du Département pour ledit droit.

IV. La présente imposition sera perçue d'après les rôles de 1794, observant cependant pour ce qui concerne le droit à percevoir sur les Propriétaires et Locataires de maisons d'avoir égard aux mutations qui peuvent avoir eu lieu depuis les déclarations pour l'impôt de 1794, lesquelles mutations seront vérifiées par les Receveurs respectifs des départemens.

V. La présente imposition sera double pour tous les Proprietaires absens de la colonie pour quelque raison que ce soit, autre que celle du service du Roi.

VI. Cette imposition n'aura lieu que pour une année et ne sera renouvelée pour l'année suivante, qu'autant que la durée de la guerre et ses circonstances le rendraient nécessaire.

VII. Les fonds qui en proviendront seront absolument distincts de ceux provenant de l'imposition ordinaire, et si les circonstances permettaient le désarmement des bâtimens avant que tous les fonds eussent été employés, l'excedent de la recette serait appliqué au paiement d'autres dépenses affectées sur les impositions perçues dans la colonie.

VIII. Les art. VI, VII, VIII et XII de l'ordonnance pour l'imposition de 1794 ressortiront leur effet pour la présente imposition.

IX. La quote part de chacun des contribuables sera exigible aussitôt après la publication de la présente ordonnance, et les contribuables, à defaut de s'acquitter dans l'espace de 15 jours à dater de ladite publication, seront contraints, par toutes les voies de droit, même par corps et par la saisie et vente de leurs esclaves.

Prions messieurs les Officiers du Conseil souverain d'enregistrer, *etc.*

Donné à la Martinique, le 2 juin 1795. *Signe*, J. VAUGHAN, *et* DU BUC.

Enregist. au Conseil souverain.

(N°. 836.) ORDRE *de S. E. le Commandant en chef, concérnant la Régie des Biens vacans.*

Du 15 juin 1795.

TOUS ceux qui ont quitté ou qui pourraient à l'avenir quitter cette colonie, soit par mon ordre ou de leur propre gré, auront la liberté de laisser leur procuration à qui bon leur semblera ; et tant qu'ils seront connus résider en pays neutre, leurs propriétés ne seront point séquestrées, à moins qu'ils ne partent sans en avoir laissé le soin à quelqu'un.

Les Procureurs fondés de celles des personnes ci-dessus, qui peuvent avoir des propriétés territoriales dans la colonie, seront tenus de placer sur chacune de leurs habitations des hommes blancs, de bonne réputation, dont ils seront responsables.

Il est ordonné par le présent, à la Régie des biens vacans, de tenir la main à ce que les Procureurs fondés des personnes ci-dessus prouvent, tous les 6 mois, que les individus dont ils ont la procuration, ne résident point en pays ennemi.

Si le présent ordre n'est pas bien compris par tout le monde, il est permis d'en demander l'explication.

Donné à Saint-Pierre Martinique, le 15 juin 1795. *Signé*, J. VAUGHAN.

Enregist. au Conseil souverain.

(N°. 837.) ORDONNANCE *de Son Excellence le Commandant en chef, portant ouverture des Ports aux Étrangers.*

Du 20 juillet 1795.

ATTENDU qu'il nous a été représenté par le Conseil souverain de cette île, ainsi que par un nombre considérable de Colons propriétaires, que la quantité de vivres et de subsistances nécessaire aux habitations, qui est maintenant dans cette île, ne peut à aucuns égards suffire à la consommation; que la libre exportation de certains articles, pendant un tems limité, doit avoir les suites les plus salutaires pour cette colonie, nous avons jugé convenable, en conformité de la demande ci-dessus, et en vertu des pouvoirs et autorités dont nous sommes revêtus, de publier la présente proclamation, par laquelle nous permettons et allouons que, du moment où elle sera publiée jusqu'au 1er. novembre prochain, tous bâtimens étrangers, appartenans aux sujets de tout État et Puissance en bonne intelligence avec S. M., chargés de quelqu'espèce de vivres que ce puisse être (à l'exception seulement du bœuf salé, porc salé et beurre), seront et pourront être admis dans les ports du Fort-Royal, de Saint-Pierre et de la Trinité. Ceux qui feront ces importations paieront les droits coloniaux et nul autre, et il leur sera permis de prendre du rum et du sirop en échange de leurs cargaisons. Et il est ici enjoint à toutes personnes en office dans l'étendue de ce gouvernement de faire attention aux présentes et de s'y conformer.

Donné à St-Pierre Martinique, le 20 juillet 1795. *Signé*, R. S. Milnes.

Enregist. au Conseil souverain.

N. B. Cette ordonnance a été renouvelée de 3 en 3 mois, jusqu'à l'époque de la paix de 1802, que la Colonie a été remise aux Français.

(N°. 838.) Ordonnance *de Son Exc. le Gouverneur-général, concernant la composition et la discipline des Milices.*

Du 4 août 1795.

Étant nécessaire d'apporter quelques changemens à la forme des milices, pour les rendre plus utiles à la défense de la colonie, en accélérant leur rassemblement.

Nous, *etc.*, ordonnons ce qui suit :

Art. Ier. Toutes les milices de la colonie seront formées en 6 bataillons, sous la dénomination de *bataillon du Fort-Royal, de St-Pierre, de la Basse-Pointe, de la Trinité, du Marin, et de la Rivière-Salée.*

II. Le bataillon du Fort Royal sera composé des paroisses du Fort-Royal, du Lamentin et de la Case-Pilote.

Celui de St Pierre, des paroisses du Fort, du Mouillage, du Prêcheur et du Carbet.

Celui de la Basse-Pointe, des paroisses du Macouba, de la Basse-Pointe, de la Grande-Anse, du Marigot et de Sainte-Marie.

Celui de la Trinité, des paroisses de la Trinité, du Gros-Morne, du Robert et du François.

Celui du Marin, des paroisses du Marin, du Vauclin, de Ste-Anne et de la Rivière-Pilote.

Celui de la Rivière Salée, des paroisses de la Rivière-Salée, des Trois-Islets, des Anses-d'Arlets, du Diamant, de Sainte-Luce, du Saint-Esprit et du Trou-au-Chat.

III. Il y aura dans chaque bataillon un Commandant et un Major, et il sera ajouté un second Lieutenant à chaque compagnie.

IV. Le Commissaire-commandant de chaque paroisse passera, tous les 15 jours, la revue des milices de sa paroisse.

Le Commandant et le Major assisteront, autant que faire se pourra, auxdites revues.

Le Commandant sera tenu d'en faire une tous les 2 mois, pendant la continuation de la guerre, il sera chargé de veiller particulièrement à ce que son bataillon soit bien armé et fourni de gibernes, cartouches, *etc.*

V. Les milices d'un bataillon ne pourront être réunies, que par un ordre exprès du Gouverneur. Dans le cas, cependant, d'un mouvement intérieur, ou de l'apparition de l'ennemi, le Commandant les réunira et fera toutes les dispositions qu'il jugera convenables, dont il rendra compte sur-le-champ au Gouverneur.

VI. Tous les ordres seront adressés au Commandant du bataillon, qui les fera passer aux Officiers qui se trouveront commander dans chaque paroisse, à moins que lesdits Officiers ne les reçoivent directement du Gouverneur, auquel cas ils seront tenus de les exécuter sans délai, et en instruiront le Commandant du bataillon.

VII. Le Major commandera le bataillon en l'absence du Commandant, et le plus ancien

Commissaire-commandant de paroisse, en l'absence du Major.

VIII. Dans chaque paroisse, le Commissaire et les Officiers, qui doivent le remplacer en cas d'absence, y commanderont sous les ordres du Commandant de bataillon, auquel ils rendront compte uniquement pour le service militaire, rien n'étant changé, à leur égard, pour la partie civile.

IX. Le Commandant de bataillon qui s'absentera, en donnera avis à celui qui doit le commander en son absence, lequel en préviendra les Commissaires-commandans des paroisses.

X. Les Commandans de bataillon prendront rang entr'eux d'après leur ancienneté.

Donné à Saint-Pierre Martinique, le 4 août 1795. *Signé*, R. S. MILNES.

(N°. 839.) ORDONNANCE *de S. E. le Gouverneur-général, qui fixe l'Imposition pour l'année* 1795.

Du 8 août 1795.

N. B. Voyez pour les art. Ier. à V, les mêmes articles de l'ordonnance sur le même objet, du 20 juillet 1794, N°. 822, pag. 272 et suivantes de ce tome.

VI. Toute exemption d'imposition, fondée sur l'état des personnes ou sur leurs charges, demeurera supprimée, ainsi que celles en faveur des vinaigreries et guildiveries attachées aux sucreries.

VII. Le père de plus de 10 enfans vivans, présent dans la colonie, jouira de la totalité de l'exemption des droits de la capitation, soit sur les nègres des villes, soit sur ceux des habitations : celui de 10 enfans vivans jouira de la moitié de la susdite exemption.

N. B. Voyez pour les articles VIII et IX, les mêmes articles de l'ordonnance precitée.

X. La taxe sur les nègres justiciés, pour l'exercice de l'année 1795, continuera d'être établie sur le pied de 20 s. par tête.

Le produit de la perception de cette taxe en 1794, et celui de la perception pour la présente année, seront appliqués à l'acquittement de l'arriéré de cette caisse, qui entrera en paiement le 1er. janvier 1796. En conséquence tous les particuliers porteurs d'arrêts du Conseil pourront nous présenter leurs titres à cette époque.

XI. Les particuliers qui se trouveront hors d'état de payer l'imposition, seront tenus de remettre au Receveur un certificat du Curé de leur paroisse, visé par le Commissaire civil, qui justifiera de leur impuissance ; ces certificats nous seront rapportés par le Receveur, pour y être statué.

Ils ne seront point admis pour les maisons, l'art. III ayant prononcé sur tous les cas à leur égard.

XII. La présente imposition sera double pour tous les Propriétaires absens de la colonie, pour quelque raison que ce soit, autre que celle du service du Roi.

XIII. A défaut, de la part des contribuables, de s'acquitter sans délai, ils seront contraints par toutes les voies de droit, même par corps.

Prions messieurs les Officiers du Conseil souverain de la Martinique de faire enregistrer *etc.*

Donné à la Martinique, le 8 août 1795.

Signé, R. S. Milnes.

Enregist. au Conseil souverain.

(N°. 840.) Réglement *de S. E. le Gouverneur-général, concernant les Esclaves et Mulets de corvée, à fournir pour le service du Roi.*

Du 25 août 1795.

Sur ce qu'il nous a été représenté que le service de S. M. éprouve fréquemment des retards par l'inexactitude ou la lenteur de quelques Habitans à se conformer aux ordres qu'ils reçoivent relativement aux esclaves de corvée, ou aux mulets qu'ils ont à fournir ; et considérant qu'il est de toute justice que la sévérité du Gouvernement puisse, en distinguant ceux qui supportent avec zèle leur portion des charges publiques, atteindre avec le plus d'activité possible tous les delinquans, nous *etc.* ordonnons ce qui suit ; SAVOIR :

ART. Ier. Toute personne qui n'aura pas fourni son contingent en nègres ou en mulets de corvee, conformément au commandement qui lui aura été fait, payera une amende d'*une piastre-gourde* par jour, par tête de nègres qu'il n'aura pas fournis ; et de *deux piastres-gourdes* par jour également, pour chaque mulet.

II. Cette amende sera versée sur-le-champ dans la caisse coloniale, et applicable au paiement des nègres ou mulets qu'il pourrait être nécessaire de louer en remplacement.

III. Tout Propriétaire qui enverra à la corvée des nègres, qui n'auront ni la force ni la taille requise pour ce service, sera réputé délinquant, quant au nombre de nègres de ce genre qu'il aura envoyés, et payera en conséquence l'amende prononcée par l'article Ier.

IV. Les Propriétaires sont aussi invités à envoyer des nègres d'une exactitude reconnue et qui remplissent ponctuellement toute la durée de la corvée ; et ils sont prévenus que s'il en est qui s'absentent, leurs maîtres seront réputés delinquans pour tout le tems de leur absence et payeront egalement l'amende prononcée.

V.

V. Les Commissaires-commandans des paroisses tiendront un registre, sur lequel seront inscrits les dénombremens de chaque Habitant de leur paroisse ; et ils feront la répartition pour les corvées, en conséquence du nombre d'esclaves porté sur chaque dénombrement, de manière à ce qu'ils puissent faire fournir exactement le contingent de chaque Propriétaire, et en connaître le total; par ce moyen, ceux des Propriétaires qui auraient lieu de se croire fondés, à raison de quelqu'inexactitude dans la répartition, pourront demander à consulter le registre ci-dessus mentionné, pour en faire la vérification; et il sera fait droit à toutes leurs réclamations qui seraient fondées.

VI. Les personnes préposées pour recevoir les nègres ou mulets envoyés à la corvée, feront passer l'état de la quantité qu'ils en auront reçue, au Commissaire de la paroisse, afin que celui ci puisse vérifier s'il y a des délinquans.

Prions messieurs les Officiers du Conseil souverain de faire enregistrer, *etc.*

Donné à St-Pierre Martinique, le 25 août 1795. *Signé*, R. S. Milnes.

Enregist. au Conseil souverain.

(N°. 841.) Ordonnance *de Son Excellence le Gouverneur-général, pour faire numéroter les Canots, Pirogues et autres Embarcations.*

Du 29 août 1795.

La connaissance que nous avons prise des réglemens existans précédemment sur la police des canots-passagers, canots de poste et autres embarcations allant d'un quartier de l'île à l'autre, nous ayant convaincu que si, dans tous les tems, ces objets ont été soumis à une surveillance active, il est sans doute plus essentiel que jamais de tenir la main à ce que les mesures de sagesse qui avaient été établies pour y parvenir, soient remises en vigueur ; et voulant faciliter de la manière la plus prompte et la plus étendue, l'exécution de l'ordonnance rendue à cet égard par MM. le marquis de Bouillé et le président de Peinier, le 20 décembre 1781 ; nous, *etc.*, avons ordonné et ordonnons ce qui suit :

Art. Ier. Sous huitaine du jour de la publication des présentes, tous Propriétaires de canots-passagers, canots de poste, gabarres, accons, canots de pêche, pirogues et autres embarcations quelconques, allant d'un quartier de l'île à l'autre, et qui ne s'expédient point au Domaine, seront tenus d'en faire la déclaration dans celui des départemens d'administration auquel ils appartiennent, à peine de l'amende prononcée par l'art. IV.

II. Ces déclarations se feront, à St-Pierre et au Fort-Royal, aux bureaux des Commissaires d'administration de ces départemens ; et à la Trinité et au Marin, aux bureaux des Receveurs de ces départemens, à qui il sera envoyé des ordres à cet égard.

III. Néanmoins, dans les paroisses qui se trouveraient trop éloignées du chef-lieu du département, elles pourront être faites chez les Commissaires-commandans, qui les adresseront de suite à ceux des bureaux ci-dessus désignés qu'elles regarderont.

IV. Elles seront portées sur un registre particulier, tenu pour cet objet dans chaque bureau, et elles seront renouvelées à chaque mutation de Propriétaire, par vente ou autrement, à peine de 500 l. d'amende applicables aux réparations et entretien des quais des villes.

V. Lorsque les Receveurs de la Trinité ou du Marin seront dans le cas de s'absenter, ils feront porter les registres relatifs à cet objet, chez les Commissaires de ces paroisses, qui recevront les déclarations qui pourraient se faire pendant leur absence.

VI. A mesure que ces déclarations se feront, on distribuera aux Propriétaires les numéros des embarcations qu'ils auront déclarées, selon l'ordre dans lequel ces déclarations auront été inscrites sur le registre.

VII. Les Propriétaires feront alors marquer, extérieurement et de la manière la plus apparente, chaque embarcation, du numéro qui leur aura été indiqué ; SAVOIR :

Pour le département de St-Pierre, *en couleur noire ;* celui du Fort-Royal, *en couleur rouge ;* celui de la Trinité, *en couleur verte ;* celui du Marin, *en couleur jaune.*

VIII. Lors d'une mutation de Propriétaires, les embarcations conserveront toujours leurs anciens numéros.

IX. Tous les canots ou embarcations ainsi numérotés, ne pourront quitter le rivage, sans être munis d'une permission signée du Commissaire de la paroisse à laquelle ils appartiennent, ou des Procureurs du Roi dans les villes : ils seront tenus de la représenter aux bâtimens garde-côtes de la colonie, ainsi qu'à tous les postes qui le requerront ; et il sera fait une visite, deux fois par semaine dans chaque paroisse, afin de vérifier les numéros qui se trouveraient absens sans cette permission.

X. Sous quinzaine du jour où la distribution des numéros aura été commencée, toute embarcation trouvée sans numéro, sera confisquée au profit du Roi.

Prions messieurs les Officiers du Conseil souverain de faire enregistrer, *etc.*

Donné à St-Pierre Martinique, le 29 août 1795. *Signé*, R. S. MILNES.

Enregist. au Conseil souverain.

(N°. 842.) ORDONNANCE *de S. E. le Gouverneur-général, qui renouvelle les défenses faites aux Cabaretiers, Traiteurs, Aubergistes, Limonadiers et autres, de vendre des Liqueurs quelconques ou de tenir des Billards, sans la Permission d'usage, ainsi que de donner à boire aux Soldats.*

Du 1er. septembre 1795.

ATTENDU que les contraventions aux réglemens sages qui existent, relativement à la police des cabarets, ne peuvent être réprimées avec trop d'activité, nous avons résolu de porter l'attention la plus sévère sur une partie aussi essentielle au maintien de l'ordre public ; en conséquence, nous, *etc.*, ordonnons ce qui suit :

ART. Ier. Tous Cabaretiers, Traiteurs, Aubergistes, Limonadiers et autres, qui vendent eau-de-vie, vin ou liqueurs en détail ou par petites mesures, ainsi que ceux ayant billards ou jeux avoués, soit que ceux-ci donnent à boire ou non, étant tenus préalablement de se munir d'une permission du Gouvernement, qui leur est délivrée au bureau de l'Administration, en par eux faisant le paiement des droits relatifs à cet effet, de la manière fixée par l'ordonnance de l'imposition ordinaire ; déclarons que tous ceux qui seront trouvés débitant, vin, eau-de-vie et autres liqueurs quelconques, ou tenant billard, *etc.*, sans permission, seront, outre la confiscation de leurs marchandises, condamnés à 500 l. d'amende pour la première fois, et au double en cas de récidive, et bannis de la colonie ; ladite amende, ainsi que celles ordonnées ci-après, applicables aux travaux publics ; et seront au paiement d'icelles, les délinquans contraignables par corps, conformément à l'ordonnance de 1763.

II. Sous la dénomination de petites mesures, sont comprises toutes mesures au-dessous du gallon.

III. Huit jours après la publication des présentes, les Aubergistes, Cabaretiers et autres détaillant liqueurs avec permission, seront tenus d'avoir une enseigne ou écriteau au-dessus de leurs portes, sur lequel ils feront inscrire en gros caractères blancs sur un fond noir, AUBERGE, CABARET, ou CAFÉ, avec les lettres G. R. au bas, pour attester qu'ils ont une permission du Gouvernement, à peine d'être déchus de cette permission et de 300 liv. d'amende.

IV. Leur faisons defenses de tenir leurs maisons publiques ouvertes, ou de donner à boire à huis clos après 9 heures du soir ; comme aussi de recevoir dans les chambres intérieures de leurs cabarets, de jour ou de nuit, aucuns nègres autres que leurs propres domestiques, soit pour les loger, soit pour leur donner à boire, le tout sous les peines portées par l'article précédent.

V. Les Aubergistes, Cabaretiers ou autres, qui se proposent de cesser de tenir auberge ou cabaret, seront tenus d'en faire la déclaration au bureau d'Administration du département où ils seront établis, huitaine avant le commencement du quartier qui suivra celui qu'ils auront payé, à peine contre les contrevenans d'être contraints au paiement du quartier qui aura commencé à courir, faute par eux d'avoir fait ladite déclaration.

VI. Ceux qui auront obtenu des permissions, seront tenus d'exploiter par eux-mêmes les auberges ou cabarets, sans qu'ils puissent céder leurs permissions, sous les peines portées par l'article III.

VII. Leur faisons aussi défense de tenir plusieurs cabarets, ou de faire vendre des liqueurs en d'autres maisons que celles par eux occupées et déclarées, et ce, sous les mêmes peines.

VIII. Renouvelons expressément les défenses faites de donner à boire aux Soldats, pour quelque prétexte que ce puisse être, sous peine d'être déchu de la permission de cabaret, de confiscation des marchandises, de 500 l. d'amende, et même de bannissement, si le cas le requiert.

Prions messieurs les Officiers du Conseil souverain de faire enregistrer, *etc.*

Donné à Saint-Pierre, Martinique le 1er. septembre 1795. *Signé*, R. S. MILNES.

Enregist. au Conseil souverain.

(N°. 843.) ARRÊT *du Conseil souverain, qui remet en vigueur les Réglemens concernant les Jeux de hasard et les Duels.*

Du 7 septembre 1795.

VU la remontrance du Procureur-général du Roi contenant que l'abus des jeux et la fureur des duels se sont multipliés depuis quelque tems d'une manière scandaleuse ; en sorte qu'outre les maux qui résultent pour les familles de l'inconduite des pères et fils de famille, même des personnes du sexe réunies dans des maisons publiques de jeux ; ces mêmes jeux sont une source de querelles et ont occasionné beaucoup de combats singuliers : qu'il est instant de mettre un frein salutaire à ce double désordre, pour à quoi parvenir le Remontrant requiert qu'il soit par l'arrêt à intervenir, enjoint aux Officiers des Sénéchaussées et de police de faire exactement le dû de leurs charges sur l'un et l'autre objet, et de poursuivre suivant la rigueur des ordonnances les personnes qui donnent à jouer et celles qui jouent à des jeux de hasard, comme aussi tous les Duellistes.

Requiert que les réglemens concernant les jeux et notamment la déclaration du 30 mars 1781, seront de nouveau publiés et affichés dans les paroisses du ressort, et que l'arrêt à intervenir sera envoyé aux Sénéchaussées poury être publié et enregistré. La matière mise en délibération :

La Cour ordonne que les réglemens concernant les jeux et notamment la déclaration du 30 mars 1781, seront de nouveau publiés dans les paroisses du ressort.

Enjoint aux Officiers des Sénéchaussées et de Police de faire exactement le dû de leurs charges sur les ordonnances concernant les duels et les jeux, et de poursuivre suivant la rigueur desdites ordonnances les personnes qui donnent à jouer, et celles qui jouent à des jeux de hasard, comme aussi tous les Duellistes.

Sera le présent arrêt imprimé et enregistré aux Sénéchaussées de cette île, lu, *etc.*

Fait au Conseil souverain de la Martinique, le 7 septembre 1795. *Signé*, ROIGNAN, greffier.

N. B. Voyez pour la déclaration du Roi ci-dessus mentionnée le N°. 578, pag. 426 et suiv. du tome III.

(N°. 844.) ORDONNANCE *de Son Excellence le Gouverneur-général, portant Réglement sur la police des Esclaves.*

Du 30 octobre 1795.

ATTENDU qu'il est à notre connaissance que par une violation manifeste des ordonnances concernant la police des esclaves, plusieurs nègres des deux sexes ont formé sous des dénominations particulières diverses associations auxquelles se sont joints des gens libres ; et considérant qu'il est essentiel de faire cesser des abus aussi contraires à la discipline des esclaves, et capables de les porter à des vols, ainsi qu'à d'autres excès non moins préjudiciables au bien public et au maintien du bon ordre, nous, *etc.* ordonnons ce qui suit :

Art. Ier. Conformément à l'ordonnance du 25 décembre 1783, faisons très expresses inhibitions et défenses à tous nègres esclaves appartenant à différens maîtres de s'assembler en quelque lieu et sous quelque prétexte que ce soit, sans une permission par écrit visée du Procureur du Roi, sous peine du fouet et d'une heure de carcan pour la première fois, et de plus griève peine en cas de récidive.

II. Leur faisons pareillement défenses sous les mêmes peines de porter en aucun tems, même aux convois et enterremens, aucuns rubans ou autres marques distinctives, soit en or, argent ou autres matières, lesquelles outre les peines ci-dessus seront confisquées au profit du Commis à la police ou des Archers qui les auront trouvés en contravention.

III. Les Maîtres ou Particuliers, qui seraient convaincus d'avoir permis ou toléré chez eux des assemblées d'esclaves, ou d'avoir prêté ou loué leurs maisons auxdits esclaves sans une permission visée du Procureur du Roi, seront condamnés; savoir : les Maîtres qui l'auront permis, à 100 l. d'amende, et ceux qui auront prêté leurs maisons à 300 liv. d'amende applicables ainsi qu'il est réglé par l'ordonnance du 25 décembre 1783.

IV. Renouvelons au surplus les dispositions des ordonnances sur la police des esclaves, pour être exécutées suivant leur forme et teneur.

Prions messieurs les Officiers du Conseil souverain de faire enregistrer, *etc.*

Donné à la Martinique, le 30 octobre 1795.
Signé, R. S. Milnes.

Enregist. au Conseil souverain.

(N°. 845.) Ordonnance *de Son Excellence le Gouverneur-général, sur la discipline des Milices.*

Du 30 octobre 1795.

Attendu que le bien du service de S. M., et la sûreté de ses loyaux sujets les Habitans de cette colonie, exigent que les corps de milice qu'ils composent soient soumis à une discipline très exacte et que tout exemple d'insubordination y soit sévèrement réprimé, nous *etc.* désirant renouveler plusieurs dispositions importantes du réglement sur les milices de la Martinique, en date du 9 octobre 1783, avons ordonné et ordonnons ce qui suit :

Art. Ier. Tout Officier, Sous-officier, ou Fusilier qui manquera aux gardes, aux revues, ou à tout autre service pour lequel il aurait été commandé, pour autre cause que celle du service du Roi, d'absence de sa paroisse par permission, ou de maladie constatée dans la forme ordinaire, sera puni de 8 jours de prison, dans une des prisons militaires, pour la première fois; de 15 jours pour la seconde, et en cas de récidive il nous en sera rendu compte afin que nous jugions du parti à prendre à leur égard.

II. Les Commandans de bataillon tiendront exactement la main à l'exécution des ordonnances relativement à l'uniforme, l'armement et l'équipement : ils accorderont un délai à ceux qui ne seraient point habillés uniformément et de tous points, ou dont les armes ne seraient point en état, à l'expiration duquel ils enverront les délinquans en prison comme ci-dessus, où ils resteront jusqu'à ce qu'ils se soient mis en règle sur tous ces objets.

III. En cas de délits graves de la part des Officiers, Sous-officiers, ou Fusiliers, comme sommeil des Sentinelles, negligence relative au mot d'ordre, inexécution des consignes données aux corps-de-garde, aux patrouilles, desobéissance, mutinerie, *etc.* il sera assemblé dans le bataillon une Cour martiale composee de 7 Officiers pour constater les faits et nous rendre compte de ceux de ces delits qu'ils jugeront devoir appeler toute la rigueur des ordonnances militaires.

IV. Tout Particulier qui quittera une paroisse pour passer dans une autre sera tenu de se présenter au Commandant de la paroisse qu'il quittera, pour en retirer un billet qu'il sera oblige de présenter sous 8 jours au Commandant de la paroisse où il se retirera, qui le portera à l'instant sur le rôle d'une compagnie qu'il lui désignera; et avis en sera donné au Capitaine, à qui il sera tenu de se présenter dans les 8 premiers jours de son enrôlement, à peine d'être traité comme vagabond et sans aveu.

V. Renvoyons au surplus aux ordonnances qui soumettent tout Milicien commandé pour le service, de quelque grade qu'il soit, aux lois militaires dans les formes usitées, du moment où il sera commandé jusqu'à celui où son service sera fini, et enjoignons aux Commandans

&c bataillon de s'y conformer ainsi qu'à notre réglement du 4 août dernier sur la nouvelle formation.

Prions messieurs les Officiers du Conseil souvérain de la Martinique d'enregistrer, *etc.*

Donné à la Martinique, le 30 octobre 1795. *Signé*, R. S. MILNES.

Enregist. au Conseil souverain.

(N°. 846.) INSTRUCTIONS *de son Excellence le Gouverneur général, pour la réparation des Chemins.*

Du 8 novembre 1795.

ATTENDU que, nonobstant les réglemens depuis long-tems établis pour l'entretien et la réparation des chemins royaux de cette île, cet objet a été dans ces derniers tems négligé au point qu'ils sont devenus presque impraticables en plusieurs quartiers, nous avons jugé nécessaire de donner à cet égard les instructions ci-après.

1°. Aussitôt après la réception des présentes, chaque Commandant de paroisse indiquera une assemblee de ses Paroissiens, où il sera nommé 3 ou 5 Commissaires, suivant l'étendue de la paroisse, qui feront le toisé des chemins et l'évaluation du travail, pour le répartir entre les Habitans selon le nombre de leurs nègres payant droits, sans qu'on puisse faire valoir aucune exemption à cet égard; en observant de charger du double de toisé ceux qui font rouler des cabrouets, et du tiers en sus seulement ceux qui ne se servent que de mulets.

2°.

2°. Quant aux ponts et pavés à la charge du public, il sera dressé un procès-verbal estimatif des réparations qu'ils exigeront, et ce procès-verbal nous sera envoyé, afin que nous décidions s'il y a lieu à cet égard, dès ce moment, à l'exécution de l'article VI de l'ordonnance de 1765.

3°. Nous invitons les Commissaires-commandans à laisser, autant qu'il sera possible, à chaque Habitant, la portion dont il est ordinairement chargé, à moins de motifs valables, dont ils nous rendront compte.

4°. La répartition faite sera rapportée dans une seconde assemblee où les Habitans qui se croiront lésés pourront exposer leurs raisons, et si elles ne sont pas trouvées valables par le Commissaire-commandant, la répartition subsistera provisoirement, et les changemens, s'il y en a d'indiqués, se feront sans aucune considération.

5°. On fera connaître à chaque Habitant la portion de chemin à sa charge : elle sera marquée par des pierres ou des bois immortels, et il y fera travailler sans délai.

6°. Les Habitans sont autorisés à prendre des roches dans les carrières ou terres qui se trouveront le plus à portée du chemin qu'ils auront à réparer, sans rien payer.

7°. Les Commandans de bataillon, à qui nous donnons a cet égard une mission particulière, se feront assister des Commissaires-commandans dans chaque paroisse pour faire deux visites par an, en décembre et en juin, de tous les chemins royaux de leur département, et nous rendre compte de l'état où ils les auront trouvés.

8°. Tout Habitant qui n'aura pas fait la partie du chemin qui lui aura été assignée, 15 jours après la répartition reçue dans la seconde assemblée de paroisse, ou qui ne l'aura pas mis en bon état, 15 jours après avoir été averti par le Commandant du bataillon ou de la paroisse, en quelque tems que ce puisse être, sera, sur le compte qui en sera rendu au Gouvernement, par le Commissaire commandant la paroisse, condamné à l'amende d'une piastre par toise de chemin, applicable aux ouvrages publics de la paroisse ; et le chemin sera reparé à ses dépens, le Gouvernement en faisant l'avance.

9°. Renvoyons au surplus aux ordonnances concernant les chemins, pour les dispositions qui n'auraient pas eté prévues par les présentes instructions.

Donné à la Martinique, le 8 novembre 1795. *Signé*, R. S. Milnes.

(N°. 849.) Proclamation *de Son Excellence le Gouverneur genéral, portant defenses aux Capitaines d'embarquer qui que ce soit, sans congé du Gouvernement.*

Du 27 novembre 1795.

Attendu que le bien du service de S. M. et l'intérêt géneral des Habitans de cette île exige que les Capitaines ou Maîtres de tous bâtimens quelconques, anglais ou étrangers soient instruits des lois existantes sur les embarquemens illicites, nous avons jugé devoir faire connaître par la présente proclamation qu'en vertu d'une loi de cette colonie en date du 20 octobre 1694, très-expresses inhibitions et défenses sont faites à tous Capitaines ou Maîtres de bâtimens d'embarquer aucun Particulier sans congé du Gouverneur, à peine contre lesdits Capitaines de 6 mois de prison et de 500 l. d'amende; et qu'il est également défendu d'embarquer aucun nègre sans ladite permission, sous les mêmes peines, et sous celle de payer en outre 400 l. par chaque nègre qu'ils auront embarqué, aux Habitans auxquels ils se seront trouvés appartenir.

Et seront les présentes publiées, *etc.*

Donné à Saint Pierre le 27 novembre 1795.

Signé, R. S. Milnes.

(N°. 850.) Ordonnance *de S. Exc. le Gouverneur-général, qui annulle les attributions et fonctions des Directeurs général et particuliers de la Régie des Biens vacans, pour ladite Régie être organisée sous une nouvelle forme.*

Du 3 janvier 1796.

Enregist. au Conseil souverain.

(N°. 851.) Ordonnance *de S. E. le Gouverneur général, qui fixe l'Imposition pour l'année* 1796.

Du 8 mars 1796.

N. B. Les dispositions de la présente ordonnance étant (sauf le changement existant dans l'article X, comme ci-après), les mêmes que celles du 8 août 1795, voy. le N°. 839, p. 310 de ce tome.

Le produit de la perception de cette taxe sera appliqué à l'acquittement de l'arriéré de cette caisse.

Enregist. au Conseil souverain.

(N°. 852.) ORDONNANCE *de Son Excellence le Gouverneur-général, concernant les Dénombremens et Recensemens des Paroisses de l'île Martinique, pour l'année* 1796.

Du 12 mars 1796.

TOUS les Habitans et Particuliers de l'île Martinique, anciens et nouveaux sujets de S. M., prendront leurs dénombremens et donneront leurs recensemens, pour l'année 1796, dans la forme ordinaire, et suivant nos instructions adressées aux Commissaires d'administration et aux Commissaires-commandans des paroisses de ladite île, et ce, à compter du jour de la publication des présentes, jusqu'au 30 avril pour tout délai, après lequel tems expiré, chaque délinquant sera condamné à une amende de 100 liv. et forcé en outre de fournir son dénombrement et recensement.

Sous le même délai et la même peine, tous les Propriétaires de maisons, dans les villes et bourgs, feront la déclaration desdites maisons, en designant les numéros. Ils donneront l'évaluation du loyer de celles qu'ils occupent eux-mêmes, et cette évaluation sera fixée contradictoirement par l'Officier chargé de recevoir ladite déclaration. A l'égard des maisons louées, les Propriétaires declareront les noms et qualités de leurs Locataires et justifieront du prix des baux et conventions.

Lesdits Habitans et Particuliers se présenteront pour lesdits dénombremens et déclarations ; SAVOIR :

A St Pierre, au bureau de M. de la Frenaye, receveur des impositions.

Au Fort Royal, au bureau de M. de Saint-Georges, rédacteur des dénombremens.

Et dans les autres paroisses chez MM. les Commissaires civils.

Enjoignons aux Officiers ci dessus de tenir la main à l'exécution de la présente ordonnance, et de la faire lire, *etc.*

Donné à la Martinique, le 12 mars 1796. *Signé*, R. S. MILNES.

(N°. 853.) ORDONNANCE *de S. Exc. le Gouverneur-général, qui nomme 4 Commissaires, pour fixer la répartition des sommes à payer par les Propriétaires des rues* Beauséjour *et* Justine, *à l'effet de satisfaire les Creances contractées pour l'ouverture de la rue* Damas, *qui sert d'issue à ces deux Rues en vertu de l'Ordonnance du 30 mars 1787.*

Du 14 mars 1796.

Enregist. au Conseil souverain.

(N°. 854.) PROCLAMATION *de Son Excellence le Gouverneur-général, sur les Successions vacantes.*

Du 3 octobre 1796.

TOUTES personnes nouvellement établies en cette colonie ou y arrivant, sont prévenues qu'en vertu des lois qui y existent pour la conservation des intérêts des absens, et notamment l'édit du 24 novembre 1781, l'administration de toutes successions vacantes, c'est-à-dire, dont les héritiers ne sont pas sur les lieux, appartient au Curateur en titre d'office établi dans le lieu où elles sont ouvertes; lequel Curateur est tenu de faire apposer les scellés et de faire faire inventaire en présence du Procureur du Roi, par un Notaire de la Jurisdiction.

En conséquence le décès de tous particuliers laissant des successions vacantes, doit être immédiatement déclaré au Curateur de leur Jurisdiction.

Donné à St-Pierre Martinique, le 3 octobre 1796. *Signé*, W. KEPPEL.

(N°. 855.) ORDRE *de S. Exc. le Gouverneur-général, pour renouveler la Consigne générale relative à la police du Spectacle.*

Du 16 octobre 1796.

LES lieux de rassemblemens publics étant ceux où il importe le plus de maintenir la décence et la tranquillité, et l'exemple de licence donné à la salle des spectacles en dernier lieu par quelques perturbateurs, et notamment le dimanche 15 de ce mois, nous ayant convaincu de la nécessité de réprimer avec sévérité de semblables excès, et de prévenir par là les désordres de tout genre qui en pourraient résulter, nous avons jugé convenable de renouveler de la manière la plus positive la consigne précédemment établie pour cet objet : en conséquence avons ordonné et ordonnons ce qui suit :

Art. Ier. Nulle personne de quelque qualité qu'elle soit, soit militaire, soit bourgeois, ne pourra entrer au spectacle sans un billet, qu'elle prendra au bureau où ils se distribuent.

II. Aucun blanc, soit militaire, soit bourgeois, ne pourra sous aucun prétexte monter au Paradis.

III. Le Paradis étant la place assignée aux gens de couleur, aucun d'eux ne pourra aller dans les autres loges.

IV. Il est enjoint au Major de place, à l'Officier commandant la garde de service, ainsi qu'à tous les Agens de la police de faire observer le plus grand silence pendant le spectacle. Ils veilleront essentiellement à ce qu'il ne se commette rien qui puisse troubler l'ordre et la décence, et il leur est positivement enjoint de faire à l'instant arrêter les contrevenans : ils seront responsables envers nous chacun dans leur partie de l'exécution des présentes, et nous rendront compte avec exactitude de tout ce qui se passera d'extraordinaire.

V. A cet egard, dans tous les cas où l'ordre viendrait à être troublé, nous invitons les personnes honnêtes qui se trouveraient dans la salle à désigner sur-le-champ les coupables.

VI. Nulle personne ne pourra entrer aux répétitions à moins d'y être nécessaire ou d'en avoir la permission du Maître de musique ; tout contrevenant sera mis dehors par une Sentinelle fournie par la grande garde.

VII. M. le Procureur du Roi voudra bien donner des instructions à la police en conséquence des présentes, et y tenir la main en ce qui le concerne.

Seront les présentes publiées et affichées partout où besoin sera, et particulièrement à la porte de la salle des spectacles, *etc.*

Donné à St-Pierre Martinique, le 16 octobre 1796. *Signé*, W. KEPPEL.

(N°. 856.) ARRÊT *du Conseil souverain, concernant les Baptêmes des Gens de couleur, se disant libres.*

Du 10 novembre 1796.

VU par la Cour, la remontrance du Procureur-général, portant que des Curés se sont permis de baptiser comme libres des enfans de couleur (dont les mères n'offraient que des titres de liberté obtenus en colonie étrangère,) en contravention aux ordonnances relativement aux baptêmes des gens de couleur; notamment de l'arrêt du 8 juin 1776, que le défaut de connaissance dudit arrêt de la part des Curés qui ont été placés dans les paroisses, depuis sa publication, semble être le prétexte et l'excuse de son inexécution, qu'en effet il ne paraît pas qu'il ait été transcrit sur les registres des paroisses ni lors, ni depuis sa promulgation.

Pour quoi dans l'état de choses, requiert le Procureur-général du Roi, qu'il lui soit donné acte des reserves de droit contre ce qui résulte des actes de baptême faits ainsi qu'il est dit ci-dessus, et réclame qu'il soit ordonné que l'arrêt du Conseil d'Etat du 8 juin 1776, sera transcrit sur les registres des paroisses à la diligence de ses Substituts et aux soins des Marguilliers, pour que les Curés n'en prétendent cause d'ignorance, et aient à s'y conformer en lui transmettant tous les trois mois un état des enfans de couleur qu'ils auront baptisés comme libres.

La Cour après avoir délibéré sur le contenu en la remontrance du Procureur-général du Roi, lui a donné acte des réserves par lui demandées, ordonne que l'arrêt du Conseil d'Etat du Roi, du 8 juin 1776, sera à la diligence des Substituts dudit Procureur-général, et aux soins des Marguilliers, transcrit sur le registre des délibérations des paroisses du ressort, à ce qu'il n'en soit prétendu cause d'ignorance, et pour que les Curés aient à se conformer au contenu dudit arrêt, en faisant remonter les états qu'ils fourniront jusqu'à l'époque de la conquête de la colonie, faite au mois d'avril 1794.

Fait au Conseil souverain de la Martinique, le 10 novembre 1796. *Signé*, ROIGNAN, greffier.

(N°. 857.) ARRÊT *du Conseil souverain, concernant la reddition des comptes des Marguilliers sortant de charge.*

Du 10 novembre 1796.

VU, *etc.*, la Cour, après avoir délibéré sur le contenu de la remontrance du Procureur-général du Roi, ordonne que dans le délai d'un mois, du jour de la notification du présent arrêt, le Marguillier en charge dans chaque paroisse du ressort en exercice depuis 6 mois sera tenu de justifier audit Procureur-général des poursuites par lui faites contre ses Prédécesseurs en retard de rendre leurs comptes de marguillerie, ou de faire incessamment lesdites poursuites que les désordres des circonstances passées leur auraient peut-être fait négliger jusqu'à présent, et faute par ledit Marguillier en charge de satisfaire aux dispositifs ci-dessus, ordonne qu'il sera poursuivi par le ministère public, pour être condamné aux peines portées par l'ordonnance du 24 novembre 1781.

Fait au Conseil souverain de la Martinique, le 10 novembre 1796. *Signé*, ROIGNAN, greffier.

(N°. 858.) ORDONNANCE *de Son Excellence le Gouverneur-général, concernant les Esclaves embarqués clandestinement.*

Du 31 décembre 1796.

ATTENDU que nous sommes informés des pertes qui ont été causées à plusieurs des sujets de S. M. dans cette colonie par l'enlèvement de divers de leurs esclaves, à l'époque du départ de bâtimens, sur-tout pour des voyages de long cours; nous *etc.*, et de l'avis de notre Conseil, voulant assurer l'exécution la plus complète des ordonnances existantes dans la colonie sur cet objet, et notamment celle du 20 octobre 1694, avons établi et établissons ce qui suit :

Art. Ier. Il est expressément defendu à tout Capitaine de bâtiment marchand et caboteur de recevoir aucun esclave à son bord, qu'il ne soit muni d'une permission du Gouvernement dans les formes ordinaires, laquelle ne sera délivrée qu'au Maître dudit esclave ou sur sa demande.

II. Tout Capitaine qui sera convaincu d'avoir embarqué des esclaves sans la formalité ci-dessus, sera censé les avoir enlevés clandestinement et sera en conséquence condamné à payer aux Propriétaires les loyers de chaque esclave ainsi enlevé à compter du jour où l'esclave aura disparu de chez son Maître jusqu'à celui où il lui aura été rendu, et s'il ne peut se retrouver, il sera payé pour raison de sa perte et independamment des loyers, un dédommagement qui ne pourra être de moins de 2,000 livres : ledit Capitaine en outre de ces loyers et dédommagement sera dans l'un ou l'autre des cas ci-dessus expliqués condamné à une amende de 500 liv., applicable à des gratifications à donner aux Employes du port, ou Domaine ou autres qui decouvriraient des contraventions aux presentes.

III. Afin que les Propriétaires de cette colonie qui seraient dans le cas de réclamer les dispositions de la presente ordonnance puissent avoir une action immediate contre les Capitaines dont ils prouveraient légalement les délits ou contre leurs ayans-cause, lors même qu'ils seraient absens, nous ordonnons qu'aucun bâtiment marchand ou caboteur ne pourra partir des ports de cette île que le Capitaine n'ait déclaré n'avoir point d'esclaves embarqués clandestinement à son bord, et qu'il n'ait en conséquence donné au Domaine une caution au soutien de sadite déclaration, laquelle caution sera attaquable par tout Propriétaire qui justifiera de contravention à son égard.

Prions messieurs les Officiers du Conseil souverain de faire enregistrer, *etc.*

Donné à St-Pierre Martinique, le 31 décembre 1796. *Signé*, W. KEPPEL.

Enregist. au Conseil souverain.

(N°. 859.) ORDONNANCE *de Son Excellence le Gouverneur général, qui fixe l'Imposition pour l'année* 1797.

Du 31 décembre 1796.

N. B. Cette ordonnance étant en tous points conforme à celle du 8 mars 1796, voyez le N°. 851, page 327 de ce tome.

Enregist. au Conseil souverain.

(N°. 860.) ARRÊT *du Conseil souverain, portant défenses de vendre des Cannes à Sucre en détail, dans les Villes et Bourgs.*

Du 3 janvier 1797.

VU la remontrance du Procureur-général du Roi, contenant, que grand nombre d'Habitans ont

ont communiqué à son ministère leurs plaintes et leurs alarmes sur l'abus qui s'est introduit depuis quelque tems de la vente publique des cannes à sucre en détail dans les villes et bourgs de la colonie, qu'il est aisé d'apercevoir la légitimité de ces plaintes par les inconvéniens qui en résultent; que l'art. XVIII, de l'ordonnance de 1685, rappelé par différens réglemens particuliers, a prévu et prohibé cet abus, que l'intérêt général et public, auprès duquel ne peut être mis en considération l'intérêt personnel de quelques particuliers, sollicite le maintien et l'exécution des ordonnances et réglemens à ce sujet.

Pour quoi il a requis que par l'arrêt à intervenir, conformément aux dispositions de l'ordonnance de 1685, et des réglemens postérieurs, il soit fait défenses de vendre des cannes à sucre en détail dans les villes et bourgs de la colonie, même avec la permission des maîtres, à peine du fouet contre les esclaves vendeurs; de 10 livres d'amende contre le maître qui l'aura permis, et de pareille somme contre l'acheteur; qu'il soit ordonné que ledit arrêt sera envoyé aux Sénéchaussées pour y être enregistré et de suite publié dans toutes les paroisses du ressort.

La Cour faisant droit sur ledit réquisitoire, fait défenses de vendre des cannes à sucre en détail, dans les villes et bourgs de la colonie, même avec la permission des maîtres, à peine du fouet contre les esclaves vendeurs; de 10 liv. d'amende contre le maître qui l'aura permis et de pareille somme contre l'acheteur; ordonne qu'à la diligence du Procureur-général du Roi expédition du présent arrêt sera envoyée aux Sénéchaussees du ressort pour y être enregistrée, *etc.*

Fait au Conseil souverain de la Martinique, le 3 janvier 1797. *Signé*, LE CAMUS, greffier.

(N°. 861.) ARRÊT *du Conseil souverain, portant defenses de paraître dans les Rues, masqué et déguisé.*

Du 3 janvier 1797.

VU la remontrance du Procureur-général du Roi, contenant qu'il est du devoir de son ministère de prévenir tout ce qui peut entraîner des inconvéniens pour le maintien des mœurs, de la police, de l'ordre et de la tranquillité publique.

Que l'abus qui s'est introduit les années passées pendant les jours de Carnaval, par les Blancs même, de courir les rues masqués et deguisés, ne peut què compromettre la decence et même la sûreté intérieure par le mauvais exemple qui influe si puissamment sur tous les individus. Qu'il lui paraît instant et nécessaire d'empêcher que cet abus ne se renouvelle et ne se perpétue. Pour quoi il requiert que par arrêt à intervenir, il soit fait défenses à toutes personnes, de quelque qualité et condition qu'elles soient, de paraître dans les rues masquées et déguisées, à peine de 24 heures de prison et de toute autre peine qu'il appartiendra.

Qu'il soit ordonné que ledit arrêt sera enregistré aux Sénéchaussées du ressort, imprimé, *etc.*

La Cour faisant droit sur le réquisitoire du Procureur-général du Roi, fait défenses à toutes personnes de quelque qualité et condition qu'elles soient de paraître dans les rues masquées et déguisées, à peine de 24 heures de prison et de toute autre peine qu'il appartiendra.

Ordonne que le présent arrêt sera, à la diligence du Procureur-général du Roi, envoyé aux Sénéchaussées du ressort pour y être enregistré, *etc.*

Fait au Conseil souverain de la Martinique, le 3 janvier 1797. *Signé*, LE CAMUS, greffier.

(N°. 862.) ORDONNANCE *de S. E. le Gouverneur-général, concernant la rue* Damas, *qui sert d'issue aux rues* Beauséjour *et* Justine, *à St-Pierre.*

Du 3 mars 1797.

VU l'ordonnance de M. le gouverneur Milnes, en date du 14 mars 1796, le rapport fait par les Commissaires désignés par ladite ordonnance, l'arrêté de notre Conseil privé en date du 30 décembre 1796, et la répartition ci-dessous faite définitivement le 20 février dernier par lesdits Commissaires, conformément auxdits arrêtés dont nous avons ordonné l'exécution; nous, *etc.*, homologuons la répartition pour ressortir son plein et entier effet et avoir force de loi conformément à l'article V de l'ordonnance de 1787.

En conséquence la perception de l'imposition, ainsi répartie et montant à la somme de 5.,081 liv., aura lieu en deux paiemens égaux, le premier exigible sur-le-champ, et le second dans un an, à compter de la date des présentes.

Prions messieurs les Officiers du Conseil souverain de faire enregistrer, *etc.*

Donné à Saint-Pierre, le 3 mars 1797. *Signé*, W^m. KEPPEL.

Suit le Rapport des Commissaires.

Les Commissaires soussignés ont l'honneur de présenter à M. le Gouverneur de cette colonie le travail qu'ils ont fait, en exécution de son ordonnance du 14 mars dernier.

La rue qui conduit de celle Justine à celle Beauséjour, a été ouverte en conformité de l'ordonnance du 30 mars 1787.

Pour cela il a été pris la maison des héritiers Lussy et une partie du terrein des héritiers Diant.

La première a été estimée la somme de 30.000 liv. qui est à payer auxdits héritiers Lussy, sous la déduction de 4,000 liv. pour une petite portion de cet emplacement qui leur a été laissée comme inutile à la rue.

Le terrein des héritiers Diant a été estimé 6,000 liv.; ces deux sommes sont à payer, et il nous a paru juste d'y joindre les intérêts depuis le jour que ces particuliers ont été privés de leur propriété, qui leur rapportait des loyers bien plus considérables que ces intérêts, jusqu'à celui qu'on la leur paiera, parce qu'ils ne doivent pas souffrir du retard qu'il peut y avoir à ce sujet, n'ayant consenti à perdre leur propriété que dans la confiance d'un exact et prompt paiement.

Il nous a paru qu'il était encore dû à l'Ouvrier pour la démolition des bâtimens et ouverture de la rue (toute déduction faite de ce qu'il a reçu) une somme de 11,246 liv.

Ainsi nous avons reconnu que la dépense au total était; SAVOIR :

Pour les héritiers Lussy en capital, déduction faite des 4.000 liv., prix du terrein abandonné auxdits héritiers Lussy, ci . . . . 26,000 liv.

REPORT.	26,000 liv.
En intérêts de cette somme depuis le 1er. juillet 1787, époque de l'ouverture de la rue, jusqu'au 1er. janvier 1797, époque à laquelle nous supposons qu'ils pourront recevoir, pour 9 ans et 6 mois, ...	12,350
Pour les héritiers Diant, le montant de leur terrein estimé	6,000
En intérêts des mêmes époques, . . .	2,850
Pour les Ouvriers suivant leur compte et pour solde, ...	11,246
Nous estimons qu'il doit être ajouté à cette somme celle de 1,500 liv. pour les Huissiers qui en feront le recouvrement,	1,500
Il faudra donc payer au total	59,946 liv.

L'ordonnance du 30 mars 1787, a déterminé que cette dépense serait payée par les Propriétaires et Locataires des maisons qui se trouvent aux rues Beauséjour, Justine, l'Hôpital, Caylus et Torail.

Sur cela nous avons l'honneur d'observer à M. le Gouverneur : 1°. que presque toutes les locations ont changé depuis 1787, et que ce qui était ou paraissait juste alors, pourrait ne pas l'être aujourd'hui; qu'il ne serait pas juste en effet, de faire payer aux Locataires actuels une dépense faite il y a près de dix ans, et sur laquelle ils n'ont pas dû compter en prenant aujourd'hui ces locations.

Que de ce laps de tems et de ces circonstances il résulte qu'elle ne peut plus être supportée que par les Propriétaires, comme une charge attachée et inhérente à leur propriété, sauf le recours de ceux-ci contre leurs Vendeurs, s'ils ont vendu depuis que l'ouverture est faite.

2°. Mais comme cette charge serait trop forte si elle restait aux seuls Propriétaires des maisons ci-dessus désignées, et comme elle leur enlèverait plus de six mois de loyer, ce qui joint aux dépenses d'entretien et de réparation, deviendrait trop fort pour leur propriété; nous pensons qu'il serait infiniment plus juste de la faire répartir sur toute la paroisse, ce qui rendrait la portion contributionnelle de chacun si modique, que personne ne pourrait s'en plaindre, il en coûterait à peine à chacun 3 pour 100.

A cet effet il faut considérer l'ouverture de la rue dont il s'agit comme objet d'utilité publique, que doivent payer tous ceux qui en profitent, comme une de ces charges de ville, que doivent supporter toutes les propriétés qu'elle renferme.

Il nous paraît seulement nécessaire de faire une exemption à la règle ; c'est, de charger les rues Justine et Beauséjour, d'une contribution beaucoup plus forte, en ce qu'elles paraissent dans le cas de profiter de l'établissement beaucoup plus que les Propriétaires des autres rues.

Telle est notre opinion sur la répartition à faire à laquelle nous travaillerons d'après ce mode, si nous y sommes autorisés.

Cette répartition, par nous ainsi faite et homologuée par M. le Gouverneur, pourrait être livrée aux parties intéressées au recouvrement, qui le feraient solliciter ainsi qu'elles aviseraient le mieux, sauf le recours à M. le Gouverneur de tout ce qui pourrait donner lieu au retard et opposition. *Signé*, Vatable, Pécoul, Louis Joyau, Fortier.

Suit la Délibération du Conseil privé du Gouverneur, en date du 30 décembre 1796.

Le Conseil a pris connaissance du rapport des Commissaires nommés par M. le gouverneur Milnés, d'après la délibération prise dans la séance du 5 mars 1796, relativement à l'imposition à établir pour les frais de l'ouverture d'une rue de communication à la rue Beauséjour, ordonnée par le Gouvernement de cette colonie en 1787; lecture faite de ce rapport, et après avoir observé que tous les intérêts et frais énoncés dans le travail des Commissaires, sont dans le cas d'etre déduits, sauf ceux de la sentence de madame de Venancourt, contre les héritiers Lussy, et que les comptes du sieur Faye sont susceptibles d'une réduction qui devra être faite à la diligence du Commissaire d'administration de Saint-Pierre; l'avis du Conseil est que la répartition de l'imposition nécessaire, pour ce paiement, dont la totalité avec les réductions ci-dessus désignées, peut être évaluée à la somme de 50,000 liv., sera faite par les Commissaires déjà nommés conformément aux bases indiquées par l'art. IV, de l'ordonnance du 30 mars 1787, à l'exception des Locataires qui y étaient désignés et de ce qui a rapport aux Propriétaires de la rue Torail, qui ne sont pas dans le cas d'y être compris maintenant.

La perception de cette imposition sera faite en deux paiemens égaux, le premier exigible immédiatement après l'homologation de la répartition susdite, et le second dans un an à compter de la date de ladite homologation.

Aussitôt la répartition faite, les Commissaires ci-dessus désignés, l'enverront à S. Exc., pour être homologuée et avoir force de loi, conformément à l'article V, de l'ordonnance de 1787, et qu'à cet effet S. Exc. voudra bien envoyer à l'enregistrement du Conseil souverain ladite homologation, ensemble l'ordonnance du 30 mars 1787, et celle de M. le gouverneur Milnes, du 14 mars de cette année. *Signé* sur les minutes, W. Keppel.

Approuvé pour être exécuté par les Commissaires en ce qui les concerne; Saint-Pierre, le 30 décembre 1796. *Signé*, W. Keppel.

Suit la Répartition faite par les Commissaires, des sommes à payer sur chaque propriété.

En conformité de la dernière ordonnance de M. le Gouverneur de cette colonie, en date du 30 décembre dernier, les soussignés, chargés de l'exécution d'icelle, desirant connaître quels sont les contribuables au paiement de la somme de 50,000 liv., à laquelle ont été réduites les diverses réclamations faites pour payer le montant de la dépense que l'ouverture de la rue Damas a occasionnée, se sont transportés aux rues Caylus, de l'Hôpital, Justine et Beauséjour, seules indiquées par ladite ordonnance pour devoir supporter cette dépense; rendus là nous avons fait l'état ainsi que l'évaluation des maisons que ces rues renferment; nous avons trouvé qu'elles présentent un capital de 1.800,000 liv., et sur cette base nous estimons que les Propriétaires desdites maisons doivent supporter pour leur part à ladite imposition, les sommes ci-après énoncées; SAVOIR :

	N°.	liv.
Les mineurs Jean Delhorme, pour leur maison . . .	450 . . .	432 liv.
François Delhorme, . . .	» 451 . . .	1485
L'Hopital, ...	» 452 . . .	872
Idem	» 453 . . .	270
Idem	» 454 . . .	1990
La D^me^. V^e^. Hurlot, . . .	» 455 . . .	540
Succession Laferière, . . .	» 456 . . .	484
Idem Delhorme, ...	» 457 . . .	810
Conte, frères, ...	» 458 . . .	972
Delgrés, ...	» 459 . . .	540
D^lle^. Diant, ...	» 460 . . .	1782
Joseph Diant, ...	» 461 . . .	3240
L'Hopital, ...	» 462 . . .	270
Idem	» 463 . . .	270
Henry Decasse, ...	» 464 . . .	2430
Perpigna et Vatable, . . .	» 465 . . .	2160
L'Hopital, ...	» 466 . . .	2160
Clus, ...	» 467 . . .	3645
Borde, ...	» 468 . . .	1620
Thouron, ...	» 469 . . .	1485
Eyma, ...	» 470 . . .	1215
D^lles^. Lussy, ...	» 471 . . .	1080
Terrier de Laitre, ...	» 472 . . .	675
Salles, ...	» 473 . . .	1215
Terrier de Laitre, ...	» 474 . . .	540
Flavigny, ...	» 475 . . .	540
D^me^. Duquesnoy, ...	» 476 . . .	540
Domergue, ...	» 477 . . .	540
Fourniols, ...	» 478 . . .	540
Mayne, ...	» 479 . .	
Idem	» 480 . .	189
Idem	» 481 . .	
Tonnelier, ...	» 482 . . .	540
Despessailles, ...	» 483 . . .	810
Terrier de Laitre, ...	» 484 . . .	484
D^lles^. Lussy, ...	» 485 . . .	270
Delgrés, ...	» 486 . . .	2160
Henry Bottereau, ...	» 487 . . .	1215
	TOTAL.	41,711 liv.

	REPORT.		41,711 liv.
Tascher *ou* Fourniols, . . .	»	488 . . .	2160.
Frigiére, ...	»	489 . . .	2160.
Delgrès, ...	»	490 . . .	1350
Conte, frères, ...	»	491 . . .	1620
Henry Salles, ...	»	492 . . .	1080.
	TOTAL.		50081 liv.

Telle est la quotité que nous estimons devoir être supportée, par chacun des Propriétaires ci-dessus dénommés, pour acquitter le montant de la dépense que nécessite cette imposition, et comme les héritiers Lussy sont dans le cas de payer des intérêts aux héritiers de madame Page, pour la valeur du terrein pris pour cette rue, nous pensons que S. Exc. M. le Gouverneur, pourrait sans inconvénient, ordonner que la Régie, représentant quelques-uns des Propriétaires ci-dessus indiqués, paierait la totalité de leur quote-part, telle qu'elle est ci-dessus fixée par le tableau, sans diviser son paiement en deux termes, comme il est dit dans cette dernière ordonnance du 30 décembre, cette faveur nous paraissant devoir être restreinte aux Propriétaires présens, ce qui évitera le cours d'un intérêt qui pourrait nécessiter d'augmenter l'imposition.

Saint-Pierre, le 20 février 1797. *Signé*, FORTIER, PÉCOUL, VAIABLE, Louis JOYAU.

Enregist. au Conseil souverain.

(N°. 863.) ARRÊT *du Conseil souverain, concernant les Plumitifs des Sénéchaussées.*

Du 7 mars 1797.

CE jour, le Procureur-général du Roi a exposé à la Cour, que par le compte qu'il s'est fait rendre de la tenue des audiences des Sénéchaussées du ressort, il a vu avec étonnement que les Greffiers n'y parlent pas de plumitifs, et qu'ils sont dans l'usage d'avoir un rôle où ils inscrivent les causes sur lequel l'Huissier de service en fait l'appel et où il est fait simplement mention que la cause a été jugée, ou qu'il a été donné défaut, sans énoncer quelle a été la nature et l'espèce de jugement dont ils se bornent à faire la rédaction sur les qualités données par les Procureurs; que cet usage, dont l'ancienneté remonte à un tems très-éloigné, s'est sans doute établi pour la facilité des Greffiers, et la plus prompte expédition des audiences, en ce qu'il les dispense de transcrire les qualités données par les Procureurs; mais quoiqu'il n'en soit jusqu'ici résulté aucun inconvénient, étant possible qu'il en arrive, et d'ailleurs cet usage étant contraire aux réglemens, qui exigent la tenue d'un plumitif pour les audiences dans tous les Tribunaux, il a requis qu'il soit ordonné par la Cour que désormais les Greffiers des Sénéchaussées de son ressort, soient tenus d'avoir un plumitif pour y porter les qualités des parties et les jugemens qui seront rendus aux audiences, de même que la mention des lectures, publications, insinuations et enregistremens qui y auront été faits et ordonnés, lequel ils feront signer à la suite de chaque audience, par le Sénéchal ou celui qui en aura fait les fonctions.

Et en se retirant ledit Procureur-général du Roi a laissé sur le bureau avec son réquisitoire, le rôle actuellement tenu par le Greffier de la Sénéchaussée de cette ville pour les audiences.

Sur quoi ayant été délibéré, la Cour ordonne qu'à l'avenir les Greffiers des Sénéchaussées, de son ressort, seront tenus d'avoir un plumitif, dans les formes prescrites par les ordonnances, pour toutes les audiences tant ordinaires qu'extraordinaires, sur lequel ils inscriront les qualités des parties ainsi que les jugemens rendus, lequel ils feront signer à la fin de chaque audience, par le Sénéchal, ou celui qui en aura fait les fonctions: sur lequel plumitif il sera aussi fait mention de toutes les lectures, publications, insinuations et enregistremens qui auront été faits et ordonnés lors de la tenue des audiences; et sera le présent arrêt, à la diligence dudit Procureur-général du Roi, envoyé à ses Substituts dans lesdites Sénéchaussées, pour y être lu, audience tenante, et de suite enregistré sur les registres desdites Sénéchaussées.

Fait au Conseil souverain de la Martinique, le 7 mars 1797. *Signé* Le Camus, greffier.

(N°. 864.) Ordonnance *de Son-Exc. le Gouverneur-général, concernant les Gens suspects et dangereux.*

Du 28 avril 1797.

Attendu qu'il est essentiel pour le maintien du bon ordre et pour l'exactitude de la police, que le Gouvernement ait, dans tous les tems, une connaissance parfaite de tous les individus qui habitent la colonie, et puisse en conséquence assurer d'une manière efficace l'exécution des ordonnances qui en écartent les gens suspects et dangereux; nous, *etc.*, ordonnons ce qui suit:

Art. Ier. Dans huit jours de la publication des présentes, tous Habitans des villes et des campagnes, et de quelque qualité et condition qu'ils puissent être, remettront, soit aux Commissaires-commandans de leurs paroisses, soit aux

Procureurs du Roi dans les villes, une déclaration exacte et signée d'eux, tant des individus qui composent leur famille et domestiques, libres ou esclaves, que de toutes autres personnes quelconques qui résident dans leurs maisons ou sur leurs habitations, et chaque fois que quelque nouvel individu viendra loger chez eux, ils seront tenus de le déclarer, et sera ladite déclaration faite le jour même de l'arrivée de ces nouveaux individus, avant le coucher du soleil, le tout à peine de 300 liv. d'amende.

II. Chaque déclaration contiendra les noms, surnoms, âge et qualités des personnes déclarées, comme aussi l'indication de la paroisse, de la rue et du numéro de la maison occupée par le déclarant, et nul ne pourra se dispenser de faire la déclaration, sous prétexte qu'il ne serait pas chef de famille.

III. Dans les déclarations seront compris tous les particuliers de quelque nation et pays qu'ils soient, residant dans la colonie avec explication des motifs de leur résidence; ceux qui seraient convaincus d'avoir fait des déclarations infidèles, seront condamnés à 1,000 liv. d'amende, et si les délinquans se trouvent être Hôteliers ou Aubergistes, ils pourront être en outre déchus de leurs permissions et encourir même la peine du bannissement si le cas le requiert.

Prions messieurs les Officiers du Conseil souverain de la Martinique d'enregistrer, *etc.*

Donné à St-Pierre Martinique, le 28 avril 1797. *Signé*, W. KEPPEL.

Enregist. au Conseil souverain.

(N°. 365.)

(N°. 865.) ARRÊT *du Conseil souverain, concernant la fausse Monnaie introduite dans la Colonie.*

Du 2 mai 1797.

CE jour, le Procureur-général du Roi a remontré à la Cour : que par une entreprise criminelle et attentatoire aux droits de la Souveraineté qui seule peut donner valeur et cours aux monnaies dans ses domaines, des Spéculateurs avides se sont permis d'introduire dans cette colonie une quantité énorme de sols-marqués de cuivre, qui ne peuvent être qualifiés d'autre nom que de celui de fausse monnaie ; leur inspection suffit pour juger de leur qualité et du danger de leur circulation ; le rouleau que le Remontrant s'en est procuré et qu'il laisse sur le bureau, suffira pour en convaincre la Cour ; suivant les rapports qui lui ont été faits, il paraît qu'il en a été importé pour 6 à 7 millions de livres, peut-être la quantité en a été exagérée, mais le public n'en est pas moins alarmé ; ceux qui se croient bien instruits à ce sujet, assurent qu'il en a déjà été debarqué 12 boucauts; il faut en effet que la quantité en soit immense, puisque dans les transactions commerciales, les Débiteurs n'offrent plus d'autre monnaie en paiement, et ce qu'il y a de particulier, c'est que tel qui les a donnés à son Créancier refuse ensuite de les recevoir de son Débiteur, le commerce et les fortunes particulières se trouvent donc par-là également compromis. Ceux qui les ont introduits après avoir essayé de réaliser en cette monnaie des paiemens considérables, se restreignent à présent à vouloir offrir le 10me. dans les paiemens, mais beaucoup les refusent parce que ces sols-marqués ne sont pas au titre autorisé. Il résulte donc de cette introduction un mal qu'il est urgent de faire cesser. Outre que cette monnaie n'a été avouée et reconnue par aucun Souverain, c'est qu'elle lézerait essentiellement les fortunes particulières, et serait un sujet continuel de désordre et de confusion dans le commerce et dans la société.

Pour quoi il a requis qu'il lui soit donné acte de la remise par lui faite sur le bureau de 2 petits rouleaux desdits sols-marqués pour être déposés au Greffe de la Cour, afin de servir de pièce de conviction et de comparaison si besoin est, qu'à cet effet lesdits 2 rouleaux soient paraphés par le Président de la Cour sur l'enveloppe d'iceux; qu'il soit fait défenses à toutes personnes de quelque qualité et condition qu'elles soient de donner cours auxdits sols-marqués de cuivre, et de les faire circuler dans le commerce, sous peine d'être poursuivies extraordinairement et d'être punies suivant la rigueur des ordonnances sur le fait des monnaies. Et attendu l'indue introduction qui en a été déjà faite, qu'il soit ordonné aux Procureurs du Roi des Sénéchaussées du ressort de la Cour d'informer contre les Auteurs et Fauteurs de ladite introduction, par toutes les voies et moyens que la loi permet, qu'en conséquence il soit ordonné que l'arrêt à intervenir sera envoyé auxdites Sénéchaussées pour y être lu, publié et enregistré, la Cour a donné acte audit Procureur-général du Roi, du contenu en sa remontrance, et du dépôt par lui fait de 2 petits rouleaux de sols-marqués de cuivre qui viennent d'être à l'instant paraphés sur l'enveloppe pour être et demeurer déposés au Greffe pour servir de pièce de conviction et de comparaison si besoin est : fait en conséquence ladite Cour expresse inhibition et défense à toutes personnes de quelque qualité et condition qu'elles soient de donner cours auxdits sols-marqués de cuivre et d'en faire circuler et introduire de semblables à l'avenir dans le commerce, à peine d'être poursuivies et punies suivant la rigueur des ordonnances. Enjoint aux Procureurs du Roi des Sénéchaussées de son ressort, d'informer contre les Auteurs, Fauteurs et Complices de l'introduction dejà faite de cette monnaie non titrée ni avouée par S. M. et de faire à ce sujet toutes recherches et perquisitions convenables.

Ordonne qu'à la diligence dudit Procureur-général du Roi le présent arrêt sera envoyé auxdites Sénéchaussées pour y être lu, publié, *etc.*

Fait au Conseil souverain de la Martinique, le 2 mai 1797. *Signé*, Le Camus, greffier.

(N°. 866.) Arrêt *du Conseil souverain, sur l'exercice de la Médecine et de la Chirurgie.*

Du 2 mai 1797.

Ce jour le Procureur-général du Roi a remontré à la Cour : que parmi les professions établies pour le bien de la société et de l'humanité, il n'en est pas de plus conséquentes et de plus délicates que celles de la médecine et de la chirurgie; aussi les réglemens de la Cour, rendus à differentes époques, ont-ils assujettis ceux qui prétendent les exercer à des formalités que la sagesse et la prudence ont dictées; mais quelque soit l'importance de ces arts, quelqu'interessant qu'il soit, qu'ils ne soient exercés que par des gens parfaitement instruits et par des mains habiles; cependant depuis quelque tems, il s'est répandu dans les villes et dans les campagnes beaucoup d'individus qui se qualifient de Médecins et de Chirurgiens sans s'être présentés préalablement aux Tribunaux, sans y avoir fait connaître leurs titres, sans avoir subi l'examen et fait le serment que la loi exige: comme un abus de cette nature est le plus funeste et le plus dangereux, de tous, le Remontrant a conclu à ce qu'il soit ordonné à toutes personnes exerçant la médecine et la chirurgie dans les villes et la campagne de cette colonie, autres que celles dont les titres ont déjà été vérifiés, de se présenter dans le délai d'un mois au plus tard, du jour de la publication de l'arrêt, par devant les Officiers des Sénéchaussées du ressort pour y exhiber les titres qui constituent leur état, ou à défaut les preuves qui peuvent y suppléer, à peine d'être poursuivis extraordinairement, conformément aux ordonnances et réglemens rendus à ce sujet.

La matière mise en délibération, la Cour, faisant droit sur le réquisitoire du Procureur-général du Roi, enjoint à tous ceux qui exercent ou prétendent exercer la médecine et la chirurgie dans cette colonie et qui n'y ont pas été autorisés dans les formes prescrites, de se présenter dans le délai d'un mois au plus tard par devant les Officiers des Sénéchaussées du ressort, pour y justifier de leur titre et droit audit exercice, à peine d'être poursuivis conformément aux ordonnances et réglemens.

Fait au Conseil souverain de la Martinique, le 2 mai 1797. *Signé*, LE CAMUS, greffier.

(N°. 867.) ORDONNANCE *de Son Excellence le Gouverneur-général, concernant l'Imposition pour l'armement des Bâtimens garde-côtes, destinés à la protection du Cabotage.*

Du 15 juin 1797.

LA protection qu'il est essentiel de donner au cabotage de la colonie, exigeant qu'il soit pris des mesures pour subvenir aux fonds nécessaires à un nouvel armement de bâtimens garde-côtes, nous, *etc.*, ordonnons ce qui suit :

ART. Ier. Il sera perçu sur l'imposition ordinaire de l'année 1797, 2 s. pour liv. additionnels.

II. Les bâtimens caboteurs paieront un droit de 6 liv. par tonneau, et la permission de caboter ne pourra leur être délivrée que sur le vu de la quittance du Receveur du département pour ledit droit.

Prions messieurs les Officiers du Conseil souverain de faire enregistrer, *etc.*

Donné à St-Pierre Martinique, le 15 juin 1797. *Signé*, W. KEPPEL.

Enregist. au Conseil souverain.

(N°. 868.) ORDONNANCE *du Juge de Police de St-Pierre, sur les fausses Monnaies d'Or et d'Argent.*

Du 21 juillet 1797.

VU, *etc.*, nous avons donné acte au Procureur du Roi de la plainte qu'il porte à justice et des réserves qu'il fait de se pourvoir par la voie extraordinaire contre les Auteurs, Fauteurs et Complices des différentes introductions faites en cette ville, de diverses espèces de monnaies falsifiées et contrefaites, telles que portugaises, demies, quarts et huitièmes de portugaises d'argent doré, piastres-gourdes de cuivre argenté, et sols-marqués également de cuivre blanchi, et de poursuivre les coupables de telles introductions jusques à jugement définitif.

Ordonnons que la piastre-gourde de cuivre argenté, timbrée 1791, ayant pour légende autour de l'effigie contrefaite CAROLUS. IV DEI GRATIA, decouvrant le cuivre par une incision sur la lettre S, sera et demeurera déposée au Greffe pour servir de comparaison (*) et de

---

(*) *Signes caractéristiques des fausses Gourdes qui ont été présentées dans le Commerce à St-Pierre.*

1°. Après le chiffre IV il y a dans les bonnes gourdes un point . qui n'est plus dans les fausses.

2°. Les cheveux dans les bonnes sont noués par un ruban d'une demi-ligne de largeur, et dans les fausses le ruban est plus délié et beaucoup moins large.

3°. Le devant de la poitrine présente dans les fausses un point détaché qui n'est pas dans les bonnes.

4°. Dans l'exergue, auprès de la base de la 1re. colonne est une M au-dessus de laquelle il y a dans les bonnes un o

pièce de conviction contre les coupables que le Remontrant pourra découvrir par la suite; faisons défenses à tous Particuliers qui en auraient de pareilles, de les mettre en circulation, à peine d'être poursuivis extraordinairement, et punis suivant la rigueur des ordonnances; faisons pareillement défenses et sous les mêmes peines à toutes personnes de quelque qualité et condition qu'elles soient de donner cours tant aux sols-marqués de cuivre déjà proscrits par arrêt de la Cour, du 2 mai dernier, qu'aux portugaises, demi-portugaises, quarts et huitièmes de portugaises d'argent ou de tout autre métal doré. Et afin que le public soit instruit des criminelles introductions faites en cette colonie des diverses espèces de monnaies fausses ci-devant détaillées, voulons que notre présente ordonnance soit imprimée, lue, publiée, *etc.*

Donné à St-Pierre, Martinique, le 21 juillet 1797. *Signé*, Astorg.

(N°. 869.) Proclamation *de Son Excellence le Gouverneur-général, sur les Sols-marqués et Tempés.*

Du 8 août 1797.

La connaissance que nous avons prise de la quantité de petites monnaies imitant les pièces

---

absolument détaché, et dans les fausses cet o est adhérent et perdu dans les jambages de l'M.

5°. L'œil dans les fausses est hagard, et plus ouvert que dans les bonnes.

6°. La couleur et le son présenteront à l'attention du Commerce une grande facilité pour reconnaître les fausses;

de la valeur de 2 s. 6 d. et 3 s. 9 d. autrement dites *sols-marqués*, *noirs* et *tempés*, qui ont été introduites depuis quelque tems à la Martinique, et qu'on y introduit continuellement encore, nous a convaincu de la nécessité et de l'urgence d'apporter des remèdes efficaces à un mal qui s'aggrave tous les jours et qui ne tarderait pas à opérer la ruine de toutes les fortunes de la colonie.

A CES CAUSES, nous, *etc.*, ordonnons ce qui suit :

ART. Ier. Les petites monnaies anciennes, dites *noirs* ou *sols-marqués* et *tempes*, composées de deux parties et demie d'argent et de neuf parties et demie de cuivre, conformément à l'édit du mois d'octobre 1738, sont les seules dont la valeur puisse être reçue pour 2 s. 6 d., et 3 s. 9 d.

II. Déclarons tous les sols-marqués et tempés de nouvelle importation être fausse monnaie : déclarons que les Auteurs, Fauteurs et adhéreus de leur introduction, ceux qui ont été employés à faciliter leur distribution après qu'ils ont été introduits, comme ceux qui tenteraient encore d'en introduire ou d'en distribuer dans la colonie, seront poursuivis extraordinairement pour leur procès être instruit, conformément aux ordonnances sur le fait des Faux-monnoyeurs, et à l'arrêt du Conseil souverain en date du 2 mai de cette année.

III. Prenant en considération néanmoins que la petite monnaie de mauvais aloi a fait fuir celle de bon aloi, et que sa suppression trop subite pourrait apporter infiniment d'entraves aux marchés publics, et au petit commerce de détail, nous déclarons que provisoirement, et jusqu'à ce que les mesures que nous prenons pour procurer à la colonie des petites monnaies de bon aloi aient pu avoir leur effet, les pièces de cuivre de nouvelle importation, déjà en circulation soit celles marquées d'un C et données pour un *tempé*, soit celles données pour un *noir* ou *sol marqué* auront indistinctement cours à raison de 10 d. chaque, c'est-à-dire trois pour un véritable *sol-marqué*, ou 18 à l'escalin.

IV. Quoique les anciens *sols-marqués* et *tempés* qui continuent à avoir cours pour leur véritable valeur conformément à l'article Ier. soient très-aisés à distinguer des fausses monnaies de nouvelle importation, néanmoins pour éviter les petites contestations qui pourraient s'élever sur leur distinction, le public est prévenu que toutes les pièces de ce genre qui se trouveront de bon aloi, seront toujours reçues au bureau établi chez le sieur Ruffy, étalonneur et garde-poinçon, qui sera chargé d'en donner le montant en toute autre monnaie.

VI. Déclarons que la loi qui autorise à faire le dixième des paiemens en *tempés* et *sols-marqués* n'est pas applicable auxdites fausses monnaies de nouvelle importation, et dont il ne pourra jamais être donné plus d'un 50me., conformément à l'ordonnance du 2 juillet 1762, sur les liards.

Prions messieurs les Officiers du Conseil souverain, de faire enregistrer, *etc.*

Donné à St-Pierre, Martinique, le 8 août 1797. *Signé*, W. KEPPEL.

Enregist. au Conseil souverain.

(N°. 870.) ORDONNANCE *de Son Excellence le Gouverneur général, portant émission d'une petite Monnaie composée de fractions de Gourdes, de Demi-Gourdes et de Quarts de Gourdes.*

Du 1er. septembre 1797.

L'OPINION publique ayant concouru avec célérité aux vues du Gouvernement en opérant la destruction soudaine des fausses monnaies de billon désignées dans notre ordonnance du 8 août dernier, nous avons pensé qu'il nous restait à donner à la colonie l'assurance que ces mêmes monnaies seraient à jamais frappées d'une entière nullité.

Notre sollicitude n'a négligé aucun des moyens qui pouvaient tendre à secourir le pauvre et l'indigent, que la crédulité et l'ignorance ont rendu victime du trafic honteux qui a été fait : et lorsque les mesures que nous avons prises auront reçu une exécution complète, nous donnerons à ces classes si intéressantes des marques de la bienveillance du Gouvernement, heureusement secondées par la libéralité des Colons et du Commerce.

Toute notre attention s'est portée dans ces premiers instans à hâter la préparation d'une petite monnaie d'argent; et nous avons senti que les transactions mercantilles en rendent l'émission tellement pressante qu'il aurait été impossible, sans nuire visiblement aux intérêts de la colonie, de lui faire éprouver le retard qu'eût entraîné une demande en Europe d'espèces d'un coin régulièrement fabriqué.

A CES CAUSES, nous, *etc.*, ordonnons ce qui suit :

ART. Ier. La petite monnaie de bon aloi annoncée par les articles III et V de notre proclamation du 8 août dernier étant prête à être mise en circulation, lesdits articles III et V sont et demeurent supprimés : défendons sous toutes peines de droit, de donner aucun cours ou valeur quelconques aux fausses monnaies y mentionnées.

II. A compter du jour de la promulgation de la présente ordonnance il sera émis, et reçu dans la circulation :

1°. Des pièces d'argent provenant de gourdes coupées en quatre parties, pour 3 escalins ou 45 sols chaque.

2°. Des pièces d'argent provenant de demi-gourdes coupées en quatre parties, pour 3 petites pièces ou 22 s. 6 d. chaque.

3°. Des pièces d'argent provenant de quarts de gourdes coupés en trois parties pour 1 escalin ou 15 s. chaque.

Toutes ces monnaies seront dentelées dans leur coupure, de telle manière qu'il sera impossible de les altérer sans en laisser des marques visibles.

III. La distribution de ces monnaies se fera au Fort-Royal, au bureau de l'Administration intérieure, et à Saint Pierre, chez M. Borde, receveur particulier des impositions, et chez M. Gay, ainsi que chez M. Woodyear, négocians, depuis 9 heures du matin jusqu'à midi : toutes personnes qui se présenteront auxdits bureaux seront tenues de donner en échange desdites monnaies, des gourdes, demi-gourdes et quarts de gourdes en argent, de payer 5 sols par gourde et demi-gourde, et 3 sols 9 deniers par quart de gourde, pour frais de coupe, au moyen de quoi le public jouira du bénéfice de 10 sols par chaque gourde.

IV. Il est défendu à tous particuliers, sous les peines de droit, de couper ou faire couper de leur chef, ou d'introduire dans la circulation des gourdes, demi-gourdes ou quarts de gourdes coupés, autres que ceux qui l'ont été en vertu de nos ordres.

V. Dès que la coupe des espèces déjà désignées aura été terminée, les instrumens qui auront servi à cette opération seront remis au Greffe de la Sénéchaussée de St Pierre, où ils resteront déposés.

VI. Renouvelons au surplus les dispositions de notre proclamation du 8 août dernier, en ce qui n'y a pas été dérogé par ces présentes.

Prions messieurs les Officiers du Conseil souverain de faire enregistrer, *etc.*

Donné à St Pierre, Martinique, le 1er. septembre 1797. *Signé*, W. KEPPEL.

Enregist. au Conseil souverain.

(N°. 871.) ORDONNANCE *de S. Exc. le Gouverneur général, portant que la somme de la petite Monnaie mise en émission, ne pourra excéder 300,000 liv.*

Du 2 septembre 1797.

LA rareté de l'argent blanc destiné à composer la petite monnaie dont nous avons ordonné l'émission l'émission par notre ordonnance du 1er. de ce mois, nous a empêché d'y annoncer définitivement la somme à laquelle cette émission sera portée, néanmoins au cas où les ressources en ce genre vinssent par la suite à s'augmenter, il convient de fixer à cet égard quelques bases particulières ; en conséquence, nous, *etc.*, ordonnons ce qui suit :

Art. Ier. Il sera pris tous les moyens possibles pour que la première émission de la petite monnaie nouvellement fabriquée, soit portée à une somme de 100.000 liv.

II. Lorsque cette somme sera mise en circulation, si elle est reconnue insuffisante, et qu'il se présente des ressources pour continuer la fabrication, elle pourra être ordonnée par gradation jusqu'à la concurrence de 300,000 liv. de plus, faisant dans la totalité une émission de 400,000 liv. de petite monnaie ; somme audelà de laquelle nous arrêtons que ladite émission ne s'étendra pas.

Prions messieurs les Officiers du Conseil souverain de la Martinique de faire enregistrer, *etc.*

Donné à Saint-Pierre Martinique, le 27 septembre 1797. *Signé*, W. Keppel.

Enregist. au Conseil souverain.

(N°. 872.) Ordonnance *du Juge de Police de St-Pierre, sur la valeur des Pieces d'argent coupées en petites Monnaies.*

Du 12 octobre 1797.

Sur ce qui nous a été représenté par le Procureur du Roi en fonctions que la malveillance ou l'erreur ont élevé des doutes sur la valeur effective dans le commerce des pièces d'argent coupées en vertu de l'ordonnance de S. Exc. M. le Gouverneur, datée du 1er. septembre dernier, et enregistrée le 4 du même mois; qu'en conséquence il y a eu des difficultés dans les marchés de cette ville, et dans les bourgs du Prêcheur et du Carbet.

Nous ordonnons que nouvelle affiche sera faite de la susdite ordonnance du 1er. septembre auxdits bourgs du Carbet et du Prêcheur; faisons défenses à toutes personnes de troubler les transactions mercantiles par le refus desdites pièces d'argent coupé suivant la valeur énoncée en la susdite ordonnance, lesquelles doivent être reçues sans aucune difficulté dans les marchés et paiemens quelconques, à peine d'être les contrevenans poursuivis ainsi qu'il appartiendra comme perturbateurs de la confiance publique due auxdites monnaies.

Et seront ces présentes, lues, publiées, *etc.*
Donné à Saint-Pierre, le 12 octobre 1797.
Signé, ASTORG.

(N°. 873.) PROCLAMATION *de Son Excellence le Gouverneur-général, pour réprimer la fureur des Jeux défendus.*

Du 31 octobre 1797.

LA rapidité effrayante avec laquelle les abus résultant de la passion funeste du jeu se multiplient de jour en jour dans la colonie, et spécialement dans les villes du Fort-Royal et de

St-Pierre, appelle toute l'attention du Gouvernement sur une partie aussi importante de l'ordre public et démontre la nécessité de pourvoir par tous les moyens possibles à l'exécution la plus complète et la plus rigoureuse des lois salutaires qui existent pour les réprimer.

A CES CAUSES, et afin de faire connaître de la manière la plus positive aux contrevenans les peines qu'ils sont dans le cas d'encourir en leur rappelant les dispositions de ces lois et notamment de celle du 30 mars 1781, nous, *etc.*, ordonnons ce qui suit :

N. B. Les dix articles qui composent cette ordonnance étant textuellement les mêmes que ceux de la déclaration du Roi sur le même objet, voyez le N°. 578, tome III, page 426 et suivantes.

(N°. 874.) ORDONNANCE *de Son Excellence le Gouverneur-général, qui prohibe la vente et distribution des Comestibles viciés.*

Du 29 décembre 1797.

SUR les représentations qui nous ont été faites tant par les Officiers de police que par les Officiers de santé de la ville de Saint-Pierre, que les différentes espèces de salaisons, de farine et autres comestibles défectueux dont les magasins du commerce sont souvent remplis, sont dans le cas d'occasionner des maladies très-dangereuses; et la proclamation de S. Exc. Sir Charles Grey, en date du 17 août 1794, nous ayant paru renfermer les moyens les plus efficaces de prevenir les inconvéniens résultans de l'existence desdits comestibles de mauvaise qualité, nous, *etc.*, avons renouvelé et renouvelons les articles de ladite proclamation; en conséquence avons ordonné et ordonnons ce qui suit :

ART. Ier. Faisons très-expresses inhibitions et defenses à tous Négocians et Marchands, tant en gros qu'en détail, même à tout Huissier ou Encanteur, d'exposer en vente dans leurs magasins ou aux enchères publiques aucunes salaisons corrompues, farine viciée, non plus que tous autres comestibles défectueux, à peine de 2,000 liv. d'amende contre chacun des contrevenans.

II. Les comestibles de quelque espèce que ce soit, ne pourront être mis aux enchères publiques que de l'autorité et après avoir obtenu la permission des Officiers de la Sénéchaussée, et qu'il aura éte préalablement constaté à leur diligence et en présence de deux Négocians, que lesdits comestibles ne sont atteints d'aucune defectuosité préjudiciable aux consommateurs, à peine aussi de 2,000 livres d'amende, à l'encontre tant du Propriétaire que de l'Encanteur, même de destitution de ce dernier en cas de récidive.

III. Tous comestibles qui, par suite des dispositions de l'article ci-dessus, seront constatés défectueux et prejudiciables aux consommateurs, seront à l'instant jetés à la mer, à la diligence desdits Officiers et en suivant les formes usitées en pareil cas.

IV. Tous ceux qui auront chez eux des comestibles de ce genre seront tenus de remplir les mêmes formalites pour en opérer le jet à la mer, et en conséquence nous recommandons aux personnes habitant les lieux voisins de ceux où il y aurait de pareils comestibles, à faire leur déclaration à la police de la connaissance qu'ils en auraient.

Prions messieurs les Officiers du Conseil souverain de faire enregistrer, *etc.*

Donné à Saint-Pierre Martinique, le 29 décembre 1797. *Signé*, W. KEPPEL.

Enregist. au Conseil souverain.

(N°. 875.) ORDONNANCE *de Son Excellence le Gouverneur-général, concernant l'Imposition sur la Martinique, pour* 1798.

Du 29 décembre 1797.

N. B. Cette ordonnance étant en tous points conforme à celle du 8 mars 1796, voyez le N°. 851, page 327 de ce tome.

Enregist. au Conseil souverain.

(N°. 876.) ORDONNANCE *de Son Exc. le Gouverneur-général, portant établissement d'un supplément d'Imposition pour l'Armement et entretien de Bâtimens garde-côtes, pendant l'année* 1798.

Du 30 décembre 1797.

LES avantages d'un armement de Bâtimens pour la protection du cabotage, et la surveillance des côtes de la colonie étant démontrés par les effets salutaires qui en sont résultés, et la nécessité de continuer à pourvoir à cette protection exigeant qu'il soit pris des mesures, non-seulement pour la continuation du présent armement, mais encore pour un armement nouveau au moyen duquel la surveillance puisse s'étendre à la fois sur les points les plus opposés de l'île, nous, *etc.*, ordonnons ce qui suit :

ART. Ier. Il sera perçu sur l'imposition ordinaire de l'année 1798, 3 sols pour livre additionnels.

II. Les bâtimens caboteurs paieront un droit de 6 liv. par tonneau, et la permission de caboter ne pourra leur être délivrée que sur le vu de la quittance du Receveur du département, pour ledit droit.

Prions messieurs les Officiers du Conseil souverain de faire enregistrer, *etc.*

Donné à St Pierre Martinique, le 30 décembre 1797. *Signé*, W. KEPPEL.

Enregist. au Conseil souverain.

(N°. 877.) ORDONNANCE *du Juge de Police de St-Pierre, sur les Inhumations faites au lieu dit* les Grosses-Roches.

Du 12 février 1798.

VU les ordonnances par nous déjà rendues les 18 novembre 1785, et 16 juin 1788, et faisant droit sur la remontrance du Procureur du Roi, en date de ce jour;

Nous enjoignons à toute personne de quelque qualité et condition qu'elle puisse être, qui fera à l'avenir inhumer des cadavres au lieu dit des Grosses-Roches, de faire fouiller pour chacun desdits cadavres une fosse de 6 pieds de profondeur et de verser sur ledit cadavre un demi-baril de chaux, après avoir préalablement donné avis, et appelé à ladite inhumation le Commis à la police, ou le Brigadier de la maréchaussee de cette ville, qui en tiendront registre pour servir ce que de droit, à peine, en cas de contravention, de 150 livres d'amende contre l'auteur de l'inhumation, et de huit jours de prison ainsi que du fouet et du carcan contre les nègres fossoyeurs.

Et afin que personne ne puisse en prétendre cause d'ignorance, sera notre présente ordonnance imprimée, *etc.*

Mandons, *etc.*

Fait et donné à Saint-Pierre Martinique, le lundi 12 février 1798. *Signé*, ASTORG.

(N°. 878.) ORDONNANCE *du Juge de Police de St-Pierre, sur les fausses Gourdes.*

Du 10 mars 1798.

VU, *etc.*, nous avons donné acte au Procureur du Roi de la plainte qu'il déclare porter à justice tant contre les Auteurs que contre les Fauteurs, complices et participes de l'introduction et circulation en cette ville, des gourdes de cuivre, couvertes d'une légère feuille d'argent, ayant pour légende, autour de l'effigie du Prince, CAROLUS IV., et timbrées 1794 : en conséquence ordonnons qu'il en sera informé, témoins assignés et ouïs aux formes de droit, pour l'information prise et communiquée au Procureur du Roi, être par lui requis ce qu'il appartiendra, et le procès fait et parfait aux coupables suivant la rigueur des ordonnances.

Lui donnons pareillement acte de ce que pour pièce de comparaison il produit une gourde contrefaite à lui remise par le sieur A. Leslie, negociant en cette ville; ordonnons que ladite gourde sera et demeurera déposée au Greffe de cette Sénéchaussée, où toute personne de quelque qualité et condition qu'elle soit pourra l'inspecter pour son instruction et sa sûreté (*).

Faisons expresses inhibitions et défenses d'en faire circuler de semblables sous peine d'être poursuivi extraordinairement et puni comme faux-monnoyeur.

Et afin que personne ne puisse en prétendre cause d'ignorance, sera notre présente ordonnance imprimée, *etc.*

A St-Pierre Martinique, le 10 mars 1798. *Signe*, ASTORG.

(N°. 879.) ORDONNANCE *du Juge de Police de St-Pierre, concernant les Fabricateurs et Introducteurs de fausses Moëdes.*

Du 3 avril 1798.

VU, *etc.*, donnons acte au Procureur du Roi de la plainte qu'il porte à justice tant

---

(*) *Signes caractéristiques de la Gourde contrefaite.*

Elle est infiniment plus épaisse que la gourde véritable, l'oreille et l'agraffe du manteau qui couvre le buste sont beaucoup plus saillantes et distinctes dans la gourde contrefaite que dans la vraie gourde.

En les faisant sonner sur le carreau, la vraie gourde produit un son beaucoup plus aigu que la gourde contrefaite.

contre les fabricateurs de portugaises fausses et contrefaites que contre les Auteurs de l'introduction qui s'en est faite en cette ville, leurs Fauteurs, complices et participes, ordonnons qu'il en sera par nous informé, témoins assignés et ouïs aux formes de droit, pour l'information prise et communiquée au Remontrant être par lui requis et par nous statué ce qu'il appartiendra, et le procès fait et parfait aux coupables suivant la rigueur des ordonnances.

Donnons pareillement acte au Remontrant de ce que pour pièce de comparaison et de conviction matérielle du délit, il présente une desdites portugaises de cuivre doré ou plaqué, laquelle sera et demeurera déposée au Greffe pour servir à l'instruction de la procédure.

Et cependant ordonnons que pour l'instruction du public, notre présente ordonnance sera imprimée, publiée et affichée, *etc.*

Mandons, *etc.*

A St-Pierre Martinique, le 3 avril 1798.

Signé, ASTORG.

N. B. Les fausses portugaises distribuées dans ce moment, sont datées 1769, le chiffre surmonté d'un B, au nom de JOSEPHUS, *etc. etc.*, imitées des bonnes portugaises coupées et rognées jusques aux lettres qui forment la circonférence; la figure présentant un nez très-alongé et pointu; le son très-aigu.

(N°. 880.) ARRÊT *du Conseil souverain, sur l'introduction des fausses Monnaies.*

Du 18 mai 1798.

CE jour le Procureur-général du Roi a remontré à la Cour; que les differentes procédures sur lesquelles elle a successivement prononcé, fournissent des preuves multipliées des tentatives criminelles que de cupides et audacieux Spéculateurs n'ont cessé de faire depuis quelque tems pour l'introduction dans la colonie de monnaies fausses et altérées; qu'il est urgent que toutes les Autorités se réunissent pour arrêter ce torrent de brigandage, pour tarir cette source de calamités; que l'intérêt du commerce comme celui de l'agriculture, la tranquillité des villes, comme celle des campagnes sollicitent qu'il soit pris toutes les mesures que la prudence peut suggérer pour prévenir des introductions aussi préjudiciables.

Pour quoi il a requis qu'il soit par la Cour ordonné que tous Maîtres et Capitaines de navires marchands arrivant d'Europe et d'Amérique : Maîtres de bâtimens venant des îles voisines, même les Capitaines de paquebots seront tenus sous telles peines qu'elle jugera à propos de fixer, de faire dans les 24 heures de leur arrivée et avant le débarquement d'aucuns effets et marchandises du bord de leurs bâtimens, une déclaration, aux Greffes des Sénéchaussées de cette île, dûment assermentee, tant des monnaies qui auront pu leur être données à frêt, que des boites, caisses, malles, ballots ou futailles qui pourraient en contenir, avec indication des noms des Consignataires, même d'en faire incontinent le rapport auxdits Greffes, s'il est ainsi requis, afin qu'en leur présence et celle des Consignataires, il soit par les Officiers desdites Sénéchaussées, procédé de suite à l'ouverture desdites boîtes, caisses, malles, ballots ou futailles; et à la vérification des monnaies qui pourraient s'y trouver, et ce sans frais, si ce n'est en cas de contravention; comme aussi qu'il soit ordonné que le présent arrêt sera présenté à la sanction de S. Exc. M. le Gouverneur, pour ensuite être imprimé, *etc.*

Sur quoi les Gens du Roi retirés, et la matière mise en délibération :

La Cour ordonne que tous Maîtres et Capitaines de navires marchands arrivans d'Europe et de l'Amérique, Maîtres de bâtimens venant des îles voisines; même les Capitaines de paquebots seront tenus, sous peine d'être poursuivis par le ministère public, et condamnés en telle amende qu'il appartiendra, de faire dans les 24 heures de leur arrivée, et avant le debarquement d'aucuns effets et marchandises du bord de leurs bâtimens, une déclaration aux Greffes des Sénéchaussées de cette île, dûment assermentée, non-seulement des monnaies qui auront pu leur avoir eté données à fret, mais même des boîtes, caisses, malles, ballots ou futailles qui pourraient en contenir, en indiquant les noms des Consignataires, comme aussi d'apporter le tout auxdits Greffes s'il est ainsi requis, afin qu'en leur présence et en celle des Consignataires qui seront sommés de s'y trouver, il soit par les Officiers desdites Sénéchaussées, fait procéder de suite à l'ouverture desdites boîtes, caisses, malles, ballots ou futailles et à la vérification des monnaies qui pourraient s'y trouver, et ce sans frais, excepté qu'il n'y ait fraude et contravention.

Ordonnons aussi que le présent arrêt sera présenté à S. Exc. M. le Gouverneur pour le sanctionner, ensuite envoyé aux Sénechaussées du ressort pour y être enregistré, *etc.*

Fait au Conseil souverain de la Martinique, le 10 mai 1798. *Signé*, LE CAMUS, greffier.

(N°. 881.) ACTE *du Parlement, proclamé et affiché par ordre de S. E. le Gouverneur général, pour empecher l'exportation des Monnaies altérées, aux Colonies de Sa Majesté, dans les Indes occidentales et en Amérique.*

Du 21 juin 1798.

ATTENDU que plusieurs espèces de monnaie de cuivre altérées, faites à l'imitation et ressemblance des monnaies de cuivre étrangères, appelées *tempes* et *sols-marqués*, ont été exportées de ce Royaume à l'île de la Martinique aux indes occidentales, sous la dénomination de cuivre travaillé : et attendu que des monnaies altérées faites à l'imitation et ressemblance des monnaies étrangères d'or et d'argent appelées *moëdes* et *gourdes*, ont été mises en cicrulation dans les îles de S. M. aux indes occidentales et dans d'autres colonies de S. M. en Amérique, au grand préjudice des Habitans desdites îles et colonies : A CES CAUSES, et afin de prévenir dorénavant de semblables et pareils de pareils maux, qu'il soit passé en loi par Sa très-Excellente Majesté le Roi, par et de l'avis et consentement des Lords Spirituels et Temporels; et des Communes, assemblés en ce présent Parlement et par l'autorité d'iceux, que toute monnaie de cuivre quelconque, n'étant point la monnaie légale de cuivre de ce Royaume, et toute monnaie fausse d'or et d'argent faite à l'imitation et ressemblance, ou faite dans l'intention d'imiter toute monnaie d'or ou d'argent, soit de ce Royaume, soit de tout autre pays, qui sous quelque prétexte, nom ou désignation que ce soit, sera exportée ou chargée, ou embarquée ou mise à bord de tout navire, bâtiment ou chaloupe, à l'effet d'être exportée de ce Royaume à ladite île de la Martinique ou toute autre des îles ou colonies de S. M. dans les indes occidentales ou l'Amérique, sera confisquée, et icelle sera et pourra être saisie, poursuivie, recherchée et remise dans telles Cours et par tels et semblables moyens, voies et méthodes, et le produit d'icelle employé et appliqué de telle et semblable manière, et à tels et semblables usages et desseins, que toute autre confiscation qui étant encourue d'après toute loi concernant le revenu des Domaines, peut maintenant être saisie, poursuivie ou remise, employée ou appliquée, soit en ce Royaume, soit dans quelqu'une des îles de S. M. aux indes occidentales respectivement, suivant que le cas peut y écheoir.

Et qu'il soit en outre passé en loi, que toute personne qui exportera ainsi, ou embarquera ainsi, chargera ou mettra à bord de tout navire, bâtiment ou chaloupe, afin qu'elle soit ainsi exportée, ou fera ainsi exporter ou donnera lieu qu'elle soit ainsi exportée, chargée ou mise à bord de tout navire, bâtiment ou chaloupe, ou aura en sa garde, afin qu'elle soit ainsi exportée, toute semblable monnaie ainsi qu'il est dit ci-devant, sera pour chaque semblable délit mis à l'amende de 200 Pounds, et du double de la valeur de semblable monnaie, dont le recouvrement sera fait par procès-verbal, poursuite, action ou information, dans aucune des Cours de S. M. à Westminster.

(N°. 882.) PROCLAMATION *de Son Excellence le Gouverneur-général, sur le poids des Moëdes ou Pièces d'Or de 66 liv.*

Du 4 juillet 1798.

Les circonstances rendant absolument nécessaires de faire cesser les incertitudes du public sur la valeur et le cours des espèces d'or de Portugal introduites à différens poids dans la colonie, ou qui successivement ont été tellement détériorées qu'elles ont en effet cessé de circuler, les particuliers ne sachant plus sur quel pied ils doivent les donner ou les recevoir; nous, *etc.*, ordonnons ce qui suit :

ART. Ier. A compter de la publication de la présente ordonnance, aucune Moëde ou pièce de 66 liv. au titre ne pourra circuler au dessous du poids de *trois gros, trois grains et une fraction*, poids français, équivalens à *sept penny-weights et demi*, poids anglais.

II. Neanmoins, on aura la faculté de faire surcharger par les Orfévres ayant de nous commission spéciale à cet effet, les moëdes qui n'atteindront pas le poids ci-dessus indiqué, afin de les porter audit poids, et de les mettre par ce moyen en circulation.

III. Les Orfévres commissionnés par nous pour l'exécution de l'article précédent sont les sieurs Ruffy, étalonneur-juré à St-Pierre, et François Arnaud, étalonneur-juré au Fort Royal.

IV. Il sera payé auxdits Orfévres 8 liv. 5 s. par chaque penny-weight qu'ils ajouteront, tant pour la fourniture de l'or au titre (poinçonné du poinçon desdites Orfévres) qui sera faite par eux, que pour façon de ladite addition.

V. Ordonnons que toutes les lois existantes sur le fait des monnaies, seront suivies à la rigueur en ce qui n'y est point dérogé par ces présentes, et déclarons que quiconque aura découvert des fabricateurs ou introducteurs de monnaies fausses ou alterées dans le titre ou dans le poids, ou des agens, correspondans, fauteurs, complices ou adhérens desdits fabricateurs ou introducteurs, et opéré leur conviction devant les Tribunaux, tellement qu'ils ne puissent échapper au châtiment prononcé par les lois, recevra une récompense de 2,000 liv. qui lui sera payée sur-le-champ de la caisse coloniale, sauf le remboursement à cette caisse sur le produit des amendes ou confiscations qui résulteront du procès.

Prions messieurs les Officiers du Conseil souverain de faire enregistrer, *etc.*

Donné à St-Pierre Martinique, le 4 juillet 1798. *Signé*, W. KEPPEL.

Enregist. au Conseil souverain.

(Nº. 883.) SENTENCE *du Tribunal de Saint-Pierre, contre les Introducteurs de fausses Moedes.*

Du 16 juillet 1798.

PARTIES ouïes, nous avons donné acte de la déclaration de Mᵉ. Camouilly (pour le Sʳ. Stowe Wood, sa partie,) que l'introduction des monnaies de l'espèce de celles qui sont déposées au Greffe et envoyées par le Sʳ. Bennet, négociant à Philadelphie, était une erreur d'un usage public avant la dernière proclamation du général Keppel; que le commerce du Sʳ. Bennet a mis dans les mains de ses Capitaines en cette colonie des moëdes qui lui ont été portées à la Nouvelle-Angleterre, et qu'il a envoyées en cette colonie : que ledit Sʳ. Bennet n'a pas fait battre monnaie, et qu'il les a envoyées telles qu'il les a reçues.

Sur quoi nous disons, que les malheurs des circonstances ne peuvent autoriser la violation des principes; qu'une mesure de précaution a bien pu être nécessitée pour sauver de sa ruine la bonne foi abusée, mais que ce n'est pas la fraude qui peut invoquer la faveur.

Que celui qui remet dans le commerce une monnaie altérée qu'il a reçue sans précaution et sans soupçon, ne peut être reconnu coupable; mais que celui qui achète une masse de numéraire, altéré quant au poids et corrompu quant au titre, pour la distribuer dans le commerce, celui-là viole la foi publique et ne doit pas échapper à la loi qui le menace.

Pour quoi et attendu que le Sʳ. Bennet a envoyé aux Sʳˢ. Stowe Wood et Cᵉ. une masse de pièces de monnaie qui ont la double falsification et du titre et du poids ; ne considérant cependant ledit Sieur Bennet que comme un acquéreur avide et imprudent de ces pièces falsifiées, dont la valeur lui promettait un grand bénéfice. Faisant droit sur le réquisitoire du Procureur du Roi ; vu ce qui résulte du procès-verbal du S^r. Ruffi, dressé le 14 mai dernier, qui constate que les 609 moëdes dont s'agit, ayant l'effigie de JOANNES V, timbrées 1745, surmontées d'un R, et encore celles qui ont l'effigie de *Maria et Petrus*, timbrées 1782, avec un *R* à côté, sont fausses quant au titre et au poids, nous ordonnons que lesdites 609 pièces de monnaie seront coupées par l'Etalonneur-juré, présence dudit Samuel Bennet ou de son Représentant, ou icelui dûment appelé et en présence du Siége, dont sera dressé procès-verbal.

Avons déclaré lesdites pièces de monnaies confisquées au profit de S. M. ; ordonnons qu'elles seront criées, vendues et adjugées aux formes ordinaires, et le produit versé par le Greffier dans la caisse du Domaine. Faisons défenses audit S^r. Samuel Bennet d'en introduire de pareilles à l'avenir, sous les peines de l'ordonnance.

Ordonnons que notre présente sentence sera imprimée, publiée, *etc.*

Fait et donné a Saint-Pierre Martinique, le 16 juillet 1798. *Signe.*, ASTORG.

N. B. La sentence ci-dessus a été confirmée dans tout son contenu, par arrêt du Conseil souverain du 4 septembre 1798.

(N°. 884.) PROCLAMATION *de Son Excellence le Gouverneur-général, sur le cours des Monnaies.*

Du 23 août 1798.

LE Gouvernement attentif à chercher tous les moyens d'éloigner de la colonie le danger qui la menaçait en conséquence de la détérioration ou de l'altération des espèces qui représentent la fortune publique, était parvenu par une loi provisoire à arrêter au moins les progrès d'un mal effrayant, et à se donner ainsi le tems de préparer graduellement le retour des principes sans faire éprouver aux individus toute l'étendue des pertes qui doivent malheureusement être la suite nécessaire des fraudes commises à leur préjudice.

Néanmoins, le public éclairé par l'expérience, ayant depuis désiré lui-même des mesures qui en donnant à toutes les transactions commerciales une bâse assurée, fissent cesser d'une manière efficace les inconvéniens existant encore; le vœu qu'il a manifesté, et les observations sages contenues dans l'arrêté du Conseil souverain de cette île, en date du 5 juillet dernier, nous avaient déjà déterminé à saisir la première circonstance d'opérer une réforme salutaire, lorsque S. M. toujours occupée du bonheur de ses peuples nous a fait transmettre à cet égard, par les lettres de sa grâce Milord Duc de Portland, en date du 26 mai, des ordres que nous nous empressons d'executer.

A CES CAUSES, nous, *etc.*, ordonnons ce qui suit :

Art. Ier. Le rapport de l'or, au titre, des pièces de Portugal, dites moëdes, à l'argent au titre, des pièces d'Espagne, dites piastres-gourdes, séra fixé dorénavant dans la colonie, comme un est à seize et une fraction (équivalente à peu-près à un quinzième.)

II. Dans cette proportion, chaque gros d'or de Portugal, poids français, vaudra 20 liv. 13 s. 1 d., 13 15mes.; chaque penny-weight d'or, poids anglais, vaudra 8 l. 8 s.; et le grain, poids anglais, vaudra 7 s.

III. Par suite de ce principe, la piastre-gourde, du poids de 7 gros, sera dorénavant de la valeur de 9 liv. ou 12 escalins.

IV. Toutes les fractions de la piastre gourde suivront la même proportion. Ainsi le quart de gourde vaudra 2 liv. 5 s., ou 3 escalins; la pièce dite ci-devant 20 s., vaudra 1 liv. 2 s. 6 d., ou 1 escalin et demi; et celle dite ci-devant de 10 s., sera reçue pour 11 s. 3 d., ou 3 tempés.

V. Sur le pied indiqué par l'article II, la moëde cordonnée et pesant 3 gros 54 grains poids français, équivalens à 9 penny weights 5 grains 1 tiers, poids anglais, vaudrait 77 liv. 9 s. 4 d., mais en considération de l'allowance qu'il est d'usage de faire pour la perte de poids par vétusté, elle circulera à raison de 264 grains poids français, ou 9 penny-weights, et sa valeur sera portée seulement à 77 livres 5 s., ou 8 gourdes 7 12mes.

VI. La demi-moëde qui atteindra le poids de 132 grains, poids français, ou 4 penny-weights et demi, poids anglais, vaudra 38 l., ou 4 gourdes et 4 escalins. Le quart de moëde qui atteindra 66 grains, poids français, ou 2 penny-weigths 6 grains, poids anglais, aura cours pour 19 l. 10 s., ou 2 gourdes et 2 escalins. Le huitième de moëde qui atteindra le poids de 33 grains, poids français, ou 1 penny-weight 3 grains, poids anglais, aura cours pour 9 liv. 15 s., ou 13 escalins.

VII. Toutes les autres pièces d'or de Portugal, ainsi que les demi-moëdes, quart de moëdes, et huitièmes de moëdes d'un poids plus faible, circuleront séparément ou en masse au poids, sur le pied de 20 l. 13 s. 1 d. 13 15mes., le gros, poids français, ou 8 liv. 8 sols le penny weight, poids anglais, conformément à l'art. II.

VIII. Le quadruple d'Espagne du poids de 7 gros, poids français, ou 17 penny-weights 5 grains, poids anglais, aura cours pour 144 l., ou 16 gourdes, avec *allowance* de 6 grains, poids français, ou 5 grains, poids anglais, pour déchet par vétusté. Le demi-quadruple de 3 gros et demi ou 8 penny-weights 14 grains et demi, poids anglais, aura cours pour 72 liv. ou 8 gourdes, avec *allowance* de 3 grains, poids français, ou 2 grains et demi, poids anglais ; le quart de quadruple du poids d'un gros 54 grains, poids français, aura cours pour 36 liv. ou 4 gourdes, avec *allowance* d'un grain, poids anglais ou français.

IX. Les quadruples, demi-quadruples et quarts de quadruples, qui étant plus altérées, ne se trouveront pas dans les limites ci dessus, auront cours en masse ou séparément au poids, à raison de 20 liv. 6 s. 1 denier, le gros, poids français, équivalant à la somme de 8 l. 5 s.

le penny-weight, poids anglais, et 6 s. 10 d. $\frac{1}{2}$ le grain, même poids.

X. Dans tous les paiemens où les pièces d'or en circulation seront données séparément, défendons expressément aucune autre *allowance* que celles indiquées par les présentes, et ordonnons que chaque grain soit exactement compté à sa valeur, conformément aux art. II et IX.

XI. Les espèces d'or, soupçonnées d'être fausses ou de n'être point au titre, pourront être coupées pour être vérifiées, et les morceaux en seront mis en circulation en masse, s'ils se trouvent être de bon aloi.

XII. Dans tous les paiemens au-dessus de 100 gourdes, ou 900 liv., personne ne pourra être contraint à recevoir plus du dixième en monnaies d'argent.

XIII. Renouvelons au surplus toutes les lois existantes sur le fait des monnaies, et ordonnons qu'elles seront suivies à la rigueur en ce qui n'y est point dérogé par ces présentes, et notamment l'art. V de notre ordonnance du 4 juillet dernier, contre les fabricateurs ou introducteurs de monnaies fausses ou altérées dans le titre.

Prions messieurs les Officiers du Conseil souverain de faire enregistrer, *etc.*

Donné à St-Pierre Martinique, le 23 août 1798. *Signé*, W. KEPPEL.

Enregist. au Conseil souverain.

(N°. 885.) JUGEMENT *de Police, qui condamne à l'amende un Particulier vendant des Liqueurs par petites mesures, sans permission de tenir cabaret* (*).

Du 17 octobre 1798.

(N°. 886.) DÉPÊCHE *ministérielle de Milord* Duc de Portland, *au général* Keppel, *sur l'obéissance due aux Lois civiles, par les Militaires de toutes armes.*

Du 18 octobre 1798.

J'AI maintenant à m'occuper des détails de votre lettre N°. 30, concernant la question qui s'est élevée à l'égard de l'obéissance que les forces de S. M. en garnison, dans quelque tems qu'elles puissent être à la Martinique, doivent aux lois existantes de cette île. La conduite que vous avez tenue en cette occasion en vous abstenant de contester la matière avec le major-général Bowyer, et en la soumettant à la décision du Gouvernement de S. M. en Angleterre, est on ne peut pas plus louable : et l'information que vous donnez que les discussions entre le militaire et le civil, ont été rares et ont été terminées à l'amiable, sans qu'on ait été obligé d'en venir aux extrémités de rigueur, est particulièrement satisfaisante.

(*) *Art. II de l'Ordonnance du* 1er. *septembre* 1795.

Sous la dénomination de *petites mesures*, sont comprises toutes mesures au-dessous du *gallon*.

Je ne puis en même-tems m'empêcher d'exprimer ma surprise, de ce qu'il ait pu exister la moindre différence d'opinions sur un point qui a été si clairement résolu par S. M., et qui a été manifesté et déterminé de la manière la moins équivoque par l'exercice constant de sa prérogative, et par l'envoi d'actes aussi notoires et aussi authentiques que le sont sa commission royale et les instructions, d'après lesquelles le Gouvernement de la colonie est exercé et dirigé.

Dans la vue, néanmoins, de mettre fin à toutes altercations à venir, concernant l'autorité des lois existantes de la Martinique sur les individus de toutes les classes, soit civiles, soit militaires, qui y résident, j'ai reçu ordre de S. M. de soumettre votre lettre à cet égard, ainsi que celle du major général Bowyer, du 5 août, de même que les pièces qu'elle contenait, qui étaient adressées à S. A. R. le Duc D'York, aux Conseillers de loi de la Couronne, qui les ont prises en considération, et qui sont d'opinion :

« Que les forces de S. M. sont justiciables » des lois existantes à la Martinique ; pendant » le tems qu'elles tiennent garnison en cette île, » dans tous les cas, soit civils, soit criminels, » qui ne sont point désignés dans l'acte de sédition et dans les articles de grâce, et que l'effet » de l'article IV de la section XXIV, section » des articles de guerre, n'est point de donner » à des Cours martiales seules, la connaissance » des délits qui y sont mentionnés, (quoique » commis par le militaire) attendu que S. M. » a, en vertu de sa prérogative, établi quant à » présent dans l'île, comme *ses lois, celles*

» par lesquelles cette colonie était gouvernée
» avant l'année 1789 : et qu'ainsi qu'il est ex-
» primé par l'art. IV de la section XXIV, des
» articles de guerre ; *il y a une forme de*
» *judicature civile de S. M. en activité dans*
» *l'île*, les lois et formes de judicature civile,
» qui étaient françaises, étant *aujourd'hui*
» celles de S. M., de la manière qu'il lui a
» plu de les adopter. »

Et ce rapport ayant été mis sous les yeux de S. M. et ayant reçu sa sanction royale, j'en donnerai par cette occasion communication au major-général Bowyer, pour qu'il s'y conforme et qu'il le suive à l'avenir pour règle ; et pour obvier en même-tems, le plutôt possible, aux maux qui pourraient résulter pour le Gouvernement de S. M. à la Martinique, de l'appui qui aurait pu avoir été donné à l'idée que des individus quelconques qui résident dans la colonie peuvent être exempts d'obéir aux lois que S. M. a jugé convenable d'y établir.

Je suis, *etc. Signé*, PORTLAND.

Enregist. au Conseil souverain.

(N°. 887.) ARRÊT *du Conseil souverain, qui défend aux Geôliers d'acheter des Esclaves vendus comme épaves.*

Du 9 novembre 1798.

SUR la requête, *etc.*, la Cour ordonne que le Sieur Guilleмy, commis de la geôle, qui paraît s'être rendu adjudicataire du nègre dont il s'agit, sera à l'instant mandé par devant elle, par l'Huissier de service ; et ledit Commis ayant de de suite comparu, après avoir été entendu dans ses moyens de justification sur la manière dont ladite vente lui a été faite ; ouï et ce requérant le Procureur-général du Roi, ladite Cour lui enjoint de faire remise au Suppliant du susdit nègre, par lui acquis indûment, en cependant par ledit Suppliant lui remboursant le prix de son adjudication.

Et faisant droit sur le réquisitoire du Procureur-général du Roi, fait défense ladite Cour, à tous Geôliers, Concierges ou leurs Commis, d'acheter ou faire acheter par personnes interposées aucun esclave vendu comme épave, sous les peines portées par les ordonnances et réglemens.

Comme aussi enjoint auxdits Geôliers et Concierges de se conformer aux instructions qui leur seront incessamment données par ledit Procureur-général du Roi, sur le signalement des esclaves qui seront conduits aux geôles et la manière d'en instruire les maîtres.

Fait au Conseil souverain de la Martinique, le 9 novembre 1798. *Signé*, LE CAMUS, greffier.

(N°. 888.) ARRÊT *du Conseil souverain, concernant les Jeux de hasard, et les Armes cachées dans des cannes ou bâtons.*

Du 10 novembre 1798.

CE jour, le Procureur-général du Roi a exposé que des vices de tous genres, des désordres de toutes espèces, des crimes et même les attentats les plus effrayans menacent la colonie d'une subversion totale et prochaine, si l'on ne s'empresse d'en arrêter les progrès; que quantité d'individus, que la soif de l'or tourmente, méprisant le joug salutaire des lois, se livrent sans pudeur à tous les moyens de satisfaire leur cupidité par les vols, les duels et les assassinats, qui malheureusement se succèdent avec rapidité.

Que la plupart de ces hommes audacieux et pervers ne marchent plus qu'avec un poignard caché, ou avec des cannes et bâtons recélant un fer meurtrier. En sorte que depuis le meurtre commis à Saint-Pierre dans la Grande-Rue, en plein midi, sans que le coupable ait été arrêté, l'alarme est devenue générale, chacun tremble, chacun frémit.

Que la corruption est telle que les duellistes et même les assassins trouvent des apologistes, qui, loin de cacher ou de dissimuler ces crimes, ont la témérité de les approuver publiquement comme action très-licite et conforme à leur doctrine.

Que la cause de tous ces désordres, lui paraît venir autant de l'inaction des lois et du relâchement des ressorts de la police correctionnelle que de l'immoralité qui, par les malheurs des tems et des circonstances, s'est glissée graduellement dans toutes les classes de la société; tel qui n'aguères était honnête et apte à des occupations utiles, maintenant abruti par l'oisiveté et le libertinage, n'a plus de penchant que pour l'intrigue, la débauche et le crime.

Que le foyer où cette corruption s'est accrue doit son existence particulièrement aux maisons de jeux prohibés, que c'est là où se rassemblent ces hommes vils, oisifs et dangereux par caractère, qui, n'ayant plus rien à perdre, osent tout, tentent tout, et exécutent tout.

Qu'il lui paraît donc très-instant d'opposer une digue à ce torrent contagieux, qui du sein des villes déborderait bientôt dans les campagnes; que cette digue doit être formée de la réunion de toutes les autorités et du concours des citoyens honnêtes et vertueux, qui doivent en quelque sorte se coaliser pour raviver les mœurs, remonter les ressorts de la police, faire respecter les lois et rétablir l'ordre dans toutes les parties.

Que ce n'est que par ce concours de volontés pour le bien public, par une surveillance active, des châtimens rigoureux et des exemples frappans que la colonie pourra se maintenir contre les ennemis pervers de son bonheur et de sa tranquillité.

Que c'est sur-tout aux Agens de la police, particulièrement aux subalternes, à qui les détails en sont confiés, à mettre désormais plus d'activité et de zèle dans l'exercice de leurs fonctions, en recherchant, poursuivant et arrêtant tous les infracteurs aux lois, afin qu'aucun n'échappe à la punition.

Qu'enfin il est urgent de délivrer la colonie des perturbateurs et des hommes dangereux, qui prêchent le crime et qui sont toujours prêts à le commettre.

Que tel est l'objet de sa sollicitude, pourquoi il a laissé ses conclusions par écrit sur le bureau, invitant la Cour à délibérer sur le tout.

Ledit Procureur-général du Roi retiré et la matière mise en délibération :

La Cour ordonne que tous les réglemens de police générale et locale, notamment les ordonnances concernant les jeux de hasard, les duels, et le port d'armes cachées, seront de nouveau publiées. Enjoint itérativement aux Officiers des Sénéchaussées de son ressort, de tenir strictement la main à leur exécution, en poursuivant avec rigueur ceux qui se permettent d'y contrevenir.

Fait défenses à tous Négocians, Marchands, Colporteurs ou autres, de vendre aucunes cannes ou bâtons renfermant des épées ou autres armes, sous les peines prononcées par l'ordonnance du 30 avril 1751.

Ordonne que lesdits Négocians, Marchands, Colporteurs et autres qui se trouvent avoir de pareilles armes, seront tenus d'en faire incontinent leur déclaration au Procureur du Roi, et de les faire porter au Greffe dans les 24 heures de la publication du présent arrêt, pour y être brisées.

Enjoint aux Officiers des Sénéchaussées de se transporter après le délai susdit dans tous les magasins et boutiques soupçonnés renfermer des armes prohibées, afin d'en faire la visite et de dresser procès-verbal des contraventions.

Enjoint pareillement aux Commis et autres Préposés subalternes à la police, de porter le plus grand zèle au maintien de l'ordre et de la tranquillité publique, conformément à ce qui est prescrit par les ordonnances et réglemens, et de veiller particulièrement à ce qu'il ne se joue aucun jeu de hasard, sous peine en cas de notoriété desdits jeux, d'être réputés de connivence avec les Joueurs et comme tels, condamnés à une amende, à être emprisonnés et destitués, si lieu il y a.

Ordonne que les apologistes publics des crimes et délits, seront poursuivis extraordinairement et condamnés à telles peines qu'il appartiendra suivant l'exigence des cas.

Invite ladite Cour, les Citoyens honnêtes à concourir de tout leur pouvoir à l'action de la loi, soit en arrêtant eux-mêmes les coupables de meurtres, lorsqu'ils les trouveront en flagrant délit, soit en instruisant le ministère public des complots et crimes qui pourront parvenir à leur connaissance.

Arrête, ladite Cour, que S. Exc. M. le Gouverneur sera prié d'exercer la plénitude de ses pouvoirs contre les gens sans aveu et les perturbateurs du repos public, et d'en délivrer la colonie par les moyens que sa sagesse lui inspirera.

Arrête en outre, que le présent arrêt sera imprimé, *etc.*

Fait au Conseil souverain, le 10 novembre 1799. *Signé*, Le Camus, greffier.

(N°. 889.) Ordonnance *de S. E. le Gouverneur général, qui fixe l'Imposition pour l'année* 1799.

Du 28 Décembre 1798.

N. B. Voyez pour les art. Ier. à IV, les mêmes articles de l'ordonnance sur le même sujet, du 20 juillet 1794, N°. 822, page 272 et suivantes de ce tome.

Art. V. Ceux qui auront fait de fausses déclarations seront poursuivis, à la diligence du Receveur, selon toute la rigueur des ordonnances.

N. B. Pour les articles VI à XI, voyez les articles V à X de l'ordonnance précitée.

XII. La surveillance des côtes de la colonie exigeant la continuation des bâtimens armés, l'imposition pour le service des gardes-côtes sera perçue pour l'année 1799, de la manière et dans la forme contenues dans notre ordonnance du 30 décembre 1737, c'est-à-dire, 3 s. par livre additionnels, sur l'imposition ordinaire.

XIII. S. M., pénétrée de la justice des réclamations qui lui ont été faites concernant certaines dettes d'une nature privilégiée, contractées dans des tems de troubles, pour le rétablissement de la tranquillité publique, a ordonné, par la dépêche du Ministre, du 18 octobre dernier, qu'il sera établi une imposition particulière de 10,000 liv. sterling, divisée en deux années, applicable à la liquidation desdites créances de nature privilégiée, dont les vérifications et apuremens auront lieu conformément aux instructions de S. M.

En conséquence et en exécution desdits ordres, il sera perçu 4 s. par livre d'impôt additionnel, sur l'imposition ordinaire de 1799.

N. B. Pour les articles XIV à XVI, voyez les articles XI à XIII de l'ordonnance précitée.

Enregist. au Conseil souverain.

(N°. 890.) ORDONNANCE *du Juge de Police de Saint-Pierre, portant défense aux Pêcheurs et Seineurs de jeter sur le Rivage aucune espèce de Poissons.*

Du 28 février 1799.

SUR ce qui nous a été remontré par le Procureur du Roi, que certains Pêcheurs et Maîtres de seines sont dans l'usage de jeter sur le rivage une grande quantité de petits poissons naissans qu'ils ne peuvent vendre, tant par la qualité, que par les frais de transport en ville; que ce poisson ainsi jeté se corrompt et exhale des miasmes putrides infiniment nuisibles; que d'ailleurs cet usage détruit dans sa source cet espoir du pauvre qui ne peut se procurer une meilleure nourriture.

Pour quoi nous, faisant droit sur le réquisitoire dudit Procureur du Roi, avons fait expresses inhibitions et défenses à tous Maîtres de seines et Pêcheurs de jeter sur le rivage aucune espèce de poissons. Leur enjoignons de rejeter à la mer tout le poisson qu'ils jugeront ne pouvoir être vendu, à peine en cas de contravention, d'être lesdits Seineurs et Pêcheurs poursuivis à la diligence du Procureur du Roi et punis suivant l'exigence du cas.

Ordonnons que ces présentes seront imprimées, lues, *etc.*

Mandons, *etc.*

Donné à St-Pierre Martinique, le 28 février 1799. *Signé*, ASTORG.

(N°. 891.) ORDONNANCE *de Son Excellence le Gouverneur général, portant Règlement et Tarif général de tous les Emolumens attribués à divers Fonctionnaires publics.*

Du 1er. mars 1799.

SUR les représentations qui nous ont été faites que, depuis le tarif établi en 1771, les comestibles et autres objets de toutes espèces ont augmenté dans une telle progression, que le prix en est aujourd'hui presque quintuplé, et sur ce que d'ailleurs il est notoire que tous ceux qui exercent des professions non sujètes à ce tarif, ont gradué le prix de leurs travaux sur la cherté des vivres et de toutes les autres choses nécessaires à la vie ; considérant qu'il est de justice d'avoir égard à ces motifs : nous, *etc*, d'après le plan qui nous a été présenté par le Conseil souverain, avons rédigé un nouveau tarif pour être suivi, pendant la durée de la présente guerre, en la forme qui suit :

CHAPITRE PREMIER.

Droits Curiaux.

ART. Ier. Pour chaque publication de bans, extrait de baptême, mariage ou inhumation, 2l. 5s.

II. Pour une messe basse, 2l. 5s.

III. Pour la levée d'un corps, 18l.

IV. Pour enterremens et services simples, 18l.

V. Pour enterremens et services solennels, 27l.

VI. Pour les vêpres des morts, 11l. 5s.

VII. Pour grand'messe, 11l. 5s.

VIII. Pour pain et vin, par an, 180l.

CHAPITRE II.

Droits de la Fabrique.

ART. Ier. Pour ouverture de fosse, 2l. 10s.

II. Pour les esclaves, 18s. 9d.

III. Pour les enterremens et services, avec tenture de l'autel, des crédences, et ornemens, 15l.

IV. Avec tenture de l'autel, des crédences et de tout le sanctuaire, 30l.

V. Avec tenture de toute l'Eglise, 60l.

VI. Pour le drap mortuaire, 3l. 15s.

VII. Pour la croix, chandeliers et bénitier ordinaires, 5l. 12s. 6d.

VIII. Pour l'argenterie, 15^{l}.

IX. Pour la sonnerie et glas ; savoir : pour les enterremens et services, comme à l'art. III, 15^{l}.

X. Avec tenture de l'autel et du sanctuaire, 30^{l}.

XI. Avec tenture de toute l'Église, 45^{l}.

CHAPITRE III.

Droits des Chantres, Sacristains, Clercs et Sonneurs.

Art. Ier. Pour le Chantre, dans un enterrement ordinaire, 4^{l}.

II. Avec nocturne et vêpres, 8^{l}.

III. Lorsqu'il y aura grand'messe, pour le tout, 9^{l}.

IV. Pour un service avec nocturne, 9^{l}.

V. Pour le Sacristain, dans un enterrement ordinaire, 4^{l}.

VI. Lorsqu'il y aura tenture et argenterie, 8^{l}.

VII. Au Porte-Croix, pour un enterrement ordinaire, 2^{l}. 10^{s}.

VIII. Pour un enterrement solennel, 3^{l}. 6^{s}. 8^{d}.

IX. Au Diacre et Sous-Diacre, chacun dans un enterrement ordinaire, 3^{l}. 3^{s}. 4^{d}.

X. Dans un enterrement solennel, 6^{l}.

XI. Aux Acolytes et Thuriféraires, dans les enterremens ordinaires, 1^{l}. 6^{s}. 8^{d}.

XII. Dans les enterremens solennels, 2^{l}.

XIII. Aux Clercs, chacun dans un enterrement ordinaire, 1^{l}. 6^{s}. 8^{d}.

XIV. Dans un enterrement solennel, 3^{l}.

XV. Au Sonneur, pour la petite sonnerie dans les enterremens et services, 2^{l}.

Pour la moyenne, 4l.

Pour la grande, 6l.

XVI. Pour le Bedeau, enterrement ou service ordinaire, 3 l. 15 s.

Pour enterrement ou service solennel, 8 l.

CHAPITRE IV.

Droits du Sceau.

ART. Ier. Pour toutes lettres de dispense de Chancellerie, pour chaque impétrant, 13 l. 10 s.

II. Pour les légalisations et actes de Notaires, en forme exécutoire, 6 l. 15 s.

III. Pour les arrêts et jugemens définitifs, reliefs d'appel, permissions d'anticiper et d'intimer au Conseil, 4 l. 10 s.

IV. Pour tous jugemens et ordonnances définitives du Gouvernement, 4 l. 10 s.

V. Pour les appositions de scellés sur les effets d'un défunt, d'un failli ou autres cas, par chaque empreinte de cire, 4 l. 10 s.

VI. Pour les sentences définitives, celles d'adjudication, d'insinuation et ensaisinement, d'entérinement d'arrêt par bénéfices de lettres; jugemens pour nomination de tuteur, curateur, séquestre; permissions de vendre, ordonnances pour saisies, décrets, *paréatis* et autres portant exécution, ou dont le dépôt est ordonné, 1 l. 5 s.

VII. Pour exécutoire de dépens, 2 l. 5 s.

CHAPITRE V.

Sénechaux.

ART. Ier. Pour droit de signature et paraphe, par chaque cause portée au rôle, 1 l. 2 s. 6 d.

II. Pour apposition, levée ou reconnaissance de scellés dans le lieu de leur demeure, 18 l.

III. Pour les actes d'affirmation et clôture d'inventaire, 4 l. 10 s.

IV. Pour les actes de tutelle, curatelle et d'émancipation, 9 l.

V. Pour les délibérations des parens des mineurs pour gérer, louer, vendre leurs biens, et autres cas, 9 l.

VI. Pour insinuation, publication et enregistrement d'actes à l'audience, 4 l. 10 s.

VII. Pour ordonnances et autres actes de même nature, à l'extraordinaire, et sur requête dont le dépôt au Greffe sera ordonné, 4 l. 10 s.

VIII. Pour la prestation de serment et acceptation de caution, 4 l. 10 s.

IX. Pour congé ou défaut à l'extraordinaire, 2 l. 5 s.

X. Pour sentence par défaut, appointement en droit ou a mettre, et autres sentences préparatoires, 6 l 15 s.

XI. Pour sentence contradictoire définitive, 9 l.

XII. Pour vacations aux ventes d'immeubles forcées ou volontaires, 9 l.

XIII. Pour la vacation à l'adjudication, 13 l. 10 s.

XIV. Pour interrogatoires sur faits et articles, par heure, 7 l. 10 s.

XV. Pour audition de témoins en matière civile et criminelle, répétition, récolement et confrontation, par chaque témoin, 4 l. 10 s.

XVI. Pour les décrets, jugemens de récolement et confrontation, 6 l 15 s.

XVII. Pour interrogatoires des accusés, par h^re., 7 l 10 s.

XVIII. Pour jugement d'élargissement sous caution, ou qui renvoie les parties à fins civiles, 6 l. 15 s.

XIX. Aux inventaires et partages où ils peuvent être appelés, comparaisons d'écritures, et autres actes dans le lieu de leur demeure, pour chaque heure de vacation, 7 l 10 s.

XX. Pour certificats de vie et légalisations, 4^{l}. 10^{s}.

XXI. Pour visite d'une personne blessée, levée d'un cadavre, vérification d'effraction, 18^{l}.

XXII. S'il y a information sur les lieux, par heure, 7^{l}. 10^{s}.

XXIII. Pour les taxes de dépens, par chaque article alloué, non compris l'exécutoire, 6^{s}.

XXIV. Pour l'exécutoire, 4^{l}. 10^{s}.

XXV. Lorsqu'ils se transporteront hors de leurs demeures, ils se taxeront sur le pied de 50 liv. par jour, dans la paroisse où est situé le siége de la Sénéchaussée.

Et pour les autres paroisses de leur ressort, à raison de 75^{l}. par jour.

Et pour six heures de travail, au delà desquelles ils augmenteront leur taxe par heure de 7^{l}. 10^{s}.

XXVI. Pour droit de réception de Chirurgiens et Orfévres, 18^{l}.

XXVII. Dans tous les cas imprévus, non mentionnés au présent réglement, les Juges se taxeront à proportion du tems qu'ils y auront employé, et à leur conscience.

CHAPITRE VI.

Procureurs du Roi.

Art. Ier. Ils auront les deux tiers des vacations et épices des Sénéchaux, dans le lieu de leur demeure, et à la campagne les mêmes droits.

II. Par heure de vacations aux ventes, 7^{l}. 10^{s}.

III. Par chaque vacation aux criées, 9^{l}.

Et pour l'adjudication, 11^{l} 5^{s}.

IV. Dans les inventaires et partages où la présence des Procureurs du Roi est nécessaire, pour l'intérêt des absens ou autrement, et dans tous les actes de leur ministère,

ministère, où ils sont employés sans les Juges, ils prendront, dans le lieu de leur demeure, 22^{l}. 10^{s}. par vacation de trois heures, et en campagne ils prendront, par jour, les mêmes droits qui ont été attribués aux Juges.

V. Pour alignement des maisons ou des rues, dans le lieu de leur demeure, 22^{l}. 10^{s}.

VI. Hors des lieux de leur demeure, 45^{l}.

VII. Pour chaque certificat et publication de congés, 3^{l}. 7^{s}. 6^{d}.

CHAPITRE VII.

Greffiers du Conseil.

ART. Ier. Pour relief d'appel, anticipation et autres actes de même nature, 6^{l} 15^{s}.

II. Pour défauts et congés, 6^{l} 15^{s}.

III. Pour les arrêts par défauts, appointemens, et d'instruction, 18^{l}.

IV. Pour les arrêts d'audiences contradictoires et définitifs, 22^{l}. 10^{s}.

V. Pour les arrêts sur requête, portés sur le plumitif, 18^{l}.

VI. Pour les arrêts de dispense de lettres en Chancellerie, 22^{l}. 10^{s}.

VII. Pour expédition, par rôle, 3^{l}. 7^{s}. 6^{d}.

VIII. Pour droit de consignation d'espèces, deux et demi pour cent.

IX. Pour l'acte de dépôt, 6^{l}. 15^{s}.

X. Pour recherches de minutes dont la date est certaine, 3^{l}. 7^{s}. 6^{d}.

XI. Lorsque la date sera incertaine, par heure, 7^{l}. 10^{s}.

XII. Lorsqu'ils travailleront extraordinairement avec des Commissaires du Conseil, par heure, 7^{l}. 10^{s}.

XIII. Pour droit de réception en tout office lucratif, enregistremens de commissions, *etc.*; savoir : pour les Juges, Procureurs du Roi et Greffiers, 120^{l}.

Pour les Substituts des Procureurs du Roi, 99^{l},

Pour les Avocats et Procureurs, 90^{l}.

Pour les Huissiers, 54^{l}.

Pour les Médecins, Arpenteurs-généraux, Voyers et autres Officiers dont les provisions s'enregistrent en la Cour, 135^{l}.

CHAPITRE VIII.

Greffiers des Sénéchaussées.

ART. Ier. Ils auront en toutes vacations et en tous actes, les deux tiers de la taxe du Juge.

Et pour leurs expéditions, par rôle, 2^{l}. 5^{s}.

II. Pour enregistremens des causes, dont moitié sera remise au premier Huissier du Conseil, 11^{s}. 3^{d},

III. Pour défauts ou congés d'audiences ordinaires, 1^{l}. 2^{s}. 6^{d}.

IV. Pour tous jugemens préparatoires, n'excédant pas un rôle, 2^{l}. 5^{s}.

V. Pour ceux qui excéderont un rôle, par chaque rôle expédié, 2^{l}. 5^{s},

VI. Pour acte de soumission, de caution, de renonciation à succession et à communauté, et autres de pareille nature, 3^{l}. 7^{s}. 6^{d},

VII. Pour les actes de produit, 3^{l}. 7^{s}. 6^{d}.

VIII. Pour enregistremens de procurations, insinuation de donations, substitutions et autres actes sujets à publication, 4^{l}. 10^{s}.

IX. Pour recherches d'actes ou de minutes, dont la date est certaine, 2^{l}. 5^{s}.

X. Si la date est incertaine, par heure, 6^{l}.

XI. Pour droit de consignation d'espèces, deux et demi pour cent, et pour l'acte de dépôt, 4 l. 10 s.

XII. Pour les dépôts de papiers, vérification d'iceux, outre l'acte de dépôt, par heure, 6 l.

XIII. Pour chaque extrait de baptême, mariage ou inhumation qu'ils délivreront, 2 l. 5 s.

XIV. Pour enregistrement de liberté, 18 l.

CHAPITRE IX.

Notaires.

ART. Ier. Pour contrat de mariage passé dans leurs études, 45 l.

Hors l'étude, dans le lieu de leur demeure, 54 l., non compris l'expédition qui leur sera payée, pour toutes sortes d'actes, sur le pied de 2 l. 5 s. par rôle.

II. Pour donation entre-vifs, testament, démission, substitution et autres actes de même nature, reçus dans l'étude, 45 l.

Hors l'étude, 54 l.

III. Pour vente de maisons et baux à loyer, dans l'étude, 30 l.

Hors l'étude, 36 l.

IV. Pour vente d'habitation, autre que sucrerie, ou baux à ferme, dans l'étude, 63 l.

Hors l'étude, 72 l.

V. Pour vente de sucrerie avec détail de nègres, bestiaux et ustensiles, dans l'étude, 99 l.

Hors l'étude, 112 l. 10 s.

VI. Pour tous actes simples et communs, comme procurations ordinaires, quittances, émargemens et autres actes en brevet, dans l'étude, 9 l.

Hors l'étude, 13 l. 10 s.

VII. Pour les inventaires, dans les lieux de leur demeure, par heure, 6^{l}.

VIII. Pour les inventaires à la campagne, par chaque journée de travail, 54^{l}.

IX. Pour les autres actes à la campagne, mêmes droits que ceux passés dans leurs études, et pour frais de transport, par jour, 45^{l}.

X. Pour vérification de pièces déposées pour la sûreté des particuliers, par heure, 6^{l}.

Pour l'acte de dépôt, 5^{l}. 15^{s}.

XI. Pour consignation ou dépôt d'espèces, deux et demi pour cent.

Pour l'acte de dépôt, 6^{l}. 15^{s}.

XII. Pour protêt fait dans le lieu de leur demeure, 18^{l}.

A la campagne, par jour, 45^{l}.

XIII. Pour compulsoire, par heure, 6^{l}.

XIV. Pour recherche d'actes, par heure, 6^{l}.

XV. Pour reconnaissance de sous-seing privé avec dépôt, 9^{l}.

XVI. Pour collation des pièces qui leur seront présentées, par rôle, 15^{s}.

XVII. Pour sommation respectueuse, dans le lieu de leur demeure, à chaque Notaire, 15^{l}.

XVIII. A la campagne, leur transport comme ci-dessus.

CHAPITRE X.

Procureurs.

ART. Ier. Pour droit de conseil, aux Sénéchaussées, 3^{l}. 7^{s}. 6^{d}.

Au Conseil, 6^{l}. 15^{s}.

II. Pour le mémoire aux Huissiers pour leurs exploits, 2^{l}. 5^{s}.

III. Pour toutes requêtes simples, aux Sénéchaussées, 2 l. 5 s.

Au Conseil, 4 l. 10 s.

IV. Pour requêtes libellées, lorsqu'elles seront nécessaires, suivant la taxe.

V. Pour faire répondre les requêtes à la Sénéchaussée, 1 l. 2 s. 6 d.

Au Conseil, 1 l. 13 s. 9 d.

VI. Droit de levée de tous actes aux Sénéchaussées, 1 l. 2 s. 6 d.

Au Conseil, 1 l. 13 s. 9 d.

VII. Droit au sceau, 1 l. 2 s. 6 d.

Au Conseil, 1 l. 13 s. 9 d.

VIII. Port et rapport aux Sénéchaussées, 15 s.

Au Conseil, 1 l. 10 s.

IX. Pour qualités, conclusions par écrit, et droit à l'enregistrement de la cause, 2 l. 5 s.

X. Pour défauts et congés, à l'ordinaire, 2 l. 5 s.

A l'extraordinaire, 3 l. 7 s. 6 d.

XI. Pour sentences par défaut, appointemens en droits ou à mettre, sentences de remises ou autres préparatoires, à l'audience ordinaire, 3 l. 7 s. 6 d.

A l'extraordinaire, 6 l. 15 s.

XII. Pour les sentences contradictoires et définitives, à l'audience ordinaire, 6 l. 15 s.

A l'extraordinaire, 9 l.

Droits de comparution au Conseil.

XIII. Pour les défauts et congés, arrêts d'appointemens, arrêts sur requête; 6 l. 15 s.

XIV. Pour arrêts par défaut, préparatoires rendus sur plaidoirie, 9 l.

XV. Pour arrêts contradictoires et définitifs, 18 l.

XVI. Pour le transport en personne des Procureurs non domiciliés dans les lieux des séances du Conseil, par jour, 30 l.

XVII. Par rôle de grosses, 2 l. 5 s.

Par rôle de copies, 1 l. 2 s. 6 d.

XVIII. Pour inventaire de production, 3 l.

XIX. Pour comparution au Greffe des Sénéchaussées pour faire des productions, déclarations, *etc.*, 3 l. 7 s. 6 d.

Au Conseil, 6 l. 15 s.

XX. Pour comparution aux taxes devant les Juges, 2 l. 5 s.

Devant les Commissaires du Conseil, 4 l. 10 s.

XXI. Par chaque article alloué dans les déclarations de frais aux Sénéchaussées, 4 s. 6 d.

Et au Conseil, 9 s.

XXII. Pour tous actes de Procureurs à Procureurs, dans le cas où ils sont nécessaires :

Aux Sénéchaussées, 3 l. 7 s. 6 d.

Au Conseil, 6 l. 15 s.

XXIII. Pour comparution dans les assemblées de parens, 6 l. 15 s.

XXIV. Aux criées de ventes d'immeubles et baux judiciaires, par chaque criée, 4 l. 10 s.

A l'adjudication, 6 l. 15 s.

XXV. Lorsqu'ils seront appelés par les parties comme conseils dans le lieu de leur demeure, par heure, 6 l.

XXVI. Pour transport à la campagne, par jour, 54 l.

CHAPITRE XI.

Premier Huissier au Conseil.

ART. Ier. Pour chaque enrôlement de cause, 3 l. 7 s. 6 d.

II. Dans les enrôlemens des causes de Sénéchaussées, moitié du droit qui a été fixé ci-dessus au chapitre du Greffier desdites Sénéchaussées.

III. Pour les arrêts d'audience, définitifs, par défauts, ou contradictoires, 4^l. 10^s.

IV. Pour les défauts et congés, 1^l. 10^s.

V. Pour les arrêts sur référé ou rapport, 9 l.

VI. Pour réception des Officiers et autres dont les lettres et commissions sont enregistrées au Conseil; savoir:

Des Juges, Procureurs-du Roi et Greffiers, 112 l. 10^s.

Des Substituts, 90^l.

Des Avocats et Procureurs, 90^l.

Des Huissiers, 45^l.

Des Médecins, Arpenteurs-généraux, Voyers et autres, 90^l.

Chapitre XII.

Huissiers.

Art. Ier. Pour exploits simples dans les villes et bourgs de leur demeure, 2^l, 5^s.

II. Pour procès-verbaux de saisies-exécutions, annotations de biens, perquisitions, assignations à quinzaine, lorsqu'il y aura gardien établi dans le lieu de leur demeure, 18^l.

Et lorsqu'il y aura enlèvement de meubles, leur sera en outre alloué, 9^l.

Lorsqu'il n'y aura point de saisies d'effets, pour les procès-verbaux, 4^l. 10^s.

III. Pour protêt de lettres-de-change, 9^l.

IV. Par chaque publication de ventes ou autres, y compris l'affiche, 4^l. 10^s.

V. Par rôle de grosses, 2^l. 5^s.

VI. Pour copies, par rôle, 1^l. 2^s. 6^d.

VII. Pour captures et emprisonnemens, procès-verbal, écrou, 54^l.

VIII. Lorsque les Huissiers seront employés pour le Roi, par le ministère public, pour le Domaine, ils auront par jour, dans le lieu de leur demeure, 30 l.

A la campagne, 36 l.

POUR VOYAGES A LA CAMPAGNE;

SAVOIR :

Sénéchaussée du Fort-Royal.

Distance d'une lieue ou environ, Case-Navire, Pointe-des-Nègres et banlieue de ladite ville, 8 l.

Aux hauteurs, 18 l.

Aux Pitons, 21 l. 6 s. 8 d.

Au bourg du Lamentin, 12 l.

Aux hauteurs, 20 l.

Au bourg du Trou-au-Chat, 18 l.

Aux hauteurs, 22 l.

Au bourg du St-Esprit, 20 l. 13 s. 4 d.

Aux hauteurs, 26 l.

Au bourg du Vauclin, Simon et Sans-Souci, 35 l. 6 s. 8 d.

Au Marin, 35 l. 6 s. 8 d.

Aux hauteurs du Marin et du Vauclin, 40 l.

Au bourg de Ste-Anne, 44 l.

Aux Salines, 48 l.

Au bourg de la Rivière-Pilote, 28 l.

Aux hauteurs, 32 l.

Au bourg de Ste-Luce, 28 l.

Aux hauteurs, 32 l.

Au bourg du Diamant, 28 l.

Aux hauteurs, 32 l.

Au bourg des Anses-d'Arlets, 34 l. 13 s. 4 d.

Aux hauteurs, 40 l.

Au bourg des Trois-Islets, 26 l.
Aux hauteurs, 28 l.
Au bourg de la Rivière-Salée, 22 l.
Aux hauteurs du Céron et des Trois-Rivières, 26 l.
Au bourg du Gros-Morne, 22 l.
Aux hauteurs, 28 l. 13 s. 4 d.
Au bourg de la Tartane et Caravelle, 48 l.
Au Robert, 30 l.
Aux hauteurs, comme Pointe-la-Rose, 32 l.
Au bourg du François, 30 l.
Aux Roseaux et Points-la-Rose, 32 l.

Sénéchaussée de St-Pierre.

Distance d'une lieue aux environs, 9 l.
Aux hauteurs, 16 l.
Au bourg du Carbet, 12 l.
Dans les hauteurs, 18 l.
Aux pieds des Pitons, 24 l.
Fond-Capot et aux environs, 30 l.
Case-Pilote et dans les hauteurs de la Sénéchaussée, 36 l.
Au bourg du Prêcheur, 18 l.
A la distance d'une lieue au delà du bourg, 22 l.
A la distance de deux lieues, 26 l.
Aux anses Céron, Gallet, la Couleuvre et au delà, 80 l.
Dans toute l'étendue de l'Ajoupa-Bouillon, 32 l.
Dans l'étendue de la paroisse de la Basse-Pointe, 44 l.
Dans l'étendue de la paroisse du Macouba, 50 l.
Dans toute l'étendue de la Grande-Rivière, 80 l.
Dans toute l'étendue de la Grande-Anse, 50 l.
Dans toute l'étendue du Marigot, 43 l. 6 s. 8 d.
Dans toute l'étendue de Ste-Marie, 60 l.
Dans toute l'étendue de la Trinité, 66 l. 13 s. 4 d.

CHAPITRE XII.

Censeurs Royaux.

Leur sera alloué pour leurs peines et honoraires par chaque feuille d'impression, 3 l. 7 s. 6 d.

CHAPITRE XIII.

Voyers.

ART. Ier. Les Grands-voyers prendront par jour de travail en campagne, 63 l.

Pour les expéditions, par rôle, 3 l.

II. Pour alignement dans les villes et bourgs de leur demeure, 22 l. 10 s.

En campagne, 45 l.

III. Les Voyers particuliers auront par jour, à la campagne, 54 l.

Pour leurs expéditions, par rôle, 2 l. 5 s.

IV. Pour alignement dans les villes et bourgs de leur demeure, 18 l.

Hors les lieux de leur demeure, 54 l.

CHAPITRE XIV.

Arpenteurs.

ART. Ier. L'Arpenteur-général prendra pour ses opérations à la campagne, par jour, 63 l.

II. Par rôle d'expéditions, 3 l.

III. Les Arpenteurs particuliers prendront par jour, 54 l.

Et pour leurs expéditions, par rôle, 2 l. 5 s.

Les Porte-chaînes auront par jour, 11 l. 5 s.

CHAPITRE XV.

Experts, Estimateurs, Visiteurs et Vérificateurs, nommés par Justice.

Pour leur transport à la campagne, par jour d'opération, 45 l.

CHAPITRE XVI.

Interprètes des Langues étrangères.

ART. Ier. Par heure de travail avec les Juges, 6 l.

II. Pour traduction, suivant taxe.

CHAPITRE XVII.

Curateurs aux Successions vacantes.

ART. Ier. Pour assistance aux inventaires et ventes dans le lieu de leur demeure, par heure, 4 l. 10 s.

II. Pour transport à la campagne, par jour, pour tous frais et toute opération, 45 l.

III. Pour nourriture des nègres en attendant leur vente, en santé, 1 l. 13 s. 9 d.

En maladie, 3 l. 7 s. 6 d.

IV. Pour chevaux et bêtes à cornes, par jour, 3 l. 7 s. 6 d.

CHAPITRE XVIII.

Médecins et Chirurgiens.

ART. Ier. Pour transport à la campagne, des Médecins du Roi, par jour, 36 l.

II. Pour transport de Chirurgiens-majors, par jour, 27 l.

III. Dans les cas où les Juges nommeraient d'autres Chirurgiens, pour éviter de plus grands frais, ou en l'absence des Chirurgiens-majors, il sera alloué auxdits Chirurgiens, pour leur rapport, visite et affirmation, 18 l.

Pour l'ouverture des cadavres, rapport et affirmation, 37 l. 10 s.

Et pour frais de voyage pour venir affirmer, par jour, 18. l.

Dans les procès criminels où il y aura partie civile, il sera alloué aux Médecins du Roi, Chirurgiens-jurés aux rapports et des prisons, ou autres nommés en leur absence, pour leur rapport, visite (*) et affirmation;

SAVOIR :

Aux Médecins du Roi, 36 l.

Aux autres Médecins, 27 l.

Aux Chirurgiens-majors, 22 l. 10 s.

Pour ouverture de cadavre, rapport et affirmation, aux Médecins du Roi, pour leur présence, 54 l.

Aux autres Médecins, 45 l.

Aux Chirurgiens-majors, 54 l.

Aux autres, 45 l.

Hors des lieux de leur demeure, outre les sommes ci-dessus, il leur sera alloué pour leur frais de voyage;

SAVOIR :

Aux Médecins du Roi, 36 l.

Aux autres, 27 l.

Aux Chirurgiens majors, 22 l. 10 s.

Aux autres, 18 l.

Pour chaque taxe, les Médecins du Roi prendront, 18 l.

Et les Chirurgiens-majors, 11 l. 5 s.

CHAPITRE XIX.

Jaugeurs et Étalonneurs.

ART. 1er. Pour procès-verbaux et affirmation dans le lieu de leur demeure, 18 l.

(*) Les visites pour négriers étaient 120 liv., pour cent nègres, et 66, pour les autres cent, *chacun*. C'est-à-dire que trois cens nègres donnaient 120 liv., plus deux fois 66 liv.; la centaine commencée se calculait comme entière.

On payait pour 120 liv. un quadruple; ainsi ce serait aujourd'hui 144 liv., et pour 66 liv. ce serait 72 liv.

Tels étaient les droits des Médecins. — Les Chirurgiens aux rapports avaient les deux tiers de la somme attribuée aux Médecins.

(*Note de l'Editeur.*)

II.

II. A la campagne, pour tous frais et opération, par jour, 45 l.

III Par chaque livre de plomb, 1 l. 10 s.

Pour chaque aune, 9 l.

Pour chaque demi-aune, 4 l. 10 s.

Pour chaque étampe, 15 s.

Pour garnir les aunes de plomb, et les étamper, 3 l. 7 s. 6 d.

CHAPITRE XX.

Salaires des Témoins.

ART. Ier. A toutes personnes au-dessus du commun par leur naissance ou emplois, à leurs épouses et enfans demeurant dans les villes, bourgs et banlieue de la Jurisdiction où ils devront déposer, et qui exigeront taxe, 11 s. 3 d.

II. Aux Habitans, Marchands et autres personnes qui vivent bourgeoisement, leurs femmes et enfans, 1 l. 2 s. 6 d.

III Aux gens de métier et autres qui travaillent pour gagner leur vie, 6 l. 15 s.

IV. A leurs femmes et enfans, compagnons et apprentifs, 4 l. 10 s.

V. Aux Commis, Précepteurs, Economes, Raffineurs, Commandeurs et autres Domestiques blancs ou libres, leurs femmes et enfans, 4 l. 10 s.

VI. Aux femmes qui ont des métiers, 4 l. 10 s.

VII. Les Témoins qui viendront de la campagne, de quelque condition qu'ils soient, seront taxés par les Juges, qui auront égard s'ils sont venus à pied, à cheval, ou par mer.

Enjoignons à tous ceux dénommés au présent tarif de s'y conformer; leur faisons defense d'y contrevenir sous tel prétexte que ce soit, et de prétendre, exiger, ni percevoir autres et plus forts droits, honoraires et salaires que ceux par nous alloués et taxés, sous peine de restitution du quadruple, d'interdiction et même de destitution. Le tout sans préjudicier à celles des dispositions du tarif de 1771, qui ne se trouveraient pas comprises dans le tarif actuel.

Prions messieurs les Officiers au Conseil souverain de faire enregistrer, *etc.*

Donné à St Pierre Martinique, le 1er. mars 1799. *Signé*, W. KEPPEL.

Enregist. au Conseil souverain.

(N°. 892.) ARRÊT *du Conseil souverain, concernant l'exercice de la Médecine et de la Chirurgie, et les Marchands droguistes et Apothicaires de la Colonie.*

Du 8 mars 1799.

VU la remontrance du Procureur-général du Roi, contenant qu'il est informé qu'au mépris des ordonnances et des réglemens de la Cour, et par suite du relâchement des ressorts de la police, que les circonstances semblent avoir occasionné dans toutes les parties qui en dépendent, il se fait par les Marchands droguistes et les Apothicaires, tant dans les villes que dans les bourgs de la colonie, la distribution la plus licencieuse et la plus inconsidérée de toutes sortes de drogues à toutes personnes, soit blancs, soit de couleur libres, soit même esclaves; que les abus et les maux qui peuvent résulter d'une semblable facilité de se procurer ces drogues, souvent des poisons, sont malheureusement trop frappans et d'une expérience trop funeste pour qu'il ne soit pas urgent de rappeler les Apothicaires et autres Marchands de drogues aux formes et aux règles qui ont été si sagement établies à ce sujet.

Qu'un autre abus, non moins cruel et destructeur, est l'exercice presque général de la chirurgie, de la médecine, et de la pharmacie dans différentes paroisses du ressort, par des gens libres et même par des esclaves; que les victimes de leur ignorance et souvent de leur malignité ont beau se multiplier, ce sont de vaines et inutiles leçons pour ceux qui croient tirer de ces empiriques quelques avantages éphémères et des soulagemens fortuits; que l'aveuglement pour eux est tel, qu'on leur suppose plus de talens et de connaissances qu'à ceux qui ont fait des cours et des études suivies pour exercer ces professions, en sorte qu'il lui paraît instant de réprimer ces abus dont les effets sont si désastreux, contre lesquels l'intérêt de la société s'élève si puissamment, et dont la prolongation serait si préjudiciable et si funeste.

Pour quoi il a requis que par l'arrêt à intervenir, et conformément aux ordonnances et réglemens, il soit ordonné que tous ceux qui exercent actuellement la pharmacie et vendent des drogues, soit dans les villes soit dans les campagnes, seront tenus de se faire connaître, en se présentant aux Procureurs du Roi, dans le mois de la publication dudit arrêt, qu'ils soient aussi tenus de se faire inscrire sur un registre qui sera établi à cet effet au Greffe de chaque Sénéchaussée ; qu'il leur soit fait défense de vendre des drogues réputées poisons, tel qu'orpiment, arsenic, vert-de-gris, vitriol, sublimé et autres, sinon à des Médecins, Chirurgiens ou à des Chefs de famille bien connus, du nom desquels ils chargeront leur livre-journal ; qu'il leur soit enjoint de tenir sous clef tous lesdits poisons et drogues dangereuses pour ne les distribuer que par eux-mêmes ou par des Commis blancs préposés à leur pharmacie ; que défense leur soit aussi faite de former aucunes combinaisons de drogues pour les particuliers, à moins que ce ne soit sur l'ordonnance d'un Médecin ou d'un Chirurgien approuvé, dont ils seront tenus de justifier au besoin.

A l'égard des Marchands droguistes ; qu'il leur soit pareillement fait défense de vendre aucunes drogues composées, attendu qu'elles demandent des connaissances qu'ils ne sont pas présumés avoir, et qu'elles sont d'un danger qui doit les faire réserver à des mains habiles et sages, et accoutumées à les manier.

Qu'il soit enjoint aux Chirurgiens-majors de se transporter chez tous les Apothicaires et Droguistes de leur arrondissement, à l'effet de visiter, vérifier et examiner l'état et la qualité des drogues et médicamens qu'ils se trouvent avoir, de tout quoi ils dresseront procès-verbaux, pour, sur iceux remis aux Procureurs du Roi, être ordonné que les drogues gâtées ou hors d'usage seront brûlées, et les Apothicaires et Droguistes en contravention, poursuivis en condamnation d'amende, d'interdiction et même de destitution si lieu il y a.

Que défense soit pareillement faite à tous nègres et gens de couleur libres ou esclaves, d'exercer la médecine ou la chirurgie, de préparer aucun remède, ni de traiter aucun malade à la ville ou à la campagne, sous quelque prétexte que ce soit, quand même ils en seraient requis, à peine de 500 liv. d'amende pour la première fois contre les gens libres, et de punition corporelle en cas de récidive; et contre les esclaves à peine d'être poursuivis extraordinairement et punis suivant l'exigence des cas, et les maîtres qui auront souffert et toléré cette pratique, déchus et privés de tous droits sur lesdits esclaves. Qu'enfin il soit ordonné que l'arrêt à intervenir sera enregistré aux Sénéchaussées du ressort, imprimé, lu, publié, *etc.*

Ledit Procureur-général du Roi retiré, *etc.*; la Cour, statuant sur ladite remontrance, ordonne que tous ceux qui exercent la pharmacie et qui vendent des drogues dans la colonie, seront tenus, dans le mois de la publication du présent arrêt, de se présenter et se faire connaître au Procureur du Roi de leur Sénéchaussée, ainsi que de se faire inscrire au Greffe sur le registre qui sera établi à cet effet; leur fait défense de vendre à d'autres, qu'aux Médecins, Chirurgiens ou Chefs de famille bien connus, au nom desquels ils chargeront leur livre-journal, les drogues réputées poisons, tels que l'orpiment, l'arsenic, le vert-de-gris, le vitriol et le sublimé, qu'ils seront tenus de mettre sous clef, pour n'être distribuées que par eux-mêmes ou par des Commis blancs, sous telle peine qu'il appartiendra. Leur fait défense aussi, de former aucunes combinaisons de drogues pour les particuliers, à moins qu'ils n'y soient autorisés par l'ordonnance d'un Médecin ou d'un Chirurgien approuvé, de laquelle ils seront tenus de justifier au besoin.

Defend également aux Marchands-droguistes de tenir et vendre dans leurs boutiques aucunes drogues composées.

Enjoint aux Chirurgiens-majors du Roi de se transporter incessamment chez tous les Apothicaires et Droguistes de leur arrondissement, pour visiter, vérifier, et examiner l'état et la qualité de leurs drogues et médicamens, en dresser procès-verbaux qu'ils remettront au Procureur du Roi de leur Sénéchaussée, afin que sur iceux il soit ordonné que les drogues gâtées ou hors d'usage seront brûlées, et les Apothicaires et Droguistes trouvés en contravention, condamnés en telle amende que le cas requerra, interdits et même destitués si lieu il y a.

Fait pareillement inhibition et défense à tous nègres et gens de couleur libres ou esclaves, d'exercer la Médecine ou la Chirurgie; de préparer et administrer des remèdes, et de traiter aucun malade sous quelque prétexte que ce soit, quand même ils en seraient requis, à peine contre les gens libres de 500 liv. d'amende la première fois, et de punition corporelle en cas de récidive. Et contre les esclaves à peine d'être poursuivis extraordinairement et punis selon l'exigence des cas, et les maîtres qui auront souffert et toléré cette pratique déchus et privés de tous droits sur lesdits esclaves.

Ordonne que le présent arrêt sera enregistré aux Sénéchaussées du ressort, imprimé, *etc.*

Fait au Conseil souverain de la Martinique, le 8 mars 1799. *Signé*, LE CAMUS, greffier.

(N°. 893.) ORDONNANCE *du Juge de Police de St-Pierre, pour le Nettoiement des Rues de cette Ville.*

Du 5 avril 1799.

SUR ce qui nous a été remontré par le Procureur du Roi, que les rues de la ville de Saint-Pierre sont encombrées la nuit et le jour, que le canal est obstrué de manière à nuire au commerce, et qu'il y a un danger imminent pour ceux qui sont obligés la nuit de marcher dans la ville. Faisant droit sur le réquisitoire dudit Procureur du Roi, nous avons ordonné et ordonnons ce qui suit :

ART. Ier. Nous avons fait défenses à toutes personnes de faire vider dans le canal les débris des bâtisses, le fumier des écuries et autres matières quelconques, qui peuvent obstruer le canal et occasionner un débordement au bout des rues.

II. Avons également fait défenses de laisser dans les rues, pendant la nuit, des cabrouets, tombereaux, brouettes, futailles vides et autres effets qui peuvent nuire.

III. Dans les cas imprévus où les Négocians seraient contraints de laisser des futailles pleines et autres marchandises dans les rues pendant la nuit, ils seront tenus de placer un fanal et un nègre pour entretenir la lumière et avertir les passans.

IV. Avons fait pareillement défenses de jeter dans les rues le verre cassé. Ordonnons que chaque particulier qui en a devant sa maison le fera retirer sans aucun délai, et que dans les places publiques et autres lieux qui ne sont à personne, les Commis à la police veilleront à leur nettoiement et propreté, et feront enlever tous débris, verres et autres objets nuisibles par des nègres de journée, dont le paiement sera pris sur la caisse des amendes de la police.

V. Tout nègre de journée qui se refusera au travail susdit, sera condamné au carcan et à plus forte peine, si lieu il y a, sur les poursuites du Procureur du Roi.

VI. Ordonnons que chaque Propriétaire fera réparer le pavé devant sa porte, dans huitaine du jour de la publication des présentes; sinon sera le Voyer particulier, autorisé après ledit délai et sans autre avertissement, à faire les réparations nécessaires, dont sera délivré exécutoire.

VII. Ordonnons que toutes personnes qui feront rouler des futailles, après les avoir fait rabattre, seront tenues de faire exactement visiter s'il y a des clous qui peuvent blesser les passans.

VIII. Ordonnons que tous Particuliers qui ont des bois à bâtir dans les rues, même au bord de la mer, pouvant obstruer le passage et nuire au commerce ainsi que tous Propriétaires d'échoppes, de les faire retirer dans huit jours de la publication des présentes, sinon, et ledit délai expiré, les Commis à la police et le Voyer particulier, sont autorisés par ces présentes à faire enlever les bois, et à les faire transporter sur la grève vers la Grière, aux dépens des Propriétaires, après avertissement du jour et du lieu où se fera le transport, comme aussi sont autorisés à faire abattre lesdites échoppes.

IX. Ordonnons que chaque Particulier fera balayer le devant de sa maison tous les matins, le canal compris, de manière que de proche en proche, tout arrive à la mer sans obstacles.

X. Défendons à toutes personnes de laisser vaguer des cochons dans les rues, et d'en nourrir dans les cours en ville, à peine de confiscation et d'amende, suivant l'exigence du cas.

XI. Seront tous les contrevenans poursuivis à la diligence du Procureur du Roi, et condamnés à une amende, sans préjudice des dommages et intérêts des parties, si lieu il y a.

Seront les présentes imprimées, *etc.*

A St-Pierre Martinique, le 5 avril 1799.
Signé, Astorg.

(N°. 894.) **Ordonnance** *du Juge de Police de St-Pierre, concernant les Encanteurs.*

Du 10 juin 1799.

Sur ce qui nous a été représenté par les Negocians de cette ville, qu'il s'est établi un grand nombre d'Encanteurs publics qui, sans égard aux droits de leurs voisins, ni à la liberté du passage, remplissent et obstruent les rues de marchandises, et nuisent infiniment au commerce; que d'ailleurs on vend quelquefois des salaisons corrompues dont la saumure exhale une odeur funeste; prenant en considération la faveur due à tous et à chacun des Negocians, et sur-tout considérant l'intérêt public dans le soin de préserver la ville d'odeurs pestilentielles, ouï le Procureur du Roi, *etc.*, nous avons ordonné et ordonnons ce qui suit :

ART. Ier. En conformité des anciennes lois, nous avons défendu et défendons à tous Négocians de vendre ou faire vendre des salaisons corrompues, et qui par leur qualité nuiraient autant à la salubrité de l'air, qu'à la santé particulière des individus que le besoin contraint à en acheter pour profiter de l'avantage du prix.

II. Enjoignons aux Commis à la police, Brigadiers et autres Agens de la police, de veiller très-exactement à l'exécution dudit article, et d'arrêter toutes ventes de salaisons de cette qualité, et d'en dresser procès-verbal, qui sera remis au Procureur du Roi pour être par lui requis, et par nous ordonné ce que de droit.

III. Défendons aux Encanteurs d'obstruer les rues en y plaçant nombre de barrillages, caisses ou autres encombremens quelconques. Ordonnons que chacun présente aux enchères devant la porte de son magasin, ce qu'il doit vendre successivement, de manière que la rue soit libre ainsi que l'entrée de chaque magasin voisin de l'Encanteur.

IV. Les Encanteurs qui n'ont pas de magasin ou autre logement, devant lequel ils puissent exposer les marchandises, se retireront dans un lieu public, hors du commerce ordinaire, pour y faire leurs ventes, soit la place du Mouillage, soit celle du Fort, ou dans les carrefours de manière cependant à laisser libre le passage.

V. Tous Particuliers qui auraient acheté à un encan des salaisons corrompues, et tous autres qui auraient été témoins de pareilles ventes, seront reçus pour l'intérêt individuel du public à réclamer, et sont invités à en avertir les Officiers de police.

VI. Les salaires des Agens de police qui seront appelés pour la vérification des salaisons, ou que leur devoir et leur zèle conduiront à cette vérification d'office, seront taxés par nous, sur les conclusions du Procureur du Roi, suivant l'exigence des cas.

Seront au surplus exécutées en tout leur contenu, toutes ordonnances antérieures relatives aux ventes et enchères, et à la liberté de la voie publique.

Ordonnons que ces présentes seront imprimées, lues, *etc.*

Donné à Saint-Pierre, le 10 juin 1799. *Signé*, ASTORG.

(N°. 895.) INSTRUCTIONS *de Son Excellence le Gouverneur-général, sur la Régie des Biens vacans.*

Du 26 juin 1799.

CONFORMÉMENT à ce qui s'est pratiqué jusqu'à ce jour, tout certificat à intervenir justifiera authentiquement d'une résidence de 6 mois au moins, sans discontinuer sur un territoire neutre ou allié de S. M., et sera revêtu non-seulement de la signature des Officiers publics, ayant qualité à cet égard, mais encore de celle du Propriétaire réclamant; ce certificat sera renouvelé dans la même forme de 6 en 6 mois, du jour de sa date, sans intervalle, à défaut de quoi il ne sera plus considéré comme valide.

En conséquence de la délibération de mon Conseil, en date du 17 de ce mois, les Procureurs-fondés seront tenus à l'avenir de garantir que les certificats qu'ils produisent, contiennent vérité, sous leur responsabilité personnelle de la restitution des sommes qu'ils toucheront en vertu desdites procurations, au cas qu'il soit découvert fraude ou abus; qu'ils fourniront à cet effet caution d'une somme équivalente au revenu d'une année des biens de leurs Constituans.

Toutes personnes, tant celles qui ont quitté la colonie depuis l'époque de la conquête, que celles qui se trouvent dans le cas de l'ordre donné à la Régie par Sir John Vaughan, le 15 juin 1795, et qui n'ont pas encore fait de réclamation, ne doivent point être admises à en faire sur un certificat de résidence ordinaire, mais elles doivent être tenues de prouver une résidence sans discontinuer en pays neutre ou ami, depuis leur départ de la Martinique.

Prions messieurs les Officiers du Conseil souverain de la Martinique de faire enregistrer, *etc.*

Donné à St-Pierre Martinique, le 26 juin 1799. *Signé*, W. KEPPEL.

Enregist. au Conseil souverain.

(N°. 896.) ARRÊT *en Réglement du Conseil souverain, sur le mode de procédure et d'instruction contre les Empoisonneurs.*

Du 4 juillet 1799.

CE jour, le Procureur-général du Roi a exposé : qu'il croit de son devoir d'appeler la sollicitude

sollicitude de la Cour sur les ravages que font les empoisonnemens, dans presque tous les quartiers de la colonie; que la prospérité des manufactures se trouve sans cesse ralentie et compromise par la scélératesse et l'art destructeur des malfaiteurs; que dans différentes circonstances, et à diverses époques, on a cherché à réprimer le mal et à en arrêter les progrès; mais que les moyens employés jusqu'à présent ont été insuffisans; que l'impunité du crime a toujours favorisé et perpétué sa durée, parce que les formes ordinaires de la justice étant trop lentes pour des délits de cette espèce, il faut de toute nécessité y opposer un remède et des mesures extraordinaires pour en arrêter le cours: qu'il lui paraît que le moyen le plus propre serait de commettre des personnes, autres que les Officiers des Tribunaux, pour faire inopinément sur les habitations, des informations contre les esclaves, qui seraient suspects et véhémentement soupçonnés de ce crime; que ces informations ainsi faites, au moment de l'existence du corps de délit, produiraient sans contredit un bien meilleur effet et procureraient de bien plus grandes lumières que celles qui se font ordinairement en justice, où par l'éloignement des lieux et l'ignorance d'une foule de circonstances, il est presque toujours impossible de se procurer des preuves contre les accusés, quelques coupables qu'ils puissent être; que d'ailleurs en déclarant ces informations valables comme si elles étaient juridiques, pour y donner suite par les Juges des lieux, elles auraient le double avantage d'être faites promptement, en plus grande connaissance de cause, et de hâter la marche des procédures, en épargnant beaucoup de frais au fisc.

Pour quoi il a requis, qu'attendu l'urgence du mal, et la nécessité d'y remédier, il soit par la Cour délibéré sur les conclusions qu'il laisse sur le bureau. Le Procureur-général du Roi retiré et la matière mise en délibération, la Cour a réglé et ordonné ce qui suit :

ART. Ier. Les Chirurgiens-jurés et aux rapports, ou à leur défaut tous autres Chirurgiens reçus dans les paroisses, seront tenus en conformité des ordonnances du Gouvernement de cette île, des 4 octobre 1749, et 12 novembre 1757, de se transporter toutes les fois qu'ils en seront requis, et toutes autres affaires cessantes, pour constater, dans la forme usitée, les corps des délits concernant les empoisonnemens des nègres ou bestiaux sur les habitations.

II. Ils seront aussi tenus de dresser des procès-verbaux circonstanciés, tant de l'ouverture et visite des cadavres, que de la vérification de toutes drogues, qui pourraient être soupçonnées malfaisantes, en indiquant le lieu où elles auront été trouvées, soit avant, soit après l'existence du corps de délit.

III. Ils seront pareillement tenus de remettre lesdits procès-verbaux dans le plus bref délai, entre les mains des Commissaires-commandans des paroisses où les délits auront été commis, et en cas d'absence ou d'empêchement, aux Lieutenans-commissaires, ou enfin à leur défaut aux plus anciens Capitaines des milices, devant lesquels ils en affirmeront préalablement la sincérité; demeurant lesdits Commissaires, Lieutenans, commissaires, et plus anciens Capitaines des milices dûment autorisés à recevoir lesdites affirmations.

IV. Dans le cas où lesdits procès-verbaux indiqueraient quelque trace ou indice de poison, pourront lesdits Commissaires-commandans et autres Officiers ci-dessus désignés, sur la plainte et dénonciation des parties intéressées, et à leur requête, informer contre les esclaves, auteurs, fauteurs, et participes des crimes et délits dans la même forme, et ainsi qu'il se pratique dans les Tribunaux, sans cependant qu'il soit besoin d'assigner les Témoins par le ministère d'Huissier; demeurant autorisés à les mander et faire comparaître devant eux, sur un simple ordre de leur part, qu'ils leur feront notifier de la manière qu'ils jugeront convenable, et en cas de refus de comparaître, ils demeurent aussi autorisés à faire arrêter et détenir lesdits Témoins en lieux de sûreté jusqu'à ce qu'ils aient déposé en l'information. Aux fins de laquelle, ils nommeront pour faire les fonctions de Greffier, ainsi que pour tous les autres actes d'instructions, telle personne que bon leur semblera, en lui faisant préalablement prêter le serment requis entre leurs mains.

V. Pourront aussi lesdits Commissaires-commandans et autres Officiers désignés, sur le vu des charges et informations, et même sur le cri public, décerner tels décrets qu'ils jugeront convenables, contre les esclaves, auteurs, fauteurs, et participes des crime et délit, les faire arrêter et mettre en lieux de sûreté, ensuite les interroger à la même requête et dans les formes établies pour les Tribunaux.

VI. Lorsque les formalités ci-dessus prescrites auront été observées, les accusés, leurs fauteurs et participes seront envoyés au Procureur du Roi de la Sénéchaussée, ensemble les procès-verbaux, et autres pièces de conviction, s'il en existe, pour le procès être continué devant le Sénéchal à la requête du Procureur du Roi, d'après lesdites pièces envoyées, qui seront réputées juridiques et aussi valables que si elles avaient été faites devant les Tribunaux.

VII. Recommande ladite Cour à tous les Colons la stricte observation des ordonnances envers leurs esclaves, particulièrement de se conformer aux mesures de police, établies par celles enregistrées sur le fait des empoisonnemens, les invitant par une sage surveillance, et une administration bien réglée, à prévenir les effets désastreux de ce crime.

Ordonne qu'à la diligence du Procureur-général du Roi, le présent arrêt sera imprimé, lu, *etc.*

Fait au Conseil souverain de la Martinique, le 4 juillet 1799. *Signé*, Le Camus, greffier.

(N°. 897.) Ordonnance *du Juge de Police de St-Pierre, concernant les Boulangers des Paroisses de la Senéchaussée de ladite Ville.*

Du 29 juillet 1799.

Sur ce qui nous a été remontré par le Procureur du Roi, qu'il s'est introduit dans quelques paroisses de notre Sénéchaussée, l'abus coupable de faire et vendre arbitrairement du pain, au mépris des ordonnances du Gouvernement et des arrêts de la Cour, sans aucune règle pour le poids, et sans aucune marque pour reconnaître l'auteur des contraventions; faisant droit sur le réquisitoire dudit Procureur du Roi, et considérant que cet abus pèse essentiellement sur le pauvre dont il diminue la subsistance, nous avons ordonné ce qui suit, en exécution des lois existantes.

Art. Ier. Toute personne qui voudra tenir boulangerie demandera une permission au Gouvernement, laquelle sera enregistrée aux formes ordinaires.

II. Les Boulangers seront tenus de se conformer au poids établi chaque lundi, par notre ordonnance qui sera envoyée aux Commis à la police des bourgs, pour être publiée et affichée sur la porte de l'Eglise.

III. Chaque Boulanger sera tenu de marquer tous les pains qu'il fera, d'une étampe qui sera connue du Commissaire de la paroisse.

IV. Ordonnons aux Commis à la police de faire exactement leurs visites chez les Boulangers, de dresser procès-verbal de toutes contraventions, tant pour le poids que pour l'étampe. Lorsqu'ils trouveront un moindre poids, ou que le pain sera sans étampe, ils citeront les contrevenans devant le Tribunal de la police, à l'effet de quoi ils enverront leurs procès-verbaux au Procureur du Roi, à peine contre lesdits Commis à la police de destitution, en cas de négligence prouvée.

V. L'amende pour moindre poids est de 500 liv. pour la première fois, la prison et plus forte amende en cas de récidive, et destitution.

suivant les circonstances. L'amende pour défaut d'étampe est de 300 liv.

Et pour l'exécution entière des présentes, prions et requérons MM. les Commissaires civils des paroisses de ce ressort, de recevoir les ordonnances qui leur seront adressées par le Procureur du Roi à chaque mutation de poids, pour qu'ils les transmettent aux Commis à la police.

Seront les présentes imprimées, lues, *etc.*

Donné à St-Pierre Martinique, le 29 juillet 1799. *Signé*, ASTORG.

(N°. 898.) ORDONNANCE *du Juge de Police de St-Pierre, sur la propreté des Quais et Cales de ladite Ville.*

Du 22 août 1799.

SUR les plaintes réitérées qui nous ont été portées du désordre qui règne au bord de la mer, d'un encombrement nuisible par une masse énorme de chaudières, canons, affûts, chaudières à rum, fourneaux, bois de toute qualité, débris de canots et de chaloupes, et des tas énormes de fumier à chaque cale. Et attendu que les ordres par nous donnés, et transmis par les Commis à la police et le Voyer particulier, n'ont produit aucun effet;

Avertis qu'il y a un nombre de hangards, chantiers et échoppes, dont plusieurs sont fermés à clef, qui renferment du merrein, des aissentes, du brai et du goudron;

Considérant le danger trop imminent d'un incendie qui dévorerait une partie de la ville, celui d'un raz-de-marée pendant lequel cet amas de bois, de fer et de cuivre repousserait ceux qui voudraient porter du secours aux infortunés, et leur ôterait la ressource naturelle que leur offre la plage, quand elle est libre;

Considérant que les établissemens faits à demeure sont contraires aux lois, qui laissent à S. M. les 50 pas du bord de la mer, et que plusieurs lois, faites expressément pour empêcher ce désordre, ont été méprisées par des anticipations également nuisibles au commerce et à l'ordre public;

Après nous être transportés avec les Officiers du Siège, et le Voyer, sur le bord de la mer depuis la cale de la Magdeleine jusqu'à la Rivière, les 20 et 21 de ce mois, suivant procès verbal par nous dressé.

Ayant vérifié qu'en effet le débarquement des denrées coloniales et des marchandises d'Europe est difficile par-tout, et impraticable en plusieurs endroits, ce qui est un mal de tous les jours dans l'état constant et naturel des choses.

Qu'en cas d'un fort raz de-marée, il y aurait un danger certain, occasionné par des barillages de charbon de terre et de chaux, par les barraques, hangards et chantiers, par les canons, fourneaux et chaudières, *etc.*, *etc.*

Que le brai et goudron, ainsi que les bois réunis en tas sur une ligne, presque non interrompue, dans tout cet immense terrein, peuvent occasionner ou par le hasard, ou par la méchanceté, un incendie désastreux

Considérant enfin la nécessité de mettre en vigueur les lois relatives à cette partie de la police.

Faisant droit sur le réquisitoire du Procureur du Roi, nous ordonnons que les art. LVII et LVIII du réglement du Roi, du 17 avril 1725, enregistré le 1er. juillet 1726, et les art. I et II de l'ordonnance du 23 juin 1751; l'ordonnance du 14 octobre 1763, enregistrée le 18 du même mois; l'ordonnance du 15 février 1775, et l'art. IV de l'ordonnance du 26 juillet 1777, enregistrées le 3 septembre suivant, seront de nouveau imprimés, lus, publiés et affichés par-tout où besoin sera; et essentiellement sur ladite étendue du terrein ainsi usurpée et encombrée, aux fins que personne n'en ignore.

Enjoignons au Voyer particulier, aux Commis à la police, au Brigadier des Archers, de nous rendre compte de l'exécution des présentes, pour être procédé ainsi qu'il appartiendra en cas de contravention.

Donné à St-Pierre Martinique, le 22 août 1799. *Signé*, ASTORG.

N. B. Voyez les ordonnances citées ci-dessus aux Nos. 97, page 240; et 198, page 547, tome Ier.; le No. 274, page 255, tome II.; et les Nos. 492, page 190; et 526, page 322, tome III.

(No. 899.) ARRÊT *du Conseil souverain, concernant le déblaiement des Quais de la ville de Saint-Pierre.*

Du 2 septembre 1799.

CE jour le Procureur-général du Roi a remis sur le bureau un procès-verbal dressé par MM. les Officiers de la Senechaussée de St-Pierre, les 20 et 21 août dernier, ensemble l'ordonnance par eux rendue le 22, concernant l'encombrement de la plage de la ville de Saint-Pierre par les divers objets qui y sont mentionnés : requérant qu'attendu l'inexécution de ladite ordonnance et de celles précédemment rendues à ce sujet, il soit par la Cour statué ce qu'elle estimera convenable eu égard aux circonstances.

Et vu les requêtes présentées par les Négocians et Commissionnaires, ainsi que par les Habitans du Figuier de ladite ville de St-Pierre, tendant à ce que, par les motifs y énoncés, les hangards établis pour les bois, soient maintenus et conservés.

Ouï le rapport de M. Gallet St. Aurin, conseiller, et tout considéré;

La Cour ordonne qu'en conformité desdites ordonnances et réglemens rendus au sujet de la propreté des cales, et du déblaiement de la plage de la ville de St-Pierre, les Officiers de ladite Sénéchaussée, seront tenus de faire enlever le plutôt possible par tous les moyens convenables et aux frais et dépens de qui il appartiendra, tout ce qui gêne la libre circulation du commerce sur la plage, tels que les tonnelleries, cuisines et fourneaux, échoppes, cabanes, ajoupas, jardins et entourages, chaudières, cylindres, mâtures, débris de canots et de chaloupes, canons, affûts, chaudières à sucre et à rum, et généralement tous les effets qui se trouvent sur ladite plage.

Et en ce qui concerne les hangards pour le placement des bois seulement, permet à ceux qui en sont propriétaires de se retirer par devant M. le Gouverneur pour obtenir de

S. Exc. la permission de les conserver. Ordonne néanmoins que ceux desdits hangards qui sont fermés seront ouverts et dépalissadés provisoirement. Fait défense à telles personnes que ce puisse être de mettre et laisser désormais sur ladite plage aucune chose qui puisse gêner la voie publique sous telle amende et autres peines qu'il appartiendra. Charge MM. Gallet St. Aurin et Perrinelle, conseillers, qu'elle nomme Commissaires à cet effet, de surveiller l'exécution desdites ordonnances et du présent arrêt. Ordonne que les requêtes sus-mentionnées seront déposées au Greffe, de même que le procès-verbal et l'ordonnance de police des Officiers de la Sénéchaussée de St-Pierre.

Fait au Conseil souverain de la Martinique, le 2 septembre 1799. *Signé*, Le Camus, greffier.

(N°. 900.) Ordonnance *de S. Exc. le Gouverneur-général, concernant les Dénombremens et Recensemens des Paroisses de la Martinique, pour l'année* 1800.

Du 5 décembre 1799.

Tous les Habitans et Particuliers de l'île Martinique, anciens et nouveaux sujets de S. M. prendront leurs dénombremes et donneront leurs recensemens pour l'année 1800, dans la forme ordinaire et suivant nos instructions adressées aux Commissaires d'administration et Commissaires-commandans des paroisses de ladite île, *etc.*, à compter du jour de la publication de ces présentes jusqu'au 31 janvier prochain pour tout delai, apres lequel tems expiré, tout délinquant sera réputé absent. Il sera en conséquence porté comme tel sur le rôle, et la capitation sera exigible de lui sur le pied des dénombremens de l'année 1799.

L'estimation du loyer des maisons dans les villes du Fort-Royal et de Saint-Pierre, faite par nos ordres en 1797, sera suivie pour la prochaine année 1800, à l'égard seulement des Propriétaires occupant leurs maisons; et à l'égard des Propriétaires qui les louent, ils seront tenus de faire leurs déclarations dans le délai prescrit, du prix des loyers actuels, en présentant pour en justifier, le bail ou autres pièces dûment probantes, et ce contradictoirement avec l'Officier chargé de recevoir ladite déclaration.

Toute personne qui n'aurait pas au 31 janvier fourni et justifié sa déclaration comme il est ci-dessus ordonné, sera imposée au double de l'estimation faite par nos ordres en 1797, et en outre son Locataire sera déchargé de son loyer, jusqu'à la concurrence de ladite estimation, conformément aux ordonnances.

Sous quelque prétexte que ce puisse être, l'Officier chargé de recevoir ladite déclaration ne pourra dispenser qui que ce soit de l'exhibition des baux ou autres pièces probantes, sous peine d'en répondre personnellement et en outre d'être destitué de son emploi dans l'administration.

Dans les bourgs de la colonie les déclarations du loyer des maisons seront faites suivant le mode ordinaire des années précédentes.

Les Habitans et Particuliers se présenteront pour lesdits dénombremens et déclarations;

A Saint-Pierre, au bureau du Receveur des impositions.

Au Fort-Royal, au bureau du Rédacteur des dénombremens, et dans les autres paroisses chez MM. les Commissaires civils.

Enjoignons aux Officiers ci-dessus, de tenir la main à l'exécution de la presente ordonnance, de la faire lire, publier, *etc.*

Donné à Saint-Pierre Martinique, le 5 décembre 1799. *Signé*, W. KEPPEL.

(N°. 901.) ORDONNANCE *de S. E. le Gouverneur-général, qui fixe l'Imposition pour l'année* 1800.

Du 26 Décembre 1799.

N. B. Les dispositions de cette ordonnance étant en tous points les mêmes de celle sur le même sujet, du 28 décembre 1798, voyez le N°. 889, pages 389 et 390 de ce tome.

Enregist. au Conseil souverain.

(N°. 902.) ORDONNANCE *de Son Exc. le Gouverneur-général, pour la démolition des Hangards, et la taxe à payer par ceux dans le cas d'être conservés sans inconvéniens.*

Du 30 décembre 1799.

VU l'arrêt du Conseil souverain de cette île, en date du 2 septembre dernier, relativement à la propreté des calés et le déblaiement de la la plage de Saint-Pierre, et les pétitions qui nous ont été adressées en conformité dudit arrêt, par les Propriétaires des hangards établis sur ladite plage.

Nous, *etc.*, avons ordonné et ordonnons ce qui suit :

Art. Ier. Tous les hangards qui se trouvent établis depuis la cale Lussy jusqu'à la cale de l'Hôpital, seront entièrement démolis ; il ne sera rien reconstruit sur ces deux cales, ou sur l'étendue de la plage qui les sépare, laquelle restera toujours découverte pour la facilité du commerce et pour lieu de réunion, et même de promenade publique : il est enjoint en conséquence aux Officiers de police d'y prévenir tout embarras, et de tenir la main à ce qu'il y règne toujours la plus grande propreté.

II. Tous les autres hangards pourront être conservés, sous la condition qu'ils seront fermés en claire-voies seulement, et de manière à pouvoir être continuellement inspectés par la police, qui les fera ouvrir et visiter toutes les fois qu'elle le jugera convenable.

III. Défendons expressément de placer dans lesdits hangards des matières combustibles, sous peine de 3,000 liv. d'amende, dont moitié sera applicable au dénonciateur.

IV. Il sera payé, par les Propriétaires desdits hangards, un droit de 18 l. par pied, sur l'espace que chacun desdits hangards occupera le long de la tranchée. Leur plus grande étendue de la tranchée à la mer sera fixée à 14 pieds en dehors du mur de la tranchée, à compter du haut, et ledit mur non compris,

En conséquence il sera dressé, par la police, un état exact desdits hangards, qui seront examinés et numérotés huit jours après la publication des présentes.

V. Les tonnelleries existantes sur la plage, depuis la cale du Domaine jusques et compris la Galère, pourront aussi être conservées. Il sera payé, par les Propriétaires de ces tonnelleries, un droit de 12 liv. par pied, sur la longueur du bâtiment. Il est défendu d'en construire ailleurs, et l'on ne pourra même en établir de nouvelles, dans le lieu ci-dessus désigné, qu'après en avoir obtenu notre permission expresse.

Prions messieurs les Officiers du Conseil souverain de faire enregistrer, *etc.*

Donné à St-Pierre Martinique, le 30 décembre 1799. *Signé*, W. KEPPEL.

Enregist. au Conseil souverain.

(N°. 903.) ORDONNANCE *de Son-Excellence le Gouverneur-général, qui fixe à 40 liv. 15 s. les* Louis d'or *au titre, sans rognure ni altération dans leur poids; et à 8 liv. 5 s. le* penny-weight, *ceux au titre, mais qui seront altérés dans leur poids.*

Du 30 décembre 1799.

Enregist. au Conseil souverain.

(N°. 904.) ARRÊT *du Conseil souverain, concernant les chasses de Nègres marrons.*

Du 4 janvier 1800.

CE jour, le Procureur-général du Roi a remontré que, par arrêt de la Cour, du 9 novembre 1785, il a été établi des formes à remplir, tant pour la chasse des nègres marrons, que pour les déclarations à faire de ceux qui pourraient être tués dans lesdites chasses; mais que ces formes étant absolument négligées, il en résulte des inconvéniens qui nécessitent son ministère de requérir, que ledit arrêt soit de nouveau imprimé, lu, publié et affiché, et qu'il soit en outre ordonné qu'à l'avenir les déclarations de marronnage ne seront plus faites aux Commandans des paroisses, mais seulement aux Greffes des Sénéchaussées, comme aussi que le Commissaire-commandant de chaque paroisse où il y aura eu des nègres tués en chasse ordonnée, sera autorisé à recevoir la declaration assermentée de ceux qui les auront tués ou de ceux qui auront été alors à la tête du détachement, laquelle il enverra avec les ordres donnés pour la chasse au Greffe de la Sénéchaussée, dans la huitaine au plus tard, pour le tout y rester déposé.

Et après en avoir délibéré, la Cour ordonne que son arrêt du 9 novembre 1785, sera exécuté selon sa forme et teneur, en conséquence qu'il sera de nouveau imprimé, lu, publié et affiché par-tout où besoin sera, comme aussi que le Commissaire-commandant de chaque paroisse où il y aura eu des nègres tués dans les chasses, demeure autorisé à recevoir la déclaration assermentée, de ceux qui les auront tués, ou de ceux qui auront été à la tête du détachement, laquelle il enverra dans la huitaine au plus tard avec les ordres donnés pour la chasse, au Greffe de la Sénéchaussée pour le tout y rester déposé.

Ordonne en outre qu'à l'avenir les déclarations de marronnage ne seront plus faites aux Commandans des quartiers, mais seulement aux Greffes des Sénéchaussées.

Et sera aussi le présent arrêt imprimé, *etc.*

Fait au Conseil souverain de la Martinique, le 4 janvier 1800. *Signé*, LE CAMUS, greffier.

(N°. 905.) ORDONNANCE *du Juge de Police de St-Pierre, portant défense aux Habitans de porter en ville, des* Vérettés *ou des Enfans pour faire inoculer.*

Du 10 février 1800.

N. B. Cette ordonnance ne faisant que rappeler l'ordonnance du Gouvernement, du 2 mars 1773, rendue sur ce même sujet, et dont elle prescrit de nouveau l'exécution, nous avons cru devoir n'en conserver que le titre, et nous renvoyons pour l'ordonnance mentionnée ci-dessus au N°. 475, page 154, du tome III.

(N°. 906.) ORDONNANCE *du Juge de Police de St-Pierre, sur les Esclaves qui vendent et débitent des Viandes quelconques.*

Du 10 février 1800.

SUR ce qui nous a été représenté par le Procureur du Roi, que nombre d'esclaves, soit de la ville, soit des habitations voisines, portent des cochons qu'ils débitent en cette ville sans y être autorisés; que cette entreprise favorise le vol, et nuit aux Bouchers qui ont reçu commission du Gouvernement.

Faisant droit sur le réquisitoire du Procureur du Roi, nous avons fait expresses inhibitions et defenses à toutes personnes libres ou esclaves de vendre et débiter des cochons, moutons ou autres viandes quelconques, autrement que par commission du Gouvernement.

Et dans le cas où un Propriétaire d'habitation voudrait faire débiter dans la ville, soit bœuf, soit mouton ou cochon, nous ordonnons que les nègres chargés du transport en ville, seront tenus de représenter le billet qui leur sera donné à cet effet par leur maître, et de se présenter aux Commis à la police, lesquels surveilleront la vente et distribution desdites viandes, et ce à peine de confiscation et d'amende selon les circonstances, ce qui sera imprimé, *etc.*

Donné à St-Pierre Martinique, le 10 février 1800. *Signé*, ASTORG.

(N°. 907.) INSTRUCTIONS *de Son Excellence le Gouverneur général, additionnelles au Réglement du 24 mai 1794, concernant la Régie des Biens vacans.*

Du 25 février 1800.

ATTENDU, qu'il circule depuis quelques tems, des billets ainsi que des ventes simulées d'esclaves, datees de tems anterieurs à la conquête de la

Martinique, lesquels sont envoyés de la Guadeloupe et autres pays soumis à la domination de l'ennemi, par la voie des îles neutres; et ces pièces pouvant être produites dans les Tribunaux, comme des titres contre la régie du Roi, il est essentiel d'arrêter l'abus qui pourrait en résulter, en considérant tous titres de ce genre comme dans le cas de la prescription, faute par les Créanciers de ne s'être pas fait connaître plutôt, à l'exception néanmoins de ceux qui donneraient à l'appui de leurs réclamations des preuves d'une évidence incontestable.

Les Procureurs du Roi, Notaires ou autres Officiers publics, chargés des inventaires ou partages, auxquels des absens se trouveraient avoir part, en donneront connaissance au Gouvernement, et fourniront l'extrait des actes qui les concerneront, afin que ces actes soient donnés à la régie pour intervenir sans délai au nom des individus représentés par elle.

Prions messieurs les Officiers du Conseil souverain de faire enregistrer, *etc.*

Donné à St-Pierre Martinique, le 25 février 1800. *Signé*, W. KEPPEL.

Enregist. au Conseil souverain.

(N°. 908.) ORDONNANCE *de S. Exc. le Gouverneur-général, concernant la Régie des Biens vacans.*

Du 5 mai 1800.

NOUS, *etc.*, avons ordonné les dispositions suivantes à l'égard des réclamations qui seront présentées à l'avenir relativement aux propriétés dépendantes de la régie du Roi en cette colonie.

Chaque requête présentée aux Sénéchaussées pour réintégration dans des propriétés dépendantes de la régie, sera répondue d'une suspension d'instance, jusqu'à ce que les pièces à l'appui aient été mises sous les yeux du Roi, et que S.M. ait approuvé que l'affaire prenne son cours.

Il nous sera alors remis par les parties une expédition légalisée desdites pièces à l'appui, et de la requête ainsi répondue, en y joignant un exposé des bâses de la réclamation, afin que nous transmettions le tout au Ministre.

Prions messieurs les Officiers du Conseil souverain de faire enregistrer, *etc.*

Donné à Saint-Pierre Martinique, le 5 mai 1800. *Signé*, W. KEPPEL.

Enregist. au Conseil souverain.

(N°. 909.) ORDONNANCE *du Juge de Police de Saint-Pierre, concernant l'entretien des Réverbères.*

Du 16 juillet 1800.

SUR les plaintes réitérées de l'Entrepreneur chargé, par l'administration, de l'entretien des réverbères en cette ville, plaintes vérifiées par et sur les rapports journaliers des Agens de la police, des dommages qu'il éprouve dans son entreprise, tantôt par la fracture des verres, tantôt par celle des caisses et des lanternes, enfin par le vol des réverbères, et par la difficulté de les remplacer;

Considérant que ces délits multipliés, en aggravant la perte dudit Entrepreneur, et le mettant ainsi dans l'impuissance de remplir ses engagemens, caractérisent une violation manifeste des lois civiles et de police, et tendent à favoriser les vols et les excès de tous genres, que les méchans commettent souvent avec impunité dans les ombres de la nuit.

Vu le réquisitoire du Procureur du Roi en fonctions, et y faisant droit, nous Juge de police susdit, faisons très-expresses inhibitions et défenses à toutes personnes de quelque qualité et condition qu'elles puissent être, et sous quelque prétexte que ce soit, d'ouvrir et briser les caisses des réverbères, casser les verres des lanternes, d'en enlever les lampes ou réverbères, sous peine, en cas de contravention, d'être poursuivies extraordinairement, et punies suivant la rigueur des ordonnances, indépendamment des dommages-intérêts de l'Entrepreneur des réverbères.

Faisons pareillement défenses, et sous les mêmes peines à toutes personnes de vendre, ou acheter les lampes qui auront été enlevées desdits réverbères.

Ordonnons aux Commis à la police, au Brigadier, Sous-brigadier et Archers de surveiller strictement les contraventions qui pouraient être faites à l'exécution des présentes, de saisir et d'emprisonner les déliuquans, qui seront poursuivis et punis suivant l'exigence des cas, soit comme mal-intentionnés et perturbateurs du repos public, soit comme voleurs, complices et participes du délit resultant des reverbères brisés ou enlevés.

Et seront les présentes imprimées, *etc.*

Donné à St-Pierre Martinique, le 16 juillet 1800. *Signé*, ASTORG.

(N°. 910.) ARRÊT *du Conseil souverain, concernant les Affranchissemens.*

Du 3 novembre 1800.

CE jour le Procureur-général du Roi a dit :

MESSIEURS,

A la séance du mois de septembre dernier, nous avons donné communication à la Cour, d'une lettre de S. Exc. M. le Gouverneur, relative à des tentatives faites journellement pour éluder l'exécution de l'ordre enregistré, qui a défendu depuis la conquête, l'expédition de tout nouvel acte d'affranchissement dans la colonie ; d'après les dispositions de cette lettre, la Cour, chargea notre ministère d'écrire, séance tenante, aux Officiers des deux Sénéchaussées, pour avoir les renseignemens et preuves nécessaires en réponse à notre lettre : les Officiers de la Sénéchaussée de Saint-Pierre nous ont adressé l'expédition d'une sentence rendue à l'occasion des libertés données par testament, et deux expéditions d'actes de Notaire, mentionnant des affranchissemens donnés sous forme de vente d'esclaves à eux-mêmes.

Les différentes pièces n'ont pu nous parvenir qu'après la clôture de la séance de la Cour ; elles constatent l'abus dénoncé par la lettre de S. Exc. : il est même à craindre que cet abus ne se soit étendu, et que beaucoup d'esclaves n'existent livrés à eux-mêmes, contre la disposition des lois, et sous la protection apparente d'un patronage illusoire ; de là des êtres amphibies, libres en apparence, mais esclaves dans la réalité, puisque le Gouvernement seul peut autoriser le maître à donner la liberté à son esclave.

Pour mettre la Cour à même de fixer son opinion dans une matière aussi importante à l'ordre public, nous avons recueilli le texte des différentes lois qui ont été rendues sur le fait des affranchissemens et sur l'état des esclaves.

Par arrêt du Conseil d'Etat du 24 octobre 1713, le Roi a ordonné qu'a l'avenir il ne sera permis à aucunes personnes de quelque qualité et condition qu'elles soient, d'affranchir leurs esclaves, sans avoir auparavant obtenu la permission par écrit du Gouverneur-général et de l'Intendant, veut S. M. que tous les affranchissemens qui seront faits à l'avenir sans ces permissions soient nuls, et que les affranchis n'en puissent jouir, ni être reconnus pour tels, au contraire qu'ils soient vendus à son profit.

En confirmation de cet arrêt du Conseil d'Etat, une ordonnance du Roi, du 15 juin 1736, veut que tous les affranchissemens qui seront faits sans la permission du Gouverneur-général et de l'Intendant soient nuls, et que les esclaves ainsi affranchis n'en puissent jouir; qu'ils soient tenus, censés et réputés esclaves, que les maîtres en soient privés, qu'ils soient vendus au profit de S. M., et que les maîtres soient en outre condamnés à une amende qui ne pourra être moindre que la valeur desdits esclaves.

Une ordonnance du Gouvernement, du 5 février 1768, en renouvelant celles ci-dessus, et pour prévenir l'abus résultant de traiter avec les esclaves de leur liberté à prix d'argent, porte art. II, « Nous défendons à tous Notaires de recevoir aucun acte d'affranchissement d'esclaves, qu'il ne leur apparaisse d'une permission par écrit du Général et de l'Intendant de la colonie, dont ils feront mention dans leurs actes, à peine contre les Notaires qui auraient contrevenu au présent article, d'être condamnés à 1,000 liv. d'amende, dont moitié applicable au dénonciateur, et l'autre moitié au profit du Roi, et d'être interdits de leurs fonctions pendant un an. »

L'article III de la même ordonnance, défend à toutes personnes, de quelque qualité et condition qu'elles soient, de faire passer leurs esclaves dans les îles étrangères, pour les y faire affranchir, sous les peines portées par les ordonnances du Roi.

L'arrêt du Conseil d'Etat, du 8 juin 1776, ordonne de tenir la main à l'exécution des lois antérieures; enjoint, en conséquence S. M., aux Prêtres et Religieux desservant les cures aux îles du vent, de ne baptiser aucun enfant de couleur comme libre, s'il ne leur apparaît des actes de liberté des mères, dûment autorisés par les Administrateurs de la colonie, et à cet effet, d'envoyer tous les mois à l'Intendant desdites îles, ou à celui qui le représentera, un état des enfans de couleur qu'ils auraient baptisés comme libres, pour être confisqués et vendus au profit de S. M., s'ils sont nés de mères esclaves.

Enjoint également aux Commandans et Officiers de milices dans les différens quartiers desdites îles, de faire arrêter tous les esclaves affranchis sans permission des Administrateurs, pour être pareillement confisqués et vendus au profit de S. M., conformément à l'arrêt du Conseil d'Etat, du 24 octobre 1713.

Ces lois sont trop précises, trop impératives, trop souvent renouvelées pour qu'on puisse en prétendre cause d'ignorance, il en résulte que la permission du Gouvernement doit nécessairement précéder toute donation de liberté et manumission, soit par actes entre-vifs, soit à cause de mort et par testamens.

On ne voit cette permission mentionnée dans aucun testament; les clauses d'affranchissement y insérées sont donc radicalement nulles et de nul effet. On ne la trouve pas non plus, dans les manumissions faites par les maîtres dans les actes qui constatent que lesdits esclaves se sont rédimés de l'esclavage. Finalement l'ordre de Sir Charles Grey, du 6 août 1794, enregistré en la Cour, a fixé le dernier état des choses d'une manière précise.

En vain les parties intéressées et les Officiers publics qui se prêtent à leurs vues, ont imaginé des formules d'actes, des tournures de phrases pour voiler les donations de liberté, soit dans les testamens, soit du vivant des maîtres, toutes ces précautions prises pour éluder la loi, attestent la connaissance que l'on en a, mais ne peuvent l'anéantir; c'est un dol qui lui est fait, et ce dol doit être puni par la nullité de ces tentatives, et les amendes encourues.

Ces actes, faits en fraude des lois, se multipliant tous les jours, et l'on s'étudie d'autant plus à les couvrir du voile apparent d'une servitude artificielle, que l'on sait qu'on ne trouvera aucune condescendance de la part du Gouvernement, aussi ferme que sage et éclairé, dont cette colonie a le bonheur de jouir dans ces circonstances; notre ministère voit des infractions bien caractérisées, et l'existence d'abus qu'il est essentiel de connaître dans toute leur étendue.

Par toutes ces considérations, nous requérons qu'il nous soit donné acte de l'appel que nous faisons devant la Cour, d'une sentence rendue en la Sénéchaussée de St-Pierre, le 14 juin 1797, entre les nommés Laurence, Calixte sa fille, métive, Adélaïde, Lucile et Mondésir, quarterons, procédant sous l'assistance et autorité de Me. Camouilly, leur curateur, et le Sr. Arnaud Jolimont et autres parties, pour ledit appel, relevé aux formes ordinaires, etre par la Cour statué ce qu'il appartiendra, contradictoirement avec les parties; qu'il plaise à la Cour déclarer nul et de nul effet, un acte passé par Me. Damaret, notaire, en date du 21 juin 1800, concernant la capresse Mariette; et l'acte passé par Me. Thierry, le 26 août 1799, concernant la négresse Jeannette et son fils Martial, comme frauduleux en contravention aux lois de cette colonie, concernant les affranchissemens.

Qu'il soit ordonné qu'à la diligence de nos Substituts dans les deux Sénéchaussées, il sera fait des recherches de tous actes d'affranchissemens qui peuvent avoir été passés en contravention aux lois établies, pour la nullité desdits actes, être par eux poursuivie, conformément aux ordonnances.

Qu'il soit fait défenses à tous Officiers publics et à tous Particuliers, de se prêter directement ni indirectement à aucune contravention aux lois concernant les affranchissemens, sous peines des amendes et des confiscations qui y sont prononcées.

Enfin qu'il soit ordonné que l'arrêt à intervenir sera imprimé, publié et affiché, *etc.*

Le Procureur-général du Roi retiré, et la matière mise en délibération; la Cour, vu toutes les pièces mentionnées dans la remontrance, donne acte au Procureur-général du Roi, de l'appel qu'il interjette devant elle de la sentence rendue en la Sénéchaussée de St-Pierre,

le

le 14 juin 1797, entre les nommées Laurence, mulâtresse, Calixte sa fille, métive, Adelaïde, Lucile et Mondesir, procédant sous l'assistance de Me. Camouilly, leur curateur, et le Sieur Arnaud Jolimont; déclare nul et de nul effet l'acte passé par Me. Thierry, notaire, le 26 août 1799, concernant la negresse Jeannette et son fils Martial; et l'acte passé par Me. Damaret, le 21 juin 1800, concernant la capresse Mariette; ordonne qu'à la diligence des Substituts du Procureur-général du Roi, il sera fait recherche de tous actes d'affranchissemens qui peuvent avoir été passés en contravention aux lois établies dans cette colonie, pour la nullité desdits actes être poursuivie à leur requête, conformément aux ordonnances; ce dont lesdits Substituts seront tenus de justifier à la séance prochaine de la Cour.

Fait ladite Cour très-expresses défenses à tous Officiers publics et à tous Particuliers, de se prêter directement ni indirectement à aucune contravention aux lois concernant les affranchissemens, sous peine des amendes et confiscations qui y sont prononcées.

Ordonne que le présent arrêt sera imprimé, lu, *etc.*

Fait au Conseil souverain de la Martinique, le 3 novembre 1800. *Signé*, Le Camus, greffier.

(N°. 911.) PROCLAMATION *de Son Excellence le Commandant en chef, au sujet des Pouvoirs du Gouverneur de la Colonie.*

Du 12 décembre 1800.

SON Exc. le Commandant en chef ayant jugé à propos, en l'absence de S. Exc. le Gouverneur, alors malade, de confirmer par sa proclamation du 6 de ce mois, le pardon accordé par le colonel Maitland, aux personnes qui avaient pris les armes, et S. Exc. le Gouverneur, seul revêtu dans cette colonie des pouvoirs de S M. pour ce qui concerne le civil, ayant depuis concouru à cette mesure, ledit pardon est, et demeure définitivement confirmé.

S. Exc. le Commandant en chef reconnaissant que le Gouverneur de la Martinique est seul revêtu dans cette île des pouvoirs de S. M. Britannique, pour ce qui regarde le civil, s'empresse de déclarer que ce qui regarde, dans sa proclamation du 6 courant, l'arrêt du Conseil souverain du 3 novembre, et l'ordre enregistré du chevalier Grey, demeurent comme non avenus.

Donné au Quartier-général, au Fort-Royal de la Martinique, le 12 décembre 1800.

Signé, THOMAS TRIGGE.

(N°. 912.) ORDONNANCE *de S. E. le Gouverneur-général, qui fixe l'Imposition pour l'année* 1801.

Du 15 décembre 1800.

N. B. Les dispositions de la présente ordonnance étant (sauf l'augmentation qui suit à l'article XIII,) les mêmes que celles du

28 décembre 1798, sur le même sujet, voyez le N°. 889, pages 389 et 390 de ce tome.

Augmentation faite à l'article XIII.

S. M. ayant donné ordre de continuer ladite imposition, par la dépêche du Ministre du 12 juillet 1800; en conséquence et en exécution desdits ordres, le même impôt additionnel de 4 s. par livre, sur l'imposition ordinaire, sera perçu pour l'année 1801.

Enregist. au Conseil souverain.

(N°. 913.) ARRÊTÉ *Consulaire, relatif au Sauvetage des Bâtimens naufragés, et à la Vente de ces Bâtimens et des Prises.*

Du 17 floréal, an IX (7 mai 1801).

LES Consuls de la République, sur le rapport du Ministre de la marine et des colonies, le Conseil d'Etat entendu; arrêtent :

SECTION Ire. Art. Ier. A défaut des Armateurs, Propriétaires, Subrécargues ou Correspondans, l'Officier en chef d'administration de la marine, et en son absence celui qui le remplace dans l'ordre du service, sera chargé du sauvetage et de tout ce qui concerne les naufrages, quelque soit la qualité du navire : il sera également chargé de la vente des prises, ainsi que l'était le Juge de paix, dont il remplit toutes les fonctions à cet égard.

Les dispositions précédentes seront également appliquées aux navires étrangers, à moins que les traités ou conventions ne contiennent des dispositions contraires.

II. Si un navire fait naufrage, à quelque distance que ce soit du port dont il dépend, c'est à l'Officier d'administration de ce port, que doivent être adressés les premiers avis, et jusqu'à son arrivée, les Syndics des gens de mer donneront les premiers ordres, et requerront, en cas de besoin, l'assistance des autorités locales, soit pour pourvoir au sauvetage, soit pour empêcher le pillage.

III. Le produit de toutes les ventes provisoires, soit qu'il s'agisse de prises, soit que les effets proviennent de bâtimens naufragés, sera déposé à la caisse des Invalides de la marine, sauf réclamation par qui il appartiendra, en se conformant à l'art. XV, de l'arrêté du 6 germinal an VIII, portant création du Conseil des prises ; et à l'art. V, de l'arrêté du 27 nivose, relatif au mode d'exécution de la loi du 13 mars 1791, sur la caisse des prises.

IV. L'équipage nommera ses Fondés de pouvoirs pour le représenter dans les ports où les prises aborderont.

V. L'Inspecteur qui remplace le Contrôleur de la marine, surveillera toutes les parties de ce service; il prendra communication de toutes les pièces de bord et d'instruction, et donnera ses conclusions avant que l'Administrateur et celui qu'il est autorsié à s'adjoindre, rendent leur décision. L'Inspecteur surveillera l'exécution et toutes les opérations qui doivent en être la suite.

VI. L'Administrateur de la marine qui aura ou présidé au jugement des prises faites par les corsaires, dans le cas de l'art. IX, de l'arrêté du 6 germinal, ou procédé à l'instruction dans tous les autres cas, l'Inspecteur et le Fondé de pouvoirs des équipages, veilleront de concert à ce que la liquidation en soit promptement terminée.

Sect. IIme. Art. VII. Il est accordé aux Trésoriers des invalides 15 centimes par 100 francs, pour toute indemnité des frais du travail et de la responsabilité que nécessite le dépôt dans leurs caisses, des sommes provenant des ventes de prises ou des naufrages; mais ce droit de dépôt ne sera perçu par eux que lors de la remise des fonds à qui de droit.

VIII. Les Chanceliers et autres Dépositaires en pays étrangers, du produit des ventes des prises, bris ou naufrages, jouiront de la même indemnité.

IX. Le droit de commission et les gratifications qui seront accordées aux Capitaines de corsaires et aux Conducteurs de prises, ne pourront, dans aucun cas, excéder les 2 pour cent fixés par la déclaration du 24 juin 1778, et supporteront la retenue prescrite au profit de la caisse des Invalides de la marine, conformément à ladite déclaration.

Sect. IIIme. Art. X. Le Secrétaire ou l'Employé qui, dans les grands ports, fera les fonctions de Greffier près de l'Officier d'administration chargé du dépôt des pièces, délivrera *gratis* les expéditions qui lui seront demandées, et qui seront visées par l'Administrateur; il ne lui sera accordé d'indemnité pour vacations, que dans le cas de déplacement et au taux déterminé par le tarif.

XI. L'Officier d'administration ne pourra également réclamer de vacations que dans le cas où il serait obligé de sortir du lieu de sa résidence, et alors il lui sera alloué des frais de voyage, conformément audit tarif.

XII. Les frais de timbre, d'enregistrement et autres indispensables, seront avancés par le Trésorier des invalides, qui en sera remboursé sur le produit des prises.

XIII. Le Ministre de la marine et des colonies est chargé de l'exécution du présent arrêté, qui sera inséré au Bulletin des lois.

Signé, BONAPARTE, *par le I*er*. Consul*, le Secrétaire d'Etat, H. B. MARET.

Enregist. au Conseil souverain.

(N°. 914.) PROCLAMATION *de Sa Majesté Britannique, déclarant la cessation des hostilités, tant par mer que par terre, convenue entre Sadite Majesté et la République française, avec injonction de s'y conformer.*

Du 2 octobre 1801.

(N°. 915.) PROCLAMATION *des Consuls de la République, aux Français, sur la Paix générale.*

Du 18 brumaire, an X (9 novembre 1801).

FRANÇAIS, vous l'avez enfin toute entière, cette paix que vous avez méritée par de si longs et de si généreux efforts!

Le monde ne vous offre plus que des nations amies, et sur toutes les mers, s'ouvrent pour nos vaisseaux, des ports hospitaliers.

Fidèle à vos vœux et à ses promesses, le Gouvernement n'a cédé ni à l'ambition des conquêtes, ni à l'attrait des entreprises hardies et extraordinaires.

Son devoir était de rendre le repos à l'humanité, et de rapprocher, par des liens solides et durables, cette grande famille européenne, dont la destinée est de faire les destinées de l'univers.

Sa première tâche est remplie, une autre commence pour vous et pour lui. A la gloire des combats faisons succéder une gloire plus douce pour les Citoyens, moins redoutable pour nos voisins.

Perfectionnons, mais sur-tout apprenons aux générations naissantes à chérir nos institutions et nos lois. Qu'elles croissent pour l'égalité civile, pour la liberté publique, pour la prospérité nationale. Portons dans les ateliers de l'agriculture et des arts, cette ardeur, cette constance et cette patience, qui ont étonné l'Europe dans toutes nos circonstances difficiles.

Unissons aux efforts du Gouvernement les efforts des Citoyens pour enrichir, pour féconder toutes les parties de notre vaste territoire.

Soyons le lien et l'exemple des peuples qui nous environnent. Que l'étranger qu'un intérêt de curiosité attirera parmi nous, s'y arrête, attaché par le charme de nos mœurs, par le spectacle de notre union, de notre industrie, et par l'attrait de nos jouissances; qu'il s'en retourne dans sa patrie plus ami du nom français, plus instruit et meilleur.

S'il reste encore des hommes que tourmente le besoin de haïr leurs Concitoyens, ou qu'aigrit le souvenir de leurs pertes, d'immenses contrées les attendent, qu'ils osent aller y chercher des richesses, et l'oubli de leurs infortunes et de leurs peines. Les regards de la patrie les y suivront, elle secondera leur courage : un jour, heureux de leurs travaux, ils reviendront dans son sein, dignes d'être Citoyens d'un état libre, et corrigés du délire des persécutions.

Français, il y a deux ans, ce même jour vit se terminer vos dissensions civiles, s'anéantir toutes les factions. Dès-lors vous pûtes concentrer toute votre énergie, embrasser tout ce qui est grand aux yeux de l'humanité, tout ce qui est utile aux yeux de la patrie. Par-tout le Gouvernement fut votre guide et votre appui. Sa conduite sera constamment la même. Votre grandeur fait la sienne, et votre bonheur est la seule récompense à laquelle il aspire.

Signé, BONAPARTE, CAMBACERÈS, LEBRUN.

(N°. 916.) ORDONNANCE *de Son Exc. le Gouverneur-général, qui fixe l'Imposition pour l'année* 1802.

Du 17 décembre 1801.

N. B. Les dispositions de la présente ordonnance étant (sauf le remplacement des articles XI et XII par ceux qui suivent) les mêmes que celles de l'ordonnance sur le même sujet, du 15 décembre 1800, voyez le N° 912, page 446 de ce tome.

ART. XI. Les charges sur la caisse des nègres justiciés se trouvant augmentées pour la présente année, cette taxe sera perçue sur le pied de 45 s. par tête.

Le produit de la perception de cette taxe sera appliqué à l'acquittement de l'arriéré de cette caisse.

XII. L'imposition pour le service des garde-côtes demeure supprimée pour la présente année.

(N°. 917.) DÉLIBÉRATION *du Conseil souverain, qui nomme M.* Du Buc, *Député de la Colonie, près le Gouvernement Français.*

Du 20 janvier 1802.

CE jour, à l'ouverture de la séance le Procureur-général du Roi a remis sur le bureau une ordonnance de S. Ex. M. le Gouverneur, en date du 15 de ce mois, portant convocation du Conseil souverain, extraordinaire, pour le 18 de ce mois, de même que la lettre d'envoi de ladite ordonnance, et y joint l'extrait des minutes du Conseil privé de S. Ex. du même jour, contenant qu'étant informé que le Conseil souverain est d'avis, qu'il est avantageux d'envoyer en Europe un Député pour surveiller les intérêts de la colonie, il est aussi de la même opinion à cet égard, et juge essentiel que S. Exc. veuille bien convoquer extraordinairement le Conseil souverain, pour lui donner connaissance de l'avis du Conseil privé, comme aussi que le Conseil privé est d'avis que le Conseil souverain ait l'initiative sur la question, si les deux corps délibéreront ensemble ou séparément pour le choix du Député, requérant l'enregistrement du tout au Greffe de la Cour, et que de suite elle délibère sur l'objet de ladite convocation, observant que la séance n'a pu avoir lieu le 18, par le défaut de réunion des Membres de la Cour en nombre suffisant.

Lecture faite de toutes lesdites pièces par le Greffier, et ouï le rapport verbal de M. Perrinelle, conseiller assesseur, la Cour ordonne que ladite ordonnance portant convocation par S. Æxc. M. le Gouverneur, pour la présente séance extraordinaire, en date du 15 de ce mois, de lui signée, et contresignée par son Secrétaire, la lettre d'envoi de ladite ordonnance au Procureur-général du Roi, et l'extrait des minutes du Conseil privé de S. Exc. du même jour, contenant les objets sur lesquels elle a à délibérer, seront enregistrés sur les registres du Greffe.

Et la Cour délibérant d'abord sur la question de savoir si les deux corps délibéreront ensemble ou séparément, pour le choix du Député; est d'opinion qu'il est plus convenable que chaque corps délibère en particulier sur le choix et la nomination du Député. Ordonne en conséquence qu'expédition de la présente délibération sera présentée à S. Exc. M. le Gouverneur par MM. De La Haute et Pocquet de Janville, conseillers, qu'elle nomme Commissaires à cet effet.

Et MM. les Commissaires de la Cour de retour de leur mission, ont dit avoir remis à S. Exc. M. le Gouverneur, l'expédition de la délibération dont ils étaient chargés, en lui faisant part des motifs qui l'ont dictée, desquels elle a paru satisfaite, leur ayant témoigné desirer que la Cour s'occupe de suite du choix du Député.

En conséquence la matière mise en délibération, la Cour a fait choix de M. Louis-François Du Buc, pour Député auprès du Gouvernement français, sous le bon plaisir de S. M. B., à l'effet de s'occuper des intérêts de la colonie.

Du 21 janvier 1802.

Ce jour par suite de la délibération d'aujourd'hui portant nomination de M. Du Buc, pour Député.

La Cour arrête, qu'il demeure chargé conjointement avec M. De Curt, député du Conseil souverain, de témoigner à S. M. B. la reconnaissance du Conseil, pour la protection qu'elle a accordée à la colonie de la Martinique, et en particulier pour la sage administration de S. Exc. M. le général Keppel.

Fait au Conseil souverain de la Martinique, le 21 janvier 1802. *Signé*, LE CAMUS, greffier.

(N°. 918.) ARRÊTÉ *Consulaire, relatif aux Primes accordées pour l'encouragement de la Pêche de la Morue.*

Du 17 ventôse, an X de la République une et indivisible (8 mars 1802).

LES Consuls de la République, sur le rapport du Ministre de l'intérieur; le Conseil d'Etat entendu, arrêtent ce qui suit :

TITRE PREMIER.

Des Primes pour l'encouragement de la Pêche de la Morue.

ART. Ier. Pendant trois ans, à compter de l'an X, il sera accordé une prime aux Armateurs pour la pêche de la morue, et aux Négocians français qui exporteront les produits de cette pêche; savoir :

1°. Aux Armateurs pour la pêche aux îles Saint-Pierre et Miquelon, et à la côte de Terre-Neuve, dite *la grande pêche*, 50 francs par homme embarqué, depuis le Capitaine jusqu'aux Mousses inclusivement ;

2°. Aux Armateurs pour la pêche au Banc, appelée *petite pêche*, 15 francs par homme ;

3°. Par 5 myriagrames (*) de morue de pêche française, exportée de France ou des lieux de pêche directement aux colonies françaises, 12 francs ;

4°. Par 5 myriagrames de morue de pêche française, exportée des ports français de la Méditerranée pour l'Espagne, le Portugal, l'Italie, et aux Echelles du Levant, 6 francs ;

5°. Par 5 myriagrames de morue portée directement des lieux de pêche en Italie, en Espagne et en Portugal, 5 francs.

II. Il sera payé aux Armateurs une prime d'un franc par chaque myriagrame d'huile de morue, ou de rogue pour la pêche de la sardine, qu'ils introduiront dans les ports de France, provenant de leur propre pêche.

TITRE II.

Des Formalités à remplir pour avoir droit au paiement des Primes.

III. Les primes seront payées par le Ministre de l'intérieur, sur les fonds d'encouragement du commerce et de la navigation, qui seront mis à sa disposition aux époques et aux conditions qui seront ci après spécifiées.

(*) Les cinq myriagrames font 102 livres, 3 onces, 4 gros, 2 grains, poids de marc ; on peut donc comparer en quelque façon les cinq myriagrames au quintal.

IV.

IV. La prime accordée à raison du nombre d'hommes de l'équipage, sera payée sur la copie du rôle, certifiée par le Commissaire de la marine, d'après la revue qu'il aura passée. Une expédition du rôle sera délivrée à l'Armateur, qui la présentera, après le départ du navire, au Ministre de l'intérieur, lequel ordonnera la prime dans le mois suivant.

V. Ladite prime est accordée à la charge par l'Armateur,

1°. De faire suivre à son navire sa destination pour la pêche;

2°. De faire son retour dans un port de France, ou dans un port d'Espagne, de Portugal, d'Italie, ou des colonies françaises, qu'il déclarera avant le départ du navire;

3°. De n'apporter dans lesdits ports que des produits de sa pêche.

En cas de violation de ces conditions, l'Armateur rendra le double de la prime, et donnera à cet effet, s'il en est requis, une caution qui sera reçue par le Préfet du département.

VI. La prime accordée pour l'exportation de France aux colonies françaises, en Italie, en Portugal, en Espagne et aux Echelles du Levant, sera payée aux conditions portées en l'art. IV, et, en outre, à la charge par l'Armateur ou Capitaine;

1°. De déclarer aux bureaux de la marine et des douanes du port du départ, 1°. le nom de la colonie ou du port où il va, 2°. la quantité de morue qu'il exporte, 3°. le nom du navire, du Capitaine et de l'Armateur;

2°. De faire attester, par un certificat de deux Courtiers, visé par le Président du Tribunal de commerce, que la morue est de bonne qualité et de pêche française;

3°. De faire vérifier et attester par deux Employés, l'un des douanes et l'autre de la marine, qui seront nommés à cet effet par les autorités compétentes, la quantité de morue faisant partie de sa cargaison, et de justifier qu'elle est pareille à celle portée dans ses connaissemens;

4°. De se faire délivrer par le Commissaire de la marine et le Directeur ou le Receveur des douanes au port du départ, un certificat de la déclaration par lui faite dans leurs bureaux;

5°. Enfin, de présenter à son retour, un certificat du Préfet colonial, ou du Préfet de l'arrondissement maritime, ou du Commissaire de la marine, et du Directeur ou du Receveur des douanes, s'il est allé aux colonies françaises; du Commissaire des relations commerciales s'il est allé en pays étranger, attestant, 1°. qu'il a exhibé les certificats et déclarations ci-dessus exigés, 2°. qu'il a mis à terre et vendu dans le port où il a abordé, la quantité de morue chargée à son bord.

VII. La prime accordée pour la morue portée directement du lieu de la pêche en Espagne, en Portugal, en Italie et aux colonies, sera payée aux conditions portées en l'art. IV, et, en outre, à la charge,

1°. Que le Capitaine, assisté de trois principaux Officiers mariniers ou Matelots de son bâtiment, fera au Commissaire des relations commerciales, au Préfet colonial ou maritime ou au Commissaire de la marine du port où il abordera ; la déclaration du lieu où il a pêché, de la quantité de morue qu'il a à bord, du nom du port du départ de France, du navire et de l'Armateur ;

2°. De représenter aux mêmes Fonctionnaires publics l'expédition de la déclaration qu'il aura dû faire avant son départ, en vertu de l'art. V, du lieu où il voulait se rendre ;

3°. De faire faire, en présence d'un Employé de la marine qui lui sera désigné, ou d'un des Secrétaires du Commissaire des relations commerciales, le déchargement et la pesée de sa cargaison ;

4°. De rapporter un certificat du Préfet colonial ou maritime, ou d'un Commissaire de la marine, ou du Commissaire des relations commerciales, portant qu'il a fait les déclarations et représentations ci-dessus, et énonçant la quantité de morue déchargée, pesée et vendue dans le port.

VIII. Les déclarations et certificats exigés par les articles ci-dessus, seront conformes aux modèles joints au présent arrêté.

IX. Les Préfets ou Commissaires de la marine du lieu du départ de France ou de l'arrivée aux colonies, seront tenus, 1°. d'enregistrer lesdits certificats et déclarations sur un registre tenu à cet effet ; 2°. d'en envoyer, sans délai, les expéditions, par duplicata, au Ministre de la marine et des colonies, lequel en transmettra une au Ministre de l'intérieur.

X. Les Commissaires des relations commerciales les adresseront, par duplicata, au Ministre des relations extérieures, qui les transmettra au Ministre de l'intérieur et à celui de la marine.

XI. Les Directeurs ou Receveurs des douanes auront des registres pareils à ceux dont la tenue est prescrite par l'art. VIII, et feront l'envoi des déclarations et certificats qu'ils y enregistreront, par duplicata, au Ministre des finances, qui en transmettra un au Ministre de l'intérieur, et l'autre à celui de la marine et des colonies.

XII. Le Ministre de l'intérieur confrontera les expéditions qui lui seront ainsi parvenues, avec celles que lui représenteront les Armateurs ou Capitaines : si elles sont conformes entre elles, régulièrement faites et délivrées, il fera payer la prime accordée, dans le délai d'un mois, ainsi qu'il est dit à l'art. IV.

Si le Ministre de la marine découvre quelque irrégularité ou fraude dans les pièces qui lui seront adressées, il en préviendra sans délai le Ministre de l'intérieur.

XIII. Les formes pour justifier que l'huile et la rogue proviennent de leur pêche, seront les mêmes que celles portées en l'arrêté du 9 nivôse dernier, relatif à la prime accordée pour la pêche de la baleine.

TITRE III.

Des Droits d'entrée en France et aux Colonies sur la Morue de pêche étrangère.

XIV. Il sera perçu, pendant trois ans, à compter de la publication du présent arrêté, aux colonies françaises, un droit d'entrée de 6 francs par 5 myriagrammes de morue sèche et poisson salé de pêche étrangère, indépendamment des droits locaux actuels ou à venir.

XV. Les droits d'entrée en France, sur la morue de pêche étrangère, continueront d'être perçus suivant le tarif actuellement existant.

XVI. Les Ministres des relations extérieures, de la marine, des finances, et de l'intérieur, sont chargés, chacun en ce qui le concerne, de l'exécution du présent arrêté, qui sera inséré au Bulletin des lois.

Signé, BONAPARTE, *par le Ier. Consul*, le Secrétaire d'Etat, H. B. MARET.

(N°. 919.) ARRÊTÉ *Consulaire, portant changement de noms de divers Lieux de la Martinique, de Sainte-Lucie et de Tabago.*

Du 8 floréal an X (18 avril 1802).

LES Consuls de la République, sur le rapport du Ministre de la marine et des colonies, arrêtent :

ART. Ier. Aussitôt que le pavillon de la République sera arboré dans les îles de la Martinique, Sainte-Lucie et Tabago, le fort et le bourg dit *Royal*, à la Martinique, prendra le nom de *Fort de France*;

Le fort dit *Bourbon* prendra le nom de *Fort-Desaix*;

Le port et le bourg de Sainte-Lucie, dits ci-devant *de Castries*, prendront le nom de *Carénage*;

Enfin, le port et la ville dits ci devant *Port-Louis*, dans l'île de Tabago, prendront le nom de *Scarborough*.

II. Le Ministre de la marine et des colonies est chargé de l'exécution du présent arrêté.

Signé BONAPARTE, *par le Ier. Consul*, le Secrétaire d'Etat, H. B. MARET.

(N°. 920.) ARRÊT *du Conseil souverain, qui fixe à l'avenir à* 100,000 *liv. le cautionnement du Curateur aux Successions vacantes de la Sénéchaussée de St-Pierre, et à* 66,000 *liv. celui du Fort-Royal.*

Du 3 mai 1802.

N. B. Cet arrêt a été rendu d'après le péculat du Sr. Lafresnaye, curateur aux successions vacantes de la Sénéchaussée de Saint-Pierre.

(N°. 921.) ARRÊTÉ *Consulaire, qui détermine la manière dont seront régies les colonies de la Martinique et de Ste-Lucie.*

Du 6 prairial an X (26 mai 1802).

LES Consuls de la République, sur le rapport du Ministre de la marine et des colonies, le Conseil d'Etat entendu, arrêtent ce qui suit :

Les îles de la Martinique et de Ste-Lucie seront régies par trois Magistrats ; savoir : un Capitaine-général, un Préfet colonial et un Grand-juge.

TITRE PREMIER.

Du Capitaine-Général.

ART. Ier. Le Capitaine-général a sous ses ordres immédiats les forces de terre et de mer, les gardes nationales et la gendarmerie. Il est exclusivement chargé de la défense intérieure et extérieure de la Martinique et de Ste-Lucie.

II. Il pourvoit provisoirement à tous les emplois militaires, selon l'ordre de l'avancement graduel, jusqu'à celui de Chef de bataillon ou d'escadron exclusivement, et propose au Ministre tous les remplacemens à faire dans les grades supérieurs.

III. Il délivre les passe-ports à la Martinique; il y ordonne tout ce qui est relatif au port d'armes. Il communique pour les deux îles avec les Gouvernemens des pays neutres, alliés et ennemis, dans les Antilles et en terre ferme d'Amérique. Il détermine et arrête, chaque année, avec le Préfet colonial, pour chacune desdites îles, les travaux à faire pour fortifications, ouvertures de nouvelles routes, ou communications avec les anciennes. Il arrête de même avec lui, l'état de toute dépense à faire dans l'année suivante, conformément aux besoins du service, pour être envoyé au Ministre, avec l'aperçu des recettes qui pourraient y faire face. Il exerce enfin tous les pouvoirs ci-devant attribués aux Gouverneurs-généraux des colonies, sauf en ce qui y serait dérogé par le présent arrêté.

IV. Ne pourra le Capitaine-général, entreprendre directement ni indirectement sur les fonctions du Préfet colonial, du Grand-juge, ni des Tribunaux ; mais il lui sera toujours libre de se faire donner par eux tous les renseignemens qu'il jugera à propos de leur demander, et qu'ils seront obligés de lui fournir, sur quelque partie du service que ce puisse être.

V. Il pourra encore, en cas d'urgente nécessité, et sur sa responsabilité, surseoir, en tout ou en partie, à l'exécution des lois et réglemens, après en avoir toutefois délibéré avec le Préfet colonial ou le Grand-juge, selon la nature des objets, sans qu'il puisse être arrêté, par leur opinion contraire : il y aura à cet effet un registre de délibérations, où les avis motivés seront transcrits et signés, pour en être sur-le-champ, adressé expédition au Ministre.

VI. Il sera également adressé au Ministre, tous les trois mois, un double en forme de toutes les délibérations prises en commun.

VII. Le pouvoir de concéder les terres vagues de la Martinique, appartient au Capitaine-général concurremment avec le Préfet colonial, en se conformant aux règles établies ; en cas de diversité d'avis, la voix du Capitaine-général sera prépondérante ; le tout sauf l'approbation du Gouvernement.

VIII. Le Capitaine-général nomme dans les deux îles, et dans le délai de dix jours, à l'intérim des places vacantes dans toutes les parties d'administration et de l'ordre judiciaire, sur la présentation respective du Préfet colonial ou du Grand-juge, chacun en ce qui le concerne.

IX. Il n'y aura lieu à présentation pour les emplois auxquels il etait pourvu définitivement dans la colonie par les Gouverneur et Intendant, soit ensemble, soit séparément.

X. Toutes les nominations faites par le Capitaine-général dans le militaire, dans l'administration et l'ordre judiciaire, ne deviendront définitives qu'après confirmation par le premier Consul.

XI. Aucune place dans toutes les parties du service ne pourra être créée, que par arrêté des Consuls.

XII. Tous les mandemens, ordres et proclamations émanés de l'autorité immédiate du Capitaine-général, seront toujours précédés de ces mots : *Au nom de la République française.*

XIII. Le Capitaine-général, en cas de mort, ou d'absence hors de la Martinique et de Ste-Lucie, sera, par *intérim*, remplacé par le Préfet colonial ; si l'un et l'autre se trouvaient absens des deux îles, le Général commandant des troupes à la Martinique y aurait l'autorité de Capitaine-général.

TITRE II.

Du Préfet Colonial.

XIV. Le Préfet colonial a sous sa direction l'administration des finances, la comptabilité générale, et la destination des Officiers d'administration dans les colonies de la Martinique et Ste-Lucie.

XV. Le Préfet colonial est chargé exclusivement à la Martinique, de l'administration civile et de la haute police de la colonie ; ce qui comprend la levée des contributions, les recettes, les dépenses, la comptabilité, les douanes, la solde et l'entretien des troupes, les appointemens des divers entretenus, les magasins, les approvisionnemens, les consommations, les baux et fermages, les ventes et achats, les hôpitaux, les bagnes, les salaires d'ouvriers, les travaux publics, les bacs et passages, les domaines nationaux, les affaires concernant les Emigrés, la distribution d'eau, l'inscription maritime, la police de la navigation, l'agriculture et le commerce, les recensemens, la répression du commerce interlope, la répartition des prises, les invalides de la marine, le régime des noirs, l'instruction publique, le culte, l'usage de la presse, et généralement tout ce qui était ci-devant attribué aux Intendans ou Ordonnateurs, soit en particulier, soit en commun avec le Gouverneur-général, autant néanmoins qu'il n'y est pas dérogé par le présent arrêté.

XVI. Les Comptables et tous Employés civils d'administration, sont sous les ordres du Préfet colonial à la Martinique.

XVII. Les Officiers d'administration exercent, sous son autorité, les fonctions de Sous-préfet et de Commissaire des guerres dans les arrondissemens de la colonie qui leur sont par lui assignés.

XVIII. Quant à la répartition des contributions qui seront établies par le Gouvernement, le Préfet ne pourra y procéder qu'après avoir appelé trois principaux Habitans et trois principaux Négocians de l'île, lesquels n'auront néanmoins, que voix consultative : il sera dressé procès-verbal de leur avis motivé, pour être envoyé au Ministre.

XIX. Le Préfet colonial, les Sous-préfets et Chefs d'administration requièrent la gendarmerie pour l'exécution de leurs mandemens, même plus ample main-forte, laquelle ne peut leur être refusée.

XX. Le Prefet colonial a seul le droit de faire les réglemens provisoires dans les matières de son attribution, tant à la Martinique qu'à Ste-Lucie, après en avoir néanmoins délibéré, conformément à l'art. V du titre Ier., avec le Capitaine-général, qui peut en suspendre la publication jusqu'à ce qu'il y ait été statué par le Gouvernement.

XXI. Lesdits réglemens, lorsque la publication en aura été autorisée par le Capitaine-général, seront enregistrés au Contrôle de la marine, et adressés, s'il y a lieu, par ledit Prefet au Grand-juge, avec invitation de les faire enregistrer au Greffe des Tribunaux; ce qui sera exécuté sans aucun retard ni empêchement.

XXII. Le Préfet colonial ne pourra, sous aucun prétexte, entreprendre sur les fonctions de l'ordre judiciaire, comme le Grand-juge et les Tribunaux ne pourront entreprendre sur les siennes.

XXIII. En cas de mort ou d'absence hors des deux îles, le Préfet colonial sera provisoirement remplacé par l'Officier d'administration desdites îles le plus ancien en grade supérieur.

Titre III.

Du Grand-Juge.

XXIV. Le Grand-juge aura la surveillance des Tribunaux de la Martinique et de Sainte-Lucie, et celle des Officiers ministériels qui en dépendent; il se fera rendre des comptes assidus par les Présidens des Tribunaux et par les Commissaires du Gouvernement.

XXV. Il donnera tous ses soins à la prompte distribution de la justice, tant au civil qu'au criminel, ainsi qu'à la salubrité des prisons.

XXVI. Il présidera les Tribunaux toutes les fois qu'il le jugera convenable, et y aura voix délibérative.

XXVII. Il veillera à la bonne tenue des Greffes et Dépôts des actes civils, à l'exécution des lois, tarifs et réglemens.

Il recevra les réclamations des justiciables, et donnera, en conséquence, les ordres nécessaires.

XXVIII. Dans les dix premiers jours de chaque mois, il se fera remettre des états visés par les Présidens de chaque Tribunal et signés par le Greffier, tant des procès jugés dans le mois précédent que de ceux qui seraient encore indécis ou en instruction, pour en référer au Capitaine-général, et en rendre compte au Ministre.

XXIX. Le Grand-juge a seul le droit de faire des réglemens provisoires sur les matières de procédure, sans s'écarter des lois, et de publier lesdits réglemens sous la formule prescrite en l'article XII du titre Ier., lorsqu'ils auront été consentis par le Capitaine-général. Il les fait enregistrer au Greffe des Tribunaux, sur son propre mandement.

XXX. Les Agens du Gouvernement ne peuvent être poursuivis pour délits commis dans leurs fonctions, sans l'autorisation préalable du Grand-juge.

XXXI. Aucun Citoyen non attaché au service ne pourra être arrêté extra-judiciairement,

que

que sur le *visa* du Grand-juge : il en sera rendu compte au Ministre.

XXXII. Le Grand-juge préparera les lois qu'il croira les plus propres à former, à l'avenir, le Code civil et criminel de la colonie ; ses projets seront communiqués au Capitaine-général et au Préfet, et envoyés au Ministre avec le procès-verbal de leurs délibérations et des opinions respectives.

XXXIII. Il est spécialement chargé de la police envers les gens sans aveu, les vagabonds, les perturbateurs de la tranquillité publique, contre lesquels il pourra décerner des mandats d'arrêt, sauf à les faire poursuivre devant les Tribunaux compétens, s'il y échoit.

XXXIV. Il requiert la gendarmerie, même plus ample main-forte, s'il est nécessaire, soit pour l'exécution de ses ordres ou ordonnances, soit pour celle des jugemens des Tribunaux, ce qui ne peut lui être refusé.

XXXV. Le Grand-juge, en cas de mort, ou d'absence hors des deux îles, sera remplacé provisoirement par le Commissaire du Gouvernement près le Tribunal d'appel, et celui-ci par le premier de ses Substituts.

TITRE IV.

De Sainte-Lucie.

XXXVI. Le Commandant de Sainte-Lucie correspond avec le Capitaine-général, reçoit ses ordres et instructions ; il conserve néanmoins les détails du service courant. Il pourra correspondre directement avec le Ministre, lorsque le bien du service l'exigera.

XXXVII. Le Commandant délivre les passe-ports, ordonne en ce qui concerne le port d'armes, et exerce tous les pouvoirs attribués aux ci-devant Gouverneurs, sauf en ce qui y est dérogé par le présent arrêté.

XXXVIII. Le Chef d'administration correspond avec le Préfet colonial, reçoit ses ordres et instructions, et conserve néanmoins les détails du service courant. Il peut correspondre directement avec le Ministre, lorsque le bien du service l'exige.

XXXIX. Il concède, au nom de la République, les terres vagues de Sainte-Lucie, concurremment avec le Commandant de l'île, en se conformant aux règles établies, et en cas de diversité d'avis, la voix du Commandant sera prépondérante : le tout sauf l'approbation du Gouvernement.

XL. Le Chef d'administration exerce, au surplus, à Ste-Lucie, tous les pouvoirs exercés à la Martinique par le Préfet, autant qu'il n'y est pas dérogé par le présent arrêté.

XLI. Les attributions du Grand-juge sont les mêmes à Ste-Lucie qu'à la Martinique.

Néanmoins le Commissaire du Gouvernement près le Tribunal de Sainte-Lucie, est chargé de la police dans cette île, envers les gens sans aveu, les vagabonds, les perturbateurs de la tranquillité publique, contre lesquels il pourra décerner des mandats d'arrêt, sauf à les faire poursuivre devant les Tribunaux compétens, s'il y échoit, et en rendre compte au Grand-juge.

XLII. Le Ministre de la marine et des colonies est chargé de l'exécution du présent arrêté, qui sera inséré au Bulletin des lois.

Signé, BONAPARTE; *par le I*er. *Consul*, le Secrétaire d'Etat, H. B. MARET.

(N°. 922.) LOI, *relative à la Traite des Noirs et au Régime des Colonies*.

Du 10 prairial an X (30 mai 1802).

AU nom du peuple français, Bonaparte, Ier. Consul, proclame loi de la République le décret suivant, rendu par le Corps législatif le 30 floréal an X, conformément à la proposition faite par le Gouvernement le 27 dudit mois, communiquée au Tribunat le même jour.

DECRET.

ART. Ier. Dans les colonies restituées à la France en exécution du traité d'Amiens, du 6 germinal an X, l'esclavage sera maintenu conformément aux lois et réglemens antérieurs à 1789.

II. Il en sera de même dans les autres colonies françaises au-delà du Cap de Bonne-Espérance.

III. La traite des noirs et leur importation dans lesdites colonies, auront lieu, conformément aux lois et réglemens existans avant ladite époque de 1789.

IV. Nonobstant toutes lois antérieures, le régime des colonies est soumis, pendant dix ans, aux réglemens qui seront faits par le Gouvernement.

Collationné à l'original, par nous Président et Secrétaires du Corps législatif. A Paris, le 30 floréal, an X de la République française. *Signé*, RABAUT le jeune, *président*; THIRY, BERGIER, TUPINIER, RIGAL, *secretaires*.

SOIT la présente loi revêtue du sceau de l'Etat, insérée au Bulletin des lois, inscrite dans les registres des autorités judiciaires et administratives, et le Ministre de la justice chargé d'en surveiller la publication. A Paris, le 10 prairial, an X de la République.

Signé, BONAPARTE; *par le Ier. Consul*, le Secrétaire d'Etat, H. B. MARET.

(No. 923.) ARRÊTÉ *Consulaire, relatif aux places de Passagers, dans les Navires expédiés pour les Isles et Colonies françaises.*

Du 27 prairial, an X (16 juin 1802).

LES Consuls de la République, sur le rapport du Ministre de la marine et des colonies; le Conseil d'Etat entendu, arrêtent :

ART. Ier. Les Armateurs des navires en expédition pour les îles et colonies françaises, seront tenus de fournir au Gouvernement, des places de Passagers à simple ration, à raison de deux places par 100 tonneaux de port.

II. Il sera délivré par l'administration des ports, auxdits Armateurs, avant le départ de leurs navires, pour la subsistance de chacun des Passagers, reçus gratuitement, 45 rations si l'expédition est pour les îles ou le continent d'Amérique; 105 pour les îles de France et de la Réunion; 135 pour les côtes de Malabar ou Coromandel; et 150 pour le Bengale.

III. Dans le cas où le Gouvernement ne jugerait pas à propos de disposer desdites places, lesdits Armateurs demeurent provisoirement dispensés de payer, ainsi qu'ils y étaient assujettis, le prix des passages non fournis.

IV. Seront, au surplus, lesdits Armateurs et Capitaines, tenus de remplir les formalités prescrites par l'arrêt du Conseil d'Etat du 10 septembre 1774, tant envers les Administrateurs des ports de France et des colonies qu'aux Greffes des Tribunaux, substitués aux ci-devant Amirautés, sous les peines de droit.

V. Le Ministre de la marine et des colonies est chargé de l'exécution du présent arrêté, qui sera inséré au Bulletin des lois.

Signé, BONAPARTE; *par le Ier. Consul*, le Secrétaire d'Etat, H. B. MARET.

(N°. 924.) ARRÊTÉ *Consulaire, relatif à l'Administration de la Justice dans les Colonies rendues à la France par le Traité d'Amiens.*

Du 29 prairial an X (18 juin 1802).

LES Consuls de la République, sur le rapport du Ministre de la marine et des colonies; le Conseil d'Etat entendu, arrêtent :

ART. Ier. Dans les colonies rendues à la France par le traité d'Amiens, du 6 germinal dernier, les Tribunaux existans en 1789 continueront de rendre la justice, tant au civil qu'au criminel, suivant les formes de procéder, les lois, réglemens et tarifs alors observés, et sans qu'il soit innové à l'organisation, au ressort et à la compétence desdits Tribunaux.

II. Les dénominations de Sénéchaussées, Amirautés et Jurisdictions royales, seront remplacées par celle de Tribunal de première instance, et la dénomination de Conseil souverain par celle de Tribunal d'appel, sans que du changement de dénomination l'on puisse inférer aucun changement dans les attributions des anciens Tribunaux, notamment des Amirautés.

III. Le ministère public sera exercé par des Commissaires du Gouvernement et leurs Substituts.

IV. Il sera pourvu, par un réglement spécial, aux changemens relatifs aux contributions actuelles de Tabago.

V. Les jugemens seront intitulés : *Au nom de la Republique française.*

VI. Les membres des Tribunaux seront, provisoirement, et dans les formes requises, nommés par le Capitaine-général. Il recevra de chacun d'eux la promesse de fidélité à la République française.

VII. Le Ministre de la marine et des colonies est chargé de l'exécution du présent arrêté.

Signé, BONAPARTE; *par le 1er. Consul*, le Secrétaire d'Etat, H. B. MARET.

(N°. 925.) ARRÊTÉ *Consulaire, concernant la Nomination des Payeurs dans les Colonies.*

Du 4 messidor an X (23 juin 1802).

LE Ministre du trésor public fait un rapport sur la nomination des Payeurs dans les colonies, dans lequel il établit :

1°. L'inutilité de ces Comptables en titres dans les colonies de Sainte-Lucie et de Tabago, où il ne faudrait qu'un Commis du Payeur de la Martinique.

2°. L'avantage de tenir tous les Comptables dans la dépendance des Payeurs généraux et du Ministre du trésor public ;

Les Consuls prennent sur cet objet la détermination ci-après ;

Les nominations des Payeurs dans les colonies seront faites sur les propositions du Payeur-général au Ministre du trésor public. Cette confirmation des règles anciennes, sera transmise au Ministre de la marine.

Les nominations de ces Comptables ne pourront, dans aucun cas, être faites par les Administrateurs des colonies.

Il n'y aura que des Commis des Payeurs dans les îles annexes d'une capitainerie-générale.

Signé, BONAPARTE; *par le Ier. Consul*, le Secrétaire d'Etat, H. B. MARET.

(N°. 926.) ARRÊTÉ *Consulaire, relatif à l'Importation et Exportation des Marchandises dans les îles de la Martinique, de la Guadeloupe, Ste-Lucie et Tabago.*

Du 4 messidor an X (23 juin 1802).

LES Consuls de la République, sur le rapport du Ministre de la marine et des colonies; le Conseil d'Etat entendu, arrêtent :

ART. Ier. L'arrêt du Conseil, du 30 août 1784, concernant *le commerce étranger dans les îles françaises d'Amérique*, sera exécuté selon sa forme et teneur, à la Martinique, la Guadeloupe, Sainte-Lucie et Tabago, tant pour l'ouverture et l'identité des ports d'entrepôt, que pour l'espèce de marchandises d'importation et exportation permises, formalités à remplir et droits à percevoir.

II. Les marchandises, denrées ou productions dont l'entrée est permise aux colonies désignées en l'art. Ier. du présent arrêté, ne pourront y être importées qu'en se conformant aux dispositions de l'art. III de la loi du 21 septembre 1793, qui sera également exécuté.

III. Le droit à percevoir sur la morue étrangère, sera de 6 francs par 5 myriagrammes, en conformité de l'arrêté du 17 ventôse dernier.

IV. Les Ministres de la marine et des colonies, de l'intérieur et des finances, sont chargés, chacun en ce qui le concerne, de l'exécution du présent arrêté, qui sera inséré au Bulletin des lois.

Signé, BONAPARTE; *par le Ier. Consul*, le Secrétaire d'Etat, H. B. MARET.

N. B. Voyez pour l'arrêt du Conseil, ci-dessus précité, le N°. 641, pages 589 à 597 du tome III.

Extrait de l'Acte de Navigation, du 21 septembre 1793.

ART. III. Aucunes denrées, productions ou marchandises étrangères ne pourront être importées en France, dans les colonies et possessions de France, que directement par des bâtimens français, ou appartenant aux Habitans du pays, des crû, produit ou manufactures, ou des ports ordinaires de vente et exportation première, les Officiers et trois quarts des équipages étrangers étant du pays dont le bâtiment porte le pavillon; le tout sous peine de confiscation des bâtiment et cargaison, et de 3,000 liv. d'amende, solidairement et par corps, contre les Propriétaires, Consignataires et Agens des bâtiment et cargaison, Capitaine et Lieutenant.

(N°. 927.) ARRÊTÉ *Consulaire, relatif à l'exercice du Culte catholique dans les îles de la Martinique et de Sainte-Lucie.*

Du 13 messidor an X (2 juillet 1802).

LES Consuls de la République, sur le rapport du Conseiller d'Etat chargé de toutes les affaires concernant les cultes, arrêtent :

ART. Ier. Le Culte catholique sera exercé à la Martinique et à Sainte-Lucie, sous la direction d'un ou de deux Préfets apostoliques.

II. Les deux Préfets apostoliques actuellement en exercice sont confirmés, à la charge par eux de faire vérifier et sanctionner leur titre canonique par le Capitaine-général, et de prêter entre ses mains le serment dont la teneur suit : « Je jure et promets à Dieu, sur les saints » évangiles, de garder obéissance et fidélité » au Gouvernement établi par la Constitution » de la République française ; je promets aussi » de n'avoir aucune intelligence, de n'assister » à aucun conseil, de n'entretenir aucune ligue, » soit au dedans, soit au déhors, qui soit » contraire à la tranquillité publique ; et si, » dans ma préfecture, ou ailleurs, j'apprends » qu'il se trame quelque chose au préjudice de » l'Etat, je le ferai savoir au Gouvernement. »

III. A l'avenir les Préfets apostoliques seront nommés par le premier Consul ; ils recevront du Pape leur mission épiscopale, et de l'Archevêque de Paris leur mission ordinaire ; ils pourront être révoqués à volonté par le premier Consul ; ils ne seront aptes à exercer leurs fonctions qu'après avoir rempli les conditions portées par l'article précédent. Les Préfets apostoliques seront mis en possession par l'Ecclésiastique que l'Archevêque de Paris désignera.

IV. Les Curés en exercice sont pareillement confirmés, en prêtant par eux, entre les mains du Préfet colonial ou de tel Fonctionnaire que le Préfet colonial désignera, le serment prescrit par l'art. II.

V. En cas de vacance des cures, les Curés seront nommés par les Préfets apostoliques, et ils recevront d'eux leur commission d'institution; néanmoins leur nomination ne sera manifestée, et il ne recevront leur commission d'institution, qu'après que cette nomination aura été agréée par le Capitaine-général. Ils continueront d'être amovibles; il ne seront reçus à exercer leurs fonctions, qu'après avoir prêté le serment dont est mention dans les articles précédens; ils seront mis en possession par le Curé ou par tel autre Prêtre que le Préfet apostolique désignera.

VI. Les Préfets apostoliques ne pourront publier, ni autrement mettre à exécution, aucun bref, bulle, rescrit, mandat, et autres actes émanés du Pape ou d'un Supérieur ecclésiastique étranger, sans l'autorisation formelle du Capitaine-général.

VII. Les Prêtres qui desservent actuellement, ne pourront être assistés ou remplacés que par des Ecclesiastiques agréés par le Gouvernement, et munis des letres dimissoriales de l'Archevêque de Paris.

VIII. Les propriétés appartenant aux Missions, continueront à être administrées comme par le passé, et leurs revenus seront employés aux traitemens des Ministres du culte sans distinction : la quotité en sera fixée par le Capitaine-général.

IX. Il n'est rien innové dans le régime des hôpitaux ou hospices, dans celui du collége dit *Saint-Victor*, non plus que dans celui des Communautés des femmes vouées à l'éducation, et au service des malades. Les biens nationaux dont ces établissemens jouissent, demeurent affectés à leur entretien, et seront administrés comme par le passé.

Le Ministre de la marine et des colonies est chargé de l'exécution du présent arrêté.

Signé, BONAPARTE; *par le 1er. Consul*, le Secrétaire d'Etat, H. B. MARET.

(N°. 928.) ARRÊTÉ *Consulaire, portant défenses aux Noirs, Mulâtres, ou autres Gens de couleur de l'un et de l'autre sexe, d'entrer à l'avenir sur le territoire continental de la République.*

Du 13 messidor an X (2 juillet 1802.)

LES Consuls de la République, sur le rapport du Ministre de la marine et des colonies, le Conseil d'Etat entendu; arrêtent :

ART. Ier. Il est défendu à tous étrangers d'amener sur le territoire continental de la République, aucun noir, mulâtre, ou autres gens de couleur de l'un et l'autre sexe.

II. Il est pareillement défendu à tout noir, mulâtre, ou autres gens de couleur de l'un et de l'autre sexe, qui ne seraient pas au service, d'entrer à l'avenir sur le territoire continental de la République, sous quelque cause et quelque prétexte que ce soit, à moins qu'ils ne soient munis d'une autorisation spéciale des Magistrats des colonies d'où ils seraient partis, ou, s'ils ne sont pas partis des colonies, sans l'autorisation du Ministre de la marine et des colonies.

III. Tous les noirs ou mulâtres qui s'introduiront, après la publication du présent arrêté, sur le territoire continental de la République sans être munis de l'autorisation désignée à l'article précédent, seront arrêtés et détenus jusqu'à leur déportation.

IV. Le Ministre de la marine et des colonies est chargé de l'exécution du présent arrêté, qui sera inséré au Bulletin des lois.

Signé, BONAPARTE; *par le Ier. Consul,* le Secrétaire d'Etat, H. B. MARET.

(N°. 929.) EXTRAIT *d'une Lettre ministérielle, concernant la Francisation des Bâtimens de commerce.*

Du 27 messidor an X (16 juillet 1802).

Vous devez, citoyen Préfet, concourir à l'exécution des lois des 21 septembre 1793 et 27 vendémiare an II, en tout ce qu'elles ont d'applicable au régime colonial.

Les bâtimens au-dessous de 30 tonneaux, et toutes les embarcations, y compris les chaloupes et canots, seront marqués d'un numéro et des noms des Propriétaires et des ports auxquels ils appartiennent.

Les

Les numéros et les noms des Propriétaires et des ports, seront insérés dans un congé, que chacun de ces bâtimens sera tenu de prendre chaque année.

Les bâtimens de 30 tonneaux et au-dessus auront un congé, où seront inscrits la date et le numéro de l'acte de francisation, qui exprimera les noms, état, domicile du Propriétaire, et son affirmation qu'il est seul Propriétaire ou conjointement avec des français, dont il indiquera les noms, états et domiciles.

Les noms du bâtiment et du port auquel il appartient doivent être marqués à la poupe, en lettres blanches, de quatre pouces de hauteur, sur un fond noir.

Les congés et actes de francisation, seront délivrés par l'administration du port auquel le navire appartient. Les congés délivrés à ces bâtimens ne seront valables que pour un voyage.

Le Propriétaire donnera une soumission ou caution de 20 francs par tonneau, si le bâtiment est au-dessous de 200 tonneaux, de 30 francs par tonneau, s'il est au-dessus de 200 tonneaux, de 40 francs par tonneau, s'il est au dessus de 400 tonneaux. Par cette soumission le Propriétaire s'engagera, sous peine de confiscation des sommes énoncées au cautionnement, à ne point vendre, donner, prêter, ni autrement disposer des congé et acte de francisation, à n'en faire usage que pour le service du bâtiment pour lequel ils seront accordés.

Les Propriétaires affirmeront sous serment, avant la délivrance des congés et actes de francisation ; la vérité de leur titre de propriété.

Enfin, une amende de 6,000 francs et la destitution de tout emploi, sont prononcées contre tout Officier public, Préposé, Consignataire, Agent ou Officier de bâtiment et autres personnes qui faciliteraient une francisation simulée.

Signé, DECRÈS.

(N°. 930.) EXTRAIT *d'une Circulaire ministérielle de M. Decrès, aux Préfets coloniaux, concernant l'exécution des Lois tendantes à prévenir et à réprimer la désertion des Marins, tant sur les Bâtimens de l'Etat que sur ceux du Commerce.*

Du 5 thermidor an X (24 juillet 1802).

Le Ministre fait part dans cette circulaire aux Préfets coloniaux, que plusieurs Armateurs ont adressé des plaintes à l'administration, sur la désertion des équipages de leurs navires dans les colonies ; en conséquence, il les prie de donner les ordres les plus sévères pour réprimer, dès le principe, ce désordre dont le commerce et l'Inscription maritime souffriraient également, en faisant observer dans toute leur rigueur, à l'égard des gens de mer, le réglement du 11 juillet 1759, et l'ordonnance du 31 octobre 1784, dont il leur renouvelle les dispositions dans sa dépèche. Le Ministre termine ainsi cette circulaire : « *celles dont vous avez » à vous occuper d'abord, sont de faire rappeler aux » marins les peines prononcées contre l'embauchage et » la désertion, et que l'intention du Gouvernement est » de faire sévir rigoureusement contre tous ceux qui » se rendraient coupables de tels délits.* »

(N°. 931.) ARRÊTÉ *Consulaire, concernant le retour des Propriétaires blancs dans les Colonies.*

Du 10 fructidor an X (3 septembre 1802).

LES Consuls de la République, sur le rapport du Ministre de la marine et des colonies ; et vu le réglement du Général en chef de St-Domingue, du 6 messidor dernier, concernant la nature et la régie des domaines nationaux de cette colonie, arrêtent ;

Art. Ier. Le rétablissement de l'ordre à St-Domingue et à la Guadeloupe et dépendances, l'intérêt des cultures et celui du commerce national, dépendant principalement de la présence des Propriétaires sur leurs biens, lesdits Propriétaires blancs sont tenus de s'y rendre dans le plus court délai, à peine de rester sous le séquestre et sous la régie des Domaines.

II. Sont néanmoins exceptés de ladite obligation, les personnes de tout sexe au-dessous de l'âge de 18 ans, les veuves et leurs filles non mariées, les infirmes, les sexagénaires, les Militaires sous les armes, les Fonctionnaires publics, les interdits, lesquels devront se pourvoir vers le Minis re de la marine et des colonies, pour justifier de leurs titres d'empêchement, et y être, sur son rapport, pourvu ainsi qu'il appartiendra.

III. Il ne sera accordé aucune dispense de résidence personnelle, ni main-levée de séquestre, pour les causes ci-dessus énoncées, qu'à la charge pour les Propriétaires, de se faire représenter par un Gérant européen, en état de bien conduire une h bitation, sur laquelle il prendra un domicile effectif et non simulé.

IV. Indépendamment des conditions précédentes pour l'obtention de la main-levée du séquestre, tout Propriétaire devra représenter les preuves de non-émigration, de radiation, ou amnistie, prescrites par les lois et réglemens.

V. Le Ministre de la marine et des colonies est chargé de l'exécution du présent arrête, qui sera inséré au Bulletin des lois.

Signé, BONAPARTE; *par le Ier. Consul,* le Secrétaire d'Etat, H. B. Maret.

(N°. 932.) ORDONNANCE *des Capitaine-général et Préfet colonial, renouvelant les défenses faites aux Cabaretiers, Traiteurs, Aubergistes, Limonadiers et autres, de vendre des Liqueurs quelconques, ou de tenir des Billards sans la permission d'usage, ainsi que de donner à boire aux Soldats et Matelots.*

Du 29 fructidor an X (16 septembre 1802).

LES maux de tous genres qu'occasionne la vente illicite des liqueurs fortes, et les contraventions aux réglemens sages qui ont de tout tems existé, relativement à la police des cabarets en cette colonie, ne pouvant être assez promptement prévenus, et réprimés avec trop de sévérité, nous avons résolu de porter l'attention la plus scrupuleuse sur une partie aussi essentielle au maintien de l'ordre public. En conséquence, nous, en vertu des pouvoirs qui nous sont confiés, ordonnons ce qui suit :

ART. Ier. Les Officiers de police porteront la plus grande sévérité dans l'exécution des réglemens existans, relatifs à la police des cabarets, et ils s'occuperont spécialement du maintien des dispositions des ordonnances en date du 15 mai 1783, et du 1er. septembre 1795.

II. Par suite de ces dispositions, tous Cabaretiers, Traiteurs, Aubergistes, Limonadiers, et autres qui vendent eau-de-vie, vin ou liqueurs en détail, ou par petites mesures, ainsi que ceux ayant billards ou jeux avoués, soit que ceux-ci donnent à boire ou non, étant tenus préalablement de se munir de la permission, prescrite par les lois, qui leur est délivrée en, par eux, faisant le paiement des droits relatifs à cet objet, de la manière fixée par l'imposition ordinaire; déclarons que tous ceux qui seront trouvés débitant vin, eau-de-vie, tafia, et autres liqueurs quelconques, ou tenant billard, *etc.*, sans permission, seront, outre la confiscation de leurs marchandises, condamnés à 500 liv. d'amende, pour la première fois, et en cas de récidive, paieront une amende du double, et seront bannis de la colonie : lesdites amendes, ainsi que celles ordonnées ci-après, applicables aux travaux publics, et seront, au paiement d'icelles, les Délinquans contraignables par corps.

III. Sous la dénomination de petites mesures sont comprises toutes mesures au-dessous de celle vulgairement dénommée *gallon*.

IV. Faisons défenses auxdits Cabaretiers, Traiteurs, Aubergistes, Limonadiers et autres, de tenir leurs maisons publiques ouvertes, ou de donner à boire à huis clôs, après la retraite, comme aussi de recevoir dans les chambres intérieures de leurs cabarets, de jour ou de nuit, aucuns nègres, autres que leurs domestiques, soit pour les loger, soit pour leur donner à boire, le tout sous les peines déjà indiquées.

V. Ceux qui se trouveront porteurs de permissions, ou qui en auront obtenu, seront tenus d'exploiter par eux-mêmes, leurs auberges ou cabarets, sans qu'ils puissent céder leurs permissions.

VI. Leurs faisons aussi défenses de tenir plusieurs cabarets, ou de faire vendre des liqueurs en d'autres maisons que celles par eux occupées ou déclarées, et ce, sous les mêmes peines.

VII. Renouvelons expressément les défenses faites de donner à boire aux Soldats ou Matelots, sous quelque prétexte que ce puisse être, sous peine d'être déchu de la permission de cabaret, de confiscation des marchandises, de 500 liv. d'amende, et même d'un bannissement, si le cas le requiert.

VIII. Ordonnons encore aux Officiers de police d'arrêter sur-le-champ, et de conduire en prison, tous Cabaretiers ambulans, donnant à boire dans les rues, soit qu'ils dépendent ou non des cabarets ouverts avec permission.

Donné au Fort-de-France, le 29 fructidor an X. *Signé*, VILLARET-JOYEUSE, *et* BERTIN.

(N°. 933.) ARRÊTÉ *des Capitaine-général et Préfet colonial, sur les Encanteurs publics.*

Du 30 fructidor an X (17 septembre 1802).

CONSIDÉRANT que, sans aucuns titres, quelques Particuliers se permettent d'exercer les fonctions d'Encanteurs publics, que les lois de la colonie réservent exclusivement aux Huissiers attachés aux Tribunaux, arrêtons ce qui suit :

ART. Ier. Les formes prescrites par la législation de la colonie, antérieurement à l'année 1789, étant les seules qui puissent être suivies pour les encans publics, ces encans ne peuvent être faits que par les Huissiers attachés aux Tribunaux.

II. Faisons défenses expresses à tous Particuliers, sous quelque prétexte que ce puisse être, de s'immiscer dans les fonctions des Officiers attachés aux Tribunaux, et notamment dans celles des Huissiers, en ce qui concerne l'objet du présent arrêté, à peine d'être poursuivis extraordinairement selon toute la rigueur des ordonnances.

Mandons au Commissaire du Gouvernement près le Tribunal d'appel, et aux Commissaires près ceux de première instance, de tenir exactement la main à l'exécution du présent arrêté, qui sera publié et affiché par tout où besoin sera.

Donné au Fort-de-France, le 30 fructidor an X. *Signé*, VILLARET-JOYEUSE, *et* BERTIN.

(N°. 934.) RÉGLEMENT *du Grand-Juge, concernant le costume des Officiers des Tribunaux de Première Instance, et d'Appel.*

Du 30 fructidor an X (17 septembre 1802).

LE Grand-juge de la Martinique et de Ste-Lucie, pour remplir le devoir que lui imposent les arrêtés des Consuls de la République, en date des 6 et 29 prairial dernier, en se conformant à l'art. XII du titre Ier., de l'arrêté du 6 prairial.

Après en avoir délibéré avec le Capitaine-général, arrête ce qui suit :

Les Tribunaux de première instance et d'appel, les Greffiers et les Huissiers attachés à ces Tribunaux, auront un costume qu'ils ne pourront se dispenser de porter dans leurs fonctions.

Le costume des Magistrats du Tribunal d'appel sera un habit noir à la française, décoré d'une broderie en soie ponceau au collet et aux paremens, les boutons seront brodés en soie de même couleur, veste et culote noires sans broderie, bas noirs, chapeau à la française, gance ou ruban, bouton et cordon terminé par deux glands, pareillement en soie ponceau.

Ils sont maintenus dans leur ancienne prérogative de siéger l'épée au côté.

Les Membres des Tribunaux de première instance porteront le même costume quant à la forme et à la couleur de l'habit, veste et culote; les broderies seront en soie noire.

Le Greffier en chef du Tribunal d'appel, portera le même costume que les Juges, aux différences suivantes :

Les boutons de l'habit, celui du chapeau et sa gance, seront noirs, le chapeau sera entouré comme celui des Juges, d'un ruban ponceau avec deux glands. Il est maintenu dans la prérogative de porter l'épée.

Le costume des Greffiers des Tribunaux de première instance, aura avec celui des Juges, les mêmes rapports et les mêmes différences.

Le premier Huissier près le Tribunal d'appel, portera sur un habit semblable à celui du Greffier, au lieu de broderie, deux agraffés ou boutonnières fermées, brodées en soie couleur ponceau, au collet et aux paremens. Il est maintenu dans la prérogative de porter l'épée.

Les autres Huissiers porteront l'habit noir sans broderie, leurs marques distinctives seront une médaille suspendue à un ruban ponceau, qu'ils porteront à la boutonnière, sur laquelle seront incrustés ces mots : *Force à la loi*, d'un côté, et de l'autre, *Tribunal d'appel*, ou de *première instance*; un bâton noir à la main, garni en ivoire dans les deux bouts.

Aux différences des couleurs près, le costume des Huissiers près les autres Tribunaux sera le même.

Les Jurisconsultes, Procureurs et autres personnes qui paraîtront à l'audience, n'y exerceront aucunes fonctions qu'en habit noir.

Signé, LEFESSIER-GRANDPREY.

Enregist. aux Greffes des Tribunaux.

(N°. 935.) ARRÊTÉ *du Grand-Juge, relatif aux Sceaux des Tribunaux.*

Du 2e. jour complémentaire an X (19 septembre 1802).

POUR remplir les devoirs que lui imposent les arrêtés des Consuls de la République, en date des 6 et 29 prairial an X ; et en se conformant à l'art. XII du titre Ier., de l'arrêté du 6 prairial.

Après en avoir délibéré avec le Capitaine-général, arrête :

Il y aura pour les Tribunaux de première instance de la Martinique et de Ste-Lucie, et pour le Tribunal d'appel des deux colonies, un sceau attaché à chaque Jurisdiction, et duquel seront scellés tous les actes qui doivent l'être.

Sur le sceau du Tribunal d'appel seront gravés, avec les abréviations convenables, les mots : *Tribunal d'appel ;* autour : *Colonies françaises de la Martinique et de Ste-Lucie.*

Sur le sceau de chaque Tribunal de première instance, les mots : *Tribunal de première instance de....* Autour, les noms de la colonie dans laquelle le Tribunal sera placé.

Il y aura un grand sceau pour tous les actes de toutes les Jurisdictions, qui doivent être scellés du grand sceau, et légalisés par le Grand juge.

Sur le sceau seront gravés ces mots : *Grand sceau de l'office du Grand-juge.* Autour : *Colonies françaises de la Martinique et de Ste-Lucie.*

De ce sceau seront scellés, avant de pouvoir être mis à exécution, tous les jugemens passés en force de choses jugées, soit qu'il ait été fait droit sur l'appel, soit que les délais de ce recours soient expirés ;

Tous les actes judiciaires qui devront être envoyés en France pour y recevoir une exécution.

Sera le présent arrêté enregistré aux Greffes des Tribunaux.

Signé, LEFESSIER-GRANDPREY.

Enregist. aux Greffes des Tribunaux.

(N°. 936.) ARRÊTÉ *qui fixe les Droits de Douane à payer par les Navires nationaux et neutres.*

Du 5e. jour complémentaire an X (22 septembre 1802).

LES Capitaine-général et Préfet colonial, arrêtent :

ART. Ier. Toutes les marchandises de poids, importées et exportées par les navires nationaux, seront soumises au droit d'un pour 100 de leur valeur comme elles l'étaient avant 1789.

II. Tous les bâtimens venant de France, paieront l'ancien droit dit de 50 liv. de poudre; lequel droit sera évalué à 37 liv. 10 s.

III. Toutes les marchandises importées et exportées par les étrangers, c'est-à-dire, celles dont l'importation et l'exportation sont autorisées par l'article II de l'arrêt du Conseil d'Etat du 30 août 1784, paieront à leur entrée et à leur sortie, 1°. un droit d'un pour 100 de la valeur; 2°. un droit d'un pour 100 additionnel.

IV. Tous les bâtimens exportant à l'étranger les denrées coloniales, sirop, rum, sucre, café, coton, cacao, *etc.*, paieront un droit de 3 ½, et 10 s. par livre, dit *Domaine d'occident*, les sucres paieront en outre le droit de 40 s. par quintal (*).

V. Les dispositions du présent arrêté ne pourront statuer ni faire présumer rien de contraire à l'exécution de l'arrêt du Conseil d'Etat, du 30 août 1784, et l'arrêté des Consuls de la République, du 4 messidor an X.

VI. Le Directeur-général du Domaine est chargé de l'exécution du présent arrêté.

Fait au Fort-de-France, le 5e. jour complémentaire an X. *Signé*, VILLARET, *et* BERTIN.

(N°. 937.) ARRÊTÉ *qui charge de la police les Commissaires du Gouvernement près les Tribunaux de Première Instance.*

Du 5e. jour complémentaire an X (22 septembre 1802).

LES Capitaine-général et Préfet colonial, arrêtent :

(*) Voyez ci-après l'extrait de la dépêche ministérielle du 8 pluviôse an XI, concernant les Douanes.

Art. Ier. Les Commissaires du Gouvernement près les Tribunaux de première instance, seront chargés de la police dans les villes de Fort-de-France et de Saint-Pierre, et leurs arrondissemens.

II. Ils recevront à ce sujet les ordres du Capitaine-général et du Prefet colonial, auxquels ils rendront compte journellement, et par écrit.

Fait au Fort-de-France, le 5e. jour complémentaire an X. *Signé*, Villaret, *et* Bertin.

(N°. 938.) Ordonnance *des Capitaine-général et Prefet colonial, concernant la Police générale des Gens de couleur libres, et des Esclaves.*

Du 5 vendémiaire an XI (27 septembre 1802).

Considérant que la bonté du régime intérieur de ces colonies est démontrée par l'expérience, et que le premier des bienfaits que leur a accordé le Gouvernement, est la conservation de ce régime salutaire ;

Qu'il importe, en conséquence, que les bâses fondamentales de toutes les lois qui y sont relatives, soient dorénavant connues de toutes les classes et de tous les états, de manière à ne donner lieu à aucune erreur, et à ôter tout prétexte d'ignorance ; arrêtons ce qui suit :

L'ordonnance du Gouvernement de cette île, en date du 25 décembre 1783, enregistrée au Conseil souverain, le 4 mars 1784, et contenant l'abrégé des lois relatives à la police générale des Gens de couleur libres et des esclaves,

sera

sera de nouveau lue, publiée et affichée partout où besoin sera, dans la forme ordinaire.

Le retour de la paix devant rendre au commerce et à l'agriculture, l'activité dont les avaient privé les désordres inséparables de la guerre, nous devons nous occuper sans retard du rétablissement des ressorts destinés à les faire mouvoir: un des principaux, sans contredit, est la discipline des noirs, qui a éprouvé un relâchement auquel il est tems de mettre ordre; nous avons cru en conséquence, devoir réunir dans un seul et même réglement tout ce qui est émané du Gouvernement sur cette matière; expliquer, étendre ou ajouter, suivant que le besoin l'a exigé, aux dispositions du Code noir et des ordonnances subséquemment rendues auxquelles les tems et l'agrandissement des établissemens ont apporté des changemens nécessaires; à ce moyen, les Commandans de quartiers, les Commis à la police des bourgs éloignés, et les maîtres des esclaves pourront, chacun en droit soi, tenir la main ou exercer une police dont ils auront les règles sous les yeux. C'est pourquoi, *etc.*, nous avons ordonné et ordonnons ce qui suit :

N. B. Voyez pour les articles Ier. à V, les mêmes articles de l'ordonnance sur le même objet, du 25 décembre 1783, pages 570 et 571, du tome III.

Art. VI. Aucun nègre, ni tous autres gens de couleur libres ou esclaves, ne pourront exercer la médecine ou la chirurgie, ni faire aucune préparation de remèdes, ni traitement de malades à la ville ou à la campagne, d'une maison ou d'une habitation à l'autre, sous quelque prétexte que ce soit, à peine de 500 livres d'amende pour la première fois contre les libres, et de punition corporelle en cas de récidive; et contre les esclaves, d'être condamnés à la chaine, et le prix perdu pour le maître qui n'y aura pas tenu la main.

N. B. Voyez pour les articles VII à XXI, les mêmes articles de l'ordonnance précitée, page 571 à 574, et pour les art. XXII à XLVII, voyez les art. XXX à LV, de ladite ordonnance page 575 à 580.

XLVIII. Renvoyons au surplus aux précédentes ordonnances, en ce qui n'y est pas dérogé par les présentes.

Donné à Saint-Pierre, le 5 vendémiaire an XI. *Signé*, VILLARET, *et* BERTIN.

Enregist. aux Greffes des Tribunaux.

(N°. 939.) ARRÊTÉ *du Grand-Juge, qui rétablit les Bourses communes des Huissiers.*

Du 9 vendémiaire an XI (1er. octobre 1802).

INFORMÉ que, pendant les troubles qui ont eu lieu dans ces colonies, plusieurs établissemens utiles avaient été suspendus; que notamment les arrêts et réglemens du Conseil souverain, des 10 mai et 1er. juillet 1771, concernant les bourses communes entre les Huissiers, avaient cessé d'avoir leur exécution;

Frappé des inconvéniens qui résultent de la suspension de cet utile établissement, et désirant les faire cesser;

Après en avoir délibéré avec le Capitaine-général, arrête:

Les arrêts et réglemens des 10 mai et 1er. juillet 1771, seront exécutés selon leur forme et teneur, dans tous les Tribunaux ressortissans par appel au Tribunal d'appel du Fort-de-France, et dans ce Tribunal.

Sera le présent enregistré aux Greffes des Tribunaux. *Signé*, LEFESSIER-GRANDPREY.

Enregist. aux Greffes des Tribunaux.

(N°. 940.) ARRÊTÉ *pour prévenir les Débarquemens clandestins dans la Colonie.*

Du 10 vendémiaire an XI (2 octobre 1802).

LE Capitaine-général et le Préfet colonial, considérant que dans tous les tems, le maintien de l'ordre public a exigé que le Gouvernement prît des mesures pour être informé avec précision de tous les individus arrivant dans la colonie ;

Considérant que, d'après les circonstances malheureuses où se sont trouvées, pendant long-tems, les autres îles, c'est sur-tout dans le moment actuel qu'il importe d'avoir une connaissance exacte des personnes qui se proposent de les quitter pour venir habiter celle-ci ;

Considérant enfin, que malgré la surveillance établie à cet égard, il s'est fait, et qu'il peut se faire encore, des débarquemens clandestins de gens sans aveu ou déjà renvoyés par les Gouvernemens des autres colonies ; arrêtent :

ART. Ier. Aucun Particulier ne pourra débarquer à la Martinique s'il n'est porteur d'une permission signée du Capitaine-général ou du Préfet de cette île, ou s'il n'est reconnu par le Commissaire du Gouvernement ou le Commandant de sa paroisse, pour Propriétaire de biens fonds dans cette colonie. Les débarquemens de Passagers n'auront lieu que dans les ports du Fort-de-France et de St-Pierre. Tout autre port est interdit.

II. Les permissions à accorder seront demandées d'avance par les personnes qui désireront venir dans la colonie ou par leurs représentans.

III. Les personnes autres que les Propriétaires désignés par l'art. Ier., qui se présenteront en rade sans ce préalable, répartiront sur les bâtimens qui les auront apportés, et les Capitaines ou Maîtres qui auront la témérité de les débarquer sur les côtes en contravention aux présentes, seront condamnés à 1,000 livres d'amende et déchus de leur commandement, et suivant l'exigence des cas, poursuivis même extraordinairement selon la rigueur des ordonnances.

IV. Tous débarquans, en outre des formalités établies en ce moment, seront tenus de se présenter à leur arrivée au Commissaire du Gouvernement et au Commandant militaire, lesquels délivreront à ceux qui auront été admis d'après leur qualité de Propriétaire, un certificat constatant qu'ils se sont conformés à cette disposition, et viseront la permission dont les autres seront porteurs.

V. Défendons à toutes personnes quelles qu'elles soient, spécialement à tous Hôteliers, Cabaretiers, Traiteurs et Aubergistes, de loger, heberger et retirer aucune personne, sans qu'elle leur ait présenté ledit certificat ou ladite permission ainsi visée, qu'ils feront enregistrer avec leur déclaration, dans les 24 heures de l'arrivée de la personne, par les Commis à la police, dans le registre qu'il leur est enjoint de tenir à cet effet, sous peine de 1,000 liv. d'amende et de la fermeture de leur maison, auberge ou cabaret.

Renouvelons au surplus les dispositions des lois existantes dans la colonie sur cet objet important, et notamment l'ordonnance du 14 mars 1729, sur les étrangers et gens sans aveu, enregistrée au Conseil de cette île.

Donné à la Martinique, le 10 vendémiaire an XI. *Signé*, VILLARET, *et* BERTIN.

Enregist. aux Greffes des Tribunaux.

(N°. 941.) ARRÊTÉ *qui fixe les délais pour la Francisation des Bâtimens de commerce de la Martinique et Sainte-Lucie.*

Du 10 vendémiaire an XI (2 octobre 1802).

LE Préfet colonial, arrête :

ART. Iᵉʳ. Tous les Armateurs et Négocians propriétaires de navires dans les colonies de la Martinique et de Sainte-Lucie, sont tenus d'en faire la déclaration au bureau de l'Inscription maritime au Fort de France et à St-Pierre, pour la Martinique, et au Carénage, pour Sainte-Lucie, dans le délai de huit jours, à compter de celui de la publication du présent arrêté.

II. Ils rapporteront tous les titres pouvant servir à constater la légitime propriété desdits bâtimens, dont ils feront connaître l'état et la dimension.

III. Ceux des Armateurs et Négocians dont la propriété sera dûment constatée d'après les certificats délivrés par le Commissaire à l'Inscription maritime et visés par le Sous-préfet ; et ceux qui desireront obtenir la francisation de leurs bâtimens feront la soumission prescrite par les articles XI et XVI de la loi du 27 vendémiaire an II, et prêteront le serment exigé par l'article XIII de la même loi. Ces actes seront faits par devant l'Inspecteur et consignés sur les registres.

IV. Après le délai prescrit par l'art. Ier. pour leur déclaration, les Négocians et Armateurs ne pourront faire naviguer leurs bâtimens sous pavillon français.

V. Les Sous préfets, Inspecteurs et Directeur-général du Domaine de la Martinique et de Ste-Lucie, sont chargés chacun en ce qui le concerne, de l'exécution du présent arrêté.

Donné à St-Pierre, le 10 vendémiaire an XI. *Signé*, BERTIN.

(N°. 942.) ARRÊTÉ *Consulaire, qui règle les formes à observer pour l'Instruction et le Jugement des contraventions aux Lois sur le Commerce étranger dans les Colonies.*

Du 12 vendémiaire an XI (4 octobre 1802).

LES Consuls de la République, sur le rapport du Ministre de la marine et des colonies, le Conseil d'Etat entendu, arrêtent ce qui suit :

ART. Ier. Les contraventions aux dispositions des lois et réglemens concernant le commerce étranger dans les colonies, seront instruites et jugées en la forme ci-après.

II. L'instruction et le premier jugement en appartiendront au Tribunal ordinaire du lieu où la prise aura été conduite; à la charge de l'appel, dans tous les cas, à une Commission speciale qui prononcera en dernier ressort. Ladite instruction se fera sommairement et sur simples mémoires.

III. Dans l'étendue de chaque capitainerie-générale, la Commission sera composée du *Capitaine-général*, du *Préfet colonial*, du

Commissaire de justice ou *Grand-juge*, ou, en cas d'empêchement d'aucun d'eux, de *celui qui le remplace*, et, en outre, de trois membres du *Tribunal d'appel*, choisis, pour chaque affaire, par le Capitaine-général.

Quant à Tabago, cette Commission d'appel sera composée du *Capitaine-général*, du *Préfet colonial*, du *premier Officier de justice*, ou, en cas d'empêchement d'aucun d'eux, de *celui qui le remplace*, et, en outre, de *trois membres de la Cour* dite *d'Amirauté*, également au choix du Capitaine-général.

IV. En cas de partage d'avis, celui du Président sera prépondérant.

V. L'Inspecteur de la marine, ou l'Officier d'administration faisant fonctions d'Inspecteur, remplira de droit les fonctions du ministère public en ladite Commission d'appel; les fonctions de Greffier seront remplies par un Secrétaire nommé à cet effet par le Capitaine-général.

VI. Seront, au surplus, exécutées les anciennes lois dans tout ce en quoi il n'est point dérogé par le présent réglement.

VII. Le Ministre de la marine et des colonies est chargé de l'exécution du présent arrêté, qui sera inséré au Bulletin des lois.

Signé, BONAPARTE; *par le I*er. *Consul*, le Secrétaire d'Etat, H. B. Maret.

(N°. 943.) Ordonnance *du Capitaine-général, portant Amnistie en faveur des Nègres marrons et Deserteurs des Corps noirs.*

Du 12 vendémiaire an XI (4 octobre 1802).

(N°. 944.) ARRÊTÉ, *portant Tarif des Droits à percevoir pour la délivrance des Actes de Francisation.*

Du 12 vendémiaire an XI (4 octobre 1802).

LE Capitaine général et le Préfet colonial de la Martinique et de Ste-Lucie, arrêtent que les sommes énoncées dans le tarif suivant, seront payées par les Armateurs ou Capitaines, pour les actes de francisation ou congés qui leur seront délivrés; savoir :

Pour les actes de francisation, les bâtimens au-dessous de 100 tonneaux, paieront 54 liv.; ceux de 100 tonneaux et au-dessus, paieront 72 liv.; ceux de 200 à 300 tonneaux, paieront 90 liv.; ceux au-dessus de 300 tonneaux paieront la même somme de 90 liv., et 18 liv. de plus pour chaque cent tonneaux au-dessus de 300 tonneaux.

Pour un congé, il sera payé par chaque bâtiment caboteur 45 liv., et par chaque bâtiment allant au long cours 80 liv.

Ces sommes seront versées dans la caisse du Receveur du Domaine, et les congés et actes de francisation ne seront délivrés aux Capitaines ou Armateurs que sur quittance.

Enjoignent au Directeur général du Domaine et au Receveur-général, de tenir la main à l'exécution du présent arrêté.

A Saint Pierre, le 12 vendémiaire an XI. *Signé*, VILLARET, *et* BERTIN.

(N°. 945.) LETTRE du *Capitaine-général au Grand-Juge, relativement aux attributions des Amirautés.*

Du 13 vendémiaire an XI (5 octobre 1802).

J'AI lu, avec autant d'intérêt que d'attention, citoyen Grand-juge, les observations des membres du Tribunal de première instance de Saint-Pierre, sur l'arrêté des Consuls, du 29 prairial, et sur les prétentions du Préfet colonial, motivées par une lettre ministérielle, qui paraît en contradiction directe avec cet arrêté. Ces observations m'ont paru décisives. On ne peut cependant se dissimuler, qu'il résulte du système établi par les Tribunaux de première instance de la colonie que, lorsque les Armateurs, Négocians ou Assureurs de la Métropole, porteront aux Tribunaux français les procédures occasionnées par un naufrage arrivé à la Martinique, ces Tribunaux se trouveront placés entre deux législations contradictoires; l'une qui enlève aux Tribunaux de première instance les fonctions administratives des Amirautés. (C'est celle de la Guadeloupe, de St-Domingue, et de toute la France;) l'autre qui réunit ces fonctions aux attributions judiciaires, c'est celle des colonies rendues à la France par le traité d'Amiens; telle du moins, qu'elle est interprétée par les Tribunaux de la Martinique. Voilà, citoyen Grand-juge, l'objection que le Préfet colonial élève contre l'interprétation donnée à l'arrêté du 29 prairial, et à l'appui de laquelle il présente une lettre du Ministre de la marine, du 27 messidor suivant.

Je sais que l'intention bien prononcée du Gouvernement, est de conserver aux colonies rendues par le traité d'Amiens, une législation particulière, composée des lois antérieures a 1789: je pense que ces principes ont dicté l'arrêté des Consuls, du 29 prairial, et qu'il faut l'entendre dans le sens littéral que présente le second article; mais le Préfet colonial insistant sur ses instructions particulières, et sur l'incohérence de deux législations contradictoires dans les Tribunaux français, je crois devoir provoquer une décision formelle, et je soumets au Gouvernement la discussion qui s'est élevée, bien entendu que les choses resteront dans l'état où elles sont, et que les Tribunaux de première instance continueront à remplir toutes les fonctions ci-devant attribuées aux Amirautés, jusqu'à ce que le Gouvernement ait définitivement statué sur l'étendue et la limite des attributions qu'il a voulu leur conserver.

J'ai l'honneur de vous saluer, *etc. Signé*, VILLARET.

Enregist. aux Greffes des Tribunaux.

(N°. 946.) ARRÊTÉ *des Capitaine-général et Préfet colonial, qui autorise provisoirement l'admission des Bâtimens étrangers au Fort-de-France.*

Du 21 vendémiaire an XI (13 octobre 1802).

VU les représentations réitérées par les Négocians du Fort-de-France et par les Habitans des paroisses qui en sont voisines, sur la privation qu'ils éprouvent des objets de première nécessité, pour la nourriture des nègres et des bestiaux nécessaires à l'exploitation de leurs habitations ;

Vu aussi les demandes de l'Entrepreneur de l'hôpital militaire et des vivres, pour les troupes au Fort-de-France, relatives au défaut d'approvisionnement en bétail ;

Ayant reconnu qu'en effet l'éloignement du port de St-Pierre, désigné par l'arrêt du 30 août 1784, comme seul dépôt de la colonie pour l'arrivage des bâtimens étrangers, apporte les plus grands obstacles aux approvisionnemens de toute espèce, et particulièrement de bestiaux, salaisons, morues et farines, *etc.*, et que les Habitans de divers quartiers du vent de l'île, ainsi que les Négocians du Fort-de-France, et l'Entrepreneur des divers services de l'armée sont obligés de renouveler chaque jour;

Considérant la nécessité d'assurer ce service et de contribuer aussi à l'amélioration de la culture, en facilitant aux Habitans les moyens de se pourvoir des objets les plus indispensables à l'exploitation de leurs propriétés, arrêtent :

Art. Ier. A compter de ce jour, 21 vendémiaire an XI, les bâtimens étrangers, dont l'admission est autorisée, par l'arrêt du Conseil d'Etat du 30 août 1784, au port de St-Pierre, seront provisoirement reçus au Fort de-France, jusqu'à ce qu'il en soit autrement ordonné. (*)

II. Il sera établi, s'il est nécessaire, sur la proposition du Directeur-général du Domaine, un plus grand nombre de Commis au Fort-de-France, pour veiller à ce qu'il ne soit introduit, ni exporté d'autres marchandises, que celles spécifiées par l'arrêt ci-dessus cité, dont toutes les dispositions sont d'ailleurs rigoureusement maintenues.

III. Le Capitaine de port au Fort-de-France et le Directeur-général du Domaine, sont chargés chacun en ce qui le concerne, de l'exécution du présent arrêté.

Donné à la Martinique, le 21 vendémiaire an XI. *Signé*, Villaret, *et* Bertin.

(*) Voyez ci-après l'extrait de la dépêche ministérielle, du 8 pluviôse an XI, concernant le nouvel entrepôt ouvert au Fort-de-France.

(N°. 947.) ARRÊTÉ *du Capitaine-général, portant organisation des Gardes-nationales de la Martinique.*

Du 22 vendémiaire an XI (14 octobre 1802).

CONSIDÉRANT qu'il importe à la sûreté intérieure de la colonie, et particulièrement à celle des propriétés rurales, qu'il soit organisé une force armée composée des Habitans, et susceptible de réunion sur tous les points où les troupes de ligne ne sont point réparties;

Considérant en outre, que l'inscription au nombre des Citoyens composant la garde sédentaire, fait partie des droits assurés aux français par la constitution, et voulant faire jouir de leur bénéfice les Habitans de la Martinique, sur le zèle desquels il se repose, pour la stricte exécution et l'exacte observance des dispositions voulues par lui, et contenues en ce qui suit; arrête:

ART. Ier. Les milices de la Martinique porteront à l'avenir la dénomination de *Gardes-nationales*.

II. Elles seront composées, sauf les exceptions ci-après, de tous les Habitans de la colonie, depuis l'âge de 16 ans jusqu'à celui de 55.

Le 1er. vendémiaire et le 1er. germinal de chaque année, sont les jours fixés pour l'inscription de tous les jeunes-gens qui auront atteint l'âge de 16 ans.

III. Les Commissaires des paroisses, tiendront les registres sur lesquels seront inscrits les Gardes-nationaux.

IV. Chaque individu sera tenu de servir dans la paroisse où il est domicilié; celui qui a des propriétés dans deux quartiers, sera tenu de servir dans celui où il fait le plus de résidence, ce qui sera constaté par les deux Commissaires qui en conféreront ensemble; ils donneront avis de leur décision à l'individu qui aurait été l'objet de la délibération, et il sera obligé de s'y conformer.

V.

V. Nul homme de couleur n'y sera admis s'il ne prouve qu'il jouit de sa liberté constatée, par les formes prescrites par les lois de la colonie.

VI. Tous les individus qui, avant ou pendant la guerre, ont obtenu par émigration ou autrement, soit dans les colonies anglaises, soit dans les colonies espagnoles, des libertés provisoires ou définitives, qui n'ont point été ratifiées par le Gouvernement français, et constatées légalement, ne seront point admis dans la garde-nationale. Ceux qui sont dans ce cas et qui ont déjà bien servi, se présenteront aux Commissaires des paroisses, qui feront passer au Capitaine-général, les réclamations de ces individus, avec des observations qui puissent fixer son opinion.

VII. Ceux des Habitans réunissant les conditions exigées par le présent arrêté, et qui précédemment ne faisaient pas partie des milices, se feront inscrire sans délai sur les registres mentionnés dans l'art. III.

VIII. Ceux qui n'auront pas satisfait à cette obligation dans la quinzaine, seront sommés nominativement par les Commissaires de leur paroisse, d'obéir dans deux jours, à compter de l'instant de la sommation.

IX. A défaut par lesdits Habitans de se conformer à ce qui est prescrit par l'article précédent, les Commissaires des paroisses adresseront leurs noms aux Chefs commandant les bataillons, qui seront tenus de les dénoncer sur-le-champ au Capitaine-général.

X. Sont seuls exempts de l'inscription sur les registres contenant les noms des Gardes-nationaux, comme aussi exempts du service desdites gardes, savoir :

Les Membres des Tribunaux, les Fonctionnaires publics et les Membres des autorités civiles et militaires en activité de service; les Officiers de santé, et le Pharmacien en chef de chaque apothicairerie.

XI. Les gardes-nationales de la Martinique, seront composées de dragons et d'infanterie.

XII. Leur service consistera essentiellement dans le maintien de la sûreté des propriétés, elles veilleront sur-tout, à la conservation des biens ruraux, et à l'arrestation des vagabonds et gens sans aveu.

XIII. Elles seront toujours à la réquisition des autorités civiles et militaires qui réclameraient main-forte, soit pour la police, ou la défense de la colonie, soit pour l'exécution des lois.

XIV. La première revue sous la nouvelle organisation sera passée le 1er. nivôse prochain.

Les époques des autres revues et des exércices, seront déterminées par le Capitaine-général.

XV. Les gardes-nationales seront, dans le service, assimilées aux troupes de ligne, et assujetties aux ordonnances militaires, tant pour la discipline intérieure qu'extérieure, la subordination et les attributions de chaque grade.

XVI. Toute faute ou tout délit commis dans le service, ou y ayant rapport immédiat, seront punis conformément aux ordonnances militaires. Tout individu qui se dispenserait des exercices, sans un certificat de l'Officier de santé de son quartier, constatant sa maladie, ou sans la permission de son Chef, sera puni de 24 heures de prison, et du double en cas de récidive; les Commandans sont cependant autorisés à commuer cette peine en une amende de 36 liv. pour le blanc, et de 18 liv. pour l'homme de couleur; le produit de ces amendes sera destiné à l'entretien des armes et autres dépenses du bataillon.

XVII. Les gardes-nationales de la Martinique seront divisées en six bataillons, chaque bataillon sera composé d'une compagnie de grenadiers, d'une compagnie de chasseurs, d'autant de compagnies de fusiliers, que le comportera la population de l'arrondissement, et d'une seule compagnie de dragons. Les villes du Fort-de-France et de Saint-Pierre en fourniront deux compagnies chacune.

XVIII. Le 1er. bataillon se formera des paroisses du Fort-de-France, du Lamentin et de la Case-Pilote.

Le 2e. des paroisses du Fort St-Pierre, du Mouillage, du Prêcheur et du Carbet.

Le 3e. des paroisses du Macouba, de la Basse-Pointe, de la Grande-Anse, du M. [illegible] ot et de Ste-Marie.

Le 4e. des paroisses de la Trinité, du Gros-Morne, du Robert et du François.

Le 5e. des paroisses du Marin, du Vauclin, de Ste-Anne et de la Rivière-Pilote.

Le 6e. des paroisses de la Rivière-Salée, des Trois-Islets, des Anses-d'Arlets, du Diamant, de Ste-Lúce, du St-Esprit et du Trou-au-Chat.

XIX. Chaque bataillon sera commandé par un Chef de bataillon.

Le grade de Major est supprimé ; il y aura à sa place un Chef de bataillon en second qui aura les mêmes attributions et remplira les fonctions exercées ci-devant par les Majors.

Chaque paroisse aura un Commissaire-commandant civil et militaire, un Lieutenant-commissaire et un Adjudant. Le Commissaire et le Lieutenant-commissaire prendront rang immédiatement après le Chef de bataillon en second.

Les Adjudans ainsi que le Porte-drapeau qui sera nommé pour chaque bataillon, seront choisis indistinctement parmi les individus qui ont servi, et auront rang d'Officier du jour de leur nomination.

XX. Les deux compagnies de dragons du Fort-de-France et du Fort St-Pierre, seront composées ainsi qu'il suit :

Officiers compris, 39.

- 1 Capitaine,
- 1 Lieutenant en premier,
- 1 *idem* en second,
- 1 Maréchal-des-logis en chef,
- 2 Maréchaux-des-logis,
- 2 Brigadiers,
- 1 Trompette,
- 30 Dragons.

Celles des autres bataillons de la colonie, seront de 40 dragons, avec le même nombre d'Officiers et de Sous-officiers.

Les Commandans de bataillon auront attention, que dans le piquet de chaque paroisse, il se trouve un Officier ou un Sous-officier qui en aura le commandement.

XXI. Chaque compagnie d'infanterie, sera composée ainsi qu'il suit :

Officiers compris, 50.

- 1 Capitaine,
- 1 Lieutenant en premier,
- 1 *idem* en second,
- 1 Sergent-major,
- 2 Sergens,
- 3 Caporaux,
- 1 Tambour, dont l'entretien sera à la charge du Capitaine,
- 40 Gardes-nationaux,

XXII. Chaque bataillon aura un Tambour-major qui aura le grade de Sergent.

XXIII. Dans les compagnies où le nombre d'Officiers excédera celui qui est fixé ci-dessus, ils resteront à la suite du bataillon en attendant leur remplacement.

XXIV. Tout Officier qui quittera sa paroisse, à moins que ce ne soit momentanément, où par congé du Capitaine-général, sera remplacé dans la forme qui sera indiquée, et s'il va résider dans une autre paroisse, il servira comme garde-national, sauf toute nouvelle nomination en sa faveur.

XXV. L'uniforme que les milices portaient par le passé, est désormais supprimé.

XXVI. Les dragons porteront à l'avenir le frac bleu, court et à retroussis, appelé communément palteau, collet blanc, paremens et passe-poils rouges, pantalon bleu, gilet blanc, bottines montant jusqu'au pli du genou, chabraque en drap bleu, couvrant la selle et les fontes, et bordée d'un galon rouge, boutons jaunes à la hussarde, épaulettes jaunes, chapeau rond, gance jaune, cocarde tricolore, cravate noire, plumet blanc avec un peu de noir à la tige.

XXVII. L'infanterie composée de grenadiers, de chasseurs et de fusiliers portera l'habit bleu, paremens et collet rouges, revers bleus, passe-poils blancs, boutons jaunes et plats, doublure bleue, pantalon blanc et à guêtres, gilet blanc; les Officiers seront en bottes.

XXVIII. Les compagnies seront composées de blancs ou d'hommes de couleur.

Les compagnies de blancs, porteront l'habit long, celles de gens de couleur, le porteront court, mais leurs Officiers le porteront long.

XXIX. L'armement sera le même que par le passé, pour toutes les armes composant la garde-nationale.

XXX. Tous les Gardes-nationaux porteront cet uniforme et le chapeau rond, sauf les distinctions ci-après.

Les grenadiers porteront les épaulettes, le plumet et la gance rouges, ainsi que les grenades sur les retroussis de l'habit.

Les chasseurs porteront les épaulettes, le plumet et la gance verts, ainsi que les cors-de-chasse sur les retroussis de l'habit.

Les autres compagnies d'infanterie porteront la gance blanche et le plumet tricolore.

XXXI. Le Chef de bataillon portera à gauche l'épaulette à corde de puits; le Chef de bataillon en second portera la même épaulette, mais avec une barre rouge sur la patte; les Commissaires et Lieutenans-commissaires, porteront l'épaulette de Capitaine et le collet bleu de ciel. Les Officiers seront distingués dans les gardes-nationales par les épaulettes, suivant leurs grades, comme dans les troupes de ligne. Il en sera de même pour tous les Sous-officiers de dragons ou d'infanterie, qui seront également tenus de porter leurs marques distinctives sur leur habit uniforme; ces marques seront toujours de la couleur des gances.

XXXII. Les Officiers de dragons et d'infanterie, porteront la gance et les épaulettes en or, ainsi que la dragonne de l'épée ou du sabre.

XXXIII. Les gardes-nationales ne seront tenues de porter leur uniforme que pendant la durée de leur service, mais les Commissaires et Lieutenans-commissaires étant toujours réputés de service, doivent selon les circonstances en porter la marque distinctive.

XXXIV. Les Commandans de bataillon et les seconds Chefs, les Commissaires et les Lieutenans-commissaires, seront à la nomination du Capitaine-général.

Les Commandans de bataillon prendront rang entre eux de la date de leur brevet du Capitaine-général, et à dates égales, par numéro de leur bataillon. Il en sera de même entr'eux des Chefs de bataillon en second.

Les Commissaires-commandans rouleront entr'eux suivant la date de leur brevet du Capitaine-général, et à date égale, le plus ancien d'âge prendra le commandement. Il en sera de même des Lieutenans-commissaires, qui auront toujours le rang sur les Capitaines.

Cet ordre toutefois n'aura lieu que pour les Officiers d'une nouvelle promotion, ceux qui servaient précédemment dans les milices, et qui se trouvent maintenus à leur place dans la garde-nationale, y conserveront leur rang et leur ancienneté.

XXXV. Les Capitaines rouleront également entre eux d'après la règle ci-dessus. Les Lieutenans monteront aux compagnies par rang d'ancienneté, et au choix du Capitaine-général alternativement; il en sera de même pour les Lieutenans en second. Les Chefs de bataillon proposeront pour le grade de Lieutenant en second, un nombre double au Capitaine-général qui nommera;

Mais ils ne pourront présenter pour ce grade que des sujets qui aient servi au moins deux ans, comme garde-national, ou dans les troupes de ligne.

XXXVI. Les Commandans des compagnies nommeront leurs Sous-officiers, et nul ne pourra se dispenser des grades qui lui seront confiés, à moins de raisons valables, comme de ne savoir ni lire, ni écrire, ou par des infirmités constatées.

XXXVII. On se conformera à tout ce qui est prescrit ci-dessus, soit dans les bataillons, soit dans les détachemens; toutes espèces de difficultés à cet égard, doivent d'abord être soumises au Commandant du bataillon, qui prendra les ordres du Capitaine-général pour la décision.

XXXVIII. Les Chefs de bataillon sont spécialement chargés par le Capitaine-général de former et d'organiser les compagnies de leur arrondissement. Ils réuniront les contrôles de leur bataillon pour n'en faire qu'un, sur le modèle qui leur sera fourni et qu'ils adresseront au Capitaine-général, au plus tard 8 jours après sa revue.

Ils établiront de suite le rang d'ancienneté des Officiers de leur bataillon respectif, afin d'éviter toute discussion.

XXXIX. Les gardes-nationales de la Martinique, recevront du Capitaine-général, et au nom du Gouvernement français, six drapeaux qui remplaceront ceux qu'ils avaient précédemment.

XL. Les Commissaires-commandans surveilleront avec la plus grande attention tout ce qui concerne l'ordre, la tranquillité publique et la police. Ils passeront une revue de la garde-nationale de leur paroisse tous les 3 mois; le jour de cette revue sera désigné par le Chef du bataillon qui devra toujours s'entendre avec le Chef de bataillon en 2^d., pour que l'un des deux y soit présent.

Indépendamment de ces revues, il sera fait des exercices d'instruction qui auront lieu tous les dimanches depuis le 15 brumaire jusqu'au 1er. nivôse; si les Commandans de bataillon jugeaient qu'il fut nécessaire de les prolonger, ils en demanderaient l'agrément au Capitaine-général.

XLI. Les Commandans de bataillon passeront une revue annuelle de leur bataillon; ils seront autorisés à se rassembler dans un même lieu, s'ils le jugent convenable. Mais ils seront tenus pour cette revue, de prendre les ordres du Capitaine-général qui en déterminera l'époque; dans ce cas et dans tous ceux où les gardes-nationales sortiront de leur paroisse, un des Commissaires qui sera désigné par le Chef de bataillon devra toujours y rester, pour y recevoir et faire exécute les ordres du Capitaine-général.

XLII. Tout Officier qui donnera sa démission, sera mis à la queue de la compagnie, où il entrera comme garde-national ou dragon.

XLIII. Les Commandans de bataillon veilleront à ce que le service soit réparti de la manière la plus égale et la plus équitable. Tous les services, soit pour les détachemens ou pour les gardes, doivent être commandés par la tête.

XLIV. Le bien du service autant que la sûreté publique exigent une obéissance passive de la part des subordonnés. Tout Officier, Sous-officier, Dragon ou Garde-national qui sera commandé pour le service, sera tenu d'obéir sans réflexion, et sera soumis aux lois militaires, dans les formes usitées par les troupes de ligne, du moment où il sera commandé, jusqu'à celui où son service sera fini.

XLV. Les gardes-nationaux d'un bataillon ne pourront être réunis hors les époques fixées, que par un ordre exprès du Capitaine général ou de son représentant. Dans le cas, cependant, d'un mouvement intérieur, ou de l'apparition de l'ennemi, le Commandant du bataillon le réunira et fera toutes les dispositions qu'il jugera convenables, dont il rendra compte de suite au Capitaine-général.

XLVI. Tous les ordres seront adressés aux Commandans de bataillon, qui les feront passer aux Officiers qui se trouveront commander dans chaque paroisse, à moins que lesdits Officiers ne les reçoivent directement du Capitaine-général, auquel cas, ils seront tenus de les exécuter sans délai, et en instruiront le Commandant du bataillon.

XLVII. Le Chef de bataillon en second commandera en l'absence du Chef de bataillon; et dans le cas d'absence de l'un et de l'autre, ce sera le plus ancien Commissaire qui aura le commandement, *etc.*

XLVIII. Dans chaque paroisse le Commissaire et les Officiers qui doivent le remplacer en cas d'absence, y commanderont sous les ordres du Commandant de bataillon, auquel ils rendront compte uniquement pour le service militaire, rien n'étant changé, à leur égard, pour la partie civile.

XLIX. Le Commandant de bataillon, qui s'absentera en donnera avis a celui qui doit le remplacer, lequel en préviendra les Commissaires-commandans des paroisses.

L. Les Officiers de la garde-nationale devant, particulièrement se faire honneur de donner l'exemple du zèle; de l'exactitude et de la subordination, à tous ceux qui seront sous leurs ordres, les Commandans de bataillon y tiendront particulièrement la main, ainsi qu'à l'exécution des ordonnances relativement à l'uniforme. Ils veilleront scrupuleusement à l'armement, à l'équipement et sur-tout a la propreté des armes.

LI. Ils accorderont un délai a tous ceux qui ne seraient point habillés uniformément et de tout point, ou dont les armes ne seraient point en bon état, à l'expiration duquel ils enverront les délinquans en prison, où ils resteront jusqu'a ce qu'ils se soient mis en règle sur ces objets.

LII. Toute personne arrivant dans un quartier ou paroisse, est dans l'obligation de se présenter au Commissaire-commandant la paroisse, qui en tient registre. Celui qui ne remplira pas les formalités exigées par le présent article, sera condamné, s'il est Propriétaire, à une amende de 18 liv. par chaque jour de retard, à compter du jour de son arrivée à celui de sa présentation; cette amende sera de moitié pour l'individu non Propriétaire, et du quart pour l'homme de couleur; elle sera versée dans une caisse déposée chez le Commissaire-commandant du quartier, et sera destinée aux réparations et a l'entretien des armes du bataillon respectif.

LIII. Cette même personne sera tenue d'y faire le service trois mois après son arrivée, et à la première réclamation des Commissaires-commandans.

LIV. Les Créoles de l'île ou Propriétaires qui auraient été absens par congé, seront tenus de faire leur service un mois après leur rentrée, a moins d'une circonstance de nécessité absolue ou de guerre, où tout individu est tenu de faire son service de suite dans les gardes-nationales.

LV. Tout Particulier qui quittera une paroisse pour passer dans une autre, sera tenu de se présenter au Commandant de la paroisse qu'il quitte, pour en retirer un certificat qu'il sera obligé de présenter sous 8 jours au Commandant du quartier où il établit sa nouvelle résidence. Le Commandant l'inscrira de suite sur le rôle de la garde-nationale de sa paroisse, et lui désignera la compagnie à laquelle il est attaché, et où il sera tenu de faire son service 15 jours après son enrôlement. L'individu qui contreviendrait à cet ordre, sera sujet aux mêmes peines, portées par l'art. LII.

LVI. Les Officiers seront punis des arrêts quand ils se mettront dans le cas de l'être, mais toujours dans une maison de la ville ou du bourg dans l'arrondissement de leur bataillon ou de leur paroisse, suivant l'ordre et le cas.

LVII. En cas de délits graves de la part des Officiers, Sous-officiers, Dragons ou Soldats, comme abandon du poste, sommeil des sentinelles, négligence dans les mots d'ordre, inexécution des consignes qui seront toujours affichées dans les corps-de-garde, désobéissance, mutinerie, mauvais propos sous les armes ou dans le service, *etc.*, il sera assemblé par le Commandant du bataillon une Cour martiale composée de cinq Officiers, à commencer par les plus hauts grades, pour constater les faits et rendre compte au Capitaine-général de ceux de ces délits qu'ils jugeront devoir appeler toute la rigueur des ordonnances militaires.

LVIII. Il ne sera pas permis aux Gardes-nationaux de quelque grade qu'ils soient, de passer d'une compagnie dans une autre, sans la participation des Capitaines, autorisée par les Commandans de bataillon qui ne permettront ces mutations, qu'autant qu'elles ne nuiront en rien au bien du service.

LIX. Dans tous les cas où les gardes-nationales se trouveraient avec les troupes de ligne, à grade égal, l'Officier de ligne commandera, à moins que le Capitaine-général n'en ordonne autrement. On excepte en cela les Commissaires et Lieutenans-commissaires qui ne seront jamais troublés dans ce qui regarde le civil, et s'entendront avec les Commandans de ligne pour tout ce qui concerne le militaire.

LX. En cas de marche ou de réunion pour un service actif ou de guerre, le Commandant du bataillon, nommera un Officier ou un Sous-officier pour faire le service de Quartier-maître, et être chargé de la distribution des vivres, pendant la campagne seulement.

LXI. Il sera nommé à l'emploi de tout Officier absent de l'île, depuis plus d'un an, à moins que ce ne soit pour les affaires du Gouvernement ou par un ordre particulier du Capitaine-général, qui en suspendra le remplacement.

LXII. Les honneurs militaires et funèbres seront rendus à tous les Officiers et Sous-officiers des gardes-nationales sur le même pied qu'aux troupes de ligne, mais seulement dans l'arrondissement de leur paroisse, et toujours par les gardes-nationales mêmes, et jamais par les troupes de ligne, à moins d'un ordre particulier du Capitaine-général. Les Commandans de bataillon et les Chefs de bataillon en seconds, sont seuls dans le cas de recevoir les mêmes honneurs, dans tout l'arrondissement de leur bataillon.

Fait et arrêté au Fort-de-France, le 22 vendémiaire an XI. *Signé*, VILLARET.

(N°. 948.) EXTRAIT *d'une Circulaire ministérielle de M.* DECRÈS, *aux Préfets coloniaux, concernant les États de situation de toutes les branches du service, et l'ordre de faire régler en* francs *tous leurs comptes de Recettes et Dépenses.*

Du 28 vendémiaire an XI (20 octobre 1802).

Le Ministre mande aux Préfets coloniaux que les malheurs qui ont affligé la plupart des colonies françaises, n'ont pas permis d'exiger rigoureusement de leurs Administrateurs tous les renseignemens nécessaires pour constater leur véritable situation, mais que le retour de l'ordre et de la tranquillité, fait exiger par le Gouvernement que rien ne lui soit caché de tout ce qui peut conduire à y perfectionner les diverses branches du service; en conséquence, le Ministre engage lesdits Préfets coloniaux de le seconder de tous leurs efforts dans un objet aussi essentiel, en lui faisant parvenir exactement, savoir : *tous les trois mois*, 1°. les états de situation des troupes; 2°. l'état des rationnaires autres que les troupes; 3°. les états de situation des magasins; 4°. les états de situation des caisses publiques, et 5°. les états des dettes actives et passives de l'administration. *Tous les six mois*, les états des journées d'hôpitaux; et *tous les ans*, 1°. les inventaires des magasins, des hôpitaux et des casernes; 2°. l'état général des recettes et dépenses, et 3°. les projets de dépenses de la colonie.

« Je crois, au surplus, dit le Ministre, devoir vous observer, qu'il est indispensable de faire régler et exprimer en francs (*monnaie actuelle de France*,) et non autrement, tous les articles quelconques de recettes et de dépenses relatifs au service des colonies; il est sans doute inutile d'ajouter que l'envoi régulier des états ci-dessus spécifiés, ne vous dispense pas de celui des revues des troupes, des états relatifs à la population, aux successions vacantes, à la culture et au commerce, et de tous autres renseignemens ou pièces du même genre. »

(N°. 949.) ARRÊTÉ *Consulaire, portant que tout Grade, Titre, Appointement, qui n'a pas été donné ou reconnu par le Gouvernement, est de nul effet, et ne peut motiver aucun réglement de Décompte.*

Du 30 vendémiaire an XI (22 octobre 1802).

(N°. 950.) ARRÊTÉ *Consulaire, qui prescrit les conditions et les formalités à remplir par les Gens de mer et Ouvriers, pour profiter de l'amnistie accordée aux Déserteurs de toute arme, par la Loi du 24 floréal an X.*

Du 5 brumaire, an XI, (27 octobre 1802).

(N°. 951.) ARRÊTÉ *des Capitaine-général et Préfet colonial, concernant l'organisation des Bureaux des trois premiers Chefs de la Colonie.*

Du 8 brumaire an XI (30 octobre 1802).

CONVAINCU de la nécessité d'organiser le plus promptement possible le Secrétariat et les bureaux auprès du Capitaine-général, du Préfet colonial et du Grand juge.

Considérant que l'augmentation des denrées coloniales, la différence des tems, le séjour des anglais à la Martinique et plusieurs autres causes ont porté tous les objets de première necessité à un prix excessif et hors de proportion, avec l'ancien état de choses;

Considérant que la caisse des libertés, qui fournissait autrefois à ces sortes de dépenses n'existe plus, et voulant concilier autant qu'il est possible les dépenses absolument nécessaires de l'administration avec l'économie sévère prescrite par le Gouvernement;

Et prenant pour bâse l'établissement public de la colonie, à l'epoque de 1709; arrêtent:

Il sera alloué chaque année 20,000 livres, argent de la colonie au Capitaine-général, pareille somme au Prefet colonial, et 12,000 liv. au Grand juge (1), tant pour les appointemens de leurs Secretaires, que pour les frais de leurs bureaux (2).

---

(1) Cette somme pour le Grand-juge a été aussi portée à 20,000 liv., le 7 nivôse suivant.

(2) Par sa dépêche du 14 pluviôse an XI, le Ministre a annoncé que le Gouvernement a donné son approbation à cette fixation.

A

A compter de ce jour, il ne sera délivré des magasins de la République, aucune fourniture de bureau au Capitaine-général, au Préfet colonial, ni au Grand-juge.

Le Sous-préfet chef d'administration est chargé de l'exécution du présent arrêté qui sera enregistré à l'Inspection.

Donné au Fort-de-France, le 8 brumaire an XI. *Signé*, VILLARET, *et* BERTIN.

(N°. 952.) ARRÊTÉ *des Capitaine-général et Préfet colonial, pour le rétablissement de la Poste aux Lettres à la Martinique.*

Du 13 brumaire an XI (4 novembre 1802).

CONSIDÉRANT que le rétablissement du service de la poste dans cette colonie, tel qu'il existait précédemment, est un objet d'utilité publique dont le Gouvernement ne saurait trop promptement s'occuper, arrêtent :

ART. Ier. Il sera nommé un Directeur-général de la poste à Saint-Pierre, qui sera chargé, comme précédemment, de toute administration pour son propre compte et sans frais pour l'Etat.

II. Il établira, en outre du bureau général, trois bureaux principaux, savoir : un au Fort-de France, un à la Trinité, un autre au Marin, et des bureaux particuliers dans toutes les paroisses de l'île.

N. B. Les dispositions des articles III à XVIII, étant absolument les mêmes que les articles II à XVII de l'ordonnance sur le même sujet, du 4 mars 1766, voyez le N°. 351, pages 455 à 458 du tome II.

XIX. Les maîtres des bâtimens, de la Guadeloupe, porteront leurs lettres et paquets au bureau général qui leur paiera 10 s. pour chaque, et qui les distribuera ensuite sur le pied du tarif. Défendons auxdits maîtres d'en disposer autrement, sous les peines portées par l'art. III.

XX. Seront franches de port toutes les lettres contre-signées de nous, celles contre-signées du Grand-juge, celles qui nous seront adressées ou à lui, celles qui le seront aux Généraux commandans au Fort-de-France et à Saint-Pierre; au Sous-préfet, au Commissaire du Gouvernement près du Tribunal d'appel, et à nos premiers Secrétaires. Seront pareillement franches de port les lettres sur lesquelles le Commissaire du Gouvernement près du Tribunal d'appel, ou les Commissaires des Tribunaux de première instance écriront de leur main et signeront ces mots : *Pour le service*.

N B. Voyez pour les articles XXI à XXIII, les articles XX à XXII, de l'ordonnance précitée, page 459.

Fait au Fort-de-France, le 13 brumaire an XI. *Signé*, VILLARET, *et* BERTIN.

N. B. Le tarif des ports de lettres, a été augmenté d'un tiers des prix portés à celui de 1766, page 460 du tome II.

(N°. 953.) ARRÊTÉ *des Capitaine-général et Prefet colonial, concernant les Accaparemens de Vivres.*

Du 19 brumaire an XI (10 novembre 1802).

INFORMÉS que des Spéculateurs avides fondent sur les besoins publics, les espérances de leur fortune et se rendent adroitement détenteurs des objets de première nécessité pour la subsistance des Cultivateurs, afin d'en élever le prix en raison de leur rareté;

Voulant reprimer un pareil abus et remédier aux désordres qui naîtraient de ce monopole, arrêtons ce qui suit :

ART. Ier. Les Capitaines de navires français ou étrangers chargés de morue, bœuf, farine de maïs et légumes secs, seront tenus de faire afficher l'état de leur chargement, immédiatement après la déclaration qu'ils auront fait au Domaine.

II. Il est défendu à tout Particulier d'acheter en gros, les cargaisons désignées ci-dessus, avant l'espace de 10 jours entiers, à compter de celui où la vente en sera ouverte, afin que le public puisse se pourvoir de ces divers objets.

III. Les individus qui contreviendront à la défense faite par l'article ci-dessus, seront condamnés pour la première fois à quinze jours de prison, et en cas de récidive, ils seront bannis de la colonie.

IV. Le présent arrêté, sera imprimé, lu, *etc.*

Donné à Saint-Pierre, le 19 brumaire an XI. *Signé*, VILLARET, *et* BERTIN.

Enregist. aux Greffes des Tribunaux.

(N°. 954.) ORDONNANCE *du Capitaine-général pour la formation d'un corps de Gendarmerie à pied et à cheval.*

Du 25 brumaire an XI (16 novembre 1802).

CONSIDÉRANT que la sûreté intérieure de la colonie exige dans les circonstances présentes, que les moyens de la police ordinaire reçoivent plus d'étendue et d'activité ;

Qu'il est nécessaire de donner aux mesures de haute police un caractère purement militaire, qui en rende l'action plus indépendante et plus prompte ;

Que la brigade des Archers de police ne peut remplir ce but, que les troupes en garnison ne peuvent y suppléer ;

Et qu'une brigade de gendarmerie offre au Gouvernement des moyens de répression, sans présenter les inconvéniens qui semblent attachés à la ci-devant maréchaussée ; arrêtent :

ART. Ier. Il sera formé un corps de gendarmerie pour toute la colonie ; elle sera composée de blancs, mais le service exigeant qu'elle soit au complet il sera formé provisoirement, pour le Fort-de-France et pour Saint-Pierre, si le service l'exige, une escouade de gens de couleur, sous la dénomination d'escouade auxiliaire de gendarmerie.

II. Le corps de la gendarmerie sera composé, ainsi qu'il suit : 1 Major, 2 Capitaines, 2 Lieutenans, 1 Quartier-maître avec rang de Sous-lieutenant, 4 Brigadiers, 45 Gendarmes à pied, 10 Gendarmes à cheval, 20 Gendarmes-commis à la police, 1 Brigadier de couleur, 8 Gendarmes de couleur. Total 94 hommes ; récapitulation, 6 Officiers, 5 Sous-officiers, dont 1 de couleur 83 Gendarmes (dont 8 de couleur,) ce qui forme un total pareil à celui ci-dessus de 94.

III. Les appointemens et solde sont réglés comme suit :

Le Major 12,000 liv., le Capitaine 7,500 liv., le Lieutenant 5,000 liv., le Quartier-maître 4,000 liv., le Brigadier 3,500 liv., le Gendarme 1,650 liv., le Gendarme-commis à la police 825 liv., le Brigadier de couleur 3,500 liv., le Gendarme de couleur 1,650 liv.

IV. Les appointemens et solde de la gendarmerie, seront payés, tous les 3 mois, par la caisse coloniale, sur les feuilles de revues de l'Inspecteur aux revues, ou du Commissaire de la marine, fournies par le Quartier-maître, certifiées par le Commandant du corps, visées et ordonnées par le Sous-préfet chef d'administration.

V. Il sera fourni à chaque Brigadier ou Gendarme, tous les deux ans un habit, et tous les ans un palteau ou sarrau, un pantalon et veste de nankin, un chapeau et un hamac.

VI. Chaque Gendarme aura un havresac qu'il portera comme le soldat, et sera soumis aux revues de linge et chaussure ; ceux qui seront montés auront des porte-manteaux en drap de la couleur de leur habit.

VII. Chaque Brigadier ou Gendarme sera armé d'un sabre (briquet), d'une giberne, d'un mousqueton sans baïonnette et d'un pistolet.

VIII. Les Officiers commandans de la gendarmerie rendront compte au Fort-de-France au Capitaine-général commandant les troupes, au Préfet colonial et au Commissaire du Gouvernement.

IX. Ils seront tenus de s'entendre avec les Commandans des bataillons de la garde-nationale et les Commissaires des paroisses, pour ce qui concerne la sûreté générale; et ils se prêteront assistance mutuelle à cet effet.

X. La gendarmerie pourra requérir main-forte des Commandans de la garde-nationale dans le cas d'attroupement, *etc.*, ce qui ne pourra lui être refusé.

XI. Le Commandant de la gendarmerie sera tenu de faire, une fois tous les 3 mois, l'inspection générale des divers détachemens de la colonie, et chaque Capitaine, dans son arrondissement au moins une fois par mois.

XII. Il surveillera avec une grande attention l'habillement, l'armement et l'équipement; il observera scrupuleusement, de concert avec les Officiers, la conduite de la troupe.

XIII. La gendarmerie sera casernée; elle est assimilée à la troupe de ligne, quant à la discipline, tenue, *etc.*

XIV. Dans les vingt paroisses où il n'y a point de détachement de gendarmerie, le bon ordre s'y fera observer par un Gendarme-commis à la police, qui tiendra au corps et qui jouira des avantages accordés aux autres Gendarmes. Il rendra compte au Commandant de la gendarmerie, aux Commissaires civils et militaires et au Capitaine commandant l'arrondissement, lors de ses tournées.

XV. Les Brigadiers et Gendarmes qui auront été reçus dans le corps de la gendarmerie, ne pourront le quitter sans un congé du Capitaine-général, qui ne leur sera accordé qu'après 15 mois de service, ils seront tenus de prévenir 3 mois d'avance le Commandant du corps, et se procureront un homme pour les remplacer; ils continueront leur service jusqu'à ce qu'ils aient satisfait à cette condition.

XVI. Les captures de Soldats et Matelots déserteurs et des nègres marrons, seront payées suivant le prix fixé par les anciennes ordonnances.

XVII. Le Major-commandant et les Officiers de la gendarmerie seront tenus de marcher avec leurs troupes ou partie, par-tout où le service le demandera et où il leur sera ordonné, soit par le Capitaine-général, ou à la réquisition du Préfet colonial, du Grand-juge et des Commissaires du Gouvernement, suivant l'exigence des cas, pour arrêter les Soldats et Matelots déserteurs, les prévenus de crimes, les esclaves fugitifs et autres, et pour les conduire, soit avant, soit après le jugement, où il leur sera ordonné; et attendu qu'il y a beaucoup de cas qui requièrent en même-tems la diligence et le secret, la gendarmerie obéira sans délai, aux réquisitions du Préfet, du Grand-juge et des Commissaires du Gouvernement, sans en rien communiquer à qui que ce soit; sauf à en rendre compte aux Commandans après l'expédition.

XVIII. Il sera permis aux Officiers de la gendarmerie, dès qu'ils le jugeront à propos et nécessaire, de faire avec leur troupe la visite des cases à nègres des habitations de leur département, et lorsqu'ils y procéderont, ils seront tenus, après les avoir investies, et avant d'en ouvrir aucune, de prévenir le Maître ou l'Econome de l'habitation, pour être présent, si bon lui semble, à ladite visite; nulle maison de ville, ni principale ne sera visitée de nuit, sans un ordre exprès du Capitaine-général, ou, en cas d'urgence, par le Commandant en chef de la place et sur la réquisition du Préfet colonial ou du Grand-juge.

XIX. Toutes les attributions accordées par les ordonnances et réglemens de police pour les captures, saisies, confiscations et amendes, seront mises en masse chez le Commandant de chaque détachement, pour être partagées tous les mois, ainsi qu'il suit :

Au Brigadier une part et demie, à chaque Gendarme une part; les Officiers n'y auront aucun droit. Chaque Gendarme-commis à la police dans les paroisses, où il n'y a point de détachement de gendarmerie, s'en attribuera le produit à lui seul.

XX. Tous objets de police sont du ressort de la gendarmerie.

XXI. Il est expressément défendu à tout Particulier, de quelque qualité qu'il soit, de troubler la gendarmerie dans ses fonctions ou de lui résister, sous peine d'être regardé comme rebelle à la justice et poursuivi comme tel ; sauf à réprimer ou punir, suivant les circonstances, le Gendarme qui aurait abusé de sa mission et maltraité injustement.

XXII. Les Officiers, Sous-officiers de gendarmerie et Commis à la police doivent surveiller avec attention, conformément à l'ordonnance du 5 vendémiaire an XI, que les boutiques, cabarets et billards soient tenus par des blancs ou gens libres en personne, et jamais par des esclaves.

XXIII. L'uniforme de la gendarmerie est arrêté ainsi qu'il suit : habit de drap bleu, paremens, collet et doublure écarlate, liseré blanc ; boutons blancs, poches en travers garnies de trois boutons, gilet et pantalon à guêtres de nankin jaune ; chapeau retapé à gance blanche, cocarde nationale et plumet rouge.

Les Brigadiers seront distingués par un galon d'argent d'un pouce de largeur sur les paremens ; ils porteront l'éguillette comme les Gendarmes. L'uniforme des Gendarmes à cheval sera déterminé par un réglement particulier.

XXIV. La gendarmerie pourra dans le cas où cela sera nécessaire, mettre des habits bourgeois pour être moins reconnue.

Répartition du Corps dans la Colonie.

Au Fort-de-France, 1 Capitaine, 2 Brigadiers, 18 Gendarmes,	1	2	18.
A S. Pierre, 1 Major-com., 1 Capitaine, 2 Brigad., 26 *idem*,	2	2	26.
A la Trinité, 1 Lieutenant et 6 Gendarmes, ...	1		6.
Au Marin, 1 Lieutenant et 6 Gendarmes, ...	1		6.
A la Rivière-Salée, 4 Gendarmes, ...			4.
Au Lamentin, 4 Gendarmes, ...			4.
Dans les autres 20 paroisses, 1 Gendarme-commis à la police dans chaque, ...			20.
1 Quartier-maître-trésorier, ...	1		
	6.	4	84.

Dans ce total ne sont pas compris 6 Gendarmes à cheval pour St-Pierre, et 4 pour le Fort-de-France.

TOTAL . . . . 94.

Fait et arrêté au Fort-de-France, le 25 brumaire an XI. *Signé*, VILLARET.

(N°. 955.) ARRÊTÉ *Consulaire, qui supprime les Listes locales d'Emigrés, formées dans les Colonies.*

Du 28 brumaire an XI (19 novembre 1802).

LES Consuls de la République, sur le rapport du Ministre de la marine et des colonies; vu l'arrêté du Général en chef de la Guadéloupe et dépendances, du 10 thermidor an X, concernant la réintégration sur leurs biens, des Propriétaires de cette colonie prévenus d'émigration;

Vu pareillement le sénatus-consulte du 6 floréal an X, et l'art. IV de la loi du 30 du même mois et de la même année, arrêtent ce qui suit:

ART. Ier. Toutes listes locales d'Emigrés formées dans les colonies, sont supprimées et regardées comme non avenues; elles ne peuvent être opposées aux Propriétaires qui réclameront la mise en possession de leurs biens.

II. Les Emigrés seuls du territoire européen de la République doivent être considérés comme tels, dans les colonies, quand ils ne peuvent justifier de leur radiation ou amnistie conformément aux lois, arrêtés et sénatus-consulte rendus à ce sujet.

III. En conséquence, tous Propriétaires de biens coloniaux, qui ont eu leur domicile sur le territoire européen de la République depuis le mois de mai 1792 *(v. st.)*, ne peuvent être mis en possession de ces biens par les Préfets ou autres Administrateurs en chef des colonies, que lorsqu'ils ont justifié dans les formes suivies jusqu'à ce jour, devant le Ministre de la marine et des colonies, de leur résidence et non-émigration ou radiation; ou qu'ils soat admis à jouir du bénéfice de l'amnistie prononcée par le sénatus-consulte du 6 floréal an X.

IV. Toutes dispositions contraires aux articles ci dessus sont abrogées.

V. Le Ministre de la marine et des colonies est chargé de l'exécution du présent arrêté, *etc.*

Signé, BONAPARTE; *par le Ier. Consul,* le Secrétaire d'Etat, H. B. MARET.

(N°. 956.) ORDONNANCE *du Préfet colonial, concernant les Dénombremens et Recensemens pour l'année* 1803.

Du 10 frimaire an XI (1er. décembre 1802).

N. B. Les dispositions de cette ordonnance sont en tous points les mêmes de celle sur le même sujet, du 5 décembre 1799, (N°. 900, page 430 de ce tome), sauf l'amende de 100 liv. prononcée contre ceux qui n'auront pas pris leur dénombrement avant le 31 janvier 1803.

(N°. 957.) ARRÊTÉ *du Capitaine-général, portant formation d'un Corps de réserve composé d'anciens Officiers.*

Du 12 frimaire an XI (3 décembre 1802).

CONSIDÉRANT qu'il existe dans la colonie un assez grand nombre d'anciens Officiers dont l'expérience et le zèle méritent toute la confiance du Gouvernement; et qui, tant par la considération attachée aux grades supérieurs qu'ils ont occupés, que par la distinction particulière de leur caractère et de leurs services, ont acquis honorablement le droit d'être dispensés du service journalier de la garde-nationale;

Voulant leur donner un témoignage public de son estime, et leur fournir l'occasion d'être encore utiles à leur patrie, soit en les réunissant dans un corps d'élite, qui, dans les occasions importantes, sera toujours appelé auprès du Chef de la colonie, soit en les présentant à la garde-nationale comme modèles de la discipline, de la bonne tenue et des vertus militaires, dont ils ont constamment donné l'exemple, arrête:

ART. Ier. Il sera formé un corps particulier, attaché à chaque bataillon, sous la dénomination de *Corps de réserve de la garde-nationale.*

II. Ce corps sera composé des Officiers de tous grades, qui se trouvent à la suite, ou sans activité, dans la nouvelle formation, ainsi que de tous les anciens Officiers de milice qui ont atteint l'âge de 55 ans, à moins qu'ils ne soient infirmes.

III. Tous les Officiers brévetés qui ont servi dans les troupes, soit en France, soit dans les colonies, ainsi que ceux qui ont servi précédemment dans les milices, seront admis dans le corps de réserve; mais il faudra 10 ans d'activité aux Officiers de troupe, et 12 ans à ceux de milice; sans cette condition ils rentreront dans la classe des Gardes-nationaux, et seront assujettis à leur service.

IV. Ces officiers soumettront leurs titres et brevets à la vérification de leurs Chefs de bataillon respectifs, qui rendront compte au Capitaine-général de ceux qui seront susceptibles d'entrer dans le corps de réserve.

V. Le corps de réserve sera dispensé de tout service journalier et accidentel, mais il sera tenu de se réunir à son bataillon toutes les fois qu'il prendra les armes.

VI. Lorsque le bataillon prendra les armes, le corps de réserve se mettra en bataille à sa gauche.

VII. Le Capitaine-général pourra détacher les corps de réserve de leurs bataillons, et les appeler auprès de lui, ou dans les lieux où il les jugera utiles au bien du service.

VIII. Le corps de réserve portera l'uniforme affecté à la garde-nationale, et chaque individu aura les épaulettes de son grade respectif.

IX. Le plus ancien brevet du grade le plus élevé, commandera le corps de réserve dans chaque bataillon, et le rang de chacun sera établi d'après l'ancienneté de son brevet.

X. Le corps de réserve sera toujours à cheval.

XI. Les Officiers titulaires actuellement en activité dans les gardes-nationales, ne pourront, sous aucun prétexte, être admis dans le corps de réserve, à moins qu'ils n'aient atteint l'âge de 55 ans.

XII. Les Officiers composant les corps de réserve qui n'auront pas 55 ans, seront susceptibles de passer dans la ligne des gardes-nationales, lorsqu'il vaquera des emplois de leur grade, et ne pourront, sous aucun prétexte, refuser cette activité, lorsqu'ils y seront appelés.

XIII. Lorsque les Officiers en activité de service, quitteront leur bataillon pour passer dans un autre, ils ne pourront prétendre à jouir du bénéfice de leurs brevets pour entrer dans le corps de réserve, ou pour entrer dans la ligne comme Officier, qu'après avoir servi pendant 2 ans comme simple Garde-national.

Fort-de-France, le 12 frimaire an XI.

Signé, VILLARET.

(N°. 958.) ORDONNANCE *du Préfet colonial, sur la propreté de la ville de St-Pierre.*

Du 18 frimaire an XI (9 décembre 1802).

VU l'ordonnance du 29 novembre 1738, sur le rabattage des barriques et la propreté des rues.

Vu également celle du 20 novembre 1766, sur la propreté du canal de la ville de St-Pierre.

Convaincu de la nécessité de remettre en vigueur les mesures sages qu'elles contiennent.

Considérant que la malpropreté des rues et celles des eaux qui coulent dans la ville de Saint-Pierre, peuvent nuire à la santé des Habitans, et qu'il est de la sagesse de l'administration de tenir avec sévérité la main aux réglemens de police rendus à ce sujet, arrête :

ART. Ier. Il est défendu à tous les Habitans, aux Capitaines de navire, et à tous les Particuliers de faire rabattre leurs barriques dans les rues de la ville de St-Pierre, à peine de 100 livres d'amende pour la première fois, payable solidairement, moitié pour celui auquel appartiendra la futaille, et l'autre moitié par le Tonnelier, et sous des peines plus graves en cas de récidive.

II. Il est également défendu à toutes personnes de détourner le cours de la rivière qui porte l'eau dans le canal de la ville de Saint-Pierre, sous quelque prétexte que ce soit, à peine

peine contre les esclaves de 8 jours de prison, et contre les personnes libres, tant blanches que de couleur, de 27 liv. d'amende, et de garder prison jusqu'à ce qu'ils aient acquitté ladite amende, ainsi qu'il est expliqué ci-après.

III. Pareille défense est faite à tous gens de couleur libres ou esclaves, ainsi qu'à toutes personnes de sang blanc, de quelqu'âge et qualité qu'elles soient, de se baigner à l'avenir à quelqu'heure du jour ou de nuit que ce soit, dans les bassins des fontaines, réservoirs et aux endroits où ledit canal commence à donner de l'eau, sous peine contre les esclaves de 6 liv. d'amende, et de 25 coups de fouet, qui leur seront comptés à la geôle en présence de leurs maîtres, à qui lesdits esclaves ne pourront être remis qu'après avoir acquitté ladite amende ainsi qu'il est porté par l'article XII; et contre les gens de couleur libres et les blancs, de 27 liv. d'amende et de 8 jours de prison, d'où ils ne pourront sortir qu'après avoir payé ladite amende.

IV. Ne pourra à l'avenir aucune personne, tant blanche que de couleur, baigner les enfans auxdits endroits sous peine contre les blancs et gens de couleur libres, de 8 jours de prison, et contre les esclaves de 25 coups de fouet, et 8 jours de prison.

V. Les parens ou maîtres d'enfans déjà assez forts pour se baigner seuls, auxdits endroits, les empêcheront d'y aller, à peine contre eux d'encourir les peines prononcées par l'article précédent.

VI. Defenses sont faites à toutes personnes, tant blanches que de couleur libres ou esclaves, de laver à l'avenir auxdits endroits, soit linge, bouteilles, ou autres choses quelconques, sous peine de confiscation, au profit de l'Hôpital des enfans trouvés, des choses qu'elles seraient prises à laver.

VII. Très-expresses inhibitions et défenses sont faites à tous esclaves, de l'un et de l'autre sexe, de prendre à l'avenir de l'eau auxdits endroits à quelqu'heure que ce soit, dans des barils ou autres vaisseaux, sous peine d'être conduits à la geôle pour y recevoir 25 coups de fouet et de 6 liv. d'amende, payable par les maîtres à qui lesdits esclaves ne pourront être remis par le Geôlier, que de l'aveu du Commissaire du Gouvernement, qui tiendra la main à ce que ladite amende soit acquittée.

VIII. Pourront néanmoins les esclaves prendre de l'eau dans des terrines ou vases, autres que des barils, chacun devant sa porte, et de façon qu'il ne se trouve pas plus de quatre personnes à la fois occupées à ce soin dans le même endroit, à quoi les maîtres veilleront, sous les peines portées par l'art. VII.

IX. A compter du jour de la publication de la présente ordonnance, tous les Particuliers de la ville de St Pierre, seront tenus de faire balayer et arroser, avant 8 heures du matin, tous les jours, le devant des maisons qu'ils occupent, et de faire porter sur-le-champ les ordures à la mer, sans pouvoir les pousser de proche en proche. Les ordures provenant des écuries devront être également portées sur-le-champ à la mer. Défenses leur sont faites de les laisser dans la rue, ou de les jeter dans les ruisseaux, à peine contre les maîtres de 12 liv. d'amende pour la première contravention, et de plus grande en cas de récidive; et contre les esclaves, à peine pour la première fois d'être attachés pendant 3 heures au carcan, et de plus grande peine en cas de récidive.

X. Défenses sont faites à toutes personnes de vider, de jour ou de nuit, ailleurs qu'à la mer, les pots de chambre, et de les jeter dans les ruisseaux qui coulent dans les rues de la ville, à peine contre les maîtres dont les esclaves seront surpris en contravention, de 12 liv. d'amende pour la première fois, et de plus grande en cas de récidive; et contre les esclaves, à peine d'être attachés au carcan pendant 3 jours consécutifs, et du fouet en cas de récidive.

XI. Dans 3 jours à compter de la publication de la présente ordonnance, les Propriétaires des terreins sur lesquels commencent à couler les eaux dudit canal, feront travailler aux réparations nécessaires et mettre les lieux dans leur premier état, sinon à faute de ce faire dans ledit délai, le Voyer se chargera desdites réparations, à leurs frais et dépens, qui lui seront remboursés à la diligence du Commissaire du Gouvernement.

XII. Les amendes prononcées dans les différens cas énoncés dans la présente ordonnance, seront payées au bureau du Domaine, pour être versées dans la caisse du Gouvernement.

Les contrevenans ne pourront être élargis, qu'après avoir fait viser le reçu du Receveur-général du Domaine, par le Commissaire du Gouvernement, et les peines y portées, ne pourront être réputées comminatoires sous quelque prétexte que ce puisse être.

XIII. La présente ordonnance sera enregistrée aux Greffes des Tribunaux, lue, *etc.*

Donné à la Martinique, le 18 frimaire an XI. *Signé*, BERTIN.

(N°. 959.) ARRÊTÉ *du Préfet colonial, qui proroge jusqu'au 1er. pluviôse prochain, le délai fixé pour obtenir les Francisations et Congés des Bâtimens de cabotage, au-dessous de 100 Tonneaux seulement.*

Du 20 frimaire an XI (11 décembre 1802).

(N°. 960.) ARRÊTÉ *du Préfet colonial, qui établit un détachement de Gendarmes maritimes, composé d'un Maréchal-des-logis, d'un Brigadier et d'un nombre de Gendarmes proportionné aux besoins du service de l'Administration.*

Du 1er. nivôse an XI (22 décembre 1802).

(N°. 961.) ARRÊTÉ *des Capitaine-général et Préfet colonial, relatif aux Biens des ci-devant Ordres Religieux, et au Traitement des Ministres du Culte catholique à la Martinique et à Sainte-Lucie.*

Du 6 nivôse an XI (27 décembre 1802).

VU la convention passée entre le Gouvernement français et S. S. le souverain Pontife PIE VII, le 26 messidor an IX, et la loi du

18 germinal an X. Vu aussi l'arrêté des Consuls de la République française, du 13 messidor suivant, et les instructions du Ministre de la marine et des colonies, relatives à l'exercice du culte dans les îles de la Martinique et de Sainte-Lucie ;

Considérant que les Ordres religieux existant dans ces colonies, n'ayant plus de Supérieurs majeurs en France, où tous les ordres ont été supprimés, qu'ils ne peuvent en avoir en pays étrangers et que les Desservans ne sont aujourd'hui que des Ministres du culte, ne tenant à aucune congrégation, mais relevant, quant au spirituel, des Prefets apostoliques ;

Considérant que s'il appartient à une bonne et sage administration, de porter dans les dépenses des diverses parties du service public, toute l'économie dont elles sont susceptibles, il est aussi dans l'intention du Gouvernement de donner au culte de la Religion catholique, tout l'éclat dont il doit être revêtu et de conserver toutes les institutions utiles.

Considérant enfin les droits que tous les Ordres religieux de ces colonies, ont acquis à l'estime et à la bienveillance du Gouvernement, comme à la reconnaissance de leurs Concitoyens, par la sagesse et la régularité de leur conduite, autant que par le bien qu'ils n'ont cessé d'y faire, arrêtent :

TITRE PREMIER.

De la disposition et administration des Biens des ci-devant Ordres Religieux.

ART. Ier. Il n'est rien changé à l'exercice du culte catholique à la Martinique et à Sainte-Lucie, ni à la circonscription des paroisses actuellement existantes dans ces colonies.

II. Tous les biens, tant en rentes, fonds de terre, esclaves, bœufs, mulets et bestiaux de toute espèce, qu'en établissemens, maisons, usines, magasins, autres objets et leurs dépendances, en quoi qu'ils puissent consister, et qui appartenaient lors de la reprise de possession par les français, aux ex-Religieux de l'ordre de St-Dominique, aux Frères de la Charité, au collége de Saint-Victor, à la cure de Sainte-Luce, aux ex-religieuses Dominicaines et Ursulines, et aux Dames de la Providence, sont déclarés nationaux, et en conséquence devenus propriétés de la République française, depuis l'époque ci-dessus citée.

III. Le Directeur-général du Domaine et l'Inspecteur, seront chargés de dresser contradictoirement avec les Supérieurs ou Agens de ces ci-devant Ordres, un inventaire et procès-verbal de leurs biens, appartenances et dépendances, après avoir examiné tous les titres qui en établissent la propriété, lesquels seront déposés en original au Greffe de la Préfecture.

IV. Les Supérieurs desdits Ordres, les Syndics, Baillistes, Agens, Régisseurs ou Fermiers des biens leur ayant appartenu, rendront compte au Directeur des Domaines, des revenus en provenant et des charges dont ils sont grévés, et ce à dater du 1er. vendémiaire dernier. Ces comptes seront soumis au Préfet colonial, et définitivement arrêtés par lui.

V. L'habitation dite *St-Jacques* provenant de l'ordre de Saint-Dominique, continuera d'être régies et administrée par un Religieux de cet ordre, sous la direction immédiate du Préfet apostolique.

VI. Il en sera de même des biens territoriaux ayant appartenu aux Dames Ursulines et Dominicaines, qui continueront à les faire régir et administrer. Les comptes de ces gestions seront rendus comme il est dit à l'article IV.

VII. Les biens qu'ont possédés les ci-devant Frères de la Charité, le collége de St-Victor et la cure de Sainte-Luce, seront régis ou loués pour le compte du Gouvernement, ainsi que les maisons et magasins en dépendans, ayant appartenu à tous les ci-devant Ordres religieux.

VIII. Le Directur-général du Domaine vérifiera conjointement avec l'Inspecteur, les baux actuellement existans; ils demanderont le renouvellement de ceux qui auront cessé, et feront connaître au Préfet colonial, pour être statué ce qu'il appartiendra, ceux dont les conditions paraîtraient évidemment désavantageuses à la République.

IX. Ils constateront l'état des bâtimens, et feront connaître au Préfet colonial les réparations et améliorations dont ils sont susceptibles.

X. Les Dames de la Providence remettront aussi les titres de leurs propriétés. Elles continueront à en jouir exclusivement, attendu la modicité de leur revenu.

TITRE II.

De l'application des Revenus provenant des Biens-Nationaux.

Art. Ier. Les revenus provenant de tous les biens quels qu'ils soient, ayant appartenu aux Ordres ci-dessus énoncés, seront versés dans la caisse du Receveur-trésorier-général.

II. Ces fonds mis en réserve seront uniquement employés; Savoir :

Aux dépenses du culte.

Aux salaires de ses Ministres,

A la subsistance et à l'entretien des ci-devant Religieux et Religieuses des divers ordres.

A la nourriture, à l'entretien et à l'éducation des orphelins et des enfans-trouvés des deux sexes.

Au rétablissement du collége St-Victor.

A celui d'un Hospice civil de charité au Fort-de-France et à St-Pierre,

Et, s'il y a lieu, à de nouveaux établissemens, pour secourir le malheur et l'indigènce.

TITRE III.

Des Traitemens et Pensions alloués aux Ministres du Culte et aux ci-devant Religieux et Religieuses.

Art. Ier. Les ci-devant religieux Dominicains et Capucins, les Frères de la Charité, ceux de St-Victor, les Dames Dominicaines, Ursulines, et celles de la Providence, recevront du Gouvernement un traitement annuel ou pension, proportionné aux fonctions qu'ils remplissent,

II. Ce traitement est déterminé ainsi qu'il suit; savoir:

A chacun des Préfets apostoliques, 20,000 liv.

A chaque Curé de ville et de campagne, 5,000 liv.

A chaque Vicaire, 3,000 liv.

A l'Aumônier des Dames Dominicaines, 6,600 liv.

Au Syndic de l'habitation St-Jacques, 6,600. liv.

A chacun des religieux Dominicains, Missionnaires retirés en France, et qui n'y remplissent aucune fonction, à la solde du Gouvernement, 750 liv.

A deux Frères de la Charité; savoir :

Au citoyen Edouard Henry, ci-devant Supérieur de l'Ordre, 1,500 liv.

Au citoyen Polycarpe, 1,200 liv.

Au citoyen Emmery, ci-devant Frère des Ecoles chrétiennes, 1,200 liv.

A chacune des Supérieures des Dames Dominicaines et Ursulines, 3,000 liv.

A chacune des autres Dames de ces 2 ordres, 2,000 l.

A chacune des Dames de la Providence, 1,000 liv.

TITRE IV.

Dispositions générales et accessoires.

Art. 1er. Les Préfets apostoliques remettront à l'administration chargée d'ordonner le paiement des dépenses, un état signé d'eux, contenant les noms et prénoms des divers Religieux qui auront droit au traitement ou pension déterminé au titre précédent, en désignant les fonctions qu'ils remplissent, soit dans la colonie, soit en France.

II. Un pareil état sera fourni par les Dames Supérieures de St-Dominique et de Ste Ursule.

III. Les pensions ou traitemens seront payés d'après ces états, à l'appui desquels on rapportera les certificats de vie, pour toutes les parties prenantes, existantes hors de la colonie.

IV. L'entretien et les réparations des maisons conventuelles seront à la charge du Gouvernement, ces dépenses seront prises sur les fonds provenans des biens devenus nationaux.

V. La maison des ci-devant Dominicains à St-Pierre, et celle des ci-devant Capucins au Fort-de-France, porteront désormais le nom de *Maison Episcopale.*

Elles seront entièrement affectées à la demeure des Préfets apostoliques, qui en auront l'entière jouissance, ainsi que des jardins et autres dépendances d'agrément.

Ils seront libres néanmoins d'accorder dans la Maison épiscopale, un logement aux Ecclésiastiques qu'ils voudront y recevoir.

VI. Il sera pourvu au logement de ceux des Curés qui cesseront d'habiter les ci-devant maisons conventuelles.

VII. Il sera établi pour la paroisse du Mouillage à Saint-Pierre, une Fabrique à l'instar de celles du Fort dans la même ville, et du Fort-de-France.

VIII. Les Curés jouiront en entier de leurs casuels.

Ceux des villes du Fort-de-France et de St-Pierre, seront tenus de nourrir et loger leurs Vicaires.

IX. Le casuel provenant des gens de couleur, sera partagé entre les Vicaires.

Ils seront tenus de faire gratuitement le service des hôpitaux et des prisons.

X. Il sera fourni par les Habitans aux Curés des campagnes, un ameublement décent, trois domestiques noirs et un cheval.

XI. Les noirs maintenant à la disposition des Curés et appartenant au ci-devant ordre des Dominicains, seront envoyés à l'habitation St-Jacques.

XII. Il sera pris par le Gouvernement des mesures ultérieures, tant pour assurer aux Fidèles, l'exercice constant de leur culte, par les Ministres qui en sont chargés, que pour l'administration des biens appartenans aux Fabriques, les réparations et entretien des Eglises et des Presbytères, *etc.*

XIII. Au surplus toutes les ordonnances actuellement existantes, concernant l'exercice du culte, la tenue et le dépôt des registres, la forme des actes de l'Etat civil, et notamment l'ordonnance relative aux Missions dans les colonies, seront exécutées dans tout leur contenu.

XIV. Les Préfets apostoliques des ci-devant Missions des Dominicains et des Capucins, les Supérieures des Dames Dominicaines et Ursulines, celles des Sœurs de la Providence, le Supérieur des ci-devant Frères de la Charité, les Administrateurs, Régisseurs, Agens ou Fermiers des biens devenus nationaux, les Sous-préfets chefs d'administration, le Directeur-général du Domaine, l'Inspecteur, le Trésorier-receveur-général, et les Commissaires du Gouvernement près les Tribunaux, sont chargés, chacun en ce qui les concerne, de l'exécution des dispositions ci-dessus.

XV. Le présent arrêté sera imprimé, lu, *etc.*

Donné à la Martinique, le 6 nivôse an XI. *Signé*, Villaret, *et* Bertin.

Enregist. aux Greffes des Tribunaux.

(N°. 962.) Extrait *d'une Dépêche ministérielle de M.* Decrès, *au Prefet colonial, concernant un état de situation des Milices de la Colonie.*

Du 8 nivôse an XI (29 décembre 1802).

Le Ministre témoigne au Préfet la satisfaction qu'il a éprouvée à la lecture de l'état de situation et bonne tenue des milices de la colonie, que ce dernier lui a envoyé ; *vous aurez soin*, dit le Ministre, *de comprendre ce corps auxiliaire dans le relevé de situation générale, dont vous devez me faire l'envoi à la fin de chaque mois, et vous ferez distinguer le nombre des blancs, de celui des noirs et hommes de couleur.*

(N°. 963.) Arrêté *Consulaire, portant que tous les Individus sans aveu, et dont les moyens d'existence ne seraient pas assurés, qui débarqueront dans les Colonies, seront sur-le-champ incorporés dans les Troupes de la République.*

Du 10 nivôse an XI (31 décembre 1802).

(N°. 964.) ARRÊTÉ *des Capitaine-général et Préfet colonial, relatif aux droits d'Exportation et d'Importation dans les îles de la Martinique et de Sainte-Lucie.*

Du 11 nivôse an XI (1er. janvier 1803).

VU l'arrêté des Consuls, du 4 messidor an X, l'arrêt du Conseil, du 30 août 1784 et leur arrêté du 5me. jour complémentaire an X.

Considérant la nécessité de protéger par tous les moyens possibles le commerce national, et de faciliter l'écoulement des marchandises françaises et coloniales.

Considérant qu'il est de l'intérêt particulier des Habitans, d'attirer dans les ports de ces colonies le plus grand nombre possible de bâtimens étrangers pour diminuer le prix des denrées de première nécessité et augmenter par la concurrence, le débit et le prix des rums et sirops.

Considérant qu'il est dans l'intention du Gouvernement français, et de ses Agens dans la colonie, de favoriser dans toutes les circonstances les sujets de S. M. C. le Roi d'Espagne.

Considérant enfin, la gêne et les entraves qu'apporte dans les opérations commerciales, comme dans les relations particulières des Habitans, la diminution progressive du numeraire, arrêtent :

ART. Ier. L'arrêté rendu par nous, le 5me. jour complementaire dernier, portant établissement des droits de Douane, est rapporté.

II. A compter de ce jour les marchandises françaises seront exemptes de tout droit, à l'entrée et à la sortie, à la Martinique et à Ste-Lucie.

III. Les bâtimens étrangers ne paieront pour tous droits à l'entrée, que 2 pour 100 de la valeur de leur cargaison, sauf les exceptions ci-après.

IV. Ils paieront aussi 2 pour 100 de la valeur des sirops et rums qu'ils exporteront.

V. Ceux des bâtimens venus avec une cargaison et qui sortiront sur leur lest, paieront 9 pour 100 de la valeur de ladite cargaison.

VI. Les bâtimens étrangers qui sortiront sans un chargement complet, ou dont la valeur ne sera pas égale à celle de leur cargaison d'entrée, paieront le même droit de 9 pour 100, sur le prix de la portion de ladite cargaison d'entrée qui n'aura pas été employée en marchandises.

VII. Ne seront pas tenus au paiement de ce droit, ceux entièrement chargés de vins, eau de vie, sirops, rums ou tafias, encore que la valeur de ce genre de cargaison fut inférieure à celle de leur cargaison d'entrée.

VIII. Les bâtimens espagnols sont seuls exceptés des dispositions précédentes; ils ne paieront aucun droit d'entrée ni de sortie.

IX. Tous les bâtimens étrangers continueront à payer 6 francs argent de France, par quintal de morue, et 100 francs, aussi argent de France, par tête de nègre, négresse, négrillon et négrite, qu'ils introduiront à la Martinique et à Ste-Lucie.

X. Les denrées coloniales destinées pour France, paieront 2 pour 100 de leur valeur.

Ce droit sera acquitté au Domaine par les Capitaines des bâtimens sur lesquels seront chargées ces marchandises.

Le Vendeur ou le Chargeur remboursera aux Capitaines le montant de ce droit.

XI.

XI. Seront exécutées au surplus dans leur forme et teneur, en ce qui n'est pas contraire au présent arrêté, toutes les dispositions prescrites par celui des Consuls, du 4 messidor an X, et par l'arrêt du Conseil du 30 août 1784.

XII. Le Directeur-général du Domaine est chargé de l'exécution du présent arrêté.

Donné à la Martinique, le 11 nivôse an XI. *Signé*, VILLARET, *et* BERTIN.

(N°. 965.) EXTRAIT *d'une Dépêche ministérielle de M. Decrès, au Préfet colonial, concernant l'achat des Tuyaux et Ecrous de fer fondu, destinés à conduire l'eau dans la ville du Fort-de-France.*

Du 14 nivôse an XI (4 janvier 1803).

Le Ministre dans cette dépêche adressée au Préfet colonial, lui mande qu'il a approuvé l'achat fait des tuyaux et écrous de fer fondu, destinés à faire arriver les eaux dans le Fort-de-France, et dans les fontaines publiques de la ville, et qu'il a en conséquence ordonné le paiement de la traite de 48 000 liv. tournois, délivrée pour le prix de ces objets, à l'ordre du général Cochrane Johnston, gouverneur de la Dominique.

(N°. 966.) ARRÊTÉ *du Grand-Juge, qui fixe l'heure et la durée des Seances de la Cour d'Appel.*

Du 14 nivôse an XI (4 janvier 1803).

CONSIDÉRANT que les heures consacrées aux affaires sont changées; que les bureaux du Gouvernement sont fermés les après-midi, et qu'il convient de faire coïncider les séances des Tribunaux avec l'heure des affaires publiques et du travail des Chefs de la colonie;

Après en avoir délibéré avec le Capitaine-général, arrête :

ART. Ier. Le réglement qui avait prescrit par jour deux séances au Tribunal d'appel, est rapporté.

II. Il n'y aura désormais qu'une séance chaque jour; elle commencera à 8 heures du matin, sera interrompue à 10, et reprendra à 11 heures pour être fermée à 2 heures.

III. Les réglemens qui fixent l'époque et la durée de chaque session, seront maintenus.

IV. A l'ouverture de chaque session, le Tribunal se rendra en corps à l'Eglise, et entendra la messe dite *du St-Esprit.*

Donné au Fort-de-France, le 14 nivôse an XI.

Signé, LEFESSIER-GRANDPREY.

Enregist. aux Greffes des Tribunaux.

(N°. 957.) EXTRAIT *d'une Dépêche ministérielle de M.* Decrès, *au Préfet colonial, relativement aux Finances de la Colonie.*

Du 16 nivôse an XI (6 janvier 1803).

Le Ministre lui témoigne la satisfaction qu'il a éprouvée, en apprenant que le général Keppel n'avait pas privé le Gouvernement français, du produit des impositions de l'an X et années antérieures; il enjoint au Préfet colonial, de lui faire connaître le montant de ces impositions, et si leur produit joint à la somme de 630,000 francs à lui envoyée, seront suffisans pour faire face aux dépenses de l'année courante, dans le cas contraire lui en donner avis, afin de subvenir à ce qui manquera.

Le Ministre, ajoute, que dans le cas où les rentrées des impositions, par leur lenteur ou leur insuffisance, ferait craindre des retards qui pourraient compromettre l'urgence du service, le Préfet colonial, reste autorisé à délivrer sur le Trésor public des lettres-de-change à 3 mois de vue, pour la somme strictement nécessaire; lui observant néanmoins que cette autorisation conditionnelle, doit être regardée comme une exception spéciale à l'arrêté des Consuls, du 11 messidor an X, qui défend l'usage des traites sur le Trésor public, et que, dans le cas qu'il use de cette autorisation, il doit en envoyant le bordereau des traites tirées, lui rendre compte des motifs d'urgence qui auront nécessité cette exception.

(N°. 968.) EXTRAIT *d'une Dépêche ministérielle de M.* Decrès, *au Préfet colonial, concernant les Extraits mortuaires des Officiers civils et militaires decédés, et la liquidation de leurs Successions*, etc.

Du 20 nivôse an XI (10 janvier 1803).

Le Ministre se plaint de la négligence qu'on a mis à lui faire connaître l'état nominatif des Officiers civils et militaires, décédés dans des maisons particulières, et il demande qu'il lui soit expédié dans le plus bref délai, l'extrait mortuaire, de chacun desdits décédés. *L'intérêt des familles en France*, dit le Ministre, *exige impérieusement cette précaution, sans laquelle les états que vous m'adressez, deviendraient pour ainsi dire inutiles : je vous prie aussi de faire procéder sans le moindre retard, à la liquidation des diverses successions auxquelles ces décès ont donné lieu, et de me faire part de leur résultat, afin que je puisse en prevenir les familles intéressées.*

Le Ministre termine sa dépêche en recommandant au Préfet colonial, de lui faire parvenir à la fin de chaque mois la note des mouvemens survenus dans le personnel du service, par démissions ou décès;

ainsi que des nominations provisoires aux places vacantes, avec des notes sur les talens et la moralité des personnes nommées.

(N°. 969.) ARRÊTÉ *des Capitaine-général et Prefet colonial, relatif à l'exportation et l'importation des Denrées françaises, coloniales et étrangères, à Ste-Lucie, et au mode de concession des terres dans ladite Isle.*

Du 20 nivôse an XI (10 janvier 1803).

D'APRÈS la situation dans laquelle se trouve l'île de Sainte-Lucie et les malheurs qu'elle a éprouvés par les suites d'une guerre longue et désastreuse pour elle ;

Considérant que le tems même serait insuffisant pour les réparer, relever les établissemens détruits et en former de nouveaux, si des avantages particuliers n'étaient accordés aux opérations commerciales ou de culture qu'il est utile de multiplier dans cette colonie ;

Considérant qu'il est du plus grand intérêt pour le Gouvernement français, et le commerce de la Métropole, comme pour les Habitans déjà établis dans cette colonie, de lui accorder tous les genres de protection, arrêtent :

ART. Ier. Les Habitans de Ste-Lucie, sont exempts de toute imposition tant sur les maisons que sur les noirs.

II. Les denrées provenantes du sol de cette colonie, exportées pour France par des bâtimens nationaux, ne paieront aucun droit.

III. Les tafias, rums et sirops exportés par les Etrangers, seront exempts de tous droits.

IV. Il en sera de même de toutes les marchandises et denrées dont l'introduction est permise par l'arrêt du Conseil du 30 août 1784, de quelque nation que soient les bâtimens qui les importeront à Sainte-Lucie, à l'exception néanmoins de la morue apportée par les bâtimens étrangers; sur laquelle le droit de 9 liv. par quintal continuera d'être perçu.

V. Les bâtimens français qui exporteront de la Martinique à Ste-Lucie, de la morue de bonne qualité ne paieront aucun droit, tant à leur sortie de la Martinique qu'à leur entrée à Ste-Lucie.

Ils recevront à leur retour à la Martinique, une prime de 9 liv. par quintal de la morue qu'ils auront vendue à Ste-Lucie.

VI. Pour recevoir cette prime, les Capitaines seront tenus de rapporter un certificat de la quantité de morue qu'ils auront vendue et de sa bonne qualité; ce certificat sera délivré par le Directeur de la Douane et l'Inspecteur, et visé par le Sous-préfet chef d'administration.

VII. Les seuls bâtimens français seront admis à faire le cabotage de la Martinique à Ste Lucie.

VIII. Les navires français qui introduiront à Ste-Lucie des noirs provenant de leur traite, recevront, à titre d'encouragement, une prime de 150 liv. argent des colonies, pour chacun des nègres, negresses, négrillons ou négrites qu'ils auront vendus dans cette île.

Cette prime sera payée des fonds provenant des droits perçus à la Martinique sur les négiers étrangers.

IX. Pour être payés de la prime accordée par l'art. VIII, les Capitaines rapporteront un certificat de la quantité de nègres, négresses, négrillons ou négrites provenant de leur traite, qu'ils auront vendus à Sainte Lucie; ce certificat sera délivré dans les formes prescrites par l'art. VI.

X. Les terreins en friche seront gratuitement concédés par les Capitaine-général et Préfet colonial, à tous les français ou étrangers qui voudront y former un établissement quelconque, d'après la demande qui en sera faite au Lieutenant du Capitaine général, et au Sous-préfet à Ste-Lucie, et sur leur rapport.

XI. Toutes les dispositions de l'arrêté des Consuls, du 4 messidor an X, de l'arrêt du Conseil, du 30 août 1784, et celles de l'arrêté des Capitaine-général et Préfet colonial, du 11 nivôse courant, seront exécutées dans tout ce qui n'est pas contraire au présent arrêté.

XII. Le Lieutenant du Capitaine-général à Sainte Lucie, les Sous-préfets chefs d'administration à la Martinique et à Ste-Lucie, l'Inspecteur et le Directeur-général du Domaine, sont chargés chacun en ce qui le concerne, de l'exécution du présent arrêté, qui sera imprimé, publié, *etc.*

Donné à la Martinique, le 20 nivôse an XI. *Signé*, VILLARET, *et* BERTIN.

(N°. 970.) EXTRAIT *d'une Dépêche ministérielle de M.* Decrès, *au Préfet colonial, sur le Droit de délivrer les Actes de Francisation et les Congés.*

Du 24 nivôse an XI (14 janvier 1803).

Quant à la délivrance, citoyen Préfet, des congés et actes de francisation, le Grand juge n'est pas fondé à prétendre que ce droit appartient au Tribunal de première instance; la police de la navigation est comprise dans les attributions du Préfet, et la Douane et le Domaine, font, dans la colonie, partie des revenus publics administrés par le Préfet.

Les Amirautés ne délivraient les congés en France, que parce qu'elles cumulaient l'autorité administrative et judiciaire.

Depuis leur suppression c'est l'administration de la Douane et non les Tribunaux de commerce qui délivre les congés et actes de francisation.

D'après ces observations dont vous pourrez faire part au Grand-juge, il lui sera facile de reconnaître qu'il ne doit sous aucun rapport, être autorisé à s'immiscer dans cette partie du service qui vous est confié.

(N°. 971.) ARRÊTÉ *des Capitaine-général et Préfet colonial, rélatif à l'introduction des Noirs à Sainte-Lucie, et à l'exportation, par les Bâtimens étrangers, des Denrées provenant du sol de cette Colonie.*

Du 29 nivôse an XI (19 janvier 1803).

VU leurs arrêtés des 11 et 20 nivôse courant, les demandes qui déjà leur ont été faites en concessions de terreins, et les réclamations qu'ils ont reçues des Habitans et Négocians de Ste-Lucie, sur l'insuffisance des bras nécessaires aux établissemens existans dans cette colonie;

Considérant que le Gouvernement n'atteindrait pas le but qu'il s'est proposé, de multiplier les defrichemens, d'améliorer et d'accroître la culture et de mettre en valeur à Sainte-Lucie, tous les terreins qui en sont susceptibles, si en encourageant l'introduction des noirs dans cette colonie, on n'accordait pas à ses Habitans quelques facilités pour en faire l'acquisition, arrêtent ;

Art. Ier. A compter du 1er. pluviôse prochain (21 janvier 1803,) et pendant un an, il sera permis à tous les bâtimens étrangers qui porteront à Sainte-Lucie des marchandises non prohibées, d'exporter des sucres bruts provenant du sol de cette colonie.

II. Pendant le même espace de tems, les négriers étrangers, pourront exporter toute espèce de denrées provenant du sol de Ste Lucie, mais séulement pour une valeur égale à celle des noirs qu'ils y auront vendus.

En conséquence les Capitaines de ces bâtimens produiront des certificats en forme et dûment légalisés, des Négocians ou Habitans qui auront acheté des noirs, et de ceux qui leur auront vendu des denrées de la colonie, lesquels certificats mentionneront le prix de ces divers objets.

III. Les noirs de traite étrangère continueront à payer un droit de 150 liv. par tête.

IV. Toutes les dispositions des lois et arrêtés précédemment rendus sur l'importation et l'exportation des marchandises françaises, coloniales et étrangères à la Martinique et à Ste-Lucie, seront exécutées dans leur forme et teneur, en ce qui n'est pas contraire au present arrêté.

V. Le Sous-préfet chef d'administration à Ste-Lucie, et le Directeur général du Domaine, sont chargés de veiller à l'exécution du présent arrêté qui sera imprimé, *etc.*

Une expédition du présent arrêté sera envoyée au Grand-juge, pour en ordonner l'enregistrement au Greffe des Tribunaux.

Donné à la Martinique, le 29 nivôse an XI. *Signé*, VILLARET, *et* BERTIN.

Enregist. aux Greffes des Tribunaux.

(N°. 972.) EXTRAIT *d'une Dépêche ministérielle de M.* Decrès, *au Préfet colonial, relatif à l'organisation des pouvoirs des Chefs de la Colonie.*

Du 8 pluviôse an XI (28 janvier 1803).

Le Ministre mande au Préfet colonial que dans le rapport qu'il a dû faire aux Consuls, de tous les détails de son administration, il en est sur lesquels ils l'ont chargé de lui faire connaître, ainsi qu'au Capitaine-général, que leurs intentions n'ont pas été saisies, et il s'exprime ainsi :

« Je vais remplir ce devoir, et je commence par la forme d'administration que vous semblez avoir adoptée de concert; je veux dire celle des réglemens et arrêtés pris en commun.

» C'est faire revivre l'ancienne organisation des pouvoirs, que l'arrêté du mois de prairial an X a détruit. Dans l'organisation nouvelle, le Capitaine-général n'a plus de part active dans l'administration civile, comme il l'avait autrefois. Il n'a que la surveillance sur toutes les autres autorités, avec le droit d'approbation, d'improbation et de suspension de leurs réglemens.

» En s'associant nominalement à votre administration, il n'ôterait rien à votre responsabilité personnelle, et il se dépouillerait de la prérogative la plus éminente de sa place. Ce serait détruire, dénaturer du moins, les dispositions précises et l'esprit de l'arrêté qui a départi les pouvoirs aux trois Magistrats qui régissent les colonies.

» Si le Capitaine-général s'opposait mal à propos aux mesures que vous jugeriez utiles et convenables, le registre des délibérations communes ferait foi de ses motifs et des vôtres. Sur l'extrait qui m'en serait adressé, le Gouvernement prononcerait. Voilà toute l'économie du système actuel de la haute administration dans les colonies.

» Ce registre des délibérations communes est le dépositaire de l'exercice de vos attributions respectives. Il importe à chacun de vous qu'il soit tenu avec la plus grande exactitude, et que vous m'en fassiez passer très-régulièrement des expéditions.

» Lorsque vous aurez à publier un réglement que le Capitaine-général aura adopté, il suffira d'énoncer ces mots : *après en avoir délibéré avec le Capitaine-général*, sans qu'il soit besoin de faire mention de son approbation, puisqu'il est établi en principe constitutionnel, qu'elle est de rigueur indispensable. »

(N°. 973.) EXTRAIT *d'une Dépêche ministérielle de M.* DECRÈS, *au Préfet colonial de la Martinique, sur l'introduction des Farines étrangères.*

Du 8 pluviôse an XI (28 janvier 1803).

Le Ministre répondant au Préfet à l'égard de l'ouverture des ports aux étrangers, s'explique ainsi :

« Il est hors de doute, Monsieur, que dans les cas de nécessité constatée, les Administrateurs n'aient le droit, et qu'un de leurs premiers devoirs ne soit même, d'appeler l'étranger au secours d'une colonie manquant de subsistances.

» Mais ce besoin doit être démontré par procès-verbaux authentiques. S'il y en a de dressés, il est nécessaire de m'en faire passer des ampliations.

» S'il n'y a que des délibérations verbales et des rapports vagues sur le vide des magasins publics, ce n'est point assez pour justifier l'état des choses.

» C'est toujours par la durée d'un tems déterminé que se circonscrivent des permissions de cette nature. Il le faut pour exciter l'étranger qui sait alors sur quoi compter, autrement il ne se livrerait pas à des spéculations qui pourraient échouer contre la déclaration du besoin rempli.

» Mais l'a-t-on véritablement appelé en concurrence et en masse ? il paraît que non ; puisque l'arrêté n'a point été imprimé, et que dans l'espace de 20 jours l'entrée a été ouverte et fermée. Il y avait donc eu des commandes, des marchés, et déja des bâtimens tout chargés se trouvaient à la porte. Cette marche inusitée a affecté désagréablement le Ier. Consul. Il craint qu'elle n'ait entraîné des prix qu'aurait nécessairement diminué un appel public et général.

» Ils [les Consuls,] ne sont point rassurés d'ailleurs sur deux points non moins essentiels, que vos dépêches laissent dans l'obscurité.

» Le premier de savoir si vous avez acheté pour la subsistance de la colonie même, ou seulement pour celle des rationnaires.

» Si vous avez traité pour la subsistance des Habitans, c'est ce qu'on n'aurait jamais vû. Il fallait leur en laisser le soin, puisque vous les mettiez à portée de le faire par la permission de l'introduction. Le Gouvernement ne doit ni gagner, ni s'exposer à perdre avec eux.

» Le second objet de la sollicitude des Consuls, est de connaître le mode de paiement de cette fourniture étrangère.

» Je suis persuadé que vous aurez sévérement proscrit celui d'un échange contre des denrées coloniales.

» Reportez-vous à vos instructions, vous y verrez la volonté du Gouvernement sur le commerce des colonies, je vous répète ce qui y est écrit, les colonies ne sont qu'un fardeau pour la Métropole, si leur commerce ne lui est pas exclusivement réservé, à l'exception des objets prévus par le Gouvernement lui-même. »

(N°. 974.) EXTRAIT *d'une Dépêche ministérielle de M.* Decrès, *au Préfet colonial, concernant le nouvel Entrepôt ouvert au Fort-de-France.*

Du 8 pluviôse an XI (28 janvier 1803).

Le Ministre après avoir blâmé le Préfet d'avoir ouvert un entrepôt, sans un ordre du Gouvernement, lui dit ce qui suit :

» L'ordre des Consuls, Monsieur, est de fermer l'entrepôt ouvert au Fort-de-France par votre arrêté du 21 vendémiaire. Il doublerait le moyen d'extraction frauduleux, en affaiblissant dans la proportion inverse ceux de la surveillance. De tels objets de l'administration organique et politique des colonies ne relèvent que de l'autorité immédiate du Gouvernement. Les Administrateurs locaux ne peuvent que proposer en semblable matière. Le provisoire ne leur appartient que dans les cas d'imminent péril, lorsqu'il s'agit d'intervertir un ordre constamment établi et respecté : et ici il n'y avait non-seulement nul péril, mais pas même urgence.

» En vain se prévaudrait on du vœu des Habitans. Ce vœu se répéterait dans tous les quartiers, et bientôt on ne nous aurait rendu qu'une colonie qui nous deviendrait étrangère.

» En vain alléguerait-on d'anciennes et sourdes autorisations. Elles eussent été abusives, et le Gouvernement les aurait censurées, si elles lui eussent été connues.

» Si l'intérêt commercial des ports de France ne s'opposait pas irrésistiblement à l'ouverture d'un second entrepôt à l'étranger, celui de la marine réclamerait puissamment pour la classe des Caboteurs et Flibustiers occupés aux transports intérieurs et qui souvent peuvent lui être utiles.

» Enfin l'économie dans les dépenses ne permet pas de les multiplier ainsi, pour la plus grande commodité de quelques Particuliers, ou pour l'avantage de quelques Entrepreneurs, déjà trop favorisés par les conditions de leurs marchés. »

(N°. 975) EXTRAIT *d'une Dépêche ministérielle de M.* DECRÈS, *au Préfet colonial, relative aux Marchés pour les Fournitures.*

Du 8 pluviôse an XI (28 janvier 1803).

Le Ministre après avoir blâmé le Préfet d'avoir passé des marchés à de longs termes avec des Fournisseurs, sans avoir rempli les formalités voulues par

la

la loi, et sans être assisté de l'Inspecteur colonial, s'exprime ainsi :

« L'ordre de la comptabilité ne permet pas de laisser subsister des marchés aussi informes et pour des termes aussi reculés.

» Le Gouvernement veut qu'ils soient refaits dans les formes des ordonnances, sans excéder jamais l'espace de 3 ans.

» Le Gouvernement ne veut point de Fournisseur dans la colonie, sous le bénéfice d'une commission, de tout ce que les magasins de la marine en France sont dans l'usage de fournir. Il ne s'agit que de prévoir les besoins et d'en faire la demande à tems. »

(N°. 976) EXTRAIT *d'une Dépêche ministérielle, de M.* DECRÈS, *au Préfet colonial, concernant les Douanes.*

Du 8 pluviôse an XI (28 janvier 1803).

Par les renseignemens que le Ministre donne au Préfet dans cette dépêche, relativement aux Douanes, il s'explique ainsi :

« Vos instructions, M. le Préfet, vous prescrivent de maintenir provisoirement les perceptions anglaises, et non de les rétablir sur le pied de 1789.

» En cela, l'intention du Gouvernement était de comparer le dernier état des choses à l'ancien, pour adopter l'un ou l'autre, ou pour les modifier, ainsi qu'il trouverait convenable.

» Puisque vous vous êtes saisi de l'initiative à cet égard, il était nécessaire que vous missiez le Gouvernement à portée de faire des rapprochemens par des tableaux balancés ; faites-les moi passer le plus promptement qu'il vous sera possible, avec des colonnes d'observations, qui ne laissent rien à desirer.

» Je n'entends pas assez ce que veut dire l'article IV de votre arrêté, par lequel vous assujettissez au paiement du droit du Domaine d'occident et des taxes accessoires, les exportations de denrées coloniales à l'étranger, en déclarant que d'ailleurs, l'arrêt du 30 août 1784, et l'arrêté des Consuls, du 4 messidor an X, seront exécutés.

» Je ne puis croire qu'en rappelant ces deux réglemens impératifs, vous les ayez détruits.

» Cependant le texte de votre arrêté porte : *tous les bâtimens exportant à l'étranger, sucre, café, coton, cacao, etc.*

» L'article embrasse donc les exportations par navires français ou étrangers!

» Or, ni les uns ni les autres, n'ont le droit d'exporter à l'étranger les denrées coloniales.

» Parmi les étrangers, il n'y a que les neutres que le Gouvernement y autorise en tems de guerre; mais c'est un acte de sa haute puissance et il ne peut émaner que de son autorité; car s'il pouvait convoyer et protéger nos bâtimens de commerce, il laisserait subsister l'exclusif.

» Ceci, M. le Préfet, demande donc de votre part des explications promptes et rassurantes; mais plus encore des mesures de rétractation, si l'oubli des principes avait en effet présidé à la rédaction de l'art. IV. »

(N°. 977.) **Arrêté** *du Grand-Juge de la Martinique, relatif à l'Inhumation des non Catholiques à Sainte-Lucie.*

Du 8 pluviôse an XI (28 janvier 1803).

Vu l'article X de l'ordonnance du 31 août 1778, portant que *les personnes qui, par les lois du Royaume, sont privées de la sépulture ecclésiastique, ne pourront être inhumées, s'il y a lieu, que par ordonnance du Juge, notifiée au Curé par le Procureur du Roi.*

Considérant que depuis l'occupation de l'île Ste Lucie par les Anglais, le nombre des *non Catholiques* s'y est considérablement accrû, qu'ils sont répandus dans les quartiers les plus éloignés du siége du Tribunal, et que cette grande distance ne permet pas de conserver les cadavres jusqu'à la notification de l'ordre du Juge, de sorte que ces non-Catholiques sont enterrés sans les formes prescrites.

Considérant qu'il en résulte deux graves inconvéniens; 1°. que les décès ne sont pas légalement constatés; 2°. que les successions sont compromises, quand les décédés n'ont pas d'Héritiers présens.

Voulant obvier promptement à ces inconvéniens, qui pourraient devenir une source d'abus et de désordres.

Après en avoir délibéré avec le Capitaine-général, arrête ce qui suit :

ART. Ier. A dater de la publication du présent arrêté, l'art. X de l'ordonnance du 31 août 1778, cessera de recevoir son exécution dans l'île de Ste-Lucie.

II. Les Commissaires civils de chaque quartier sont autorisés à recevoir les déclarations des décès des non-Catholiques morts de maladie; et à délivrer le permis nécessaire pour l'inhumation, à la charge par eux de prévenir le Commissaire du Gouvernement près le Tribunal de Sainte-Lucie de chaque déclaration qui leur sera faite.

Le Commissaire du Gouvernement à Sainte-Lucie est chargé de l'exécution du présent, qui sera enregistré aux Greffes des Tribunaux.

Au Fort-de-France, le 8 pluviôse an XI,

Signé, LEFESSIER-GRANDPREY.

Enregist. aux Greffes des Tribunaux.

(N°. 978.) ARRÊTÉ *du Préfet colonial, portant Tarif des prix du fret des Marchandises venant des divers Quartiers de la Colonie à St-Pierre, et de St-Pierre dans les mêmes Quartiers, par les Caboteurs et les Canots-passagers.*

Du 12 pluviôse an XI (1er. février 1803).

PAR LES CABOTEURS.

DÉSIGNATION DES OBJETS À TRANSPORTER.	Vauclin, Robert, François, Gallion, Caravelle, Tartane, Rivière-Pilote.		Basse-Pointe, R. Capote, Macouba, Gde-Anse, Marigot, Ste-Marie, Grande-Rivière.		Trinité, Marin, Ste-Anne, Trois-Rivières.	
	£.	s.	£.	s.	£.	s.
Barrique de sucre, boucaut de morue,	27		30		22	10
Café et cacao, le millier en sac, . . .	27		30		27	
Coton, la balle, ...	24	15	24	15	18	
Vin, la barrique, et tierçon riz, .	13	10	15		13	10
Bœuf, lard, farine, tierçon vin, . .	8	5	8	5	6	15
Caisson et quart de salaison, . . .	3		3		2	5
Pot et forme, la paire, ...	2	10	2	10	2	
Merreins, le millier, ...	66		66		54	
Boucaut en botte, le paquet, ...	3		3		2	5
Planches et chevrons, ...	1	10	1	10	1	5
Madriers, ...	3		3		3	
Aissantes du Nord, le millier, . . .	24	15	24	15	20	
Dito Sap blanc, le millier, ...	12		12		9	
Tuiles, carreaux, briques, le millier,	66		66		54	
Chaudières { 30 à 37 pouces.	24	15	24	15	20	
Chaudières { 38 à 45	33		33		30	
Chaudières { 46 à 52	50		50		45	
Chaudières { 53 à 63	66		66		60	
Tambour de moulin, ...	18		18		15	
Gril de fer, ...	12		12		8	5
Rôle de moulin, petit, ...	66		66		54	
Rôle de moulin, grand, ...	132		132		108	
Rouleau de plomb, ...	36		36		24	15

PAR LES CANOTS-PASSAGERS.

DÉSIGNATION DES OBJETS A TRANSPORTER.	Lamentin, Rivière-Salée, Grand-Bourg.		Le Petit-Bourg.		Fort-le-France ou la Baie, Prêcheur, Carbet, Fond-Capot, Case-Pilote.	
	£.	s.	£.	s.	£.	s.
Barrique de sucre, boucaut de morue,	12		13	10	8	5
Café et cacao, le sac,	2		1	10	1	10
Coton, la balle,	10	10	12		8	5
Vin, la barrique, et tierçon riz,	6		6	15	4	10
Bœuf, lard, farine, tierçon vin,	3		3		2	15
Caisson et quart salaison,	1		1			15
Pot et forme, la paire,	1		1			15
Merreins, le millier,	27		27		22	10
Boucaut en botte, le paquet,	1		1			15
Planches et chevrons,	1	5	1	5	1	
Madriers,	2	10	2	10	2	
Aissantes du Nord, le millier,	13	10	13	10	10	10
Dito Sap blanc, le millier	5		5		4	
Tuiles, carreaux, briques, le millier,	24	15	27		22	10
Chaudières 30 à 37 pouces.	9		10		7	10
Chaudières 38 à 45	12		13	10	9	
Chaudières 46 à 52	16	10	18		15	
Chaudières 53 à 63	24	15	27		21	
Tambour de moulin,	8	5	9		6	15
Gril de fer,	6		6		4	10
Rôle de moulin, petit,	27		27		22	10
Rôle de moulin, grand,	54		54		45	
Rouleau de plomb,	13	10	13	10	10	10

Le Préfet colonial ordonne que le Tarif ci-dessus sera suivi à compter du 25 pluviôse courant, sous peine pour les délinquans d'être poursuivis extraordinairement par les Tribunaux.

Le présent arrêté sera imprimé, lu, *etc.*

A St-Pierre, le 12 pluviôse an XI. *Signé*, BERTIN.

Enregistr. aux Greffes des Tribunaux.

(N°. 979.) ORDONNANCE *du Préfet colonial, portant que les Capitaines du Commerce français choisiront six d'entr'eux pour être chargés de la visite des bâtimens étrangers.*

Du 12 pluviôse an XI (1er. février 1803).

VOULANT conserver au commerce français tous les avantages que lui assure l'importation des productions territoriales et des manufactures de la Métropole, en empêchant l'introduction dans la colonie de la Martinique, de toute espèce de marchandises ou denrées prohibées;

Considérant que le moyen le plus assuré de parvenir à ce but est de faire concourir à la surveillance exercée sur les navires étrangers arrivans dans les ports de cette colonie, les Citoyens qui ont le plus d'intérêt à voir réprimer les contraventions en ce genre, ordonne:

ART. Ier. Les Capitaines des navires du commerce français se réuniront, sous la présidence du Commissaire chargé en chef du service à St-Pierre, pour nommer six d'entr'eux qui seront chargés de faire la visite des bâtimens étrangers, à leur entrée et à leur sortie.

II. Les contraventions aux dispositions de l'arrêt du Conseil du 30 août 1784, reconnues par lesdits Capitaines, seront constatées par des procès-verbaux qu'ils remettront au Conseiller d'Etat, Préfet colonial, pour être statué ce qu'il appartiendra.

III. Le Commissaire chargé en chef du service à St-Pierre, est chargé de l'exécution de la présente ordonnance.

A Saint-Pierre Martinique, le 12 pluviôse an XI. *Signe*, BERTIN.

(N°. 980.) EXTRAIT *d'une Dépêche ministérielle de M.* Decrès, *au Préfet colonial, qui ordonne l'établissement d'une* Taxe de Gendarmerie.

Du 13 pluviôse an XI (2 février 1803).

Le Ministre dans cette dépêche dit : « L'établissement de la gendarmerie de la Martinique tenant à des circonstances et n'ayant pour objet que la sûreté des Habitans et des propriétés, le Gouvernement ordonne que cette dépense soit particulière à la colonie et soit l'objet d'une taxe particulière, dite *taxe de gendarmerie*, laquelle sera indépendante des autres contributions que paie la Martinique, et leur sera spécialement additionnelle. »

(N°. 981.) ARRÊTÉ *des Préfet colonial et Grand Juge, relatif à l'exécution de l'Edit de* 1776, *concernant le Dépôt des Actes civils et judiciaires, à Versailles.*

Du 20 pluviôse an XI (9 février 1803).

CONSIDÉRANT que les devoirs les plus sacrés sont imposés par l'édit de 1776, aux divers Fonctionnaires publics chargés de la rédaction des actes civils et judiciaires dans les colonies ;

Considérant que cet édit oblige lesdits Fonctionnaires de remettre, tous les ans, au Greffe de l'Intendance, les doubles de tous ces actes pour être ensuite envoyes au Dépôt établi à Versailles, pour leur conservation et leur sûreté ;

Considérant que depuis 1789, les orages de la révolution et les obstacles de la guerre ont interrompu l'exécution de cet édit, et qu'il est argent de remettre promptement en vigueur cette loi si utile, qui assure le repos des familles et garantit les droits de la propriété; arrêtent :

Art. Ier. L'édit du mois de juin 1776, concernant l'envoi des actes civils et judiciaires au Dépôt de Versailles, sera exécuté dans tout son contenu, aux îles de la Martinique et de Ste-Lucie.

II. Tous les Fonctionnaires qui doivent concourir à son exécution, sont tenus de la reprendre en date de l'époque où elle a été interrompue.

III. En conséquence lesdits Fonctionnaires remettront au Greffe de la Préfecture, pour tout délai, un mois après la publication du présent, le travail de la première année où l'interruption a commencé; les mois suivans, ils remettront le travail de la seconde année et ainsi de suite de mois en mois, jusqu'à l'année courante.

VI. Les délais ci dessus mentionnés seront de rigueur; les Fonctionnaires qui n'auront point envoyé leur travail aux époques prescrites, seront, à la diligence du Commissaire du Gouvernement près le Tribunal d'appel, interdits de leurs fonctions et imposés à 300 livres d'amende par chaque mois de retard.

V. A la suite du présent arrêté seront imprimes, l'edit de 1776, pour être execute dans toutes celles de ses dispositions auxquelles il n'a rien eté changé par les ordonnances, lois, réglemens ou arrêtes rendus depuis cette epoque, et un tableau indicatif de l'epoque précise où son execution a eté interrompue dans chacune des paroisses de la Martinique et de Ste-Lucie.

VI. Le présent arrêté sera imprimé, publié, affiché et enregistré aux Greffes des Tribunaux, et le Commissaire près le Tribunal d'appel, sera chargé de son exécution.

Donné à la Martinique, le 20 pluviôse an XI.

Signé, BERTIN, *et* LEFESSIER-GRANDPREY.

N. B. Voyez pour l'édit du mois de juin 1776, le N°. 508, page 260 du tome III.

TABLEAU

Des Registres des Paroisses des îles de la Martinique et Ste-Lucie, qui étaient au Dépôt des Chartres des Colonies, le 1er. frimaire an II (22 novembre 1793).

MARTINIQUE.

Paroisses de la Jurisdiction du Fort-Royal.

NOMS DES PAROISSES.	ANNÉES DES REGISTRES Qui sont au Dépôt.
Anses-d'Arlets,	1763 à 1787.
Case-Pilote,	1674 à 1783, 1785 à 1787.
Fort-Royal,	1763 à 1787.
Le Diamant,	1763 à 1776, 1778 à 1787.
Lamentin,	1763 à 1787.
Le Marin,	1763 à 1787.
Rivière-Salée,	1763 à 1778, 1782 à 1787.
Salines-Sainte-Anne,	1763 à 1787.
Saint-Esprit,	1785 à 1787.
Sainte-Luce,	1763 à 1787.
Trois-Islets,	1763 à 1787.
Trou-au-Chat,	1763 à 1787.
Le Vauclin.	1763 à 1775, 1777 à 1783, 1785 à 1787.

Paroisses de la Jurisdiction de Saint-Pierre.

NOMS DES PAROISSES.	ANNÉES DES REGISTRES Qui sont au Dépôt.
Basse-Pointe,	1666 à 1787.
Le Carbet,	1677 à 1787.
Grande-Anse,	1672 à 1787.
Macouba,	1683 à 1776, 1778 à 1787.
Mouillage,	1663 à 1787.
Le Prêcheur,	1771 à 1780, 1782, 1783, 1785 à 1787.
Fort Saint-Pierre,	1763 à 1787.
Hôpital de St-Pierre,	1768 à 1771, 1773 et 1774.
Hôpital du Fort-Royal,	1763 à 1769, 1771 à 1774.

Paroisses de la Jurisdiction de la Trinité.

Cul-de-Sac Robert,	1763 à 1787.
Le François,	1763 à 1787.
Gros-Morne,	1763 à 1783, 1785 à 1787.
Le Marigot,	1666 à 1787.
Sainte-Marie,	1716 à 1787.
Trinité et Tartane,	1763 à 1787.

SAINTE-LUCIE.

Carénage,	1763 à 65, 1773 à 75, 77, 1784 et 85.
D'Ennery,	1773 à 1775, 1777 à 1787.
Gros-Islet,	1765, 1773 à 1775, 1778 à 1788.
Anse-Choiseul,	1765 à 1786.
Anse-la-Raie,	1765, 1773 à 1776, 1782, 85 et 86.
La Soufrière,	1751 à 1765, 1773 à 1777, 1784 à 1788.
Le Praslin,	1773 à 1775, 1777 à 1787.
L'Islet-à-Carret (1),	1773 à 1775, 1777 à 1782, 1785 à 87.
Micoud et Dargout (2),	1773 à 1775, 1777 à 1787.
Quartier-Dauphin (3),	1773, 1774, 1778 à 1787.
Vieux-Fort,	1773 à 1776, 1778 à 1785, 1787 et 1788.
Castries (4),	1785 à 1788.

(1) Réunie au Vieux-Fort au semestre de 1787.

(2) Réunie au Praslin.

(3) Réunie au Gros-Islet en 1787.

(4) Nouvelle paroisse en 1785, ci-devant Carénage.

(N°. 982.) ARRÊTÉ *du Préfet colonial, qui fixe le mode d'inspection sur la Recette de tous les Fonds publics, à la Martinique et à Sainte Lucie.*

Du 22 pluviôse an XI (11 février 1803).

CONSIDÉRANT que l'ordre et la clarté dans les finances sont les bases les plus solides de toute administration publique, comme ils sont la meilleure garantie des administrés ;

Désirant, avant d'en ordonner l'emploi, connaître toutes les ressources provenantes des diverses impositions de la colonie et pouvoir dans tous les instans en vérifier la situation, ordonne :

ART. Ier. A compter du 1er. ventôse (20 février) prochain toutes les recettes généralement quelconques de fonds publics, seront enregistrées à l'Inspection générale au Fort-de-France, et à St-Pierre Martinique, ainsi qu'à Ste-Lucie.

II. Chaque Contribuable, dans les arrondissemens des villes, sera tenu de faire enregistrer et viser à l'Inspection la quittance que leur aura délivré le Receveur, sous peine de nullité de ladite quittance.

III. Les Receveurs particuliers des autres arrondissemens dans ces colonies, seront tenus sous la même peine, de faire enregistrer et viser à l'Inspection tous les dix jours, les bordereaux de leurs recettes, et la quittance des fonds qu'ils auront versés dans la caisse du Receveur-général.

IV. Les Capitaines de tous bâtimens arrivans dans la colonie, seront tenus de déposer au bureau de l'Inspection un double de leur déclaration au Domaine, tant pour leur chargement d'importation que pour celui d'exportation.

V. Les bordereaux arrêtés au Domaine pour le paiement des droits d'entrée et de sortie, et ceux pour liquidation de toute espèce, seront enregistrés et visés à l'Inspection ainsi que la quittance du Receveur, qui ne pourra recevoir aucun paiement de cette nature; si les bordereaux ne sont pas revêtus du visa de l'Inspecteur.

VI. Les Capitaines qui n'auront pas rempli ces formalités ne pourront être expédiés.

VII. Le Commissaire de marine faisant fonctions d'Inspecteur au Fort-de-France, et les Administrateurs chargés des mêmes fonctions à St-Pierre et à Ste-Lucie, adresseront tous les dix jours, au Conseiller d'Etat, Préfet colonial, le bordereau des diverses recettes qu'ils auront enregistrées.

VIII. Les registres du Receveur-général et ceux des Receveurs particuliers seront cotés et paraphés par le Conseiller d'Etat, Préfet colonial, et tous les mois arrêtés par le Directeur-général du Domaine, vérifiés et visés par l'Inspecteur.

IX. Tous les six mois lesdits registres seront définitivement arrêtés par le Conseiller d'Etat, Préfet colonial.

X. Le Sous Préfet à Ste-Lucie, l'Inspecteur à la Martinique, le Directeur-général du Domaine, le Receveur-général et les Capitaines de port, sont chargés chacun en ce qui le concerne, de l'exécution de la présente ordonnance, *etc.*

Donné

Donné à la Préfecture de la Martinique, le 22 pluviôse an XI. *Signé*, BERTIN.

Enregist. aux Greffes des Tribunaux.

(N°. 983.) LETTRE *du Préfet colonial, au Directeur-général du Domaine, qui fixe les droits de Jeaugeage sur les Rums, Tafias et Sirops exportés à l'étranger.*

Du 23 pluviôse an XI (12 février 1803).

JE vous préviens, Citoyen, que j'ai fixé le droit de jeaugeage sur les rums, tafias et sirops, exportés à l'étranger, à 20 sols par 100 gallons; ainsi les Jeaugeurs de Saint Pierre, du Fort-de-France et de Ste-Lucie, ne pourront à l'avenir exiger une plus forte rétribution. Cette fixation doit même avoir un effet rétroactif à compter du jour où les Jeaugeurs ont dû cesser, d'après mes ordres, de percevoir suivant l'usage qui avait, dit-on, été établi précédemment, mais dont je n'ai trouvé aucune trace dans les anciens papiers de la colonie.

Je vous prie, Citoyen, de donner les ordres nécessaires pour que cette disposition soit exactement suivie.

J'ai l'honneur de vous saluer. *Signé*, BERTIN.

(N°. 984.) LETTRE *du Préfet colonial, aux Interprètes des Langues étrangères à St-Pierre, portant que les Capitaines des Bâtimens étrangers seront tenus de déposer à l'Inscription maritime leurs Rôles et Registres.*

Du 23 pluviôse an XI (12 février 1803).

JE vous préviens, Citoyens, que mon intention est que les Capitaines de tous les navires étrangers qui arriveront dorénavant à Saint Pierre, soient tenus de déposer au bureau de l'Inscription maritime leurs rôles et registres, je vous engage à tenir la main à l'exécution de cette mesure en ce qui vous concerne.

Je vous préviens au surplus, que les Capitaines étrangers ne doivent rien payer dans les bureaux de l'administration, et que le dépôt des rôles et registres, ainsi que leurs levées et expéditions, doivent se faire *gratis*, veuillez les en prévenir de ma part.

Je vous salue. *Signé*, BERTIN.

(N°. 985.) ARRÊTÉ *des Capitaine-général et Préfet colonial, relatif à l'Exportation par les Bâtimens étrangers, des Denrées coloniales*, le Coton excepté, *provenantes du sol de Sainte-Lucie.*

Du 23 pluviôse an XI (12 février 1803).

VU leurs arrêtés précédemment rendus sur l'exportation et l'importation des marchandises françaises et étrangères, et des denrées coloniales par bâtimens nationaux ou étrangers;

Vu l'arrêté du 20 nivôse dernier, (10 janvier 1803,) relatif à l'introduction des noirs à Ste-Lucie, et à l'exportation des denrées de cette colonie par les bâtimens étrangers, et les justes observations qui leur ont été faites par les Autorités locales, sur quelques-unes des dispositions dudit arrêté;

Considérant que la permission donnée aux bâtimens étrangers d'exporter des sucres de Sainte-Lucie, ne favorise que le plus petit nombre des Habitans propriétaires, et qu'il est dans l'intention du Gouvernement de répartir ses bienfaits le plus également possible sur tous les Colons de cette île malheureuse;

Considérant que tous les genres de culture doivent être favorisés dans cette colonie, pour la rendre dans la suite plus utile au commerce de la Métropole, arrêtent :

ART. Ier. Jusqu'à ce qu'il en soit autrement ordonné, la faculté accordée aux bâtimens étrangers qui apporteront à Sainte-Lucie des marchandises non prohibées, d'en exporter des sucres bruts, est étendue à toutes les autres productions de cette colonie, *à l'exception du coton, uniquement réservé au commerce français.*

II. Les bâtimens étrangers paieront 6 et ½ pour 100 de la valeur des denrées coloniales qu'ils exporteront de Ste-Lucie.

Celles exportées par des bâtimens nationaux en France, ou dans les possessions françaises, ne seront soumises à aucun droit en sortant de ladite colonie.

III. Toutes les dispositions de l'arrêt du Conseil, du 30 août 1784, et celle des arrêtés des Capitaine-général et Conseiller d'Etat, Prefet colonial, en date des 11, 20 et 29 nivôse dernier, sont maintenues en ce qui n'est pas contraire au présent arrêté.

IV. Le Sous-préfet chef d'administration à Ste Lucie, et le Directeur-général du Domaine, sont chargés de veiller à l'exécution du présent arrêté qui sera imprimé, *etc.*

Donné à la Martinique, le 23 pluviôse an XI. *Signé*, VILLARET JOYEUSE, *et* BERTIN.

(N°. 986.) Arrêté *des Capitaine-général et Préfet colonial, concernant l'Imposition pour l'année* 1803.

Du 29 pluviose an XI (18 février 1803).

VU le rapport du Directeur-général du Domaine, les ordonnances précédemment rendues sur l'assiette de l'impôt et les projets d'utilité publique;

Considérant que malgré les dépenses extraordinaires qu'exige l'établissement d'une grande administration, les Autorités de ces colonies ont eu l'avantage de pouvoir jusqu'à ce jour faire face, avec les ressources du moment, à toutes les parties du service public;

Que s'il est nécessaire d'employer tous les moyens d'assurer la tranquillité des Colons et la paisible possession de leurs propriétés, d'augmenter la culture et le commerce des îles, et d'y appeler une prospérité nouvelle, le Gouvernement trouve aussi sa propre satisfaction à remplir ce but, sans surcharges pour les Habitans et les Propriétaires, arrêtent :

Art. Ier. L'imposition pour l'année 1803, demeure assise et sera répartie comme elle l'a été pendant les années 1801 et 1802, et ainsi qu'il suit :

II. Seront soumis à la capitation, tous les esclaves depuis l'âge de 14 ans inclusivement, jusqu'à l'âge de 60 ans exclusivement.

III. Il sera payé pour tous les esclaves attachés aux sucreries, une capitation de 18 l. par tête, et pour tous les esclaves attachés aux autres genres de culture, une capitation de 12 liv. par tête.

IV. Il sera payé pour tous les esclaves attachés aux rummeries et vinaigreries, autres que celles qui dépendent des sucreries, une capitation de 25 liv. par tête.

V. Il sera payé pour tous les esclaves attachés aux poteries et chaufourneries, pour lesquels il sera fourni des dénombremens à part, une capitation de 25 liv. par tête

VI. Il sera payé pour tous les esclaves des villes et bourgs, ouvriers, domestiques ou servant à loyer, ceux qui sont employés à la pêche ou dans les accons, bateaux caboteurs, canots de poste ou de passage, une capitation de 30 liv. par tête.

Les personnes domiciliées dans les villes et bourgs ayant habitation, et celles résidantes sur leurs habitations, qui ont des esclaves employés dans les villes et bourgs, ou aux ouvrages indiqués ci-dessus, fourniront des dénombremens particuliers pour lesdits esclaves.

VII. Les Habitans qui auront plusieurs genres de culture, paieront la capitation de leurs esclaves à raison de la culture la plus imposée.

VIII. La taxe dite pour les nègres justiciés, sera de 2 liv. 5 s. par tete, ainsi qu'il a été établi pour l'année précédente.

IX. Les maisons de Saint-Pierre paieront un droit de 5 pour 100 sur le montant de leurs loyers, et à l'égard des Propriétaires qui les occuperont eux-mêmes, le droit de 5 pour 100 sera arbitré sur la dernière estimation qui en a été faite en 1797.

X. Les maisons situées dans la ville du Fort-de-France, dans les bourgs du Lamentin, de la Trinité et du Marin, paieront un droit de 3 pour 100.

Seront cependant, déchargées de l'imposition, les maisons de Saint-Pierre et des autres lieux ci-dessus designés, qui seront plus de 3 mois sans être louées et ce pour le tems qu'elles resteront dans cet état, ce que les Propriétaires seront tenus de constater, contradictoirement avec le Directeur-général du Domaine ou ses Préposés.

XI. Les rôles et déclarations de maisons devant être dressés par numéros, il sera fait, aussitôt après la publication du présent arrêté, une vérification et rectification desdits numéros.

XII. Les Propriétaires des maisons ne pourront faire de poursuites en justice pour obtenir le paiement de leurs loyers que sur les déclarations de leurs Locataires, qu'ils auront fournies au bureau du Domaine, et dont une expédition leur sera délivrée par le Directeur.

XIII. Ceux qui auront fait de fausses déclarations, seront poursuivis à la diligence du Directeur-général du Domaine, selon toute la rigueur des ordonnances.

XIV. L'impôt de 3 sols pour livre dit additionnel, établi sous le Gouvernement anglais, pour l'armement et entretien de deux bâtimens garde-côtes, est porté à 5 s., pour subvenir aux dépenses d'établissement et d'entretien de la gendarmerie coloniale, employée à la surveillance dans l'intérieur de l'île. Cet impôt sera payé par les Contribuables, additionnellement au montant de la capitation et de l'imposition sur les maisons.

XV. L'impôt dit de 4 s. pour liv., continuera d'être payé par les Contribuables, aussi additionnellement au montant de leur capitation et imposition, pour servir à l'acquittement des dettes coloniales arrêtées par le Gouvernement anglais, ainsi que pour les établissemens d'utilité et d'agrément à faire dans les villes de St-Pierre et du Fort-de-France.

XVI. Les Particuliers qui se trouveront hors d'état de payer, seront tenus de remettre au Receveur de leur département un certificat d'indigence, lequel sera délivré par le Curé de leur paroisse, visé par le Commissaire civil et approuvé du Conseiller d'Etat, Préfet colonial. Ces certificats seront rapportés par les Receveurs au Directeur-général du Domaine, qui nous en référera après avoir reçu le compte des Receveurs.

XVII. Le père de plus de 10 enfans vivans, présens dans la colonie, sera exempt d'impositions, tant sur ses nègres des villes et sur ceux de ses habitations, que sur ses maisons.

XVIII. Les Habitans et autres qui formeront de nouveaux établissemens, jouiront pendant deux années de l'exemption de la capitation sur la quantité de nègres qu'on jugera devoir y être employés, suivant la déclaration qu'ils auront faite par devant l'Officier civil du lieu, laquelle sera accompagnée d'un procès-verbal d'arpentage, pour constater l'étendue réelle du terrein à défricher, et sera le tout avec l'attestation dudit Officier, communiqué au Directeur-général du Domaine. Cette exemption n'aura lieu que pour les terres concédées depuis 1767, et qui n'auront pas été anciennement défrichées.

XIX. Tous les Cabaretiers, Traiteurs, Aubergistes, Limonadiers et autres vendant vin, eau de-vie et liqueurs et ceux tenant billards ou jeux permis, soit que ces derniers donnent à boire ou non, paieront par année, les sommes fixées ci-après, savoir :

Ceux résidans au Fort-de-France, 1,200 livres ; ceux résidans à Saint-Pierre, 1,600 liv. ; ceux résidans au Lamentin, 800 liv. ; ceux résidans à la Trinité, 600 liv. ; ceux résidans au Marin, au Prêcheur et au Carbet, 400 liv. ; ceux résidans dans les autres bourgs de l'île, 200 liv.

Le paiement de ces droits sera divisé en quatre époques, de trois mois chacune et exigible à l'avance, en janvier, avril, juillet et octobre (v. st.), après avoir obtenu du Conseiller d'Etat, Préfet colonial, une autorisation qui devra être enregistrée à la Direction générale du Domaine.

XX. Les Cabaretiers, Traiteurs, Aubergistes et autres ci-devant désignés, qui cesseront d'exercer leurs professions, seront tenus de rapporter à la Direction générale du Domaine, la permission mentionnée en l'article précédent ; ils y recevront un certificat de leur désistement, qui sera présenté aux Receveurs, et en vertu duquel ils cesseront de payer les droits.

XXI. Tous Colporteurs, Marchands-forains vendant dans les campagnes, et tous gens de couleur ou nègres libres, porteurs de balles ou de paniers, paieront une imposition de 66 liv. ; la permission qu'ils auront obtenue à cet effet du Conseiller d'Etat, Préfet colonial, devra être enregistrée à la Direction générale du Domaine, et renouvelée tous les ans.

XXII. Tous les hangards qui se trouvent établis depuis la cale dite des Pères-Blancs jusqu'à la cale Lussy, et ceux établis depuis la cale Marot jusqu'à la cale du Domaine, paieront un droit de 18 liv. par pied sur l'espace que chacun des hangards occupera le long de la tranchée ; leur plus grande étendue de la tranchée à la mer, sera fixée à 14 pieds en dehors du mur de la tranchée, à compter du haut du mur, et ledit mur non compris.

En conséquence, il sera dressé par les Officiers de la police un état exact desdits hangards, qui seront numérotés huit jours après la publication du présent ; cet état sera remis au bureau de la Direction générale du Domaine.

XXIII. Les tonnelleries existantes sur la plage, depuis la cale du Domaine jusques et compris la Galère, pourront être conservées, et il sera payé par les Propriétaires des tonnelleries, un droit de 12 liv. par pied, sur la longueur du bâtiment. Il est défendu d'en construire ailleurs, et l'on ne pourra même en établir de nouvelles dans le lieu ci-dessus désigné, qu'après en avoir obtenu la permission écrite du Conseiller d'Etat, Préfet colonial.

XXIV. Tous droits domaniaux et ci-devant seigneuriaux, tels que les épaves, bâtardises, déshérence, les biens vacans non réclamés, les confiscations et autres droits appartenans au Domaine, continueront d'être perçus comme avant 1789.

XXV. Les impositions étant acquises au Domaine dès le 1er. janvier, celles établies pour l'année présente 1803, seront acquittées dans le courant des 6 premiers mois, à défaut, les redevables seront contraints par toutes les voies de rigueur, même par corps.

XXVI. Le Directeur-général du Domaine est chargé de l'exécution du présent arrêté, qui sera imprimé, publié, *etc.*

Donné à la Martinique, le 29 pluviôse an XI.

Signé, VILLARET-JOYEUSE, *et* BERTIN.

Enregist. aux Greffes des Tribunaux.

(N°. 987.) ARRÊTÉ *des Capitaine-général et Préfet colonial, qui ordonne plusieurs Etablissemens et Monumens publics dans les villes du Fort-de-France et de St-Pierre.*

Du 30 pluviôse an XI (19 février 1803).

CONSIDÉRANT qu'il est du devoir d'une sage administration de veiller dans toutes les circonstances à la sûreté et à la conservation des Citoyens, particulièrement lorsqu'ils sont réunis dans des lieux publics;

Désirant procurer aux Habitans des villes de cette colonie toutes les ressources qu'elles présentent pour leur utilité et leur agrément, et voulant consacrer, par des monumens durables, la reconnaissance que les Colons de la Martinique ne cessent de témoigner envers le Héros qui les a rendus à leur patrie, et celle qu'ils conservent pour le bon Citoyen qui, le premier introduisit dans cette île la plante à qui elle doit sa renommée et sa prospérité, arrêtent :

ART. Ier. Les travaux commencés au Fort-de-France pour amener l'eau dans les rues de la ville et faciliter le moyen de les tenir toujours dans un état de propreté nécessaire à la santé des Habitans, seront achevés.

II. Des fontaines publiques seront établies en nombre suffisant pour fournir l'eau dans les divers quartiers de la ville du Fort-de-France.

III. Il sera érigé sur la Savane, dans la même ville, une colonne pour consacrer l'époque de la reprise de possession de la colonie par les Français.

IV. Les maisons situées en face de la salle du Spectacle à Saint-Pierre, et qui obstruent l'entrée et la sortie de cet édifice public, seront acquises par l'administration de la colonie, au prix de l'estimation qui en sera faite contradictoirement avec le Propriétaire.

V. Ces maisons seront démolies et le terrein qu'elles occupent sera consacré en une place publique, qui comprendra tout l'espace entre l'alignement de la Grande-Rue et la salle du Spectacle.

VI. La fontaine actuellement existante à côté desdites maisons sera placée au milieu de cet espace.

VII. On y élevera un monument simple à la mémoire de *Déclieux*, qui, le premier, porta des plans de café à la Martinique, et fit, à la conservation de ce dépôt précieux, le sacrifice de sa ration d'eau, dont il les arrosa chaque jour, pendant la traversée.

VIII. Il sera établi au pied de la montagne, dite le Parnasse, sur le terrein entre les deux rivières, un Jardin botanique, destiné à la culture de toutes les plantes utiles tant indigènes qu'exotiques, des épiceries de toute espèce, à l'amélioration de celle des meilleurs fruits de la colonie, et s'il est possible, à la culture des fruits d'Europe.

La Savane de la rivière sera consacrée à une promenade publique.

En conséquence, on plantera sur toute son étendue, en suivant la rivière depuis les casernes jusqu'au Château d'eau, une ou plusieurs allées d'arbres.

IX. La place dite du Mouillage où se tient le marché, sera agrandie par la démolition des deux maisons qui l'obstruent.

Au devant de cette place et du côté de la mer, il sera élevé une pyramide à la gloire des armées françaises et de *Napoléon Bonaparte*, en reconnaissance du bienfait de la paix qu'ils ont conquise, et qui, en rendant à leur patrie les Habitans de la Martinique, doit ramener dans cette colonie toutes les richesses du commerce de la Métropole.

X. Les dépenses qu'exigeront ces divers travaux, seront payées des fonds provenans des impositions existantes sur la colonie.

XI. Le Directeur du génie et des fortifications, et le Grand-voyer, soumettront, dans le plus bref délai possible, à l'acceptation du Capitaine-général et du Préfet colonial, un plan et devis de tous les travaux ci-devant énoncés; ils sont chargés, chacun en ce qui le concerne, de l'exécution du présent arrêté, qui sera imprimé, *etc.*

Donné à la Martinique, le 30 pluviôse an XI. *Signé*, Villaret, *et* Bertin.

(N°. 988.) Arrêté *des Capitaine-général et Prefet colonial, relatif aux Etrangers établis dans les colonies de la Martinique et Sainte-Lucie.*

Du 30 pluviôse an XI (19 février 1803).

Vu les lettres-patentes du mois d'octobre 1727, et le traité d'Amiens, entre la République française et le Royaume-Uni de la Grande-Bretagne.

Vu les justes réclamations des Négocians français, sur la liberté avec laquelle les Etrangers établis dans les îles de la Martinique et Ste-Lucie, continuent à y faire le commerce, depuis qu'elles ont été rendues à la France.

Considérant qu'il est de la justice et de l'intérêt des Gouvernemens de réserver exclusivement au commerce de leurs Métropoles, celui de leurs possessions coloniales respectives;

Que ce principe, reconnu de tous les peuples et consacré par les lois de toutes les nations commerçantes, vient d'être nouvellement sanctionné par le dernier traité de paix entre la France et l'Angleterre;

Considérant que les Autorités de ces colonies ont donné aux étrangers, par la faculté qu'elles leur ont laissée jusqu'à ce jour, de faire le commerce, une preuve suffisante du desir qu'elles ont d'entretenir et d'augmenter, s'il est possible, l'harmonie et les liaisons d'amitié qui existent entre leurs Gouvernemens respectifs.

Considérant enfin que les pertes et les privations de tout genre que le commerce français a éprouvées pendant la durée de la guerre, font un devoir au Gouvernement de l'aider par tous les moyens possibles à les réparer, arrêtent :

ART. Ier. Toutes les dispositions des lettres-patentes du mois d'octobre 1727, et notamment celles du titre VI, concernant les étrangers établis dans les colonies, auxquelles il n'a pas été derogé par des lois, ordonnances, réglemens ou arrêtes subséquens, seront excutées dans leur forme et teneur.

II. Le terme de trois mois accordé aux étrangers par les lettres-patentes, pour cesser leur commerce, est fixé au 1er. messidor prochain, 20 juin 1803 *(v. st.)*

III. A compter de cette époque, 1er. messidor, les magasins occupés par des étrangers, seront cédés de préférence, à prix égal, aux Commerçans ou Capitaines des navires français.

IV. Tous contrats, obligations, transactions ou engagemens faits après le 1er. messidor prochain avec des étrangers, relativement à des opérations de commerce ou négoce, soit pour leur compte, soit comme porteurs de procuration, même de maison française, seront nuls et ne pourront engager les parties, si ce

n'est

n'est pour *liquidation d'affaires ou de société commerciales.*

Il est défendu à tout Officier public de faire, rédiger, signer ou seulement recevoir de pareils actes, à compter de l'époque ci-dessus, sous peine de 6,000 liv. d'amende et d'être suspendus de leurs fonctions pendant trois années.

V. Les Marchands et Négocians français, à la Martinique et à Ste-Lucie, qui ont des Commis, Associés, Agens, Facteurs ou autres personnes étrangers, ayant part à leurs affaires de commerce, ou qui s'en mêlent directement ou indirectement, seront tenus de dissoudre les liaisons de ce genre qu'ils ont avec eux, d'ici au 1er. messidor prochain (20 juin 1803), sous peine contre les Negocians ou Marchands, de 6,000 liv. d'amende, et contre les étrangers, d'être renvoyés de la colonie.

La moitié des amendes prononcées sera donnée aux personnes qui feront connaître les contraventions aux dispositions précédentes.

VI. Les étrangers qui ont des propriétés territoriales, des maisons, magasins ou établissemens quelconques, autres que des propriétés commerciales, peuvent en jouir librement, les régir et administrer, et faire valoir par eux-mêmes ou par d'autres pour leur compte, et continuer à résider dans ces colonies sous la même garantie et protection que les lois et le Gouvernement accordent aux Citoyens français, Propriétaires ou Cultivateurs.

VII. Ceux desdits étrangers qui ne voudront pas résider dans ces colonies jouiront sous la même protection, de la faculté qui leur est accordée par l'art. XX du traité d'Amiens.

VIII. L'exécution du présent arrêté est confiée à la surveillance de tous les Fonctionnaires et des Citoyens qui exercent un ministère public; les contraventions aux dispositions qu'il renferme seront poursuivies à la diligence des Commissaires du Gouvernement près les Tribunaux. Il sera imprimé, publié, *etc.*

Donné à la Martinique, le 30 pluviôse an XI. *Signé*, VILLARET-JOYEUSE, *et* BERTIN.

Enregist. aux Greffes des Tribunaux.

(N°. 989.) ARRÊTÉ *des Capitaine-général et Préfet colonial, concernant la Vente et la Taxe du Poisson.*

Du 10 ventôse an XI (1er. mars 1803).

SUR les observations qui nous ont été faites que le prix du poisson était excessif, en raison du taux fixé par les anciennes ordonnances;

Considerant que les causes qui ont donné lieu à cette augmentation, ne subsistent plus depuis la paix; que si le prix d'achat des objets propres aux Pêcheurs a éprouvé une diminution sensible, il serait injuste que le public n'en partageât pas les avantages;

Considérant enfin que le poisson est le principal aliment de la classe indigente, arrêtent:

ART. Ier. Le prix du poisson d'une livre et au-dessus est fixé à 20 sols; le prix de celui au-dessous d'une livre est fixé à 15 s.

La troisième qualité, telle que les sardines et autres petits poissons de rebut, est taxée à 10 s. la livre.

II. Les Seineurs continueront à porter leurs poissons dans les places du marché des villes du Fort-de-France et de Saint-Pierre, et sous aucun prétexte, ils ne pourront en vendre ailleurs.

III. Il est très-expressément défendu à tous Seineurs et autres Pêcheurs, ainsi qu'à leurs Préposés, d'excéder la taxe réglée ci-dessus, sous peine de 150 livres d'amende pour la première fois, et du double en cas de récidive, applicables, moitié au dénonciateur et moitié à la gendarmerie.

Les Seineurs et Pêcheurs seront responsables des contraventions de leurs Préposés.

Les Commissaires du Gouvernement près les Tribunaux, tiendront exactement la main à l'exécution du présent arrêté, qui sera imprimé, publié, *etc.*

Donné à la Martinique, le 10 ventôse an XI. *Signé*, VILLARET-JOYEUSE, *et* BERTIN.

Enregist. aux Greffes des Tribunaux.

(N°. 990.) EXTRAIT *de l'arrêté Consulaire, qui fixe le prix des passages pour les Colonies orientales, occidentales et la côte d'Afrique.*

Du 14 ventôse an XI (5 mars 1803).

LE Gouvernement de la République, sur le rapport du Ministre de la marine et des colonies ; le Conseil d'Etat entendu, arrête :

ART. Ier. Les passages, pour les Colonies orientales, occidentales et la côte d'Afrique, des Personnes employées, soit dans le militaire, soit dans le civil, qui seront embarquées sur des bâtimens du commerce, seront payés sur le pied ci-après ; savoir :

La Guiane Française, les Isles de l'Amérique du du Vent et sous le Vent.

Pour chaque Passager, nourri à la table du Capitaine, en allant, 300 francs ; en revenant, 400 francs.

Pour chaque Passager, à la ration simple, y compris sa nourriture, en allant, 100 fr. ; en revenant, 150 fr.

N.B. Le reste de cet arrêté étant relatif à la Louisiane, au Sénégal, à la côte d'Afrique et aux grandes Indes, nous avons cru devoir le supprimer comme inutile dans ce Code.

(N°. 991.) ARRÊTÉ *Consulaire, concernant les attributions des Officiers d'administration des Colonies, en ce qui concerne les Naufrages et les Prises.*

Du 14 ventôse an XI (5 mars 1803).

LE Gouvernement de la République, sur le rapport du Ministre de la marine et des colonies; le Conseil d'Etat entendu, arrête :

ART. Ier. L'arrêté du 17 floréal an IX, qui fixe les attributions des Officiers d'administration de la marine, en ce qui concerne les naufrages et les prises, aura son exécution dans les ports des colonies françaises, comme dans tous les autres ports de la République.

II. L'arrêté du 29 prairial an X, concernant l'administration de la justice des colonies, et celui du 12 vendémiaire dernier concernant les contraventions aux lois ou réglemens sur le commerce étranger dans les colonies, seront exécutés en tout ce en quoi il n'est pas dérogé par l'article ci-dessus.

III. Le Ministre de la marine et des colonies est chargé de l'exécution du présent arrêté, qui sera inséré au Bulletin des lois.

Signé, BONAPARTE; *par le premier Consul*, le Secrétaire d'Etat, H. B. MARET.

Enregist. aux Greffes des Tribunaux.

(N°. 992.) ARRÊTÉ *Consulaire, portant que le Capitaine-général, le Prefet colonial et le Payeur des colonies de la Guadeloupe, de la Martinique, de Sainte Lucie et de Tabago, ne pourront, sous quelque prétexte que ce soit, tirer des Traites ou Lettres-de-change sur le Trésor public.*

Du 14 ventôse an XI (5 mars 1803).

(N°. 993.) EXTRAIT *d'une Dépêche ministérielle de M.* Decrès, *au Prefet colonial, sur les Demandes en avancement des Officiers d'administration.*

Du 19 ventôse an XI (10 mars 1803).

Le Ministre dans cette dépêche, adressée au Préfet colonial, après lui avoir fait part de la sanction donnée par le Ier. Consul, à l'avancement de plusieurs Officiers d'administration, s'exprime ainsi : « Je dois vous observer dès-à-présent, qu'il m'a manifesté l'intention de n'autoriser des avancemens très-rapides que sur des motifs extraordinaires, d'après des services et des talens signalés, et qu'en général il faut avoir au moins deux ans d'activité dans un grade, pour pouvoir prétendre à passer à un grade supérieur. Ces principes devront désormais vous servir de règle dans les demandes de promotions que vous pourrez avoir à m'adresser. »

(N°. 994.) EXTRAIT *d'une Dépêche ministérielle de M.* Decrès, *au Prefet colonial, relative à la réunion des deux Missions religieuses.*

Du 20 ventôse an XI (11 mars 1803).

Le Ministre mande au Préfet colonial, que parmi les dispositions qu'il propose à l'approbation du Gouvernement, *la réunion des deux Missions religieuses* lui a paru sagement combinée, et qu'il va, à cet égard, se concerter avec le Conseiller d'Etat chargé des cultes, pour en préparer le projet et les mesures exécutoires; *mais*, ajoute-t-il, *le Ier. Consul a vu avec surprise, qu'au moment où vous lui soumettez la proposition, extrêmement délicate, de créer un Evêque à la Martinique, vous avez anticipé sur sa décision, en attribuant à la Maison apostolique le titre de* MAISON ÉPISCOPALE.

(No. 995.) ARRÊTÉ *des Capitaine-général et Préfet colonial, qui rend officiel le Journal intitulé :* Feuille du Commerce *ou* Petites Affiches de la Martinique.

Du 22 ventôse an XI (13 mars 1803).

CONSIDÉRANT la nécessité de faire parvenir d'une manière sûre et prompte aux divers Fonctionnaires de la colonie, les actes du Gouvernement à l'exécution desquels ils doivent concourir, arrêtent :

ART. Ier. A dater du 1er. germinal prochain, *la Feuille du Commerce* ou *Petites Affiches de la Martinique*, prendra le titre de *Gazette Officielle, Politique et Commerciale de la Martinique.*

II. Tous les arrêtés, réglemens, ordonnances et avis que le Gouvernement y fera insérer, seront censés dûment notifiés aux divers Fonctionnaires. Ils devront sur-le-champ, mettre à exécution lesdits arrêtés, réglemens, ordonnances et avis, comme s'ils leur eussent été directement et officiellement adressés par l'autorité supérieure.

III. La Gazette Officielle sera régulièrement envoyée, aux frais du Gouvernement, à toutes les autorités militaires, civiles et judiciaires de la Martinique et de Ste-Lucie, d'après la liste nominative qui en sera fournie au Directeur de l'abonnement.

IV. Toute personne qui desirera obtenir un passe-port, devra faire annoncer préalablement son départ dans trois numéros consécutifs de la Gazette Officielle, pour donner à ceux qui seraient dans le cas d'y mettre une opposition légitime les moyens de faire à ce sujet, les diligences nécessaires.

V. La Gazette Officielle continuera d'être rédigée et distribuée d'après le plan suivi jusqu'à ce jour, pour la Feuille du Commerce.

Chaque numéro avant d'être imprimé, sera soumis à la sanction de l'administration coloniale.

VI. Le présent arrêté sera imprimé, publié, affiché et inséré dans la Gazette Officielle, et enregistré au Greffe des Tribunaux.

Donné à la Martinique, le 22 ventôse an XI. *Signé*, VILLARET, *et* BERTIN.

Enregist. aux Greffes des Tribunaux.

(N°. 996.) ARRÊTÉ *Consulaire, qui ordonne l'établissement de Chambres d'Agriculture à St-Domingue, à la Martinique, à la Guadeloupe, à Cayenne, à l'Isle-de-France et à l'Isle-de-la-Réunion.*

Du 23 ventôse an XI (14 mars 1803).

LE Gouvernement de la République, sur le rapport du Ministre de la marine et des colonies, le Conseil d'Etat entendu, arrête :

ART. Ier. Il sera établi des Chambres d'agriculture à Saint-Domingue, à la Martinique, à la Guadeloupe, à Cayenne, à l'Isle-de-France et à l'Isle-de-la Réunion.

II. Il y aura à Saint-Domingue quatre Chambres d'agriculture, savoir :

Une au Cap, pour la partie du nord; une au Port-Républicain, pour la partie de l'ouest; une aux Cayes, pour la partie du sud; et une quatrième pour la partie ci-devant espagnole.

Il n'y aura qu'une Chambre d'agriculture pour chacune des autres colonies, désignées dans l'art. Ier.

III. Les Chambres d'agriculture seront composées de cinq Membres.

IV. Nul ne pourra être reçu Membre de la Chambre, s'il n'a 25 ans accomplis; et s'il n'est Propriétaire ou fils de Propriétaire d'une habitation, ayant au moins 40 noirs attachés à la culture, pour St-Domingue, la Martinique et la Guadeloupe; et 25 noirs également attachés à la culture, pour Cayenne, l'Isle-de-France et celle de la Réunion. Il faudra encore, pour être élu, avoir résidé 3 années dans la colonie.

V. Les fonctions attribuées aux Chambres d'agriculture, sont : 1°. de présenter des vues sur les moyens d'améliorer la culture des colonies; 2°. de faire connaître au Gouvernement, les causes qui en arrêtent les progrès; 3°. de correspondre chacune avec le Député qu'elle aura à Paris, ainsi qu'il sera dit ci-après, art. XI.

VI. Les Chambres d'agriculture pourront aussi correspondre directement avec le Ministre de la marine et des colonies.

VII. La nomination des Membres des Chambres d'agriculture sera faite de la manière suivante :

Le Capitaine-général et le Préfet colonial, feront chacun séparément, une liste d'un nombre d'Habitans ayant les qualités requises par l'article IV; elle sera double du nombre des Membres qui doivent composer chaque Chambre d'agriculture; ces deux listes seront adressées au Ministre de la marine et des colonies, pour être mises sous les yeux du Gouvernement, qui nommera, parmi les Citoyens portés sur ces listes, les Membres de la Chambre; il nommera en outre, sur les mêmes listes, deux Suppléans.

VIII. La durée des fonctions de chaque Membre composant les Chambres d'agriculture, sera de 5 ans. En cas de mort ou de démission, les Suppléans entreront en fonctions, dans l'ordre de leur désignation;

et à leur défaut, le Gouvernement y pourvoira de la même manière qu'à la première formation desdites Chambres.

IX. Les Chambres d'agriculture se réuniront toutes les fois qu'elles le jugeront à propos, sur la convocation et sous la présidence du Doyen d'âge. Le Préfet pourra les présider lorsqu'il le jugera convenable. Elles se choisiront un Secrétaire hors de leur sein.

X. Le service desdites Chambres sera gratuit, sauf les frais du secrétariat, qui seront réglés par les Préfets, Sous-préfets ou Chefs d'administration, et portés sur les états de dépenses intérieures de la colonie.

XI. Chaque Chambre nommera un Député. Ce Député sera pris hors de son sein, et résidera à Paris; il sera élu au scrutin secret, et à la pluralité absolue des suffrages. Sa nomination sera préalablement soumise à l'approbation du Gouvernement.

XII. Les Députés de toutes les Chambres seront en exercice pendant 5 ans, et seront indéfiniment rééligibles, le tout sous le consentement du Gouvernement.

XIII. Les Députés des Chambres se réuniront en Conseil près du Ministre de la marine et des colonies.

XIV. Le traitement de chaque Député sera de 14,000 francs, et porté sur l'état des dépenses intérieures de la colonie.

XV. Il y aura également dans ce Conseil un Député de Tabago.

XVI. Le Ministre de la marine et des colonies est chargé de l'exécution du présent arrêté, qui sera inséré au Bulletin des lois.

Signé, BONAPARTE; *par le premier Consul*, le Secrétaire d'Etat, H. B. MARET.

(N°. 997.) ARRÊTÉ *des Capitaine-général et Préfet colonial, qui ordonne la vérification des Titres dont se trouvent porteurs les Gens de couleur se disant Libres.*

Du 24 ventôse an XI (15 mars 1803).

CONSIDÉRANT que les désordres inséparables de la révolution et de la guerre ont pu mettre des obstacles à l'exécution complète de plusieurs lois essentielles au système colonial; qu'il importe de consolider entièrement ce système sur ses anciennes bases, reconnues les seules convenables aux intérêts de la Métropole et au bonheur des Colons;

Considérant que de toutes ces lois, celles concernant les affranchissemens doivent être le premier objet de l'attention du Gouvernement; que la surveillance à cet égard est particulièrement recommandée par le Ier. Consul, et qu'il convient d'assurer enfin, l'état de ceux qui sont légalement libres, et de faire cesser les incertitudes et les alarmes qu'ils pourraient concevoir, arrêtent :

Art. Ier. Tous les gens de couleur de l'un et de l'autre sexe, se disant libres, et vivant comme tels, sont tenus de déposer au Greffe des Tribunaux de première instance de la ville du Fort-de-France et de St-Pierre, les titres en vertu desquels ils se prétendent libres, desquels titres il sera gratuitement fourni un récépissé par les Greffiers desdits Tribunaux.

II. Ceux des gens de couleur qui dans le délai de trois mois, à compter du 1er. germinal prochain, n'auront pas représenté leurs titres de liberté, seront considérés comme esclaves épaves, et comme tels, vendus à l'encan, dans les formes ordinaires, au profit de l'Etat.

III. Il sera nommé auprès de chaque Tribunal par le Gouvernement, un Commissaire pour examiner et vérifier lesdits titres.

IV. Les titres de liberté qui auront été reconnus réguliers et conformes à ce qui est exigé par les ordonnances du 24 octobre 1713 et 15 juin 1736, seront apostillés comme valides par ledit Commissaire et inscrit sur un registre particulier qui sera déposé au Greffe de la Prefecture.

Ces titres ainsi apostillés seront définitivement sanctionnés par le Capitaine général ou le Préfet colonial.

Les enfans des gens de couleur reconnus libres, et ceux qui par suite obtiendraient du Gouvernement le bienfait de leur liberté, seront inscrits sur le registre particulier des affranchissemens. En conséquence il est ordonné aux pères et mères de présenter, dans le délai de trois mois, aux Commissaires-vérificateurs, l'acte de baptême de leurs enfans nés libres, et de remplir la même formalité pour ceux des enfans qu'ils auraient à l'avenir, aussitôt après leur naissance, sous peine d'une amende de 200 liv. contre les père et mère pour chacun des enfans non enregistrés, lesquels au surplus seront réputés esclaves, confisqués et vendus, au profit de l'Etat.

V. Ceux de ces titres qui ne seraient pas revêtus des formes voulues par les ordonnances, ou dont l'existence paraîtrait suspecte, et ceux qui auront été accordés en pays étrangers, et même dans la colonie pendant un tems où les circonstances n'ont pas permis de suivre strictement les réglemens et ordonnances, seront, avant d'être apostillés, déférés par les Commissaires-vérificateurs au Gouvernement, pour être définitivement statué par lui sur la validité ou l'invalidité desdits titres.

VI. Tout titre de la nature de ceux mentionnés en l'article précédent, qui aura été confirmé et sanctionné par le Gouvernement, sera aussi apostillé et mentionné sur les registres des hommes reconnus libres.

VII. A l'égard des individus qui allégueront avoir perdu leurs titres de liberté, ils seront admis à en faire la preuve, tant par titres équivalens que par témoins, par devant le Tribunal des lieux, comme s'agissant de maintenue dans la possession de leur état, et dans le délai qui leur sera prescrit par le Commissaire chargé de la vérification.

VIII. Les esclaves de cette colonie qui se trouvent avoir été affranchis en pays etrangers, et dont l'affranchissement n'aura pas été confirmé par le Gouvernement suivant l'article ci-dessus, seront tenus d'évacuer la colonie dans le délai de trois mois, pour se rendre dans celle où ils auront été affranchis, s'ils n'aiment mieux renoncer à leur affranchissement en retournant chez leurs anciens maîtres ou leurs ayant-causes, qui en ce cas seront tenus de les placer sur leur dénombrement, comme leurs esclaves.

Cette option est accordée par pure indulgence pour cette fois seulement, et sans tirer à conséquence pour l'avenir.

IX. Il en sera de même de tous les esclaves se disant libres qui vagabondent dans cette colonie, sans autres titres que la permission de leurs maîtres. Quoique la loi les répute épaves, le Gouvernement veut bien, eu égard aux circonstances et sans tirer aussi à conséquence pour l'avenir, leur permettre de retourner chez leurs maîtres, pour y servir comme esclaves : il est enjoint aux maîtres de les recevoir

et

et de les porter de suite sur leur dénombrement, sous peine de l'amende prononcée contr'eux, par l'ordonnance du 15 juin 1736; et de confiscation desdits esclaves au profit de l'Etat.

Dans le cas où les dénombremens de la présente année seraient déjà fournis au Domaine, les maîtres desdits esclaves sont tenus de les porter sur un supplément de dénombrement, lequel sera remis aussitôt après la publication du présent arrêté.

X. Chaque Commandant de bataillon des milices présentera au Capitaine-général, dans le délai d'un mois, un état nominatif de tous les gens de couleur, qui, au 1er. vendémiaire dernier, se trouvaient enrôlés dans le bataillon avec ou sans la permission d'usage, pour parvenir à obtenir leur affranchissement; à cet état sera jointe une note instructive sur la moralité et la bonne conduite desdits enrôlés, afin que le Capitaine-général puisse juger de ceux qui méritent de servir pour obtenir leur affranchissement et leur délivrer en conséquence un titre qui les fonde à réclamer cette faveur, aussitôt que le terme de leur service sera expiré; bien entendu que lesdits esclaves ainsi affranchis seront toujours à la disposition du Gouvernement pour toutes les corvées dont il jugera à propos de les charger.

XI. Tous affranchis non français appartenant à des colonies étrangères et qui n'auront pas obtenu du Gouvernement la permission de se fixer dans cette colonie, seront tenus d'en sortir incontinent, à moins qu'ils ne justifient que des affaires d'intérêt nécessitent leur présence pour un tems déterminé, qui, en ce cas, pourra leur être accordé par le Gouvernement.

XII. Sont exceptés de l'article précédent, les affranchis étrangers qui se trouvent avoir des propriétés foncières dans cette colonie, ou qui, ayant femme ou enfans, sont intéressés à sa conservation, lesquels pourront continuer à y résider, tant qu'ils auront une bonne conduite.

XIII. Les affranchis et ceux qui pourront l'être par la suite, seront tenus de prendre un nom propre, qui puisse les faire connaître et les distinguer de ceux qui portent le même nom de baptême; la déclaration qu'ils feront desdits noms sera inscrite sur le registre mentionné en l'art. II. Sous aucun prétexte, ils ne pourront porter le nom de leurs anciens maîtres, ou de tout autre blanc de la colonie, sous peine de radiation et de 1,000 livres d'amende, comme aussi il est enjoint sous les mêmes peines à tous ceux qui se seront permis d'usurper ces noms, de les quitter de suite pour en prendre un autre.

XIV. Défenses sont pareillement faites aux maîtres de faire aucun pacte et traité avec leurs esclaves, tendant à favoriser leur indépendance, en quelque manière que ce soit, sous peine de 6,000 liv. d'amende. Il est enjoint auxdits maîtres de surveiller et de traiter leurs esclaves conformement aux lois et ordonnances rendues à ce sujet.

XV. Les mariages qui ont été faits jusqu'à ce jour dans la colonie, entre les gens de couleur libres et leurs esclaves, sont confirmés.

Ils ne pourront avoir lieu désormais sans la permission expresse du Gouvernement, de laquelle MM. les Curés seront tenus de faire mention dans les actes de mariage, sous peine de nullité desdits actes, d'interdiction contre ceux qui les auraient faits, et de la saisie de leur temporel. Ils ne pourront aussi, sous les mêmes peines, baptiser aucun enfant et marier aucun homme ou femme de couleur, comme libre, sans s'être fait représenter les titres qui en justifient et dont ils feront également mention dans lesdits actes.

XVI. Le Gouvernement se réserve de prononcer sur la validité des mariages contractés en pays étranger, entre les gens de couleur libres et leurs esclaves.

XVII. Tous les Prêtres desservans les cures, sont tenus d'envoyer régulièrement tous les 3 mois au Commissaire du Gouvernement près le Tribunal d'appel, un état nominatif des gens de couleur qu'ils auront mariés et des enfans de couleur qu'ils auront baptisés comme libres, pour lesdits enfans être confisqués et vendus au profit de la République, s'ils sont nés de mères esclaves. Ledit état contiendra tous les actes concernant les gens libres qui auront été portés sur les registres de la paroisse.

XVIII. Un double des registres sur lesquels seront inscrits les gens de couleur dont les libertés seront confirmées et ceux qui n'ont pas été reconnus libres, sera remis à la Direction générale du Domaine.

XIX. Les Propriétaires d'esclaves, les Curés, les Commissaires du Gouvernement près les Tribunaux, le Directeur-général du Domaine, les Notaires et autres Fonctionnaires publics, sont chargés chacun en ce qui les concerne de l'execution du présent arrêté et de celle de toutes les lois et ordonnances concernant les esclaves et les affranchis, notamment de celles de 1685, 1713, 1736 et 1774, lesquelles sont maintenues en tout ce qui ne lui est pas contraire.

XX. Le présent arrêté, sera imprimé, lu, *etc.*

Donné à la Martinique, le 24 ventôse an XI. *Signé*, VILLARET-JOYEUSE, *et* BERTIN.

Enregist. aux Greffes des Tribunaux.

(N°. 998.) EXTRAIT *de la Décision des Capitaine général et Préfet colonial, qui accorde à la paroisse du Mouillage la jouissance temporaire de la Maison nationale, accordée pour servir de Presbytère.*

Du 24 ventôse an XI (15 mars 1803).

Le Capitaine-général et le Conseiller d'Etat, Préfet colonial, ayant pris connaissance de la délibération de la paroisse du Mouillage, en date du

Ne pouvant accueillir la demande faite par les Habitans de ladite paroisse, d'affecter la Maison, devenue épiscopale, au logement du Ministre desservant leur paroisse; ils confirment néanmoins les dispositions déjà faites d'après l'ordre du Préfet colonial, pour diminuer autant qu'il est possible cette dépense du culte, que doivent entièrement supporter lesdits Habitans; ils consentent à laisser à la Fabrique la jouissance gratuite de la Maison nationale, nouvellement occupée par ledit Curé. *etc.*; à la charge par ladite Fabrique de faire réparer à ses frais et d'entretenir en bon état ladite maison et ses dépendances.

La présente décision sera lue dans une prochaine assemblée des Habitans et consignée sur leur registre.

Donné à la Martinique, le 24 ventôse an XI. *Signé*, VILLARET, *et* BERTIN.

(N°. 999.) EXTRAIT *d'une Circulaire ministérielle de M.* Decrès, *aux Préfets coloniaux, concernant l'envoi de la* Vaccine, *pour être employée dans les Colonies.*

Du 25 ventôse an XI (16 mars 1803).

Le Ministre dans cette circulaire adressée à tous les Préfets coloniaux, leur fait part que d'après les succès multipliés que *la vaccine* obtient en Europe et jusques dans la Turquie d'Asie, il s'est occupé des moyens de faire jouir les colonies du bienfait de cette découverte, sur-tout, sachant que le fléau de la petite vérole exerce ses ravages avec plus de fureur en Amérique et dans l'Inde, qu'en Europe. En conséquence, il les invite à donner la plus grande publicité à cette découverte, en répandant dans les habitations et les maisons les exemplaires qu'il envoie, des *Instructions du Comité de médecine sur la pratique de cette nouvelle inoculation*, infiniment préférable à l'ancienne; le Ministre termine sa lettre par cette phrase: *il s'agit de bannir de nos colonies ce fléau destructeur; je ne puis manquer d'être puissamment secondé par vous.*

(N°. 1000.) ARRÊTÉ *du Grand-Juge, concernant les fonctions et les devoirs des Huissiers près les Tribunaux de la Martinique et de Sainte Lucie.*

Du 9 germinal an XI (30 mars 1803).

CONSIDÉRANT que le réglement concernant les devoirs des Huissiers est insuffisant, que le Président du Tribunal de St-Pierre lui a dénoncé plusieurs abus non prévus, et lui a présenté à ce sujet plusieurs observations utiles;

Considérant que les Huissiers des Tribunaux des deux colonies doivent être soumis aux mêmes obligations;

Après en avoir délibéré avec le Capitaine-général, arrête :

Art. Ier. Les Huissiers des Tribunaux de la Martinique et de Sainte-Lucie, mettront à exécution dans les 24 heures, du jour où les dossiers leur auront été remis, les sentences de première instance et jugemens d'appel, à peine de 50 liv. d'amende contre l'Administrateur de la bourse commune pour chaque dossier en retard, sauf son recours contre les Huissiers porteurs de pièces.

II. Si l'Administrateur a nommé des Huissiers pour la saisie et exécution, la susdite amende, le cas échéant, sera due par lesdits Huissiers, et retenue sur leur part au premier partage, et pour constater la remise, l'Administrateur fera écrire en marge du registre le nom de chaque Huissier, à côté de la mention de chaque dossier.

III. Seront nuls, et ne pourront passer en taxe, tous procès-verbaux de carence qui seront dressés, si les Requérans prouvent qu'il y avait moyen de saisir chez le Débiteur; pour les mettre à même de faire cette preuve, les Huissiers porteurs des pièces, seront tenus de rendre compte dans les 24 heures à l'Administrateur, et celui-ci le jour suivant au Procureur ou à la partie, qui pourront dans les 3 jours qui suivront, indiquer les effets saisissables et non saisis.

VI. Dans le cas de l'art. III, l'Administrateur, sera tenu de tous dommages-intérêts envers les parties, sauf son recours contre les Huissiers porteurs des pièces; et en outre chacun desdits Huissiers sera condamné à 50 liv. d'amende à prélever sur le premier réglement de la bourse commune.

V. Il est défendu auxdits Huissiers envoyés pour les saisies-exécutions, de se retirer et de suspendre ces exécutions sur l'allégation d'un appel qui ne leur serait pas à l'instant représenté dûment en forme, à peine de tous dommages-intérêts, de nullité du procès-verbal et de la susdite amende de 50 liv.

VI. Il est enjoint à tous Huissiers qui recevront des sommes de les verser dans le jour même entre les mains du Trésorier, sous la même peine, en conséquence l'Administrateur sera tenu de fournir au Trésorier une note du dossier remis, et des titres qui ne seraient pas rentrés le jour où la signification en a dû être faite, à peine contre ledit Administrateur de tous dommages-intérêts envers les parties.

VII. Ne pourront les Huissiers laisser au bureau aucune signification d'exploit, sentence ou jugement pour être retiré par les Défenseurs; mais seront, lesdits exploits, sentences ou jugemens, remis ès-mains desdits Défenseurs ou Avoués, ou en celle des parties, quand le cas le requiert, à peine, pour chaque signification qui ne serait pas remise au jour de sa rentrée, de ladite amende de 50 liv., à l'effet de quoi l'Administrateur en remettant les pièces à signifier, fera mettre en marge du registre le nom de l'Huissier qui sera chargé des pièces et de la date de cette remise, à peine contre ledit Administrateur d'une amende de 100 livres, prise comme dessus.

VIII. Les Huissiers-encanteurs verseront entre les mains du Trésorier, tous les 8 jours le produit de leur recette, et celui-ci en fournira note à l'Administrateur pour en faire état sur ses registres en distinguant les sommes appartenantes à chaque vente ; à peine contre l'Encanteur et le Trésorier ou l'Administrateur, chacun en ce qui sera son fait, de 100 liv. d'amende, à retenir sur le premier réglement de la bourse.

IX. Ne pourront les Administrateur et Trésorier, retarder les réglemens avec les Défenseurs et Avoués au-delà de deux mois, à peine en cas de négligence, et à défaut de la représentation du réglement dans la quinzaine après chaque séance du Tribunal d'appel, de 100 livres d'amende contre l'Administrateur et de pareille somme contre le Trésorier.

X. Les Huissiers se rendront au bureau depuis 7 heures jusqu'à midi, et depuis 2 heures jusqu'au soleil couché. Ils seront exacts à porter sur le rôle, au Greffe, les causes, la veille des audiences ou l'avant-veille, si l'audience est un lundi ou le lendemain d'une fête, sous peine de 9 liv. d'amende pour chaque absence, à l'appel qui sera fait, contre chaque Huissier absent sans cause légitime, et de 27 liv. contre l'Huissier de service qui n'aurait pas fait les enrôlemens.

Toutes lesdites amendes seront payées à la vue de la feuille, qui constatera le retard, et applicables aux réparations du Palais de justice près duquel l'Huissier amendé exercera ses fonctions.

Donné à la Martinique, le 9 germinal an XI.

Signé, LEFESSIER GRANDPREY.

Enregist. aux Greffes des Tribunaux.

(N°. 1001.) LOI *relative au délai des Assignations dans les Colonies.*

Du 28 germinal an XI (18 avril 1803).

BONAPARTE, Ier. Consul, proclame loi de la République, le décret suivant, rendu par le Corps législatif le 28 germinal an XI, conformément à la proposition faite par le Gouvernement le 18 germinal, communiquée au Tribunat le lendemain.

DÉCRET.

ART. Ier. Les délais des assignations données aux parties domiciliées dans les colonies pour comparaître devant les Tribunaux de France seront de six mois, à compter du jour de la signification à personne ou à domicile, pour les colonies occidentales et les côtes d'Afrique jusqu'au Cap-de-Bonne-Espérance, et d'un an pour les colonies à l'est du même cap.

II. Lorsqu'une assignation à une partie domiciliée dans les colonies sera donnée à sa personne en France, elle n'emporte que les délais ordinaires, sauf au Tribunal à les prolonger s'il y a lieu.

III. Il n'est rien innové aux lois relatives au domicile élu et à ce qui concerne les personnes domiciliées en France, et qui se trouvent aux colonies.

Collationné à l'original, par nous Président, *etc.*

SOIT la présente loi revêtue du sceau de l'État, insérée au Bulletin des lois, *etc.*

Signé, BONAPARTE; *par le Ier. Consul*, le Secrétaire d'Etat, H. B. MARET.

(N°. 1002.) EXTRAIT *d'une Dépêche ministérielle de M.* Decrès, *aux Capitaine-général et Préfet colonial, qui désapprouve l'Emprunt de 600,000 Gourdes, des Colonies Espagnoles.*

Du 28 floréal an XI (18 mai 1803).

Le Ministre dans cette lettre commune blâme le premier Chef d'avoir envoyé en mission à la Côte-Ferme, M. de Joyeuse, pour négocier auprès des Administrateurs espagnols, un emprunt de 600,000 gourdes, pour le compte du Gouvernement français, avec ordre de tirer pour cet effet des lettres-de-change sur l'Ambassadeur français à Madrid.

« Le Gouvernement, dit le Ministre, n'a pu approuver une mesure qui contrarie les siennes aussi directement, et dont le résultat serait d'ajouter aux envois de France, au produit des recettes locales et aux tirages sur le Trésor public que vous avez pu faire de votre côté, une somme considérable qui doublerait, au moins pour cette année, la dépense à la charge de la Métropole. Son intention est que vous en arrêtiez l'effet sans aucun retard, et que vous me rendiez immédiatement compte de ce qu'elle aura produit jusqu'alors. »

(N°. 1003.) EXTRAIT *d'une Dépêche ministérielle de M.* Decrès, *aux Capitaine-général et Préfet colonial, concernant les Finances de la Colonie.*

Du 28 floréal an XI (18 mai 1803).

Le Ministre dans cette dépêche commune, leur recommande de lui faire passer exactement le budjet fidèle et détaillé de toutes les recettes et dépenses de la colonie, accompagné d'éclaircissemens et d'observations convenables. Il leur renouvelle que le Gouvernement leur recommande, 1°. de faire régner la plus sévère économie dans toutes les parties de l'administration; 2°. de se renfermer strictement dans les dispositions des lois et arrêtés rendus en matière de finances,

3°. que par l'arrêté du 24 ventôse dernier, tout tirage de lettres-de-change leur est expressément défendu; et 4°. qu'il ne peut absolument leur envoyer de nouveaux fonds ni leur ouvrir un crédit, tant qu'ils ne lui auront pas fait connaître leurs besoins et leurs ressources, de la manière que le porte leurs instructions.

(N°. 1004.) EXTRAIT *d'une Dépêche ministérielle de M.* DECRÈS, *aux Capitaine-général et Prefet colonial, concernant les divers Travaux à exécuter et Monumens à ériger, soit pour l'utilité, soit sur-tout pour l'embellissement de la ville du Fort-de-France.*

Du 28 floréal an XI (18 mai 1803).

Le Ministre dans cette lettre commune, leur dit qu'à l'égard des dispositions contenues dans leur arrêté du 30 pluviôse dernier, le Gouvernement aurait pu les trouver susceptibles d'encouragement dans des circonstances plus favorables; mais qu'elles ne devraient (en tout cas) être exécutées, que sur son autorisation formelle, et qu'elles lui ont parues tout-à-fait prématurées, dans le moment même où ils regardaient un emprunt de plus de trois millions, comme nécessaire pour assurer le service.

« Vous voudrez bien, ajoute le Ministre, en conséquence faire cesser au reçu de cette dépêche, toute espèce de travaux ou construction qui ne serait pas d'une indispensable nécessité, pour la sûreté ou la salubrité de la colonie; vous veillerez à ce que le produit des recettes intérieures soit entièrement appliqué suivant sa première et véritable destination, au soulagement des charges que la protection de la colonie impose à la Métropole, et qui se composent des dépenses autorisées et fixées chaque année par le Gouvernement. »

(N°. 1005.) ORDONNANCE *du Préfet colonial, qui fixe le mode d'après lequel les comptes et les pièces de Recettes et de Depenses d'argent seront etablis, et la valeur de la Piastre-Gourde en Francs.*

Du 1er. prairial an XI (21 mai 1803).

CONSIDÉRANT la nécessité d'établir un mode uniforme de comptabilité dans les recettes et dépenses qui s'opèrent à la Martinique et à Ste-Lucie pour le service de la République; voulant en outre remplir les intentions du Gouvernement en appliquant à cette comptabilité le système d'évaluation en francs pour toutes sortes d'opérations, et donner à la fois aux parties prenantes, les moyens de les vérifier en les présentant aussi en livres coloniales, ordonne :

Les etats et enregistremens de toutes les recettes des fonds provenans, soit des impositions directes et indirectes, ou des envois faits par le Trésor public de France, présenteront lesdites recettes en deux colonnes; dans la première elles seront etablies en livres coloniales à raison de 9 *liv. la piastre-gourde*, taux auquel cette monnaie a cours dans les transactions commerciales de ces colonies; et dans la seconde elles seront portées en francs à raison de 5 *francs* 44 *centimes* la piastre gourde.

Les mandats de paiement seront faits de la même manière, ils énonceront quelque dépense que ce soit, en livres coloniales à raison aussi de 9 liv, la piastre-gourde, et la même somme de 9 liv. en francs, à raison de 5 francs 44 centimes.

Les

Les marchés, certificats de recettes, de dépenses et autres pièces de comptabilité à l'appui des mandats, présenteront aussi ces évaluations aux mêmes taux.

Tous les enregistremens, mandats comptables, certificats du Garde magasin, états ou autres pièces de comptabilité faits jusqu'à ce jour, d'une manière contraire aux dispositions ci-dessus seront refaits.

Celles de ces pièces portant quittances des personnes dont il serait impossible de se procurer la signature, seront régularisées par un redressement au bas desdites pièces, lequel sera signé par le Commissaire chargé du détail de la comptabilité centrale des fonds, et visé par l'Inspecteur, ou celui qui le représentera.

Les Sous préfets chefs d'administration à la Martinique et à Sainte-Lucie, sont chargés de l'exécution de la présente ordonnance qui sera enregistrée à l'Inspection.

Donné à Saint-Pierre, le 1er. prairial an XI. *Signé*, Bertin.

(N°. 1006.) Arrêté *du Grand-Juge, concernant le Traitement du premier Huissier.*

Du 8 prairial an XI (28 mai 1803).

Vu la requête à lui présentée par le premier Huissier près le Tribunal d'appel;

Considérant que l'arrêt en réglement du 10 mai 1771, portant établissement de la bourse commune entre les Huissiers, accorde au premier Huissier, un prelèvement de 3,000 liv. sur le profit desdites bourses, savoir : 1,800 liv. sur le bureau de St-Pierre; 800 liv. sur celui du Fort de-France, et 400 l. sur celui de la Trinité.

Considérant que cet établissement a cessé d'exister pendant quelque tems, et que pendant cet intervalle le tarif de 1771, reconnu insuffisant a été tiercé en faveur des Officiers de justice.

Que les bourses communes étant rétablies par notre arrêté du 5 vendémiaire, le premier Huissier cesse de percevoir son droit sur les enrôlemens, et se trouve réduit à son prélèvement de 3.000 liv.

Considérant qu'il est juste d'une part, de faire participer le premier Huissier à l'augmentation du tarif, et de l'autre part de l'indemniser de la perte de 400 livres que payait la Jurisdiction de la Trinité, dont les deux autres Jurisdictions se sont partagées les affaires depuis sa suppression.

Considérant enfin que la bourse des Huissiers du Tribunal de Ste-Lucie doit contribuer proportionnellement au prélèvement accordé au premier Huissier près le Tribunal d'appel des deux colonies.

Après en avoir délibéré avec le Capitaine-général, arrête :

ART. Ier. Le prélèvement de la somme de 3,000 liv, accordé au premier Huissier, administrateur principal, par l'arrêt du 10 mai 1771, sur le produit des profits des bourses communes des Jurisdictions, sera porté à compter du 1er. messidor an XI (20 juin 1803), à la somme de 4,000 liv,

II, Ladite somme de 4,000 liv. sera répartie ainsi qu'il suit, savoir : 2,400 liv, sur le bureau de St-Pierre; 1,100 liv. sur le bureau du Fort de-France, et 500 liv. sur le bureau de Ste-Lucie, le tout payable par quartier de trois en trois mois.

III. L'arrêt en réglement du 10 mai 1771, sera exécuté dans tout ce en quoi il n'est pas dérogé par le présent arrêté.

Donné au Fort-de-France, le 8 prairial an XI.

Signé, LEFESSIER-GRANDPREY.

(N°. 1007.) PROCLAMATION *du Capitaine-général, sur l'introduction furtive de quelques Nègres fauteurs de troubles.*

Du 13 prairial an XI (2 juin 1803).

QUELQUES Propriétaires, égarés par les suggestions d'une aveugle cupidité, ont introduit clandestinement dans la colonie, des esclaves détenus par le Gouvernement de la Guadeloupe, au dépôt des Saintes, comme ayant participé aux crimes dont cette île a été le théâtre. Ils ont répandu ces instrumens de révolte dans leurs ateliers, et les ont confondus avec leurs paisibles esclaves.

Mais le Gouvernement qui veillait sur ces Habitans, en veillant pour eux-mêmes, a découvert ces marchés funestes.

On examine en cet instant s'ils sont le fruit du crime, ou seulement d'une imprudente avidité. Dans tous les cas, les esclaves seront mis dans l'impuissance de nuire.

Le Gouvernement abandonne aux réflexions des Habitans, les terribles conséquences d'un mélange aussi pernicieux dans des ateliers laborieux et tranquilles. Qu'ils comparent à leur sort celui de la Guadeloupe et de Saint-Domingue, d'où sortent plusieurs de ces malfaiteurs; et qu'ils frémissent!

S'il était encore dans cette colonie quelques Habitans que des vues d'intérêt aient portés à y introduire de pareils individus ; s'il en existait qui eussent recélé des nègres marrons, déserteurs des corps noirs, et autres qui, étant déchus de l'amnistie accordée par l'arrêté du 12 vendémiaire, n'appartiennent plus qu'à la loi qui les réclame ; il en est tems encore, ils peuvent éviter les peines qu'ils ont encourues.

Qu'ils les remettent sans délai, entre les mains des Commandans de paroisses, chargés de les recevoir ; ils préviendront les recherches, les désagrémens des poursuites, et les reproches de leurs compatriotes : leurs noms mêmes seront ignorés.

Le Gouvernement paternel qui les avertit, cherche à prévenir des malheurs, pour n'avoir point de crimes à punir.

Habitans de la Martinique et de Sainte-Lucie, vous vivez au sein du repos, de l'ordre et de la plus entière sécurité : quel contraste présente votre situation avec celle des colonies voisines ! soyez toujours vous-mêmes ; restez constamment soumis aux lois conservatrices de vos propriétés, et le Gouvernement vous en garantira la jouissance.

Donné au Fort-de-France, le 13 prairial an XI.

Signé, Villaret.

(N°. 1008.) Arrêté *Consulaire, sur le mode de délivrance des Dispenses relatives au Mariage.*

Du 20 prairial an XI (9 juin 1803).

Le Gouvernement de la République, vu les articles CXLIV, CLVII et CLXIII du 1.er livre du Code civil ;

Sur le rapport du Grand-juge, ministre de la justice ; le Conseil d'Etat entendu, arrête :

Art. Ier. Les dispenses pour se marier avant 18 ans révolus pour les hommes et 15 ans pour les femmes, et celles pour se marier dans les degrés prohibés par l'art. CLVII du

1er. livre du Code civil, seront délivrées par le Gouvernement, sur le rapport du Grand-juge.

II. Le Commissaire du Gouvernement près le Tribunal de première instance de l'arrondissement dans lequel les Impétrans se proposent de célébrer le mariage, lorsqu'il s'agira de dispenses dans les degrés prohibés, ou de l'arrondissement dans lequel l'Impétrant a son domicile, lorsqu'il s'agira de dispense d'âge, mettra son avis au pied de la pétition tendant à obtenir ces dispenses, et elle sera ensuite adressée au Grand-juge.

III. Les dispenses de la seconde publication de bans, dont est mention dans l'art. CLXIII du même livre du Code civil, seront accordées, s'il y a lieu, au nom du Gouvernement, par son Commissaire près le Tribunal de première instance dans l'arrondissement duquel les Impétrans se proposent de célébrer leur mariage; et il sera rendu compte par ce Commissaire, au Grand-juge, ministre de la justice, des causes graves qui auront donné lieu à chacune de ces dispenses.

IV. La dispense d'une seconde publication de bans sera déposée au Secrétariat de la Commune où le mariage sera célébré. Le Secretaire en délivrera une expédition, dans laquelle il sera fait mention du dépôt et qui demeurera annexée à l'acte de célébration de mariage.

V. L'arrêté du Gouvernement portant la dispense d'âge ou celle dans les degrés prohibés, sera, à la diligence du Commissaire du Gouvernement, et en vertu d'ordonnance du Président, enregistré au Greffe du Tribunal civil de l'arrondissement dans lequel le mariage sera célébré. Une expédition de cet arrêté, dans laquelle il sera fait mention de l'enregistrement, demeurera annexée à l'acte de célébration de mariage.

VI. Le Grand-juge, ministre de la justice, est chargé de l'exécution du présent arrêté, qui sera inséré au Bulletin des lois.

Signé, BONAPARTE; *par le Ier. Consul*, le Secrétaire d'Etat, H. B. MARET.

Enregist. aux Greffes des Tribunaux.

(N°. 1009.) ARRÊTÉ *des Capitaine-général et Préfet colonial, portant ouverture des Ports aux Etrangers, pour l'introduction des Subsistances de toute nature et Objets de première nécessité, et pour l'exportation des Denrées coloniales.*

Du 1er. messidor an XI (20 juin 1803).

VU les actes d'hostilités commis depuis plusieurs jours par les Anglais sur les bâtimens français et étrangers, à la vue des ports de cette colonie;

Considérant l'urgence de pourvoir à son approvisionnement et à celui de Sainte Lucie, en vivres et objets de première nécessité;

Considérant en outre, combien il devient important de procurer aux Habitans, le débouché des denrées coloniales et de faire face aux dépenses qu'occasionne l'état de défense desdites colonies; arrêtent :

ART. Ier. A compter de ce jour, l'entrée de tous les ports des îles de la Martinique et de Ste-Lucie, sera ouverte aux Etrangers pour l'introduction des subsistances de toute nature et objets de première nécessité, et pour l'exportation des denrées coloniales, sous les conditions qui suivent.

II. L'arrêté du 11 nivôse an XI relatif aux droits d'exportation et d'importation dans les îles de la Martinique et de Ste-Lucie, est rapporté en ce qui concerne l'introduction des subsistances et objets de première nécessité; et il est provisoirement dérogé à l'article III de l'arrêté des Consuls, du 4 messidor an X, qui établit le droit d'entrée de 6 francs par 5 myriagrammes de morue étrangère, et à l'art. V de l'arrêté du ci-devant Conseil d'Etat du 30 août 1784, qui établit un droit d'entrée de 3 francs par quintal sur les bœufs salés et poissons salés etrangers.

III. Seront soumises au droit d'un pour 100 local, et au droit de 2 pour 100 additionnels toutes les subsistances et objets de consommation provenant de pays étrangers.

IV. Les denrées coloniales exportées à l'étranger, seront soumises au droit dit le *Domaine d'Occident;* savoir : 3 et ½ pour 100 de leur valeur, et 10 sols par livre; et les sucres au droit en sus de 40 s. par quintal; et également au droit de 10 s. par livre. Lesdites denrées supporteront en outre les droits d'un pour 100 local et d'un pour 100 additionnel.

V. Les denrées coloniales exportées en France par les Nationaux continueront d'être soumises au droit de 2 pour 100 de leur valeur, lequel droit demeurera à la charge du Vendeur ou du Chargeur, et sera acquitté au Domaine par les Capitaines de navires.

VI. Le Directeur-général du Domaine est chargé de l'exécution du présent arrêté, qui sera imprimé, *etc.*

Donné au Fort-de-France, le 1er. messidor an XI. *Signé*, VILLARET, *et* BERTIN.

Enregist. aux Greffes des Tribunaux.

(N°. 1010.) ARRÊTÉ *des Capitaine-général et Préfet colonial, portant peine de Mort contre les Accapareurs des Vivres de premier besoin.*

Du 1er. messidor an XI (20 juin 1803).

VOULANT réprimer le monopole que des gens avides exercent sur les denrées de première nécessité, qui sont apportées à la Martinique, par des bâtimens neutres, et qui doivent être réservées pour la nourriture des Habitans et des troupes;

Considérant que dans la circonstance où se trouve l'île de la Martinique, l'accaparement de la farine, des salaisons, de la morue et autres vivres ou objets de première nécessité, ne peut avoir pour résultat qu'une disette qui compromettrait évidemment la colonie; arrêtent:

ART. Ier. Toute spéculation pendant la guerre, sur les vivres de premier besoin, tels que farines, salaisons et morue, est défendue et déclarée monopole, prohibée par les lois, sous peine de mort.

II. Il est défendu à tous Particuliers, d'acheter en gros les cargaisons desdits articles, auparavant que le public n'en ait eu connaissance, et qu'il n'ait eu pour s'en pourvoir, l'espace de 15 jours entiers, à compter de l'ouverture de la vente.

III. Les Négocians et Marchands qui auront formé des magasins de vivres dans les circonstances de disette, ne pourront en faire la vente que sur le pied qui sera fixé par le Gouvernement colonial, dans la proportion relative auxdites circonstances.

IV. Il sera fait sur-le-champ un recensement très-exact, à l'effet de constater les vivres qui se trouvent chez les differens Particuliers, Négocians et Marchands des villes de Saint-Pierre et du Fort-de France, et les états en seront de suite adressés au Préfet colonial.

V. Les Généraux commandans dans les places, les Sous-préfets et Commissaires en chef, les Commissaires du Gouvernement près des Tribunaux, sont chargés de l'exécution du présent arrêté, qui sera lu, publié, *etc.*

Donné au Fort-de-France, le 1er. messidor an XI. *Signé*, VILLARET, *et* BERTIN.

(N°. 1011.) ORDONNANCE *du Préfet colonial, concernant la Police et la Navigation du Cabotage.*

Du 1er. messidor an XI (20 juin 1803).

CONSIDÉRANT qu'il est indispensable d'établir un ordre invariable dans la police et la navigation du petit cabotage;

Considérant aussi la nécessité d'assurer au commerce de la Métropole les denrées coloniales qui lui sont exclusivement dévolues et dont l'enlèvement par voie furtive et illégale, est un attentat à ses intérêts, d'autant plus grave qu'il ajoute aux ressources d'un commerce rival et étranger;

Vu les lois rendues sur l'Inscription maritime et la police de la navigation, et l'ordonnance du mois de février 1647;

Après en avoir délibéré avec le Capitaine-général, ordonne :

ART. Ier. Les Propriétaires des canots, pirogues, canots passagers, dits gros-bois, canots de poste, bateaux, goëlettes et autres, qui appartiennent à un des ports de la Martinique et de Sainte-Lucie, tant ceux qui y sont mouillés présentement, que ceux qui se trouvent à la mer, sont tenus, dans le délai d'un mois, à dater de la publication de la présente ordonnance, et sous peine de confiscation de leur bâtiment, de le faire inscrire au bureau de l'Inscription maritime de leur port respectif.

II. Cette inscription constatera le nom du Propriétaire, le nom du bâtiment, sa capacité et son principal usage.

III. Les Sous-préfets du Fort-de-France et de Ste-Lucie, adresseront au Conseiller d'Etat, Préfet colonial, un état général de tous les bâtimens et embarcations désignés dans l'art. Ier., qui appartiennent aux divers ports de leur arrondissement.

IV. Toutes ces embarcations porteront une inscription en lettres de couleur blanche, sur un fond noir, qui contiendra le numéro de leur enregistrement, le nom du Propriétaire et celui du port auquel elles sont attachées.

Les numéros et les noms des Propriétaires et des ports, seront insérés dans un congé qui sera délivré à chaque Patron ou Maître desdits bâtimens, lorsqu'il se fera inscrire. Ce congé devra être renouvelé chaque année.

V. Les Patrons des canots, pirogues, boats, canots-passagers, dits gros bois, canots de poste, bateaux, goëlettes et autres embarcations qui navigueront d'île à île, seront tenus en arrivant dans une île française, de se rendre directement dans les ports où il y a des bureaux du Domaine établis, pour y faire la déclaration des marchandises dont ils seront chargés, sans pouvoir rien débarquer qu'après ladite déclaration, ni aborder dans aucun autre port ou anse, qu'en vertu du permis qu'ils prendront au Domaine, à peine de confiscation des marchandises, du bâtiment, de son équipage, et d'une amende de 300 liv.

VI. Les Patrons de ces mêmes embarcations partant d'une île française pour aller à une autre île, soit française, soit étrangère, seront tenus sous les mêmes peines, de déclarer au bureau du Domaine les marchandises qu'ils chargeront et d'y prendre un congé par écrit.

VII. Les Patrons de ces mêmes embarcations qui navigueront autour des îles ou d'un endroit à un autre de la même île, ne pourront charger des denrées coloniales ni des marchandises prohibées, dans les ports où les bureaux du Domaine sont établis, qu'en vertu du permis qu'ils y prendront; ils ne pourront donner cours à leur voyage qu'après s'être munis au Domaine, d'un congé par acquit-à-caution, sous peine également de la confiscation des marchandises, du bâtiment, de son équipage et d'une amende de 300 l.

VIII. Les Sous-préfets et le Directeur-général du Domaine, sont chargés chacun en ce qui le concerne, de l'exécution de la présente ordonnance, qui sera lue, *etc.*

Donné à Saint-Pierre, le 1er. messidor an XI. *Signé*, BERTIN.

Enregist. aux Greffes des Tribunaux.

(N°. 1012.) PROCLAMATION *des Capitaine-général et Préfet colonial, pour la plantation des Vivres pendant la Guerre présente.*

Du 5 messidor an XI (24 juin 1803.)

LA conduite que le Gouvernement français a tenu vis-à-vis de ses colonies, a dû vous convaincre, Citoyens, du désir qu'il avait d'en assurer la prospérité. Vous commenciez à ressentir les effets de sa sollicitude paternelle, quand la guerre que rallume l'Angleterre, a tout-à-coup arrêté les mesures de sa bienveillance. Séparés de la Métropole par l'immensité des mers, vous devez à présent tout attendre de votre courage; vous êtes Français, vous serez invincibles les armes à la main; mais plus vos ennemis vous redoutent, et plus leur astuce multipliera les moyens de vous subjuguer. Vous devez vous attendre à voir vos ports bloqués; les neutres même éprouveront peut-être les plus grandes difficultés pour y entrer: mettez-vous par une sage prévoyance, à l'abri du seul fléau que vous ayez à redouter; que chaque Habitant, dès ce moment ne s'occupe qu'à planter des vivres. Nous ne vous parlerons pas des anciennes ordonnances rendues à cet égard; l'honneur, l'humanité, votre intérêt enfin vous commandent dans cette circonstance. Habitans de la Martinique, vous êtes une famille confiée à nos soins; le langage paternel est le seul que nous emploirons envers vous; nous ferons tout pour assurer votre bonheur, nous sommes convaincus de la scrupuleuse

puleuse exactitude que vous mettrez à remplir vos devoirs; nous vous manifesterons toujours la plus grande confiance; et nous serions pénétrés de douleur, si quelques personnes égarées par de fausses spéculations, nous mettaient dans le cas d'user envers elles des voies de rigueur qu'exigerait une insouciance aussi pernicieuse pour la colonie, que la négligence de la culture des vivres.

Les Habitans voudront bien prévenir les Commissaires de leurs quartiers respectifs, de la quantité de terrein dont ils augmentent aujourd'hui leurs plantations en vivres, afin que le Gouvernement, auquel les Commandans des paroisses en rendront compte, ait une donnée certaine sur cet objet important.

Donné au Fort-de-France, le 5 messidor an XI.

Signé, VILLARET-JOYEUSE, *et* BERTIN.

(N°. 1013.) ARRÊTÉ *des Capitaine-général et Préfet colonial, pour la confirmation des Titres de Liberté obtenus sans les formes prescrites par les Ordonnances.*

Du 7 messidor an XI (26 juin 1803).

CONSIDÉRANT que, par l'art. V de l'arrêté du 24 ventôse an XI, l'administration coloniale s'est réservée de statuer sur les affranchissemens des gens de couleur, dont les titres ne seraient pas revêtus des formes prescrites par les anciennes ordonnances;

Voulant donner aux individus porteurs de ces titres, une preuve non équivoque de la bienveillance paternelle du Gouvernement, en leur facilitant les moyens d'acquérir, pour eux et pour leurs enfans, une possession légitime et certaine de leur état;

Vu le rapport du Commissaire du Gouvernement près le Tribunal d'appel, chargé de la vérification des titres de liberté ; arrêtent :

ART. Ier. Tous les gens de couleur, enrôlés actuellement dans la garde-nationale, ou qui serviront à la suite des troupes de ligne, et auxquels on avait promis la confirmation de leur liberté, aux termes de l'art. X de l'arrêté du 24 ventôse dernier, obtiendront cette confirmation à la fin de la guerre, en récompense de leurs services et de leur bonne conduite, sur les certificats qui leur seront délivrés par le Commandant de leur bataillon.

Ceux qui se distingueront par des actes de bravoure et par des actions d'éclat, recevront sur le-champ la confirmation de leur liberté.

II. Tous les gens de couleur qui ont été affranchis pendant la révolution ; tous ceux qui ont obtenu leur liberté, hors de la colonie, d'Habitans de la Martinique, résidans momentanément dans des colonies étrangères ; tous ceux enfin qui sont porteurs de titres d'affranchissement à eux délivrés par le Gouvernement anglais de l'île de Ste-Lucie, qui ne se sont pas encore conformés à l'art. Ier. de notre arrêté du 24 ventôse an XI, en faisant le dépôt ordonné, seront tenus, pour obtenir la confirmation de leurs titres, de les faire vérifier par le Commissaire-commandant de leur quartier respectif.

III. Les Commissaires-commandans enverront dans le plus bref délai, au Commissaire du Gouvernement près le Tribunal d'appel, un état indicatif de tous les individus désignés dans l'article précédent, et des facultés et moyens d'existence de chacun d'eux.

IV. Tous les individus désignés ci-dessus se présenteront avec leurs titres au Commissaire du Gouvernement, qui en fera une nouvelle vérification.

V. D'après l'apostille que le Commissaire du Gouvernement mettra en marge des titres desdits affranchis, ils seront tenus de verser, chez le Préposé à la caisse des affranchissemens, au Fort-de France, la taxe à laquelle chacun d'eux sera imposé. Il leur en sera fourni récépissé.

VI. Au moyen de ce récépissé qu'ils exhiberont, le Commissaire du Gouvernement près le Tribunal d'appel, leur fera delivrer sur le-champ la confirmation de leurs titres, signée du Capitaine-général et du Prefet colonial.

VII. Tous les individus qui se seront pourvus des nouveaux titres, seront en tout assimilés aux hommes reconnus libres. Ces titres seront aussi apostillés et mentionnés sur les registres des affranchissemens de la colonie, conformément à l'art. VI de l'arrêté du 24 ventôse an XI, lequel continuera d'être exactement observé, en tout ce qui n'est point contraire au présent arrêté.

VIII. Le Commissaire du Gouvernement près le Tribunal d'appel, et les Commissaires-commandans les diverses paroisses, sont chargés, chacun en ce qui le concerne, de l'exécution du présent arrêté, qui sera imprimé, *etc.*

Donné au Fort-de-France, le 7 messidor an XI. *Signé*, VILLARET, *et* BERTIN.

Enregist. aux Greffes des Tribunaux.

(N°. 1014.) EXTRAIT *d'une Circulaire ministérielle de M.* Claret Fleurieu, *aux Capitaines-généraux et Préfets coloniaux, concernant l'ouverture des Ports de la Colonie aux Neutres, et les Droits à prélever sur les Exportations et Importations des Denrées et Marchandises.*

Du 15 messidor an XI (4 juillet 1803).

Le Ministre, dans cette circulaire, dit que la guerre qui vient d'éclater entre la France et l'Angleterre, allant mettre les colonies dans une situation cruelle, tant sous le rapport de leur approvisionnement que sous celui de l'exportation de leurs denrées, a dû fixer son attention et intéresser la sollicitude du Gouvernement, et que pour obvier à ce mal, les envois directs de la Métropole et les secours du commerce national tâcheront, autant que possible, de l'éviter : la prudence ne saurait se reposer uniquement sur l'emploi de ces moyens et que l'admission des neutres, peut seule achever d'assurer, pendant la guerre, et la subsistance des colonies, et l'écoulement de leurs produits. Il ajoute que le Ier. Consul veut que les dispositions générales qui suivent, leur servent de guide : 1°. que la première condition de la concurrence permise à l'étranger, et la plus essentielle à remplir, c'est que la Métropole ne soit point frustrée de ses droits de douane sur les denrées provenantes de ses moyens ; 2°. que les neutres n'éprouvent pas plus de faveur que n'en éprouvaient les Nationaux eux-mêmes ; 3°. que la plus grande masse possible des denrées exportées des îles françaises, puisse prendre sa direction vers la France, et lui assurer son approvisionnement en productions coloniales ; et 4°., que les denrées ou marchandises anglaises soient sévèrement écartées des marchés des colonies françaises.

Le Ministre, renvoie au surplus pour les droits d'entrée et de sortie, à l'exécution de l'arrêt du Conseil d'Etat du Roi, du 30 août 1784, et aux arrêtés des 10 messidor an X, et 8 floréal an XI.

(N°. 1015.) ARRÊTÉ *du Capitaine-général, portant création d'une Compagnie de Chasseurs de couleur libres à la Martinique.*

Du 19 messidor an XI (8 juillet 1803).

CONSIDÉRANT les circonstances pénibles où se trouve la colonie, et le besoin urgent d'une compagnie de gens de couleur, arrête :

ART. Ier. Il sera formé une compagnie de gens de couleur où seront reçus ceux de cette classe jouissant de leur liberté, et ceux qui voudront l'acquérir après huit ans de service et de bonne conduite, constatés par des certificats délivrés par le Conseil d'administration dudit corps.

II. Cette compagnie prendra la dénomination de *Chasseurs volontaires de la Martinique*, et sera commandée par des Officiers blancs.

III. Elle sera portée à 63 hommes et formée ainsi qu'il suit :

1	Capitaine, ...	3.
1	Lieutenant, ...	
1	Sous-lieutenant, ...	
1	Sergent-major, ...	60.
2	Sergens, ...	
1	Caporal-fourrier, ...	
4	Caporaux, ...	
1	Tambour, ...	
51	Chasseurs, ...	
	TOTAL, ...	63.

IV. Cette compagnie sera assimilée en tout aux troupes de ligne de la colonie, et il sera rendu à ses Officiers les honneurs militaires dus à leur grade.

V. Les Capitaines, Lieutenant et Sous-lieutenant formeront le Conseil d'administration;

ils se muniront de l'arrêté des Consuls de la République du 8 floréal an VIII, désignant les différentes fonctions d'un Conseil d'administration pour ne point errer dans leur travail.

VI. L'Officier chargé du détail de cette compagnie, suivra en tout, les lois existantes pour la comptabilité des troupes de ligne, et ne pourra s'en écarter sous aucun prétexte.

Au Fort-de-France, le 19 messidor an XI.

Signé, VILLARET.

(N°. 1016.) PROCLAMATION *du Capitaine général, qui déclare la Colonie en état de siége.*

Du 19 messidor an XI (8 juillet 1803).

CITOYENS! les insultes, les déprédations, les préparatifs menaçans de nos ennemis, m'ont forcé de mettre la Martinique en état de siége.

Dans cet ordre de choses, l'autorité militaire modifie nécessairement les lois communes et l'administration civile. Tous les pouvoirs publics sont concentrés dans les mains du Général en chef.

Habitans de la Martinique! je ne veux en user que pour assurer votre repos. — Avant de vous connaître, j'avais défendu vos intérêts les plus chers; je vous ai connus depuis, et j'ai répondu au Ier. Consul de vos principes et de vos sentimens.

Vous ne démentirez point mon témoignage. Vous prouverez aux ennemis de la patrie, qu'aucun sacrifice ne vous coûte pour soutenir la gloire du nom français.

Une partie de vos contributions est arriérée. C'est le salaire des braves Soldats qui combattent pour vous. Hâtez-vous de les payer.

Les bons Citoyens n'auront pas besoin d'autre invitation. Les mauvais se décéleront par un délai coupable et ne mériteront aucun ménagement. Quiconque n'aura pas acquitté, sous quinze jours (à dater de la publication dans son quartier de la présente proclamation), la totalité de ses contributions arriérées, sera condamné militairement, à payer le double de ce qu'il doit.

Pour prévenir tout délai, j'autorise les Commissaires-commandans des paroisses à recevoir l'arriéré des contributions. Ils le verseront au Trésor public, en m'adressant directement un bulletin de leurs recettes : et je le répète, je regarderai le moindre retard à remplir ce devoir sacré, comme l'aveu tacite des sentimens les plus criminels, dans les circonstances où nous nous trouvons.

Habitans de la Martinique ! le Gouvernement dont je suis l'organe, vous a traité comme ses enfans chéris. —Quels que soient les évènemens, souvenez-vous qu'il punit l'ingratitude, comme il récompense le zèle et la fidélité.

Donné au Fort-de-France, le 19 messidor an XI.

Signé, VILLARET.

(N°. 1017.) EXTRAIT *d'une Circulaire ministerielle de M.* Decrès, *aux Capitaines-généraux et Préfets coloniaux, concernant les envois de Fonds, et la défense de tirer des Traites sur le Trésor public.*

Du 30 thermidor an XI (18 août 1803).

Le Ministre dans cette circulaire, leur mande que par l'arrêté du Gouvernement, du 19 messidor, (*) qu'il leur envoie, ils verront que tous les envois de fonds a expédier par le Trésor public pour le service des colonies, d'après ses ordonnances et en vertu des décisions spéciales du Gouvernement, doivent être faits à l'avenir en traites du Caissier-général du Trésor public, tirées sur lui-même, et payables a l'ordre des Payeurs coloniaux; « le Gouvernement, dit le Ministre, en prenant » cet arrêté, a entendu confirmer avec une nouvelle force

---

(*) Nous avons supprimé cet arrêté parce qu'il n'a rien de relatif à l'administration locale de la colonie.

» les dispositions de celui du 14 ventôse, qui vous interdisait la faculté de tirer, sous quelque prétexte que ce fût, des lettres-de-change sur le Trésor public.
» Vous voudrez bien vous conformer scrupuleusement à ses intentions et être persuadés de l'exactitude qui sera mise à l'envoi en traites des fonds dont vous aurez besoin, et de l'acquittement de ces traites, lorsqu'elles seront présentées au Caissier-général, revêtues des formalités requises. »

(N°. 1018.) ARRÊTÉ *du Capitaine-général, portant que la Gendarmerie coloniale, à cheval, sera considérée comme corps militaire, et qu'elle sera composée seulement d'un Capitaine-commandant, de deux Lieutenans, d'un Maréchal des-logis, de deux Brigadiers et de treize Gendarmes.*

Du 1er. fructidor an XI (19 août 1803).

(N°. 1019.) EXTRAIT *d'une Dépêche ministérielle de M.* Decrès, *au Préfet colonial, sur les Vérifications des Titres de tous les Gens de couleur se disant Libres.*

Du 10 fructidor an XI (28 août 1803).

Le Ministre mande au Préfet colonial qu'il a mis sous les yeux du Ier. Consul, l'arrêté du 24 ventôse dernier, sur la vérification des libertés, et quoique celui-ci n'ait point définitivement prononcé sur une mesure aussi délicate, le Ministre lui fait connaître qu'il n'a pas été entièrement convaincu de la nécessité et même de l'opportunité de ce réglement.

Il rappelle au Préfet, qu'une pareille opération avait été projetée à la fin de 1774, mais que l'ancien Gouvernement craignant qu'elle ne tendit à jeter le trouble et l'inquiétude parmi les gens de couleur libres, jugea devoir annuller l'ordonnance des Administrateurs, par arret du 8 juin 1776.

Le Ministre entre plusieurs autres sages considérations de désapprobation à cet égard, expose : *que des dispositions de ce genre n'ont eu, trop souvent pour résultat, que d'ouvrir la porte aux insinuations perfides contre la pureté des intentions de l'administration même, et tendent par là à altérer la consideration dont elle a besoin d'être entourée*, et il termine sa dépêche par cette phrase : « Vous êtes, le Capitaine-général et vous, placés sur les lieux, et les connaissances positives que vous êtes à portée de recueillir, l'expérience que vous avez acquise sur les effets de la mesure adoptée par vous, votre propre responsabilité, ont paru au Gouvernement des motifs suffisans de s'en remettre sur les conséquences possibles et à votre prudence et à votre fermeté, jusqu'au moment où le Sénat, chargé de régler la Constitution des colonies, aura définitivement fixé les différentes bases du système colonial. »

(N°. 1020.) ORDONNANCE *du Préfet colonial, qui etablit un Conseil de Préfecture pour constater les Recettes provenant des Contributions directes et indirectes pendant l'an XI.*

Du 20 fructidor an XI (7 septembre 1803).

VOULANT, en conséquence de l'ordonnance qu'il a rendue le 22 pluviôse dernier, constater tous les fonds qui ont été versés dans les caisses publiques depuis la reprise de possession de la colonie, jusqu'au 1er. vendémiaire de l'an XII, ordonne :

ART. Ier. Il sera formé un Conseil de préfecture pour l'examen des comptes des Receveurs particuliers à la Martinique.

II. Ce Conseil prendra connaissance, savoir :

De la portion de contribution directe dont l'administration anglaise a laissé le recouvrement à faire par l'administration française, sur les années 1802 et quelques années antérieures, et de la même contribution sur l'année courante 1803;

Des droits de douane perçus sur l'exportation et l'importation des marchandises françaises et étrangères, et des denrées coloniales;

Des droits de colportage et de cabarets;

Enfin de tous les fonds quelconques qui doivent être versés dans la caisse coloniale.

III. Il constatera le montant des rôles des contributions, les sommes payées par les Contribuables, les non-valeurs, les dégrèvemens qui auront été accordés et les versemens faits par les Receveurs particuliers à la caisse générale.

IV. Les Receveurs des contributions de St-Pierre, du Fort-de-France, de la Trinité et du Marin, se rendront au Conseil de la préfecture avec les rôles des contributions qui leur ont été remis depuis la reprise de possession, et toutes les pièces relatives aux différentes recettes qu'ils auront faites depuis ladite époque.

V. Le Conseil de préfecture, présidé par le Conseiller d'Etat, Préfet colonial, sera composé du Directeur-général du Domaine, du Receveur-général, de l'Inspecteur, de trois Habitans et de trois Négocians de la colonie, nommés par le Préfet. Il tiendra ses séances à l'Hôtel de la préfecture, à St-Pierre, et se réunira le lundi 11 vendémiaire de l'an XII.

La présente ordonnance sera imprimée, *etc.*

A St-Pierre Martinique, le 20 fructidor an XI. *Signé*, BERTIN.

(N°. 1021.) ARRÊTÉ *des Capitaine-général et Préfet colonial, qui accorde aux Dames ex-religieuses Ursulines et Dominicaines, et de la Providence, la jouissance d'une partie de leurs Biens jusqu'à la paix.*

Du 1er. vendémiaire an XII (24 septembre 1803).

CONSIDÉRANT que le traitement annuel alloué par l'administration coloniale, en exécution de son arrêté du 6 nivôse an XI, aux ex-religieuses Ursulines et Dominicaines, et aux Dames de la Providence, ne peut suffire à leur entretien et à leur subsistance, à raison de la guerre qui a fait renchérir considérablement les objets nécessaires à la vie.

Considérant que ces Dames ont moins cédé encore à leur inclination qu'aux vœux de l'administration coloniale, en restant provisoirement en communauté, à l'effet de continuer les établissemens de charité et d'éducation qu'elles avaient formés, arrêtent :

ART. Ier. Les ci-devant dames religieuses Ursulines et Dominicaines, et les Dames de la Providence, jouiront en outre de la pension qui leur a été allouée par l'arrêté du 6 nivôse an XI, de tous les revenus appartenans précédemment à leurs communautés respectives, à dater de ladite époque, pendant toute la durée de la guerre présente et jusqu'à la paix.

Sont exceptées de ces dispositions l'habitation dite *le Poirier*, et les maisons situées à Saint-Pierre, servant de casernes aux troupes de la République.

II. L'habitation le Poirier sera mise de suite, quant à la partie qui n'est point consacrée au

Jardin botanique, sous l'administration du Directeur-général du Domaine, qui se fera rendre compte des revenus, à dater du 6 nivôse an XI.

Il ne sera plus tenu compte dorénavant, et à dater de ce jour, aux ex-religieuses Ursulines, du revenu des maisons servant de casernes aux troupes.

III. Au moyen des concessions déterminées ci-dessus, les dames ex-religieuses Ursulines et Dominicaines, et les Dames de la Providence, seront tenues de réparer et maintenir en leur état les corps de logis et bâtimens qu'elles occupent, et de concourir par tous les moyens d'économie dont elles sont capables, à l'extinction des dettes de leurs ci-devant communautés.

IV. Le Directeur-général du Domaine, est chargé de l'exécution du présent arrêté qui sera enregistré, *etc.*

Donné à la Martinique, le 1er. vendémiaire an XII. *Signé*, VILLARET, *et* BERTIN.

Enregist. aux Greffes des Tribunaux.

(N°. 1022.) ARRÊTÉ *des Capitaine-général et Préfet colonial, pour l'Aliénation d'une partie des Maisons nationales, à la Martinique.*

Du 15 vendémiaire an XII (8 octobre 1803).

CONSIDÉRANT que les circonstances de la guerre ont forcé le Gouvernement de la Martinique à multiplier ses dépenses, tant pour l'approvisionnement extraordinaire des magasins

militaires

militaires en vivres, que pour l'établissement des fortifications, batteries et travaux destinés à mettre l'île en état de résister aux invasions et entreprises de l'ennemi ;

Considérant que l'interruption des communications directes de la Colonie avec l'Europe, interdit à l'Administration toute espérance de recevoir de la Métropole les fonds nécessaires à l'acquittement de ces dépenses et même à celui de la solde des troupes ;

Considérant que l'intention formelle et invariable du Gouvernement colonial, ainsi qu'il l'a constamment manifesté, est de ne recourir à une augmentation d'impôt, que dans le cas d'extrême nécessité et de privation absolue de toute autre espèce de secours ;

Considérant, enfin, que l'aliénation d'une partie des maisons nationales de la Martinique offre une ressource, dont le Gouvernement doit d'autant plus s'empresser de profiter, que dans l'état de dégradation de plusieurs de ces maisons, les frais ordinaires d'entretien se trouveraient accrus de tous les déboursés considérables qu'exige leur prompte et urgente réparation ; arrêtent :

ART. Ier. Une partie des maisons nationales ayant appartenu aux ci-devant Communautés religieuses, à la Martinique, sera aliénée jusqu'à la concurrence d'une somme de 600,000 liv., à peu près.

II. Les ventes auront lieu, par adjudications publiques, à la diligence du Directeur-général du Domaine, en présence du Commissaire de marine faisant fonctions d'Inspecteur, et sur les soumissions qui seront faites à l'avance.

III. Le Directeur-général du Domaine recevra les soumissions et passera tous les actes nécessaires pour assurer la légitime propriété des Adjudicataires : ces actes seront ratifiés au nom du Gouvernement français, par le Capitaine-général et par le Préfet colonial.

IV. Les paiemens se feront dans la caisse du Receveur-général ; savoir : un tiers avant la mise en possession, un tiers dans le premier mois, et le dernier tiers, dans le second mois qui suivra la ratification de la vente.

V. Le Directeur-général du Domaine et le Commissaire de marine faisant fonctions d'Inspecteur sont chargés de l'exécution du présent arrêté, qui sera enregistré, *etc.*

Donné en l'île de la Martinique, le 15 vendémiaire an XII. *Signé*, VILLARET, *et* BERTIN.

Enregist. aux Greffes des Tribunaux.

(N°. 1023.) ARRÊTÉ *du Capitaine-général, relatif à l'établissement d'un Tribunal Spécial.*

Du 24 vendémiaire an XII (17 octobre 1803).

CONSIDÉRANT qu'il est urgent de réprimer les empoisonnemens d'esclaves et de bestiaux, les enlèvemens de canots et pirogues par les nègres marrons passant à l'ennemi, et les incendies d'habitations, cases, usines, *etc. etc.*

Qu'un Tribunal spécial peut seul atteindre les coupables avec une célérité qui assure leur punition, et pourvoir aux inconvéniens qui peuvent résulter, soit de la crédulité des maîtres, souvent trompés dans la recherche des coupables, soit leur faiblesse pour leurs esclaves, qui les empêche de les livrer à la vindicte publique;

Vu les articles Ier. et V du titre Ier. de l'arrêté du 6 prairial an X;

Après en avoir délibéré avec le Grand-juge, arrête :

Art. Ier. Les lois qui attribuent aux Tribunaux ordinaires la connaissance des crimes d'empoisonnemens, incendies et enlèvemens de canots et pirogues, commis par les esclaves, sont suspendues.

II. Il sera établi un Tribunal spécial pour la répression des crimes mentionnés en l'art. Ier.; ses jugemens ne seront point soumis à l'appel.

III. Le Tribunal sera composé du Commandant de la gendarmerie, qui fera l'instruction et présidera le Tribunal assemblé; du Lieutenant de la gendarmerie, du Commissaire civil du quartier où le délit aura été commis, du Lieutenant-commissaire, et d'un Habitant notable, propriétaire dans le même quartier; d'un Commissaire du Gouvernement et d'un Greffier. Ces deux derniers seront, sur la présentation du Grand-juge, nommés par le Capitaine-général. En cas d'absence du Commissaire civil ou de son Lieutenant, ils seront remplacés par des Habitans notables, soit du quartier, soit du quartier voisin, lesquels seront au moins Capitaines de la garde-nationale; les Habitans seront désignés par le Commandant de la gendarmerie.

IV. Le Commandant de la gendarmerie, le Commissaire du Gouvernement et le Greffier, prêteront le serment devant le Grand-juge; les autres Membres du Tribunal spécial le prêteront entre les mains du Commandant de la gendarmerie, à l'ouverture de chaque séance : il en sera fait mention dans le procès-verbal.

V. Les crimes mentionnés en l'art. Ier., seront poursuivis d'office par le Commissaire près le Tribunal spécial, sur la dénonciation de toutes personnes libres ou esclaves.

VI. Tout individu qui aura connaissance d'un délit mentionné dans l'art. Ier., est tenu de le dénoncer au Commissaire civil du quartier, ou à son Lieutenant, qui fera immédiatement passer la dénonciation au Commissaire du Gouvernement près le Tribunal spécial, et fera sur-le-champ arrêter les prévenus, qui seront détenus sous bonne et sûre garde. Dans les quartiers du Fort-de-France, de St-Pierre et de la Trinité, les prévenus seront déposés à la geôle.

VII. Le Commissaire du Gouvernement donnera de suite sa plainte au Commandant de la gendarmerie, lequel se transportera aussitôt sur les lieux pour faire l'instruction, et convoquera le Tribunal à jour fixe.

VIII. Lorsqu'il s'agira d'empoisonnement exécuté ou seulement prémédité, il sera dressé par le Commissaire civil ou son Lieutenant, procès-verbal de l'état des cadavres, des poisons, drogues, racines, ingrédiens ou autres matières quelconques qui se trouveront sur les prévenus ou dans leurs cases, ou dans tout autre dépôt, il se fera assister à cet effet, du Chirurgien aux rapports de la paroisse, ou, en cas d'absence, de celui d'un des quartiers voisins, lequel procédera à l'ouverture du cadavre, et à l'examen et vérification des matières soupçonnées avoir été préparées pour l'empoisonnement, ce dont ledit Chirurgien dressera son procès-verbal séparé.

IX. Il sera aussi, en cas d'incendie ou de préparatifs d'incendie, dressé procès-verbal de l'état des lieux, des flambeaux, bagasses, ou autres matières qui auraient servi à l'incendie, ou auraient été disposés pour faciliter l'exécution de ce crime.

X. Il sera également dressé procès-verbal des effets, voiles et avirons, et de l'état des canots ou pirogues enlevés, et qui auraient été saisis, servant à l'évasion des esclaves. Le Commissaire civil, ou son Lieutenant, mentionneront dans leurs procès-verbaux les numéros desdits canots et pirogues.

XI. Toutes personnes qui rencontreront, soit en mer, soit sur la côte, des esclaves s'évadant dans des canots ou pirogues, sont tenus de les arrêter, et de les traduire devant le Commissaire civil du quartier ou devant son Lieutenant.

XII. Le Commissaire civil ou son Lieutenant, appellera deux personnes notables pour être présentes aux procès-verbaux, qu'elles signeront, ou mention sera faite de leur refus et de leurs motifs.

XIII. Les prévenus seront interrogés, autant que faire se pourra, dans les 24 heures, à compter de la date de la plainte du Commissaire près le Tribunal spécial. L'interrogatoire sera écrit par le Greffier, et signé à toutes les pages par le Commandant de la gendarmerie, le Greffier et l'Accusé, s'il sait signer, après que lecture lui en aura été faite : s'il ne sait pas signer, mention en sera faite en l'interrogatoire.

XIV. Les Témoins seront entendus séparément, et hors la présence de l'Accusé, par le Commandant de la gendarmerie, assisté de son Greffier. Les dépositions seront signées à toutes les pages, comme les interrogatoires.

XV. Toutes les pièces de l'instruction seront communiquées, par ordonnance du Commandant de la gendarmerie, au Commissaire du Gouvernement près le Tribunal spécial, qui requerra, par écrit, ce que de droit.

XVI. Si le réquisitoire tend au réglement à l'extraordinaire, le Commandant de la gendarmerie rendra une ordonnance portant que les Témoins seront récolés en leurs dépositions et confrontés à l'Accusé, et de suite il procédera séparément au récolement de chaque Témoin et à sa confrontation avec l'Accusé, auquel sera fait lecture de la déposition qui le charge.

XVII. S'il se trouve plusieurs prévenus, ils seront aussi récolés en leurs interrogatoires, et confrontés l'un à l'autre; les Témoins seront aussi confrontés, dans ce cas, avec chacun des Accusés.

XVIII. Il sera fait des cahiers séparés, 1°. pour les dépositions des Témoins; 2°. pour les interrogatoires de chaque Accusé; 3° pour le récolement des Témoins; 4°. pour la confrontation de chaque Accusé; 5°. pour les récolemens des Accusés, le cas échéant; 6°. pour l'affrontation desdits Accusés.

XIX. Dans chaque acte, les Témoins prêteront serment de dire la vérité : il en sera fait mention en tête de l'acte.

XX. Le procès-verbal de confrontation, contiendra les reproches fournis par l'Accusé contre le Témoin, et les dires respectifs de l'Accusé et des Témoins, pour y avoir, en jugeant, tel égard que de raison.

XXI. Le Témoin qui, après avoir été récolé, tergiversera à la confrontation, ou changera en tout ou partie les dispositions essentielles de sa déposition, sera sur-le champ arrêté et traduit aux Tribunaux ordinaires, pour le procès lui être fait comme faux témoin, sur le procès-verbal qui aura été dressé par le Commandant de la gendarmerie.

XXII. La procédure sera communiquée immédiatement après le dernier interrogatoire des Accusés, au Commissaire du Gouvernement près le Tribunal spécial, sur une ordonnance du Commandant de la gendarmerie; les conclusions seront données par écrit, et remises cachetées, au Commandant de la gendarmerie, pour être ouvertes en présence du Tribunal assemblé, après le rapport du procès et la lecture de l'instruction. Le rapport sera fait par le Lieutenant de la gendarmerie ou celui qui le remplacera dans l'ordre du service. Il pourra, pour la lecture des pièces seulement, se faire remplacer par le Greffier. Le Tribunal prononcera sans désemparer.

XXIII. Le jugement sera rédigé de suite par le Greffier, et signé aussi de suite par tous les Juges qui y auront assisté, quelles qu'aient été leurs opinions.

XXIV. Le jugement sera rendu à la pluralité des voix; il contiendra le nom des Juges, celui de l'Accusé, la nature du délit, et la décision du Tribunal, il sera prononcé de suite au condamné, et immédiatement exécuté; si ce n'est que pour l'exemple, le Commandant de la gendarmerie et le Commissaire du Gouvernement, ne trouvassent convenable de surseoir pendant cinq ou six heures, au plus, pour faire l'exécution en présence de plusieurs ateliers réunis.

XXV. Les jugemens ne pourront jamais être exécutés après le coucher du soleil; s'ils étaient rendus trop tard, il n'en serait donné lecture au condamné que le lendemain matin.

XXVI. Les fonctions d'Huissier près le Tribunal spécial, seront remplies par les Gendarmes.

XXVII. La convocation du Tribunal se fera d'après l'ordonnance du Commandant de la gendarmerie, par lettres du Commissaire du Gouvernement, adressées aux Membres qui devront composer le Tribunal, et portées par un Gendarme : il lui sera remis à cet effet une feuille de service, contenant le nom des personnes auxquelles les lettres seront adressées, et la date des lettres, Les personnes qui recevront les lettres, en donneront reçu, qu'elles dateront en marge de ladite feuille.

XXVIII. Les assignations aux Témoins seront données dans la forme prescrite par l'article précédent; lorsque les Témoins seront esclaves, les lettres seront adressées à leurs maîtres.

XXIX. En cas de refus de la part des personnes à qui les lettres auront été adressées, de les recevoir ou d'en donner reçu, il en sera dressé procès-verbal par le Gendarme, et les refusans seront condamnés en l'amende de 500 liv.

XXX. Les personnes appelées pour composer le Tribunal, et qui ne se trouvant pas aux jours, lieux et heures assignés, et celles qui, ayant assisté au jugement, refuseraient de le signer, seront condamnées à une amende de 1,000 liv.

XXXI. Les personnes appelées comme Témoins, qui ne se rendront point à l'assignation, seront condamnées à l'amende de 250 liv. Les maîtres seront responsables de la non-comparution de leurs esclaves, et comme tels condamnés à l'amende, s'il n'est pas prouvé qu'ils fussent ou marrons ou malades. Les Témoins défaillans seront en outre contraints par corps à se présenter.

XXXII. Ces amendes seront prononcées par le Commandant de la gendarmerie, et le recouvrement s'en fera, sur son ordonnance, à la diligence du Commissaire du Gouvernement, pour les fonds être déposés dans la caisse du Domaine, et être spécialement affectés aux dépenses extraordinaires, nécessitées par l'établissement du Tribunal spécial.

Ces amendes ne seront point encourues par les personnes libres ou esclaves, qui pourront justifier d'un empêchement valable.

La vérité de l'excuse sera attestée, ou par le Commissaire civil, ou par le Médecin ou Chirurgien du canton.

XXXIII. Si un coupable vient à s'évader pendant l'instruction de la procédure, ou s'il n'a pu être arrêté, la procédure sera instruite sur dépositions et récolemens, sans autres formalités; et le jugement rendu sur les conclusions du Commissaire du Gouvernement sera exécuté par effigie : néanmoins si le condamné est repris par la suite, il sera interrogé, confronté avec les Témoins encore existans, et jugé de nouveau : les dépositions des Témoins qui auraient été récolés, et qui seraient décédés depuis le jugement de contumace, seront joints au procès, lues à l'Accusé, pour y avoir, en jugeant, l'égard que de raison.

Il en sera de même des interrogatoires des co-Accusés qui auraient été récolés, condamnés et exécutés.

XXXIV. Le crime d'empoisonnement et celui d'incendie, seront punis de mort. La tentative d'empoisonnement et d'incendie, accompagnée d'actes extérieurs et de préparatifs tendans à l'empoisonnement ou à l'incendie, sera punie de la même peine; néanmoins si les coupables, avant d'avoir été découverts, s'arrêtaient spontanément et par l'effet d'un remords, sa peine pourra être commuée par le Tribunal spécial en connaissance de cause.

Il ne sera prononcé aucune peine contre les complices qui, avant l'exécution, dénonceront le crime, et feront connaître et arrêter les coupables. Le Commandant de la gendarmerie en rendra compte au Capitaine général.

XXXV. Le crime d'enlèvement de canots ou pirogues, pour marronnage, sera puni, savoir : contre les Chefs du complot, de la peine de mort; contre les complices, de la peine des galères perpétuelles. La tentative de ce crime, accompagnée d'actes extérieurs, tendans à l'enlèvement d'un canot ou pirogue, sera puni, savoir : contre les Chefs, de la peine des galères à perpétuité, et contre les complices, de telle autre peine moindre que le Tribunal arbitrera, telles que le carcan, l'emprisonnement et le fouet.

XXXVI. Avant d'exécuter, sur un esclave un jugement, soit à mort, soit à une autre peine, qui prive son maître de ses services, il sera procédé à son estimation devant le Commandant de la gendarmerie, en présence du Commissaire du Gouvernement, par deux Habitans blancs, non parens du Propriétaire. Le prix en sera payé audit Propriétaire, par la caisse des esclaves justiciés, sur le *visa* du Commissaire du Gouvernement près le Tribunal d'appel.

XXXVII. Si un blanc est impliqué dans l'accusation, le procès sera renvoyé en entier devant les Juges ordinaires, et néanmoins le Commandant de la gendarmerie dressera tous procès-verbaux, recevra toutes dénonciations, entendra les Témoins, et interrogera les esclaves co-prévenus. Il pourra même mettre les personnes blanches qui seraient impliquées, sous la surveillance de deux Gendarmes ou autres Militaires.

Il instruira sur-le-champ le Grand-juge de cette mesure de sûreté, et de ces motifs, à l'effet d'obtenir son autorisation, pour faire mettre lesdits prévenus en arrestation, et les faire traduire dans les prisons du Tribunal ordinaire, à la charge, en outre, d'envoyer, dès qu'il aura reçu cette autorisation, toutes les pièces de la procédure, au Commissaire du Gouvernement près ce Tribunal, lequel s'en occupera, toute affaire cessante.

Le Tribunal spécial demeurera révoqué de plein droit, un an après la paix.

Il sera statué par un réglement particulier sur les frais de cet établissement, et les indemnités qui seront accordées au Commissaire et au Greffier.

Le présent arrêté sera imprimé, lu, publié, *etc.*

Donné au Fort-de-France, le 24 vendémiaire an XII.

Signé, Villaret.

Enregist. aux Greffes des Tribunaux.

(N°. 1024.) Arrêté *du Capitaine-général, qui fixe le Traitement des Officiers composant le Tribunal Spécial.*

Du 29 vendémiaire an XII (22 octobre 1803).

Voulant régler le traitement des Commissaire du Gouvernement, Rapporteur et Greffier du Tribunal spécial, créé par l'arrêté du 24 vendémiaire an XII, ainsi que les frais et indemnités que peut nécessiter cet établissement; arrête :

Art. 1er. Le traitement du Commissaire du Gouvernement est fixé à 5,000 liv. par an.

Celui du Greffier est fixé à 4.000 liv. par an : il lui sera en outre alloué une somme de 500 liv. par an, pour frais de bureaux et fournitures, autres que les formules imprimées.

II. Le Lieutenant de la gendarmerie, faisant fonctions de Rapporteur, jouira d'un supplément de traitement de 2,000 liv. par an.

III. Il est accordé au Maréchal-des-logis, faisant fonctions d'Huissier-audiencier près le Tribunal, un supplément de solde de 1,000 liv. par an.

IV. Ces traitemens et supplémens comprennent tous frais de voyages et déplacemens des Fonctionnaires ci-dessus désignés.

V. Il sera alloué à chaque Gendarme 2 l. 5 s. par jour de voyage pour le service du Tribunal.

VI. Ces traitemens et supplémens seront payés, mois par mois, sur les fonds de la caisse des nègres suppliciés, sur états certifiés par le Commandant de la gendarmerie et le Commissaire du Gouvernement, ordonnancé par le Sous-préfet, qui en fera la répartition aux parties prenantes.

VII. Le Capitaine-général se réserve de témoigner sa satisfaction aux Citoyens qui, appelés à remplir les fonctions honorables de Juge dans ce Tribunal, y auront apporté le zèle et l'activité que le Gouvernement a droit d'attendre de leur amour pour la patrie.

VIII. Le présent arrêté sera enregistré, *etc.*

Donné au Fort-de-France, le 29 vendémiaire an XII. *Signé*, VILLARET.

(N°. 1025.) Arrêté *du Préfet colonial, qui fixe à 2 pour 100 les Droits à percevoir sur l'exportation des Liqueurs fabriquées dans l'Isle.*

Du 1er. brumaire an XII (24 octobre 1803).

(N°. 1026.) Arrêté *du Grand-Juge, sur le dépôt des Minutes des Notaires absens par congé.*

Du 3 brumaire an XII (26 octobre 1803).

VU les représentations qui lui ont été faites par plusieurs Notaires sur les inconvéniens de l'art. XXIII du chapitre X du réglement général du 10 mai 1771, qui prescrit aux Notaires qui obtiennent des congés temporaires, de remettre avant leur départ toutes leurs minutes au Greffe de leurs Jurisdictions respectives ;

Considérant que l'objet principal de cette disposition étant d'assurer l'importante conservation des minutes et des actes notariés, il est possible d'atteindre le même but en adoptant une mesure qui concilie l'intention de la loi avec les réclamations fondées de ces Officiers publics ;

Considérant que la déclaration du Roi, du 2 août 1717, sur les minutes des Notaires, n'en exige le dépôt au Greffe, qu'en cas de mort ou de démission, et qu'il suffit, pour une absence de quelques mois de congé, de placer ces minutes sous une surveillance qui garantisse la sûreté du dépôt ;

Après en avoir délibéré avec le Capitaine-général ; arrête :

Art. 1er. Lorsqu'un Notaire obtiendra congé pour se rendre dans une île voisine, ou même en France, il lui sera loisible de confier ses minutes à la garde d'un de ses Confrères, qui en demeurera responsable. A cet effet, il sera tenu d'en dresser un inventaire exact signé de lui et du dépositaire, duquel inventaire ils remettront au Greffe une expédition certifiée.

II. Les Notaires dépositaires des minutes de leur Collègue absent, sont autorisés à en délivrer des expéditions aux parties qui les requerront, en se conformant aux ordonnances.

III. A l'époque de l'expiration des congés, qui ne pourront jamais être de plus de 9 mois pour les îles voisines, et de 18 mois pour France, si le Notaire n'est pas de retour dans la colonie (à moins d'empêchement par cas de guerre), les minutes seront de droit et à la diligence du Commissaire du Gouvernement, déposées au Greffe de la Jurisdiction.

IV. En cas de mort, démission ou destitution, les minutes des Notaires continueront à être remises au Greffe, ainsi et de la manière que ces cas sont prévus et réglés par la déclaration du Roi de 1717, et par le réglement de 1771, dont l'exécution est maintenue en ce qui n'y est pas dérogé par le présent arrêté, qui sera enregistré aux Greffes des Tribunaux.

Donné au Fort-de France, le 3 brumaire an XII. *Signé*, LEFESSIER-GRANDPREY.

Enregist. aux Greffes des Tribunaux.

(N°. 1027.)

(N°. 1027.) ARRÊTÉ *du Grand-Juge, supplémentaire au Mode de Procédure à suivre par le Tribunal Spécial.*

Du 9 brumaire an XII (1er. novembre 1803).

VU la remontrance faite par le Commissaire du Gouvernement près le Tribunal spécial, dont la teneur suit :

Citoyen Grand-juge, je dois vous rendre compte d'une difficulté qui nous arrête dans l'instruction de la procédure commencée sur l'habitation Eyma, du Lamentin; le nombre des prévenus est déjà considérable, et d'après les apparences il augmentera encore ; on peut, par aperçu, évaluer à 25 le nombre des co-accusés qui seront présentés au jugement. D'après l'arrêté du 24 vendémiaire dernier, il faudrait que tous fussent récolés et affrontés les uns aux autres, car tous, jusqu'à présent, se chargent réciproquement : cette procédure deviendra volumineuse et emportera beaucoup de tems. Il peut en résulter de nouveaux malheurs : depuis que les premiers accusés ont été arrêtés, cinq nègres ont été empoisonnés par les complices, et deux des détenus se sont donnés la mort ; si la procédure traîne en longueur, il est à craindre que les empoisonnemens continuent et se multiplient, non-seulement sur l'habitation Eyma, mais encore sur un grand nombre d'autres, où les coupables paraissent avoir des relations.

Ne jugeriez-vous pas convenable, Citoyen-Grand-juge, d'abréger la procédure et diminuer les écritures, en substituant aux récolemens et affrontations des accusés, ainsi qu'à la confrontation des témoins, un débat entre les accusés, en présence du Tribunal assemblé, et en faisant répéter toujours devant le Tribunal les dépositions des témoins. *Signé*, DESLANDES.

Voulant statuer sur cette remontrance, que nous avons communiquée au Capitaine-général, après en avoir délibéré et considéré ensemble, que le débat public aura tous les avantages des formes plus longues, sans en avoir les inconvéniens ; arrête :

Pour tenir lieu de récolemens et affrontations des accusés et confrontation des témoins, qui devraient être rédigés par écrit, le débat sera public entre les accusés et les témoins ; ils seront entendus, interrogés, affrontés, confrontés, en présence de tout le Tribunal.

Il sera tenu note exacte des variations des accusés, de celles des témoins, et dit, au surplus, qu'il a été persisté dans les premières réponses, déclarations et dépositions.

Le Commissaire du Gouvernement est spécialement chargé de veiller à l'exacte rédaction de ces notes : il en sera donné lecture au Tribunal, à la clôture de chaque séance, en présence des accusés et témoins, et elles ne seront définitivement pièces de la procédure qu'après cet examen.

Donné au Fort-de-France, le 9 brumaire an XII. *Signé*, LEFESSIER-GRANDREY.

Enregist. aux Greffes des Tribunaux.

(N°. 1028.) ARRÊTÉ *des Capitaine-général et Préfet colonial, sur les Armemens en course.*

Du 10 brumaire an XII (2 novembre 1803).

CONSIDÉRANT que le Gouvernement colonial n'avait pris son arrêté du 15 vendémiaire an XII (*), sur les armemens en course, que

(*) Nous n'avons pas fait mention de cet arrêté à sa date, parce qu'il n'a eu aucune activité, le réglement du 2 prairial an XI étant arrivé avant sa publication.

pour rappeler les dispositions des lois qui devaient servir de règle à ses opérations dans la colonie ;

Considérant que depuis cette époque il lui a été transmis un réglement récent du Gouvernement français, qui satisfait pleinement à cet objet ; arrêtent :

Art. Ier. L'arrêté du Gouvernement colonial, du 15 vendémiaire dernier, est rapporté.

Le réglement sur les armemens en course fait par le Gouvernement de la République, le 2 prairial an XI, sera exécuté à la Martinique.

II. Il est dérogé à l'art. 91 dudit réglement, qui n'attribue aux équipages que le tiers des prises faites par les corsaires, et que le cinquième des prises faites par les bâtimens armés en course et marchandises.

Suivant l'usage établi dans les colonies, la moitié du produit net des prises faites par les corsaires, appartiendra aux Armateurs et l'autre moitié aux équipages.

Le tiers du produit net des prises faites par les bâtimens armés en course et marchandises, reviendra aux équipagas, et les deux autres tiers aux Armateurs.

III. Les denrées et marchandises provenant de la cargaison des bâtimens capturés, dont l'introduction est permise dans la colonie, et qui seront portées dans les pièces de bord ou connaissemens, ou dans l'inventaire desdites cargaisons au moment de leur capture, seront considérées comme importées par bâtimens nationaux, et ne seront soumises qu'à un droit de 2 pour 100.

Les marchandises et denrées faisant partie des mêmes cargaisons et portées sur lesdits connaissemens, pièces de bord ou inventaires, et dont l'introduction est prohibée, pourront néanmoins être vendues dans la colonie, moyennant un droit de 4 pour 100 de leur valeur.

Il est dérogé à cet effet à la dernière disposition de l'art. 87 dudit réglement, concernant la réexportation à l'étranger des marchandises et denrées prohibées.

IV. Tous les cas qui n'ont point été prévus par ce réglement, seront décidés d'après les lois existantes. Les Administrateurs chargés de procéder à l'instruction et à la vente rendront compte des difficultés qui pourraient s'élever sur son interprétation et son exécution, au Préfet colonial, qui leur adressera les ordres et instructions nécessaires.

V. Le Sous-préfet, chef d'administration, le Commissaire de marine faisant fonctions d'Inspecteur, le Commissaire chargé en chef du service à St-Pierre, le Directeur-général du Domaine et les Tribunaux de première instance jugeant en matière de commerce, sont chargés, chacun en ce qui le concerne, de l'exécution du présent arrêté et du réglement du Gouvernement de la République, sur les armemens en course, en date du 2 prairial an XI, qui seront imprimés, *etc.*

Fait à la Martinique, le 10 brumaire an XII.

Signé, VILLARET, *et* BERTIN.

Enregist. aux Greffes des Tribunaux.

(N°. 1029.) ARRÊTÉ *des Capitaine-général et Préfet colonial, qui nomme une Commission pour la vérification des Libertés soumises à la confirmation, en vertu des Arrêtés des 24 ventôse et 7 messidor an XI.*

Du 11 frimaire an XII (3 décembre 1803).

CONSIDÉRANT que le nommé St-Aubin, employé à la vérification des titres de liberté, a commis des infidélités dans l'exercice de son emploi, et qu'il en a fait l'aveu en présence du Commissaire du Gouvernement près le Tribunal d'appel, du Grand-juge et du Préfet colonial;

Considérant que des fonctions aussi importantes, puisqu'elles intéressent l'Etat et la sûreté d'un grand nombre d'individus, doivent être remplies par des Citoyens qui inspirent la plus grande confiance, par leur moralité et leurs principes;

Considérant enfin que, d'après l'exposé du Commissaire du Gouvernement près le Tribunal d'appel, il lui est impossible de surveiller, à lui seul, tous les détails de ces opérations; arrêtent:

ART. Ier. Il sera nommé 4 Citoyens, pour aider et seconder le Commissaire du Gouvernement près le Tribunal d'appel, dans l'examen, la vérification et l'expédition des actes d'affranchissement et de confirmation de liberté.

II. Les arrêtés du Gouvernement colonial, des 24 ventôse et 7 messidor an XI, concernant la vérification des libertés coloniales et étrangères, sont maintenus dans toutes leurs dispositions.

III. Le présent arrêté sera imprimé, *etc.*

Fait au Fort-de-France, le 11 frimaire an XII. *Signé*, Villaret, *et* Bertin.

Enregist. aux Greffes des Tribunaux.

(N°. 1030.) Arrêté *Consulaire, portant que les Capitaines-généraux des Colonies seront, en cas de mort ou d'absence, remplacés provisoirement, pendant la guerre, par les Commandans des Troupes.*

Du 21 frimaire an XII (13 décembre 1803).

Le Gouvernement de la République, sur le rapport du Ministre de la marine et des colonies, arrête :

Art. Ier. Pendant la durée de la guerre et jusqu'à nouvel ordre du Gouvernement, les Capitaines-généraux des colonies, en cas de mort ou d'absence du territoire continental, seront remplacés par les Commandans des troupes.

II. Il est expressément dérogé, quant à ce, à tout réglement contraire.

III. Le Ministre de la marine et des colonies est chargé de l'exécution du présent arrêté.

Signé, BONAPARTE ; *par le premier Consul*, le Secrétaire d'Etat, H. B. Maret.

(N°. 1031.) Ordonnance *du Préfet colonial, concernant le Dénombrement et le Recensement des Habitans de l'île de la Martinique.*

Du 9 nivôse an XII (31 décembre 1803).

Considérant qu'un des plus sûrs moyens d'obtenir un recensement exact de la population et de la culture de cette colonie, est d'astreindre chaque individu qui l'habite, de quelque classe qu'il soit, à faire connaître annuellement à l'Administration son nom, son état civil, le nombre de ses enfans et ses moyens d'existence ;

Vu les anciennes lois rendues sur cet objet, et après en avoir délibéré avec le Capitaine-général ; ordonne :

Art. Ier. Le recensement des Habitans de la colonie et de leurs propriétés, celui des individus non propriétaires, et de tous gens de couleur libres, sera dressé pour l'an 1804 (*v. st.*), par le Directeur-général du Domaine, aussitôt après le dénombrement fait des esclaves, selon qu'il est établi par la déclaration du 3 octobre 1730, concernant la régie et perception du droit de capitation.

II. Tous les individus blancs non propriétaires qui, jusqu'à ce jour, n'ont pas pris la feuille de recensement, seront tenus, sous peine d'être réputés gens sans aveu et traités comme tels, de se présenter, avant le 15 février prochain, dans les bureaux du Domaine à St-Pierre, au Fort-de-France, à la Trinité, au Marin, et dans les autres paroisses devant les Commissaires-commandans, à l'effet d'obtenir ladite feuille de recensement.

III. Tous les gens de couleur libres, propriétaires ou non propriétaires devront aussi, avant le 15 février prochain, être pourvus de la feuille de dénombrement et de recensement, en se conformant, à cet effet, aux formalités prescrites par l'article précédent, à l'égard des individus blancs non propriétaires.

Toute personne de couleur qui, après l'expiration du terme ci-dessus, ne pourra exhiber avec l'acte de sa liberté, sa feuille de dénombrement et de recensement, sera sujète à l'impôt et taxée comme esclave.

IV. Les Employés du Domaine sont autorisés à prendre communication, sans déplacement et sans frais, chez tous les Curés, Notaires ou Greffiers de la colonie, des extraits mortuaires, testamens, inventaires, partages, et généralement de tout acte civil qui peut intéresser la perception du droit de capitation.

Il leur sera même délivré gratuitement des extraits de ces actes, si le Directeur-général du Domaine le juge nécessaire.

V. Le Directeur-général du Domaine et les Commissaires-commandans des paroisses de la colonie sont chargés, chacun en ce qui le concerne, de l'exécution de la présente ordonnance, qui sera imprimée, *etc.*

Donné à la Martinique, le 9 nivôse an XII. *Signé*, BERTIN.

Enregist. aux Greffes des Tribunaux.

(N°. 1032.) ARRÊTÉ *des Capitaine-général et Préfet colonial, concernant l'Imposition pour l'année* 1804.

Du 10 nivôse an XII (1er. janvier 1804).

CONSIDÉRANT la nécessité d'asseoir les contributions publiques pour l'année 1804;

Considérant que, malgré les dépenses excessives de l'état de guerre, l'Administration coloniale a toujours eu pour but de pourvoir à ses besoins, sans accroissement d'impôt et sans surcharge, et qu'elle obtiendra sans doute cet heureux résultat de ses efforts, si les Habitans, bien pénétrés de leurs devoirs, acquittent ponctuellement et dans les délais fixés, leur quote-part des taxes précédemment établies;

Considérant qu'au moyen des réductions opérées dans les dépenses du corps de la gendarmerie coloniale, une partie de la somme, provenant des 5 s. par livre affectés à son entretien, peut être consacrée, cette année, à la réparation des chemins, et diminuer d'autant les frais onéreux de la corvée ;

Considérant aussi que la somme produite par l'impôt additionnel de 4 s. par livre, perçu pendant les années précédentes, et applicable à l'acquittement de la dette coloniale, suffit pour opérer l'extinction de cette dette ;

Vu les anciennes ordonnances rendues sur l'assiette de l'impôt, et le rapport du Directeur-général du Domaine ; arrêtent :

ART. Ier. L'imposition publique, pour la présente année, sera assise et répartie pour l'espace de tems compris entre le 10 nivôse an XII (1er. janvier 1804, *v. st.*), et le 1er. vendémiaire an XIII.

Les rôles seront dressés, en conséquence, pour le seul espace de 8 mois et 25 jours.

N. B. Voyez pour les articles II à XIII, les mêmes articles de l'arrêté du 29 pluviôse an XI, N°. 986, pag. 568 de ce tome.

XIV. L'impôt de 5 sols par livre, dit *additionnel*, établi par l'arrêté du 29 pluviôse an XI, pour subvenir aux dépenses d'établissement et d'entretien de la gendarmerie coloniale, est conservé.

Le montant de cette imposition sera versé, par le Receveur-général, dans une caisse particulière, et servira exclusivement à acquitter les dépenses de ce corps.

Les fonds qui resteront après l'acquittement de cette dépense, seront uniquement employés à la réparation et entretien des chemins publics.

XV. L'impôt dit de *quatre sols* par livre, pour l'acquittement de la dette coloniale arrêtée par le Gouvernement anglais, est supprimé.

N. B. Voyez pour les articles XVI à XXIV, les mêmes articles de l'arrêté précité.

XXV. Seront exécutées, au surplus, dans leur forme et teneur, en ce qui n'est pas contraire au présent arrêté, toutes les dispositions prescrites par la déclaration du 3 octobre 1730, et l'ordonnance du 12 mai 1766.

XXVI. Les impositions étant acquises au Domaine, dès le 10 nivôse an XII (1er. janvier 1804, *v. st.*), celles établies pour l'espace de tems compris entre le 10 nivôse an XII et le 1er. vendémiaire an XIII, seront acquittées dans le courant des trois premiers mois; à défaut, les redevables seront contraints par toutes les voies de rigueur, même par corps.

XXVII. Le Directeur-général du Domaine est chargé de l'exécution du présent arrêté; qui sera imprimé, *etc.*

Au Fort-de-France, le 10 nivôse an XII. *Signé*, VILLARET, *et* BERTIN.

Enregist. aux Greffes des Tribunaux.

(N°. 1033.) ARRÊTÉ *des Capitaine-général et Préfet colonial, concernant les Titres de Liberté obtenus en Pays étrangers, non susceptibles de confirmation, et les Preuves testimoniales qui doivent suppléer les Titres réguliers qui auraient été perdus.*

Du 16 nivôse an XII (7 janvier 1804).

CONSIDÉRANT qu'il est extrêmement important, pour le repos de la colonie, et pour la tranquillité même des individus de couleur légitimement affranchis, d'apporter la plus grande sévérité, dans l'examen des titres de liberté qui sont présentés à la vérification des Commissaires chargés de ce travail;

Considérant que l'article VII de l'arrêté du Gouvernement colonial du 24 ventôse an XI, qui accorde aux gens de couleur, dont les titres de liberté sont égarés, la faculté d'en fournir la preuve par témoins, ne peut s'appliquer aux individus qui se prétendent affranchis par le général Rochambeau, ou en pays étranger, attendu que ces individus n'ont jamais joui, jusqu'à ce jour, dans la colonie, d'une possession de liberté reconnue, le seul fait qui pût être l'objet d'une preuve testimoniale ;

Voulant enfin faciliter aux gens de couleur, dont les titres réguliers sont perdus, le moyen de les suppléer, par des enquêtes authentiques qui ne les assujettissent à aucun frais ;

Vu les arrêtés du Gouvernement colonial, des 24 ventôse et 7 messidor an XI, et d'après les sages observations des Commissaires chargés de la vérification des titres de liberté ; arrêtent :

Art. Ier. Aucun titre de liberté, délivré en pays étranger, ne sera confirmé par le Gouvernement colonial, s'il n'est constant, par la teneur même du titre, que la liberté a été accordée avec l'assentiment et la sanction des premières Autorités de l'île étrangère où l'individu prétendra avoir été affranchi, quand bien même il prouverait que cette formalité n'y est point en usage.

Un simple enregistrement au Greffe d'un Tribunal quelconque, ne pourra suppléer la sanction nécessaire des premières Autorités des colonies étrangères.

II. Aucun individu se disant affranchi par le général Rochambeau, ou en pays étranger, et qui alléguerait avoir perdu ses titres, ne sera admis à la preuve testimoniale, autorisée par l'art. VII de l'arrêté du 24 ventôse an XI, et ne pourra en conséquence, sous quelque prétexte que ce soit, obtenir la confirmation de sa liberté.

III. Tous les individus, autres que ceux désignés dans l'article précédent, et qui, à défaut de titres, seront admis à prouver leur possession d'état, se présenteront au Commissaire-commandant et au Curé de leur paroisse respective, à l'effet de faire procéder à une enquête.

IV. Le Commissaire-commandant et le Curé de la paroisse où réside l'individu qui sollicite l'enquête, se réuniront et appelleront en témoignage quatre Habitans notables du quartier, lesquels attesteront, sous la foi du serment, qu'ils reconnaissent cet individu pour avoir joui légitimement de la liberté, et désigneront les titres en vertu desquels il en a joui, l'époque et les motifs de son affranchissement, ou de celui de sa famille, s'il est libre de naissance : le Commissaire et le Curé y joindront leur avis.

Ces déclarations seront consignées sur un registre tenu par le Commissaire-commandant, et signées des quatre Habitans notables, du Curé et du Commissaire-commandant.

Une pareille déclaration sur feuille volante, signée comme dessus, sera délivrée à l'individu, pour lui servir à obtenir la confirmation de sa liberté.

V. Les arrêtés des 24 ventôse et 7 messidor an XI, continueront à être exécutés, en tout ce qui n'est point contraire aux présentes dispositions.

VI. Les Commissaires chargés de la vérification des titres de liberté, au Fort-de-France, les Commissaires-commandans et les Curés des diverses paroisses de la colonie, sont chargés, chacun en ce qui le concerne, de l'exécution du présent arrêté, qui sera imprimé, *etc.*

Donné

Donné à la Martinique, le 16 nivôse an XII.
Signé, VILLARET, *et* BERTIN.

Enregist. aux Greffes des Tribunaux.

(N°. 1034.) ARRÊTÉ *du Préfet colonial, qui taxe à* 25 *sols le prix du Poisson d'une livre et au-dessus ; celui du Poisson au dessous d'une livre, à* 15 *s., et celui du Poisson de* 3me. *qualité, tel que Sardines et autres menus Poissons, à* 10 *s.*

Du 9 pluviôse an XII (30 janvier 1804).

(N°. 1035.) EXTRAIT *d'une Dépêche ministérielle de M.* Decrès, *aux Capitaine-général et Préfet colonial, concernant le Dépôt des Fonds provenans des Prises faites en mer, par les Corsaires, et la modification à quelques points de la Législation actuelle de la Course.*

Du 11 pluviôse an XII (1er. février 1804).

Le Ministre mande, dans cette lettre commune, que la division d'opinions survenue entre les deux premiers Chefs, à l'occasion du dépôt des fonds provenant des prises entre les mains des Armateurs ou à la caisse des Invalides, est résout par les articles 105, 106 et 107 du réglement consulaire, sur les armemens en course, du 2 prairial an XI, en faveur des Armateurs, qui doivent en conséquence être dépositaires desdits fonds ; la volonté du Gouvernement étant précise et ayant pour but d'encourager les armemens en course, en ne confiant qu'aux mains intéressées, la garde, même provisoire, de leurs produits.

Le Ministre ajoute : « Je m'arrêterai peu sur les modi-
» fications que vous avez cru devoir apporter à quelques

» autres points de la législation actuelle de la course. Elles » concernent le partage des prises entre les Armateurs » et les Equipages, la modération des droits d'entrée » des objets capturés, et la dispense de réexportation » pour ceux de ces derniers, qui seraient prohibés par » les lois. Toutes sont justifiées, ou par l'usage ou par » les circonstances, et sous ce double rapport, je ne » puis que les approuver. »

(N°. 1036.) EXTRAIT *d'une Dépêche ministérielle de M. Decrès, aux Capitaine-général et Préfet colonial, portant approbation par le Gouvernement de plusieurs Arrêtés des Administrateurs de la Martinique.*

Du 11 pluviôse an XII (1er. février 1804).

Le Ministre, dans cette lettre commune, leur mande que le Gouvernement a approuvé leur arrêté du 1er. messidor an XI, concernant le monopole des subsistances;

Qu'à l'égard de l'arrêté du 7 messidor an XI, faisant suite à celui du 24 ventôse précédent, concernant la confirmation des titres de liberté; quoique le Gouvernement ait été satisfait de voir, qu'avant d'avoir reçu sa dépêche du 10 fructidor an XI, ces Administrateurs avaient, par les articles I et II du nouvel arrêté, modifié d'une manière plus formelle la sévérité du premier; il se réfère néanmoins aux considérations graves que renferme la dépêche précitée;

Qu'enfin les motifs qui ont déterminé l'arrêté du 1er. messidor an XI, portant ouverture des ports aux Neutres, et les principes qui lui ont servi de base, sont également conformes, et aux mesures prises dans les guerres précédentes, et aux intentions bienfaisantes du premier Consul envers les Habitans des colonies françaises; il renvoie les Administrateurs à sa dépêche du 15 messidor an XI, concernant l'ouverture des ports, en les invitant de faire exécuter les dispositions qui y sont renfermées.

(N°. 1037.) Arrêté *des Capitaine-général et Préfet colonial, sur l'aliénation de toutes les Maisons nationales provenant des ex-Dominicains et des ex-Religieux de la Charité.*

Du 16 pluviôse an XII (6 février 1804).

Prenant en considération le rapport des Directeur-général du Domaine et Inspecteur à la Martinique, ainsi que les procès-verbaux, *etc.*, lesquels constatent l'état de dégradation desdites maisons, la somme qu'il en coûterait pour les réparer, sans y comprendre la privation des loyers pendant le tems que dureraient lesdites réparations ;

Considérant l'état de pénurie de la caisse coloniale, l'extrême difficulté de percevoir les contributions établies, à raison de la stagnation du commerce, et la cherté toujours croissante des objets nécessaires à la subsistance et à l'entretien des troupes, dont le nombre va être augmenté par la création d'un corps noir de 300 hommes ;

Considérant que, depuis plus de dix mois, l'Administration coloniale n'a reçu de la Métropole aucune espèce de secours, et qu'il devient de jour en jour plus urgent de pourvoir aux dépenses excessives qu'exigent l'état de danger imminent de la colonie, et la nécessité d'opposer une vigoureuse résistance aux ennemis, qui ne cessent de fatiguer les troupes par des attaques partielles ; arrêtent :

Art. Ier. Toutes les maisons nationales provenant de la ci-devant mission des Dominicains et des ex-Religieux de la Charité de la Martinique, seront aliénées d'après le mode établi par l'arrêté du 15 vendémiaire an XII,

II. Le Directeur-général du Domaine est chargé de l'exécution du présent arrêté, qui sera enregistré, *etc.*

Donné au Fort-de-France, le 16 pluviôse an XII. *Signé*, VILLARET, *et* BERTIN.

(N°. 1038.) ARRÊTÉ *du Grand-Juge, relatif aux Successions vacantes et aux Exécuteurs-testamentaires.*

Du 18 pluviôse an XII (8 février 1804).

CONSIDÉRANT que plusieurs dispositions importances de l'édit du 24 novembre 1781, concernant les Exécuteurs-testamentaires, les Légataires et les Successions vacantes, sont restés depuis quelques années sans exécution;

Que divers Exécuteurs-testamentaires se dispensent, à l'expiration de l'année coutumière, ou après les cinq années de prorogation, de rendre leurs comptes, soit aux Curateurs en titre d'office, soit par devant le Tribunal d'appel, ainsi que l'exigent impérieusement les articles XXXVII et XXXVIII de l'édit;

Que par là ils se perpétuent illégalement dans la gestion de biens qui ne sont point à eux, et qu'ils s'accoutument à regarder comme leurs propriétés personnelles, tandis que les Héritiers absens et non représentés, gémisssent dans la misère, souvent incertains sur le sort de leurs parens dont ils ignorent le décès;

Considérant enfin qu'il est juste et urgent de mettre un terme à des abus qui excitent des plaintes fondées, et de rappeler la sévère exécution d'un édit si important au bon ordre de la société et à l'intérêt des familles ;

Après en avoir délibéré avec le Capitaine-général ; arrête :

Art. 1er. Les Commissaires du Gouvernement près les Tribunaux de première instance s'occuperont, sans délai, de faire la recherche de toutes les successions ouvertes depuis 1790, pour lesquelles il a été nommé des Exécuteurs-testamentaires, qui n'auraient ni fait la remise, ni rendu compte desdites successions, aux termes prescrits par l'édit du 24 novembre 1781.

II. En conséquence de l'article ci-dessus, lesdits Commissaires enjoindront à tous les Notaires de leurs Jurisdictions respectives, et aux Greffiers dépositaires des minutes des Notaires décédés, de leur adresser, dans les quinze jours de l'avertissement, un bordereau sommaire de tous les testamens portant institution de Légataires universels ou nomination d'Exécuteurs-testamentaires, avec les noms desdits Légataires ou Exécuteurs qui ont géré les successions à partir de ladite année 1790.

III. Lorsque les Commissaires du Gouvernement auront reçu des Notaires les bordereaux demandés, ils enjoindront à tous les Exécuteurs-testamentaires de leur justifier, dans un mois, par pièces probantes, qu'ils ont rendu compte, ou fait remise des successions dont ils étaient chargés ; ceux qui ne répondront pas à l'injonction dans le délai prescrit, seront censés n'avoir pas rendu compte de leur gestion ; et poursuivis comme tels à leurs frais et dépens.

IV. Il sera dressé par les Commissaires du Gouvernement, un tableau des Exécuteurs-testamentaires qui n'auront pas justifié avoir fait remise ou rendu compte ; ce tableau sera remis, par eux, aux Curateurs en titre d'office, qui seront, à leur diligence, chargés de poursuivre lesdits Exécuteurs, et de se faire remettre, aux termes de l'article XL de l'édit, les biens, titres et papiers des successions, sous toutes réserves des dommages-intérêts envers les parties qui auraient été lésées, par l'infidélité ou la négligence des Exécuteurs-testamentaires. Une copie du tableau sera adressée au Grand-juge, et une autre au Commissaire du Gouvernement près le Tribunal d'appel.

V. Le Commissaire du Gouvernement près le Tribunal d'appel se fera rendre compte, avant trois mois, par les Curateurs en titre d'office, de l'état général des successions vacantes, et s'assurera s'ils ont rempli, jusqu'à ce jour, les formalités et obligations qui leur sont imposées par l'édit de 1781, soit pour les comptes annuels, soit pour les successions non réclamées et tombées en deshérence au profit du Domaine : ces trois mois expirés, ledit Commissaire instruira le Grand-juge du résultat de cette mesure.

Le présent arrêté sera imprimé, *etc.*

Donné au Fort-de-France, le 18 pluviôse an XII. *Signé*, LEFESSIER-GRANDPREY.

Enregist. aux Greffes des Tribunaux.

(N°. 1039.) ARRÊTÉ *du Grand-Juge, qui fixe le nombre des Juges dans les Procédures criminelles contre les Esclaves.*

Du 19 pluviôse an XII (9 février 1804).

CONSIDÉRANT que dans les procès criminels contre les Esclaves, par un usage qui n'est appuyé sur aucune loi, les Présidens des Tribunaux de première instance, rendent seuls et sans le concours d'un Siége assemblé, les sentences définitives de condamnations à mort contre lesdits Esclaves;

Que cet usage est une infraction formelle de l'ordonnance criminelle de 1670, qui porte, titre XXV, art. X : *Aux procès auxquels il y aura des conclusions à peine afflictive, assisteront au moins trois Juges;*

Que le but évident du Législateur a été de ne point charger un seul Juge du terrible devoir de prononcer sur la vie des hommes;

Après en avoir délibéré avec le Capitaine-général; arrête :

A l'avenir, dans les procès criminels contre les Esclaves, tant pour les délits dont connaissent à présent les Tribunaux de première instance, que pour ceux dont la connaissance leur sera rendue après la suppression du Tribunal spécial, lorsqu'il y aura été pris par le ministère public des conclusions à mort, ou s'il y échoit une peine de mort ou de galères perpétuelles, les jugemens ne pourront être rendus que par trois Juges, conformément à l'article X du titre XXV de l'ordonnance de 1670.

Le présent arrêté sera enregistré aux Greffes des Tribunaux.

Donné au Fort-de-France, le 19 pluviôse an XII. *Signé*, Lefessier-Grandprey.

Enregist. aux Greffes des Tribunaux.

(N°. 1040.) Ordonnance *du Préfet colonial, concernant les encombremens des Quais et du bord de la Mer à Saint-Pierre.*

Du 1er. ventôse an XII (21 février 1804).

Considérant qu'il est du devoir d'une administration prévoyante et paternelle, d'écarter loin des villes tout ce qui peut porter atteinte à la santé de leurs Habitans;

Considérant que les amas et encombremens de toute espèce qui se trouvent sur le bord de la mer, entre la cale de l'Hôpital et celle dite des Pères-Blancs, occasionnent des cloaques, d'où s'exhalent des odeurs fétides et pestilentielles, et nuisent d'ailleurs au débarquement des navires qui sont dans la rade;

Vû l'ordonnance du 15 février 1775, et après en avoir délibéré avec le Capitaine-général, ordonne :

Art. 1er. Tous les Habitans et Négocians de la ville de Saint-Pierre qui possèdent des effets, de quelqu'espèce que ce puisse être, tels que bois, chaudières, cylindres, mâtures, chaloupes, pirogues, canots, pierres, et généralement tous les objets quelconques déposés au bord de la mer, dans l'espace compris entre la cale de l'Hôpital et celle dite des Pères-Blancs, depuis l'endroit où finit la lame jusqu'à la tranchée, les feront enlever sous 8 jours, à dater de la publication de la présente ordonnance.

II. A compter de la même époque, tous ceux qui possèdent, dans l'espace désigné au précédent article, des hangards ou ajoupas, soit qu'ils les tiennent à loyer du Gouvernement, soit qu'ils en jouissent à d'autres titres, seront tenus de les abattre et d'en enlever les débris.

Les droits perçus sur les hangards du Gouvernement cesseront d'être payés, à compter du jour où la démolition aura été effectuée.

III. Après le délai ci-dessus, les effets déposés dans ledit espace et qui n'auront point été enlevés, seront confisqués et vendus, et le prix en provenant servira à payer les nègres de journée qui seront employés au déblayement.

IV. La rue d'entre la tranchée et les maisons qui y font face, depuis la cale du Domaine jusqu'à la place du Mouillage, sera également dégagée de tous les effets et embarras qui l'obstruent.

V. Il est défendu à toute personne blanche, de couleur libre ou esclave, de faire ou de jeter des ordures sur les quais.

Il est ordonné aux esclaves ou autres personnes qui seront chargées de porter les ordures des maisons à la mer, de s'avancer dans la lame pour les vider, sous peine contre les contrevenans au présent article, de 25 coups de fouet pour les esclaves, de huit jours de prison et d'une amende de 66 liv. pour les personnes blanches et de couleur libres.

VI. Le Commissaire du Gouvernement près le Tribunal de première instance de la ville de Saint-Pierre, et le Capitaine du port sont particulièrement chargés, chacun en ce qui le concerne, de l'exécution de la présente ordonnance, qui sera imprimée; *etc.*

Saint-Pierre Martinique, le 1er. ventôse an XII. *Signé*, Bertin.

Enregist. aux Greffes des Tribunaux.

(Nº. 1041.) Ordonnance *du Préfet colonial, concernant la réparation des Pavés de la ville de Saint-Pierre.*

Du 1er. ventôse an XII (21 février 1804).

Vu le mauvais état du pavé des rues de la ville de Saint-Pierre, et la nécessité de le réparer sans délai;

Sur le rapport du Voyer particulier de cette ville, et après en avoir délibéré avec le Capitaine-général; ordonne :

Art. 1er. Tout Propriétaire de maison située à Saint-Pierre, fera réparer dans trois mois, à compter de ce jour, le pavé qui est devant sa maison, depuis le mur de façade jusqu'au ruisseau, sous la direction du Voyer de la ville ou de l'Entrepreneur qu'il désignera.

II. Aussitôt qu'un Habitant aura terminé la réparation qui le concerne, le Voyer de la ville en fera l'inspection, et, s'il juge que l'ouvrage a été bien exécuté, il en donnera un certificat audit Propriétaire; dans le cas contraire, celui-ci n'aura droit à une attestation qu'après avoir fait à son ouvrage les changemens qui seront indiqués.

III. Le Voyer particulier rendra compte deux fois par semaine au Conseiller d'Etat, Préfet colonial, de l'état des travaux.

IV. Si dans le délai fixé pour l'achèvement desdites réparations, quelques Propriétaires ont négligé de remplir les dispositions prescrites par les deux premiers articles, les réparations qu'ils étaient tenus de faire seront exécutées à leurs frais, et le paiement en sera poursuivi sous les mêmes formes, et d'après les mêmes contraintes que pour les paiemens des impositions arriérées.

V. Le Commissaire du Gouvernement près le Tribunal de première instance de la ville de Saint-Pierre, les Commissaires-commandans et le Voyer particulier de ladite ville, sont chargés, chacun en ce qui le concerne, de l'exécution de la présente ordonnance, qui sera publiée, *etc.*

Donné à St-Pierre, le 1er. ventôse an XII.

Signé, BERTIN.

Enregist. aux Greffes des Tribunaux.

(N°. 1042.) ORDONNANCE *du Préfet colonial, concernant la jouissance du Terrein sur lequel est bâti le Clocher de la paroisse du Mouillage à Saint-Pierre, et d'un Emplacement destiné à un nouveau Presbytère de ladite Paroisse, et qui autorise une Assemblée paroissiale pour subvenir aux frais de quelques réparations à faire à son Eglise.*

Du 9 ventôse an XII (29 février 1804).

VU la pétition présentée par les Marguilliers de la paroisse de N. D. de Bon-Port de la ville de Saint-Pierre ;

Après en avoir délibéré avec le Capitaine-général ; ordonne :

Art. Ier. Le clocher de l'église de N. D. de Bon-Port à Saint-Pierre, quoique situé dans l'enclos de la Maison apostolique, sera conservé dans sa position actuelle.

II. La jouissance provisoire dudit terrein, ainsi que de celui qui doit servir d'emplacement à un nouveau presbytère, est réservée à ladite paroisse, jusqu'à ce que l'Administration coloniale puisse lui en garantir la propriété, ce qui ne peut avoir lieu que par la sanction du Gouvernement français.

III. Au moyen de la jouissance accordée par l'article précédent et pendant tout le tems qu'elle durera, le temporel des messes et toutes les fondations pieuses resteront à la charge de la paroisse, qui sera tenue d'exécuter ponctuellement les intentions des Fondateurs.

IV. La porte dudit clocher, donnant issue dans l'enclos de la Maison apostolique, sera murée ; il en sera construit une nouvelle, dans le mur de l'ouest, à l'endroit qui paraîtra le plus commode.

V. Toutes les dépenses occasionnées par les changemens et réparations ci-dessus, seront à la charge des Habitans du Mouillage, qui se les répartiront en assemblée paroissiale.

VI. Les travaux nécessaires pour l'entière confection du clocher, les réparations et changemens à faire au presbytère actuel, sont renvoyés à des circonstances plus heureuses, à moins qu'il ne soit possible de consacrer à ces travaux une partie de la contribution à laquelle l'assemblée paroissiale doit s'imposer en vertu de l'art. V.

VII.

VII. Le Marguillier en exercice, ou son Suppléant, convoquera, dans le plus bref délai, et sur une simple invitation au prône, l'assemblée de la paroisse du Mouillage, qui doit se tenir en exécution de la présente ordonnance, et à laquelle sera prié d'assister le Commissaire du Gouvernement, chargé de la police à St-Pierre.

VIII. Le Commissaire du Gouvernement et le Marguillier en exercice de la paroisse du Mouillage rendront compte au Préfet colonial de l'exécution de la présente ordonnance, qui sera enregistrée, *etc.*

Donné à St-Pierre Martinique, le 9 ventôse an XII. *Signé*, Bertin.

(N°. 1043.) Réglement *des Capitaine-général et Préfet colonial, pour le service des Pompes et la police à observer, en cas d'Incendie, dans la ville de St-Pierre.*

Du 10 ventôse an XII (1er. mars 1804).

Art. Ier. Au premier signal d'un incendie, soit que la générale batte ou que l'on sonne le tocsin, les corps-de-gardes les plus voisins de la maison où l'incendie se sera manifesté, y enverront quelques hommes.

II. Le premier soin du Sous-officier qui commandera cette garde, sera de désigner une maison voisine de l'incendie, pour y recevoir les meubles que l'on pourra sauver du feu; pour cet effet, une Sentinelle sera posée à la porte de cette maison, des Soldats se sépareront à la distance de quelques pas les uns des autres, pour forcer les nègres à y déposer les effets dont ils seraient porteurs et empêcher qu'ils ne volent.

III. L'Officier ou Sous-officier de la garde, après avoir pourvu à ce premier soin, posera des Sentinelles à la porte de la maison où s'est manifesté l'incendie pour en défendre l'accès aux femmes, aux enfans, ainsi qu'aux personnes qui ne seraient pas propres à donner du secours.

IV. A l'arrivée de la compagnie des Pompiers, des Officiers de police et des Officiers supérieurs, la garde exécutera les différens ordres qui lui seront donnés.

V. Il sera formé des batardeaux à chaque extrémité de la rue, dans laquelle se trouvera la maison où le feu se sera manifesté, de manière qu'il y ait devant les principales portes ou ouvertures de la maison, une assez grande quantité d'eau pour fournir aux pompes et aux seaux.

VI. Il sera formé depuis le ruisseau jusqu'à l'appartement où est le feu, deux chaînes d'hommes pour faire passer de main en main les seaux pleins d'eau et recevoir les seaux vides.

VII. Lorsque l'incendie sera éteint, la compagnie des Pompiers sera tenue de ramener les pompes et tous les outils, échelles, chaînes, seaux, dans les magasins préposés à cet effet.

VIII. Il sera accordé une gratification d'une *piastre-gourde* à chacun des hommes composant l'équipage de la première pompe qui arrivera sur le terrein; cette somme sera payée sur le certificat du Capitaine des Pompiers, visé par le Commandant de la place.

IX. Les pompes seront sur-le-champ réparées, et le magasin sera muni d'échelles, chaînes à croc, seaux, haches, enfin de tous les outils et ustensiles nécessaires pour être toujours à même de porter de prompts secours.

X. L'inspection des pompes aura lieu tous les 15 jours, en présence du Capitaine des Pompiers, d'un Administrateur et d'un Officier de police.

XI. Chaque Propriétaire ou principal Locataire d'une maison à St-Pierre, sera tenu de se pourvoir sous un mois, sous peine de 36 l. d'amende, d'un seau de cuir ou de fer-blanc et d'envoyer aux incendies un nègre de confiance muni dudit seau.

XII. Le Commandant de la place, le Commissaire chargé du service de l'administration à St-Pierre, le Commissaire du Gouvernement chargé de la police, les Commissaires-commandans des paroisses de ladite ville, le Capitaine des Pompiers et les Commis à la police sont chargés, chacun en ce qui le concerne, de l'exécution du présent réglement, qui sera imprimé, *etc.*

Donné à la Martinique, le 10 ventôse an XII. *Signé*, VILLARET, *et* BERTIN.

Enregist. aux Greffes des Tribunaux.

(N°. 1044.) ORDONNANCE *du Préfet colonial, concernant les Ouvriers propres aux Travaux publics.*

Du 10 ventôse an XII (1er. mars 1804).

CONSIDÉRANT qu'il est également utile à l'Administration et aux Habitans de connaître les ressources que peut offrir la colonie en Ouvriers propres aux travaux publics ;

Vu l'ancienne ordonnance du 6 décembre 1766, et après en avoir délibéré avec le Capitaine-général ; ordonne :

ART. Ier. Tous les Maçons, Couvreurs, Charpentiers de maisons, Menuisiers, Charrons, Scieurs de long, Charpentiers de navires et Calfats, blancs ou de couleur libres, établis dans cette colonie, seront tenus de se présenter sous 8 jours, à dater de la publication de la présente ordonnance, dans les bureaux du Domaine à St-Pierre, au Fort-de-France, à la Trinité et au Matin ; et dans les autres paroisses de la colonie, devant le Commissaire-commandant de leur quartier, pour y faire enregistrer leurs noms et surnoms ; leur profession et leur demeure, sous peine de 15 jours de prison.

II. Chaque Habitant ou Particulier, propriétaire d'esclaves exerçant l'une des professions désignées ci-dessus, devra faire sa déclaration dans les mêmes formes prescrites par l'article précédent, sous peine de 30 l. d'amende pour chaque tête d'esclave non-déclaré.

III. Tout Particulier qui achètera un esclave exerçant une desdites professions, et tout homme libre, de quelque couleur qu'il soit, qui mettra, ou son fils ou son esclave chez un maître pour apprendre une de ces professions, sera tenu désormais d'en faire sa déclaration au Domaine ou devant le Commandant de son quartier.

IV. Les Commissaires-commandans des divers quartiers de la colonie enverront, sous le plus court délai, au Directeur-général du

Domaine, à St-Pierre, l'état des individus qui exercent, dans leurs paroisses respectives, une des professions dénommées dans l'art. 1er.; si ces individus sont déjà portés sur quelque dénombrement, mais sans désignation d'état, cette circonstance sera mentionnée par observation.

V. Dorénavant les dénombremens des diverses paroisses de la colonie porteront le nom, surnom, la profession et la demeure des ouvriers Maçons, Couvreurs, Charpentiers de maisons, Menuisiers, Charrons, Scieurs de long, Charpentiers de navires et Calfats.

VI. Le Directeur-général du Domaine fera dresser un état général et séparé de tous ces individus; un double de cet état sera adressé au Conseiller d'Etat, Préfet colonial, et un autre au Commissaire du Gouvernement près le Tribunal d'appel au Fort-de-France.

VII. Le Directeur-général du Domaine, les Commissaires du Gouvernement, chargés de la police, et les Commissaires-commandans des paroisses de la colonie sont chargés, chacun en ce qui le concerne, de l'exécution de la présente ordonnance, qui sera imprimée, *etc.*

Saint-Pierre, le 10 ventôse an XII.

Signé, Bertin.

Enregist. aux Greffes des Tribunaux.

(N°. 1045.) Arrêté *du Grand-Juge, sur l'Homologation des Testamens.*

Du 14 ventôse an XII (5 mars 1804).

Vu l'article 318 de la Coutume de Paris, *Le mort saisit le vif, son hoir plus proche et habile à lui succéder;*

Vu l'article XLIII de la loi du 24 novembre 1781, qui porte : *Les testamens portant institution de Légataires universels ou nomination d'Exécuteurs-testamentaires, tous présens dans la colonie, ne pourront à l'avenir être homologués, sans que le Curateur en titre d'office ait été intimé, lorsque les héritiers du testateur seront absens et non représentés. Ne pourra toutefois ledit Curateur se rendre appelant de la sentence d'homologation; entendons que la faculté d'interjeter un semblable appel ne puisse être exercée que par nos Procureurs;*

Considérant que de ces deux dispositions résulte la nécessité de l'homologation de tout testament, ordonnée par le Juge, contradictoirement avec l'Héritier ou son Représentant légal; après en avoir délibéré avec le Capitaine-général; arrête :

Les articles 318 de la Coutume de Paris et XLIII de l'édit du 24 novembre 1781, seront exécutés dans tous leurs contenus.

A compter de la publication du présent, aucun testament ne pourra être mis à exécution qu'après avoir été homologué par le Juge, contradictoirement avec l'Héritier, ou en son absence, avec son Représentant légal, contre lesquels seuls doit être formée toute demande en exécution du testament, comme en délivrance de legs.

Les Commissaires du Gouvernement et les Curateurs aux successions vacantes sont chargés de veiller, chacun en ce qui le concerne, à l'exécution de cet arrêté, qui sera lu, *etc.*

Donné au Fort-de-France, le 14 ventôse an XII. *Signé*, LEFESSIER-GRANDPREY.

Enregist. aux Greffes des Tribunaux.

(N°. 1046.) ARRÊTÉ *des Capitaine-général et Préfet colonial, pour la formation d'un Atelier de Nègres Pionniers, attaché à l'Artillerie et au Génie, jusqu'à la Paix.*

Du 15 ventôse an XII (6 mars 1804).

CONSIDÉRANT les besoins continuels du service de l'artillerie et du génie ;

Considérant que la formation d'un atelier de Pionniers opérera le résultat heureux de soulager la colonie, en diminuant, pendant la durée de la guerre, beaucoup de corvées locales auxquelles la présence d'un nombre de travailleurs permanens pourra souvent suppléer ;

Considérant enfin qu'il suffit d'indiquer aux Colons de la Martinique un moyen de seconder le Gouvernement dans les circonstances où il se trouve, pour être certains du zèle et du dévoûment qu'ils mettront à y concourir ; arrêtent :

ART. 1er. Il sera fourni à loyer, par les Habitans de la Martinique, un atelier de 300 nègres, à raison d'un individu par 140 esclaves payant droits.

II. Ces nègres seront employés comme Pionniers au service de l'artillerie et du génie, et ils demeureront attachés à ces deux directions, pendant toute la durée de la guerre, à moins que le Gouvernement ne juge convenable de les renvoyer en totalité ou en partie avant cette époque.

III. Le loyer de chaque nègre sera payé à son maître, tous les deux mois, à raison de 45 liv. par mois.

IV. Ils recevront du Gouvernement une ration de vivres par jour et une gratification de 9 liv. par mois.

A leur arrrivée au Fort-de-France, on fera délivrer à chacun d'eux une chemise, une culotte de grosse toile ginga, et une casaque bleue.

V. Ceux de ces nègres qui tomberont malades seront soignés, aux frais de l'Etat, dans les hôpitaux.

VI. Les esclaves Pionniers qui seraient morts, estropiés, ou qui, par toute autre cause, se trouveraient perdus pour leurs maîtres, pendant la durée de leur service dans l'atelier, seront payés à celui qui les aura fourni, sur le pied de 2,000 liv. par chaque tête.

La mort, les blessures ou la perte des nègres, seront constatés par des procès-verbaux signés des Chefs militaires, sous les ordres desquels les nègres auront été employés, et du Directeur-général des corvées.

Le paiement s'en fera un mois après la paix.

VII. En exécution de l'article 1er., tout particulier ayant 140 esclaves payant droits, fournira un nègre.

Celui qui aura 211 nègres payant droits en fournira deux.

Celui qui en aura 350 en fournira trois; et ainsi de suite dans la même proportion; en observant d'ajouter un nègre de plus, si ce nombre de 350 est encore augmenté de 140 autres têtes, ou seulement de la moitié plus un, de cette dernière quantité.

L'Habitant ayant 89 esclaves payant droits, devra fournir un nègre.

Deux Propriétaires qui auront chacun de 50 à 88 esclaves payant droits se réuniront pour fournir un nègre.

Les Habitans qui en auront de 16 à 49, se réuniront au nombre de quatre pour en fournir un.

Enfin, ceux qui auront de 6 à 15 esclaves, payant droits se réuniront au nombre de huit pour fournir un nègre.

VIII. Lorsque dans ces réunions il se trouvera des Propriétaires devant des impositions arriérées, le nègre sera fourni de préférence par ces redevables, qui auront la faculté de compenser leursdites impositions, avec les loyers qui leur seront dus pour cet esclave.

En conséquence chaque Receveur des contributions adressera dans le plus bref délai aux Commissaires-commandans de son arrondissement, un état des redevables de leur paroisse aux impositions arriérées.

IX. Les Propriétaires qui ne fourniront point leur contingent y seront contraints par les voies de rigueur.

X. Si les circonstances mettaient quelque Propriétaire dans le cas de se procurer son contingent par l'achat de nègres nouveaux, ces nègres seront reçus de préférence, le premier desir des autorités étant de ne point détourner les esclaves de la culture.

XI. Lorsque les nègres à fournir pour le contingent d'une paroisse seront réunis, ils seront envoyés au Fort-de-France, au bureau du Directeur-général des corvées, auquel s'adjoindront en commission deux personnes chargées avec lui d'examiner ces nègres, de les enregistrer et de correspondre relativement à cet objet, avec les Commissaires des quartiers.

XII. Il sera fourni pour chaque nègre à leur Propriétaire un récépissé portant la date et le numéro de l'enregistrement au bureau désigné ci-dessus, qui délivrera aux nègres admis une plaque de fer-blanc portant le mot *Pionnier*; cette plaque sera attachée à leur bras gauche.

XIII. Le loyer des nègres Pionniers commencera à courir du jour où ils auront été enregistrés, et cessera à l'époque où ils seront remis au bureau du Directeur-général des corvées, qui en fera l'inspection et le renvoi à leur maître.

XVI. L'imposition de 4 sous par livre, supprimée par l'Ordonnance du 10 nivôse an XII, est rétablie pour être affectée uniquement au paiement des loyers des esclaves Pionniers.

XV. Les Propriétaires de ces esclaves seront admis à compenser les loyers qu'ils auront à réclamer avec la somme dont ils seront redevables pour l'imposition ci-dessus.

XVI. Dans le cas où un de ces nègres Pionniers viendrait à déserter, il en sera donné avis sur-le-champ par le Directeur des corvées au Commissaire de paroisse d'où il provient; ce Commissaire fera de suite marcher un détachement pour faire la recherche du nègre déserteur.

Le fauteur de la désertion et le recéleur du nègre déserteur, seront poursuivis extraordinairement et selon toute la rigueur des ordonnances, à la diligence du Commissaire du Gouvernement, pour être punis conformément à l'art. V de l'ordonnance de police générale du 25 décembre 1783, renouvelée le 5 vendémiaire an XI.

Dans le cas où le recéleur serait un blanc il sera condamné, en outre de l'amende de 10 livres par jour pour tous le tems de la désertion, aux peines établies par l'art. XVIII de ladite ordonnance.

L'amende et le tems de la désertion seront doubles, si le Pionnier déserteur a été recélé par celui même qui l'a fourni.

XVII. Le Directeur-général du Domaine, les Commissaires-commandans des paroisses, les Receveurs des impositions et le Directeur-général des corvées, sont chargés, chacun en ce qui le concerne, de l'exécution du présent arrêté qui sera imprimé, *etc.*

Donné à la Martinique, le 15 ventôse an XII.

Signé, Villaret, *et* Bertin.

Enregist. aux Greffes des Tribunaux.

(N°: 1047.) Arrêté *des Capitaine-général et Préfet colonial, pour le Remboursement des Rentes foncières sur les Propriétés nationales.*

Du 12 germinal an XII (2 avril 1804).

Considérant qu'il est utile de simplifier toutes les parties des recettes coloniales ;

Considérant que les rentes foncières et constituées sur les propriétés nationales de la Martinique sont d'un recouvrement difficile, à raison de leur peu de valeur et de leur division en très-faibles quantités ; arrêtent :

Art. Ier. Les rentes foncières nationales qui sont dues dans la colonie par divers Particuliers, pour concessions de terreins ou maisons, consenties à eux ou à leurs auteurs, par les ci-devant Communautés religieuses de la Martinique, sont déclarées rachetables et amortissables, quand même elles auraient été stipulées non-rachetables, par les titres constitutifs et autres.

II. Les Particuliers débiteurs, soit desdites rentes foncières, soit de rentes constituées à prix d'argent et par conséquent rachetables, sont invités et seront reçus à les éteindre, amortir et racheter au taux du denier vingt.

III. Le Directeur-général du Domaine est autorisé, lors du rachat, à vérifier les titres constitutifs et à liquider le sort principal du rachat et amortissement desdites rentes, au taux du denier vingt.

Les liquidations seront visées du Commissaire de marine faisant fonctions d'Inspecteur.

IV. Le montant desdites liquidations sera versé, par les Redevables, dans la caisse du Receveur-général.

V. Le Directeur-général du Domaine est autorisé à passer aux Redevables, après ledit versement, tous actes d'amortissement et de rachat, nécessaires pour opérer l'extinction desdites rentes et l'entière libération des Redevables. Ces actes seront homologués et vérifiés, au nom du Gouvernement français, par le Capitaine-général et le Conseiller d'Etat, Préfet colonial.

VI. Le Directeur-général du Domaine et le Commissaire de marine faisant fonctions d'Inspecteur sont chargés de l'exécution du présent arrêté, qui sera enregistré, *etc.*

Donné

Donné à la Martinique, le 12 germinal an XII. *Signé*, Villaret; *et* Bertin.

Enregist. aux Greffes des Tribunaux.

(N°. 1048.) Arrêté *des Capitaine-général et Préfet colonial, concernant les Impositions arriérées et courantes.*

Du 4 floréal an XII (24 avril 1804).

Considérant la négligence que mettent quelques contribuables à acquitter leur quote part des impositions arriérées et courantes, et la nécessité d'accélérer cette rentrée par tous les moyens de rigueur autorisés par les lois; arrêtent :

Art. Ier. Le Directeur-général du Domaine est autorisé à placer des Garnisaires chez tous les Particuliers qui négligeraient d'acquitter leurs impositions, dans les délais fixés par les ordonnances.

II. Chaque Militaire placé en garnison chez des contribuables en retard, sera logé et nourri à leurs frais, et payé par eux à raison de 6 livres par jour, jusqu'au parfait paiement des impositions qui sont dues par lesdits contribuables en retard.

III. Tout individu qui provoquerait, par ses propos, ses écrits, ou de quelque manière que ce soit, la désobéissance aux dispositions prescrites ci-dessus, ou qui insulterait les personnes chargées de leur exécution, sera arrêté sur-le-champ, puni selon la nature et la gravité du délit dont il se sera rendu coupable.

IV. Les Commandans des troupes, les Commissaires-commandans des paroisses, et les

Officiers de la garde nationale, seront tenus, à la première réquisition, de prêter main-forte au Directeur-général du Domaine, ou à ses Préposés, pour l'entière exécution du présent arrêté, qui sera imprimé, publié, *etc.*

Fort-de-France, le 4 floréal an XII. *Signé*, VILLARET, *et* BERTIN.

Enregist. aux Greffes des Tribunaux.

(N°. 1049.) CIRCULAIRE *du Préfet colonial, aux Commissaires-commandans des Paroisses, sur le paiement des Impositions arriérées.*

Du 30 floréal an XII (20 mai 1804.)

J'AI l'honneur de vous prévenir, Monsieur, que je viens de faire mettre en recouvrement les impositions de l'année 1804, et que les rôles en ont été remis aux Percepteurs de chaque département de la colonie, avec ordre d'en presser la rentrée, par tous les moyens que la loi met à leur disposition.

Le Gouvernement compte que vous mettrez à activer ce recouvrement, toute l'influence que vous donnent vos lumières et votre caractère ; il espère que, grâces à vos exhortations et aux exemples de dévoûment que vous donnerez à chacun de vos Administrés, vous lui épargnerez des mesures de rigueur, toujours pénibles ; vous ne lui laisserez que la satisfaction de pouvoir applaudir au zèle et à l'exactitude des Contribuables de votre paroisse.

Mon devoir est de faire connaître au Gouvernement français le nom des Commissaires qui auront secondé l'Administration dans ces circonstances difficiles. Il me sera doux de pouvoir vous comprendre au nombre de ceux qui auront bien mérité, en cette occasion, de la Colonie et de la Métropole.

Je suis informé que, dans quelques paroisses, des individus de couleur, et même des blancs, tiennent cabaret, sans en avoir obtenu la permission et sans avoir acquitté au Domaine le droit exigé par les arrêtés de l'Administration coloniale, et notamment par celui du 10 nivôse an XII (1er. janvier 1804), sur l'imposition de cette année. Vous ne pouvez plus long-tems tolérer cette infraction, qui tend à priver le Fisc d'une partie de ses produits ; et j'appelle sur cet objet votre plus active sollicitude. Les Commis à la police sont spécialement chargés, sous vos ordres, de cette surveillance. Je vous prie de les inviter à redoubler de zèle et de les rendre responsables de tous les abus qu'ils ne vous dénonceront pas. Vous les préviendrez que je ferai punir sévèrement tous ceux qui seraient coupables, à cet égard, de la plus légère négligence.

Je vous adresse un nouvel exemplaire de l'arrêté pris contre ceux des Contribuables qui négligeraient d'acquitter, sur-le champ, leurs quotes des impositions arriérées et courantes.

J'y joins un avis aux Contribuables, pour leur annoncer que j'ai mis en recouvrement l'imposition de cette année. Vous voudrez bien donner à cet avis la plus grande publicité.

Vous m'accuserez réception de la présente.

J'ai l'honneur de vous saluer.

Signé, BERTIN.

(N°. 1050.) EXTRAIT *d'une Dépêche ministérielle de M.* Decrès, *aux Capitaine-général et Prefet colonial, accompagnant un Envoi d'*un million de francs *en Traites du Caissier-général du Trésor public.*

Du 16 prairial an XII (5 juin 1804).

Le Ministre, dans cette lettre commune, en leur faisant l'envoi d'un million de francs en traites, pour le service de la colonie de la Martinique pendant l'an XII, leur recommande la stricte exécution des mesures prescrites par les arrêtés des 19 messidor et 29 thermidor an XI, et termine sa dépêche ainsi : « Il est également » essentiel que les Officiers d'administration, sous vos » ordres, qui seront dans le cas de délivrer ces traites,

» ne laissent pas ignorer qu'elles seront payées, réguliè-
» rement à leur échéance par le Tresor public, qui en
» tient les fonds en réserve avec la plus scrupuleuse
» exactitude. »

(N°. 1051.) ORDRE *du Commandant militaire de St-Pierre, qui défend aux Blancs et aux Gens de couleur de faire galopper les chevaux, et qui défend aux Esclaves de monter à cheval dans la Ville.*

Du 28 prairial an XII (17 juin 1804).

IL est ordonné aux Chefs des différens postes de la ville, de faire arrêter tous les Esclaves qui passeront à cheval dans les rues, et de les faire conduire à la geôle.

Les Chefs desdits postes feront arrêter et conduire chez le Commandant de la place les Blancs et les Gens de couleur libres qui feront galopper les chevaux dans les rues.

Les Préposés à la police tiendront également la main à l'exécution du présent ordre, qui sera imprimé, publié et affiché dans la Ville.

Les abus multipliés et les évènemens malheureux résultant de l'inexécution des ordres précédemment donnés à ce sujet, doivent engager tous les Habitans à concourir à l'exécution du présent ordre, et à défendre à leurs Esclaves de monter à cheval.

Saint-Pierre, le 28 prairial an XII.

Signé, LEBERTRE.

(N°. 1052.) EXTRAIT *d'une Circulaire ministérielle de M. Decrès, aux Capitaines-généraux, Préfets coloniaux et Grands-Juges, concernant les légalisations des Pièces envoyées hors du territoire des Isles.*

Du 6 messidor an XII (25 juin 1804).

Le Ministre, dans cette lettre commune, mande aux Administrateurs, qu'il a remarqué qu'on expédie aux colonies des actes, et particulièrement ceux des douanes, revêtus de signatures qui souvent lui sont inconnues ; et comme ces actes ne peuvent valider en France qu'après qu'elles ont été légalisées par lui, il en résulte, dit-il, qu'il se trouve dans l'alternative, ou de signer des pièces qui n'ont pas à ses yeux le caractère d'authenticité nécessaire, ou de laisser en souffrance pendant long-tems des intérêts privés.

« Pour obvier à cet abus, dit le Ministre, vous voudrez » bien, chacun en ce qui vous concerne, prescrire aux » Officiers et Fonctionnaires publics sous vos ordres, de » faire viser ou légaliser par vous, toutes les pièces sus- » ceptibles d'être envoyées hors du territoire de la co- » lonie, et donner à cette disposition la plus grande » publicité, afin que toutes personnes intéressées en » soient instruites. »

(N°. 1053.) EXTRAIT *d'une Dépêche ministérielle de M. Decrès, au Capitaine-général, relatif aux Etats-Majors et Equipages des Bâtimens de l'Etat en station à la Martinique.*

Du 13 messidor an XII (2 juillet 1804).

Le Ministre mande dans cette lettre au Capitaine général, qu'il est informé que les Etats-majors et Equipages des bâtimens employés à la Martinique, ne sont point payés de leurs salaires, ce qui occasionne une désertion considérable ; le Ministre lui recommande de ne point laisser les Marins dans le besoin, et de veiller à ce qu'ils soient aussi exactement payés que les autre salariés, afin d'éviter de pareilles réclamations.

(N°. 1054.) ARRÊTÉ *du Préfet colonial, qui sépare la place de Payeur de celle de Receveur-général.*

Du 13 messidor an XII (2 juillet 1804).

CONSIDÉRANT que le système d'organisation de cette colonie, arrêté par le Gouvernement français en date du............ a séparé la comptabilité des recettes de celle des dépenses, conformément aux principes d'une bonne administration et à ce qui s'observe aujourd'hui religieusement en France ;

Considérant que le décès de deux Receveurs-généraux, survenu coup sur coup, dans les premiers jours de la reprise de la possession de la Martinique, avait seul déterminé à réunir les attributions de cette place à celle de Trésorier-général, et que cette disposition a dû constamment être considérée comme provisoire et momentanée ;

Après en avoir délibéré avec le Capitaine-général ; arrête :

ART. 1er. Le citoyen Rancé, trésorier-général, cessera d'exercer les fonctions de Receveur-général.

II. Le citoyen Navailles, ancien payeur divisionnaire de l'armée des Pyrénées occidentales, ancien payeur des troupes et de la marine à Bayonne, et en dernier lieu trésorier-receveur-général de la République française à la Louisiane, est nommé à la place de Receveur-général de la colonie.

Donné au Fort-de-France le 13 messidor an XII. *Signé*, LAUSSAT.

(N°. 1055.) AVIS *du Préfet colonial, qui rappelle l'exécution des Ordonnances sur les* Vérettes, *et défend l'Inoculation dans les Villes et Bourgs.*

Du 20 messidor an XII (9 juillet 1804).

IL a été rendu compte au Préfet colonial que des Habitans de la ville de Saint-Pierre se préparaient à inoculer incessamment leurs enfans. Le Préfet n'a pas été étonné d'apprendre qu'il existait ici à ce sujet des réglemens tels qu'on en trouve dans tous les pays policés. Ils ordonnent que l'inoculation ne puisse avoir lieu que hors des villes et bourgs, et à une distance assez grande pour ne pas permettre la communication de ce mal terrible et contagieux.

Il suffit de rappeler ces précautions sages et d'un intérêt général, pour être sûr qu'on s'empressera de s'y conformer.

Les Commissaires du Gouvernement, les Commissaires-commandans les paroisses et les Commis à la police, sont d'ailleurs invités à y tenir la main, chacun en ce qui le concerne.

St-Pierre, le 20 messidor an XII. *Signé*, LAUSSAT.

N. B. Voyez pour les ordonnances à ce sujet, les N°s. 475, page 154, et 905, page 436 du tome III.

(N°. 1056.) EXTRAIT *d'une Dépêche ministérielle de M.* Decrès, *aux trois Chefs de la Martinique, portant que S. M. l'Empereur a reconnu M.* Du Buc, *en qualité de Député de cette Colonie.*

Du 30 messidor an XII (19 juillet 1804.)

Le Ministre, dans cette lettre commune, leur annonce que S. M. l'Empereur, dans sa bienveillance envers la

Martinique, a daigné provisoirement trouver bon que M. Du Buc exerçât, à Paris, les fonctions de Député de cette colonie, suivant le vœu exprimé par elle dans les délibérations datées du 20 janvier 1802. Le Ministre ajoute que le traitement de M. Du Buc sera le même que celui des autres Députés, et qu'il lui sera compté sur les fonds destinés pour le service de cette colonie, à dater du 22 messidor an XII (11 juillet 1804) date de la décision de S. M., et qu'en conséquence le Préfet colonial voudra bien s'en faire rembourser par la caisse des nègres justiciés, ainsi que cela se pratiquait anciennement.

(N°. 1057.) CIRCULAIRE *du Préfet colonial, aux Commissaires-commandans des Paroisses, relative aux Dénombrement et Recensement.*

Du 1er. thermidor an XII (20 juillet 1804).

JE vous adresse, citoyen Commissaire-commandant, les feuilles de dénombrement et de recensement qui doivent servir aux déclarations des Habitans et Particuliers de votre paroisse, pour l'an XIII (1804 à 1805. *v. s.*)

Je vous envoie ci-joint quelques exemplaires de l'arrêté concernant les dénombremens et recensemens, que je vous prie de faire publier et afficher.

Vous recevrez en même tems une instruction tendant à faciliter l'exécution et le succès de vos opérations.

Par cette instruction, j'ai eu sur-tout en vue d'arriver avec votre concours à des résultats tels, que je puisse faire dresser, par le Directeur-général du Domaine, l'état le plus exact possible de la population et de la culture de la colonie. Donnez, je vous prie, une grande attention à faire scrupuleusement désigner par chaque Habitant ou Particulier, dans le dénombrement qu'il fournit, tous les individus composant sa famille, la quantité de terres, de bestiaux, de cabrouets, de manufactures et de ce qu'il possède, conformément aux titres des cases du recensement. Ces titres récemment introduits de *carrés de terre arpentés, de toute nature*, et *carrés de terre cultivés* étaient indispensables pour mettre à même de composer l'étendue du sol de la colonie et sa culture.

Il suivra de la disposition des titres que, si dans la case, *carrés de terre arpentés, de toute nature*, un Habitant porte la quantité de 300, les deux cases suivantes, carrés de terre en plaines et carrés de terre en mornes, devront porter ensemble la quantité de 300, et que les trois cases suivantes, carrés de terre en savanes, carrés de terre en bois debout et carrés de terre cultivés, devront également porter ensemble la quantité de 300, et qu'enfin les cases qui détaillent la nature des cultures, telles que carrés de terre en café, carrés de terre en coton, carrés de terre en vivres, devront porter ensemble la quantité désignée dans la case, carrés de terre cultivés.

La première page des feuilles de dénombrement étant destinée à ne recevoir que les noms des Blancs ou des Propriétaires, on devra y inscrire ceux de l'épouse, des enfans, et de tous autres individus appartenant à la famille et qui ne fournissent pas de dénombrement personnel.

Les esclaves ne seront portés que sur la seconde page et les suivantes.

Veuillez me faire connaître dans les recensemens le nombre de pieds de cannelliers et de pieds de girofliers cultivés par chaque Habitant ; il entrerait dans les vues du Gouvernement d'encourager et de propager cette culture dont il sent l'importance, pour la prospérité de la colonie et pour le commerce de la Métropole.

J'espère que vous ne recevrez aucune déclaration d'esclave infirme, qu'autant qu'on rapportera à l'appui le certificat du Chirurgien. Ce certificat devra être légalisé par vous et joint aux feuilles de dénombrement, dont vous devez faire le renvoi au bureau de la direction générale du Domaine à St Pierre, d'ici au 1er. vendémiaire an XIII (23 septembre 1804, *v. s.*)

Vous ne négligerez pas sans doute d'annuller les dénombremens des individus qui n'existent plus dans votre paroisse.

Je recommande à votre zèle et à vos lumières, citoyen Commissaire, toutes ces opérations dont la célérité et l'exactitude intéressent si essentiellement en ce moment la sûreté et le bien de la colonie.

Accusez moi, je vous prie, la réception de l'envoi que je vous fais. J'ai l'honneur, *etc*, *Signé*, LAUSSAT.

(N°. 1058.) Instructions *du Préfet-colonial, sur la manière dont les Commissaires-commandans des Paroisses doivent recevoir les Déclarations des Habitans, pour leurs Dénombrement et Recensement.*

Du 1er. thermidor an XII (20 juillet 1804).

Art. Ier. Aussitôt que le Commissaire aura reçu la liasse des feuilles de dénombrement et recensement de sa paroisse, il fera publier, à son de tambour, et afficher, à la sortie de la messe paroissiale, un avis pour prévenir les Habitans et leur indiquer le lieu où ils devront se présenter pour fournir et prendre leurs dénombremens et leurs déclarations pour les recensemens.

Cet avis sera renouvelé, à son de tambour, tous les dimanches à l'issue de la messe, pendant le cours des mois de thermidor, fructidor et jours complémentaires.

II. Le Commissaire aura la plus grande attention de mettre en marge du dénombrement, l'espèce de culture de l'habitation, c'est-à-dire, *sucrier*, *cafeïer*, *cacaotier*, *vivrier*, *potier*, *chaufournier*, *seineur* ou *habitant de la ville*; le défaut de déclaration a cet égard devant faire taxer comme Habitant de bourg et de ville, le Propriétaire habitant de la campagne.

III. Les changemens seront faits sur la copie du dénombrement qui doit rester au Particulier, et sur celle qui doit etre renvoyée au Directeur-général du Domaine.

Les esclaves *morts* ou *vendus* seront biffés ; à la suite de cette radiation et dans la colonne des observations, le Commissaire inscrira le mot *decédé* ou *vendu* (et *à qui*), suivant le cas ; les esclaves survenus au Propriétaire, depuis son dernier dénombrement, seront ajoutés à la suite des autres et dans la même forme.

IV. Les seuls cas d'infirmités pour lesquels il y aura exemption d'impôt, sont ceux où l'esclave est *aveugle*, *ladre*, *maniaque*, *perclus* ou *mutilé*, et cette infirmité devra être constatée par un Chirurgien-juré. Le Commissaire aura attention de joindre au dénombrement le certificat du Chirurgien, qu'il visera ; à défaut duquel, l'esclave infirme sera taxé sur le rôle de l'impôt.

Toutes les déclarations que l'Habitant desirera donner sur ses esclaves, pourront être reçues pour sa satisfaction, comme les déclarations d'esclaves *marrons* ou *évadés hors de l'île.*

V. L'infidélité dans les déclarations est d'autant plus condamnable qu'elle est au détriment, non-seulement du Domaine national, mais encore des Colons qui se conforment avec loyauté à la loi ; ainsi ces délits seront poursuivis avec la plus grande rigueur, suivant les dispositions de l'ordonnance de 1766. Mais comme il vaut mieux prévenir les délits que d'avoir à punir ceux qui s'oublieraient au point de les commettre, le Commissaire ne négligera aucun des moyens qu'il pourra se procurer pour arriver à une connaissance exacte à cet égard, et réprimer à l'instant cette infidélité.

VI. Les Commissaires préviendront les Habitans qu'à une époque, qui sera déterminée par le Préfet colonial, il sera envoyé des Inspecteurs et des Officiers de santé attachés aux hôpitaux militaires, pour vérifier l'exactitude des états de dénombrement, des déclarations fournies, et constater l'infirmité des esclaves.

VII. Les personnes qui négligeront de fournir leur dénombrement seront de même poursuivies, aux termes de la déclaration du 30 octobre 1730, et le Commissaire regardera comme une obligation essentielle de sa place d'en former la liste et de l'adresser au Directeur-général du Domaine, en lui envoyant les feuilles de sa paroisse.

VIII. Les Commissaires annulleront les feuilles de dénombremens des individus qui ne résident plus dans leur paroisse, et feront connaître le nom de ces individus au Directeur-général du Domaine.

IX. Les Habitans propriétaires de plus d'une habitation ou habitant la ville et la campagne, ne devront porter les noms de leur épouse, de leurs enfans et autres individus composant leur famille, que dans un des dénombremens qu'ils fournissent ; il suffira d'indiquer sur les autres la paroisse, ou le bourg, ou la ville, ou la propriété sur laquelle on a fourni le dénombrement de la famille.

X. L'état de la population et de la culture de l'île devant servir de base au calcul du Gouvernement pour tout ce qui concerne la colonie, rien n'est plus essentiel que d'avoir les renseignemens les plus exacts pour former cet état ; en conséquence, un des soins les plus attentifs du Commissaire sera de faire donner par chaque Particulier sa déclaration, d'après la feuille du recensement qui se trouve au dos du dénombrement.

La sollicitude du Gouvernement pour la colonie le porte à ordonner à chaque Commissaire de mettre un soin extrême à faire remplir, par chaque Habitant, le détail de ce recensement. Toute négligence à cet égard serait un manquement d'autant plus condamnable que ce recensement se fait au moment où le dénombrement se fournit, et que nulle raison ne peut être alléguée pour excuser le Particulier qui s'en abstiendrait, ou le Commissaire qui ne l'exigerait pas.

XI. Si le Commissaire-commandant une paroisse ne pouvait, par quelques raisons, se charger de distribuer les feuilles de dénombrement et recensement de la paroisse, il commettrait à cette fonction une personne en qui il aurait confiance pour agir continuellement, ou momentanément, en son nom, et ce, sur sa responsabilité.

XII. Lorsque le terme accordé pour la formation des dénombremens et recensemens sera expiré, le Commissaire ne pourra retarder de deux jours l'envoi des dénombremens fournis, et la liste des Délinquans, au Directeur-général du Domaine, qui donnera d'ailleurs les renseignemens et les rectifications qui pourraient avoir rapport à ces dénombrement et recensement.

Donné à Saint-Pierre, le 1er. thermidor an XII. *Signé* Laussat.

(N°. 1059.) Arrêté, *concernant la formation des Dénombrement et Recensement de l'île de la Martinique, pour l'an XII.*

Du 1er. thermidor an XII (20 juillet 1804).

Le Préfet colonial, arrête :

Art. 1er. Il sera, à compter de ce jour, procédé sans délai et dans la forme ordinaire, aux dénombrement et recensement, pour l'an XIII, de tous les Habitans et Particuliers de l'île de la Martinique, propriétaires ou non propriétaires,

propriétaires, possédant esclaves ou n'en possédant pas, ainsi que des Gens de couleur libres.

II. Tous ceux qui y sont obligés, aux termes du précédent article, devront s'être présentés, avant le 1er. vendémiaire (23 septembre) prochain; savoir : dans les paroisses de Saint-Pierre, du Fort-de-France, de la Trinité et du Marin, aux bureaux du Domaine; et, dans les autres paroisses, devant les Commissaires-commandans, pour fournir et retirer leur feuille de dénombrement, sous peine d'être taxés au double, d'après les dénombremens antérieurs, sur les rôles des contribuables de l'an XIII.

III. Les Propriétaires de maisons seront également tenus, dans les mêmes délais et sous les mêmes peines, de faire, contradictoirement avec le Directeur-général, les déclarations relatives aux maisons, avec les prix ou les évaluations des loyers, suivant qu'ils les auront louées ou qu'ils les occuperont par eux-mêmes; ils désigneront au surplus les noms et qualités des Locataires et rapporteront, à l'appui de leurs déclarations, les baux et autres conventions écrites.

IV. Si depuis le jour, où le dénombrement a été arrêté, jusqu'au 1er. vendémiaire prochain, il survient décès de quelque individu sujet à quote de capitation, les Contribuables devront en justifier sur-le-champ devant la direction générale du Domaine, faute de quoi et postérieusement à l'époque déterminée, ils ne seraient plus recevables en dégrèvement ni décharge pour l'année.

V. Nul esclave ne sera réputé *infirme*, que les *mutilés*, les *maniaques*, les *ladres*, les *perclus* et les *aveugles*, dont l'état aura été constaté par certificats de Chirurgiens, conformément aux réglemens et aux instructions précédemment rendus. Les certificats seront délivrés *gratis*, par les Chirurgiens-avoués des paroisses, et seront représentés à l'appui des déclarations : il ne sera admis d'exemption de taxe qu'à ces conditions.

VI. Toute personne de couleur libre, qui, après l'expiration du terme accordé pour fournir et retirer les feuilles de dénombrement et recensement, ne pourrait, à première réquisition, exhiber la sienne, avec l'acte de sa liberté, serait capitée comme esclave.

VII. Le Directeur-général du Domaine est chargé de l'exécution du présent arrêté, qui sera imprimé, *etc.*

Donné à St-Pierre Martinique, le 1er. thermidor an XII. *Signé*, LAUSSAT.

(Nº. 1060.) ARRÊTÉ *du Préfet colonial, qui détermine les formes comptables à suivre, pour les Versemens de Fonds, du sein de la Caisse des* Successions vacantes, *de celle des* Consignations *et* Amendes, *ou autres Caisses particulières, dans celle du Trésor public de la Colonie.*

Du 7 thermidor an XII (26 juillet 1804).

CONSIDÉRANT que diverses caisses particulières, telles que celle des *successions vacantes*, celle des *consignations* et *amendes*, *etc.*, sont dans le cas d'avoir à faire des versemens au Trésor public de la colonie ;

Considérant qu'il n'importe pas moins à l'ordre des finances qu'à la décharge des Comptables, d'établir positivement la marche à suivre et les formes à observer dans cette circonstance ;

Après en avoir délibéré avec le Capitaine-général ; arrête :

ART. 1er. Tout Dépositaire obligé de deniers, qui aura des versemens à faire au Trésor public de la colonie, dressera et arrêtera le bordereau des sommes à verser, en les distinguant par nature de fonds et par années d'exercice, et ce bordereau sera visé et certifié ; savoir :

Près les Tribunaux, si les deniers dérivent de l'action judiciaire, par le Commissaire du Gouvernement ;

Et, hors des Tribunaux, si les deniers dérivent de l'action administrative, par le Chef fonctionnaire public, sous l'autorité immédiate duquel la gestion des Comptables est placée.

II. Le bordereau revêtu de ces formalités, sera remis au Directeur-général du Domaine, sur le rapport de qui le Préfet colonial rendra un arrêté concernant le versement.

III. La direction générale du Domaine tiendra registre de cet arrêté, et en transmettra une expédition au Receveur-général, avec une formule analogue de récépissé comptable, certifié par le Directeur-général et visé par le Préfet colonial.

IV. Le Receveur-général donnera ce récépissé, signé de lui, en échange de la somme qu'il aura perçue, soit par lui-même, soit par le Receveur particulier de l'arrondissement où elle aura été versée.

V. L'arrêté du Préfet colonial, précédé du bordereau, servira, dans les comptes du Receveur-général, de pièce justificative à l'appui de la recette.

VI. La dépense sera allouée dans ceux du Comptable qui aura versé, en par lui rapportant au soutien, le récépissé comptable qui lui aura été délivré, revêtu des formes prescrites : n'entendant néanmoins, par cette disposition, le dispenser d'aucune autre obligation ni formalité, auxquelles il serait d'ailleurs assujetti par suite des devoirs de sa place ou par les lois.

VII. Le présent arrêté sera enregistré, *etc.*

Donné à St-Pierre, le 7 thermidor an XII.

Signé, LAUSSAT.

Enregist. aux Greffes des Tribunaux.

(N°. 1061.) ARRÊTÉ *du Préfet colonial, portant Règlement concernant les* Certificats d'indigence *pour décharge de Contributions.*

Du 18 thermidor an XII (6 août 1804).

CONSIDÉRANT que les certificats d'indigence, pour décharge de contributions, tendent à diminuer sans cesse le revenu public, en y introduisant des *non-valeurs*, et à jeter ainsi journellement de l'incertitude dans les données sur lesquelles reposent, chaque année, les plans de service les plus importans pour la Colonie ; que, sous ce point de vue, il est d'ordre absolu de ramener ces certificats au sein de la direction générale du Domaine, d'où émane tout ce qui est relatif aux contributions, afin de se tenir constamment en mesure d'apprécier au juste le *déficit* qui en résultera dans les ressources sur lesquelles le Gouvernement avait dû compter, et afin de s'assurer d'ailleurs de l'observation stricte des règles et des formes en des actes qui entraînent après eux d'aussi grandes conséquences;

Considérant que ces certificats d'indigence se multipliant cette année dans une progression extraordinaire, et la faculté de les délivrer étant l'un des plus hauts attributs que l'autorité publique puisse exercer, la dignité et une sage prudence veulent qu'ils soient soumis aux garanties les plus imposantes;

Après en avoir délibéré avec le Capitaine-général; arrête:

Art. Ier. Les certificats d'indigence pour décharge de contributions seront délibérés et accordés à l'avenir, dans chaque paroisse, par un Comité qui se composera; savoir:

Du Commissaire-commandant, Du Curé, Et de trois Propriétaires résidans, les plus forts taxés sur les rôles,	de la paroisse.

II. Les séances, pour la délivrance des certificats, se tiendront les dimanches à l'issue de la messe paroissiale, et les Membres devront y avoir été nominativement convoqués, huit jours d'avance, à la diligence du Commissaire-commandant. Le procès-verbal sommaire, qui sera tenu de chaque séance, fera mention de la convocation et indiquera les noms des Membres présens. Tous signeront les certificats, qui seront conformes au modèle ci-joint.

III. En cas d'empêchement ou d'absence du Curé ou du Commissaire-commandant, ils seront suppléés l'un ou l'autre par le Propriétaire résidant, le plus fort taxé sur le rôle; et les trois plus forts taxés après celui-ci seront appelés pour concourir à former le Comité: de même, en cas d'empêchement ou d'absence d'un ou de plusieurs des trois Propriétaires résidans, les premiers appelés à devenir Membres du Comité, ils seraient successivement suppléés par les autres Propriétaires résidans, les plus forts contribuables après eux; mais, à égalité de taxe, le plus âgé d'entre les Propriétaires résidans, plus forts taxés, serait toujours appelé de préférence.

IV. Les certificats d'indigence pour décharge de contributions, ainsi délivrés, seront adressés par le Commissaire-commandant au Directeur-général, lequel en vérifiera les formes et quotes, en fera son rapport au Préfet colonial, prendra son *visa*, et enfin en fera tenir registre.

V. La direction générale du Domaine relèvera, de mois en mois, le bordereau des certificats d'indigence pour décharge de contributions, qui auront été accordés le mois précédent, dans la colonie. La division par rôles de paroisse, par arrondissemens de recettes et par exercices de comptabilité, y sera conservée. Une expédition de ce bordereau sera remise au Préfet colonial et une autre sera adressée au Receveur-général. Le Receveur-général en donnera connaissance aux Receveurs particuliers, chacun pour la partie qui le concerne.

VI. Des relevés tout semblables, en forme de bordereaux, seront dressés tous les six mois, pour le semestre qui aura précédé, et seront présentés au Préfet colonial, pour être par lui revêtus d'une *ordonnance de décharge*. Ils serviront ainsi de pièce justificative dans les comptes du Receveur-général.

VII. Le présent arrêté sera exécuté à commencer du premier jour de l'an XIII de l'ère française (23 septembre 1804 de l'ère vulgaire) : il sera publié, *etc.*

Donné à St-Pierre de la Martinique, le 18 thermidor an XII. *Signé*, LAUSSAT.

(N°. 1062.) ARRÊTÉ *des Capitaine-général et Grand-Juge, relatif aux Minutes des Notaires, aux Actes judiciaires, et aux Registres de l'Etat civil, déposés dans les Greffes des Tribunaux de la Martinique.*

Du 18 thermidor an XII (6 août 1804).

CONSIDÉRANT qu'il existe dans les Greffes des Tribunaux de la Martinique un grand nombre de minutes de Notaires, de sentences et d'arrêts, non revêtus des signatures des Notaires qui ont passé les actes, ou de celles des Juges qui ont rendu lesdites sentences ou arrêts, ainsi que beaucoup d'actes de l'état civil, qui ne sont point signés par les Curés ou par les Desservans des paroisses ;

Considérant qu'on ne peut attribuer ces irrégularités qu'aux Fonctionnaires qui les ont commises, ou par ignorance des lois, trop ordinaire à des époques auxquelles on exigeait moins d'instruction dans les Magistrats et d'exactitude dans les formes, ou par une négligence que les parties ne pouvaient surveiller ; et que tout recours contre ces Fonctionnaires, morts ou absens, étant impossible, il serait injuste de faire retomber l'application d'une loi pénale sur les parties intéressées, qui ne l'ont pas enfreinte et qui ont pu ne pas la connaître ;

Considérant qu'il est d'une extrême conséquence que la foi due aux jugemens, aux actes notariés, depuis long-tems exécutés, et aux registres de l'état civil, soit inébranlable ; que l'exécution de la chose jugée par les uns, la bonne foi et l'adhésion formelle des parties contractantes pour les autres, font de tous ces actes, des monumens respectables, revêtus de la sanction publique, et à l'abri de toute atteinte ;

Considérant que, s'il est permis d'attaquer ces titres à raison du défaut de signatures sur les minutes, que de bonne foi on a considérées comme parfaitement en règle, dès-lors il n'y aura plus rien de certain ni de sacré ; les recherches indiscrètes de la chicane et de la cupidité viendront inquiéter les dépôts de la justice, porter le trouble dans les familles, et compromettre l'état et la fortune des Citoyens, qui reposent sur l'autorité de la chose jugée, et sous la foi des transactions dès long-tems reconnues ;

Considérant enfin que l'arrêt du 10 janvier 1785, rendu sur cet objet par le Conseil souverain de la Martinique, n'est relatif qu'aux minutes particulières d'un Notaire décédé sans les avoir signées, et qu'il est du devoir des premiers Magistrats de prendre une mesure générale qui assure la tranquillité publique, en prévenant de pareils dangers ; mesure qu'exigent également le respect dû à la justice, le maintien de l'ordre et l'intérêt commun de la société.

En vertu des pouvoirs qui leur sont donnés par les articles V du titre Ier. et XXIX du titre III de l'arrêté des Consuls, du 6 prairial an X ; arrêtent :

Art. Ier. Toutes les minutes des Notaires, déposées dans les Greffes, qui ne se trouvent pas revêtues des signatures desdits Notaires, mais qui sont signées des parties et des témoins, vaudront comme actes publics et légaux, et ne pourront être attaqués en justice pour le défaut de signatures.

II. Il en sera de même pour les sentences des ci-devant Sénéchaussées et pour les arrêts du ci-devant Conseil souverain, qui ne seraient point signés sur les registres, par les Juges qui les ont rendus.

III. Les Greffiers des Tribunaux de première instance et d'appel sont autorisés, en vertu du présent arrêté, à délivrer expédition desdites minutes, sentences ou arrêts, aux parties intéressées. Mention sera faite au bas des expéditions, de l'autorisation qui leur est donnée par le présent arrêté.

IV. Il est enjoint aux Notaires actuellement en exercice de compulser leurs minutes et de signer celles qui se trouveraient sans leurs signatures. Il est de même enjoint aux Greffiers des Tribunaux de faire mettre en règle, sans délai, les jugemens qui ne seraient pas signés, ou ne le seraient que sur les plumitifs. Les Commissaires du Gouvernement près les Tribunaux tiendront la main à l'exécution de cette dernière disposition.

V. Le présent arrêté est applicable en toutes ses dispositions aux registres des actes de naissance, mariage et sépulture, qui ne seraient pas signés par les Curés ou autres Préposés à la tenue des registres de l'état civil. Il sera enregistré dans les Greffes des Tribunaux.

Donné au Fort-de-France, le 18 thermidor an XII. *Signé*, VILLARET, *et* LEFESSIER-GRANDPREY.

Enregist. aux Greffes des Tribunaux.

(N°. 1063.) ARRÊTÉ *du Préfet colonial, concernant quelques Modifications à l'Arrêté sur les Certificats d'indigence.*

Du 23 thermidor an XII (11 août 1804).

VU l'arrêté du 18 thermidor an XII, portant réglement concernant les certificats d'indigence pour décharge de contributions ;

Considérant qu'il n'a été dans l'intention, ni du Capitaine-général, ni du Préfet colonial, de rien changer, par cet acte émané d'eux, à la hiérarchie ou aux attributions des Fonctionnaires publics, tels qu'ils sont établis à la Martinique, et qu'il y a simplement erreur, au préjudice des Lieutenans ou Sous-commissaires, dans cette disposition de l'article III, qui, en cas d'*empêchement ou d'absence du Commissaire-commandant*, appelle à le suppléer *le Propriétaire résidant, le plus fort taxé sur le rôle ;*

Après en avoir délibéré avec le Capitaine-général ; arrête :

ART. Ier. En cas d'empêchement ou d'absence du Commissaire-commandant aux assemblées des Comités qui délivreront les certificats d'indigence pour décharge des contributions, il sera suppléé par le Lieutenant ou Sous-commissaire de sa paroisse ; et en cas d'empêchement ou d'absence simultanée du Commissaire-commandant et du Lieutenant ou Sous-commissaire, ils seront suppléés par le Propriétaire résidant, le plus fort taxé sur le rôle, conformément à ce qui a été prescrit.

II. Il est en conséquence dérogé à l'arrêté du 18 de ce mois, pour cette disposition seulement.

III. Le présent arrêté sera publié, *etc.*

Donné à St-Pierre, le 23 thermidor an XII.

Signé, LAUSSAT.

(N°. 1064.) ARRÊTÉ *du Préfet colonial, qui détermine les Formes dans lesquelles il sera procédé au Paiement du Loyer et autres Dépenses relatives à l'Atelier des nègres Pionniers.*

Du 24 thermidor an XII (12 août 1804).

VU l'arrêté du 15 ventôse dernier, pour la formation d'un atelier de nègres Pionniers, qui veut art. III et IV, qu'il soit payé par mois, 45 liv. coloniales de loyer aux maîtres de ces nègres, et 9 livres de gratification à chaque nègre, en même tems qu'il leur sera fourni une ration de vivres par jour, et une chemise, une culotte, de ginga, et une casaque bleue, à leur arrivée ;

Vu aussi les art. XIV et XV du même arrêté, qui affectent au paiement des loyers de ces esclaves, l'imposition de 4 s. pour livre, qui avait été supprimée le 10 nivôse précédent, et qu'il rétablit ;

Vu enfin le même article XV, qui admet les maîtres à compenser les loyers qu'ils auront à réclamer, avec la somme dont ils seront redevables pour cette imposition remise en vigueur.

Considérant que l'atelier des Pionniers étant en pleine activité, il est urgent de régler le mode, suivant lequel il convient de procéder au paiement des loyers; que la compensation pure et simple serait inexécutable dans la pratique; qu'elle supposerait, sur la tête du même contribuable, une distinction à faire de ce genre particulier d'impôt, avec les autres impôts beaucoup plus considérables dont il est chargé; qu'elle serait évidemment très-insuffisante pour faire face, pendant le cours de l'année, à la somme qui reviendrait au Propriétaire, à raison de ces nègres Pionniers; qu'il faudrait en conséquence étendre la compensation au restant de ses quotes de contributions : qu'il en résulterait inégalité dans la condition des divers contribuables; que d'ailleurs, l'effet infaillible d'une semblable disposition, serait d'accroître parmi eux le relâchement et l'inexactitude, et de jeter en même tems de l'incertitude et de l'embarras dans les poursuites des Receveurs; que, sous ce point de vue, ce serait de la part du Gouvernement, agir à contre-sens de sa position et de ses besoins; qu'en un mot, les principes et les circonstances se réunissent, pour proscrire à l'envi ce mode de compensation :

Après en avoir délibéré avec le Capitaine-général; arrête :

Art. Ier. Les loyers des esclaves, qui auront été admis dans l'atelier des nègres Pionniers, seront

seront payés comptant, tous les trois mois, à charge, néanmoins, qu'il ait auparavant été justifié par les Maîtres, de l'acquittement de leurs contributions arriérées et courantes.

II. Le paiement se fera sur états de journées, en forme de revue, lesquels seront dressés d'après les contrôles réguliers, par le Commissaire de marine chargé des revues, en concours, tant avec la commission de Colons, établie pour cet atelier de Pionniers, qu'avec les directions de l'Artillerie et du Génie, chacune en ce qui la concernera, et avec l'Inspecteur.

III. Ces états de journées, en forme de revue, feront mention de toutes les mutations, comme entrées aux hôpitaux, sorties des hôpitaux, morts, désertions, *etc.*

IV. Ils seront ordonnancés aux formes ordinaires, sur le Payeur-général de la colonie.

V. La commission de Colons, établie pour l'atelier des Pionniers, choisira, hors de son sein, un Propriétaire, résidant au Fort-de-France, qui sera chargé de faire les fonctions de Trésorier, en cette partie, pour les Maîtres des esclaves. L'ordonnance sera expédiée en son nom, il la recouvrera et en donnera quittance.

VI. Il distribuera les fonds aux Propriétaires d'esclaves Pionniers qui y auront droit, après néanmoins qu'ils lui auront représenté les quittances du paiement de leurs contributions.

VII. Il remettra, avant la fin et dans le cours du 3me. mois de chaque trimestre, au Sous-préfet, chef d'administration, la liste des parties prenantes, qui, s'étant ainsi mises en règle, auront touché leur contingent. Il sera dressé une liste des autres, à l'appui de l'état des journées, en forme de revue, et dans l'ordonnance à expédier; il sera sursis à l'emploi utile des sommes qui leur reviendraient encore, sauf à en faire rappel, s'il y a lieu, dans l'ordonnance du trimestre suivant.

VIII. Les états de journées, en forme de revues, ordonnancés, comprendront aussi les 9 liv. de gratification par mois, au profit personnel de chaque nègre Pionnier.

IX. Le premier paiement s'effectuera aux formes prescrites, dans le mois de vendémiaire prochain, pour tout le tems précédent, à commencer de la formation du corps des nègres Pionniers, et du jour de l'admission de chaque nègre, jusqu'au dernier jour de l'an XII.

X. Le présent arrêté sera enregistré à l'Inspection, et envoyé au Payeur-général. Le Sous-préfet, chef d'administration, est chargé de son exécution.

Donné à St-Pierre, le 24 thermidor an XII. *Signé*, LAUSSAT.

(N°. 1065.) ARRÊTÉ *du Préfet colonial, qui ordonne que la Monnaie en* Francs *soit la seule employée dans les Actes officiels.*

Du 28 thermidor an XII (16 août 1804).

VU l'arrêté du 1er. prairial an XI, qui avait établi à la Martinique et à Ste-Lucie, un mode de comptabilité particulière pour l'usage des caisses nationales, relativement à la différence de la monnaie en *francs* avec la monnaie en *livres coloniales*;

Considérant que l'expérience a tellement démontré les inconvéniens de ce mode dans la pratique, qu'il est même aujourd'hui extrêmement difficile d'y remédier pour le passé; et sur-tout très-instant d'y pourvoir pour l'avenir;

Après en avoir délibéré avec le Capitaine-général; arrête:

Art. 1er. Les recettes et dépenses publiques ne seront plus conçues, dans les actes et registres officiels de toute nature, qu'en *francs* : l'expression en *livres coloniales* cessera d'y être rapportée.

II. Il n'est toutefois rien innové aux tarifs de réduction, tels qu'ils sont présentement mis en pratique dans le sein de l'administration. En conséquence, il sera toujours pris en considération que la piastre forte, dite *gourde*, se reçoit et se donne ici, dans les caisses publiques, pour 5 fr. 44 cent.; et il sera avisé à ce qu'en opérant la réduction pour les paiemens et les recouvremens, au compte de l'Etat, il n'en résulte ni avantage ni préjudice, tant pour la partie prenante que pour le contribuable, par comparaison avec le cours reçu sur la place et d'usage dans la colonie; de manière, en un mot, que l'un ou l'autre ne touche ou ne compte, après la conversion des livres coloniales en francs, que ce qu'il aurait réellement touché ou compté, si elle n'avait pas eu lieu.

III. Quelle que soit la monnaie dans laquelle un marché en numéraire, un état ou titre quelconque, justificatif d'une dépense, ait été rédigé, il n'en sera pas moins admis, comme d'ordinaire, à l'appui des mandats de paiement; mais en ce cas, le Sous-préfet, chef d'administration, ne l'ordonnancera qu'après y avoir fait insérer la réduction en francs, vérifiée et certifiée, avec indication du taux auquel elle aura été opérée.

IV. Les dispositions qui précèdent auront leur pleine exécution ; savoir :

A compter du 1er. fructidor prochain, en ce qui est des dépenses ;

Et à compter de l'exercice de l'an XIII, pour ce qui est des recettes.

V. Jusqu'à cette dernière époque et généralement pour l'exercice de l'an XII et exercices antérieurs, les bordereaux de versement, qui doivent accompagner les versemens du Receveur-général au Payeur principal, et être visés par le Directeur-général du Domaine, contiendront la double énonciation des livres coloniales et des francs, avec l'indication du taux de réduction ; et il en sera de même des récépissés comptables du Payeur principal, à la décharge du Receveur-général.

VI. Le présent arrêté sera enregistré à l'Inspection, *etc.*

Donné à St-Pierre, le 28 thermidor an XII.
Signé, LAUSSAT.

(No. 1066.) ARRÊTÉ *du Préfet colonial, concernant le changement du Cimetière de la paroisse du Mouillage de la ville de St-Pierre.*

Du 7 fructidor an XII (25 août 1804).

VU la pétition des Habitans de la paroisse du Mouillage ;

Vu le réglement du 21 mai 1765, sur la translation des cimetières hors des habitations ;

Vu la déclaration du 8 mars 1776 ;

Considérant qu'en arrivant dans cette ville, rien ne nous y a autant frappé, comme contraire à toutes les règles d'une bonne police, et à la pratique générale de la France entière, depuis un grand nombre d'années, que de voir le cimetière de la paroisse du Mouillage occuper un petit espace au milieu du quartier le plus populeux et le moins aéré de la ville ; que ce qui ne serait que mal-sain sous des climats plus tempérés devient meurtrier sous ces climats brûlans ; que déjà l'expérience n'a prouvé que trop de fois, combien il importait de veiller particulièrement à la salubrité de cette partie de la ville, qui est celle où l'étranger aborde et où le commerce a ses magasins et exerce son activité ;

Considérant que cette pétition est un motif déterminant de ne plus différer à préparer quelque remède efficace à un mal, qui de lui-même avait singulièrement fixé notre attention, depuis que nous sommes à la tête de l'administration de cette colonie ; arrête :

Le citoyen Catala, notaire et premier substitut du Commissaire du Gouvernement près le Tribunal de première instance de St-Pierre, et les citoyens Clausel, propriétaire, et Rancé, négociant, lieutenant-commissaire, tous deux domiciliés sur la paroisse du Mouillage, sont chargés de s'occuper immédiatement à chercher les moyens de transférer le cimetière de la paroisse hors de l'enceinte de la ville ; ils nous feront leur rapport à cet égard avant l'expiration du délai d'un mois.

Donné à St-Pierre, le 7 fructidor an XII.
Signé, Laussat.

Suit la Pétition des Habitans et Propriétaires de la paroisse du Mouillage, au citoyen Préfet colonial de la Martinique.

Les Soussignés, habitant la paroisse du Mouillage de la ville de St-Pierre, ont l'honneur de vous exposer que la translation des cimetières hors de l'enceinte des villes est, depuis long-tems en France, une disposition de haute police et l'objet de la sollicitude du Gouvernement.

Les Propriétaires et Locataires des maisons situées à proximité du cimetière souffrent de l'insalubrité de l'air qu'occasionne ce voisinage ; le danger s'augmente tous les jours, par l'accroissement de la population de la paroisse, devenue la partie centrale du commerce et la demeure habituelle des étrangers, qui arrivent dans la colonie pour suivre les affaires de leur négoce.

Le cimetière, placé au vent de la Grande-Rue, répand au loin des vapeurs nuisibles aux Habitans, dont la demeure se trouve à une distance plus considérable.

A proximité de l'Eglise paroissiale (elle en est environnée), il rend très-dangereuse, la fréquentation de cette Eglise, plus particulièrement dans les jours de chaleur, qui, dans ces climats, précèdent ou suivent les pluies abondantes.

Toutes les questions, citoyen Préfet, relatives au culte, faisant partie de vos attributions, nous prenons la liberté de vous présenter cette pétition tendante à ce que le cimetière de la paroisse du Mouillage soit placé hors de l'enceinte de la ville.

Nous ne croyons pas inutile de relater des faits antérieurs qui justifient que, depuis long-tems, le Gouvernement avait ouvert les yeux sur cet abus dangereux, et que ce changement avait été desiré et sollicité par les Paroissiens.

En 1775, la vigilance du chevalier de Valière, éveillée par le zèle d'un bon Citoyen et par de nombreuses réclamations, voulut remédier au mal ; ce Gouverneur-général en conféra avec le président de Tascher, intendant : ils se réunirent pour en référer au Conseil souverain. Les Dominicains, dont l'Eglise était alors conventuelle, usèrent de tout leur crédit ; ils réussirent à faire échouer l'exécution de ce projet, et malgré la nomination de Commissaires, qui firent leurs rapports à une séance du Conseil, l'affaire mise sur le bureau, après de longs débats, fut ajournée, et le mal s'est perpétué.

En 1777, le Procureur-général du Conseil fit à ce sujet un réquisitoire, dont le contenu sera mis sous vos yeux. Des Commissaires furent nommés pour faire leur rapport. Ces Commissaires furent choisis parmi les Membres titulaires du Conseil souverain : mais cette fois encore le crédit des Dominicains prévalut.

Votre Prédécesseur, pénétré de l'importance de notre réclamation, lui réservait l'accueil le plus favorable ; et sans la multiplicité des occupations majeures que lui suscita la déclaration de la guerre, il n'aurait point éprouvé le regret de quitter cette colonie, sans avoir effectué ce changement salutaire.

Nous avons, citoyen Préfet, la confiance, qu'il est réservé aux jours de votre administration bienfaisante de réaliser nos espérances ; votre sollicitude attentive pour toutes les parties confiées à votre surveillance, nous assurera un bienfait par lequel vous acquerrez les droits les plus justes et les mieux mérités, à la reconnaissance publique.

Nous concluons, citoyen Préfet, à ce qu'il vous soit agréable d'ordonner la translation du cimetière de la paroisse du Mouillage, et qu'il soit placé dans tel endroit que votre sagesse voudra désigner.

Tel est, citoyen Préfet, le voeu des Pétitionnaires soussignés, qui l'émettent avec la confiance qu'il sera accueilli dans un moment, où les obstacles du tems passé ne gênent plus les actes auxquels un Gouvernement bienfaisant desire se livrer pour l'intérêt et la prospérité de la société.

Et les Supplians ne cesseront de faire des voeux pour votre bonheur et la prospérité de votre administration.

(Suivent les Signatures, au nombre de soixante.)

(N°. 1067.) EXTRAIT *d'une Circulaire ministérielle de M. Decrès, à MM. les Préfets coloniaux, accompagnant un Rapport de l'Ecole de Médecine de Paris, relatif aux moyens de prévenir le* Tétanos *ou* Mal de Mâchoire *des Nouveaux-Nés.*

Du 12 fructidor an XII (30 août 1804).

Le Ministre, dans cette circulaire, invite les Préfets coloniaux de donner connaissance par la voie de l'impression, dans les feuilles publiques, aux Officiers de santé et aux Habitans, du rapport relatif aux moyens de prévenir dans les colonies, le *tétanos* ou *mal de mâchoire*; et termine sa lettre ainsi : « La publicité que » vous donnerez à cette pièce pourra contribuer à diminuer les ravages d'une maladie qui attaque d'une manière si alarmante, dans les enfans nouveaux nés, la » population des colonies. »

Suit le Rapport de l'Ecole de Médecine de Paris.

Du 25 prairial an XII (14 juin 1804).

Vous avez nommé des Commissaires pour vous rendre compte des moyens de curation, présentés au Ministre de l'intérieur, comme très-efficaces dans une maladie propre aux colonies, le *mal de mâchoire* ou le *tétanos* des négrillons. Tous ceux qui ont pratiqué dans les colonies, savent combien cette affection est promptement mortelle, au petit malheureux sur qui elle sévit. Quelques multipliées que soient ses causes, comme l'expérience l'a démontré, chacun en a voulu trouver une particulière et a cru devoir conformer sa pratique en conséquence de sa découverte. Bajon, qui a exercé sa profession pendant 12 ans à Cayenne, a observé que toutes les fois qu'on ne séchait pas le cordon ombilical, à la manière de Levret, la putréfaction qui s'ensuivait amenait toujours le *mal de mâchoire*. M. Pefault de la Tour, dans le mémoire qu'il a adressé au Ministre de l'intérieur, fait mention d'une cause qui pourrait se rapporter à celle-ci ; c'est l'ulcération de l'ombilic, à la chute du cordon ; ulcération qu'entretiennent méchamment les nourrices et les mères qui ont soin de leurs nouveaux-nés. L'auteur, d'après cette découverte, s'occupe des moyens les plus propres à prévenir un usage aussi cruel, et à guérir le mal local, ce dont il vient facilement à bout en le saupoudrant de fleur de farine, et maintenant dessus des compresses, au moyen d'un bandage cacheté.

Si l'expérience sanctionnait cette observation, celle-ci ne saurait être trop bien accueillie, mais malheureusement la maladie dont il s'agit, sans rejeter cette cause, provient le plus souvent de plusieurs autres qu'on ne peut pas prévenir dans les colonies plus que dans nos climats, où l'on est peu attentif à tout ce qui peut nuire aux premiers jours de la naissance. Quoiqu'il en soit, comme toute irritation entretenue sur un ulcère peut, dans ces contrées, amener les plus fâcheuses suites, que les moyens qui l'occasionnent ne peuvent qu'avoir des effets plus actifs sur l'enfant qui vient de naître, vos Commissaires concluent à ce que l'observation de M. Peffault de la Tour, soit prise en considération, non comme offrant un moyen unique de préservation et de curation, pour un mal qui reconnait un si grand nombre de causes, souvent opposées l'une à l'autre, mais comme pouvant avoir sa valeur dans le pays où une pareille conduite des mères serait en usage.

L'Ecole, dans sa séance du 25 prairial, après avoir entendu la lecture du rapport ci-dessus, en a adopté les conclusions et a arrêté que copie en serait adressée au Ministre de l'intérieur.

Signé, THOURET, directeur de l'Ecole de médecine.

(N°. 1068.) ARRÊTÉ *du Grand-Juge, sur un Arrêt de la Cour d'Appel, portant défenses d'introduire des Vins et Liqueurs falsifiés dans la Colonie.*

Du 16 fructidor an XII (3 septembre 1804).

LE Tribunal faisant droit, tant sur l'appel des citoyens Adam, Dupuy et Comp^e., que sur le réquisitoire du

Commissaire du Gouvernement, pour l'intérêt public, a mis l'appellation et ce dont est appel au néant, mandant, évoquant le principal et y faisant droit, attendu qu'il résulte du procès-verbal d'analyse fait par le médecin Dasfier, que les 29 barriques de vin dont il s'agit, sont falsifiées et de qualités pernicieuses et dangereuses à la santé, ordonne qu'à la diligence du Substitut du Commissaire du Gouvernement près le Tribunal de St-Pierre, elles seront défoncées et jetées à la mer, aux frais et dépens des Appelans, lesquels seront tenus de rembourser au citoyen Bd. Pitard le prix d'icelles, et d'en faire déduction à raison du prix porté pour chaque barrique de vin, par la facture de St-Thomas; *etc.*

Le Tribunal mande, *etc.*

Le Grand-juge, présidant le Tribunal en la cause, après avoir communiqué le présent jugement au Capitaine-général et en avoir délibéré avec lui; arrête:

Très-expresses inhibitions et défenses sont faites à tous Capitaines, Caboteurs, Marchands et autres, d'introduire dans la colonie et de vendre des vins et autres liqueurs falsifiés, à peine d'être poursuivis extraordinairement; et ordonne en outre que le présent sera enregistré, lu, *etc.*

Fait au Fort-de-France, le 16 fructidor an XII. *Signé*, Lefessier-Grandprey.

Enregist. aux Greffes des Tribunaux.

(N°. 1069.) Arrêté *du Préfet colonial, qui fixe le prix de la Toise de Pavé réparé ou refait à neuf, par le Voyer de St-Pierre, à défaut de Propriétaires intéressés.*

Du 17 fructidor an XII (4 septembre 1804).

VU la pétition du sieur Segond, voyer de St-Pierre;

Vu l'avis des Commissaires que nous avons nommés, *etc.* ;

Considérant qu'aux termes de l'arrêté du Ier. ventôse dernier, les Propriétaires des maisons ont à s'imputer de n'avoir pas fait réparer par eux-mêmes et avec toute l'économie desirable leur pavé, dans les délais prescrits, et de s'être au contraire exposés volontairement à recevoir la loi du Voyer, qui était dès-lors autorisé par l'arrêté, à le faire faire pour leur compte, et avec la confiance qu'ils seraient contraints à s'acquitter envers lui, comme pour deniers publics ;

Considérant que si ce sont de justes motifs pour ne pas traiter avec une entière rigueur les prétentions du citoyen Segond, il ne convient pourtant pas de leur donner toute leur extension, et que les renseignemens déjà recueillis mettent en état de prendre maintenant à cet égard un demi-moyen, *etc.* ; arrête :

Art. Ier. La toise du pavé, *refait à neuf*, sera payée au sieur Segond, voyer, à raison de 25 liv coloniales, et celle du pavé *réparé*, à raison de 12 liv. 10 sols.

II. Le citoyen Segond demeure chargé de continuer à réparer, sans délai, les pavés, conformément aux dispositions de l'arrêté du 1er. ventôse dernier ; mais auparavant que d'entrer en réparation des pavés d'une rue, il sera tenu d'avertir huit jours d'avance, les Propriétaires des maisons, et s'ils n'y pourvoient aussitôt eux-mêmes, il y fera procéder à leur place, aux prix réglés par le présent arrêté.

Donné à St-Pierre, le 17 fructidor an XII. *Signé*, Laussat.

(N°. 1070.) ORDONNANCE *du Juge de Police de St-Pierre, sur les Quarts de Gourde coupés.*

Du 27 fructidor an XII (14 septembre 1804).

INFORMÉS que de coupables spéculateurs ont fait couper, en quatre parties, des quarts de gourdes et les ont fait circuler dans les marchés, pour une valeur égale à celle des fractions par trois;

Considérant combien les auteurs criminels de cette spéculation pourraient nuire au public, si la circulation de ces pièces n'était arrêtée très-promptement, et avant que l'émission en soit multipliée; voulant conserver à la petite monnaie, toute la confiance qui lui est due d'après les ordonnances du Gouvernement;

Pris sur ce, l'avis et les conclusions du Commissaire du Gouvernement,

Nous faisons très-expresses inhibitions et défenses à toutes personnes, d'offrir en paiement et de mettre en circulation pour un escalin, toute pièce en fraction, autre que celle qui est par tiers du quart de gourde, sous peine contre les Délinquans, d'être poursuivis comme faux Monnayeurs, et punis comme tels.

Donnons acte au Commissaire du Gouvernement des réserves par lui faites, de poursuivre les auteurs et complices de la fabrication desdites pièces formant la quatrième partie du quart de gourde.

Et sera notre présente ordonnance lue, *etc.*

Mandons, *etc.*

Donné à St-Pierre, le 27 fructidor an XII.

Signé, ASTORG.

(N°. 1071.)

(N°. 1071.) ARRÊTÉ *du Préfet colonial, concernant la taxe du Toisé des Pavés.*

Du 5 vendémiaire an XIII (27 septembre 1804).

VU notre arrêté du 17 fructidor an XII, portant taxation, en faveur du citoyen Segond, de la toise du pavé refait à neuf, à 25 liv., et celle du pavé réparé, à 12 l. 10 s., pour toutes les réparations qu'il a faites au pavé de St-Pierre, en exécution de l'arrêté du 1er. ventôse an XII;

Vu la réclamation du citoyen Segond, du 17 fructidor an XII, contre ladite taxation, qu'il regarde comme trop faible, et la demande qu'il fait de n'être plus tenu de continuer, au même prix, lesdites réparations;

Vu deux quittances représentées par le Pétitionnaire, desquelles il conste, qu'en l'année 1800 (*v. s.*), le citoyen Faye, son prédécesseur dans l'emploi de Voyer, reçut 50 livres coloniales par toise de réparation du pavé de l'entrée du Pont.

Considérant qu'il est de toute nécessité de pourvoir promptement à la réparation du pavé de St-Pierre; que les Propriétaires à qui on a laissé le tems de les faire faire eux-mêmes, ne peuvent trouver mauvais que le Gouvernement le fasse aujourd'hui rétablir à leurs frais, dût-il leur en coûter un peu plus cher, que s'ils y avaient pourvu eux-mêmes en tems convenable;

Considérant enfin que les deux quittances ci-dessus élèvent le prix de ce travail à un taux bien supérieur aux prix que demande le citoyen Segond, et dont il paraît vouloir se contenter ; arrête :

Art. Ier. La toise du pavé *refait à neuf* sera payée au citoyen Segond, voyer, à raison de 30 liv. coloniales, et celle du pavé *réparé*, à raison de 15 liv. coloniales.

II. Le citoyen Segond se conformera aux dispositions de l'arrêté du 17 fructidor, en tout ce qui n'est pas contraire au présent arrêté.

III. Il en sera adressé une expédition au Commissaire du Gouvernement près le Tribunal de première instance à St-Pierre.

Donné à Saint-Pierre, le 5 vendémiaire an XIII. *Signé*, Laussat.

Enregist. aux Greffes des Tribunaux.

(N°. 1072.) Arrêté *du Préfet colonial, qui fixe le nombre et les appointemens des Concierges, Portiers, Garçons de Bureaux et Jardiniers, employés pour les différens besoins du Gouvernement et de l'Administration.*

Du 6 vendémiaire an XIII (28 septembre 1804).

(N°. 1073.) Arrêté *du Préfet colonial, portant que les Emplacemens sur le Bord de la Mer sont accordés en concession ou location aux seuls Propriétaires des Maisons en face.*

Du 7 vendémiare an XIII (29 septembre 1804).

Vu l'ordre du Roi, en date du 13 novembre 1704, enregistré au Conseil souverain de la Martinique, auquel il n'a jamais été dérogé ;

Vu l'ordonnance coloniale du 20 décembre 1781, à laquelle il n'a pas non plus été dérogé, et sur le rapport du Directeur-général du Domaine ; arrête :

ART. 1er. Les emplacemens pris sur les 50 pas du bord de la mer, qui ont été affectés par les arrêtés du 1er. janvier 1803 et du 1er. vendémiaire an XII, à la construction et édification de hangards, sont la propriété publique, et exclusivement réservés au service du Gouvernement.

II. Les Propriétaires des maisons sises au bord de la mer, sont seuls appelés au droit de jouir ou d'exercer la jouissance desdits emplacemens, pris sur les 50 pas du bord de la mer, chacun en raison de la façade de sa propriété, sise devant le bord de la mer, et devant la tranchée qui lui appartient et qu'il est tenu d'entretenir.

III. Les Propriétaires des maisons sises au bord de la mer et des tranchées qui y correspondent, sont seuls contribuables de la taxe assise sur les hangards.

IV. Le Directeur-général du Domaine et le Commissaire du Gouvernement près le Tribunal de première instance dans l'arrondissement de St-Pierre, sont chargés, chacun en ce qui le concerne, de l'exécution du présent arrêté.

Donné à Saint-Pierre, le 7 vendémiaire an XIII. *Signé*, LAUSSAT.

(N°. 1074.) ARRÊTÉ *du Grand-Juge, relatif à la nouvelle rédaction des Actes judiciaires, ordonnée par le Sénatus-consulte organique du 28 floréal an XII.*

Du 10 vendémiaire an XIII (2 octobre 1804).

VU l'article 134 du titre XIV du sénatus-consulte organique, du 28 floréal an XII, portant :

Les jugemens des Cours de justice sont intitulés ARRÊTS ;

Vu l'article 136, portant :

Les Tribunaux d'appel prennent la dénomination de Cours d'appel ;

Les Commissaires du Gouvernement près les Cours d'appel prennent le titre de Procureurs-généraux-impériaux ;

Les Commissaires du Gouvernement près les autres Tribunaux prennent le titre de Procureurs-impériaux ;

Vu l'article 141 du titre XV, portant :

Les expéditions exécutoires des jugemens sont rédigées ainsi qu'il suit :

N. (*le prénom de l'Empereur*), par la grâce de Dieu et les Constitutions de la République, Empereur des Français, à tous présens et à venir ; SALUT :

La Cour de. . . . . *ou* le Tribunal de. . . . . . (*si c'est un Tribunal de première instance*) a rendu le jugement suivant :

(*Ici copier l'Arrêt ou le Jugement*).

Mandons et ordonnons à tous Huissiers sur ce requis, de mettre ledit jugement à exécution ; à nos Procureurs-généraux, et à nos Procureurs près les Tribunaux de première instance, d'y tenir la main ; à tous Commandans et Officiers de la force publique, de prêter main-forte, lorsqu'ils en seront légalement requis.

En foi de quoi le présent jugement a été signé par le Président de la Cour, *ou* du Tribunal, et par le Greffier.

En exécution des ordres du Ministre de S. M. I. au département de la marine ; et après en avoir délibéré avec le Capitaine-général ; arrête :

A dater de la promulgation et de l'enregistrement, dans les Greffes des Tribunaux de la Martinique, du sénatus-consulte organique du 28 floréal an XII, la Cour d'appel et les Tribunaux de première instance observeront, dans la rédaction des actes judiciaires, les nouvelles formules et dénominations ordonnées par les articles ci-dessus transcrits.

Le présent arrêté sera publié, *etc.*

Donné au Fort-de-France, le 10 vendémiaire an XIII. *Signé*, LEFESSIER-GRANDPREY.

Enregist. aux Greffes des Tribunaux.

(N°. 1075.) ARRÊTÉ *du Préfet colonial, concernant l'assiette et la levée des Contributions publiques, pour l'an XIII.*

Du 28 vendémiaire an XIII (20 octobre 1804).

VU les anciennes ordonnances concernant les contributions publiques, présentement levées dans cette île, sous diverses dénominations et avec différentes destinations ;

Vu notamment l'arrêté rendu le 10 nivôse an XII, pour l'établissement de l'impôt, exercice an XII,

Considérant que le premier mois de l'an XIII est déjà écoulé ; qu'il est, en conséquence, instant de pourvoir sans délai à l'assiette des contributions pour la présente année ; que l'état de guerre rend encore cette opération plus urgente, et ne permet pas de songer à alléger la condition du contribuable ; que, n'apportant pas de changement à ce qui existe et n'établissant aucune contribution annuelle, il n'y a pas non plus lieu à assembler le Conseil colonial de répartition, prescrit par l'article XVIII de l'arrêté du 6 prairial an X, concernant l'organisation des premières Autorités dans cette colonie;

Sur le rapport du Directeur-général du Domaine ou des revenus publics; arrête:

Art. Ier. Les contributions publiques pour l'an XIII seront assises et réparties, à la Martinique, dans les mêmes formes et quotités qu'elles l'ont été pour 1803 (ère vulgaire), et pour les derniers 8 mois et 25 jours de l'an XII (ère française).

N. B. Voyez pour les articles II à VII, les mêmes articles de l'arrêté du 29 pluviôse an XI, N°. 986, pag. 568 de ce tome.

VIII. La taxe dite pour les nègres justiciés sera de 2 l. 5 s. par tête, ainsi qu'il a été établi pour les années précédentes : et, sur ses produits, seront pris, conformément à l'ordonnance du   janvier 1802 et 23 ventôse an XI, concernant les Chambres d'agriculture, les fonds nécessaires pour subvenir aux frais du Député de la colonie à Paris, et de la Chambre d'agriculture près le Gouvernement intérieur de la colonie.

IX. Les maisons de St-Pierre paieront un droit de 5 pour 100 sur le montant de leurs loyers; et à l'égard des Propriétaires qui les occuperont eux-mêmes, le droit de 5 pour 100 sera arbitré sur la dernière estimation qui en a été faite en l'an XII.

N. B. Voyez pour les articles X à XIII, les mêmes articles de l'arrêté précité.

XIV. Il continuera d'être levé 5 sols coloniaux pour livre, sur le principal de la capitation et de la contribution des maisons, comme il a été établi par l'arrêté du 29 pluviôse an XI, pour servir à l'entretien de la gendarmerie coloniale.

XV. Continueront également d'être imposés et levés les 4 sols coloniaux pour livre, sur le principal de la capitation et sur la contribution des maisons, conformément à l'arrêté du 15 ventôse an XII, pour servir à la dépense de l'atelier des esclaves nègres Pionniers.

XVI. Les Particuliers qui, se trouvant hors d'état de payer leurs quotes de contributions, se pourvoiront pour en obtenir l'exemption, selon qu'il est prescrit par l'arrêté du 15 thermidor an XII.

N. B. Pour les articles XVII à XXIV, voyez les mêmes articles de l'arrêté déjà cité.

XXV. Seront exécutées, au surplus, dans leur forme et teneur, en ce qui n'est pas contraire au présent arrêté, toutes les dispositions prescrites par la déclaration du 3 octobre 1730, et l'ordonnance du 12 mai 1766.

XXVI. Les impositions étant acquises au Domaine, dès le 1er. vendémiaire, celles établies pour la présente année, seront acquittées dans le courant des 5 premiers mois; à défaut, les redevables y seront contraints par toutes les voies de rigueur établies, pour cas semblables, par les lois et réglemens.

XXVII. Les droits de douane continueront à être perçus comme par le passé.

XXVIII. Le Directeur-général du Domaine ou revenus publics est chargé de l'exécution du présent arrêté, qui sera imprimé, publié, *etc.*

St-Pierre, le 28 vendémiaire an XIII. *Signé*, Laussat.

Enregist. aux Greffes des Tribunaux.

(No. 1076.) Arrêté *du Préfet colonial, portant application de la somme provenant de la vente des* Casernes anglaises *du morne Mirail, aux travaux et plantations d'Arbres qui se font sur la* plage du Commerce du Port, *et aux dépenses faites au Jardin colonial des Plantes.*

Du 16 brumaire an XIII (7 novembre 1804).

(No. 1077.) Extrait *d'une Dépêche ministérielle de* M. Decrès, *à* M. Laussat, *préfet colonial de la Martinique, relative aux Impositions coloniales.*

Du 16 brumaire an XIII (7 novembre 1804).

Le Ministre, dans cette dépêche, félicite le nouveau Préfet du zèle qu'il a mis à se rendre à la Martinique; et répondant aux lettres de son Prédécesseur, il lui dit:

« L'arrêté rendu par MM. Villaret et Bertin, sur les » contributions à percevoir depuis le 1er. janvier 1804 » jusqu'au 1er. vendémiaire an XIII, porte sur les mêmes » bases que les anciens réglemens, concernant cette » matière. Je pense qu'il serait possible d'asseoir l'impôt » plus convenablement. Sans insister sur cette idée que » j'ai énoncée dans mes instructions, et que je livre à » votre méditation et à votre zèle, je me contenterai de » remarquer le peu de fonds que votre Prédécesseur » semblait faire à l'époque où il écrivait, sur la rentrée » des sommes imposées. La sévérité du blocus et la diffi- » culté qui s'ensuivait pour l'écoulement des denrées de » l'Habitant, ont pu seules occasionner le retard des » perceptions du Fisc et les craintes de M. Bertin. J'aime » à croire, qu'avec ces causes de gêne intérieure, auront » disparu tous les obstacles, qui s'opposaient au recou- » vrement des contributions. Un autre effet de la liberté » rendue aux relations des Neutres avec la colonie, aura » également été d'augmenter, avec l'importation, le pro- » duit des douanes, et d'ajouter, par là, aux ressources » de l'administration. »

(N°. 1078.) EXTRAIT *d'une Dépêche ministérielle de M.* Decrès, *à M.* Laussat, *préfet colonial, relative à l'aliénation des Maisons des ex-Religieux à la Martinique.*

Du 16 brumaire an XIII (7 novembre 1804).

Le Ministre, en réponse à une dépêche de M. Bertin, ex-préfet, dit à M. Laussat :

« L'opération de la vente des maisons, ci-devant pos- » sédées par les ex-Religieux de la Martinique, a produit » une somme de 1,597,300 liv., argent colonial. C'est » sur l'urgence des besoins du service que se fonde M. » Bertin, pour justifier une aliénation, que mes instruc- » tions et l'arrêté du Gouvernement, en date du 30 » messidor an X, ne permettaient pas. Cette opération » est d'une assez grande importance pour que je doive » la soumettre, par un rapport direct, à l'Empereur. » Je vous transmettrai les intentions de S. M., à ce sujet, » dès qu'elles me seront connues. Jusques-là, je ne puis

» m'empêcher de relever un double défaut d'attention,
» que je voudrais n'avoir point à reprocher à l'Administration qui vous a précédé. Deux arrêtés sont pris, pour une aliénation de maisons domaniales. Le premier est du mois de vendémiaire an XII, et l'avis que le Préfet annonce m'en avoir donné, quoique je ne l'aie pas reçu, est postérieur de près de 6 mois. Enfin, il m'annonce que les ventes sont consommées, et il ne joint à sa lettre ni les procès-verbaux d'adjudication, ni ceux d'estimation, qui ont dû précéder immédiatement l'aliénation. Cependant, il aurait dû sentir qu'il ne pouvait mettre à m'instruire d'une mesure aussi majeure, ni trop de célérité, ni trop de soin. »

Le Ministre termine sa dépêche, en recommandant au Préfet la plus grande exactitude et précision dans les comptes qu'il lui rendra.

(N°. 1079.) ARRÊTÉ *du Grand-Juge, portant Réglement sur les Procédures susceptibles de communication au Ministère public.*

Du 25 brumaire an XIII (16 novembre 1804).

CONSIDÉRANT que dans les procès où il s'agit des intérêts du Domaine, de l'Eglise, des Mineurs, des Femmes mariées, des Absens, des Interdits, et généralement dans les affaires qui ne peuvent être jugées sans l'intervention du Ministère public, les dossiers doivent être remis au parquet de la Cour d'appel, avant le jugement, afin que le Procureur-général-impérial puisse, en connaissance de cause, donner des conclusions motivées;

Que, par une négligence à laquelle il importe de mettre un terme, les Avoués, déjà rappelés à cette obligation, se sont jusqu'à présent dispensés de la remplir;

Considérant en outre que, dans les affaires au rapport, les convenances judiciaires et l'intérêt des justiciables exigent que le Ministère public donne, d'après un examen réfléchi des procès, des conclusions écrites et motivées ; arrête :

Art. Ier. Trois jours avant chaque séance de la Cour d'appel, les Avoués seront tenus, dans les affaires ci-dessus mentionnées et soumises de droit à l'intervention du Ministère public, de faire remettre, au parquet de la Cour, leurs dossiers, avec un extrait de leurs moyens de défense.

II. Faute par lesdits Avoués d'avoir remis leurs dossiers à l'époque prescrite, le Procureur-général-impérial requerra ; et la Cour ordonnera le renvoi de l'affaire à la séance suivante.

III. Dans toutes les affaires au rapport sur production susceptible, comme il est dit à l'article Ier., de communication au Ministère public, il donnera par écrit ses conclusions motivées. En consequence, le Greffier de la Cour, avant d'envoyer les dossiers aux Juges rapporteurs, les fera remettre au parquet ; le Procureur-général ou son Substitut, après avoir rédigé leurs conclusions, qui resteront au parquet, renverront lesdits dossiers au Greffier en chef, avec la mention : *Vu et examiné.*

Le présent réglement sera enregistré, *etc.*

Donné au Fort-de-France, le 25 brumaire an XIII. *Signé*, Lefessier-Grandprey.

Enregist. aux Greffes des Tribunaux.

(N°. 1080.) ARRÊTÉ *du Grand-Juge, concernant les Avoués, dans les Procédures des Affaires non sommaires.*

Du 25 brumaire an XIII (16 novembre 1804).

CONSIDÉRANT que dans les Tribunaux de la Martinique, d'après un usage qui porte atteinte à l'ordonnonce de 1667, le Défendeur, dans les affaires non sommaires, cité à l'audience, ne fait signifier aucune constitution d'Avoué et ne produit aucune défense par écrit, à moins qu'il n'y soit autorisé par une sentence, auquel cas l'affaire est mise en délibéré;

Considérant que cette manière de procédure entraîne des inconvéniens majeurs;

Qu'il en résulte, 1°. que l'Avoué du Demandeur se présente à l'audience, sans savoir si la cause est contradictoire ou par défaut;

2°. Que ne connaissant pas les moyens sur lesquels le Défendeur fonde sa défense, il ne peut pas se mettre en mesure d'y répondre et de repousser ses objections, et se voit forcé de demander des remises et délais nuisibles aux intérêts des parties;

3°. Que le Défendeur n'ayant rien consigné par écrit, et ne laissant aucune trace d'une défense verbale, peut en tout tems varier dans cette défense et retracter des aveux par lui faits, ce qui blesse la vérité et la justice;

Vu sur-tout les articles Ier. du titre V, et I et II du titre XIV de l'ordonnance de 1667, qui sont formellement violés par cette pratique illégale; arrête:

ART. Ier. A dater de l'enregistrement du présent arrêté, tout Avoué qui aura reçu d'une partie assignée, copie de la demande formée contr'elle, sera tenu de se constituer pour le Défendeur, en faisant signifier *un acte d'occuper* à l'Avoué du Demandeur.

II. Faute par l'Avoué du Défendeur de faire signifier cet acte d'occuper, il sera donné défaut.

Les deux dispositions ci-dessus seront observées, tant en première instance qu'en cause d'appel.

III. En cause d'appel, dans toutes les affaires non sommaires qui sont de nature à être jugées sur la plaidoierie, toute audience sera déniée à l'Appelant, s'il n'a préalablement fait signifier à l'Avoué de l'Intimé, un écrit contenant ses moyens d'appel et ses conclusions. Cette signification sera faite 10 jours avant la séance de la Cour d'appel. Dans le délai restant, l'Intimé fournira des repliques, qui seront signifiées à l'Avoué, trois jours avant la séance.

Ce qui est prescrit à l'Appelant par cet article, sera observé par l'Anticipant.

IV. Les écritures contenant les moyens d'appel ou repliques, dans les affaires jugées sur plaidoierie, ne pourront excéder six rôles; le surplus en sera passé en taxe.

Le présent arrêté sera enregistré, *etc.*

Donné au Fort-de-France, le 25 brumaire an XIII. *Signé*, Lefessier-Grandprey.

Enregist. aux Greffes des Tribunaux.

(N°. 1081.)

(N°. 1081.) Décret *Impérial, portant qu'il sera alloué au Directeur-général du Domaine, dans les Colonies où les Douanes ne sont point affermées, une remise sur les Droits d'entrée et de sortie; mais le* maximum *de ladite remise ne pourra jamais excéder le double du Traitement fixe.*

Du 6 frimaire an XIII (27 novembre 1804).

(N°. 1082.) Arrêté *du Préfet colonial, qui fixe les Dépenses annuelles du Jardin colonial des Plantes.*

Du 10 frimaire an XIII (1er, décembre 1804).

VU l'arrêté du 30 pluviôse an XIII, rendu par le capitaine-général Villaret et le préfet colonial Bertin, et portant article VIII, l'établissement d'un *Jardin colonial des plantes ;*

Vu les états de dépenses, arrêtés successivement et de mois en mois, pour la formation et l'entretien de cet établissement ;

Considérant qu'il n'a été pourvu à la fixation de ces dépenses par aucun acte authentique de l'Autorité, et que néanmoins il est indispensable d'en rendre pour les légitimer et en régulariser la comptabilité ; arrête :

Art. Ier. Les appointemens du Directeur du Jardin colonial des plantes à St-Pierre, demeurent fixés à la somme déterminée et unique de 2,700 francs par an, depuis le 1er. nivôse prochain.

II. Il ne pourra, pendant la durée de la guerre et en aucun cas, dépenser plus de six mille francs par an, pour les travaux, soit ordinaires, soit extraordinaires de cet établissement, non compris les appointemens du Directeur.

Il y sera d'ailleurs pourvu de mois en mois, partiellement et suivant les circonstances, par le Préfet colonial.

III. Le Sous-préfet, chef d'administration, est chargé de l'exécution du présent arrêté, qui sera enregistré à l'Inspection.

Donné à St-Pierre, le 10 frimaire an XIII. *Signé*, Laussat.

(N°. 1083.) Arrêté *du Préfet colonial, qui fixe la comptabilité des Geôles, pour la subsistance des Détenus aux frais de l'Etat.*

Du 14 frimaire an XIII (5 décembre 1804).

VU les états fournis par le Concierge de la geôle de St-Pierre, et le marché passé avec lui pour la subsistance des individus détenus aux frais de l'Etat;

Considérant que ces états sont insuffisamment appuyés de pièces justificatives, et qu'il est nécessaire d'appliquer à cette dépense les règles uniformes de contrôle et de comptabilité auxquelles sont assujetties toutes les dépenses publiques; arrête:

Art. Ier. Il ne sera plus alloué à l'avenir, aux Concierges des geôles de la colonie, des journées de Prisonniers, de quelque couleur et condition qu'ils soient, et pour quelque cause que ce puisse être, que sur état certifié et arrêté du Commissaire chargé des revues, et de l'Inspecteur ou Sous-inspecteur de marine, et d'après l'ordre d'arrestation de l'individu, visé au bureau de l'Inspection.

II. En conséquence, l'ordre, tant d'arrestation que d'élargissement de tout individu blanc ou de couleur, détenu dans les geôles, comme marron, épave, accusé de crime ou de désertion, ou simplement pour quelque mesure de sûreté ou par considération de bienfaisance, dans tous les cas d'où résulte dépense provisoire ou définitive pour l'Etat, devra être présenté au bureau de l'Inspection, dans les 24 heures, à la diligence des Geôliers des prisons, sous peine de radiation de la dépense, sur leurs états, toutes les fois que cette formalité n'aura pas été remplie.

III. Chaque mois, les Concierges apporteront lesdits ordres à l'appui de leurs états de dépense.

IV. Le Sous-préfet, chef d'administration, est chargé de l'exécution du présent arrêté, qui sera enregistré à l'Inspection. Une expédition sera adressée à chacun des Concierges de la colonie, afin qu'ils aient à s'y conformer.

Donné à St-Pierre, le 14 frimaire an XIII. *Signé*, LAUSSAT.

(N°. 1084.) ARRÊTÉ *du Préfet colonial, concernant les encombremens des Quais et du Bord de la Mer.*

Du 18 frimaire an XIII (9 décembre 1804).

VU l'arrêté du 1er. ventôse an XII, renouvelant l'ordonnance du 23 février 1775, concernant le déblaiement de la rade de St-Pierre;

Considérant que depuis le raz-de-marée des 17 et 18 fructidor dernier, le bord de la mer se trouve de nouveau encombré de débris de toute espèce, aussi contraires à la salubrité de l'air, qu'à la sûreté et la commodité du port;

Après en avoir délibéré avec le Capitaine-général ; arrête :

ART. Ier. Les Habitans et Négocians, ou autres personnes, qui possèdent des effets ou débris quelconques, déposés au bord de la mer dans l'espace compris entre la cale de l'Hôpital et celle dite des Pères-Blancs, depuis l'endroit où finit la lame jusqu'à la tranchée, les feront enlever, sous 8 jours, à compter de celui de la publication du présent arrêté, sous peine de confiscation et de 40 gourdes d'amende.

II. Après le délai ci-dessus fixé, les effets déposés dans ledit espace, et qui n'auront point été enlevés, seront vendus, et le prix en provenant concourra avec le montant des amendes, à solder les nègres de journée qui seront employés au déblaiement ; le surplus, s'il y en a, tournera au profit du Trésor public.

III. Toutes les dispositions de l'arrêté du 1er. ventôse an XII, et notamment celles qui concernent les hangards ou ajoupas construits dans ledit espace, seront au surplus exécutés ponctuellemeet, selon leur forme et teneur.

IV. Le Procureur-impérial, faisant fonctions de Commissaire de police, et le Capitaine de port de St-Pierre sont chargés, chacun en ce qui le concerne, de l'exécution du présent arrêté, qui sera imprimé, *etc.*

Donné à St-Pierre, le 18 frimaire an XIII. *Signé*, LAUSSAT.

Enregist. aux Greffes des Tribunaux.

(No. 1085.) ARRÊTÉ *du Préfet colonial, concernant les Frais de transcription des Minutes des Notaires et Greffiers, décédés ou démissionnaires.*

Du 23 frimaire an XIII (14 décembre 1804).

VU les ordres de S. E. le Ministre de la marine et des colonies, consignés dans sa dépêche du 17 vendémiaire an XI, concernant le Dépôt des chartres des colonies à Versailles ;

Vu l'édit du mois de juin 1776, relatif audit Dépôt, rendu de nouveau exécutoire, en vertu de l'arrêté du Gouvernement intérieur de cette île, en date du 20 pluviôse an XI ;

Vu les observations du Grand-juge de la Martinique, sur la pétition des Greffiers des Tribunaux, qui exposent qu'ils ne peuvent être astreints à transcrire gratuitement les minutes de leurs Prédécesseurs et des Notaires, décédés ou démissionnaires, dont les actes ont été antérieurement déposés à leurs Greffes respectifs ;

Considérant qu'après une interruption de dix années du Gouvernement français dans cette île, la transcription des actes publics se trouve à peu près au même point où elle était à l'époque de l'édit du mois de juin 1776, cas prévu par les articles II et XXII dudit édit ;

Considérant que le tarif fixé par l'art. XXII de l'édit précité, peut encore aujourd'hui concilier les légitimes prétentions des Greffiers avec les principes d'économie sévère qui doivent présider à l'administration des deniers publics ; arrête ;

ART. Ier. Conformément à l'édit du mois de juin 1776, dont l'exécution a été ordonnée par le Gouvernement colonial, le 20 pluviôse an XI; il sera fait incessamment, par le Greffier de la Cour d'appel (autrefois Conseil souverain), un relevé sommaire des enregistremens faits depuis le 1er. janvier 1788 jusqu'à ce jour, des lois, réglemens, édits ou décrets émanés du Gouvernement de la Métropole, ou du Gouvernement anglais (pendant sa domination), et des expéditions, soit des réglemens faits par les Gouverneurs et Intendans français (ou anglais pendant leur occupation de l'île), avec mention sommaire de leurs enregistremens, soit des réglemens faits par le Conseil souverain, soit des arrêts et jugemens définitifs, rendus contradictoirement ou par défaut en matière civile; ces relevés et expéditions seront signés par ledit Greffier et visés par le Président de la Cour d'appel.

II. Les Greffiers des Tribunaux de première instance de l'île feront aussi, à dater de la même époque du 1er. janvier 1788 jusqu'à ce jour, faire des expéditions de tous les jugemens remis en leur Greffe, susceptibles d'être envoyés au Dépôt de Versailles, soit que lesdits Greffiers exercent leurs fonctions depuis ladite époque du 1er. janvier 1788, soit qu'ils aient été installés postérieurement.

III. Lesdits Greffiers des Tribunaux de première instance feront en outre, toujours conformément aux dispositions de l'édit du mois de juin 1776, rétablir des expéditions de toutes les minutes déposées à leur Greffe, provenant des Notaires décédés ou démissionnaires, à compter du 1er. janvier 1788 jusqu'à ce jour.

IV. Les relevés, doubles minutes et expéditions, ordonnés par les articles précédens, seront écrits sur papier à la *teillière*, en écriture courante, et seront payés à raison d'*un franc*, par rôle contenant 2 pages de 24 lignes chacune, et la ligne au moins de 15 syllabes.

V. Les Greffiers toucheront le montant du prix du travail fait, de mois en mois, sur états arrêtés par eux, visés par le Procureur-impérial près le Tribunal, et appuyés des récépissés délivrés par le Secrétaire principal de la Préfecture, des pièces déposées à son Greffe.

Ces états seront vérifiés et ordonnancés, par le Sous-préfet, chef d'administration.

VI. L'encre, les plumes et le papier seront fournis des magasins de l'Etat, sur un bon du Greffier, enregistré à l'Inspection et visé, à St-Pierre, par le Préfet colonial, et au Fort-de-France, par le Sous-préfet, chef d'administration.

VII. Il sera réglé approximativement et à l'amiable, entre l'Inspecteur et le Greffier, la quantité de plumes et d'encre qui seront nécessaires par trimestre.

Quant au papier, les Greffiers seront tenus de rendre autant de pages écrites, qu'il leur en aura été remis de pages blanches.

VIII. L'indemnité d'*un franc* et les fournitures d'encre, plumes et papier, n'auront lieu que pour les travaux antérieurs à la nomination des Greffiers actuels, et pour les minutes provenant des Notaires démissionnaires ou décédés ; seront transcrites gratuitement, comme par le passé, toutes les minutes des jugemens déposées dans les Greffes, depuis l'époque où le Titulaire actuel est entré en fonctions jusqu'à ce jour; elles continueront à l'être ainsi par la suite, comme il est fixé par l'édit de 1776.

IX. En conséquence, chacun des Greffiers de la Cour d'appel et Tribunaux de l'île sera tenu d'exhiber un certificat du Président du Tribunal auquel il est attaché, constatant l'époque précise de son entrée en exercice.

X. Tout ex-Greffier et Notaire démissionnaire, existant dans la colonie, qui a négligé dans le tems de remplir ses obligations, concernant les doubles minutes de son Greffe ou de son Etude, sera dénoncé au Grand-juge, et poursuivi d'après ses ordres, par la partie publique, pour le remboursement des sommes que coûtera au Trésor public, la transcription desdites minutes.

XI. Le Sous-préfet, chef d'administration, et le Secrétaire principal de la Préfecture sont chargés, chacun en ce qui le concerne, de l'exécution du présent arrêté, qui sera enregistré à l'Inspection et adressé au Grand-juge, avec invitation de le notifier aux Greffiers des Tribunaux de l'île, et d'en prescrire l'enregistrement à leur Greffe.

Donné à St-Pierre, le 23 frimaire an XIII. *Signé*, LAUSSAT.

Enregist. aux Greffes des Tribunaux.

(No. 1086.) ARRÊTÉ *du Préfet colonial, concernant l'établissement de la* place Laussat, *à Saint-Pierre.*

Du 23 frimaire an XIII (14 décembre 1804).

VU la décision de notre Prédécesseur, du 22 prairial an XII, relativement à l'évacuation des barraques et autres bâtimens ci-devant dépendans du couvent des *Dominicains*, et occupés par des indigens, pour lesdits bâtimens être démolis, en vertu de l'engagement pris lors de l'adjudication donnée aux sieurs Rancé l'aîné et Mayne Ste-Luce, d'un enclos attenant, dit le *Parc ;*

Vu la lettre du Directeur-général du Domaine, en date du 27 fructidor an XII, par laquelle, rendant compte de l'exécution des ordres qu'il avait reçus pour faire procéder à cette évacuation et à cette démolition, il observe que la vente des décombres et matériaux présente un excédent de 1,103 l. 10 s. *coloniales* sur la somme des frais (667 francs);

Vu notre décision du 4 brumaire an XIII, portant que ladite somme de 1,103 l. 10 s., argent colonial, sera versée dans la caisse du Receveur-général de la colonie, qui devait s'en charger en *recette extraordinaire ;*

Vu enfin la souscription de 2,038 f. 18 c. (3,372 liv. argent colonial), formée par les sieurs Laguigneraye, Saint-Hilaire Gaubert, Frigière, Rancé aîné et divers autres, et le marché par eux convenu (sauf notre préalable autorisation), tant en leur nom qu'au nom de leurs co-souscripteurs, avec le sieur Segond, entrepreneur, lequel se charge des travaux y stipulés pour la somme de 6,600 liv. coloniales (3,989 f. 24 c.) ;

Considérant que la démolition et le déblai en question ont laissé à découvert et sans destination, une partie du terrein national non comprise dans la vente faite aux sieurs Rancé l'aîné et Mayne Ste-Luce ; qu'il convient d'en disposer pour la salubrité et la décoration d'un des quartiers les plus populeux et les plus commerçans de la ville, que le concours et les vœux de plusieurs de ses Habitans les plus notables le sollicitent de concert avec les localités ;

Considérant qu'il n'était entré aucune spéculation d'intérêt dans l'exécution des travaux faits pour cette démolition et ce déblai, et qu'il est dans la nature et l'origine de la rentrée de deniers à laquelle ils ont donné lieu, comme dans l'esprit de gouvernement et d'administration qui anime les Chefs de cette colonie, que les fonds tournent au profit de l'embellissement et de l'utilité de la ville elle-même, en y ajoutant ce qui manquerait encore, sans s'arrêter à l'état de guerre, vu la modicité de l'objet et la situation présente de la colonie ;

Après en avoir délibéré avec le Capitaine-général ; arrête :

Art. 1er. Le terrein national, confrontant avec celui adjugé aux sieurs Mayne Ste-Luce et Rancé l'aîné, avec la maison des sieurs et dame Gaubert, avec l'Eglise du Mouillage et avec la rue de la Magdeleine, suivant le plan géométrique dressé, formera à l'avenir et irrévocablement une place publique qui, conformément au nom qui lui a été donné par les

Souscripteurs dans l'acte qu'ils ont passé, s'appellera la *place Laussat*.

II. Le marché convenu le 22 de ce mois (13 décembre 1804), entre le sieur Segond, entrepreneur, et les sieurs Laguigneraye, St-Hilaire Gaubert, Rancé l'aîné et Frigière, faisant tant en leurs noms qu'au nom de leurs co-souscripteurs, demeure approuvé.

III. La somme de 3,989 f. 24 c. (6,600 l. *colon.*), stipulée en faveur dudit Entrepreneur, lui sera payée en conséquence ; savoir :

Deux mille trente-huit francs dix-huit centimes, faisant *trois mille trois cent soixante et douze livres coloniales*, avec le produit des souscriptions et la somme restante de *dix-neuf cent cinquante-un francs six centimes* (3,228 liv. coloniales) des fonds du Trésor public.

IV. Le choix que les Souscripteurs ont fait du sieur Frigière, pour les représenter et suivre l'exécution de l'entreprise jusqu'à ce qu'elle soit consommée, est homologué et confirmé.

V. L'ordonnance de la somme à fournir par le Trésor public sera expédiée en son nom, et sa quittance opérera la décharge du Payeur principal ; néanmoins le sieur Frigière sera tenu de déposer dans l'année, tant au Greffe de la Préfecture qu'au bureau de l'Inspection, le compte de l'entreprise, arrêté et soldé entre lui et l'Entrepreneur, avec le *visa* des sieurs Laguigneraye et Rancé l'aîné.

VI. Le présent sera enregistré à l'Inspection et, attendu qu'il contient, pour la ville de St-Pierre, des dispositions de *propriété publique*, le Grand-juge sera invité à le faire enregistrerr au Greffe du Tribunal de première instance de cette ville.

Une expédition en sera adressée au Directeur-général du Domaine.

Donné à St-Pierre, le 23 frimaire an XIII. *Signé*, LAUSSAT.

Enregist. aux Greffes des Tribunaux.

(N°. 1087.) EXTRAIT *d'une Circulaire ministérielle de M.* DECRÈS, *aux Préfets coloniaux, concernant la Caisse des Invalides de la Marine.*

Du 3 nivôse an XIII (24 décembre 1804).

Dans cette circulaire, le Ministre dit aux Préfets coloniaux, que les attributions du Comptable seront de 5 pour 100 du montant des sommes, dont il fera la remise en France, en lettres-de-change ou récépissés comptables, ou de toute autre manière, d'après les règles de la comptabilité ; il sera en outre alloué à l'Administrateur spécialement chargé de la surveillance de la comptabilité des Invalides, et de poursuivre la rentrée des sommes dues à l'établissement, 2 et ½ pour 100 sur les mêmes sommes, dont la remise aura été faite en France.

FIN DU TOME QUATRIÈME.

TABLE

ALPHABÉTIQUE ET RAISONNÉE

DES MATIÈRES

Contenues dans le quatrième volume du Code de la Martinique.

A

provenant

du renouvellement des Députés qui la composent, 36 *et* 179. — Mode de leur remplacement en cas de mort ou d'absence, *ibid.* — L'Assemblée fait inscrire sur les Registres les actes de nomination des Députés, 37. — Elle ne peut être convoquée et dissoute que par les Général et Intendant en commun, *ibid.* — Le lieu de ses séances est déterminé par les Administrateurs en chef, qui la président, *ibid.* — Ses Registres sont cotés et paraphés par eux, *ibid.* — Les places des Officiers de Troupes et d'Administration, qui y ont séance, sont déterminées, *ibid.* — Celles des Députés le sont par rang d'âge, 38. — Celle du Secrétaire l'est aussi, *ibid.* — Elle nomme son Secrétaire, *ibid* — Arrête la liste des Députés sortans au terme fixé, *ibid.* — Elle peut avoir un Député à Paris, *ibid.* — En cas de mort ou d'absence, elle choisit trois sujets pour cette place, 39. — Les propose à la nomination du Roi, *ibid* — Formes à observer pour la validité de ses délibérations, *ibid.* — Elle s'occupe de déterminer l'assiette, la répartition et le recouvrement de l'impôt, sur le Mémoire qui lui est fourni à ce sujet, par l'Intendant, 40. — Elle fixe le nombre des Receveurs de l'imposition, 41. — Régle tout ce qui les concerne, quand au traitement et au cautionnement, *ib.* — Elle détermine la taxe des droits des négres suppliciés, 42. — Reçoit et arrête les comptes du Receveur-général de l'imposition, *ibid.* — Elle doit s'occuper de la prospérité de la Colonie, *ibid* — De la réforme des abus, sans aucune exception, *ibid.* — Et proposer aux Administrateurs tout ce qui a rapport à ces objets, 43. — Elle peut ordonner les travaux utiles à la Colonie, *ibid.* — Régler la contribution générale ou locale y relative, *ibid.* — Nommer les Receveurs de ces contributions, *ibid.* — Ainsi que les Commissaires pour inspecter ces travaux, *ibid.* — Il doit être dressé procès-verbal de toutes les propositions faites dans l'Assemblée, 44. — Avec mention des Mémoires présentés, *ibid.* — Les ordres donnés par l'Assemblée, doivent être mis à exécution par le Comité intermédiaire, *ibid.* — Elle fixe les époques de la réunion du Comité intermédiaire, soit ordinaires soit extraordinaires, *ibid.* — Par qui peut-elle être convoquée

B.

Commissaires

universels

Fixe l'indemnité à accorder au Greffier, 78. — Détermine l'âge pour occuper les places de Commis-greffiers, 82. — Accorde aux non-Catholiques les dispenses de parenté pour le troisième dégré, 111. — Défend aux Sénéchaussées d'enregistrer les ordonnances des Administrateurs sans un mandement préalable, 119. — Fixe la somme à payer pour les nègres justiciés, par les Habitans de Ste-Lucie, 154. — Statue sur les contestations entre les Procureurs et les Huissiers, 182. — Enjoint aux Procureurs du Roi de dresser annuellement des procès verbaux des minutes des Notaires, 206. — Défend l'introduction et la circulation des monnaies altérées, 219. — Supprime les bourses communes des Huissiers, 220. — Détermine la valeur des quarts de gourdes de nouvelle introduction, 223. — Déclare les fonctions de Notaire aux successions vacantes incompatibles avec celles de Substitut du Procureur du Roi, 227. — Enjoint aux Procureurs du Roi d'être très-scrupuleux dans les visites des minutes des Notaires. *ibid.* — Ordonne le renvoi des affaires de l'Amirauté de la Trinité devant celles de Saint-Pierre et du Fort-Royal, 242. — Reprend ses fonctions, 253. — Réinstalle les Tribunaux de la Colonie, 254. — Ordonne la visite et l'examen des papiers, caisses et établissemens publics, 255. — Règle la police des esclaves. *ibid.* — Enjoint aux détenteurs de titres et effets enlevés pendant les troubles, d'en faire la déclaration, 257. — Annulle, sauf modification, les libertés accordées depuis 1793, 260. — Fixe le mode à suivre pour ce qui regarde les registres des paroisses, 281 *à* 293 *et* 333. — Remet en vigueur les réglemens sur les jeux de hasard et sur les duels, 319. — Ordonne la poursuite contre les Marguilliers en retard, pour la reddition de leurs comptes, 334. — Défend de vendre des cannes à sucre en détail, 337. — De paraître dans les rues masqués et déguisés, 338. — Enjoint aux Greffiers de tenir un plumitif, 346. — Fait défenses de donner cours aux sols-marqués faux, 351. — Enjoint à ceux qui veulent exercer la Médecine ou la Chirurgie, de justifier de leur titre, *ibid.* — Ses instructions sur l'introduction des fausses monnaies, 370. — Interdit aux Geoliers la faculté d'acheter ou

D

le traitement accordé aux Administrateurs-généraux, 49. — Concernant le Vicaire-apostolique, 50. — Interdisant aux bâtimens américains la pêche de la Baleine, aux îles du vent, *ibid.* — Portant suppression au compte de l'État du loyer des greffes, 51. Sur l'encouragement de la traite des nègres par les bâtimens nationaux, 52. — Portant défenses de laisser construire sur les 50 pas du Roi au Carénage de la Pointe-à-Pitre, 71. — Sur le transport des esclaves d'une Colonie à l'autre, *ib.* — Sur les jauges et matrices des mesures de France, 76. — Sur les prises en interlope, 88. — Sur la manière de cultiver les Girofliers, *ib.* — Sur le droit d'ouverture des paquets de la Cour, 119. — Concernant la nomination aux places de Geôliers, 121. — Sur l'obéissance due aux lois civiles, par les Militaires de toutes armes, 382. — Sur l'exécution des lois contre les marins déserteurs, 482. — Concernant un état de situation des Milices de la Colonie, 538. — Concernant l'achat des tuyaux pour les fontaines, 541. — Relativement aux Finances de la Colonie, 542 et 598. — Concernant les extraits mortuaires des Officiers civils et militaires décédés, 543 — Sur le droit de délivrer les actes de francisation et les congés, 546. — Relatif à l'organisation des pouvoirs des Chefs de la Colonie, 549. — Sur l'introduction des Farines étrangères, 550. — Concernant le nouvel entrepôt ouvert au Fort-de-France, 551. — Relative aux marchés pour les fournitures, 552. — Concernant les Douanes, 553. — Sur l'établissement d'une taxe de Gendarmerie, 559. — Sur les demandes en avancement des Officiers d'administration, 581. — Relative à la réunion des deux Missions religieuses, *ibid.* — Concernant l'envoi de *la Vaccine* pour être employée aux Colonies, 593. — Qui désaprouve l'emprunt fait par le premier Chef, 598. — Concernant les divers monumens à ériger, 599. — Concernant l'ouverture des ports aux Neutres, 616. — Concernant les envois de fonds, et la défense de tirer des traites sur le Trésor public, 619. — Sur les vérifications des titres des soi-disant libres, 620. — Concernant le dépôt des fonds provenant des prises, et modifications sur la législation de la course, 649. — Portant approbation de plusieurs arrêtés des Administrateurs, 650. — Accompagnant un envoi de

E

F

FOURNEAUX

G

H

9t

M

dans

esclaves

S

Fin de la Table Alphabétique.

www.ingramcontent.com/pod-product-compliance
Lightning Source LLC
LaVergne TN
LVHW020956300926
849160LV00007B/163